Sachwörterbuch zur Sprachwissenschaft

Sachwörterbuch zur Sprachwissenschaft

Von Dietrich Homberger

Philipp Reclam jun. Stuttgart

Die Deutsche Bibliothek – CIP-Einheitsaufnahme

Homberger, Dietrich
Sachwörterbuch zur Sprachwissenschaft /
Dietrich Homberger. – Stuttgart : Reclam, 2000

ISBN 3-15-010471-8

Satz: Lihs GmbH, Medienhaus, Ludwigsburg
Druck: Reclam, Ditzingen
Buchbinderische Verarbeitung: Großbuchbinderei Weinsberg
Printed in Germany 2000
RECLAM ist eine eingetragene Marke
der Philipp Reclam jun. GmbH & Co., Stuttgart
ISBN 3-15-010471-8

Vorwort

»Man hat schon vor alters gesagt:
die Grammatik räche sich grausam
an ihren Verächtern«
(Goethe an Zelter, 23. Februar 1832)

Das *Sachwörterbuch zur Sprachwissenschaft* wendet sich an Studierende der germanistischen Linguistik und der allgemeinen Sprachwissenschaft. Darüber hinaus bietet es Orientierung für diejenigen, die sich allgemein mit deutscher Grammatik und Themen der deutschen Sprache beschäftigen, sowie für alle, die sich über einen Fachbegriff oder ein Sachthema zur deutschen Sprache präzise und in angemessener Kürze informieren möchten. Neben den vielfältigen und repräsentativen Stichwörtern wird eine Reihe von Themen ausführlicher behandelt, um so einen besseren Überblick zu gewähren, historische Entwicklungslinien aufzuzeigen und den Stand der fachlichen Diskussion zu skizzieren.

Die in diesem Sachwörterbuch abgehandelten Bereiche umfassen:

- Grundbegriffe der deutschen Grammatik und Basiswissen zur deutschen Sprache
- die wesentlichen Teilbereiche der Linguistik, z. B. Phonologie, Morphologie, Syntax, Semantik, Pragmatik, sowie die sprachlichen Themen der älteren Germanistik
- linguistische Fragestellungen in fächerübergreifenden Disziplinen, z. B. der Soziolinguistik, Psycholinguistik, feministischen Linguistik, Neurolinguistik
- besondere Ausprägungen linguistischer Theorien, z. B. die generative Transformationsgrammatik und ihre verschiedenen Weiterentwicklungen, generative Semantik, dependentielle Verbgrammatik, Universalgrammatik

- mit Sprache eng verknüpfte Disziplinen, z.B. Logik, Rhetorik, Sprachdidaktik, Deutsch als Fremdsprache
- komplexe Sachthemen, z.B. Begriffsbildung, Definitionslehre, Konversationsanalyse, Textverarbeitung, Hypertext, Spracherwerb, Sprache und Wirklichkeit

Angestrebt ist eine Information »mittlerer Reichweite«; denn allzu kurze Erläuterungen vermitteln keine Kenntnis, und ausführlichere Darstellungen sind in den entsprechenden Monographien zu finden. Einige Hinweise zu solchen weiterführenden Standardtexten sowie zu neueren Publikationen finden sich innerhalb des Artikels zu dem jeweiligen Stichwort; sie lassen sich leicht im angefügten Literaturverzeichnis auffinden. Aus Gründen der Ökonomie ist darauf verzichtet worden, die überaus zahlreichen Sprachennamen in das Lexikon aufzunehmen; stattdessen ist beim Stichwort »Sprache« eine Internetadresse angegeben, die zu 6700 Einzelsprachen in 228 Ländern informiert. Solche Hinweise auf das Internet finden sich an zahlreichen anderen Stellen und bieten neben der Fachliteratur ein probates Mittel zu weiterer Recherche.

Das *Sachwörterbuch zur Sprachwissenschaft* ist folgendermaßen aufgebaut:

- Bei Fachausdrücken wird überall dort, wo es erforderlich ist, eine deutsche Übersetzung (z.T. mit Angabe der Pluralform) gegeben; es folgt eine kurze Erklärung mit instruktiven Beispielen.
- In zahlreichen Fällen wird das Stichwort in seinen besonderen Bedeutungsvarianten in Unterpunkte (1), (2), (3) usw. differenziert und erläutert.
- Querverweise sorgen für eine Verbindung der Informationen zu komplexeren Sinneinheiten.
- Skizzen und Tabellen schaffen Übersicht und geordnetes Wissen.
- Bei Sachthemen erfolgt eine erste Orientierung über die Problemlage sowie Erläuterungen zum Forschungs-

stand in seinen wichtigsten und zum Teil kontroversen Darstellungen.
- Hinweise zu Standardliteratur und neueren Publikationen sowie zu Internetadressen bieten Gelegenheit zu vertieftem Studium und weiter reichender Recherche.

Das *Sachwörterbuch zur Sprachwissenschaft* deckt das Basiswissen für das linguistische Grundstudium ab und geht in zahlreichen Beiträgen darüber hinaus. Generell wird ein Stichwort als fachsprachlicher Terminus erläutert, der in seinem jeweiligen systematischen Zusammenhang erscheint. Bei konkurrierenden Ausdrücken sorgen Querverweise dafür, dass über den weniger gebräuchlichen oder deutschsprachigen Ausdruck der fachsprachliche Terminus gefunden werden kann. Hingewiesen wird auch auf Fälle, in denen ein Begriff mit divergierenden Termini benannt wird oder in denen ein Terminus, je nach theoretischer Grundlegung, mehrere Gebrauchsweisen aufweist. Kontroverse Meinungen zu einem Stichwort erscheinen jeweils in Unterpunkten bzw. unter »Ergänzende Hinweise«.

Aufgrund seiner Anlage kann das Sachwörterbuch zahlreichen Anwenderinteressen dienen: es bietet rasche und gezielte Information, es deckt die wesentlichen Bereiche des sprachwissenschaftlichen Grundstudiums ab, es führt in komplexere Themen des Hauptstudiums ein und ist somit eine wertvolle Ergänzung bei allen Vorbereitungen zu Prüfungen, Haus- und Examensarbeiten. Hierzu wünsche ich sehr, dass die Arbeit mit dem Wörterbuch zu einem guten Gelingen beiträgt.

Das *Sachwörterbuch zur Sprachwissenschaft* ist eine durchgehend revidierte und stark erweiterte Neuauflage des im Verlag Moritz Diesterweg erschienenen *Sachwörterbuchs zur deutschen Sprache und Grammatik* (Frankfurt a. M. 1989).

Dietrich Homberger

Verwendete Zeichen und Auszeichnungen

→ Verweis auf ein an anderer Stelle behandeltes Stichwort

↔ Verweis auf einen komplementären oder Gegenbegriff zum jeweiligen Stichwort, soweit dieser nicht aus dem Kontext hervorgeht

⟶ Kennzeichnung einer allgemeinen Folgebeziehung

⟵ Rückwärtige Folgebeziehung

⟷ Äquivalenz

$>$ Kennzeichnung sprachhistorischer Folgebeziehungen (›daraus wird‹); in anderen Kontexten Zeichen für ›größer als‹

$<$ Zeichen für ›kleiner als‹

$=$ Zeichen für ›ist gleich‹

$\neq$ Zeichen für ›ist ungleich‹

$\equiv$ Zeichen für ›ist identisch‹

$\supset$ logisches Zeichen für ›wenn – dann‹

$\neg$ logisches Zeichen für ›nicht‹

$\wedge$ logisches Zeichen für ›und‹

$\vee$ logisches Zeichen für ›oder‹

$\bigvee$ Existenzoperator (›es gibt mindestens ein Element x, für das gilt‹)

$\bigwedge$ Alloperator (›für alle x gilt‹)

* Zeichen für ›ungrammatisch‹

' Betonungszeichen, steht vor der zu betonenden Silbe

Kursivierung	Beispielsätze, Beispielwörter sowie Hervorhebungen im Text
Unterstreichung	Kennzeichnung für relevante Stellen in Beispielsätzen und -wörtern sowie Hinweis auf Internetadressen

A

Abbild, Terminus im Rahmen der marxistischen → Widerspiegelungstheorie. »Wenn wir uns auf den Standpunkt stellen, dass der Gegenstand unserer Erkenntnis, und damit auch der Gegenstand der Kommunikation, objektiv existiert, d. h. außerhalb jeglichen Geistes und unabhängig von ihm, dann widerspiegelt (in der speziellen Bedeutung des Wortes) ihn der Geist im Erkenntnisprozess so oder so« (Schaff, 1973).

Bei einer allgemeinen Sprachbetrachtung im Sinne der → Semiotik sind folgende vier Faktoren zu berücksichtigen (vgl. Klaus, 1973): 1. die Objekte der gedanklichen Widerspiegelung (O), 2. die sprachlichen Zeichen (Z), 3. die gedanklichen A.er (A), 4. die Menschen (M), die die Zeichen hervorbringen, benutzen, verstehen. Nach Klaus weist das Objekt der Widerspiegelung und sein A. eine gewisse Parallele zu dem Begriffspaar »Zeichenexemplar« und »Zeichengestalt« auf. Das geistige A. ist in diesem Sinne eine Abstraktionsklasse der abgebildeten Objekte.

Abbildtheorie → Widerspiegelungstheorie

Abbreviation, dt.: Abkürzung(swort); A. kommt in unterschiedlichen Formen und Aussprachegewohnheiten vor: (1) Die einfachste Form der A. ist die teilweise Kürzung eines Wortes: engl. (englisch), Dat. (Dativ). (2) Häufig werden charakteristische Buchstaben zusammengestellt: Ggs. (Gegensatz), ugs. (umgangssprachlich). (3) Die Buchstaben einer A. werden einzeln gesprochen: BMW (Bayerische Motoren Werke); teilweise mit Punkt versehen: a.a.O. (am angegebenen Ort). (4) Die Buchstaben werden als Folge von Silben miteinander verbunden: NASA (National Aeronautics and Space Administration). (5) Auch sind diverse Mischformen üblich: D-Zug (Durchgangszug), Bafög (Bundesausbildungsförderungsgesetz). (6) Häufig verwendete A.en werden oft wie eigenständige Wörter gebraucht: *Radio* (engl. *radiotelegraphy*), *Ufo* (»Unbekanntes Flugobjekt«).

Abkürzung(swort) → Abbreviation

Ablaut, bezeichnet »einen sich nach festen Regeln vollziehenden Wechsel in der Qualität und Quantität der Vokale innerhalb etymologisch verwandter Wortteile, also in Stammsilben, Ableitungssilben und Endungen, der von jeder Beeinflussung durch die umgebenden Laute unabhängig ist« (von Kienle, ^{2}1969). (1) Qualitativer A. oder »Abtönung«: Wechsel des → Stammvokals bei verwandten Wörtern: a) zur Kennzeichnung von → Numerus und → Tempus beim → starken Verb: *ich werfe, er warf, hat geworfen*; b) bei der Wortbildung innerhalb einer → Wortfamilie: *der Wurf, die Verworfenheit, verwerflich, umwerfend.* (2) Quantitativer A. oder »Abstufung«. Geht man von einer Kürze als der Normalstufe (Vollstufe) aus, so kann sie im quantitativen A. entweder zur Länge gedehnt (Dehnstufe) oder bis zum Schwund des Vokals gekürzt werden (Schwundstufe): got. *niman – nêmum* ›wir nahmen‹.

Ableitung, (1) in der historischen Sprachwissenschaft die Rekonstruktion etymologischer Zusammenhänge. (2) Aus einem selbständigen Wort und einem → Suffix gebildetes Wort: *Krankheit, herrlich, einsam.* Oft wird auch die Bildung mit einem → Präfix so benannt (→ Präfixbildung): *Ausdauer.* (3) In der → generativen Transformationsgrammatik bedeutet A. die Ersetzung eines Symbols durch andere Symbole nach bestimmten Ableitungsregeln, den → Phrasenstrukturregeln. → Derivation (2).

Absoluter Komparativ, zweite Steigerungsstufe (→ Komparation), bei der die Vergleichsgröße bewusst fortgelassen ist; typisch für die Werbung: *Fahr lieber mit der Eisenbahn!*

Absoluter Superlativ → Elativ

Absolutes Verb, kann ohne → Objekt einen grammatisch vollständigen Satz bilden: *Die Prinzessin schläft. Alle Rosen blühen.* ↔ Relatives Verb; → Valenz.

Abstraktum, pl.: Abstrakta, dt.: Begriffswort; → Namen, der etwas Gedachtes, eine Vorstellung, eine Eigenschaft, also etwas nicht Gegenständliches bezeichnet: *Vergebung, Herzlichkeit, Verwandtschaft, Polizei, Politik.* ↔ Konkretum.

Abstrichprobe → Weglassprobe

Abstufung → Ablaut

Abtönung → Ablaut

Abtönungspartikel, Füllwort, Modalpartikel; eine Reihe von → Partikeln kann dazu benutzt werden, eine Aussage zu verstärken oder in bestimmtem Sinne abzuwandeln oder zu färben. Die A.n erfüllen in der gesprochenen Sprache eine wichtige Aufgabe, insofern sie ausdrücken können, wie ein Sprecher seine Äußerung verstanden haben will bzw. wie er seinen Gesprächspartner einschätzt. Im Gegensatz zu ihrer geringen lexikalischen Bedeutung steht ihre kommentierende und modifizierende Funktion: *doch, eben, etwas, aber, auch, bloß, denn, ja, vielleicht. Fahr doch mit meinem Auto. Fahr ja vorsichtig!*

Achsenstellung des Verbs, bei einigen → Satzarten (Aussagesatz, Ergänzungsfrage) steht die flektierte Form des Verbs (die → finite Verbform) immer an zweiter → Satzgliedstelle. Solche Sätze mit Achsenstellung des Verbs heißen auch → Kernsätze.

Die besten Schüler	*fahren*	*in den Ferien | nach London.*
1. Stelle	2. Stelle	weitere Stellen

Die übrigen Satzglieder können um die zweite Satzgliedstelle wie um eine Achse gedreht werden, ohne dass der Sinn des Aussagesatzes wesentlich verändert wird. → Umstellprobe.

AcI, Accusativus cum Infinitivo; dt.: Akkusativ mit Infinitiv; beim AcI handelt es sich um eine grammatische Konstruktion nach bestimmten Verben (z. B. *fühlen, hören, lassen, machen, sehen*): *Sie hört ihn rufen. Wir lassen die Drachen steigen. Niemand sieht uns kommen.*

Ergänzende Hinweise
Die theoriekonforme Beschreibung der AcI-Konstruktion fällt recht unterschiedlich aus. Im Wesentlichen lassen sich oberflächenstrukturelle Lösungen von solchen unterscheiden, die zugrunde liegende Strukturen annehmen. (1) Oberflächenstrukturell verhält sich der AcI bei der Anwendung von →Proben ambivalent: Einerseits kann die →Konstituente anaphorisiert werden (*Ich sehe ihn kommen – Ich sehe dies*) und wäre von daher eine →Ergänzung des AcI-Verbs *»sehen«*. Andererseits kann einer der Teile topikalisiert werden (*Ihn sehe ich kommen*), was dafür spräche, dass es sich um zwei Konstituenten handelt; denn diskontinuierliche Konstituenten sind (in den meisten strukturalistischen Grammatiken) nicht definiert. In einem Satz wie *Ich sehe ihn kommen* regiert das AcI-Verb die Infinitivkonstruktion. Der Akkusativ »ihn« wird bei G. Helbig (1982), der sechs Beschreibungsebenen unterscheidet, als Tiefensubjekt von »kommen« und als Oberflächenobjekt von »sehen« gedeutet, während Wunderlich (1985) die →thematische Rolle von »sehen« auf zwei syntaktische Positionen verteilt (Thema → dir. Objekt/VP Infinitiv). Bei U. Engel wird der Infinitiv im Rahmen der →Dependenzgrammatik als »Ergänzung« (Verbativergänzung E 9) gewertet, die allerdings »als Teil des Verbalkomplexes betrachtet werden« kann (Engel/Schumacher, 1976). Erklärt wird dieser Vorgang recht lapidar: Das Verb »sehen« kann den Infinitiv bestimmter anderer Verben regieren. »Die Subjektgröße des infinitivischen Verbs erscheint dann als akkusativische Phrase im Obersatz«. Heringer beschreibt den AcI-Komplex so: Das obligatorische akkusativische Komplement »ihn« ist syntaktisch von V_aci »sehe« abhängig; sein Anschluss wird durch dieses bestimmt. Inhaltlich ist es aber zu »kommen« gehörig und ist »dessen blockiertes Subjekt« (Heringer, 1996). Heringer löst das Beschreibungsproblem syntaktisch und platziert das V_aci als Kasuszuweiser an die Spitze des Stemmas.

(2) In der Analyse der →GB-Theorie wird das Zusammenspiel der unterschiedlichen Prinzipiensysteme relevant: Auszugehen ist von der zugrunde liegenden Struktur *Ich sehe, dass er kommt*. Nebensatztilgung bewirkt, dass →INFL in S' von (+ finit) zu (– finit) wechselt und demzufolge keinen Kasus mehr an die →Specifier-Position zuweisen kann. Um dem →Kasusfilter zu entgehen, muss die NP in dieser Position jedoch Kasus erhalten, und dies kann nur von dem Finitum »sehen« ausgehen, das, da es transitiv ist, Akkusativ zuweist. Deutlich wird auch der Wechsel der →thematischen Rollen; während in S' (*dass er kommt*) »er« Agens zu »kommen« ist, erhält »ihn« die Theta-Rolle Thema von »sehe«. So lässt sich die oberflächenstrukturelle Erscheinung tiefenstrukturell erklären: Die eingebettete Subjekt-NP gerät durch S'-Tilgung in den Rektionsbereich des Matrix-Verbs (→ECM); erst dieser Vorgang schafft die strukturellen Voraussetzungen für Kasuszuweisung.

Adäquatheit, dt.: Angemessenheit; in der Sprachwissenschaft Bewertungsprozedur für grammatische Theorien bzw. Grammatiken. Nach N. Chomsky (1969) erfüllt eine Grammatik, die lediglich die zugänglichen Sprachdaten auflistet, die schwächste Form der A., die *Beobachtungs-A*. Er spricht hier auch davon, dass eine Grammatik dann »schwach generiert«, wenn sie lediglich eine Menge von Sätzen generiert.

Chomsky sieht eine Grammatik als Theorie einer Sprache an, und diese ist in dem Maße deskriptiv adäquat, »wie sie die Kompetenz des idealisierten Sprechers (native speaker) korrekt beschreibt«. Das, was die Grammatik in diesem Sinne »stark generiert«, ist »eine Menge von Struktur-Beschreibungen«. Eine linguistische Theorie erfüllt dann diese *Beschreibungs-A.*, »wenn sie für jede natürliche Sprache eine deskriptiv adäquate Grammatik liefert«.

Darüber hinaus erfüllt sie in dem Maße die Bedingungen der *Erklärungs-A.*, »wie es ihr gelingt, eine deskriptiv adäquate Grammatik auf der Basis der primären sprachlichen Daten auszuwählen«, d.h. also Gründe anzugeben, warum gerade diese und nicht eine andere Grammatik die bessere ist. Eine solche höhere Bewertung liegt z.B. dann nahe, wenn die betreffende grammatische Theorie besser mit Nachbardisziplinen und deren Theorien (sozio-linguistischen, kognitiven oder physiologischen Theorien) in Einklang zu bringen ist als die konkurrierenden grammatischen Theorien.

Adamitische Sprache →Ursprache

Adjektiv, Qualitativ; dt.: Artwort, Beiwort, Eigenschaftswort, Wiewort; das A. beschreibt und bewertet die Eigenschaften, das Verhalten, das Aussehen oder den Zustand von jemandem oder von etwas. Es unterliegt der →Deklination und meistens der →Komparation.

1. Formen und Vorkommen

Es gibt sog. ursprüngliche A.e (*arm*, *groß*, *lang*, *reich*) und abgeleitete A.e (*gerecht*, *haltbar*); typische Endungen des A.s sind: *-bar*, *-haft*, *-isch*, *-ig*, *-lich*, *-sam* sowie *-end* beim adjektivisch gebrauchten →Partizip. Zusammensetzungen sind z.B. *dreieckig*, *ofenfrisch*, *schulreif*.

– Attributive Stellung bei einem Nomen

Das A. steht als →Begleiter vor einem Nomen und bestimmt dieses näher; es steht attributiv und wird flektiert (→Attribut): *ein fleißiger Schüler*; *die verschlossene Kiste*; *schöne Ferien*.

– Attributive Stellung bei einem Adjektiv oder Adverb

Als →Adjektivadverb kann das A. bei einem anderen A. oder einem Adverb stehen und dieses näher bestimmen; es steht attributiv und wird nicht flektiert:

Die Klasse über uns ist entsetzlich laut.

In unserer Schule gibt es keine entsetzlich lauten Klassen.

(Das Adjektivadverb »entsetzlich« steht attributiv bei dem A. »laut«.)

Heute arbeiten die Schüler erstaunlich konzentriert.

(Das Adjektivadverb »erstaunlich« steht attributiv vor dem A. »konzentriert«, das seinerseits adverbial zu dem Verb »arbeiten« gebraucht wird.)

– Prädikative Stellung
Das A. steht als Ergänzung zum Prädikat nach Verben wie *sein*, *werden*, *scheinen*; es steht prädikativ (→Prädikatsnomen) und wird nicht flektiert: *Der Schüler ist fleißig. Diese Kiste scheint verschlossen.*

– Adverbiale Stellung
Das A. steht als nähere Bestimmung bei einem Verb; es wird dann adverbial gebraucht und nicht flektiert:
Die Klasse über uns lärmt entsetzlich.

(Das Adjektivadverb »entsetzlich« bestimmt ein Geschehen näher, das mit dem Verb »lärmt« benannt ist.)

Adjektiv: *einen fürchterlichen Lärm machen*
Adjektivadverb: *fürchterlich lärmen*

2. Grammatische Funktion

Bei der Untersuchung von Satzstrukturen gilt es, Form (Adjektiv) und Funktion (Attribut oder Satzglied) zu unterscheiden. So kann das A. (als Wortart) auf der Satzebene (als Satzglied) unterschiedlich eingesetzt werden und über →Wortartenwechsel andere grammatische Funktionen übernehmen:

– Das A. kann die Rolle eines Nomens übernehmen (→Nominalisierung): *hoch – die Höhe; Es gibt nichts Höheres.*
– Das A. kann die Rolle eines Adverbs übernehmen (→Adjektivadverb): *Die Klasse über uns lärmt entsetzlich* (Adjektivadverb). – *Die Klasse über uns lärmt sehr* (reines Adverb).
– Weiterhin gilt zu beachten, dass die Aufgabe des A.s von Wörtern übernommen werden kann, die der Form nach →Partizipien sind:

die verschlossene Tür – Die Tür ist verschlossen.
die geschlossene Truhe – Die Truhe ist geschlossen.

3. Ergänzende Hinweise

Das A. ist eine im Deutschen nicht leicht abgrenzbare Wortart; das mag daran liegen, dass es sich beim A. um eine sehr anpassungsfähige Wortart handelt, die in vielfacher Weise syntaktisch eingesetzt wird. Eine Vereinheitlichung des A.-Begriffs hat H. Glinz ([6]1973; 1978) vorgeschlagen, indem er prädikatives und adverbiales A. zusammenfasst. U. Engel ([2]1982) weist das prädikative A. jedoch gesondert als Ergänzung (E8) aus. Der Grammatik-Duden ([4]1984) unterscheidet das A. als Attribut (beim Substantiv – flektiert; beim A. oder Adverb – unflektiert) und als selbständiges Satzglied (prädikatives oder adverbiales Satzadjektiv – unflektiert). B. Engelen (1984) fasst die nicht flektierenden Formen als »appositive Adjektive« zusammen; er weist darauf hin, dass auch die bei einem Nomen nachgestellten attributiven A.e zu dieser Gruppe gezählt werden könnten. P. Eisenberg ([3]1994) diskutiert unterschiedliche Auffassungen und entscheidet sich für den Ausdruck »adverbiale Adjektive«, sofern sie auf ein Verb bezogen sind. Er nennt sie zwar unmarkiert, gibt aber zu bedenken, dass das Paradigma, dem sie zugehören, keineswegs nichtflektierbar sei (gegen Glinz u. a. gerichtet). Ferner unterscheidet er »adjektivisches Attribut« und »adjektivisches Prädikatsnomen«. U. Engel ([3]1996) definiert »Adjektiv« aufgrund einer Stellungsregel: »Adjektive sind Wörter ohne konstantes Genus, die zwischen Determinativ und Nomen stehen können.« Er führt u. a. folgende Bezeichnungen ein: das A. als »Attribut« oder »Apposition« beim Nomen, die »Modifikativangabe« beim Verb (→Adjektivadverb) sowie die »Adjektivalergänzung« (E_{adj}) bei Kopulaverben (→Prädikatsadjektiv) bzw. beim A. Eine weitere Untergruppe stellen »Adjunkte« dar, die bei einem Nomen stehen, von diesem aber durch →Umstellprobe getrennt werden können (*Er kam erschöpft aus dem Haus. Erschöpft kam er aus dem Haus*).

Adjektivabstraktum →Nomen qualitatis

Adjektivadverb, der Form nach ein (unflektiertes) →Adjektiv, das die Aufgabe eines →Adverbials im Satz übernommen hat:

Die Klasse über uns lärmt entsetzlich.

Fast alle Adjektive können diese Aufgabe übernehmen; sie werden dann nicht →flektiert, können aber, im Gegensatz zu reinen Adverbien (*dort, heute, jetzt*) gesteigert werden: *Sie lärmen noch entsetzlicher als gestern.*

Adjektivattribut →Adjektiv (1), attributive Stellung

Adjektivierung →Wortartenwechsel

Adjunkt, dt.: Hinzufügung; →attributiv gebrauchter Ausdruck, der einen anderen spezifiziert a) vorausgehend (z.B. Artikel, Adjektivattribut), b) folgend (z.B. Genitivattribut, Relativsatz). (1) In der →Dependenzgrammatik alle sprachlichen Teile, die wahlweise die gleiche Position im Satz einnehmen können, d.h. in →paradigmatischer Relation zueinander stehen. (2) In der →generativen Transformationsgrammatik fakultative syntaktische Einfügung. So ist z.B. in der Struktur *mein Freund aus Amerika* »aus Amerika« ein A. »Derartige Kategorien, die fakultativ zusätzlich zu den Komplementen auftreten und selbst nichts mit den Subkategorisierungseigenschaften des betreffenden Lexems zu tun haben, bezeichnen wir als Adjunkte (engl. adjunct)« (Fanselow/Felix 2, 1987). Dieser Aspekt der →GB-Theorie hat große Ähnlichkeit mit der Valenztheorie (→Valenz, →Angabe). →Projektionsprinzip.

Adjunktion →Entfaltungsprobe

Adnominal, dt.: zum Nomen hinzutretend; a. steht ein Ausdruck, der bei einem Nomen steht und dieses spezifiziert: *das Buch dort* (= attributives Adverb in a.er Stellung), *das rote Buch* (attributives Adjektiv).

Adverb, pl.: Adverbien, dt.: Umstandswort; das A. gibt die näheren Umstände einer Handlung oder eines Geschehens an. In den meisten Fällen bestimmt das A. ein →Verb, ein →Adjektiv oder ein anderes A. näher. Der Form nach unterscheidet man reine A.ien (*bald, heute, schon, sehr*), die nur aus einem Stammwort bestehen; →Zusammensetzungen (*nachmittags, überall, dorthin*) und →Ableitungen (*ziemlich, versuchsweise, vergeblich*). Einige reine A.ien können gesteigert werden:
sehr – mehr – am meisten
gern – lieber – am liebsten
bald – eher – am ehesten

Die große Gruppe der →Adjektivadverbien kann durchweg gesteigert werden; sie werden nicht flektiert. Auf der Satzgliedebene stehen sie als →Attribute oder →Adverbiale.

1. Formen und Vorkommen

– Freie A.ien sind in ihrer Position im Satz nicht festgelegt: *gern, mittags, bald, dort.*
– Das A. kann ein Verb näher bestimmen; es wird adverbial gebraucht und heißt in dieser Position auf der Satzgliedebene →adverbiale Bestimmung: *Das Buch liegt hier.*
– Fast alle Adjektive können als →Adjektivadverbien die Funktion eines A.s im Satz übernehmen:

Heinz ist ein fleißiger Schüler.	(attributives Adjektiv)
Heinz ist fleißig.	(prädikatives Adjektiv)
Heinz arbeitet fleißig.	(Adjektivadverb in der Funktion eines A.s)
Heinz arbeitet hier.	(reines A.)

– Das A. bestimmt ein Nomen, Adjektiv oder ein anderes A. näher; es wird attributiv gebraucht und heißt auf der Satzgliedebene →Attribut:

Das Buch hier ist lesenswert.	(Das A. steht als Attribut bei einem Nomen)

Es ist ein sehr spannendes Buch.	(Das A. steht als Attribut bei einem Adjektiv)
Das Buch gefiel mir besonders gut.	(Das A. steht als Attribut bei einem anderen A.)

- →Pronominaladverbien nehmen die Satzgliedstelle von →Präpositionalgefügen ein: *(Er denkt an die schönen Ferien.) – Er denkt daran.*
- Eine Reihe von A.ien kann die Aufgabe von →Abtönungspartikeln übernehmen: *doch*, *schon*, *vielleicht.*
- Als →Relativadverb oder →Interrogativadverb leiten bestimmte A.ien einen →Relativsatz oder einen →Interrogativsatz ein: *wo*, *wohin*, *woher*, *wann*, *wie*, *wieso*, *warum.*
- →Satzadverbien können die Aussage eines ganzen Satzes näher charakterisieren; sie geben die subjektive Einstellung des Sprechenden zum ausgesagten Sachverhalt wieder: *hoffentlich*, *vielleicht*, *augenscheinlich*, *möglicherweise.*
- Als →Konjunktionaladverb haben einige A.ien die gleiche Funktion wie die nebenordnenden →Konjunktionen (1); sie können Teilsätze miteinander verbinden: *Anja will Ärztin werden, deshalb lernt sie fleißig in der Schule.*

2. Grammatische Funktion

Je nach der (→semantischen) Funktion, die das A. im Satz innehat, unterscheidet man diverse Untergruppen, z. B.:

- Lokaladverbien (Ortsadverbien) bezeichnen Umstände des Ortes oder der Richtung näher: *dort*, *da*, *dahin*, *daher*, *woher*, *wo.*
- Temporaladverbien (Zeitadverbien) bezeichnen Umstände der Zeitdauer oder des Zeitraums näher: *gestern*, *vormittags*, *vorher*, *danach*, *bald*, *wann.*

– Modaladverbien (Artadverbien) bezeichnen im weiteren Sinne die Art und Weise einer Handlung oder eines Geschehens näher. Sie werden wie folgt differenziert:

Art und Weise im engeren Sinne	Wie? Auf welche Weise?	*gerne, blindlings, eilends, kurzerhand, kopfüber, geradeaus, vergebens, genauso*
Grad oder Maß	Wie? Wie viel?	*genug, besonders, weitaus, sehr, zutiefst, geradezu, überhaupt*
Begrenzung, Unbestimmtheit	Wie? Wie begrenzt?	*nahezu, beinahe, fast, etwa, höchstens, einigermaßen*
Einschränkung (restriktiv)	Wie? Mit welcher Einschränkung?	*allerdings, freilich, (in)soweit, zumindest, immerhin*
Gegensatz (adversativ)	Wie? Sondern was (eher)?	*doch, jedoch, dagegen, indessen*
Hervorhebung	Wie? Wie sehr?	*ausgerechnet, gerade, erst, genau, selbst, sogar, besonders, insbesondere*
Beurteilung	Wie? Wie beschaffen?	*vielleicht, sicher, bestimmt, durchaus, nicht, nie(mals), keineswegs*

– Kausaladverbien (A.ien des Grundes) bezeichnen im weiteren Sinne die Gründe oder Mittel, die bei einer Handlung oder einem Geschehen eine Rolle spielen. Sie werden wie folgt differenziert:

Grund im engeren Sinne (kausal)	Warum? Aus welchem Grund?	*warum? darum, weswegen (weswegen?), deswegen*
Begründung, Folge (konsekutiv)	Mit welcher Folge?	*folglich, also, demnach, deshalb, sonst, demzufolge*

Mittel (instrumental)	Mit welchem Mittel?	*wodurch (wodurch?), dadurch, hierdurch, damit, womit (womit?)*
Bedingung (konditional)	Unter welcher Bedingung?	*notfalls, andernfalls, sonst, streng genommen, schlimmstenfalls*
Gegengrund (konzessiv)	Mit welcher Einräumung?	*dennoch, doch, nichtsdestoweniger, trotzdem*
Zweck, Absicht (final)	Zu welchem Zweck?	*wozu (wozu?), dazu, darum, hierfür, hierzu*

Beispiel:
Die Rosen stehen dort. (lokales A.)
Die Rosen werden jährlich beschnitten. (temporales A.)
Die Rosen werden sorgfältig beschnitten. (modales A.)
Ich züchte Rosen interessehalber. (kausales A.)

Adverbal, dt.: beim Verb stehend, sich auf ein Verb beziehend; a. können →Präpositionen (*lachen über, sich freuen auf*) oder →Adverbien (*schnell laufen, gierig essen*) stehen.

Adverbial(e), das A., pl.: Adverbiale, dt.: Umstandsbestimmung, Umstandsangabe; →adverbiale Bestimmung.

Adverbiale Bestimmung, Adverbial(e), dt.: Umstandsbestimmung, Umstandsangabe; Satzglied, das die näheren Umstände (Ort, Zeit, Art und Weise, Grund) einer Handlung oder eines Geschehens angibt. Allerdings wird diese Kategorie in den verschiedenen Grammatiken nicht einheitlich beschrieben und abgegrenzt (wie etwa die anderen Satzglieder).

1. Formen und Vorkommen

Zahlreiche Wortarten können die Aufgabe einer a.n B. im Satz übernehmen:

– Das reine →Adverb als a. B.: *sehr, schon, bald, dort, gestern. Heute scheint die Sonne kaum. Es wird bald Herbst.*

- Das →Adjektiv als a. B.; es steht als →Adjektivadverb bei einem Verb: *Der Sommer verging schnell.*
  Je nach theoretischer Ausrichtung kann auch das →prädikative Adjektiv als Satzglied angesehen werden; die →Prädikatsnomina »sind dann Ergänzungen wie alle anderen« (Eisenberg, [3]1994): *Die Tage werden kürzer.*
- Nomen + Präposition als a. B.: *Mit Sorgen schauen wir auf den Kalender. – In der Frühe stehen wir im Dunkeln an der Bushaltestelle.* →Präpositionalgefüge.
- Das →Pronominaladverb als a. B.: *Stand er vor seinem Auto, oder saß er darin?*
- Der →Adverbialsatz als a. B.: *Er ist aus seinem Auto gestiegen, weil ihm übel war.*
- Der →Infinitiv + zu als a. B.: *Er musste anhalten und aussteigen, um sich zu erholen.*
- Die →Partizipialkonstruktion als a. B.: *Laut über den schlechten Service schimpfend, fuhr er schließlich weiter.*
- Das Nomen im Genitiv als a. B.: *Du bist wohl des Teufels! – Warum kommst du des Abends?*
- Das Nomen im Akkusativ als a. B.: *Du solltest nächsten Montag kommen. – Arbeitest du den ganzen Tag?*

2. Grammatische Funktion

Je nach der (→semantischen) Funktion der a.n B. im Satz unterscheidet man folgende Untergruppen:

- Die a. B. des Ortes (lokale Angabe/Ergänzung, Raumangabe/-ergänzung). Man fragt: *Wo? Bei wem? Wohin? Woher? Wie weit?*
  Der neue Schüler kommt aus Hamburg. – Jetzt wohnt er bei seiner Tante in Bocholt.
- Die a. B. der Zeit (temporale Angabe/Ergänzung, Zeitangabe/-ergänzung). Man fragt: *Wann? Wie lange? Bis wann?*
  Jörg fehlt seit zwei Wochen. – Er ist noch einige Zeit krankgemeldet.

- Die a.B. der Art und Weise (modale Angabe/Ergänzung, Artangabe/-ergänzung). Man fragt: *Wie? Wie viel? Wie sehr? Mit wem?*
  Die U-Bahn fährt schnell. (Qualität) – *Aber sie kostet sehr viel.* (Quantität) – *Die Preise sind nicht von Pappe.* (stoffliche Beschaffenheit) – *Ich ärgere mich entsetzlich.* (Intensität) – *Er tippt sich mit der Hand an die Stirn.* (Mittel oder Werkzeug) – *Viele fahren U-Bahn, ich indessen bevorzuge das Auto.* (Gegensatz, adversativ) – *Morgen fahre ich mit meinem Freund.* (begleitender Umstand)
- Die a.B. des Grundes (kausale Angabe/Ergänzung, Begründungsangabe/-ergänzung) im weiteren Sinne. Hierunter wird eine Reihe von Untergruppen gefasst:

Adverbiale Bestimmung	Man fragt:	Beispiel
des Grundes im engeren Sinne (kausale Angabe)	Warum?	*Er wollte aus Angst lügen.*
der Bedingung (konditionale Angabe)	Unter welcher Bedingung?	*Antworte nur bei einer Frage.*
der Folge (konsekutive Angabe)	Mit welcher Folge?	*Er war zur Lösung der Aufgabe zu wenig vorbereitet.*
des Zwecks (finale Angabe)	Wozu?	*Er muss jetzt zu mehr Leistung ermuntert werden.*
der Einräumung (konzessive Angabe)	Mit welcher Einräumung?	*Trotz der großen Angst sagte er die Wahrheit.*
des Mittels (instrumentale Angabe)	Womit? Wodurch?	*Es geht nicht mit Gewalt.*

3. Ergänzende Hinweise

Die a.B. kann im Satz als notwendige →Ergänzung oder als freie →Angabe vorkommen. Da die genaue Unterscheidung im Einzelnen oft schwierig ist, spricht man allgemein von der a.n B. als Oberbegriff.

– Die a. B. als notwendige Ergänzung:
  wohnen + a. B. des Ortes (*Mein Freund Jan wohnt in Hamburg*).
  sich verhalten + a. B. der Art und Weise (*Jan verhält sich richtig*).
– Die a. B. steht als mögliche Angabe im Satz: *Ines schläft (wenig/in ihrer neuen Wohnung/elf Stunden). – Sie arbeitet (viel/im Büro/sieben Stunden).*
– Die a. B. ist vom Verb unabhängig und bezieht sich als →Satzadverb auf die gesamte Aussage des Satzes: *Vielleicht kommen wir mit. – Er hat glücklicherweise an diesem Tag frei.*

Adverbiales Adjektiv →Adjektiv (1), adverbiale Stellung

Adverbialsatz, dt.: Umstandssatz; der A. ist ein →Gliedsatz, der die grammatische Stelle einer →adverbialen Bestimmung einnimmt und in den meisten Fällen durch sie ersetzt werden kann.

1. Formen und Vorkommen

Der A. kann ein eingeleiteter oder uneingeleiteter →Nebensatz sein. In den meisten Fällen wird er durch eine unterordnende →Konjunktion (2) eingeleitet und heißt dann →Konjunktionalsatz. Wird der A. mit einem →Relativadverb eingeleitet, so zählt man ihn zu den →Relativsätzen. (Der →Lokalsatz ist stets ein Relativsatz.) Als →uneingeleiteter Nebensatz, als →Infinitivsatz oder als →Partizipialkonstruktion ist der A. relativ selten. Diese Formen lassen sich jeweils in einen bedeutungsgleichen Konjunktionalsatz umwandeln.

Unter formalen Gesichtspunkten lassen sich folgende Arten des A.es unterscheiden (*weil, wenn, indem* = unterordnende Konjunktionen; *wo* = Relativadverb):

– Der A. als Konjunktionalsatz: *Die Wälder werden gerodet, weil man Baugrund braucht.*

- Der A. als Relativsatz: *Fabriken stehen, wo früher die Wälder waren.*
- Der A. als uneingeleiteter Konditionalsatz: *Bist du aufgeregt, gelingt dir gar nichts.* (*Wenn du aufgeregt bist, ...*)
- Der A. als Infinitivsatz mit »zu«: *Keiner sagt etwas, um nicht den Arbeitsplatz zu verlieren.* (*..., weil er den Arbeitsplatz nicht verlieren will.*)
- Der A. als Partizipialkonstruktion: *Auf die vergangene Zeit zurückblickend, will sich keiner heute beklagen.* (*Indem sie auf die vergangene Zeit zurückblicken, will...*)

2. Funktion des A.es im Gesamtsatz

Der A. erfüllt die gleiche Funktion im Gesamtsatz wie eine adverbiale Bestimmung, durch die er ersetzt werden kann. Diese (→semantische) Funktion kann man durch Hilfsfragen ermitteln. Außerdem wird sie in den meisten Fällen durch die einleitende Konjunktion angezeigt.

- Der A. als Lokalsatz (Nebensatz des Ortes). In dieser Funktion ist der A. stets ein Relativsatz, der die räumlichen Umstände angibt: *Wir treffen uns, wo die drei Birken stehen.* (Ort) – *Ich folge dir, wohin du gehst.* (Richtung)
  Ersatzprobe: *Wir treffen uns an den drei Birken.* (adverbiale Bestimmung des Ortes) – *Ich folge dir überallhin.* (adverbiale Bestimmung der Richtung)
- Der A. als Temporalsatz (Zeitsatz). Ein Temporalsatz kann den Zeitbezug des übergeordneten Satzes näher bestimmen (→Zeitstufe):
  a) Die Handlung im A. ist gleichzeitig. *Sie kann kaum ruhig schlafen, während ihr Freund in Amerika ist.*
  b) Die Handlung im A. ist vorzeitig. *Nachdem er glücklich zu Hause angekommen ist, sind alle Sorgen von ihr gewichen.*

c) Die Handlung im A. ist nachzeitig. *Bevor man eine weite Reise unternimmt, sollte man eine Versicherung abschließen.*
Man fragt: *Wann? Wie lange? Bis wann?*

- Der A. als Modalsatz (Nebensatz der Art und Weise). Ein Modalsatz gibt im weiteren Sinne die Art und Weise einer Handlung oder eines Geschehens an; zu den Modalsätzen rechnet man auch die Vergleichssätze (ohne Bezugswort im Hauptsatz): *Man startet diese Maschine, indem man den roten Knopf drückt.* (Art und Weise im engeren Sinne, modal) – *Der Lehrling versuchte es, ohne dass die Maschine ansprang.* (fehlender Umstand) – *Der Meister lachte, während sich der Lehrling ärgerte.* (Gegensatz, adversativ) – *Nun ist es dir ergangen, wie es mir als Lehrling auch ergangen ist.* (Vergleich, proportional)
Man fragt: *Wie? Wie viel? Wie sehr? Unter welchen Umständen?*
- Der A. als Kausalsatz (Begründungssatz). Der Kausalsatz erfüllt eine Reihe von Funktionen; im weiteren Sinne gibt er die Ursache oder Begründung für eine Handlung oder ein Geschehen an. Entsprechend der einleitenden Konjunktion und ihrer (→semantischen) Funktion lassen sich folgende Untergruppen angeben: (Die aufgeführten Beispiele entsprechen den Beispielen bei den →adverbialen Bestimmungen, mit denen sie ausgetauscht werden können.)

Adverbialsatz	Man fragt:	Beispiel	Weitere Konjunktionen
des Grundes im engeren Sinne (Kausalsatz)	Warum?	*Er wollte lügen, weil er Angst hatte.*	*da, zumal*
der Bedingung (Konditionalsatz)	Unter welcher Bedingung?	*Antworte nur, wenn du gefragt wirst.*	*falls, sofern, soweit*

der Folge (Konsekutivsatz)	Mit welcher Folge?	*Er war zu wenig vorbereitet, als dass er die Aufgabe hätte lösen können.*	*ohne dass, dass*
des Zwecks (Finalsatz)	Wozu?	*Er muss jetzt ermuntert werden, damit er mehr leistet.*	*dass, auf dass*
der Einräumung (Konzessivsatz)	Mit welcher Einräumung?	*Obgleich er große Angst hatte, sagte er die Wahrheit.*	*obwohl, obschon, wenn auch*
des Mittels (Instrumentalsatz)	Womit? Wodurch?	*Es geht nicht, indem man Gewalt anwendet.*	*dadurch dass, damit dass*

Adversativ, einen Gegensatz ausdrückend; a.e →Konjunktion (1), (2); a.es →Adverb; a.es →Adverbial.

Adversativsatz, drückt einen Gegensatz zum Inhalt des übergeordneten Satzes aus; er gehört im weiteren Sinne zu den Modalsätzen; →Adverbialsatz: *Der Meister lachte, während sich der Lehrling ärgerte.*

Äquation, Terminus bei H. J. Heringer (1996), der damit eine kleine Klasse von Partikeln bezeichnet: *als*, *wie für*, *außer*, *statt*. Die Ä. ist nicht flektierbar, regiert N und bildet Ä.s-Phrasen, ohne ihnen jedoch Kasus zuzuweisen (wie etwa die Präposition). »Sie sind durchlässig und geben den Kasus einer anderen N* weiter.« Der Terminus Ä. weist auf die »syntaktische Gleichsetzung in der Kasuskongruenz« hin. Einige Lexeme gehören der Klasse der Ä.en an, fungieren aber auch als weitere Kategorien: *Willi arbeitet als* (= Ä.) *Bankkaufmann. Er arbeitet noch, als* (Konj.) *alle schon gegangen sind. – Man hält Willi für* (= Ä.) *einen Streber. Er arbeitet für* (Präp.) *seine Karriere.*

Ä.s-Phrasen können in verschiedenen syntaktischen Umgebungen und Funktionen vorkommen:
- valenzbestimmt als Komplement: *Professorin M. gilt als Expertin*.
- als Adverbial: *Sie arbeitet wie eine Expertin*.
- als Attribut (Apposition): *Frau Professorin M. als Expertin sagt, ...*

Äquifinalität, Kennzeichnende Eigenschaft von offenen Systemen; im Gegensatz zu geschlossenen Systemen, die im Wesentlichen durch ihre Anfangszustände determiniert sind, werden Ereignisse in selbstregulierenden offenen Systemen weit mehr durch die Art der ablaufenden Prozesse bestimmt. »Das in diesem Zusammenhang wichtige Prinzip der Äquifinalität bezieht sich auf die Tatsache, dass verschiedene Anfangszustände zu gleichen Endzuständen führen können, weil Abläufe vorwiegend durch das Wesen ihrer Organisation bedingt werden« (Watzlawick [u.a.], [5]1980). Ebenso muss angenommen werden, dass verschiedene Ergebnisse auf dieselben Ausgangsbedingungen folgen können. Übertragen auf die Erforschung von Kommunikationsprozessen (die jeweils als offenes System interpretiert werden können) heißt dies zum Beispiel, dass gleiche Ausgangsdaten und gleiche Argumente nicht in jedem Fall zum gleichen Ergebnis führen, dass also die Organisation der Beziehungen zwischen den Kommunikationspartnern sowie der organisatorische Rahmen, in dem die Kommunikationsprozesse ablaufen, von ganz entscheidender Bedeutung sind und bei einer (pragma-)linguistischen Analyse (→Pragmatik) nicht vernachlässigt werden dürfen. →System (2).

Äquilibration, Herstellung von Gleichgewicht; in der Entwicklungspsychologie Jean Piagets »der grundlegende Entwicklungsfaktor«, der für die Herausbildung bestimmter Strukturen auf einer bestimmten Entwicklungsstufe des Menschen grundlegend ist. Piaget versteht Ä. als einen »Ausgleich durch Selbstregulierung«, als ein natürliches

Ablaufgeschehen mit einer immanenten Entfaltungslogik zu immer gleichgewichtigeren Organisationsformen hin (Piaget, 1983). Dieser Ansatz hat wichtige Konsequenzen für die Theorie des menschlichen →Lernens.

Äquivalenz, dt.: Gleichwertigkeit, zum Beispiel von Aussagen. (1) In der Logik die Verknüpfung zweier Aussagen derart, dass gilt: A folgt aus B und B folgt aus A, also: A ↔ B. Die Aussagenverknüpfung ist nur dann wahr, wenn entweder A und B wahr oder wenn A und B falsch sind. (2) Für die Umgangssprache gilt eine schwächere Bedingung; man spricht hier bereits von Ä., wenn zwei Aussagen die gleiche Bedeutung haben: A »Heiko ist Haralds Vater« und B »Harald ist Heikos Sohn«. Das Verhältnis der Ä. gilt hier allerdings nur, sofern in beiden Aussagen A und B die Namen auf die jeweils gleiche Person referieren. →Implikation.

Äquivokation, Doppel- oder Mehrdeutigkeit eines →Lexems, z. B. »Bank« als (1) Geldinstitut, (2) Sitzgelegenheit usw. Bei Verben ist die Einordnung ins Lexikon nicht immer einfach, da sich die Ä. auch auf die →Valenz beziehen kann, z. B.: »rollen« – *Der Wirt rollt*$_1$ *ein Fass vom Wagen. – Das Fass rollt*$_2$ *durch die Luke.* →Homonym.

Äußerung, sprachliche Einheit beliebiger Länge als Teil der Rede (→Parole); ↔Ausdruck (1).

Äußerungsakt →Sprechakt

Affix, →Wortbildungsmorphem, fasst →Präfix, →Suffix und →Infix zusammen.

Affiziertes Objekt, →Objekt, das unabhängig von der beschriebenen Handlung vorhanden ist, das durch die im Verb ausgedrückte Handlung unmittelbar betroffen wird: *Sie schneidet den Stoff*. Der Terminus hat Ähnlichkeit mit den in der →Theta-Theorie entwickelten →thematischen Rollen (z. B. Patiens). ↔Effiziertes Objekt.

Affrikata, die A., pl.: Affrikaten; Verbindung von →Verschlusslaut und →Frikativ, die ungefähr am gleichen →Artikulationsort gebildet werden: [pf] *Apfel*, [ts] *Katze*, [tʃ] *Klatsch*, [dʒ] *Dschungel*.

Agens, das A., dt.: Handelnder, Täter; in der Syntax →thematische Rolle, die den Träger einer Handlung oder eines Verhaltens (meist in der Subjektposition) markiert. ↔Patiens.

Agnosie, dt.: das Nichterkennen; krankhafte Funktionsstörung bei der →kognitiven Informationsverarbeitung trotz intakter Sinnesorgane. A.n betreffen die bedeutungszuweisenden (gnostischen) Funktionen und stellen Störungen im konzeptuellen Bereich dar. »Offensichtlich können perzeptuelle Aspekte und konzeptuelle Aspekte bei dieser Störung nicht mehr koordiniert werden« (Schwarz, 1992).

Von verbaler A. spricht man, wenn sprachliche Einheiten nicht differenziert werden können; dies kann sich bis hin zu der Unfähigkeit erstrecken, kleinste akustische Differenzierungen zu erkennen. Diese phonematische Differenzierungsschwäche ist nicht selten Ursache für eine so genannte Schreibschwäche.

Agrammatismus, krankhaftes oder entwicklungsbedingtes Unvermögen, beim Sprechen oder Schreiben die einzelnen Wörter grammatisch richtig aneinander zu reihen, wodurch fragmentarische Sätze im Telegrammstil entstehen. Diese Form des A. ist oft bei Broca-Aphasikern festzustellen: Die syntaktische Struktur der Äußerungen ist stark vereinfacht und morphologisch reduziert, und es zeigen sich die folgenden typischen Symptome: »mühsames Sprechen, der Wegfall von Funktionswörtern, die Ersetzung flektierter Verbformen durch Infinitive, Probleme mit der Wortstellung, verkürzte Satzlänge und Auslassung von gebundenen grammatischen Morphemen« (Schwarz, 1992). →Dysgrammatismus.

Akkusativ, dt.: Wenfall, 4. Fall bei der →Deklination; der A. steht meist bei den →transitiven Verben, die auch ein

→Passiv bilden können (*lieben*, *holen*, *brauchen*, *essen*, *schreiben*). →Akkusativobjekt; →Kasus.

Neben der Funktion als Akkusativobjekt (*Er liebt den Reitsport*) kann der A. eine →adverbiale Bestimmung kennzeichnen (*Du sollst den nächsten Montag kommen*) oder ein →Prädikatsnomen (*Er hält dies für einen guten Vorschlag*).

Akkusativobjekt, dt.: Zielgröße, direktes Objekt, Satzergänzung im 4. Fall (Wenfall, →Akkusativ): *Er liebt den Pferdesport über alles.*

Man fragt: *Wen oder was (liebt er über alles)?*

Aktant, dt.: Mitspieler; (1) in der →Dependenzgrammatik von Tesnière Bezeichnung für die vom Verb notwendig geforderten →Ergänzungen (einschließlich des Subjekts). (2) Bei G. Helbig vom Verb abhängige Infinitivkonstruktion; →prädikativer A.; →Valenz; ↔Circonstant.

Aktionsart, dt.: Verlaufsweise; die A. macht deutlich, wie der durch ein Verb gemeinte Vorgang zeitlich, inhaltlich abläuft. Es sind meist grammatische Mittel (wie →Affixe oder Wortbildungsmittel), die die lexikalische Grundbedeutung des Verbs modifizieren. Die A. wird durch die Bedeutung des Verbs mitgegeben und ist somit relativ unabhängig vom Kontext. ↔Aspekt.

1. Zeitlicher Ablauf

- Das Verb zeigt den Beginn eines Vorgangs an (inchoativ = allmählicher Beginn; ingressiv = plötzlicher Beginn): *abspringen*, *erblühen*, *entflammen*, *erblassen*, *losrennen*. – *Das Licht flammt auf.*
- Das Verb zeigt das Ende eines Vorgangs an (resultative, egressive Verben): *verbrennen*, *aufessen*, *vergehen*, *durchtrennen*, *beenden*, *ausklingen*. – *Das Licht geht aus.*
- Das Verb gibt keine zeitliche Ausdehnung an (punktuelle, momentane Verben): *finden*, *fassen*, *begreifen*, *treffen*, *aufzeigen*, *zerschlagen*. – *Das Licht blinkt.*

Diese drei Untergruppen fasst man auch unter der Bezeichnung »perfektive Verben« oder »terminative Verben« zusammen.

– Das Verb kennzeichnet einen dauernden Vorgang (imperfektive, durative Verben): *singen*, *schlafen*, *gehen*, *reden*, *bleiben*, *sein*. – *Das Licht leuchtet.*

2. Wiederholung

Das Verb zeigt stete Wiederholung an (iterative Verben): *sticheln*, *klappern*, *krabbeln*, *tropfen*, *kreisen*, *schwingen*, *flattern*. – *Das Licht flackert.*

3. Grad oder Stärke

Das Verb zeigt an, welchen Grad oder welche Stärke der bezeichnete Vorgang hat (intensive Verben): *lächeln* (lachen), *schluchzen* (heftig schlucken beim Weinen), *wuchern* (wachsen), *züngeln*, *tröpfeln*, *hüsteln*. – *Das Licht glimmt.*

4. Andere Mittel zur Kennzeichnung

Anfang, Ende, Dauer, Wiederholung oder Stärke eines Vorgangs können auch durch zusätzliche sprachliche Mittel zu einem Verb aufgezeigt werden: *ständig*, *andauernd* (lesen); *anfangen*, *aufhören* (zu schreiben); *wöchentlich einmal* (kommen); *intensiv* (nachdenken). – *Das Licht beginnt zu leuchten.* (Das durative Verb »leuchten« erhält durch »beginnt zu« einen ingressiven Verlauf.)

Aktiv, dt.: Tatform, Tätigkeitsform; das A. gehört neben dem →Passiv zum Genus des Verbs (lat. *genus verbi*), es ist die Sehweise des →Prädikats, das eine Handlung oder ein Geschehen vom Täter oder Urheber aus (im Nominativ) darstellt: *Die Schüler lernen.* – *Die Lehrerin lobt ihre Schüler.*

Akustische Phonetik →Phonetik

Akut, →diakritisches Zeichen, das eine besondere Art der Betonung anzeigt, z. B. im Französischen den Laut é [e] im Unterschied zu è [ɛ]. ↔Gravis.

Akzent, dt.: Hervorhebung; (1) Betonungszeichen wie z. B. der →Akut im Französischen; (2) →suprasegmentale

Eigenschaft von gesprochener Sprache, z.B. Betonung eines Wortes auf einer bestimmten Silbe (Wortakzent) oder eines bestimmten Wortes im Satz (Satzakzent). Variiert werden können die Stärke des Atemdrucks (= dynamischer A.), die Tonhöhe bzw. der Tonhöhenverlauf (= musikalischer A.) oder auch die Tonlänge (= temporaler A.).

Im Deutschen ist der A. relativ frei (Stammbetonung) und dient gelegentlich der semantischen Unterscheidung von →Homonymen: *übersetzen* – *übersetzen*. Ähnliches gilt für die Längenvarianz (Quantität): *Maße* – *Masse*. (3) Eigensprachliche Betonungsgewohnheiten beim Sprechen einer Fremdsprache: *Er spricht mit A.* (besondere Aussprache, fremdartiger Tonfall).

Akzeptabilität, dt.: Annehmbarkeit; Entscheidung eines kundigen Sprechers einer Sprache darüber, ob eine sprachliche Äußerung in einer bestimmten Situation als sprachlich üblich und richtig gelten kann. Urteile über die A. eines Ausdrucks oder einer Äußerung gehören zur →Performanz, während Aussagen über die →Grammatikalität zur →Kompetenz (1) eines (idealisierten) Sprechers/Hörers gehören.

Algorithmus, allgemein »ein eindeutiges automatisches Verfahren« (von Cube, 1971), etwa in einem Fertigungsbetrieb; (1) in diesem Sinne ist ein A. eine Verarbeitungsvorschrift, die so präzise formuliert ist, dass sie von einem mechanisch oder elektronisch arbeitenden Gerät durchgeführt werden kann. (2) Rechenverfahren, das nach einem festgelegten Schema abläuft und zur schrittweisen und immer wiederholbaren Lösung von ähnlichen Problemen und Aufgabenstellungen dient (z.B. der euklidische A. zur Berechnung des größten gemeinsamen Teilers). (3) Verfahren zur schrittweisen Umwandlung von Zeichenreihen.

Allaussage, in der →formalen Logik solche Aussagen, die mit einem Alloperator verbunden sind: $\bigwedge x\ F(x)$, gelesen: »Für jedes Etwas x gilt: x ist F oder: *Alle Raben sind* *schwarz.*« Hierbei ist »⋀ x« der Allquantor und das Zeichen »x« die Objektvariable.

Allgemeine Grammatik → Philosophische Grammatik

Alliteration, dt.: Anreim; man spricht von A., wenn bei zwei oder mehr aufeinander folgenden Wörtern der Anlaut der betonten Stammsilbe gleich ist: *mit Mann und Maus*; *Tod und Teufel*; *Haus und Hof*; aber auch: *verlassen und verloren.* → Stabreim.

Allomorph, dt.: das anders, verschiedenartig Geformte; A.e sind unterschiedliche Realisierungen eines → Morphems. So lässt sich das Plural-Morphem im Deutschen auf sehr verschiedene Art realisieren: *die Fenster-Ø*, *die Tor+e*, *die Frau+en*, *die Kind+er*, *die Häus+er* u. a. {Ø, *-e*, *-en*, *-er*, *U-er*, ...} sind A.e des Plural-Morphems. [Ø = Null-A., U = Umlaut.]

Komplementär verteilte A.e sind abhängig vom Kontext: *(wir) tragen – (wir) trugen:* »trug-« kommt als A. von »trag-« nur in Verbindung mit der Form des → Präteritums vor.

Allophon, dt.: das anders, verschiedenartig Gelautete; A.e sind Realisierungen eines → Phonems; z. B. /e/ oder /ɛ/ in *Komm her!*; komplementär verteilte A.e sind abhängig vom Kontext:

– nach i/e /ç/ : *ich*, *rechts*
– nach a/o/u /x/ : *ach*, *hoch*, *Buch*

Als freie Varianten des R-Lautes gelten im Deutschen das Zungen-R und das Zäpfchen-R.

Alternativfrage → Doppelfrage

Althochdeutsch, Sprachform des Deutschen von den ersten schriftlichen Überlieferungen an (um 750 n. Chr.) bis etwa 1050 n.Chr. Das Hochdeutsche entwickelte sich im 5.–8. Jh. n. Chr. aus dem Germanischen durch einige charakteristische → Lautverschiebungen, die sich vom Süden Deutschlands in sich abschwächender Form bis zur → Benrather Linie durchsetzten. Zur Gliederung des A.en vgl. S. 35.

- **Althochdeutsch**
  - **Oberdeutsch**
    - **Alemannisch** (Schweiz)
    - **Bairisch** (Österreich)
    - **Langobardisch*** (vermutlich nördlich von Stuttgart bis Würzburg; Nürnberg bis Erfurt)
  - **Mitteldeutsch**
    - **Westmitteldeutsch**
      - **Oberfränkisch**
        - **Rheinfränkisch** Mainz, Frankfurt, Lorsch, Worms, Wiesbaden
        - **Südfränkisch** Weißenburg
        - **Ostfränkisch** Spessart, Odenwald, Würzburg, Bamberg, Fulda
      - **Mittelfränkisch** nach dem 11. Jh.
        - a) Ripuarisch (Köln, Aachen, Düsseldorf)
        - b) Moselfränkisch (Trier)
    - **Ostmitteldeutsch** Thüringisch, Obersächsisch, Lausitzisch, Schlesisch, Hochpreußisch

(* untergegangen)

Nördlich der Benrather Linie blieb das →Niederdeutsche (Plattdeutsche) noch lange Zeit bestimmend. So wurde z.B. (durch die Verschiebung der stimmlosen →Verschlusslaute) aus germ. *water*, *drêpan*, *mâkon* im Ahd. *wazzar*, *treffan*, *mahhon.*

Bekannte Schreiborte (Klosterschulen) in ahd. Zeit waren: Fulda, St. Gallen, Reichenau, Murbach, Regensburg, Freising und Monsee.

Als ein sprachliches Beispiel mag das St. Galler Paternoster (Alemannisch, 8.Jh. n.Chr.) dienen:

»Fater unseer, thu pist in himile, uuihi [uu = w] *namun dinan, qheme rihhi din, uuerde uuillo diin, so in himile sosa in erdu. prooth unseer emezzihic* [fortwährend] *kip uns hiutu, oblaz uns sculdi unseero, so uuir oblazem uns sculdikem* [Partizip 1, Plural, Dativ], *enti ni unsih firleiti in khorunka* [Versuchung], *usser losi unsih fona ubile.«*

Was die Beurteilung des A.en als →*deutsch* betrifft, so herrscht die Meinung vor, dass die germanischen Dialekte Fränkisch, Alemannisch und Bairisch des 8.–10.Jh.s noch als »vordeutsch«, als »werdendes Deutsch« gelten können (vgl. Eggers, 1986).

Alveolar, Laut, der an den Zahnwülsten (Alveolen) gebildet wird, z.B. in engl. *time* (›Zeit‹). Im Deutschen seltener, etwa im Auslaut bei »rot« [t] oder »waschen« [n].

Ambiguität, dt.: Doppelsinn; (1) Doppel- oder Mehrdeutigkeit von Dingen, Vorkommnissen oder Rede; (2) in der Sprachwissenschaft wird unterschieden:

- lexikalische A.: *Bank* (Geldinstitut) – *Bank* (Sitzgelegenheit) – *Bank* (Sandstreifen an einem Fluss). →Homonym.
- syntaktische A.: *Die Frau, die Napoleon betrogen hat, verlässt Frankreich.*

  1. Lesart: *Die Frau* (*Napoleon hat die Frau betrogen*) *verlässt Frankreich.*
  2. Lesart: *Die Frau* (*die Frau hat Napoleon betrogen*) *verlässt Frankreich.*

Die Vermeidung bzw. Auflösung derartiger A.en ist Aufgabe und Ziel insbesondere von strukturalistischen Grammatiktheorien.

Amerikanischer Strukturalismus → Strukturalismus

Ameslan → ASL

Anakoluth, das (auch: der) A.; dt.: ohne Zusammenhang, → Satzbruch; (1) Stilbruch, der eine misslungene Gestaltung anzeigen kann oder aber bewusst als stilistisches Mittel (etwa zur Kennzeichnung umgangssprachlicher Züge) eingesetzt wird. Dabei können sich Überschneidungen zur Montagetechnik ergeben: *»Dabei hört der Mann, der dasteht und brüllt, hört sich selbst, von weitem, sieht sich an. Die Häuser, die Häuser wollen wieder einstürzen, die Dächer wollen über ihn her, das gibt es nicht, damit sollen die mir nicht kommen, es wird den Verbrechern nicht gelingen, wir brauchen Ruhe.«* (A. Döblin, *Berlin Alexanderplatz*, 2. Buch.) (2) Syntaktischer (und gedanklicher) Bruch in der gesprochenen Sprache, zum Beispiel: *Ich wollte eigentlich, weil du hattest es ja versprochen, das mit dem Kino.*

Analog, (1) Zeichentheoretisch bedeutet a., dass ein Zeichen einem anderen vergleichbaren Zeichen ähnlich oder gleichartig ist. (2) In der Kommunikationstheorie sind a.e Vorgänge solche, die stufenlos (EDV) vonstatten gehen oder deren Werte durch physikalische Größen darstellbar sind (z. B. lässt sich die Uhrzeit a. auf einer Scheibe mit Zahlen, auf die ein Zeiger zeigt, ablesen). ↔ Digital.

Analoge Kommunikation, Art der Verständigung, bei der die verwendeten → Zeichen nicht symbolisch für etwas anderes stehen (↔ digitale Kommunikation), sondern viel direkter und unmittelbarer das Gemeinte ausdrücken, wie dies etwa bei Gestik und Mimik der Fall ist. Die a. K. dient vor allem der Darstellung menschlicher Beziehungen (Lächeln, Kopfschütteln, ...). → Pragmatische Axiome.

Analogie, dt.: Entsprechung, Ähnlichkeit, Übereinstimmung; die Analogiebildung ist ein produktives Verfahren, bei dem zwei oder mehr Bereiche auf Ähnlichkeiten und Übereinstimmung hin verglichen werden oder bei dem ein bekanntes Muster auf ein noch unbenanntes Phänomen übertragen wird. A. gibt es auf den verschiedenen sprachlichen Ebenen. (1) Auf der Lautebene sind historische Angleichungsprozesse zu beobachten, wie etwa der → Sekundärumlaut; war der Umlaut a > e zunächst nur durch ein /i/ in der Folgesilbe bewirkt worden (gasti > gesti), wurde dieser Vorgang der palatalen Aufhellung später auch durch ein /i/ in der zweiten Folgesilbe bewirkt (magedi > mägede). Solche Vorgänge führen zu Vereinfachungen des Lautsystems und zu symmetrischen Strukturen. (2) Auf der Wortbildungsebene handelt es sich oft um eine A. nach dem Muster: *Etikette* (Regeln des guten Benehmens) > *Netikette* (auch: Netiquette; Regeln des guten Benehmens im Internet). (3) Beim Spracherwerb kleiner Kinder lässt sich die so genannte Proportional-A. beobachten, die nach folgendem Muster arbeitet: *lachen* verhält sich zu *lachte* wie *rufen* zu *rufte*. (4) Auf der Satzebene lässt sich die A. etwa bei der Metaphernbildung zeigen; die → Metapher ist meist auf eine A. zurückzuführen, die auch in einem Vergleich ausgedrückt werden kann: Feststellung A: *Der Hase ist ein ängstliches Tier und läuft vor Gefahr weg.* – Feststellung B: *Mein Freund Willi ist ein ängstlicher Mensch und läuft vor Gefahr weg.* → C Vergleich: *Mein Freund Willi ist ängstlich wie ein Hase.* → D Metapher: *Mein Freund Willi ist ein Angsthase.*

Analogisten, Vertreter einer Strömung der antiken Sprachphilosophie, deren Interesse auf das Studium und die Rekonstruktion älterer Texte gerichtet war. »Im Bereich der Grammatik gingen die Analogisten von der Prämisse aus, dass in der Sprache im Prinzip eine ähnliche Harmonie, Symmetrie und Logik herrsche wie in der Natur und dass sich deshalb der Reichtum der sprachlichen Erscheinungen auf Regeln, Normen und Systeme zurückführen lasse. Das Analogieprinzip war ihnen dabei nicht nur ein heuristisches Forschungs- und Erklärungsprinzip, sondern zugleich auch ein Rechtfertigungsgrund, normierend in die Sprache einzugreifen und beispielsweise die Beseitigung abweichender Formen in Flexionssystemen zu propagieren.« (Köller, 1988.) → Anomalisten.

Analyseverfahren → Probe

Analytisch-deduktiv, eine → Methode zur Erkenntnisgewinnung, die vom Allgemeinen zum Besonderen, von einer Regel oder einer Gesetzmäßigkeit zu den Einzelerscheinungen fortschreitet; die ihre Ergebnisse durch logische Zergliederung erhält. So kann man zum Beispiel von einer mathematischen Gesetzmäßigkeit ausgehen und mit ihrer Hilfe konkrete Aufgaben lösen, oder man kann eine Reihe von grammatischen Phänomenen vorgeben und diese dann bei der Bearbeitung einzelner Texte herausfinden und in ihrer speziellen Funktion bestimmen lassen.

Analytischer Sprachbau, Eigentümlichkeit einer Sprache, einen Bedeutungskomplex durch einen mehrgliedrigen Ausdruck wiederzugeben: engl. *hair of the head* (›Kopfhaar‹), *book for children / child's book* (›Kinderbuch‹); frz. *cahier de dessin* (›Zeichenheft‹), *coup de bonheur* (›Glücksfall‹). Meist werden zwei (oder mehr) Einzelwörter durch ein → Funktionswort zu einer Begriffseinheit verbunden, ohne dass sie jedoch ihre Selbständigkeit als Wörter verlieren. ↔ Synthetischer Sprachbau.

Analytische Sprachphilosophie, Richtung innerhalb der → Sprachphilosophie, die im 19. Jh. entscheidende Impulse durch die kritische Reflexion der → Wissenschaftssprache erhalten hat. Zum einen geht es darum, die Sprache der Wissenschaften und insbesondere die der Philosophie selbst einer kritischen Analyse zu unterziehen mit dem Ziel, diese im Vergleich zur → Gemeinsprache terminologisch eindeutiger zu gestalten sowie den Zusammenhang zwischen sprachlichen Ausdrücken und den außersprachlichen Gegenständen (→ Referenz) zu klären (G. Frege, B. Russell). »Das Problem besteht darin, eine Methode zu finden, um in der Sprache, die über dieses komplizierte Netz [eine wissenschaftliche Theorie, D. H.] spricht, zwischen analytischen Sätzen und synthetischen Sätzen zu unterscheiden. [...] Eine Aussage ist analytisch, wenn sie eine logische Konsequenz der A-Postulate [→Bedeutungspostulate, D. H.] ist. Sie muß wahr sein auf eine Weise, die nicht eine Beobachtung der wirklichen Welt verlangt; sie darf keinen Tatsachengehalt besitzen.« (Carnap, 1969.)

Zum anderen geht es um eine kritische Analyse der Alltagssprache, um dadurch größere Klarheit für den Aufbau bzw. die Verwendung von Wissenschaftssprachen zu erlangen: »Wenn die Philosophen ein Wort gebrauchen – ›Wissen‹, ›Sein‹, ›Gegenstand‹, ›Ich‹, ›Satz‹, ›Name‹ – und das *Wesen* des Dings zu erfassen trachten, muß man sich immer fragen: Wird denn dieses Wort in der Sprache, in der es seine Heimat hat, je tatsächlich so gebraucht? – Wir führen die Wörter von ihrer metaphysischen wieder auf ihre alltägliche Verwendung zurück.« Und: »Die Philosophie ist ein Kampf gegen die Verhexung unseres Verstandes durch die Mittel unserer Sprache« (Wittgenstein, 1967). Diese Bemühungen um eine Philosophie der Alltagssprache haben ihre Fortsetzung etwa in der →Sprechakttheorie sowie der →Referenzsemantik. Letztlich geht es auch hier um die Klärung des Verhältnisses von →Sprache und Wirklichkeit.

Anapher, (1) in der Rhetorik Wiederholung eines Wortes oder mehrerer Wörter zu Beginn aufeinander folgender Sätze oder Satzteile: *»lies keine oden, mein sohn, lies die fahrpläne«* (Enzensberger); ↔Epipher. (2) In der →Textlinguistik sind A.n solche Ausdrücke, die zuvor Gesagtes stellvertretend wiederholen, z.B. →Pronomen für Nominalphrasen, Pro-Formen für ganze Teilsätze: (*Sie meint, du solltest dir jetzt kein neues Auto kaufen.*) – *Dies meine ich auch.* (3) In der →GB-Theorie sind A.n →Reflexivpronomen und Reziprokpronomen (z.B. *einander*); sie unterliegen in der →Bindungstheorie besonderen Gesetzmäßigkeiten.

Anaphorisch, dt.: rückweisend; a. meint z.B. die Eigenschaft von Pronomen, auf ein bestimmtes zuvor genanntes »Bezugswort« zu verweisen: *Sie sahen einen Mann im grauen Anzug. Er/Dieser stand schon eine Stunde vor dem Café.* →Anapher (2), →Katapher.

Anfangssymbol, erstes vorgegebenes Symbol in einem →Kalkül oder in einer syntaktischen →Derivation, z.B. »S« in der →Phrasenstrukturgrammatik, aus dem alle anderen →Konstituenten abgeleitet werden. S ist im →X-bar-Schema ersetzt worden durch →IP (INFL-Phrase) bzw. INFL''.

Angabe, (1) Von der →Valenz eines Verbs nicht notwendig gefordertes Satzglied; allerdings können gerade die A.n in einem Satz Informationen enthalten, die für die Aussageabsicht und das Verständnis von besonderer Bedeutung sind. Aus diesem Grund wird die Unterscheidung zwischen A. und →Ergänzung nicht immer (streng) durchgeführt.

Die Blumen sind herrlich. (modale Ergänzung)
Die Blumen duften herrlich. (modale Angabe)

(2) In der →inhaltsbezogenen Grammatik werden mit A.n alle nicht →flektierbaren Satzglieder (z.B. →Adverb; →Partikel) bezeichnet.

Angabesatz, →Gliedsatz, der die grammatische Stelle einer freien →Angabe einnimmt: *Karl-Heinz schläft, als wäre er ein Murmeltier* (*Karl-Heinz schläft wie ein Murmeltier* = modale Angabe; weglassbar).

Angewandte Sprachwissenschaft, Sammelbezeichnung für einige Teilgebiete der Sprachwissenschaft, die sich – insbesondere seit den 70er-Jahren – fachbereichsübergreifend und zum Teil interdisziplinär arbeitend etabliert haben, wie zum Beispiel die →Soziolinguistik, die →Psycholinguistik, die →Spracherwerbsforschung, die →kognitive Linguistik oder die →Sprachdidaktik. Allerdings lassen sich die einzelnen Gebiete der a.n S. jeweils sowohl primär theoretisch als auch primär praxisorientiert (angewandt) betreiben, so etwa die Soziolinguistik als Theorie linguistischer Kodes oder als Feldforschung. Gemeinsam ist allen Ausprägungen der a.n S., dass sie entweder a) interdisziplinär im Schnittpunkt der beteiligten Wissenschaften komplexe Phänomene rekonstruieren bzw. Probleme zu lösen versuchen oder b) Ergebnisse und Methoden der linguistischen Forschung in das andere Fachgebiet hineintragen, um die eigenen Arbeitsmöglichkeiten zu erweitern oder zu optimieren.

Anhebung (engl. *raising*) →Hebungsverb, →Subjekthebung, →Objekthebung

Anlaut, Laut, der am Anfang eines Wortes oder einer Silbe hörbar gesprochen wird. ↔Auslaut.

Anomalisten, Vertreter einer Strömung der antiken Sprachphilosophie, die die Ansicht vertraten, »dass es in der Sprache keine durchgehende *Ratio* gebe und dass es deshalb aussichtslos sei, logisch geschlossene Systemordnungen in der Sprache rekonstruieren zu wollen, weil Besonderheiten und Zufälligkeiten zur Natur der Sprache gehörten, weshalb man sie auch vor allem empirisch zu untersuchen habe« (Köller, 1988). Die Kontroverse mit den →Analogisten entspricht in etwa den modernen Positionen der →präskriptiven gegenüber der →deskriptiven Sprachforschung.

Anredepronomen, das A. »Sie« mit allen Formen wird bei der Anrede in privaten oder offiziellen Schreiben stets groß geschrieben: *Hiermit beziehe ich mich auf das von Ihnen unterbreitete Angebot. – Wir beauftragen Sie mit der Durchführung der Reparaturarbeiten.*

Nach dem In-Kraft-Treten der Rechtschreibreform (1.8.1998) werden die A. »du« (Singular) und »ihr« (Plural) – mit allen ihren zugehörigen Formen – sowohl in Briefen als auch in Urkunden und anderen offiziellen Schreiben klein geschrieben: *Vielen Dank für deine Karte aus Rom. Wenn ihr wieder zu Hause seid, kannst du uns gern besuchen kommen. Es macht uns nichts aus, wenn du euren Hund mitbringst.* →Pronomen.

Anreihende Konjunktion, nebenordnende →Konjunktion (1).

Ansatzrohr →Artikulationsorgan

Anschlusswissen, sprachliches →Lernen ist dann besonders effektiv, wenn die Lerninhalte zweifelsfrei mit vorhandenen Wissensbeständen verknüpft werden können. Wesentlich für A. ist der Aufbau und die Verwendung einer entsprechenden →Terminologie. So haben Heringer/Keller-Bauer (1984) drei Prinzipien für eine gebrauchsgrammatische Terminologie aufgestellt:

a) das *Verständlichkeitsprinzip*: Termini müssen eine begrifflich klare und für den Adressaten auch sprachlich verständliche Definition haben. Das Netz, dem sie angehören, muss kohärent und konsistent sein.

b) das *Anpassungsprinzip*: die Terminologie sollte den Anforderungen der Rezipienten angepasst sein, alle und nur die Termini enthalten, die die Adressaten brauchen, d.h., es müssen aus der Gesamtmenge nach kontrollierten Verfahren Teilmengen reduziert werden.

c) das *Anschlussprinzip*: die Terminologien verschiedener Anwendungsbereiche eines Faches sollten ohne prinzipielle Veränderungen aneinander anschließbar sein; dies betrifft sowohl die Teilbereiche der angewandten Germanistik als auch die Vergleichbarkeit der Terminologie im muttersprachlichen Unterricht mit der in den Fremdsprachen.

Anteilgröße, →Dativ; ein Ausdruck, der von H. Glinz vorgeschlagen worden ist.

Antezedens, das A., pl.: Antezedentien, dt.: das Vorausgegangene, Grund, Ursache; (1) in der Urteilslehre ein allgemeiner Satz als Ausgangspunkt der logischen Ableitung, z.B.: »Wenn M, dann N«, wobei Aussage M das A. darstellt. (2) In der Sprachwissenschaft wird das im Satz links stehende Element, das von einem rechts stehenden aufgerufen wird, als A. bezeichnet; z.B. das Bezugswort für ein Relativpronomen: »*Es war ein König in Thule / Gar treu bis an das Grab, / Dem sterbend seine Buhle / Einen goldenen Becher gab.*« (Goethe) In diesen Versen ist »König von Thule« A. zum Relativpronomen »dem«.

Anthropomorph, menschlich, von menschlicher Gestalt; (1) allgemein die Übertragung menschlicher Eigenarten auf unbelebte Gegenstände, Naturerscheinungen oder fiktive Gestalten betreffend; z.B. bei der Darstellung der Götterwelt in der griechischen Antike, der Naturlyrik oder der rhetorischen Figur der →Personifikation. (2) In der Sprachwissenschaft haben a.e →Analogien eine längere Tradition, etwa in der Geist- oder der Organismus-Metaphorik (→Sprache als Organismus).

Antinomie, die A., dt.: Widerspruch in sich; so kann ein einzelner Satz eine A. darstellen (*Wenn du schnell dein Ziel erreichen willst, dann fahre langsam*), oder es können zwei Sätze mit gegenteiliger Aussage, die beide Gültigkeit beanspruchen, im Verhältnis der A. zueinander stehen.

Antithese, (1) allgemein eine Behauptung, die gegen eine bestehende These vorgebracht wird. (2) Teil des dialektischen Schlussverfahrens, wonach These (Ausgangsbehauptung) und A. (ihre Verneinung, die gegenteilige Behauptung) in der Synthese (auf einer höheren Abstraktionsebene oder Entwicklungsstufe) aufgehoben werden. (3) Rhetorische Figur, die mit scharfer Kontrastbildung in formelhaften Wendungen oder Sätzen arbeitet: *Alles oder nichts! – Wer nicht sammelt, der zerstreut.*

Antizipation, Vorwegnahme von etwas Zukünftigem; in der Sprachwissenschaft die Nennung eines Satzteils an einer vorrangigen Stelle: *Da kommt sie ja, die Susanne!* Der Angeredete ist stets darauf angewiesen, aus dem bereits Gehörten das zu antizipieren, was wohl als Nächstes folgen könnte. Auf diese Weise kommt Verständigung oft auch bei Störungen der Kommunikation zustande. So antizipiert der Hörer bei »*kommt*« in der Regel ein menschliches Wesen und bei »*sie*« eine weibliche Person. →Prolepsis.

Antonomasie, rhetorische Figur, bei der (1) eine ganze Klasse von Gegenständen oder Personen durch einen →Prototyp benannt wird (*Venus* = klassisch schöne Frauengestalt) oder (2) ein Eigenname durch die Benennung besonderer Kennzeichen oder Eigenschaften des Benannten ersetzt wird (*der Listenreiche* = Odysseus).

Antonym, das A., dt.: Gegenwort; Wort, das zu einem anderen in Bedeutungsgegensatz steht: *alt – jung*, *gehen – kommen*, *Höhe – Tiefe*. Beide Wörter bezeichnen unter semantischem Aspekt Grenzpunkte, die oft Zwischenwerte zulassen: *alle – viele – manche – wenige – keine*. Die Menge der Wörter einer solchen Skala bildet eine antonyme Klasse.

Zu beachten ist, dass A.e eine Beziehung herstellen und nicht absolut gelten: »*Frau Schulze ist nicht alt*« bedeutet nicht unbedingt, dass sie *jung* ist. Ein »*großes I-Männchen*« ist *kleiner* als ein Abiturient.

Aphasie, zentrale Störung des Sprachbesitzes, die organisch bedingt ist und häufig durch eine Verletzung oder Beeinträchtigung bestimmter Gehirnregionen hervorgerufen wird. Die A.-Forschung ist ein Teilgebiet der →Patholinguistik. Sie beschäftigt sich mit der A. auf den unterschiedlichen Ebenen, die durch diese Krankheit betroffen sind: die →Intonation, die Ebene der phonologischen Segmente (→Phonologie), der →Lexeme und der →Syntax. Obwohl »die Korrelation zwischen Gehinstrukturen und mentalen Fähigkeiten im Grunde immer noch mysteriös ist«, lässt nach H. Leuninger (1989) die Erforschung der pathologischen Sprachstörungen eine relativ eindeutige Einteilung der Patienten in vier Gruppen zu:

1. *Broca-A.*: verlangsamter Sprachstil, →Agrammatismus,
2. *Wernicke-A.*: flüssiger Sprachstil, Auslassungen, Umstellungen, lexikalische Vertauschungen, auch »Spontansprache«,

3. *Globale A.*: nur spärliche Sprachproduktion, häufig »Sprachautomatismen«,
4. *Amnestische A.*: nur mäßige Abweichungen von der Standardsprache, häufiger sind fehlende Benennungen im lexikalischen Bereich.

Apikal, nach dem Artikulationsorgan (Zungenspitze) benannter Sprachlaut; z. B. [d] oder [t] im Deutschen.

Apokope, dt.: »Abstoppung«; Wegfall eines Auslautes oder einer auslautenden Silbe: *hatte – hatt'*, *dem Könige – dem König*; ↔ Synkope.

Appellativum, pl.: Appellativa; (1) Gattungsname zur Bezeichnung aller Lebewesen oder Dinge, die sich in einer Gruppe mit gemeinsamen → distinktiven Merkmalen oder Eigenschaften zusammenfassen lassen, z. B. *Säugetier*, *Mensch*, *Großwild*, *Laubbaum*, *Möbel*. (2) Bezeichnung für jedes einzelne Lebewesen oder Ding, das zu einer solchen Gattung gehört: *Bei dem Unfall wurde <u>ein Mensch</u> verletzt.* Die Appellativa lassen sich in → Kollektiva und → Stoffbezeichnungen unterteilen.

Appellfunktion, nach K. Bühler ([2]1965) eine der drei Hauptfunktionen des sprachlichen → Zeichens. Ein Sprecher kann durch Sprache jemanden zu etwas auffordern, aufrufen oder jemandes Verhalten beeinflussen: *Du solltest öfter Sport treiben!* → Sprachfunktion; → Organonmodell.

Apposition, dt.: Beistellung; die A. ist eine Form des → Attributs und wird einem Bezugswort, meist einem → Nomen, nachgestellt (seltener vorangestellt). Die A. steht im selben → Kasus wie ihr Bezugswort (oder im Nominativ):

a) A. unmittelbar bei einem Nomen (entspricht dem → Gleichsetzungsnominativ): *<u>Professor</u> Dr. Müller*, *Karl <u>der V.</u>*, *<u>Fürst</u> Bismarck*, *<u>Onkel</u> Erwin*, *<u>Bad</u> Homburg.*
b) Die A. entspricht einem Gleichsetzungssatz (Beisatz): *Anke, <u>die beste Läuferin der Klasse</u>, siegte in 11,3 Sekunden. – Das Sportfest war am Dienstag, <u>dem 24. Oktober</u>, im Stadion.*

c) A. bei Maßangaben: Sehr häufig steht der Nominativ (statt eines Genitivs). *Zuerst aß er zwei Teller Spaghetti, dann trank er drei Glas Rotwein, schließlich kaufte er noch eine Flasche Saft.*

d) A. mit »als«

- Kasusgleichheit: *Die Rede des Herrn Abgeordneten als des Führers der Opposition* (→Genitiv) *galt N.N. als dem zuständigen Minister* (→Dativ). *Er sprach als Erster* (→Gleichsetzungsnominativ) *über die strittige Frage.*
- Kasusabweichung: Lediglich dann, wenn die Kasusgleichheit im Genitiv unüblich klingt, wird der Nominativ gesetzt. *Die Stellung des Rederechts als parlamentarisches Grundrecht* (→Nominativ) *muss garantiert bleiben.*
- Steht der bestimmte Artikel, so gilt auch für den Genitiv Kasusgleichheit: *Die Stellung des Rederechts als des parlamentarischen Grundrechts* (→Genitiv) *muss garantiert bleiben.*

Arbiträr, konventionell, dt.: willkürlich; a. wird die Beziehung zwischen dem →Bezeichnenden (z.B. der Lautgestalt) und dem →Bezeichneten (z.B. der Bedeutung) bei einem (sprachlichen) →Zeichen genannt. Dies lässt sich u.a. dadurch zeigen, dass ein und dieselbe Sache *equus*, *cheval*, *horse* oder *Pferd* heißen kann.

Die Arbitrarität bezieht sich allerdings nicht auf den tatsächlichen Gebrauch von (sprachlichen) Zeichen, der durch die bestehenden Gewohnheiten, →Normen oder Gesetze relativ festgelegt ist. Gelegentlich ist die Beziehung zwischen Lautgestalt und Bedeutung jedoch »sekundär motiviert«, z.B. bei sprachlichen →Zusammensetzungen wie *Backofen* oder *blitzschnell* oder generell bei →onomatopoëtischen Ausdrücken.

Archaismus, (1) Ausdruck, der zu einer bestimmten Zeit als veraltet angesehen wird: *Knabe*, *Maid*, *hofieren*, *sintemal.* (2) Verwendung eines altertümlichen Ausdrucks als rhetorisches Mittel: jemandem *den Fehdehandschuh hinwerfen.*

Archilexem, (1) Kennzeichnung eines Wortfeldes durch einen →Oberbegriff: Der Begriffsumfang des A.s »Möbel« umfasst alle Elemente eines bestimmten Wortfeldes, etwa *Schrank, Sofa, Stuhl, Tisch.* (2) Im Zusammenhang mit dem Thema →Sexismus in der Sprache werden vor allem solche A.e diskutiert, die zwar maskulin flektieren, in bestimmten Kontexten aber genus-neutral verwendet werden, wie z.B. *der Kunde, der Schüler, der Leser.* Bei einigen Namen fungiert auch die feminin flektierende Form als A.: *die Katze, die Maus.* Will die Sprecherin oder der Sprecher die jeweils andere Geschlechtergruppe mitnennen (und nicht nur mitmeinen), so muss sie oder er beide Formen verwenden: *der Kunde und die Kundin, Katze und Kater* usw. →Hyperonymie.

Argot, das (oder der) A.; (1) →Sondersprache von sozial abgegrenzten Gruppen (z.B. Diebe, Bettler); oft handelt es sich auch nur um einzelne (häufig benutzte) Wörter, die »verschlüsselt« werden (*Gras, Koks, Schotter, abzocken, besäbeln*), damit andere den Zusammenhang nicht verstehen oder damit der Sprecher als zur Gruppe zugehörig erkannt bzw. anerkannt wird. (2) Französische Umgangssprache.

Argument, (1) allgemeinsprachlich so viel wie Beweisgrund, Beweismittel; →Argumentation. (2) In der Mathematik: unabhängige Veränderliche in einer Funktion f(x); (3) in der formalen Logik bezeichnet A. die Leerstellen eines Prädikats (→Prädikation):

- einstellig (ein A.): *groß* (*x*). Dem A. (x) wird die Eigenschaft »groß« zugeschrieben, z.B.: *Willi ist groß.*
- zweistellig (zwei A.e): *bekannt* (*x, y*), *größer* (*x, y*). Zwischen den A.en (x, y) wird eine Beziehung hergestellt, z.B.: *Willi ist mir bekannt.*; oder es wird eine Relation angegeben: *Willi ist größer als Heike.*
- dreistellig (drei A.e): *schenkt* (*x, y, z*). Beispiel: *Willi schenkt mir ein Buch.*

Die A.-Stellen sind der →logischen Valenz von Verben vergleichbar. (4) In der →GB-Theorie bedeutet A. (auch: A-Ausdruck) jede →Nominalphrase (NP) mit tatsächlicher →Referenz (2), im Gegensatz zu non-A-Ausdrücken wie →Expletiva. Unterschieden werden externe A.e, die nicht in der maximalen →Projektion des Verbs (V) erscheinen, wie das Subjekt, sowie interne A.e, die vom Verb regiert werden.

Argumentation, (1) die strenge Form der A. fußt auf der formalen Logik; seit der Antike beschäftigt sich die A.s-Lehre (als »Dialektik«) mit den zur A.s-Kunst gehörenden Formen und Regeln der gültigen Schlussverfahren. Die Wahrheit einer Aussage wird analytisch aus zwei Argumenten (Prädikatsaussagen) – einem allgemein gefassten Ausgangssatz (1. Prämisse, Obersatz) und einem vermittelnden Aussagesatz (2. Prämisse, Untersatz) – gewonnen. Die Schlussfolgerung (Conclusio) stellt die daraus abgeleitete dritte Prädikatsaussage dar. Beispiel: 1. *Alle Menschen sind sterblich.* 2. *Sokrates ist ein Mensch.* 3. *Also ist Sokrates sterblich.* Diese Form des →Syllogismus ist an bestimmte Regeln gebunden.

(2) Im Mittelpunkt der praktischen A. steht die Begründung, mit der ein Sprecher versucht, ein Ereignis zu erklären oder eine Handlung zu rechtfertigen. Er wird dabei entweder auf theoretisches Wissen zurückgreifen oder sich auf das praktische Handeln der Menschen beziehen; in jedem Fall wird er Thesen aufstellen. Um wirklich zu überzeugen, muss der Redner Begründungen (Ursachen, Motive) für diese Thesen liefern und diese möglichst durch Grundsätze (wissenschaftliche Gesetze, Handlungs- oder Bewertungsnormen) zusätzlich stützen. Dieser Zusammenhang kann in einem Strukturierungsschema (nach Toulmin, 1975) dargestellt werden:

A: Vom Redner gesetzte Fakten oder vorgebrachte Gründe
Beispiel: *Es gibt Pläne, in unserem Viertel einen Supermarkt zu errichten.*

→ B: Aus A abgeleitete These (Behauptung, Empfehlung, Bewertung)
These 1 oder 2: *Es ist gut / Es ist nicht gut, wenn in unserem Viertel ein Supermarkt errichtet wird, weil dies die Wohnqualität erhöht/herabsetzt.*

↓

C: Grundsätze: wissenschaftliche Gesetze, Handlungs- oder Bewertungsnormen
Zu These 1: *Es entstehen Arbeitsplätze im Viertel, es kommen mehr Menschen und damit mehr Umsatz für alle umliegenden Geschäfte.*
Zu These 2: *Der erhöhte Autoverkehr bringt Lärm und Umweltbelastung, die Parkplatzsituation wird zusätzlich verschärft.*

↓

D: Zusätzliche Stützen: Beobachtungen, Bedürfnisse, anerkannte Regelungen
Zu These 1/2: *Beispiele aus der Nachbargemeinde, Umfragen, Messwerte* usw.

Artangabe, →adverbiale Bestimmung der Art und Weise, modale →Angabe; Sammelbezeichnung für das →Adjektivadverb, sofern es nicht valenznotwendig ist, und das →Satzadverb:

Der Sommer verging schnell. (Adjektivadverb)
Hoffentlich friert es noch nicht. (Satzadverb)

Artergänzung, →adverbiale Bestimmung der Art und Weise, modale →Ergänzung (2); Sammelbezeichnung für das Adjektivadverb und das Adjektiv nach →Kopula-Verben (prädikatives →Adjektiv). Die A. ist valenznotwendig:

Dieser Anzug kostet wenig. (Adjektivadverb)
Die Preise sind niedrig. (prädikatives Adjektiv)

Artikel, dt.: Begleiter, Geschlechtswort; ist durch →Numerus, →Genus und →Kasus auf das Nomen bezogen, dessen Begleiter er ist; →Kongruenz, →Rektion.

1. Formen und Vorkommen

Zu unterscheiden sind der bestimmte A. (*der, die, das,...*) und der unbestimmte A. (*ein, eine, eines,...*). Ursprünglich handelte es sich nicht um eine selbständige Wortklasse. Eine Besonderheit stellt der →Nullartikel dar.

– Der bestimmte A. ist vom →Demonstrativpronomen hergeleitet und mit diesem teilweise formgleich:

Mutter kauft Kirschsaft.	(ohne Artikel im Sinne von »irgendwelchen«)
Petra trinkt den Kirschsaft.	(mit bestimmtem Artikel: betont, hinweisend auf den gekauften Saft)
Sie sagt: »Den Saft mag ich aber nicht.«	(Demonstrativpronomen im Sinne von »diesen«)

– Der unbestimmte A. ist ursprünglich ein →Numerale oder ein →Indefinitpronomen (unpersönliches Fürwort):

Mutter schüttet Saft in ein Glas.	(unbestimmter Artikel, unbetont)
Sie sagt: »Du bekommst nur ein Glas.«	(Numerale betont: nicht »zwei«)

Der unbestimmte A. bei Mengenangaben kann den Sinn verändern:

Mutter kauft Wein.	(eine unbestimmte Menge/Sorte)
Mutter kauft einen Wein.	(eine bestimmte Sorte)

Bei Gegenständen, die es nur einmal gibt, ist der unbestimmte A. nicht üblich:

Am Himmel sahen sie den Mond.	(... *einen Mond*: z.B. einen der Jupitermonde)

2. Funktion im Satz

– Der bestimmte A. zeigt an, dass etwas bereits bekannt ist. Er folgt einem Satz, in dem das Betreffende bereits (mit unbestimmtem A.) eingeführt, genannt ist: *Plötzlich stand ein riesiger Hund vor ihnen* (unbekannt, noch nicht vorher erwähnt). – *Sie hatten das Tier (den Hund) noch nie zuvor gesehen* (bekannt, bereits vorher im Text erwähnt).

Außerdem kann der bestimmte A. die Gesamtheit anzeigen: *Meine Kette ist zerrissen, und jetzt liegen* *__die__* *Perlen auf dem Boden* (alle Perlen). – *Ich habe sie aufgelesen, aber eine Perle fehlt noch* (eine einzelne).

– Der unbestimmte A. verallgemeinert: *Wir wissen, dass* *__ein__* *Hund zahlreiche Aufgaben übernehmen kann* (verallgemeinert: Hunde allgemein, irgendein Hund). – *Wir wissen, dass der Hund dieses Haus bewachen soll* (vereinzelt: dieser Hund hier).

Oft kann der bestimmte A. ebenfalls zur Verallgemeinerung benutzt werden: *__Der__* *Hund ist ein Haustier* (allgemein: die Gattung betreffend).

In Zweifelsfällen muss der Textzusammenhang klären, welche Funktion der A. erfüllt: *__Der__* *Hund /* *__Ein__* *Hund ist ein Jagdtier.*

3. Ergänzende Hinweise

Nicht in allen Grammatiken wird der A. als eigene Wortart betrachtet. Im Rahmen der funktionalen Grammatik hat W. Schmidt ([2]1971) einen Vorschlag zur Einteilung der Wortarten gemacht, der eine Sammelklasse »Stellvertreter und Begleiter des Substantivs« enthält; sie wird untergliedert in die Funktionsklassen »Artikel« und »Pronomen«. J. Erben (*Deutsche Grammatik*, [12]1980) löst den A. als Wortart insofern auf, als er von der »adjektivischen Anwendung« (auch dem »beiwörtlichen Gebrauch«) des A.s spricht. Auch weist er darauf hin, dass der bestimmte A. zur Formklasse der Demonstrativpronomen gehöre (wie Possessiv- und Indefinitpronomen). Er schlägt die Sammelklasse der »größenbezüglichen Formwörter« vor, die er in nennende, hinweisende und zuordnende Formwörter unterscheiden möchte. H. Glinz ([6]1973, 1978) fasst den bestimmten und den unbestimmten A. (sowie die meisten Numeralia) zur Sammelklasse der »Pronomen im weiteren Sinn« zusammen. Demnach kann

»der« dreierlei sein: Artikelpronomen, Demonstrativpronomen oder Relativpronomen. In diesem Sinne erscheint bei Gallmann/Sitta ([2]1997) der A. als Untergruppe der Pronomen.

U. Engel ([2]1982) fasst den A. (zusammen mit den Demonstrativa, Indefinita, Possessiva, Quantitativa und Qualitativa) zur Sammelklasse der »Determinativa« zusammen. Determinativa sind »kasus- und genusvariabel« und »jederzeit mit Nomen kombinierbar«. An späterer Stelle ([3]1996) gilt im Wesentlichen die gleiche Subklassifikation für »Determinativ« (A., einschließlich »Nullartikel«, Possessiva, Demonstrativa, Indefinita, negatives Determinativ »kein« sowie einige Interrogativa). In den *Grundzügen einer deutschen Grammatik* (1981) werden zum A. im engeren Sinne »die d-Formen (der, die, das) und die ein-Formen (ein, eine, ein) mit ihren Flexionsparadigmen sowie die ›Null‹-Form (A.-Losigkeit)« gezählt. Zu den »Artikelwörtern« im weiteren Sinne zählen hier »auch Possessiva sowie dieser, jener, alle, jeder, mancher, irgendein, irgendwelcher, einige, mehrere«. H. J. Heringer (1996) erfasst in einer Klasse der »Determinierer« folgende Subklassen: D_def (bestimmter A.), D_ind (unbestimmter A.), D_dem (Demonstrativpronomen), D_qnt (quantifizierende Pronomen wie »alle« und »jeder«), D_neg (Negationspartikeln wie »kein«), D_pss (Possessivpronomen) sowie D_int (Interrogativpronomen wie »welcher«). Für ihn sind Determinierer deklinierbar und die Determinierermorpheme eine Untermenge der Adjektivmorpheme (ohne die schwache Deklination).

Die Duden-Grammatik ([4]1984) übernimmt die Bezeichnung aus der funktionalen Grammatik (s. o.) und nennt alle Wörter, die mit dem A. austauschbar sind, »Begleiter des Substantivs«. P. Eisenberg ([3]1994) grenzt dagegen den A. von den Pronomen ab, indem er zwei Kriterien aufstellt: nur die Wörter sind »Artikel«, die adnominal stehen *und* nicht alleine (ohne ein nachfolgendes, zugeordnetes Nomen) stehen. Nach diesen beiden Abgrenzungskriterien umfasst die Klasse der »Artikel« Wörter wie »der, ein, kein, mein« (Possessivartikel!).

Auf der Satzebene wird der A. konsequenterweise als →Attribut klassifiziert (z.B. Duden-Grammatik, ⁴1984; Hentschel/Weydt, ²1994), da er sein Beziehungswort (das Nomen) genauer bestimmt. Andere Konzeptionen (wie Helbig/Buscha, ¹⁴1991), die als Kriterium für die Begriffsbestimmung des Attributs »eine potentielle Prädikation« annehmen, lehnen eine solche Einordnung ab, da der A. dies nicht leistet.

Artikelwort, auch: Begleiter; Terminus, der alle Wörter umfasst, die mit dem →Artikel austauschbar sind (Duden, ⁴1984); eine rein formale Unterscheidung der Artikelwörter nimmt B. Engelen (1984) vor, indem er das syntaktische Verhalten von Adjektiven untersucht, die zwischen A. und Nomen treten; zum Beispiel:

Gruppe I *der/dieser/jener/jeder/mancher/welcher/aller alte Wein*
Gruppe II *ein/kein/mein/unser alter Wein* (Dativ: *einem alten Wein*)
Gruppe III *∅/etwas/viel/mehr/ein wenig alter Wein (Dativ: [∅] altem Wein)*

W. Flämig (1991) behandelt Artikelwörter im Zusammenhang mit dem →Artikel; die Klasse der Artikelwörter umfasst bei ihm z.B. relative Possessiva (*eine Katze, deren Versteck nicht gefunden wurde*) und Possessivpronomen (*mein Buch*). »Artikelwörter stehen immer vor einem Substantiv«; zu beachten ist jedoch der »Wortgruppenrahmen« bei einer Erweiterung der Substantivgruppe (*die mit Cordsamt bezogenen Kissen*).

Artikulation, die (deutliche) Aussprache und Gliederung gesprochener Sprache.

Artikulationsart, Art und Weise, wie ein Laut durch die Stellung der Artikulationsorgane (vornehmlich Zunge und Lippen) gebildet wird. Die artikulatorische →Phonetik unterscheidet:

→ Verschlusslaute	stimmlos: [p], [t], [k]; stimmhaft: [b], [d], [g]
→ Nasale (Nasenlaute)	[m], [n] und [ŋ]
→ Laterale (Seitenlaute)	[l]
→ Vibranten (Schwinglaute)	[r] (nicht gerollter → Dental) und [R] (gerollter → Uvular)
→ Frikative (Reibelaute)	stimmlos: [f], [s], [ʃ], [ç] (ich-Laut), [x] (ach-Laut), [h]; stimmhaft: [w], [z], [ʒ], [j]

Artikulationsorgan, Sprechwerkzeug; Sammelbegriff für alle Organe, die bei der mündlichen → Sprachverwendung eine Rolle spielen, z. B. der Kehlkopf, der als Stimmorgan den von den Lungen produzierten Luftstrom in einen Schall verwandelt, die Stimmbänder sowie das »Ansatzrohr« (Raum oberhalb der Stimmlippen, über den Rachenraum, die Mund- und Nasenhöhle bis zu den Zahnwülsten, Zähnen und Lippen), das die Artikulation im engeren Sinne leistet. Die Modifikation der Laute erfolgt durch Resonanz und Bildung von Hindernissen im Luftstrom. Gelegentlich wird zwischen A. und → Artikulationsort unterschieden; dann meint A. alle leicht beweglichen Teile wie Lippen, Zungenspitze, Zungenrücken und dgl.

Artikulationsort, Stelle im Ansatzrohr (Kehlkopf, Rachen-, Mund- und Nasenraum), an der die Lautproduktion im Wesentlichen dadurch stattfindet, dass das Artikulationsorgan (Zunge, Lippen) beim Austreten des Luftstroms ein ausgeprägtes Hindernis am A. bildet. Die artikulatorische → Phonetik unterscheidet im Einzelnen:

– Labiale (Lippenlaute)	stimmlos: [p]; stimmhaft: [b], [m]
– Labiodentale (Lippenzahnlaute)	stimmlos: [f]; stimmhaft: [w]
– Dentale (Zahnlaute)	stimmlos: [t], [s], [ʃ]; stimmhaft: [d], [n], [l], [r], [z], [ʒ]

– Palatale (Vordergaumenlaute)	stimmlos: [ç] (ich-Laut); stimmhaft: [j]
– Velare (Hintergaumenlaute)	stimmlos: [k], [x] (ach-Laut); stimmhaft: [g], [ŋ]
– Uvulare (Zäpfchenlaute)	[R] (gerollt)
– Glottale (Kehlkopflaute)	[h]

ASL (American Sign Language, auch: Ameslan), Zeichensprache für taubstumme Menschen; ist mit Erfolg auch bei der Erforschung der Sprachfähigkeit von Primaten eingesetzt worden. »Das Psychologenehepaar Gardner wählte die Amerikanische Zeichensprache (ASL), die von vielen taubstummen Menschen mit allerlei Variationen benutzt wird. Man kann die verwendeten Zeichen als eine Art von Bildersprache ansehen, in der manches Zeichen eine ›ikonische‹ Abbildung des Objektes ist – zum Beispiel das Berühren beider Nasenlöcher mit den zusammengefügten Fingerspitzen einer Hand für den Gegenstand Blume.« (Ploog, 1974.)

Internetadresse: web.bu.edu/ASLLRP/ (linguistische Erforschung der Zeichensprache).

Aspekt, der A. einer Handlung oder eines Vorgangs betrifft den zeitlichen Ablauf, wie er von einem Sprecher oder Schreiber ganz persönlich eingeschätzt wird. Im Deutschen kann der A. nur durch zusätzliche sprachliche Mittel verdeutlicht werden, im Gegensatz zur →Aktionsart, die fest mit der Bedeutung eines Verbs verbunden ist.
Er wird an seinem Haus arbeiten.
Er ist fleißig bei der Arbeit. Er ist fleißig am Arbeiten (umgangssprachlich; vgl. die Verlaufsform im Englischen).
Er arbeitet immer noch an seinem Haus.
Er arbeitet viel zu lange an seinem Haus.

Aspekte-Modell, die von N. Chomsky 1965 in *Aspects of the Theory of Syntax* (dt.: *Aspekte der Syntax-Theorie*, 1969) formulierte Standard-Theorie der →generativen Transformationsgrammatik. Ihr Gegenstand »ist in erster

Linie ein idealer Sprecher-Hörer, der in einer völlig homogenen Sprachgemeinschaft lebt, seine Sprache ausgezeichnet kennt und bei der Anwendung seiner Sprachkenntnisse in der aktuellen Rede von solchen grammatisch irrelevanten Bedingungen wie begrenztes Gedächtnis, Zerstreutheit und Verwirrung, Verschiebung in der Aufmerksamkeit und im Interesse, Fehler (zufällige oder typische) nicht affiziert wird.« Das A.-M. ist dennoch kein Sprecher- oder Hörermodell, sondern »versucht auf möglichst neutrale Weise die Sprachkenntnis zu charakterisieren, die für den aktuellen Sprachgebrauch durch einen Sprecher-Hörer die Basis liefert« (Chomsky, 1969).

Wesentliche Merkmale des A.-M.s sind die Konzentration auf die Beschreibung der linguistischen →Kompetenz (1), die Unterscheidung von →Grammatikalität und →Akzeptabilität sowie von Oberflächen- und →Tiefenstrukturen. Außerdem sind im →Basisteil rekursive Prozesse möglich und lexikalische Regeln enthalten. Die Ausgabe dieses Grammatikmodells besteht aus einer Kette komplexer Symbole, die durch die phonologische und semantische Komponente interpretiert werden.

Aspiration, dt.: Behauchung, meist vor oder nach der Aussprache eines stimmlosen Konsonanten, wie in »Tee« ['t^{h}e]; je nach ihrer Stellung im Wort können die stimmlosen →Verschlusslaute stärker oder schwächer behaucht sein: »Tat« ['t^{h}a:t].

Assertion, die A.; (1) allgemein eine feststellende Behauptung oder Versicherung. (2) Unter semantischen Aspekten ist eine A. der Teil in einem Aussagesatz, der bei seiner Verneinung falsch wird: *Bei Sonnenschein gehen wir spazieren. – Bei Sonnenschein gehen wir nicht spazieren*. Das, was in beiden Aussagen konstant bleibt (*die Sonne scheint*), heißt →Präsupposition. (3) In der Sprechakttheorie eine besondere Art des →illokutionären Aktes: »Bei Behauptungen gehört zu den Einleitungsbedingungen, dass der Sprecher irgendeinen Grund für die Annahme haben muss, dass der behauptete Satz wahr ist; die Aufrichtigkeitsbedingung besteht darin, dass er den Satz für wahr halten muss; und die wesentliche Bedingung ist in diesem Fall, dass der Satz als Wiedergabe einer bestehenden Sachlage gemeint ist« (Searle, 1971).

Assimilation, dt.: Ausgleich; (1) Vorgang der Lautveränderung in der gesprochenen Sprache a) durch Angleichung eines vorausgehenden Lauts an einen nachfolgenden (regressive A.) wie beim →Umlaut: ahd. *gasti* > mhd. *gesti* (das ahd. [a] wird durch das [i] in der Folgesilbe »angehoben« oder palatalisiert). Da hier der auslösende Laut nicht unmittelbar neben dem betroffenen steht, spricht man auch von Fernassimilation. b) Angleichung eines nachfolgenden Lauts durch einen vorausgehenden (progressive A.): »fünf« wird oft als ['fymf] ausgesprochen (der Zahnlaut [n] wird als Lippenlaut [m] gesprochen und so dem folgenden Lippenzahnlaut [f] angeglichen). Da hier beide Laute nebeneinander stehen, spricht man auch von Kontaktassimilation. c) Es gibt auch Fälle, in denen eine reziproke A. vorliegt, d. h., zwei Laute werden durch A. verändert und durch einen dritten ersetzt: »hast du« > ugs. ['hastə] > ['hassə]. (2) In der Lernpsychologie J. Piagets bedeutet A., dass beim Lernen die neu erworbenen Sachverhalte so verändert werden, dass sie sich den vorhandenen Denk- und Handlungsmustern anpassen. »Aus biologischer Sicht ist Assimilation die Integration externer Elemente in die sich entwickelnden oder abgeschlossenen Strukturen des Organismus« (Piaget, 1983). So erklärt z. B. ein viereinhalbjähriges Kind beim Anblick von Wolken: *Die Wolken gehen sehr langsam, weil sie keine Füße und Beine haben. Sie machen sich lang wie Würmer und die Raupen, daher gehen sie so langsam.* ↔ Akkomodation.

Assoziation, dt.: Vereinigung; (1) Verknüpfung von Vorstellungen, von denen die eine die andere hervorgerufen hat; →Konnotation. (2) In der Lernpsychologie bedeutet

A. die kumulative Addition bedingter Reize nach solchen Kriterien wie Ähnlichkeit, räumlicher oder zeitlicher Nähe; auch als Reiz-Reaktions-Schema in der psycholinguistischen Forschung bekannt. →Behaviorismus.

Assoziative Bedeutung →Konnotation

Assoziatives Feld, Vorstellungen, die sich bei der Produktion oder Rezeption von Wörtern einstellen; das assoziative Feld kann formal strukturiert sein wie bei einer →Wortfamilie (*sehen*: Sehkraft, Sehvermögen, sehenswert, ...) oder inhaltlich bestimmt wie bei einem →Wortfeld (*sehen*: beobachten, glotzen, zu Gesicht bekommen, ...). Das assoziative Feld ist individuell durch den passiven und aktiven Wortschatz, die Sprechsituation, Gesprächspartner, Kommunikationsziele und dgl. bestimmt.

Asymmetrische Kommunikation, auch: komplementäre Kommunikation; a. K. ist dadurch bestimmt, dass die Kommunikationspartner ungleich sind. Diese Ungleichheit kann ihre Rollendefinition (Alter, Machtposition, physische Stärke), ihre Kompetenz (Allgemein- oder Fachwissen) o. Ä. betreffen. →Pragmatische Axiome; ↔symmetrische Kommunikation.

asyndetisch, dt.: anreihend, unverbunden, nicht durch →Konjunktion verbunden; zum Beispiel in der asyndetischen Wortreihe: *Der Blindwütige stürmte herein, blickte wild um sich, schlug alles kurz und klein.* ↔Syndetisch.

Asyndeton, Wort- oder Satzreihe, deren Glieder nicht durch →Konjunktionen miteinander verbunden sind: *Alles rennet, rettet, flüchtet* (Schiller). ↔Polysyndeton.

Atomarer Satz, in der Logik jeder elementare Satz, der keine logischen Partikeln (›und‹, ›oder‹, ›wenn – dann‹, ...) enthält; entspricht in etwa dem linguistischen Terminus →Kernsatz: *Vater schläft. Der Tag ist sonnig.*

Atomares Prädikat, in der →generativen Semantik kleinste Bedeutungseinheiten der Basiskomponente, die durch ein Inventar von →Bedeutungspostulaten beschreibbar sind und die ihrerseits die Bedeutung der →Lexeme beschreiben. Beispiele: INCL (komplette Klasseninklusion), PART (partielle Klasseninklusion), CAUS (verursachen), AEFF (affizieren oder effizieren), LOC (lokative Relation), TEMP (temporale Relation), INSTR (instrumentale Relation) usw. Im dt. Sprachraum auch »semantische Primen« genannt: »Semantische Primen sind abstrakte Prädikate und können deshalb als semantische Elemente der tiefsten, logisch-semantischen Strukturen erscheinen« (Ebneter, 1973; dort auch umfangreiche Literatur).

Gewonnen werden die atomaren Prädikate durch →lexikalische Dekomposition oder die Rückführung komplexer Prädikate auf einfache prädikatenlogische Formen durch logische Analyse: *Die Glocke klingt hell* ≡ »x ist eine Glocke. x befindet sich in r. r ist ein Kling-Vorgang. r ist hell.« (Bartsch, 1971.)

Attribut, dt.: Beifügung, Satzgliedteil; das A. gibt eine nähere Bestimmung meist zu einem nominalen Satzglied. Es ist selbst kein eigenständiges Satzglied, da es nicht frei im Satz umgestellt werden kann (→Satzgliedprobe):

1. Formen und Vorkommen

- Das A. besteht aus einem attributiven →Adjektiv: *Der aufmerksame Kaufhausdetektiv beobachtet auffällige Kunden.*
- Das A. besteht aus einem Nomen im →Genitiv (Genitivattribut): *Wie heißt der Detektiv dieses Kaufhauses? Ein Unbekannter hat die Handschuhe meiner Mutter gestohlen.*
- Das A. besteht aus →Präposition + Nomen (präpositionales A.): *Ein junger Mann aus Bielstein wurde beim Diebstahl im Supermarkt gefasst.*
  (Anm.: Der zweite präpositionale Ausdruck »im Supermarkt« ist nur dann A., wenn er die Paraphrase zulässt: *... wurde beim Diebstahl, den er im Supermarkt verübte, gefasst.* Im anderen Fall wäre »im Supermarkt« lokales →Adverbial: Wo wurde er gefasst? Die entsprechende Lesart ist meist über den →Kontext geregelt.)

– Das A. als →Adverb (adverbiales Attribut): *Bei den Angeboten heutzutage werden viele zum Diebstahl verleitet. Im Kaufhaus dort gab es gestern einen solchen Fall.* Außer beim Nomen kann ein Adverb als A. beim Adjektiv oder bei einem anderen Adverb stehen:
Dies ist ein sehr aufmerksamer Detektiv.

(Das Adverb »sehr« steht attributiv bei einem Adjektiv.)
Er arbeitet besonders erfolgreich.

(Das Adverb »besonders« steht attributiv bei einem anderen Adverb. Zu beachten ist, dass »erfolgreich« der Form nach ein Adjektiv ist, dass es aber die grammatische Rolle eines Adverbials übernommen hat; es steht adverbial bei dem Verb »arbeitet«. →Adjektivadverb.)
– Das A. als Infinitivgruppe (→Infinitiv): *Bei manchen Menschen ist die Lust zu stehlen übermächtig.*
– Das A. als →Relativsatz (Attributsatz): *Der Mann, der an der Kasse steht, sieht verdächtig um sich. Der Detektiv, der ihn beobachtet, kommt unauffällig näher.*
– Das A. als →Apposition: *Herr Bloom, der Hausdetektiv, hatte heute leichte Arbeit. Er konnte den Dieb, einen Ersttäter, stellen.*

2. Grammatische Funktion

A.e ermöglichen es, ihr Beziehungswort »zu charakterisieren, auszudeuten und genauer zu bestimmen« (Duden-Grammatik, [4]1984). Bei dieser eher semantischen Klassifikation fällt z. B. auch der Artikel unter die A.e.

In anderen Konzeptionen wird neben der Tatsache, dass ein A. in der Regel »nur gemeinsam mit einem Satzglied verschoben werden« kann, ein weiteres Kriterium genannt: »Das Attribut ist grundsätzlich eine potentielle Prädikation« (Helbig/Buscha, [14]1991). Durch A.e können einer Person, einem Gegenstand oder Sachverhalt Eigenschaften zu- oder abgesprochen werden. →Prädikation (2).

Zur stärkeren Hervorhebung können einige der Attribute in bestimmten Fällen auch vor das Beziehungswort gestellt werden, was jedoch nicht ihrer Rolle als Satzgliedteil widerspricht: *Meiner Mutter Handschuhe hat der Dieb gestohlen.*

Attributiv, dt.: beifügend, als →Attribut gebraucht.

Attributreihe, →Attribute stehen nebengeordnet in einer Reihe; das Komma wird wie bei einer Aufzählung einzelner Wörter gesetzt: *Sie lagerten unter einer breiten, schattigen Buche.* Das Komma steht nicht bei enger Verbindung von Attribut und Beziehungswort: *In der Ferne sahen sie eine winzige elektrische Eisenbahn.*

Attributsatz, Nebensatz, der die grammatische Stelle eines →Attributs einnimmt, und zwar meist als →Relativsatz; nach funktionalen Gesichtspunkten werden die Attributsätze von den →Gliedsätzen (die für ein Satzglied stehen) unterschieden. Nach formalen Gesichtspunkten gehören die Attributsätze zu den eingeleiteten Nebensätzen. Wird der A. mit einem →Relativpronomen eingeleitet, so heißt er Relativsatz; wird er mit einer →Konjunktion eingeleitet, so heißt er →Konjunktionalsatz.

- Der A. als Relativsatz: *Der Mann, der an der Kasse steht, sieht verdächtig um sich.*

  Wird ein grammatisch vollständiger Satz als →Parenthese eingefügt, so erfüllt er die Funktion eines A.es, wenn er die Stelle eines Relativsatzes einnimmt (und →Referenzidentität besteht): *Der Kaufhausdetektiv, er kommt unauffällig näher, beobachtet den Mann.* (*Der Kaufhausdetektiv, der unauffällig näher kommt, beobachtet den Mann.*)
- Der A. als Konjunktionalsatz: *Viele sind der Meinung, dass Ersttäter nur ermahnt werden sollten. Doch man hört auch die Frage, ob eine solche Maßnahme nützt. Zu der Zeit, als man noch keine Hausdetektive hatte, wurden Waren im Wert von Millionen gestohlen.*

Man fragt: *Was für ein/eine?* Der Konjunktionalsatz in der Rolle eines A.es schließt sich direkt an ein Nomen an und bestimmt dieses näher.

Aufteilungszahl → Distributivzahl

Aufzählung, Beiordnung, Gleichordnung, Koordination; Aneinanderreihung von Sätzen, → Satzgliedern oder → Attributen; die A. erfolgt direkt (durch Kommas getrennt; → asyndetisch) oder durch nebenordnende → Konjunktionen (1) bzw. → Konjunktionaladverbien verbunden (→ syndetisch).

– Aufzählung von Hauptsätzen (→ Satzverbindung): Hauptsätze werden in der A. immer durch Kommas getrennt. *Im Kino läuft kein sehenswerter Film, im Fernsehen läuft nur ein alter Western, aber im Theater soll es etwas Besonderes geben.*
Nach der → Rechtschreibreform steht kein Komma zwischen gleichrangigen Sätzen, die mit »und, oder, beziehungsweise, weder – noch, entweder – oder« verbunden sind: *Im Kino läuft kein sehenswerter Film und im Fernsehen läuft nur ein alter Western.*

– Aufzählung von Nebensätzen (Koordination, → Satzreihe): Alle folgenden A.en werden durch Kommas getrennt, wenn keine nebenordnende Konjunktion steht. (*Ich wusste*), *dass im Kino nichts läuft, dass im Fernsehen nur der Western ist und dass du das Theater vorschlagen würdest.*

– Aufzählung von Satzgliedern: *Anke, Theo und Hubert gehen ins Theater* (hier: A. beim → Subjekt). → Nebenordnung.

Ausdruck, (1) sprachliche Einheit beliebiger Länge als Teil des Sprachsystems; ↔ Äußerung. (2) Zeichentheoretisch bedeutet der A. eines sprachlichen Zeichens seine materielle Seite (z. B. Schallwellen, Tinte, Kreide und dgl.), das → Bezeichnende (Signifikant). (3) Auch: Ausdrucksseite; in der → Glossematik meint A. eine der beiden Analyseebenen, die ihrerseits unter dem Gesichtspunkt der Form des A.s (→Phonologie) und der Substanz des A.s (→Phonetik) unterteilt sind. →Inhalt (2).

Ausdrucksebene →Ausdruck (3)

Ausdrucksfunktion, nach K. Bühler ([2]1965) eine der drei Hauptfunktionen des sprachlichen Zeichens: ein Sprecher kann durch Sprache seine Gefühle oder Gedanken ausdrücken. *Ach, das tut mir aber Leid!* →Sprachfunktion; →Organonmodell.

Ausdrucksseite →Ausdruck (2)

Ausklammerung, von A. spricht man, wenn Teile eines Satzes außerhalb der →Satzklammer gestellt werden: *»Es ging dem Reinhold nicht gut nach dem Gespräch mit Franz Biberkopf«* (A. Döblin).

Die A. ist ein typisches Merkmal gesprochener Sprache; sie wird vor allem eingesetzt, um längere Sätze übersichtlicher und verständlicher zu gestalten; die A. bildet einen neuen Schwerpunkt in der Aussage: *Ich will mich gar nicht einlassen auf die Meinung von Frau Huber, die ja selbst gar keine Kinder hat. Wir sollten den Vorschlag annehmen, einen neuen Sandkasten zu bauen.*

Die A. ist üblich bei Relativ-, Konjunktional- und Infinitivsätzen sowie bei Vergleichssätzen; dies gilt vor allem, wenn die Satzklammer durch einen →Verbzusatz gebildet wird: *Frau Schuster stellte die Gründe zusammen, die die Mehrzahl der Hausbewohner dazu veranlasste, für den Neubau eines Sandkastens einzutreten.*

Auslaut, Laut, der am Ende eines Wortes oder einer Silbe hörbar gesprochen wird; →Anlaut. Bei einem →Vokal im A. spricht man vom absoluten Auslaut (*Ca/ro/la*) folgt dem Vokal noch ein →Konsonant, so spricht man von gedecktem A. (*Ham/bur/ger*).

Auslautverhärtung, Veränderung der stimmhaften Laute [b], [d] und [g] hin zu den stimmlosen Entsprechungen [p], [t] und [k] am Silbenende; historisch gesehen fand dieser Vorgang beim Übergang des Ahd. zum Mhd. statt: *leben* ['le:bn] gegenüber *er lebte* ['le:ptə]. In der Sprachwissenschaft wird hier ein Archiphonem (Trubetzkoy) angenommen, das die Gesamtheit der distinktiven Eigenschaft enthält, die sonst auf zwei →Phoneme verteilt ist.

Ausrufesatz, gibt durch →Intonation (Betonung) oder Wortwahl zu erkennen, dass der Sprecher besonderen Nachdruck in eine Aussage, eine Aufforderung oder Frage legt. *Du gehst sofort nach Hause! – Pack deine Sachen! – Willst du wohl gleich verschwinden!*

Aussagenlogik, elementarer Teil der formalen →Logik; die A. untersucht die Verknüpfung von nicht analysierten Aussagen zu komplexen Aussagen durch entsprechende →Junktoren, z.B. die logische Konjunktion (›und‹), Disjunktion (›oder‹), Negation (›nicht‹), →Implikation (›wenn – dann‹) oder →Äquivalenz (›genau dann – wenn‹). Dabei geht es ihr um die Analyse der wahrheitswert-funktionalen Verknüpfung dieser Sätze, wobei sich die Wahrheit oder Falschheit eines komplexen Satzes aus der Wahrheitsfunktion seiner Teile ergibt. So ist die Äquivalenz $p \leftrightarrow q$ nur dann wahr, wenn entweder p und q beide wahr oder beide falsch sind. →Wahrheitswerttabelle.

Aussagenlogische Prädikation, im Rahmen der →Aussagenlogik gilt alles das als (aussagentheoretische) →Prädikation, was nicht Subjekt des Satzes ist: *Regensburg <u>liegt an der Donau</u>. Peter <u>ist größer als Paul</u>.* Diese Position ist von zahlreichen Grammatiken in toto oder tendenziell übernommen worden, was Namen wie »Prädikatsverband« (Duden-Grammatik) für alle Teile des Satzes, die nicht Subjekt sind, verdeutlichen. Es kann jedoch nicht davon ausgegangen werden, dass die linguistische Analyse die gleichen Interessen verfolgt wie die aussagenlogische (bzw. aussagentheoretische), die von einer bipolaren Satzstruktur ausgeht. Die Popularität dieses Ansatzes mag auch in der bipolaren Anlage der →Phrasenstrukturgrammatik liegen (S → NP + VP).

Aussagesatz, →Hauptsatz, der einen Sachverhalt (eine Handlung, einen Vorgang oder Zustand) wiedergibt; der

A. ist durch die →Achsenstellung des Verbs gekennzeichnet. *Es regnet seit Stunden. Wir fahren durch die grauen Schleier. Die Scheibenwischer zerteilen den Regenvorhang links, rechts.* →Satzart.

Aussageweise →Modus

Ausschließend →Disjunktiv

Außersprachlich, neben der primär sprachlichen besitzt Kommunikation auch eine a.e Seite. Hierunter werden zum Beispiel Elemente der Sprechsituation (Ort, Zeit, Anlass), das Rollenverhalten (Einschätzung der Eigenrolle, Wahrnehmung der Fremdrolle) sowie Gestik und Mimik verstanden, die primär den →Beziehungsaspekt einer kommunikativen Handlung bestimmen.

Austauschprobe →Ersatzprobe

Autosemantikum, pl.: Autosemantika, auch: Kategorema; Wort mit eigenständiger, relativ kontextunabhängiger lexikalischer Bedeutung. →Inhaltswort; ↔Synsemantikum.

Autosemantisch →Autosemantikum

Auxiliarkomplex, Abk.: Aux; in der →generativen Transformationsgrammatik komplexe Verbkategorie, die Finitheit (Person, Numerus, Tempus, Modus und Genus verbi) anzeigt. Dies kann durch →Hilfsverben oder durch →Flexionsmorphem erfolgen: *Er schreib-t einen Aufsatz. Er hat einen Aufsatz geschrieben.*

Auxiliarverb, dt.: Hilfsverb; gelegentlich wird zwischen dem Auxiliar (Hilfsverb: *haben*, *sein*) und dem Auxiliant (Modalverb: *können*, *wollen*, *sollen*) unterschieden (Benveniste). So kommen einige Grammatiker zu dem Schluss, dass zwar die Hilfsverben eine zusammengesetzte Verbform bilden, nicht aber die Modalverben. In Sätzen mit Modalverben »wird allein die Form des Modalverbs als Prädikat angesehen, denn sie bildet mit dem Infinitiv des Vollverbs keine Verbform« (Eisenberg, [3]1994).

Er wird kommen.	Auxiliar + Infinitiv (3. Person Singular Futur Indikativ Aktiv)

Er wird gerufen.	Auxiliar + Partizip II (3. Person Singular Präsens Indikativ Passiv)
Er will kommen.	Auxiliant (3. Person Singular Präsens Indikativ Aktiv) + Modalität

Axiom, (1) als absolut richtig anerkannter Grundsatz, gültige Wahrheit; (2) in der Wissenschaftstheorie eine Setzung (eine Gesetzmäßigkeit), deren Geltung nicht weiter hinterfragt wird und aus der weitere Aussagen →deduktiv abgeleitet werden. Derartige A.e können selbstevident oder willkürlich gesetzt sein; sie sind für einen Wissenschaftsbereich fundamental und so lange gültig, wie auf ihrer Grundlage keine Widersprüche produziert werden.

B

Barriere, in der klassischen →GB-Theorie, die eine extrem modulare Struktur aufweist, sind einige Probleme ungeklärt geblieben, wie die Tatsache, dass jedes Prinzip seine eigene, spezifische Strukturdomäne hat, innerhalb derer es gültig ist. »Aus diesem Grunde sind von mehreren Seiten Versuche unternommen worden, eine einheitliche Anwendungsdomäne zu spezifizieren, die für alle Prinzipien gleichermaßen gilt« (Fanselow/Felix 2, 1987). Es gab jedoch auch rein empirische Probleme bei der Beschreibung von wh-Phrasen, die, bei →wh-Bewegung über mehr als einen →IP-Knoten hinweg, offensichtlich das →Subjazenzprinzip verletzen. So ist (I) offenbar grammatisch, müsste aber nach dem klassischen Subjazenzprinzip analog zu (II) als ungrammatisch markiert werden, weil das wh-Element (who_i) von t (t_i) aus sowohl über den Grenzknoten NP als auch den Grenzknoten IP hinaus bewegt wird:

(I) who_i did [$_{IP}$ you see [$_{NP}$ a picture of t_i]

(II) *who_i did [$_{IP}$[$_{NP}$ a picture of t_i] annoy Bill]

(i = Referenzidentität, IP = INFL-Phrase, NP = Nominalphrase, t = Spur)

Die B.n-Theorie (Chomsky, 1986a) erweitert die klassische Theorie durch die L-Markierung, die besagt, dass der Grenzknotenstatus von IP und NP aufgehoben ist, wenn diese Kategorien von einem →Schwesterknoten thetamarkiert werden (→thematische Rolle). Also: α L-markiert β gerade dann, wenn α und β Schwestern sind, gleichzeitig α eine lexikalische Kategorie ist und α β gleichzeitig eine thematische Rolle zuweist.

Hieraus ergibt sich der erweiterte Begriff der blockierenden Kategorie (B C): α ist eine B C für β gerade dann, wenn α eine →maximale Projektion ist, gleichzeitig α β inkludiert (→Inklusion) und α gleichzeitig nicht L-markiert ist.

Der Begriff der B. ist hiervon abgeleitet: Eine maximale Projektion Σ ist eine B. für α gerade dann, wenn Σ eine B C für α ist, oder wenn Σ β unmittelbar dominiert und β eine B C für α ist (vgl. Chomsky, 1986a).

Basisteil, auch: Formationsteil; in der →generativen Transformationsgrammatik neben dem →Transformationsteil Bestandteil des Syntaxmodells, der die →Phrasenstrukturregeln und die →Lexikonregeln enthält.

Baumdiagramm, Baumgraph, Strukturbaum, Verzweigungsdiagramm; das B. ist die zeichnerische Darstellung von grammatischen Strukturen (meist der Bausteine von Sätzen). Das B. geht von einem →Anfangssymbol (z.B. »S«) aus, jeder Knoten (A, B, C, ...) steht für eine grammatische Einheit (Kategorie), die Verbindungslinien (Kanten) geben das Verhältnis von Über- oder Unterordnung wieder:

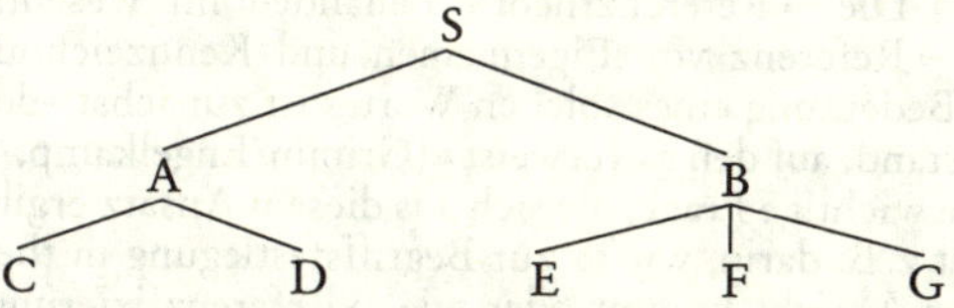

Man sagt, S dominiert A und B; A dominiert C und D usw.; C und D sind »Schwestern« (Schwesterknoten), A ist »Mutter« von C und D usw.; A steht links neben B usw.; S wird ersetzt durch A und B usw.; »C, D, E, F, G« bilden die Endkette des B.s. →Stemma; →Graph (2).

Bedeutung, der Terminus B. spielt in der Sprachwissenschaft, heute insbesondere in der →Psycholinguistik sowie in der linguistischen Semantik, eine zentrale Rolle. (1) Traditionell wird er in der Psychologie über das semiotische Dreieck (→triadische Zeichenrelation) von Ogden und Richards (1923) erklärt: Umweltsachverhalte werden im Gedächtnis begrifflich bzw. konzeptuell repräsentiert und mit Sprachzeichen assoziiert. So ist z. B. das Wort »Baum« ein Sprachzeichen, das mit dem →Begriff bzw. →Konzept von BAUM assoziiert ist und über diesen auf reale Bäume (Buchen, Birken, Eichen usw.) verweisen kann. Neben der Darstellung der Binnenstruktur von Begriffen steht heute die Erforschung der Organisationsstruktur, die Begriffe untereinander verbindet, im Mittelpunkt; etwa wenn es um die B. von Aussagen (Sätzen) geht. Für beide Aufgaben hat sich das Konzept der →semantischen Merkmale als brauchbar erwiesen. Begriffe lassen sich als Bündel semantischer Merkmale konzipieren; sie sind durch sie intensional definiert (→Intension). Gespeichert werden sie im mentalen →Lexikon (4) als →Propositionen, →Schemata, →Skripte oder →semantische Netze. Vermehrung, Modifikation und Veränderung von Begriffen sind möglich durch eine bestimmte Art von →Lernen, z. B. durch →Assimilation oder durch Akkomodation.

(2) Die →Referenztheorie behandelt im Wesentlichen die →Referenz von Eigennamen und Kennzeichnungen; die Bedeutung eines solchen Wortes ist zunächst »der Gegenstand, auf den es verweist« (Grimm/Engelkamp, 1981). Eine wichtige Frage, die sich aus diesem Ansatz ergibt, besteht z. B. darin, wie es zur Begriffsfestlegung in theoretischer Absicht kommt oder wie →Referenzfixierungsakte beschrieben werden können. Ein weitergehender Aspekt bezieht sich auf die Untersuchung der konversationellen →Implikaturen, z. B. die Unterscheidung zwischen Sprecher-Referenz und semantischer Referenz (konventioneller B.); denn nicht immer ist das, was gesagt wird, auch das, was gemeint ist. So ist der Satz *Heute ist Willi nicht betrunken* zunächst eine reine Tatsachenfeststellung; allerdings impliziert er, dass Willi ansonsten (gewöhnlich) betrunken ist.

Eine Abgrenzung von B. und Referenz könnte so formuliert sein: Die B. eines Wortes ist der mit dem Wort assoziierte Begriff (begriffliche oder symbolische B.); die Referenz eines Wortes ist die Menge von Sachverhalten, auf die das Wort in der realen Welt beziehbar ist. Bemerkenswert ist hierbei, dass man über ein begriffliches Konzept (z. B. König, Zauberer) verfügen kann, ohne ein tatsächliches Exemplar in der Realität zu kennen. (Zeichentheoretisch wird diesem Umstand durch die Unterscheidung zwischen → Designat und → Denotat Rechnung getragen.)

(3) Der → Behaviorismus hat aus seinen Sprachuntersuchungen die Kategorie der »Bedeutung« weitgehend ausgeschlossen. L. Bloomfield (1935) definiert die Bedeutung eines sprachlichen Zeichens als die Situation, in der der Sprecher es äußert, und als die Reaktion, die es beim Hörer auslöst. So lässt sich die B. eines Wortes durch → Konditionierung erklären; sie wird daran gemessen, inwiefern z. B. das Wort »Apfel« dieselben Reaktionen auslöst wie ein realer Apfel. In der Weiterführung dieses Ansatzes (den so genannten Mediationstheorien) wird angenommen, dass sich bei der Konditionierung die Vorstellungsbilder von Sachverhalten mit den Wortzeichen verknüpfen (imaginale B.). Diese Vorstellungsbilder werden heute meist als kognitive → Schemata konzipiert, die (etwa als → Prototyp) für eine Reihe von Objekten repräsentativ sind.

(4) Eine vom sprachlichen Handeln der Menschen (→ Pragmatik) ausgehende Definition besagt, dass im Allgemeinen die Bedeutung eines Ausdrucks (eines Wortes) die → Regel für seinen Gebrauch ist. Ein Sprecher weiß, was »X« bedeutet, wenn er »X« im Gespräch richtig und angemessen (→ Akzeptabilität) verwenden kann und wenn ein Hörer »X« in dem gemeinten Sinn verstehen und akzeptieren können müsste. → Gebrauchstheorie.

Bedeutungsbeziehung → Semantische Relation

Bedeutungserweiterung, Erweiterung des Geltungsbereichs eines Wortes: *Caesar* (eine bestimmte Person) – *Kaiser* (generelle Bezeichnung).

Bedeutungsfeld, die →Bedeutung einzelner Wörter wird dadurch abgegrenzt, dass sie in einem →Wortfeld organisiert sind. So ist die Bedeutung von »Gut« in der Zensurenskala *Sehr gut – Gut – Befriedigend – Ungenügend* weiter als in der Skala *Sehr gut – Gut – Befriedigend – Ausreichend – Mangelhaft – Ungenügend.* Die Zensurenskalen bilden jeweils das für die Zensur »Gut« geltende B.

Bedeutungslehre, Semantik, Semasiologie; Analyse und Beschreibung der →Bedeutung einzelner Wörter in historischer (→Etymologie) oder in systematischer Absicht (→Merkmalanalyse); ferner die Untersuchung der Bedeutungsbeziehungen unterschiedlicher Ausdrücke zueinander (→Synonym; →Antonym), der Bedeutung von Sätzen oder der Beziehung von Wörtern/Sätzen zur außersprachlichen Wirklichkeit (→Referenz).

Bedeutungspostulat, (1) Begriff aus der →analytischen Sprachphilosophie (Carnap) zur Erklärung der analytischen Wahrheit (A-Postulate): Wenn das B. gilt: »(x) $\supset \neg$ (y)« und wenn x (Junggeselle) und y (verheiratet), dann folgt aus dem Satz »Willi ist Junggeselle« $\rightarrow$ »Willi ist nicht verheiratet«, unabhängig von der Bedeutungsbeschreibung der verwendeten Ausdrücke »Junggeselle« und »verheiratet«. (2) Bei der Beschreibung natürlicher Sprachen werden B.e als Bedeutungsbeschränkungen angesehen; diese können zu einer genaueren Abgrenzung der Einheiten des →Lexikons beitragen, z. B. [+ menschlich] oder [– belebt]. In dieser Form kommen sie allerdings nicht über alltagssprachliche Intuitionen hinaus. (3) In der →generativen Semantik lässt sich die Bedeutung der →atomaren Prädikate mit Hilfe von B.en aufeinander beziehen (Lakoff). So gilt: »gewiss« $\supset$ »möglich« $\rightarrow$ »Ich bin mir X gewiss« impliziert: »X ist möglich«.

Bedeutungsübertragung, die Gebrauchsweise (→Bedeutung) eines Wortes wird bildhaft auf neue Gegenstände übertragen: *Feder* (Vogelfeder) – *Feder* (Stahlfeder).

Bedeutungsverengung, Verringerung des Geltungsbereichs für ein Wort: Der Ausdruck »Schirm« bedeutete ursprünglich jeden Gegenstand oder jede Gegebenheit, die »Schutz und Schirm« bieten konnte; heute wird »Schirm« nur in eingeschränktem Sinne verwendet.

Bedeutungswandel, im Laufe der Geschichte vollzieht sich ein Wandel der Gebrauchsweisen (→Bedeutung) einzelner Wörter und Ausdrücke durch Bedeutungserweiterung, -übertragung oder -verengung.

Bedingungssatz →Konditionalsatz

Befehlsform →Imperativ

Begleiter, im engeren Sinne Bezeichnung für den →Artikel; darüber hinaus für alle Ausdrücke, die an die Stelle des Artikels treten können: *die/drei/meine/diese/solche/keine ... Bücher.* →Artikelwort.

Begleitsatz, →Hauptsatz, der die wörtliche Rede begleitet, einleitet oder beschließt: *»Willst du heute ins Kino?«, fragte er. Sie willigte ein: »Aber nur, wenn es einen Krimi gibt.«*

Begleitwort, es lassen sich zwei Gruppen der Begleitwörter unterscheiden: a) Begleitwörter beim →Nomen sind der →Artikel, das →attributive Adjektiv und das →Numerale (Zahlwort); außerdem alle Wörter, die an der Stelle des Artikels stehen können (*dieser, jener, kein, mein, ...*). *Im* (= in *dem*) *Kino läuft ein guter Krimi. Wir gehen in die zweite Vorstellung. Wie gefällt dir mein Vorschlag?* →Artikelwort. b) Begleitwörter beim →Verb, →Adjektiv, →Adverb oder bei ganzen Sätzen heißen Adverbien: *Sie verfolgten gespannt die äußerst dramatische Handlung. Als endlich der Fall gelöst war, verließen beide recht gut gelaunt das Kino.*

Begriff, →kognitive Einheit, die aus der Verarbeitung von Informationen resultiert. Ein B. lässt sich als »Menge« beschreiben, die a) durch Aufzählen aller Elemente dieser Menge (B.s-Umfang) oder b) durch Beschreibung der unterscheidenden →distinktiven Merkmale der Zugehörigkeit zur Menge (B.s-Inhalt) definiert ist. Vereinfachend kann man sagen, dass alle →Synonyme den gleichen B. darstellen; demnach ist der B. »vorletzter Tag der Woche« das, was gleich bleibt, wenn man »Samstag«, »Sonnabend«, »saturday« oder »samedi« sagt. »Durch die Reduzierung der Komplexität der Umwelt besitzen Begriffe ordnungsstiftende Funktion« (Grimm/Engelkamp, 1981).

Häufig werden B.e mit Wortbedeutungen gleichgesetzt, wobei übersehen wird, dass es auch nicht sprachliche B.e gibt, etwa die →Handlungsschemata, die ein Kind vor der Sprache erwirbt. Von daher ist vorgeschlagen worden (J. B. Carroll), B.e als Instrumente des Denkens und Bedeutungen als Instrumente der Kommunikation zu bezeichnen.

Unterschieden werden →Eigenschaftsbegriffe und →Erklärungsbegriffe. Für die Beschreibung von B.en können die folgenden Dimensionen relevant werden: Merkmale (distinktiv / nicht distinktiv), Struktur (konjunktiv, disjunktiv, relational), Abstraktionsgrad (konkret, abstrakt), Inklusivität (geringe/große Anzahl der unter den B. fallenden Objekte), Generalität (spezifischer/genereller Geltungsbereich), Präzision (eindeutige/vage Zuordnung), Signifikanz (wichtig in zahlreichen Kontexten / in wenigen Kontexten).

Begriffsanalyse, Verfahren der fachsprachlichen Bedeutungsfestlegung; im Gegensatz zur klassischen →Definition wird bei der B. nicht der nächst höhere Klassenbegriff genannt, sondern das Definiendum wird lediglich durch einen ähnlichen Ausdruck ersetzt, dessen Bedeutung dann durch Merkmalangaben spezifiziert wird: *Ein Satz ist eine Redeeinheit, die hinsichtlich des Inhalts, der grammatischen Struktur und der Intonation abgeschlossen und relativ selbständig ist.*

Die B. erlaubt auch andere (theoriegebundene) Ersetzungen, je nachdem, welchen Aspekt des Analysandums die Theorie beleuchtet, etwa: »Der Satz ist der sprachliche

Ausdruck dafür, dass die Verbindung mehrerer Vorstellungen oder Vorstellungsmassen in der Seele des Sprechenden sich vollzogen hat, und das Mittel dazu, die nämliche Verbindung der nämlichen Vorstellungen in der Seele des Hörenden zu erzeugen« (Boost, [2]1964).

Begriffsbildung, von B. spricht man, »wenn Objekte zu einer (subjektiv neuen) Kategorie zusammengefasst werden. Unter *Begriffsidentifikation* versteht man das Erkennen eines Objekts als Bestandteil einer (bereits vorhandenen) Kategorie. Begriffsbildung in Form des Aufbaus neuer alltäglicher Begriffe spielt besonders im Kindesalter eine große Rolle.« (Edelmann, [3]1993.)

Im Laufe der kognitiven Entwicklung wird das Begreifen einer Sache allmählich unabhängig vom manuellen Hantieren. Etwa ab dem Ende des ersten Lebensjahres ist das Kind fähig, die Welt in Bildern zu sehen (Objektpermanenz). Es bilden sich Vorstellungen als verinnerlichte Bilder (J. Piaget) aus. In dieser Phase stehen sie noch in enger Beziehung zur Handlung. Diese Bilder sind von Gefühlen begleitet, auf die Person des Kindes bezogen (Egozentrik), relativ flüchtig und starr, d.h. durch eine kleine Zahl auffälliger Oberflächenmerkmale gekennzeichnet, sowie konkret und nicht schematisch. Erst allmählich treten schematisierte Vorstellungen auf, die sich zu →Begriffen verdichten: ein kleines rotes Sportauto, ein großer blauer Pkw und ein gelbes Lastauto werden zu einer neuen Kategorie, zur Abstraktionsklasse »Auto« abstrahiert.

Begriffsexplikation, Verfahren der fachsprachlichen Bedeutungsfestlegung; die Bedeutung eines auch gemeinsprachlichen Wortes (z.B. »Stammbaum«) wird für bestimmte Anwendungsfälle (z.B. innerhalb einer strukturalen Grammatiktheorie) präzisiert, die der gemeinsprachliche Wortsinn nicht erfüllen würde: *Ein <u>Stammbaum</u> ist die zeichnerische Darstellung von grammatischen Strukturen, wobei die Buchstabenkürzel (z.B. NP, N, VP* *usw.) grammatische Kategorien symbolisieren und die Kanten (Verbindungsstriche) Relationen.*

Wo immer möglich, werden in einem solchen Fall andere Bezeichnungen (wie →Stemma, Strukturbaum bzw. →Baumdiagramm, →Graph) verwendet, um die gemeinsprachlichen Nebenbedeutungen (hier z.B. die historisch-chronologische Anordnung von Größen in einem Familienstammbaum) zu vermeiden.

Begriffsinhalt →Intension

Begriffsumfang →Extension

Begründungsangabe, kausale Angabe, →adverbiale Bestimmung.

Begründungssatz →Kausalsatz

Behauchung →Aspiration

Behaviorismus, (1) verhaltenstheoretisch fundierte Psychologie, die (neben kognitiver und handlungstheoretischer Psychologie) eine der drei bedeutenden Richtungen der psychologischen Lernforschung repräsentiert. Von J. B. Watson 1913 – angeregt durch die Reiz-Reaktions-Experimente des russischen Physiologen Pawlow – begründet, wurde der B. vor allem in Amerika eine sehr einflussreiche Wissenschaftsauffassung. Sie lässt sich folgendermaßen kennzeichnen:

- Gegenstand ist das mit experimentellen Methoden erfassbare äußere Verhalten von Organismen.
- Da die Methode der Selbstbeobachtung nicht zugelassen wird, sind Erleben und Bewusstsein für die Forschung nicht zugänglich.
- Es sollen die Voraussetzungen für eine effektive Beeinflussung (Verhaltenskontrolle) bei Tier und Mensch geschaffen werden.
- Das Menschenbild dieser objektiven Naturwissenschaft kann als mechanistisch und deterministisch bezeichnet werden.

Standen in den 20er- und 30er-Jahren zunächst nur die direkt beobachtbaren Reiz-Reaktions-Verbindungen im

Vordergrund, so richtete sich das Interesse in der Folgezeit auf die Vorwegnahme zukünftiger Handlungen beim Akt des Lernens, etwa durch die Aussicht auf Belohnung oder die Angst vor Bestrafung. Man spricht hier auch von »instrumentellem Lernen«.

(2) In der Sprachwissenschaft ist der B. als Forschungsmethode vor allem durch L. Bloomfield und Z. S. Harris populär geworden. Bloomfield hat die Sprachwissenschaft als eine Naturwissenschaft konzipiert und deren Gegenstandsbereich gegenüber der Psychologie abgegrenzt. Mit seinem Werk *Language* von 1933 hat er ein Fundament für die gesamte strukturelle Linguistik der USA gelegt. Bei der Beschreibung einer Sprache geht es ihm zunächst immer um die empirisch kontrollierten Verfahren der →Segmentierung und →Klassifikation ihrer Elemente, wobei Probleme der →Bedeutung (3) zunächst ausgeblendet werden.

Der Kommunikationsprozess wird behavioristisch als Blackbox-Verfahren beschrieben: In bestimmten Situationen werden Äußerungen von Menschen hervorgebracht, deren Anlass ein »Stimulus« (Reiz) und deren Ergebnis eine »Reaktion« darstellt. Oder genauer: Auf einen praktischen Stimulus S folgt eine sprachliche Ersatzreaktion r, die auf den Hörer als sprachlicher Ersatzstimulus s wirkt und bei ihm eine praktische Reaktion R auslöst, also: »S → r ... s → R«, und nur »r ... s« ist im eigentlichen Sinne Gegenstand der sprachwissenschaftlichen Beobachtung und Beschreibung. Stimulus und Reaktion werden als die »Bedeutung« der linguistischen Form definiert (vgl. Bloomfield, 1935).

Diesen →taxonomisch-strukturalistischen Ansatz der Sprachbeschreibung hat Z. S. Harris konsequent auf die Korpusanalyse angewendet. Mit seiner *Discourse Analysis* (1952) macht er Aussagen über das Auftreten von syntaktischen Elementen eines Textes innerhalb der Grenzen eben dieses Textes. Durch die Abgrenzung von Elementen in identischen und äquivalenten Umgebungen gelangt er zu Äquivalenzklassen, wobei gilt, dass zwei Textteile dann äquivalent sind, wenn sie an einem Ort dieselbe Umgebung haben, aber ihre Umgebung an anderen Textstellen nicht dieselbe ist. Mit seiner *String Analysis* (1962) hat Harris sein Verfahren noch weiter ausgebaut. Die Schwächen dieses Ansatzes zur Sprachbeschreibung hat N. Chomsky (1957) herausgestellt, insbesondere die Willkür bei der Auswahl und Verwendung der Klassifikationskriterien sowie die geringe beschreibende →Adäquatheit dieser Art von →Phrasenstrukturgrammatik.

Beifügung, Satzgliedteil, →Attribut.

Beisatz, eine Form der →Apposition (Beistellung): *Professor Dr. Müller, Hochschullehrer und Buchautor, hielt als Vorsitzender der Kommission die Festrede.*

Beistellung →Apposition

Beiwort, Oberbegriff für →Adjektiv und →Adverb.

Benrather Linie, Dialektgrenze als Ergebnis der Zweiten oder Hochdeutschen →Lautverschiebung (2), die das Niederdeutsche vom Hochdeutschen trennte; wobei als niederdeutsch der Dialektraum gilt, in dem sich die Zweite Lautverschiebung nicht mehr durchzusetzen vermochte. »Die systematischen Aufnahmen des deutschen Sprachatlas zeigen als Grenze für die Gegenwart eine Linienführung, bei der Aachen auf hochdeutschem, Düsseldorf eben noch auf niederdeutschem Boden bleibt, während Siegen und Kassel zum Hochdeutschen, Magdeburg zum Niederdeutschen gehört, wie Dessau und Wittenberg hochdeutsch, Frankfurt an der Oder niederdeutsch ist (Benrather-Linie, benannt nach dem Ort, an dem diese Lautgrenze den Rhein überquert). Doch ist diese Sprachgrenze im Laufe des Mittelalters und der Neuzeit nach Norden vorgeschoben worden.« (von Kienle, 1969.)

Beobachtungsadäquat →Adäquatheit

Beschreibungsadäquat →Adäquatheit

Besitzanzeigendes Fürwort →Possessivpronomen

Bestimmungswort, bildet mit dem →Grundwort ein zusammengesetztes Wort und steht nicht an letzter Stelle: *Haus/tür/schlüssel, blitz/schnell.* →Determinativkompositum.

Beugung →Flexion

Bewährungshypothese, entspricht einer eher →pragmatischen Auffassung von Erkenntnisgewinnung sowie dem zweckrationalen Denken instrumentalistischer Theoriekonzeptionen: Theorien werden entworfen, um eine Menge empirischer Tatbestände mit anderen in Beziehung zu setzen. Dabei wird die Theorie als ein Instrument zur Anpassung des Menschen an seine Umwelt betrachtet; sie beschreibt nicht die Realität, zumindest intendiert sie dies nicht. Eine Theorie als Instrument wird nicht mehr unter dem Gesichtspunkt der »wahren Erkenntnis« entworfen, sondern vielmehr unter dem der Nützlichkeit. So ist denn auch die Bewährung einer Theorie zu einem zentralen Kriterium für ihre Beurteilung und Auslese geworden. »Theorien sind nicht verifizierbar, aber sie können sich bewähren« (Popper, [2]1966).

Bewegungsregel, die allgemeine Form der B. lautet: »bewege α«. Diese Regel hat in der →GB-Theorie die →Transformationsregeln der Standard-Theorie der generativen Transformationsgrammatik ersetzt. Untersucht und dargestellt wurden von N. Chomsky ([3]1984) und anderen zwei B.n: NP-Bewegung und wh-Bewegung.

1. NP-Bewegung

Die NP-Bewegung regelt die NP-Beziehungen, die zum Beispiel in Aktiv/Passiv-Sätzen bestehen: die Objekt-NP wird in die Subjektposition bewegt. Im Aktivsatz werden den →Komplementen, den vom Verb notwendig geforderten Ergänzungen, Kasus zugewiesen. Diese spezifische Fähigkeit des Verbs ist jeweils mit seinem Lexikoneintrag gegeben. Bei passivischer Form verliert das Verb seine Fähigkeit, einem →direkten Objekt Kasus (Akkusativ) zuzuweisen; man sagt, der Kasus wird »absorbiert«. Außerdem kann das Verb in passivischer Form dem Subjekt keine thematische Rolle zuweisen (→Theta-Kriterium); in Passivkonstruktionen erhält das Subjekt seinen Kasus (Nominativ) von INFL (inflection) zugewiesen (über das M-Kommando; →Rektion (2)), es erhält jedoch keine Theta-Rolle.

Der gesamte Vorgang lässt sich wie folgt beschreiben: Das →X-bar-Schema erzeugt →D-Strukturen, die für mögliche NP-B.n so genannte »e«-Stellen (e = empty) enthalten. Durch Anwendung von »bewege α« wird die Objekt-NP in die Subjektposition bewegt, wobei Kasus (Akkusativ) absorbiert und Kasus (Nominativ) zugewiesen wird. Die so entstandene →S-Struktur enthält an der Stelle, die die NP bei der B. verlassen hat, eine →Spur (t = trace): bewege α

$$\downarrow \begin{array}{ll} [_{IP}\ [_{NP}\ \textit{e}\ ]\ \textit{wurde}\ [_{VP}\ \textit{geschlagen}\ [_{NP}\ \textit{Willi}\ ]]] & \text{D-Struktur} \\ [_{IP}\ [_{NP}\ \textit{Willi}_i\ ]\ \textit{wurde}\ [_{VP}\ \textit{geschlagen}\ [_{NP}\ t_i\ ]]] & \text{S-Struktur} \end{array}$$

Die NP-Bewegung gilt nicht nur für Aktiv/Passiv-Verhältnisse, sondern sie erscheint auch bei anderen Konstruktionen, z. B. bei Verben wie »scheinen«:

$$\text{bewege } \alpha \ \downarrow \begin{array}{ll} \textit{e scheint } [\textit{Willi das Spiel zu gewinnen}] & \text{D-Struktur} \\ \textit{Willi}_i \textit{ scheint } [t_i \textit{ das Spiel zu gewinnen}] & \text{S-Struktur} \end{array}$$

2. Wh-Bewegung

Die wh-Bewegung (abgeleitet von den engl. Fragewörtern, die mit wh- beginnen: *who*, *what*, *which* ...) betrifft →Interrogativ- und Relativstrukturen; sie wird im Wesentlichen wie NP-Bewegung erklärt. Der »Landeplatz« für die bewegte wh-Phrase wird durch spezifische Beschränkungen angegeben; sie erscheinen, vereinfacht ausgedrückt, an der Stelle im eingebetteten Satz, die für Teilsatzkonjunktionen COMP (engl.: COMPlementizer) vorgesehen sind.

bewege α ↓	*ich frage mich, [Maria liebt wen]*	D-Struktur
	ich frage mich, [wen$_i$ Maria liebt t$_i$]	S-Struktur

Die leere → Kategorie t_i, die auf der S-Struktur als Spur zurückbleibt, wird als »reales Element der mentalen Repräsentation« (Chomsky, 1980) gedeutet. → Universalgrammatik.

Bewertungsprozedur, in seinen frühen Schriften bereits hat N. Chomsky zu klären versucht, was eine Grammatiktheorie leisten muss, wenn sie die »innere Form« der Sprache erfassen will. Aus der Fülle aller möglichen Regelsysteme, die zur Beschreibung und Erklärung dieser »form of language« aufgestellt werden können, muss die linguistische Theorie dasjenige auszuwählen in der Lage sein, das genau die Sätze generiert, die äußerlich adäquat (also für einen Sprecher der Sprache akzeptabel) sind, das generell und explizit ist und darüber hinaus die Bedingung der Einfachheit (simplicity) erfüllt. Hierzu unterscheidet er drei B.en mit unterschiedlicher Reichweite:

- Die *Entdeckungsprozedur* (discovery procedure): Hierbei muss die linguistische Theorie eine praktische und mechanische Methode bereitstellen, durch die aus einem vorgegebenen → Korpus von Sprachdaten die Grammatik direkt konstruiert werden kann.
- Die *Entscheidungsprozedur* (decision procedure): Eine schwächere Bedingung liegt vor, wenn die Theorie eine ebensolche Methode zu der Feststellung liefert, ob eine bestimmte Grammatik für ein vorliegendes Korpus von Sprachdaten tatsächlich die beste Grammatik für diese Sprache darstellt, ohne sich dabei mit der Frage zu befassen, auf welche Weise die Grammatik konstruiert wurde.
- Die *Evaluationsprozedur* (evaluation procedure) stellt eine noch schwächere Bedingung auf; sie besteht darin, dass die Theorie bei einem vorliegenden Korpus von

Sprachdaten und zwei vorgeschlagenen Grammatikmodellen eines als das für die Sprache, aus der die Daten stammen, bessere erweist (vgl. Chomsky, 1957).

Bezeichnendes, Zeichengestalt, Signifikant (signifiant); der materielle Träger einer Zeichenbedeutung, z. B. das Blechschild mit bestimmten Abmessungen und in bestimmten Farben usw. als »Stoppschild«; auf die Sprache übertragen: Lautgestalt, Schriftbild (Tinte, Kreide, Druckerschwärze).

Bezeichnetes, Zeichenbedeutung, Signifikat (signifié); das, wovon wir in einem →Zeichenprozess Notiz nehmen; →Bedeutung.

Bezeichnungslehre →Onomasiologie

Beziehungsaspekt, Teil eines der →pragmatischen Axiome bei P. Watzlawick; jede Mitteilung enthält neben einem →Inhaltsaspekt einen B., der einen Hinweis darauf enthält, *wie* ein Sprecher seine Mitteilung vom Angesprochenen verstanden haben möchte. »Sie definiert also, wie der Sender die Beziehung zwischen sich und dem Empfänger sieht, und ist in diesem Sinn seine persönliche Stellungnahme zum anderen« (Watzlawick [u. a.], [5]1980). Der B. wird meist nicht extra thematisiert; er ergibt sich aus der Rolleneinschätzung, der Art der →außersprachlichen Kommunikation, aus Gestik und Mimik, den →suprasegmentalen Merkmalen der Rede und dgl.

Beziehungsfürwort →Relativpronomen

Bezügliches Fürwort →Relativpronomen

Bezugsadjektiv →Relationsadjektiv

Bezugsgröße, (1) sprachliches Element, auf das ein anderes vor- oder zurückweist, wobei zwischen beiden →referentielle Identität besteht: *Was* er_i *gesagt hatte, bereute* $Willi_i$ *nicht* (die →Pro-Form weist voraus). – *Was* $Willi_i$ *gesagt hatte, bereute* er_i *nicht* (die Pro-Form weist zurück). (2) Sprachliches Element, das durch ein anderes (z. B. ein →Attribut) semantisch spezifiziert wird:

Sie besichtigten das Haus.

→ *Sie besichtigten gern das neu erworbene Haus ihrer Freunde.*

Bezugswort, auch: Beziehungswort; (1) →Bezugsgröße; (2) im engeren Sinne das Nomen, auf das sich ein Relativpronomen bezieht:
Sie besichtigten das Haus, das ihren Freunden gehörte.

Bezugs(wort)satz →Relativsatz

Bilabial, Sprachlaut, an dessen Produktion beide Lippen beteiligt sind; stimmlos: [p] und stimmhaft: [b] und [m].

Bilingual, dt.: zweisprachig; zwei Sprachen sprechend, auf zwei Sprachen bezogen. Dabei kann Bilingualismus sowohl individuell (etwa bei zweisprachig aufwachsenden Kindern) vorliegen, oder ganze Gruppen in einer Sprachgemeinschaft (z. B. Gastarbeiter in einem fremden Land) betreffen. →Diglossie.

Bildliche Übertragung →Metapher

Binär, auch: binar; aus zwei Einheiten oder Teilen bestehend. →Bit, →Dichotomie.

Binärkode, (1) in der Informationstheorie spezieller →Kode, der nur aus zwei Zeichen besteht; der B. wird insbesondere in der Computertechnik eingesetzt, da das Gerät nur zwei Zustände kennt: »Strom ist ausgeschaltet« versus »Strom ist eingeschaltet«. Alle Zeichenreihen, die dieser Apparat verarbeiten soll, müssen daher auf einen B. gebracht, d. h. konkret auf eine Zahlenfolge von »0« und »1« abgebildet werden. (2) In der Logik bedeutet Binarität die Annahme, dass es genau zwei Wahrheitswerte gibt: »wahr« und »falsch«. →Dichotomie.

Bindevokal, auch: Kennlaut; (1) die Kennzeichnung von Flexionklassen wird häufig nach dem B. vorgenommen: lat. a-Deklination (*mensa*), u-Deklination (*casus*); e-Konjugation (*monere*). (2) →Stammvokal, →Stammform; (3) →Fugenlaut (Vokal).

Bindungstheorie, im Rahmen der →GB-Theorie entwickelte Teiltheorie, die über den →Phrasenstrukturen des →X-bar-Schemas operiert und Aussagen über →Referenzbeziehungen macht. In einem Satz wie *Der Lehrer sagt, dass er Recht hat* besteht nur dann Koreferenz zwischen »Lehrer« und »er«, wenn beide Ausdrücke dasselbe Referenzobjekt haben. In solchen Fällen spielt neben syntaktischem Wissen auch semantisch-kontextuelles Wissen eine Rolle. Die gleiche Referenz wird durch gleiche Indices ausgedrückt: *Der Lehrer*$_i$ *glaubt, dass er*$_i$ *Recht hat.*

Als Strukturbaum I:

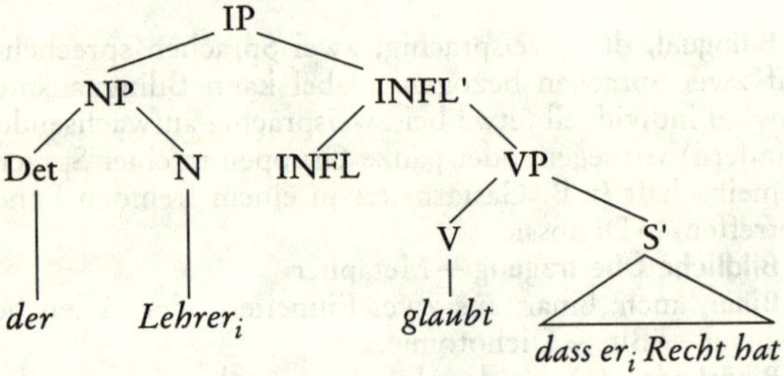

Tauscht man →R-Ausdruck und Pronomen aus, so entsteht offenbar ein ungrammatischer Satz: **Er*$_i$ *glaubt, dass der Lehrer*$_i$ *Recht hat.* (Der Sachverhalt, der gemeint ist, wird sprachlich nicht vermittelt, da das Personalpronomen »er« hier keine Referenzgleichheit mit »Lehrer« nahe legt.)

Als Strukturbaum II (s. gegenüberliegende Seite):

Der R-Ausdruck »der Lehrer« wird durch das Pronomen »er« c-kommandiert; vereinfacht ausgedrückt: das Pronomen »er« hängt höher im Strukturbaum II. Nun besagt das Bindungsprinzip für R-Ausdrücke: Ein R-Ausdruck muss frei sein. Ist er also gebunden (= c-kommandiert), so wird der Satz als ungrammatisch ausgegeben (*).

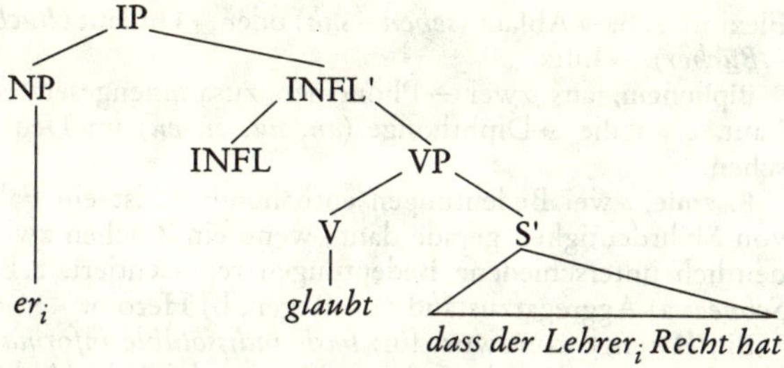

Die B. erfasst syntaktische Regularitäten, die Koreferenzbeziehungen zwischen R-Ausdrücken, Pronomen (= Personal-, Possessivpronomen) und →Anaphern (3) markieren. Die klassische Version der B. (Chomsky, ^{3}1984) stellt drei Prinzipien auf:

– A: Anaphern müssen in ihrer →Rektionskategorie gebunden sein.

– B: Pronomina müssen in ihrer Rektionskategorie frei sein.

– C: R-Ausdrücke müssen (generell) frei sein.

Betrachten wir Strukturbaum I, so ist das Pronomen »er« in seiner Rektionskategorie (die von S' abhängige Subjekt-NP) frei, der Satz wird also als grammatisch markiert.

Betrachten wir Strukturbaum II, so ist der R-Ausdruck gebunden (= c-kommandiert), was dem Prinzip C widerspricht; der Satz wird als ungrammatisch markiert, sofern Koreferenz ausgedrückt werden soll. (Disjunktive Referenz ist natürlich möglich.)

Die B. befindet sich in der Diskussion und wird weiter präzisiert (Chomsky, 1986), vor allem was die Festlegung eines einheitlichen Anwendungsbereichs für alle drei Prinzipien A, B und C betrifft. (Einzelheiten bei Grewendorf, 1988, Kap. 8.2.3.)

Binnenflexion, auch: Innen- oder innere Flexion; Wechsel des Wurzel- oder Stammvokals im Wortinneren bei der

Flexion, z.B. →Ablaut (*sehen – sah*) oder →Umlaut (*Buch – Bücher*). →Infix.

Biphonem, aus zwei →Phonemen zusammengesetzter Laut, etwa die →Diphthonge (*au*, *äu*, *ei*, *eu*) im Deutschen.

Bisemie, zwei Bedeutungen enthaltend; B. ist ein Fall von Mehrdeutigkeit gerade dann, wenn ein Zeichen zwei deutlich unterschiedene Bedeutungen repräsentiert, z.B. *Schnee*: a) Aggregatzustand von Regen, b) Heroin.

Bit, (1) engl. Kurzwort für: *basic indissoluble information unit* ›unauflösliche Informationsgrundeinheit‹ (Abk.: bt); technische Einheit für den Informationsgehalt einer Nachricht. So braucht man z.B. genau 6 Binärfragen, um die Position einer beliebigen Figur auf den 64 Feldern eines Schachbretts zu ermitteln; als Gleichung ergibt dies: $2^6 = 64$ oder allgemein (für Zweierpotenzen): $2^n = m$. Der Exponent von 2 gibt hier das Maß für die Information an. Nach n aufgelöst ergibt sich: n = ld 64 (n = 6). Allgemein ausgedrückt: n = ld m. Da n das Maß für die Information H angibt, kann man auch schreiben H = ld m. Die gesuchte Information H beträgt demnach Logarithmus dualis von m, gemessen in bt.

(2) Engl. Kurzwort für: *binary digit* ›Zweierstelle, Zweierzahl‹ (Abk. bit); Maßeinheit für die Anzahl an Alternativentscheidungen in der Datenverarbeitung und kleinste Informationseinheit im Computer. So lassen sich mit 3 bit bereits acht verschiedene Informationen speichern: 000, 001, 010, 011, 100, 101, 110 und 111. Ein Kbit (2^{10} bit) sind 1024 bit. →Byte.

Bivalent, dt.: zweiwertig; Valenzeigenschaft (→Valenz) insbesondere von Verben; ein Verb ist b., wenn es genau zwei →Ergänzungen benötigt, um einen grammatisch vollständigen Satz zu konstituieren: *befördern – (Die Post) befördert (Pakete).*

Blackbox-Verfahren, aus der Kybernetik übernommenes Prinzip der experimentellen Psychologie, das sich auf die

kontrollierte Bestimmung der Eingangs- und Ausgangsgrößen beschränkt, um aus deren Analyse auf die Funktionsweise des zu untersuchenden Systems zu schließen. In der strukturalen Sprachwissenschaft (→Behaviorismus) geht es um die Untersuchung der Beziehung zwischen Reiz- und Reaktionsgrößen, um dadurch auf die im Gehirn ablaufenden Sprachprozesse zu schließen:
Reiz → Blackbox → Reaktion

Bounding-Theorie →Grenzknoten-Theorie

Brechung, von J. Grimm eingeführte Bezeichnung für verschiedene Fälle von Vokalsenkung oder Diphthongierung unter dem Einfluss nachfolgender Vokale oder Konsonanten. »Brechung nannte J. Grimm den Unterschied des got. [i] zu ahd. [ë], des [u] zu [o], des [iu] zu [io] (eo), der seiner Ansicht nach gleichmäßig durch folgendes a, e, o bewirkt wurde, während in den übrigen Fällen die got. i, u, iu blieben« (Braune/Eggers, [14]1987). Allerdings ist diese Regel strittig; sie kann wohl nur auf die Wandlung von [u] zu [o], von [eu] zu [eo] und in wenigen Fällen auch auf die Wandlung von germ. [i] zu ahd. [ë] beschränkt werden, wobei letztere auch durch →Analogie zu erklären ist.

Sinnvoller wird als B. nur die Diphthongierung einfacher Vokale durch Einflüsse folgender Konsonanten bezeichnet: germ. [î] > ahd. [îe]; germ. [û] > ahd. [ûo].

Im Mittelhochdeutschen wird die B. als Wechsel (Alternanz) von [ë] und [i], [o] und [u] sowie [ie] und [iu] bezeichnet; es handelt sich um »regressive Assimilation, d. h. um partielle oder totale Angleichung bestimmter Wurzelvokale an bestimmte folgende Phoneme oder Phonemgruppen« (Paul, [24]1998; weitere Einzelheiten in §§ 31–35):
hëlfen – ich hilfe, du hilfest, ër hilfet; bërc – gebirge
ër solte – si suln; golt – guldîn
ziehen – ich ziuhu; lieht – liuhten

Broca-Aphasie →Aphasie

Bruchzahl → Numeral

Brückendiagramm, anschauliche Darstellungsform der Verzweigungen von syntaktischen Strukturen (→ Baumdiagramm):

Einige Schüler meiner Klasse schreiben sehr gute Aufsätze.

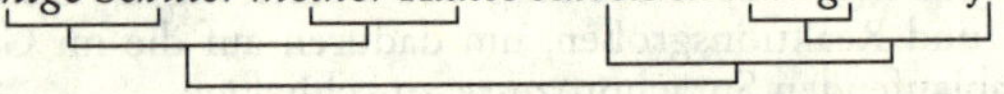

Buchstabe, Einheit der geschriebenen Sprache; die B.n, die in einer Sprache benutzt werden, sind im Alphabet zusammengefasst und werden mit einem Buchstabennamen benannt: [b] = *be*, [f] = *ef*, [k] = *ka* usw. → Graphem.

Mit B.n geben wir sprachliche Laute wieder, wobei das Verhältnis nicht immer eins zu eins ist: a) ein B. – ein Laut: *Hase* ['ha:zə]; b) mehrere B.n – ein Laut: *Schule* ['ʃu:lə]; c) ein B. – mehrere Laute: *Zeit* ['tsait]. Außerdem können unterschiedliche B.n einen Laut repräsentieren wie [ks] in: *Hexe*, *Klecks*, *Keks*, *Ochse*; oder es kann ein und dieselbe Buchstabenfolge unterschiedliche Laute wiedergeben (→ komplementäre Distribution): *Bach* ['bax] und *Stich* ['ʃtiç].

Buchstabenschrift, Schrifttyp, dessen Grundeinheit das → Graphem ist, das seinerseits in der Regel ein → Phonem (einen Laut) repräsentiert. Die Grapheme basieren auf einem relativ kleinen Inventar von → Buchstaben (Alphabet), die immer wieder zu neuen lexikalischen Einheiten zusammengesetzt werden können. → Wortschrift, → Silbenschrift.

Byte, in der Informationstechnik die Zusammenfassung von 8 Binärstellen als Maßeinheit für die Speicherkapazität, also 1 Byte = 8 Bit. In einem Byte lassen sich 2^8 oder 256 Einheiten speichern. Gewöhnlich ist ein Byte in zwei Tetraden (Halbbytes) zu je vier → Bit gegliedert, und jeder dieser Viererblöcke bekommt eine spezialisierte Aufgabe zugeschrieben. Hierdurch wird es möglich, jede Dezimalziffer durch genau ein Byte darzustellen. 1 KByte (2^{10} Byte) sind 1024 Byte.

C

Cartesianische Linguistik, Bezeichnung von N. Chomsky für Sprachtheorien, die auf ein rationalistisches Konzept zurückgehen, so wie sein Modell der →generativen Transformationsgrammatik. Zu deren Grundlegung spannt er einen weiten Gedankenkreis von Descartes (Cartesius) bis hin zu Herder, Schlegel und Humboldt. Dabei betont er den kreativen Aspekt des Sprachgebrauchs, dem eine adäquate Sprachbeschreibung Rechnung tragen müsse. »Die cartesianische Betonung des kreativen Aspekts des Sprachgebrauchs als des wesentlichen und bestimmenden Charakteristikums der menschlichen Sprache findet ihren stärksten Ausdruck im Versuch Humboldts, eine umfassende Theorie der Allgemeinen Sprachwissenschaft zu entwickeln.« Und: »Ich habe den Eindruck, dass Humboldts ›Form der Sprache‹ wesentlich das ist, was man in heutiger Terminologie die ›generative Grammatik‹ einer Sprache – im weitesten Sinne dieser Bezeichnung – nennen würde« (Chomsky, 1971).

Casus obliquus, vom →Verb abhängiger →Kasus (z. B. Akkusativ bei »hören«; Dativ bei »zuhören«); ↔Casus rectus.

Casus rectus, nicht vom →Verb abhängiger →Kasus (Nominativ); ↔Casus obliquus.

CFC, engl.: Complete Functional Complex, dt.: vollständiger funktionaler Komplex; nach N. Chomsky (1986) ist eine Kategorie α dann ein CFC, wenn α einen →Kopf X^0 und alle mit X^0 verträglichen grammatischen Funktionen enthält. Im →X-bar-Schema der →GB-Theorie bedeutet dies, dass nur IP (INFL-Phrase) oder NP diese Bedingungen erfüllen; eine IP immer und eine NP dann, wenn sie das Subjekt des Satzes enthält.

Chiasmus, Kreuzstellung von Satzgliedern: *Der Weg war lang, kurz war die Rast.*

Circonstant, dt.: Umstand(sbestimmung); in der →Dependenzgrammatik Tesnières alle vom Verb nicht notwendig geforderten →Angaben in einem Satz. ↔Aktant.

Code →Kode

Comment, (1) Teil einer Äußerung, der die neue Information enthält: *Was macht eigentlich Willi dieses Jahr? – Willi* (Topic) / *fliegt zu Ostern an die Ostsee* (Comment). Dieser Ansatz enthält noch eine Reihe offener Fragen, wie z.B. die Festlegung von »bekannt« und »neu«; denn nicht für jede Gesprächssituation muss das, was als bekannt oder als neu gelten soll, identisch sein, zumal wenn man solche Kategorien einbezieht wie den »situativen Rahmen«, den »Informationsstand« oder das »Informationsinteresse« des Hörers/Lesers u.a.m. →Rhema.

(2) Unter syntaktischen Gesichtspunkten wird C. oft mit dem →Prädikat eines Satzes gleichgesetzt: Alles, was nicht die erste Satzgliedstelle (↔Topic) besetzt, ist C. Diese Position ist nicht ganz unproblematisch; vgl. →aussagenlogisches Prädikat.

Complementizer, Abk.: COMP, von engl. *complementizer,* dt.: etwas Ergänzendes; Bezeichnung für unterordnende →Konjunktionen (2), die einen eingebetteten →Nebensatz einleiten. →COMP-Position.

COMP-Position, →Complementizer-Position; in der revidierten erweiterten Standardtheorie der →generativen Transformationsgrammatik ist COMP keine Konstituente von S, sondern wird gemeinsam mit S von einer Kategorie S' dominiert, so dass gilt: S' → COMP + S. Diese Regel erlaubt die Beschreibung von eingebetteten Nebensätzen. Die Konjunktionen werden nicht an die COMP-P. bewegt, sondern direkt durch eine lexikalische Regel dort erzeugt. Als maximale Projektion von COMP ist der Satz eine CP (COMP-Phrase). Das Vorfeld, also das Ziel der →Vorfeldbesetzung, wird in der neueren Literatur mit

»SpecComp« (Specifier des Complementizers) bezeichnet. Beispiel (nach Grewendorf u.a., [2]1988):

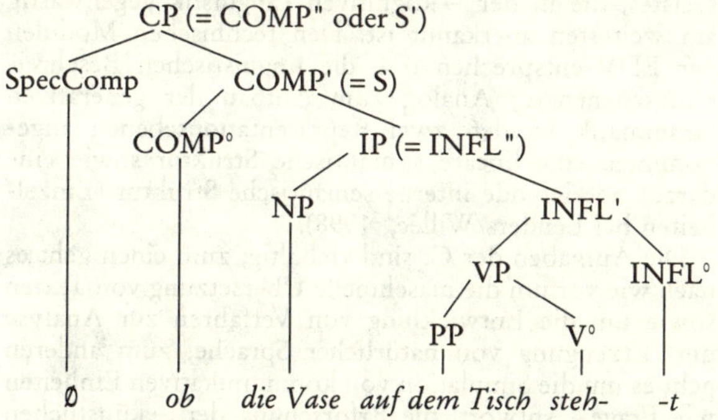

(CP = COMP-Phrase oder COMP-zwei-bar; SpecComp = Specifier Complementizer, ist hier leer; COMP-ein-bar ist das einfache S; IP = INFL-Phrase oder INFL-zwei-bar; NP = Nominalphrase; VP = Verbalphrase, INFL = Inflection, trägt die Merkmale des finiten Verbs; PP = Präpositionale Phrase; V = Verb)

Computerlinguistik, auch: linguistische oder maschinelle Datenverarbeitung; in ersten Ansätzen nach dem Zweiten Weltkrieg ging es bei der interdisziplinären Arbeit zwischen Linguistik und Informatik darum, Texte maschinell zu übersetzen. Aber erst mit dem Aufkommen der → generativen Transformationsgrammatik Mitte der 60er-Jahre war ein tragfähiges linguistisches Modell gefunden, das die Ansprüche der Informatik an Explizitheit, Vollständigkeit und Ökonomie erfüllen konnte. Seither ist die C. durch eine Reihe von Annahmen geleitet worden: a) Wie die vielfältig benutzte → Computer-Metapher zeigt, besteht eine der Grundannahmen der C. darin, dass die Verwendung der natürlichen Sprache in Analogie zur Arbeitsweise der EDV und zu → Kunstsprachen (4) gesehen und produktiv genutzt werden kann. b) Eine weitere Annahme besteht in der →modularen Struktur des menschlichen Geistes, die in der →kognitiven Linguistik gegenwärtig am weitesten anerkannt ist. Den technischen Modulen der EDV entsprechen u.a. die linguistischen Beschreibungsebenen. c) Analog zum Aufbau der generativen Grammatik werden zwei Repräsentationsebenen angenommen, eine lineare syntaktische Struktur sowie eine darauf operierende interne semantische Struktur (Einzelheiten bei Lenders/Willée, ²1998).

Die Aufgaben der C. sind vielfältig; zum einen geht es nach wie vor um die maschinelle Übersetzung von Texten sowie um die Entwicklung von Verfahren zur Analyse und Erzeugung von natürlicher Sprache, zum anderen geht es um die Simulation von kommunikativen Einheiten wie Frage–Antwort, die Erforschung der →künstlichen Intelligenz, die Verarbeitung von Textdatenbanken oder die statistische Auswertung von Textkorpora, wodurch bestimmte Annahmen über Aufbau und Struktur der →Universalgrammatik oder von einzelsprachlichen Grammatiken geprüft oder verbessert werden können.

Internetadresse: www-schule.ims.uni-stuttgart.de (informiert über Computerlinguistik).

Computer-Metapher, bei der Beschreibung von Aufgaben und Arbeitsweisen der neueren Linguistik bedienen sich zahlreiche Publikationen der C.-M. Der zufolge stellt das Gehirn des Menschen die Hardware, das physikalische Substrat, dar, während der Geist die Software, das System der Prozeduren oder das Programm, ist, welches auf dieser »Maschine« läuft. Möglicherweise läuft es aber auch auf einer ganz anderen Hardware; denn es gehört zu den theoretischen Annahmen der →kognitiven Linguistik, dass es eine mentale, von der physiologischen Basis weitgehend unabhängig zu beschreibende Repräsentationsebene gibt. So schreibt N. Chomsky (1986): »Unsere Annahme besteht darin, dass jeder Mensch eine Sprache besitzt, die aus bestimmten Regeln und Prinzipien besteht, zusammen mit anderen Systemen, die mit ihr interagieren im Sinne einer mentalen bzw. physiologischen Tatsache und die wir uns vorstellen können als ein bestimmtes maschinelles Programm mit einer bestimmten Datenstruktur usw.«

Allerdings gibt es auch kritische Stimmen, die davor warnen, die C.-M. als Paradigma linguistischer Forschung zugrunde zu legen; denn, so das Argument, die aufgeworfenen Fragen lassen sich unter den funktionalistischen Voraussetzungen dieser Theorie nicht empirisch beantworten (vgl. Oestermeier, 1998).

Conclusio →Syllogismus

Consecutio Temporum →Zeitenfolge

Constructio ad sensum, Synesis, dt.: Konstruktion nach dem Sinn; die →Kongruenz bei der Satzkonstruktion wird nicht eingehalten: *Eine Menge Leute waren auf dem Platz.*

Contradictio in adjecto, dt.: Widerspruch zwischen der Bedeutung eines Nomens und dem hinzugefügten Adjektiv: *lautloser Schrei, »schwarze Milch«* (Paul Celan); Sonderform des →Oxymorons.

Corpus →Korpus

Curriculum, (1) Lehrplan, Lehrprogramm; (2) Theorie des Lehr-Lerngeschehens, die sich in neuerer Zeit an drei Leitaspekten orientiert: (a) das allgemeine Erziehungsziel, den Einzelnen zur *Bewältigung von Lebenssituationen* auszustatten, und zwar (b) durch den *Erwerb von Qualifikationen und Dispositionen*, die (c) durch verschiedene *Elemente des C.s* vermittelt werden. »Somit scheint die Aufgabe einer systematischen Curriculum-Entwicklung, allgemein gesprochen, darin zu liegen, Hypothesen zur Identifizierung dieser drei Klassen von Curriculum-Variablen und zu ihrer Verknüpfung zu formulieren und zu überprüfen« (Robinsohn, 1971).

D

DaF →Deutsch als Fremdsprache

Darstellungsfunktion, nach K. Bühler ([2]1965) eine der drei Hauptfunktionen des sprachlichen →Zeichens. Ein Sprecher kann durch Sprache einen Gegenstand, einen Sachverhalt oder eine Begebenheit sachorientiert darstellen (z. B. in einem Protokoll, einem Bericht). →Sprachfunktion.

Dass-Satz →Inhaltssatz

Dativ, dt.: Wemfall, 3. Fall bei der →Deklination. Der D. bezeichnet das indirekte Objekt (→Dativobjekt): *Der Wärter gibt dem Affen eine Banane. Der Affe dankt ihm dafür.*

Dativ der Zugehörigkeit →Pertinenzdativ

Dativobjekt, dt.: Zuwendgröße, indirektes Objekt; das D. ist ein Satzglied im 3. Fall (Wemfall, →Dativ); →Ergänzung (2): *Wir danken euch für das Geschenk.*

Man fragt: *Wem* (danken wir für das Geschenk)?

Dativus commodi, Dativ, der einen Vorteil anzeigt: *Karl schenkt seiner Verlobten Rosen.*

Dativus ethicus, freier Dativ, der eine emotionale Beteiligung anzeigt: *Du bist mir der Richtige!*

Dativus incommodi, Dativ, der einen Nachteil anzeigt: *Ein Dieb hat Karl die Geldbörse entwendet.*

Dativus possessoris, Dativ, der in bestimmten lat. Konstruktionen vorkommt und die Person bezeichnet, der etwas (das im Subjektsaudruck benannt ist) zuteil wird. Im Deutschen eher eine »typische syntaktische Konstruktion der Mundart« (Erben, [12]1980): *Keiner wird meinem Vater sein Haus verkaufen.* →Pertinenzdativ.

Dativus sympathicus →Dativus commodi

Deduktive Methode, bevorzugte →Methode der Logik und der theoretischen Mathematik; d. M. meint die Gewinnung analytischer Urteile aus allgemein gültigen Sätzen oder →Axiomen mit Hilfe formaler Ableitungsregeln (→Algorithmus, →Kalkül) bzw. die mathematische Ableitung von komplizierteren Sätzen aus vorausgesetzten elementaren Sätzen.

Der Ableitungsmechanismus der →generativen Transformationsgrammatik ist, sofern er ausgearbeitet vorliegt, deduktiv angelegt. Zu seiner Konstruktion sind allerdings immer wieder die Intuitionen des Sprachwissenschaftlers oder die Informationen kompetenter Sprecher/Hörer notwendig, damit neben der →Grammatikalität auch die →Akzeptabilität der generierten Sätze gewährleistet ist.

Default-Regel, Regel, die den »Normalfall« erfasst; Regel, die Alltagswissen über typische Sachverhalte, Situationen oder Vorgänge betrifft. D.-R.n gibt es auch im Bereich von grammatischem Wissen, etwa: *Ein Satz besteht aus Subjekt und Prädikat.* Mit dieser Erklärung werden zwar sehr viele Fälle erfasst, aber nicht alle.

Definition, Sammelname für eine Reihe von Verfahren zur fachsprachlichen Begriffsfestlegung. Zu unterscheiden ist die klassische (oder aristotelische) D. von der →Begriffsanalyse und der →Begriffsexplikation sowie einigen anderen Varianten.

- Bei der klassischen D. (auch Real-D.) wird ein einstelliger Begriff F (z.B. »Nasallaut«) durch Angabe des nächst höheren Klassenbegriffs G (z.B. »Sprachlaut«) definiert sowie durch ein spezifisches Merkmal M (z.B. Artikulationsstelle und -ort) präzisiert. M zeichnet F vor anderen Unterbegriffen von G (z.B. Dentallaut, Labiallaut, ...) aus.
- Eine operationale D. erfolgt durch die Angabe, aufgrund welchen operationalen Verfahrens der fragliche Begriff hergeleitet bzw. überprüft werden kann, z.B.: *Ein Satzglied ist diejenige syntaktische Einheit, die im Satz frei verschiebbar ist und die durch ein Wort ersetzt werden kann.*

– Manchmal genügt zur D. die Fixierung des Begriffsumfangs (→Extension) durch Aufzählen der Elemente, die unter den Begriff fallen: *Satzglieder im Deutschen sind Subjekt, Prädikat, Objekt und Adverbial.*
– Von Nominal-D. spricht man, wenn das Definiendum vor der fachsprachlichen Begriffsfestlegung keine eigenständige Bedeutung hat: a) Abk.: INFL (= engl. *inflection*), b) frei gewähltes Symbol: X^0 (= Kopf einer phrasalen Struktur im →X-bar-Schema).
– Die induktive D. dient zur Charakterisierung einer Klasse mit zum Teil unendlich vielen Elementen, indem eine Menge von Basiselementen sowie spezielle Verknüpfungsregeln angegeben werden, wie es zum Beispiel beim Regelapparat der →generativen Transformationsgrammatik der Fall ist: *Das Syntaxmodell einer generativen Transformationsgrammatik besteht aus einem Basisteil (mit einem Set von grammatischen Kategorien, mit Phrasenstruktur-, Subkategorisierungs- und Lexikonregeln) sowie einem Transformationsteil.* Eine derartige Begriffsfestlegung fixiert nicht einen Begriff innerhalb einer Theorie, sondern es ist hier der besondere Fall gegeben, dass eine Theorie unter den zu definierenden Begriff fällt.

Defizithypothese →Soziolinguistik

Dehnstufe, quantitativer →Ablaut, Abstufung.

Dehnung, Änderung der →Quantität von Lauten; von D. spricht man in der →Phonologie, wenn ein kürzer gesprochener Laut im Laufe der sprachlichen Entwicklung gelängt, d.h. deutlich länger gesprochen wird. Ein Beispiel findet sich beim Übergang des Mhd. zum Nhd. bei der D. kurzer Stammsilbenvokale in offener Tonsilbe: mdh. *sagen, gëben, übel* > ndh. *sa:gen, ge:ben, Ü:bel.*

Durch →Analogie wird diese D. auch auf solche Einsilber mit ursprünglicher Kürze in geschlossener Tonsilbe ausgedehnt: *Ta:g* (geschlossene Tonsilbe) wird gedehnt analog zu den Flexionsformen: *die Ta:ge, des Ta:ges* (offene Tonsilbe).

Deiktisch, dt.: hinweisend, die →Deixis betreffend.

Deixis, die D.; Vorgang des Hinweisens mittels Gesten oder deiktischer Ausdrücke; diese deiktischen Ausdrücke sind von der Sprechsituation abhängig. Es sind im Wesentlichen →Personalpronomen (*ich, du, wir, ...*), →Demonstrativpronomen (*dieser, diese, ...*) oder →adverbiale Ausdrücke (*hier, dort, dahin, ...*): *Du sollst mir das da geben!*

Deklarativsatz →Aussagesatz

Deklination, neben der →Konjugation die andere Art der →Flexion (Beugung); dekliniert werden das →Nomen, der →Artikel, das →Adjektiv, das →Numerale und die →Pronomen. Die D. betrifft drei grammatische Größen (Kategorien): a) das →Genus (grammatisches Geschlecht: maskulinum, femininum, neutrum); b) den →Kasus (Fall: Nominativ, Genitiv, Dativ, Akkusativ); c) den →Numerus (Singular, Plural). Diese Kategorien der D. können auch als →grammatische Zeichen angesehen werden, die als Metainformation anzeigen, wie die →lexikalischen Zeichen zu verstehen sind:
*das schnelle Pferd_ – sein_ erster Platz_ – dieser hohe Preis_*
des schnellen Pferdes – seinen ersten Platz_ – diese hohen Preise

Deklinieren, dt.: flektieren; das Beugen von →Nomen, →Artikel, →Adjektiv, →Numerale oder →Pronomen; →Deklination.

Dekodieren, eine Nachricht mit Hilfe eines →Kodes (1) entschlüsseln; der Ausdruck wird gelegentlich auch auf den sozialen →Kode (2) angewendet und bedeutet dann meist: das, was jemand sagt oder schreibt, verstehen. →Kodieren.

Deletion →Tilgung

Demonstrativadjektiv, im Deutschen weisen »solch« und »derartig« demonstrative Bedeutung auf; sie werden wie Adjektive dekliniert, können aber nicht gesteigert werden:

Ein solches/derartiges Unwetter habe ich noch nicht erlebt!

Demonstrativpronomen, dt.: hinweisendes Fürwort; mit einem D. weist der Sprecher ausdrücklich auf etwas hin, daher steht es an betonter Stelle. Seinen Sinn erhält das D. durch den Zusammenhang von Sprache und →Sprechsituation. D. sind: *der, dessen, dem; dieser, dieses, diesem; jener, derselbe, derjenige, selbst (selber), solch,* ... in allen Formen der →Deklination. *Ich meine jenes Haus, nicht das (dort).* →Deixis.

Denken, Oberbegriff für verschiedene geistige Vorgänge, die unterschiedliche Formen →kognitiver Verarbeitung von Information beschreiben (→Lateralität). Wesentliche Merkmale des menschlichen Denkens sind die Fähigkeiten zur Verallgemeinerung und zur Abstraktion. Darüber hinaus unterscheidet die Psychologie das schlussfolgernde, das produktive, das anschauliche und das abstrakte D., das seine höchste Funktionalität in den →Problemlösungsverfahren zeigt. →Sprache und Denken, →Gedächtnis.

Denominaladjektiv, von einem Nomen abgeleitetes →Adjektiv: *Schmerz – schmerzlich.*

Denominalsubstantiv, von einem Adjektiv abgeleitetes →Nomen: *klug – Klugheit.*

Denominalverb, von einem Nomen abgeleitetes →Verb: *Glanz – glänzen.*

Denominativ(um), →Ableitung eines Wortes von einem →Nomen; z.B. ist *ängstlich* abgeleitet von *Angst, rauben* von *Raub, gründlich* von *Grund.*

Denotat, (1) Die →Bedeutung eines Zeichens (↔Konnotat), →Bezeichnetes; (2) Element einer Klasse (Menge) von Objekten (↔Designat); ein D. des sprachlichen Ausdrucks »Ozean« ist *Atlantik* oder *Pazifik.* Ein Ausdruck wie »Einhorn« hat dagegen kein D.

Denotation, (1) Grundbedeutung eines sprachlichen →Zeichens; so ist die von subjektiven Empfindungen relativ freie Bedeutung des Wortes »Weihnachten«: *christliches*

Fest am 25./26. Dezember jeden Jahres, das seit etwa 350 n. Chr. nachweisbar ist. ↔ Konnotation.

(2) D. heißt der Vorgang der Bezeichnung einzelner Elemente einer Klasse (Menge) von Objekten. ↔ Designat(ion).

Dieser Vorgang wird unterschiedlich beschrieben: a) er wird als Teil des → Zeichenprozesses angesehen und ist somit nicht identisch mit der Bezugnahme auf die Wirklichkeit (→ Referenz); b) er wird als Bezugnahme auf den Begriffsumfang (→ Extension) und damit auf Gegenstände oder Sachverhalte der Wirklichkeit angesehen (→ Widerspiegelungstheorie).

Dental, Zahnlaut; stimmlos: [t], [s], [ʃ], und stimmhaft: [d], [n], [l], [r], [z], [ʒ].

Dependens, das D.; in der → Dependenzgrammatik das von einem → Regens abhängige Element.

Dependenz, die D., dt.: Abhängigkeit; in der → Dependenzgrammatik das Verhältnis von Über- und Unterordnung grammatischer Einheiten; »B ist von A dependent« bedeutet, dass B von A, nicht aber A von B abhängt. → Interdependenz, → Dominanz.

Die D. lässt sich graphisch in einem → Stemma veranschaulichen.

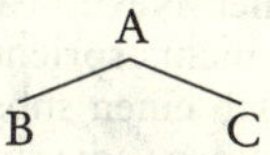

A = Regens von B und C

B und C = D.en von A

Im Zusammenhang mit D. bedeutet das Diagramm: »B und C« sind abhängig von A, zum Beispiel (→ Konnexion):

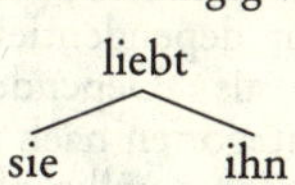

Dependenzgrammatik, eine von L. Tesnière (1959, dt. 1980) entwickelte und im Deutschen u. a. von H. J. Heringer (1970; 1996), U. Engel (1976; [3]1996) vertretene Methode zur Darstellung der →Syntax. Die D. stellt die Abhängigkeit sprachlicher Elemente im Satz dar, wobei sie meist von der zentralen Stellung des →Verbs ausgeht, dessen →Valenz die Satzstruktur entscheidend bestimmt. So erfordert z.B. das zweistellige Verb »lieben« (= $V_{1,4}$) zwei →Ergänzungen (das Subjekt als Ergänzung im 1. Fall = E1 und eine Ergänzung im 4. Fall = E4):

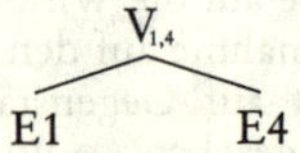

Andere Abhängigkeiten bestehen z.B. zwischen → Nomen und → Artikel / → Demonstrativpronomen /→ Attribut oder zwischen freien lexikalischen und grammatisch gebundenen → Morphemen:

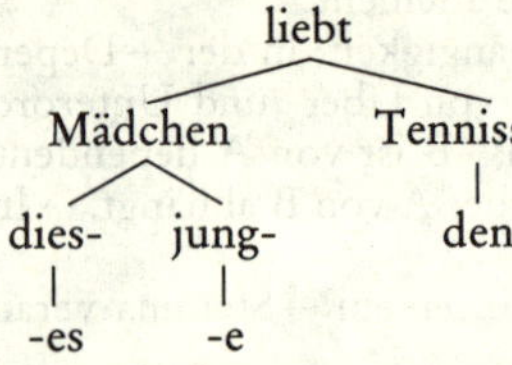

L. Tesnière schreibt: »Der Nexus aller Nexus ist gemeinhin ein verbaler Nexus (...). Aber nichts spricht dagegen, dass ein Satz als Zentralnexus auch einen substantivischen, einen adjektivischen oder einen adverbialen Nexus haben kann.« Engel/Schumacher (1976) stellen den Unterschied zwischen D. und Verb-Grammatik deutlich heraus: »Eine Grammatik mit dependentiellem Konnexionsteil (vielfach kurzerhand als ›Dependenzgrammatik‹ bezeichnet) ordnet ihre Kategorien nach Abhängigkeitsrelationen. Dabei bleibt zunächst völlig offen, was zentral und was peripher, was regierend und was abhängig ist.« Der eigentliche Oppositionsbegriff zur D. ist eine »Konstituentengrammatik« (↔PS-Grammatik). Die meisten Dependenzgrammatiken sind »Verb-Grammatiken«; der Oppositionsbegriff hierzu ist eine »Subjekt-Prädikat-Grammatik«; alle vorliegenden Konstituentengrammatiken sind gleichzeitig »Subjekt-Prädikat-Grammatiken«.

Auf der Grundlage der Valenztheorie hat H. J. Heringer (1970) folgendes Modell entworfen: Die D. besteht aus zwei Teiltheorien, dem Konstitutionssystem (KS) und dem Dependenzsystem (DS). Nach dem Durchlaufen dieser Teile erhält ein Satz (S) eine Strukturbeschreibung (SS), die durch die Plerematik (PL) ergänzt wird. Letztere gibt »die Bedeutung der kleinsten bedeutungstragenden Einheiten an«. Vorausgesetzt wird, dass die SS nicht nur aus syntaktischen Kategorien besteht, sondern inhaltlich als Kette semantischer Kategorien interpretiert wird. Die Inhaltssyntax (IS) liefert die Satzbedeutung (SB), die Phonematik (PH) den Satzausdruck (SA):

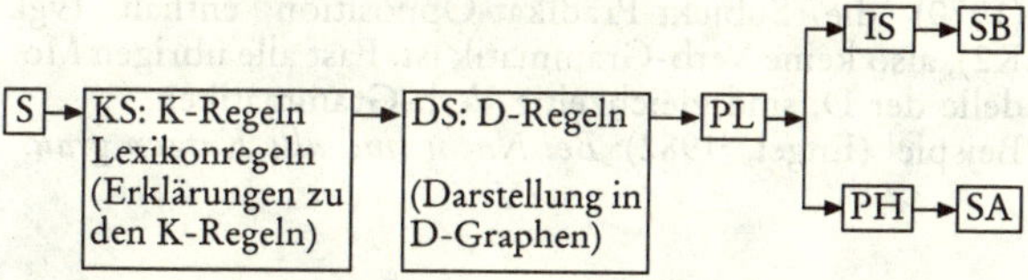

Das Konstitutionssystem enthält K-Regeln, Lexikonregeln und Erklärungen zu den K-Regeln, durch die die abstrakte Formelsprache in eine Beschreibung durch die natürliche Sprache umgesetzt wird. Im Dependenzsystem werden schließlich die mittelbaren bzw. unmittelbaren Abhängigkeiten der einzelnen →Konjunkte eines Satzes expliziert; sie können in D-Graphen dargestellt werden.

Wie das K-System arbeitet, sei an einem Beispiel erläutert. Die K-Regeln beginnen mit einer Aufgliederung der Satzform in Satzwörter und SF1:

K1 K(SF, SF1/SW)

(gelesen: jede Satzform konstituiert sich aus den →Adjunkten Satzform 1 oder – ausschließendes »oder« – einem Satzwort)

Nach einer Adjunktionsregel folgt stets eine Konjunktionsregel, wobei ein Adjunkt der vorherigen Regel links neben dem Komma erscheint:

K2 $K(SF1, P_i + F(E_n) + F(A_n))$

(gelesen: SF1 konstituiert sich aus einem ungesättigten Prädikat – mit Index i – und zwei Arten von Konjunkten bzw. →Syntagmen: →Ergänzungen sowie →Angaben)

K3 $K(E_n, Nom_n/ES_n/IK)$

(gelesen: eine Ergänzung – Index n – konstituiert sich aus den Adjunkten: Nomen – Index n – oder Ergänzungssatz – Index n – oder Infinitivkonstruktion. Insgesamt führt Heringer 38 K-Regeln auf)

Es ist zu beachten, dass Heringers Entwurf einer D. (1970) die Subjekt-Prädikat-Opposition enthält (vgl. K2), also keine Verb-Grammatik ist. Fast alle übrigen Modelle der D. sind gleichzeitig Verb-Grammatiken.

Beispiel (Engel, [2]1982): *Bei Nacht sind alle Katzen grau.*

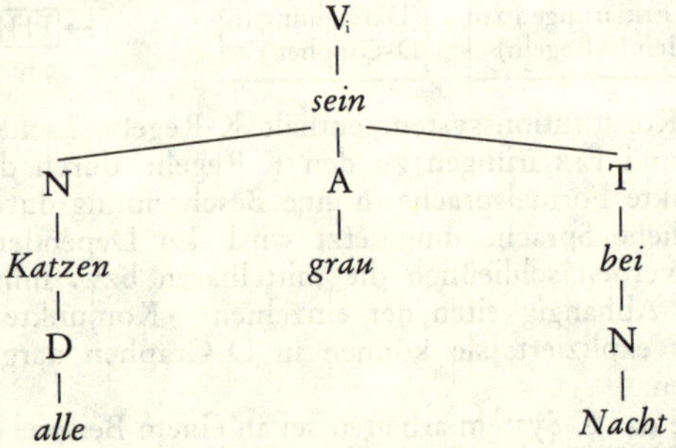

(V_i = intransitives Verb; N = Nomen; A = Adjektiv; D = Determinativ; T = Präposition)

Weiteres Beispiel (Engel, ^{3}1996): *Wir sind sehr beeindruckt von Ihrer Schilderung.*

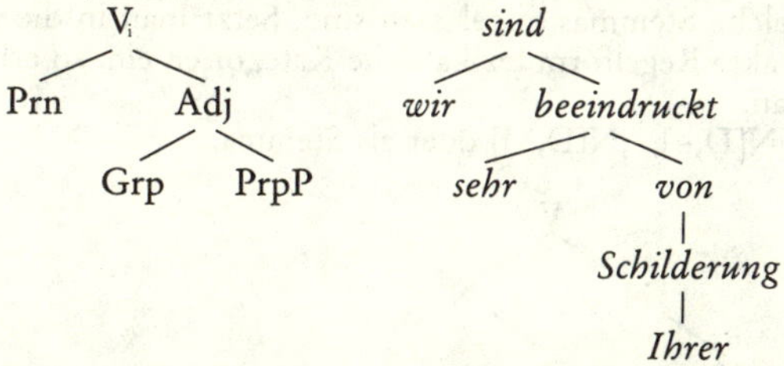

(V_i = intransitives Verb; Prn = Pronomen; Adj = Adjektiv; Grp = Gradpartikel; PrpP = Präpositionalphrase)

Eine »dependentielle Verbgrammatik« geht davon aus, dass der Verbalkomplex den zentralen Nexus darstellt; er »befindet sich im Zentrum des Satzes (und) gewährleistet dessen strukturale Einheit, indem er seine verschiedenen Elemente zu einem einzigen Bündel zusammenfasst« (Tesnière, 1980). Somit ist der Zentralnexus (= eine Verbalphrase mit einem Verbal als Nukleus) eins mit dem Satz.

H. J. Heringer hat an späterer Stelle (1996) eine dependentielle Verbgrammatik entworfen, die sich in vielerlei Hinsicht von den frühen Konzeptionen unterscheidet. Er plädiert für eine »minimale Syntax«, die die Zahl der Regeln möglichst klein und die Regeln möglichst weit hält. Diese Dependenzsyntax braucht zur Beschreibung folgende vier Mittel:

- Zeichen für lexikalische Kategorien, wie V (Verb), N (Nomen), VM (Verbmorphem), NM (Nominalmorphem), ADV (Adverb) usw.
- Festlegungen für den Aufbau der syntaktischen Regeln, also Dependenzregeln der Form X[Y1,Y2,~,Y3], zu le-

sen als: Die Kategorien Y1, Y2 und Y3 sind von X dependent; X hat seinen Platz an der dritten Position (~). Die Dependenzregeln formulieren Bedingungen dafür, welche Stemmas zugelassen sind. Setzt man in die abstrakte Regelform lexikalische Kategorien ein, so erhält man:
V[N[D,~],~,N[D,~]] oder als Stemma:

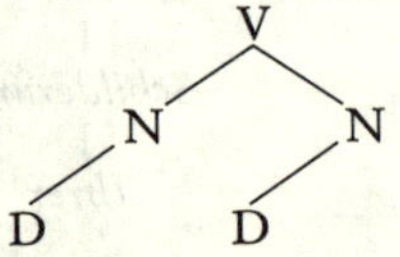

(V = Verb; N = Nomen; D = Determinierer)

Werden die lexikalischen Kategorien noch mit Lexemen belegt, so ergibt sich die Struktur konkreter Sätze, z. B.: *Die Journalisten enthüllen manchen Skandal.*

- Lexikonregeln, die den Knoten Lexikoneinträge zuordnen. Die Lexikonregel zählt alle Lexeme einer Kategorie auf, z. B. für »Determinierer, determinativ, definit«: D_det_def {der, die, das, dem, den, des, ...} oder für »Determinierer, quantor, indefinit«: D_qnt_ind {ein-, einig-, irgendein-, manch-, ...}.
- Regeln für den Aufbau von Lexikoneinträgen; diese haben die Form eines Lexikonformulars (→Wortsyntax), wie im Beispiel S. 105 dargestellt.

Derivation, dt.: Ableitung; (1) bestimmte Weise der Wortbildung; →Ableitung; (2) in der Standardtheorie der →genenativen Transformationsgrammatik bedeutet D. die kontinuierliche Ersetzung des Anfangssymbols »S« durch →Phrasenstrukturregeln bis hin zur Endkette, d. h. der Kette grammatischer →Kategorien, die nicht weiter expandiert (durch andere ersetzt) werden können.

GRAPHEMATISCHE UND PHONEMATISCHE DARSTELLUNG: übermitteln/.../	
LEXIKALISCHE KATEGORIE: V_val_!nom_dat_!akk (val = valenziell; ! = obligatorisch)	
FRAME: (1)_nom [Human, Agens, ...] (2)_akk [Proposition, dass-Klausel/W-Klausel, ...] (3)_dat [Human, Recipiens, ...]	
SZENE: Kommunikation	ROLLEN: Sender, Empfänger, Inhalt, Träger/Medium
BEDEUTUNG: ACT_COMMUNICATE_PERFORMANCE usw.	

Beispiel eines Lexikonformulars

Designat, dt.: Bezeichnung; die Menge aller Elemente, die ein Ausdruck denotiert (→Denotation); das, wovon im →Zeichenprozess Notiz genommen wird; jedes →Zeichen hat ein D., auch wenn es kein (entsprechendes) Denotat besitzt. So kann ein Geräusch in der Ferne als »Herannahen eines Zuges« (Designat) verstanden werden, auch wenn sich in Wirklichkeit kein Zug nähert (kein Denotat). Bei Einzeldingen (z. B. »Erde«) fallen Designat und Denotat zusammen, d. h., dem Designat entspricht genau ein Element. Neben keinem oder nur einem Element kann das D. abzählbare Denotate umfassen (z. B. »Ozean«) oder eine offene Klasse bilden (z. B. »Zahl«).

Deskriptiv, dt.: beschreibend; eine d.e Grammatik geht vom tatsächlichen Sprachgebrauch aus und versucht, die vorhandenen, feststellbaren Regularitäten in systematischer Absicht zu beschreiben. ↔Präskriptiv.

Desubstantiv(um), pl.: Desubstantiva; von einem →Nomen abgeleitetes Wort: *Sage – sagenhaft*, *Kamm – kämmen*.

Determination, (1) allgemein die nähere Bestimmung eines Ausdrucks durch einen anderen: *die Schüler – die besten Schüler der Klasse 10c*; (2) Abhängigkeit zwischen zwei Ausdrücken, die nicht umkehrbar ist: z. B. zwischen Präposition und erfordertem →Kasus: *Sie legt das Buch auf den Tisch. Jetzt liegt das Buch auf dem Tisch.*

Determinativ(um), pl.: Determinativa, dt.: das Bestimmende; U. Engel ([3]1996) fasst unter D. »die regelmäßigen Begleiter des Nomens«, wie z. B.: *der, ein, dieser, mein, kein*; →Artikelwort.

Determinativkompositum, pl.: -komposita, →Zusammensetzung.

Deutsch, der älteste Beleg für die Bezeichnung »deutsch« dürfte von 786 n. Chr. sein. In einem Bericht an Papst Hadrian I. über zwei Synoden in England gebraucht Georg von Ostia das Wort »theodisce«, um die germanische Volkssprache im Frankenreich zu bezeichnen. Etymologisch kommt »theodisce« von germ. **theudo* ›Volk‹ bzw. **theudiskanz* ›zum Volk gehörig‹. Es wird im westlichen Grenzgebiet entstanden sein, um den Gegensatz zwischen »walhisk« und »theodisc« auszudrücken. Für Karl den Großen wird »theodiscus« zu einem politischen Programmwort für die Einheitsbestrebungen im Ostreich. Schon 842 beteuern Ludwig und Karl in den Straßburger Eiden ganz offiziell: »vero teudisca lingua iuraverunt«. Auch Otfrid (um 850) bezeichnet die gemeinsame Sprache der im Ostreich vereinten Stämme mit »theodiscus«, allerdings nur, wenn er Latein schreibt. Erst mit dem *Annolied* (um 1090) wird das Wort »deutsch« ganz unbefangen benutzt, und zwar nicht nur zur Kennzeichnung der allgemeinen Sprachform, sondern auch zur Bezeichnung des diese Sprache sprechenden Volkes. →Althochdeutsch, →Mittelhochdeutsch.

Deutsch als Fremdsprache, Abk.: DaF; Deutschunterricht im Ausland hat die primäre Aufgabe, die Lernenden zu befähigen, das Deutsche sowohl rezeptiv als auch produktiv in Wort und Schrift zu beherrschen sowie einen Eindruck vom Land und vom Leben der Menschen in Deutschland zu vermitteln. Im Einzelnen werden folgende Bereiche unterschieden: a) Landeskunde, kombiniert mit der Entwicklung der Kommunikationsfähigkeit; b) Vermittlung der Lese- und Schreibfertigkeit, evtl. einschließlich der Einübung in das lateinische Alphabet; c) Ausspracheschulung; d) Arbeit mit Texten (Sachtexte und Literatur); e) Grammatik, u. a. im Kontrast zur Muttersprache; f) Fehlerkorrektur und Leistungskontrolle; g) Medien und Methoden (Interaktionsformen); h) Lehrbucheinsatz und Lehrbuchkritik.

Grammatiken des Deutschen, die sich besonders für den Einsatz in DaF eignen, sind z. B. Helbig/Buscha ([14]1991), deren Werk sich als »Resultatsgrammatik«, nicht als Problemgrammatik versteht, d. h., sie setzt die kommunikative →Kompetenz (2) nicht voraus, sondern will helfen, diese erst aufzubauen; des Weiteren die rezeptive Grammatik von H. J. Heringer (1989) sowie die Grammatik in Feldern von J. Buscha u. a. (1998).

Deverbaladjektiv, von einem Verb abgeleitetes →Adjektiv: *glänzen – glänzend.*

Deverbalsubstantiv, von einem Verb abgeleitetes →Nomen: *arbeiten – Arbeiter.*

Deverbativ(um), pl.: Deverbativa; von Verben abgeleitete Wörter: *beruhigen – Beruhigung, essen – essbar.*

Dezentrierung, Terminus aus der Lernpsychologie, der den Übergang in das präoperative Stadium kennzeichnet und etwa vom 2. bis zum 5./6. Lebensjahr stattfindet. Der Übergang zu diesem (zweiten) Stadium ist gekennzeichnet durch eine allgemeine D. Das Kind konstruiert sein »praktisches Universum«, es nimmt Gegenstände als solche wahr (Schema des permanenten Gegenstandes), es erkennt andere Individualitäten außerhalb des eigenen Ichs und es orientiert sich an Raum und Zeit sowie an einer magisch-phänomenistischen Kausalität. ↔Egozentrik.

Diachronie, Kennzeichnung für →historische Sprachwissenschaft; sprachliche Erscheinungen, z. B. →Sprachwandel, werden als geschichtsabhängige Prozesse beschrieben. →Junggrammatiker, ↔Synchronie.

Diärese, (1) getrennte Aussprache zweier Vokale, die auch als →Diphthong gesprochen werden könnten: Deismus [de'ismus], naiv [na'i:f]. D. kann auch durch ein →Trema gekennzeichnet werden. (2) In der Rhetorik bedeutet D. die Aufgliederung eines →Oberbegriffs in mehrere Unterbegriffe.

Diakritisches Zeichen, dt.: unterscheidendes Zeichen; zusätzliche Kennzeichnungen von Buchstaben, um bestimmte Unterschiede zu signalisieren. So dient das →Trema im Deutschen, um die Umlaute *ä, ö, ü* gegenüber *a, o, u* oder um die getrennte Aussprache von *ië* [ie] gegenüber *ie* [î] zu kennzeichnen. D. Z. sind auch in der Lautschrift gebräuchlich, etwa um die Betonung anzuzeigen: *ü̲bersetzen* versus *überse̲tzen*.

Dialekt, dt.: Mundart; regionale Variante, landschaftlich begrenzte Sonderform einer Sprache (→Langue); der D. wird gelegentlich im Gegensatz zur Schriftsprache oder →Hochsprache (2) gesehen. Hierbei ist jedoch zu bedenken, dass heute auch im D. schriftlich wie mündlich komplexere ästhetische und relativ kontextunabhängige Texte verfasst werden können. Der eigentliche Gegenbegriff zum D. ist daher eher die überregionale →Gemeinsprache oder Standardsprache. Historisch betrachtet gehen die D.e der Schriftsprache voraus, sie sind örtlich gebunden und primär zur mündlichen Kommunikation im Alltag eines größeren heimatgebundenen Personenkreises gedacht. Größere Dialekträume sind das Bairische (Bayern), das Alemannische (Südwestdeutschland, Schweiz) oder das Niederdeutsche (nördliches Deutschland).

J. P. Hebels *Wächterruf* (Alemannisch) fängt folgendermaßen an:

D'Glocke het Zehni gschlage.
Jez betet und jez göhnt ins Bett.
Und wer e rüeihig G'wisse het,
Schlof sanft und wohl! Im Himmel wacht
E heiter Aug die ganzi Nacht.

Diasystem, Zusammenfassung von Systemen mit ähnlichen Struktureigenschaften zu einem übergreifenden System; so können zum Beispiel die Lauteigenschaften (Überschneidungen oder Abweichungen) regionaler →Dialekte oder →Soziolekte in einem D. anschaulich dargestellt werden.

Diathese, dt.: Handlungsrichtung; →Genus verbi.

Diatopisch, Bezeichnung für die landschaftlich bedingten Unterschiede sprachlicher Formen; insbesondere die Sprachgeographie bedient sich der d.en Untersuchungsmethodik.

Dicens →Triadische Zeichenrelation

Dichotomie, dt. Zweiteilung; Bezeichnung für sich ergänzende Begriffspaare (*neu – alt*, *Höhe – Tiefe*); Verfahren, einen Gegenstandsbereich in Zweierpaaren (Dualsystem) zu erschließen.

Didaktik der deutschen Sprache, historisch gesehen lässt sich die didaktische Literatur zur deutschen Sprache bis zu Notker III. (um 1000) zurückverfolgen. Doch erst im 17. Jh. (mit der Denkschrift Wolfgang Ratkes von 1612) erhält das Deutsche an den Schulen eine relativ eigenständige Bedeutung. Die erste Verarbeitung eines wissenschaftlichen Werkes für fachdidaktische Zwecke unternimmt J. C. Gottsched 1754 mit seinen *Vorübungen der Beredsamkeit*. Von einer eigenen didaktischen Literatur zum Sprachunterricht kann man wohl erst zur Zeit der Aufklärung sprechen.

Mit der Etablierung der Germanistik (als deren Begründer J. Grimm, 1785–1863, gilt) wurden zwar Lehrstühle für deutsche Philologie an den Universitäten eingerichtet, doch hat man die Didaktik den Pädagogischen Hochschulen überlassen. Erst in neuester Zeit, ungefähr parallel zur Gründung von linguistischen Abteilungen zu Beginn der 70er-Jahre des 20. Jahrhunderts, wurde auch die D. d. d. S. ein eigenständiges Lehr- und Forschungsgebiet im Sinne einer »Fachunterrichtswissenschaft« (Ivo, 1977). Ihr Objektbereich schließt u. a. ein:

- die empirische Erforschung der Unterrichtswirklichkeit (Wissenschaft von den Zielorientierungen des Unterrichts im sozialen Vermittlungssystem Schule),
- den primären Gegenstand ›Unterricht in der deutschen Sprache‹ (im Gegensatz zu →Deutsch als Fremdsprache) sowie das Unterrichtsfach Deutsch (im Gegensatz zu Problemen der Sprache in anderen Unterrichtsfächern),
- gewisse Überschneidungen mit der Didaktik des Literaturunterrichts, deren Objektbereich nicht völlig eingeschlossen ist (Gleiches gilt für die Kulturtechniken des Lesens und Schreibens),
- die Aufarbeitung der historischen Dimension des Sprachunterrichts (einschließlich der unterschiedlichen Entwicklung in der ehemaligen DDR).

Eine in diesem Sinne konzipierte D. d. d. S. schließt handlungsorientierte, gegenstandsorientierte und wertorientierte Fragerichtungen ein; sie wird gesehen als ein Integrationspunkt zwischen theoretisch wissenschaftlichen und empirisch wissenschaftlichen Disziplinen, das sind die Fachwissenschaft auf der einen sowie Unterrichtsforschung und Bildungswissenschaft auf der anderen Seite. Der Ort der →Sprachdidaktik liegt »zwischen der Sprache und dem Menschen (als Individuum wie als menschlicher Gesellschaft). Ihre Aufgabe ist die Vermittlung zwischen beiden« (Weisgerber, 1974).

Didaktische Analyse, im Rahmen der bildungstheoretischen Didaktik zentraler Bezugspunkt jeder Unterrichtsplanung; das Ziel der d. A. besteht darin zu klären, welchen Bildungsgehalt ein Unterrichtsinhalt (z. B. ein Text) hat. Zur Strukturierung dieses Klärungsprozesses hat z. B. W. Klafki (1963) fünf Grundfragen formuliert: Welches sind die Gegenwarts- und die Zukunftsbedeutung des betreffenden Inhalts für die Schüler und Schülerinnen? Wie sieht die Sachstruktur (unter pädagogischer Sicht) aus? Hat der Inhalt exemplarische Bedeutung und wie lässt sie sich begründen? Gibt es geeignete Wege, den Schülern und Schülerinnen diesen Inhalt zugänglich zu machen?

Mitte der 80er-Jahre wurde die d. A. im Rahmen einer kritisch-konstruktiven Didaktik als »Perspektivschema zur Unterrichtsplanung« (Klafki, 1985) weiterentwickelt. In ihm werden die Bedingungsanalyse (Analyse der Unterrichtsvoraussetzungen), die ursprüngliche d. A. sowie die Überprüfbarkeit (Lernzielkontrolle) und die Lehr-Lern-Prozessstruktur (Methode) miteinander in Beziehung gesetzt.

Didaktische Grammatik, auch: pädagogische Grammatik; Grammatik für Unterrichtszwecke, die auf eine bestimmte Schulstufe oder auf bestimmte Lerngruppen zugeschnitten sein kann. Neben den so genannten →Mischgrammatiken, die ihre Inhalte aus mehreren, oft unterschiedlich fundierten fachwissenschaftlichen Richtungen auswählen und kombinieren, gibt es d. G.en, die sich einer bestimmten Richtung (z. B. der →generativen Transformationsgrammatik, der →funktionalen Grammatik, der →Pragmatik) anschließen. Wesentlich in diesem Zusammenhang ist die Frage, wie das Verhältnis zwischen Fachwissenschaft und Fachdidaktik gesehen wird. Oft wird der Fachwissenschaft eine Zulieferer-Funktion zugesprochen, gelegentlich mit dem Zusatz, dass ein wechselseitiger Korrektivbezug herzustellen sei. Doch nicht die Fülle der fachwissenschaftlichen Ergebnisse kann von einer d.n G. übernommen werden, sondern eher die Art und Weise, wie die wissenschaftliche Grammatik die gestellten Probleme löst. Die →Linguistik fungiert dabei in erster Linie als Wahrheitskriterium für eine d. G.

Didaktische Reduktion, kein fest umrissener Terminus, sondern die allgemeine Umschreibung für eine zentrale Aufgabe von Didaktik überhaupt; d. R. meint die Rückführung komplexer Sachverhalte auf ihre wesentlichen Elemente, um sie für Lernende überschaubar und begreifbar zu machen, ohne jedoch den (sach)logischen Gehalt der wissenschaftlichen Ausgangsaussage zu verfälschen. Diese Komplexitätsreduktion ist überall dort zu leisten, wo ein umfangreicher und differenzierter Bestand an Wissen für Lehr- und Lernzwecke aufbereitet wird. →Didaktische Analyse.

Didaktische Transformation, Terminus, der im Wesentlichen in den geisteswissenschaftlichen Fächern eine Rolle spielt: Wissenschaftliche Untersuchungsergebnisse sollen das Bezugswissen für d. T. abgeben, sie sollen nicht selbst zum verständlichen Gegenstand des Unterrichts reduziert werden, wie bei der →didaktischen Reduktion. So kann zum Beispiel in einer d.n T. die *Interaktionstheorie* Hintergrundwissen für Rollenspiele abgeben, ohne selbst Gegenstand des Unterrichts zu werden.

Didaktisierung, Einbeziehung von pädagogischen Fragestellungen in den Wissenstransfer; die D. orientiert sich an bestimmten Fragen, wie zum Beispiel: Wer sind die Adressaten für die zu vermittelnden Inhalte? Welches Vorwissen, welche Interessen haben sie? Welche Qualifikationen sollen erreicht werden? Für welche allgemeinen und für welche speziellen Zielsetzungen? Wozu soll gerade dies gelehrt bzw. gelernt werden? Enthält der Gegenstand oder das Thema solche Strukturmomente, die das Verständnis erleichtern? Wie können diese besonderen Aspekte vermittelt, medial dargestellt werden? →Didaktische Analyse, →didaktische Reduktion.

Differenzhypothese →Soziolinguistik

Digital, in der Kommunikationstheorie solche Vorgänge, die in Stufen oder Schritten ablaufen (EDV) oder die sich (prinzipiell) als Zahlenfolge darstellen lassen, z. B. im Dualsystem als Abfolge von »0« und »1« (bzw. in Computern als »Strom aus« – »Strom ein«).

Bei einer d.en Uhr z. B. kann die Zeit direkt in einer Ziffernfolge (wechselnde Anzeige am gleichen Ort) abgelesen werden; bei einer →analogen Uhr muss die Zeit aus der

Konstellation von Zeigern auf einer gekennzeichneten Scheibe (gleich bleibende Anzeige an wechselnden Orten) ermittelt werden.

Digitale Kommunikation, Art der Verständigung, die auf willkürlich vereinbarten →Zeichen beruht, wie dies bei der gesprochenen oder geschriebenen Sprache (weitgehend) der Fall ist. Diese Zeichen (Wörter, Satzstrukturen) lassen sich formal (in formalisierten Grammatiken; mathematisiert) darstellen. Die d. K. dient in erster Linie der Darstellung von Gegebenheiten, Handlungen und Vorgängen (Sachebene der Kommunikation). Wenn ich z. B. gegenüber einer Gesprächspartnerin das Wort »Katze« benutze, so hat die Abfolge dieser fünf Buchstaben nichts Katzenhaftes an sich; es handelt sich um d. K. Wenn ich dagegen wie eine Katze schnurre, so hat diese →analoge Kommunikation eine ganz andere Qualität, wenngleich sie auf dasselbe Objekt zu referieren scheint. →Pragmatische Axiome.

Diglossie, dt.: Doppelsprachigkeit; im engeren Sinne bezeichnet D. die Verwendung zweier Sprachvarietäten in einer Sprachgemeinschaft, die strukturell und funktional deutlich voneinander abweichen, z. B. in der Schweiz das ›Schwytzertüütsch‹ gegenüber dem Standarddeutsch. Im weiteren Sinne bezeichnet D. die Unterschiede zwischen →Dialekt oder →Soziolekt zur →Hochsprache (2).

Diminutiv(um), dt.: Verkleinerungsform: *Baum – Bäumchen/Bäumlein*, *Gasse – Gässchen/Gässlein/Gassi.*

Diphthong, dt.: Gleitlaut, Zwielaut: *ai/ei* [ai], *äu/eu* [ɔi], *au* [au] in: *mein neues Haus*.

Diphthongierung, →Lautwandel, zum Beispiel vom →Mittelhochdeutschen zum →Neuhochdeutschen; nhd. D.: aus den mhd. langen Vokalen î, îu [ü:], û werden die nhd. Gleitlaute *ei*, *eu*, *au*.

Direkte Rede, wörtliche Rede: *Er sagte: »Ich komme morgen gegen zehn Uhr.«* →Indirekte Rede.

Disambiguierung, die →Ambiguität eines sprachlichen Ausdrucks aufheben, was durch die Zuordnung mehrerer syntaktischer Strukturen oder durch semantische Interpretationen geschehen kann: *Bank* – a) Geldinstitut; b) Sitzgelegenheit; c) ...

Disjunktiv, dt.: ausschließend; z.B. disjunktive →Konjunktionen (*oder, entweder – oder*) oder disjunktive →Satzverbindungen (*Entweder Sie bezahlen, oder Sie verlassen mein Geschäft!*)

Diskontinuierlich, in grammatischen Strukturen sind Elemente dann d., wenn sie zwar zusammengehören, aber nicht direkt nebeneinander stehen, wie etwa bei der →verbalen Klammer: *Er hat uns viel erzählt.*

Die Darstellung d.er Strukturen hat in der →Phrasenstrukturgrammatik zu Problemen geführt, da Konstituenten nur aus der nächst höheren Konstituente ableitbar und ihr somit direkt unterzuordnen sind. Erst im Rahmen der →generativen Transformationsgrammatik konnte mit Hilfe geeigneter →Transformationen das Problem gelöst werden (vgl. Chomsky, 1957).

Diskretes Element, abgegrenztes, abgrenzbares Element; diskrete Elemente werden durch →Segmentierung und →Substitution gewonnen und stellen sich dar als kleinste bedeutungsunterscheidende oder als kleinste bedeutungstragende Einheiten einer Sprache. →Phonem, →Morphem.

Diskurs, (1) allgemein: Gedankenaustausch, Wortwechsel; auch: methodisch aufgebaute Abhandlung über ein wissenschaftliches Thema; (2) bei Habermas (1971) stellt D. einen Gegenbegriff zum →kommunikativen Handeln dar. Im D. werden problematisierte Geltungsansprüche von Meinungen oder Normen thematisiert, zum Beispiel in folgendem Wortwechsel: *(Studentin zu ihrer Freundin) »An deiner Stelle würde ich in keine Disco gehen; schon gar nicht bei dieser lauten Musik.« – »Du hast eben keine Ahnung, das ist ja gerade das Schöne daran.« – »Aber du* *solltest nicht mit Jürgen gehen.« – »Von dir lass ich mir doch keine Vorschriften machen, mit wem ich gehen soll oder nicht!«*

Während im ersten Fall der Geltungsanspruch einer Meinung nicht anerkannt wird, kommt es im zweiten Fall zu Störungen auf der Ebene der interpersonalen Beziehung, indem das bisher gültige Rollenverständnis problematisiert wird. Der D. müsste beides zu klären versuchen, bis (im Idealfall) das Einvernehmen wieder hergestellt ist. →Metakommunikation.

Diskursanalyse, Analyse zusammenhängender Rede; je nach dem zugrunde liegenden Textbegriff ist die D. eher an Fragen der →Textkonstitution (Text als Artefakt) oder an Fragen des Textverstehens (Text als →Konkretisation, →Sprachverstehen) interessiert, so dass als Bezugswissenschaften im einen Fall eher die →Textlinguistik und →Sprechakttheorie, im anderen Fall eher die →Psycholinguistik und →kognitive Linguistik in Frage kommen. →Text (4), (5).

Dispersion, Realisierungsbreite eines →Phonems; die Realisierung eines Phonems findet nicht immer am gleichen →Artikulationsort statt. Dennoch wird es als solches erkannt, wenn es in einem bestimmten »Umfeld« artikuliert wird und nicht allzu sehr in das Umfeld eines benachbarten Phonems gerät. Zwischen den Feldern bestehen Sicherheitsabstände, die die Verstehbarkeit garantieren.

Distanzkomposition →Verbzusatz

Distanzstellung →Verbale Klammer

Distinkt(iv), dt.: unterscheidend; ein d.es Merkmal unterscheidet eine Menge von Elementen von einer anderen. Eingeführt wurde der Terminus in der →Phonologie zur Abgrenzung der einzelnen →Phoneme (Laute). Das Verfahren findet auch Anwendung in der →semantischen Analyse: *Mensch*, *Fisch*, *Elefant*, *Fliege* hat gegenüber *Tisch*, *Stein*, *Haus*, *Berg* das d.e Merkmal [+ belebt]; *Fisch*, *Elefant*, *Fliege* hat gegenüber *Mensch* das d.e Merkmal

[– human] und umgekehrt: *Mensch* hat gegenüber *Fisch*, … das d.e Merkmal [+ human]. →Merkmalanalyse.

Distributionsanalyse, Verfahren der strukturalistischen Linguistik, das insbesondere bei der Erforschung unbekannter (Indianer-)Sprachen angewendet worden ist. Es war L. Bloomfield, der mit seinem Werk *Language* (1933/35) das Fundament für die gesamte strukturelle Linguistik in den USA gelegt hat. Bei der Beschreibung einer Sprache geht es ihm zunächst immer um die empirisch kontrollierbaren Verfahren von →Segmentierung und →Klassifikation ihrer Elemente, wobei Probleme der Bedeutung (zunächst) ausgeblendet werden. →Konstituentenanalyse.

Bei der D. sind zunächst die phonetischen Formen zu isolieren, die in kleinste bedeutungsunterscheidende Abstraktionsklassen (den »lexical phonemes« und den »grammatical taxemes«) eingeteilt werden. Auf einer höheren Beschreibungsebene gelangt Bloomfield zu den kleinsten bedeutungstragenden Einheiten (den »lexical morphemes« und den »grammatical tagmemes«), die entweder allein stehen können oder zu einer »linguistic form« kombiniert werden. Sprachliche Formen sind entweder frei oder gebunden:

	freie Formen	gebundene Formen
lexikalisch (Morphem)	*John, Tisch, schreib-, rot, heute, …*	*Brom[beere], [ge]sund, [Ge]bäude, …*
grammatisch (Tagmem)	*dass, zu, bis, der, mein, …*	*-heit, -lich, ver-, ge-, …*

Distributionsklasse, auch: Formklasse; Menge derjenigen sprachlichen Elemente, die in der gleichen Umgebung vorkommen. Das Verfahren gründet auf den Arbeiten von L. Bloomfield (→Distributionsanalyse) und wurde von

Z. S. Harris auf die Korpusanalyse ausgedehnt. Durch die Abgrenzung von Elementen in identischen und äquivalenten Umgebungen gelangt er zu Äquivalenzklassen; hierbei gilt, dass zwei Textteile dann äquivalent sind, wenn sie an einem Ort dieselbe Umgebung haben, aber ihre Umgebung an anderen Textstellen nicht dieselbe ist. Also wenn AM; AN, dann M = N, und wenn zusätzlich MB; NC, dann ist B sekundär äquivalent mit C, also B = C usw.

Im Beispiel: »Das kleine Kind /A/ spielt /M/«; »Das kleine Kind /A/ schläft /N/«, dann gehören »spielt« und »schläft« in dieselbe D. (hier: Verb). Und: »Spielt /M/ das Mädchen /B/?«; »Schläft /N/ der Junge /C/?«, dann gehören »das Mädchen« und »der Junge« ebenfalls zu einer D. (hier: Nominalphrase). → Behaviorismus (2).

Distributivzahl → Numeral

Divergenz, dt.: das Auseinandergehen; phonologische oder semantisch-lexikalische Feststellung beim Sprachvergleich, wonach ein sprachliches Elemente der Ausgangssprache A durch zwei oder mehr Elemente der anderen Sprache B wiedergegeben wird. Im semantischen Bereich: A frz. *fleur* – B dt. *Blume/Blüte*. ↔ Konvergenz.

Dominanz, dt. Überordnung (Herrschaft); bei der Darstellung von Satzstrukturen in einem → Stemma dominiert das höher stehende Symbol die durch Kanten mit ihm verbundenen unteren Symbole:

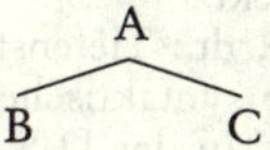

Man sagt, A dominiert die Größen B und C. Die D. stellt eine rein syntaktische Beziehung dar. → Dependenz; → Konstituenz.

Doppelfrage, Alternativfrage; Frage, mit der zwei einander ausschließende Möglichkeiten erfragt werden: *Kommt dein Bruder, oder kommst du selbst?*

Doppelkonsonant, im Deutschen hat die Doppelung eines Konsonanten keine Auswirkung auf die →Quantität; ein D. signalisiert lediglich, dass der davor stehende Vokal kurz gesprochen wird: *Ofen – offen.*

Im →Althochdeutschen waren die D.en »sicherlich zwei selbständige Konsonanten, und zwar mit dazwischenliegender Expirationspause, also ahd. wës-sa, bittu« (Braune/Eggers, [14]1987). Im Neuhochdeutschen gilt dies nur noch bei deutlichen Wortfugen: *abbauen, Hoffenster.*

Doppellaut →Diphthong

Dorsal, mit dem Zungenrücken gebildeter Laut; hierbei kann der Laut weiter hinten am Gaumen gebildet werden: [g] in »Gast«, [x] in »Nacht« oder weiter vorn am Gaumen: [j] in »jung«, [k] in »kalt«. →Velar, →Palatal.

Double bind, dt.: Doppelbindungs-Beziehung; mit D. b. wird eine Abhängigkeitsbeziehung gekennzeichnet, in der der schwächere Partner dauernd mit inkonsistenten, widersprüchlichen Mitteilungen und Aufforderungen konfrontiert wird, auf die er einerseits reagieren muss, die ihm andererseits jedoch keinen Ausweg lassen. Welcher Mitteilung er auch folgt, es entstehen immer nur Nachteile. Die Paradoxie einer Mitteilung kann sprachlich und gestisch bzw. mimisch bedingt sein, z. B. wenn die Mutter ihr Kind rügt, gleichzeitig aber belustigt dreinschaut.

Dritte Vergangenheit →Plusquamperfekt

D-Struktur, Abk. für: Deep-Structure, dt.: Tiefenstruktur; die vom →X-bar-Schema erzeugte syntaktische Repräsentationsebene (→Phrasenstruktur). In der D-S. sind die möglichen Strukturierungen maximaler Projektionen (X^{max}) festgelegt, einschließlich der →leeren Kategorien. Aus dem →Theta-Kriterium ergibt sich, welche Position leer sein kann und welche eine thematische Rolle erhalten muss, und das heißt, mit einem →Argument (4) zu besetzen ist. In gewissem Sinne kann man die D-S. mit der

→Tiefenstruktur der →Standard-Theorie der generativen Transformationsgrammatik vergleichen. »Die Basis generiert ›D-Strukturen‹ (›deep structures‹)« (Chomsky, 1980). Durch die →Bewegungsregel »bewege α« werden D-S.en in →S-Strukturen überführt.

Duale Kodierung, Begriff aus der Lerntheorie; (1) →Kodierung in zwei alternativen Systemen bedeutet, dass der zu lernende Stoff entweder optisch oder akustisch verarbeitet werden kann. Der Lernende hat die Wahl, sich den Stoff so oder so anzueignen. (2) Von d.r K. im engeren Sinne spricht man, wenn ein Lernstoff gleichzeitig auf zwei Wegen aufgenommen wird (doppelte Kodierung). Es gilt als gesichert, dass bestimmte Wissensstoffe leichter erfasst und besser behalten werden, wenn sie sowohl bildhaft als auch sprachlich-inhaltlich verarbeitet werden.

Durativ, auch: imperfektiv; dt.: andauernd, ohne zeitliche Begrenzung; →Aktionsart des Verbs: *Das Feuer brennt.*

Dynamischer Akzent, Beschwerung einer Silbe durch vermehrte Lautstärke; Betonung durch verstärkten Atemdruck; →Akzent.

Dysgrammatismus, Sprach(entwicklungs)störung; Unfähigkeit eines Sprechers, morphologisch oder syntaktisch richtige Sätze zu produzieren. Im Gegensatz zu →Agrammatismus wird der Ausdruck D. meist nur auf Kinder bezogen, und es ist strittig, ob es sich bei D. um eine Verzögerung oder eine Abweichung in der Sprachentwicklung handelt.

Dysgraphie, Schreibstörung, die organisch oder psychisch bedingt sein kann; Minderung der Fähigkeit, Wortzeichen zu reproduzieren (Rechtschreibschwäche). Hierbei kann es sich (1) um Wahrnehmungsfehler handeln, und zwar bezogen auf die Wahrnehmungsdurchgliederung (Auslassen, Hinzufügen, Verdrehen der die jeweiligen Phoneme repräsentierenden Grapheme) oder die Wahrnehmungstrennschärfe (fälschliche Ersetzung bestimmter

Grapheme durch andere); oder es kann sich (2) um Regelfehler (Verstöße gegen bestimmte Regeln der Orthographie, etwa durch lauttreue Orientierung an der Phonemstruktur) handeln.

Dyslexie, Lesestörung, die organisch oder psychisch bedingt sein kann; Minderung der Fähigkeit, Geschriebenes zu erfassen, kognitiv zu verarbeiten oder auch nur zusammenhängend vorzulesen.

Dyslogie, Oberbegriff für organisch bedingte Sprachentwicklungsstörungen.

E

Echofrage, Frageform ohne festes Schema, jedoch mit Starkton auf dem erfragten Wort: *Ich soll was tun?*

Echolalie, (1) Terminus aus der Sprachentwicklungsforschung; Kinder vom 9. bis 12. Monat neigen dazu, vorgesprochene Wörter oder Wortteile für sich zu wiederholen. (2) Bei Geistesgestörten spricht man von E., wenn diese vorgesprochene Wörter oder Sätze sinnlos-mechanisch nachsprechen.

ECM, engl.: exceptional case marking (besondere Kasusmarkierung); Darstellung und Beschreibung des → AcI in der → GB-Theorie; etwa in dem Satz *Willi sieht Petra rauchen.*

In der zugrunde liegenden Struktur »Willi sieht Petra. Petra raucht« bzw. »Willi sieht, dass Petra raucht« wird der → Kasusfilter nicht verletzt; → Kasus wird nur von solchen Elementen α auf β zugewiesen, bei denen gilt, dass α β regiert. Beim AcI muss »ausnahmsweise« über eine maximale Projektion hinaus Kasus zugewiesen werden:

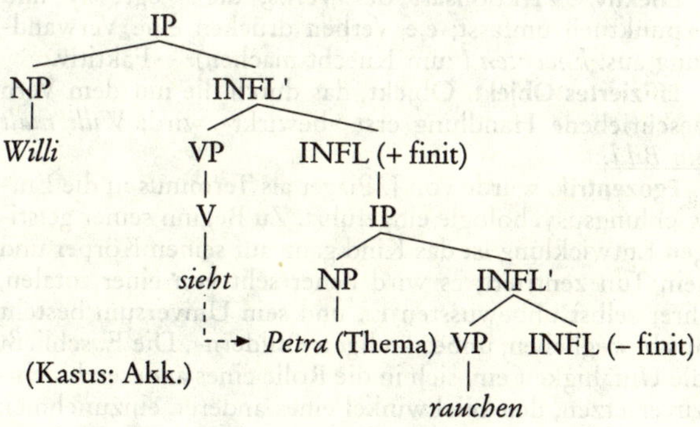

Geht man von der zugrunde liegenden Struktur »Willi sieht, dass Petra raucht« aus, so bewirkt Nebensatztilgung (S'-Tilgung), dass INFL in S' von (+ finit) zu (– finit) wechselt und demzufolge keinen Kasus mehr an die →Specifier-Position zuweisen kann. Um dem Kasusfilter zu entgehen, muss die NP in dieser Position jedoch Kasus erhalten, und dies kann nur von dem Finitum »sehen« (ECM) ausgehen, das, da es transitiv ist, Akkusativ zuweist.

ECP, engl.: empty category principle (Prinzip der leeren Kategorie); zentrales Prinzip der →GB-Theorie, wonach eine →Spur, die aufgrund einer Bewegungsregel entstanden ist, bestimmte →Rektionsbedingungen erfüllen muss, d.h., sie muss von Verb, Nomen oder Adjektiv regiert sein, nicht aber von INFL oder einer Satzkonjunktion. Für die Zulässigkeit von Spuren ist nun ein Sonderfall von Rektion bedeutsam, die ›strenge Rektion‹ (engl. *proper government*): α regiert β streng gerade dann, wenn a) α β regiert und b) α lexikalisch ist. Auf der Grundlage der strengen Rektion gilt für die Zulässigkeit von Spuren das ECP: Eine leere Kategorie muss streng regiert sein (vgl. Chomsky, 1986).

Effektiv, →Aktionsart des Verbs, die →egressiv und →punktuell umfasst; e.e Verben drücken eine Verwandlung aus: *knechten* (zum Knecht machen). →Faktitiv.

Effiziertes Objekt, Objekt, das durch die mit dem Verb beschriebene Handlung erst »bewirkt« wird: *Willi malt ein Bild.*

Egozentrik, wurde von J. Piaget als Terminus in die Entwicklungspsychologie eingeführt. Zu Beginn seiner geistigen Entwicklung ist das Kind ganz auf seinen Körper und sein Tun zentriert; es wird beherrscht von einer totalen, ihrer selbst unbewussten E., und sein Universum besteht aus beweglichen, unbeständigen »Bildern«. Die E. schließt die Unfähigkeit ein, sich in die Rolle eines anderen hineinzuversetzen, den Blickwinkel eines anderen einzunehmen oder die eigene Sichtweise als eine unter mehreren Möglichkeiten zu begreifen. In diesem Stadium ist die Aufmerksamkeit meist nur auf *ein* entscheidendes Merkmal einer Sache oder eines Vorgangs gerichtet. Erst ab etwa zwei Jahren wird die E. allmählich durch →Dezentrierung überwunden.

Egozentrische Sprache, Sprache des Kindes im Stadium der →Egozentrik; es kann festgestellt werden, dass kleinere Kinder beim Spiel mit anderen oft mit sich selbst sprechen, ohne die anderen einzubeziehen. Dies wurde so gedeutet, dass sich ihr Denken und Handeln noch nicht in hinreichendem Maße vom eigenen Ich lösen kann. Nach J. Piaget hat die e. S. keine kommunikative Funktion und stirbt mit zunehmender →Dezentrierung und Sozialisierung ab. Bei anderen Theoretikern (z.B. Wygotski, 1934, dt. 1964/1971) gilt die e. S. als Vorstufe der inneren Sprache und des sprachlichen Denkens; sie ist sozusagen ein Vorläufer des Denkens und für die Sozialisierung funktional unentbehrlich. →Sprache und Denken.

Egressiv, das Ende einer Handlung oder eines Vorgangs bezeichnend; →Aktionsart des Verbs: *Das Feuer geht aus.*

Eidetisch, dt.: anschaulich, bildhaft; der e.e Sinn eines Zeichens bezieht sich auf das, was es mit dem Objekt, auf das es verweist, oder mit anderen Zeichen gemeinsam hat. →Icon; →operativ.

Eigenname →Nomen proprium

Eigenschaftsbegriff, (1) auch: »logischer Begriff«; in der klassischen Theorie wird die logische Struktur der Begriffe betont. Nach ihr entstehen E.e durch die Zuordnung einzelner Objekte zu Kategorien (Klassen). Die Gesamtheit der kritischen Attribute (Merkmale oder Eigenschaften), die die Klassenzugehörigkeit ausmachen, ergeben den Begriffsinhalt (→Intension), und die Gesamtheit der Gegenstände, die er bezeichnet, nennt man seinen Umfang (→Extension). Grundlegende Klassifikationsregeln für E.e sind: Affirmation, Konjunktion, exklusive/inklusive Disjunktion, Kondition und Relation.

Beispiel: Der Begriff »Prüfung« kann eine konjunktiv-disjunktive Struktur aufweisen: {mündliche *und* schriftliche Prüfung [Klausur *oder* Ausarbeitung]}.

(2) Nach der Prototypentheorie erfolgen Bildung und Erkennen von E.en im Wesentlichen dadurch, dass ein →Prototyp eine ganze Klasse in exemplarischer Weise vertritt: bei *»Vogel«* denken viele eher an »Spatz« oder »Adler«, weniger an »Kormoran«. Die Prototypentheorie berücksichtigt vor allem die beiden Eigenschaften von Alltagsbegriffen, ihre Vagheit und ihre Kontextabhängigkeit: beim Umzug ist ein *»Klavier«* weniger ein »Musikinstrument« als vielmehr ein »schweres Möbelstück«. →Erklärungsbegriff.

Einbettung, (1) eingebetteter Satz, Zwischensatz; allgemein für einen abhängigen →Nebensatz; →Hypotaxe: *Die Burg, die im 18. Jh. zerstört wurde, soll neu erbaut werden. – Die Burg soll neu erbaut werden, weil man auf mehr Fremdenverkehr hofft.*

(2) Verfahren in der →generativen Transformationsgrammatik, komplexe Sätze der →Oberflächenstruktur aus selbständigen →Konstituentensätzen der →Tiefenstruktur abzuleiten. So lässt sich der Satz *Die Burg wurde im 18. Jh. zerstört* oder der Satz *Man hofft auf mehr Fremdenverkehr* durch entsprechende Transformationsregeln in den →Matrixsatz *Die Burg soll neu erbaut werden* einbetten.

In ähnlicher Weise lassen sich andere komplexe Sätze aus der gleichen Tiefenstruktur ableiten, z. B.: *Die Burg – sie wurde im 18. Jh. zerstört – soll neu erbaut werden* oder: *Die im 18. Jh. zerstörte Burg soll neu erbaut werden.*

Von einer »selbsteinbettenden Konstruktion« spricht man, wenn Teilsätze des gleichen Typs eingebettet sind: *Wir sahen die Ruinen, die zu der Burg, die im 18. Jh. zerstört worden war, gehörten, mit großem Interesse.*

Einfaches Prädikat, besteht nur aus der flektierten Form des Verbs (der Personalform): *Vater schläft. Spielen die Kinder?* Es empfiehlt sich, auch den →Verbzusatz sowie das nicht ersetzbare →Reflexivpronomen »sich« zum einfachen Prädikat zu zählen: *Die Sonne geht auf* (aufgehen) – *Die Touristen freuen sich* (sich freuen). →Prädikat, →mehrteiliges Prädikat.

Einfaches Tempus, kann durch ein →einfaches oder ein →mehrteiliges Prädikat gebildet werden. Im Deutschen haben nur das Präsens und das Präteritum eigene Tempora ausgebildet, hinzu kommen die Verbindungen mit →Modalverb: *Willi schläft/schlief. Um sechs Uhr steht/stand er auf. Er will/wollte (soll/sollte, kann/konnte usw.) frühstücken.* →Zusammengesetztes Tempus.

Eingebetteter Satz →Einbettung

Eingeleiteter Nebensatz, mit einer →Konjunktion (→Konjunktionalsatz) oder einem →Relativpronomen (→Relativsatz) eingeleiteter abhängiger Satz: *Der Polizist ermahnte den Jungen, der bei Rot über die Straße lief* (Relativsatz). – *Der Polizist ermahnte den Jungen, als dieser bei Rot über die Straße lief* (Konjunktionalsatz). →Uneingeleiteter Nebensatz.

Eingeschlossener Artikel →Enklitischer Artikel

Einfügung →Parenthese

Einräumend →Konzessiv

Einschränkend →Restriktiv

Einteiliges Prädikat, →Prädikat, das nur aus der →flektierten Form des Verbs besteht: *Er geht zur Schule. Sie schreiben ein Diktat, obgleich es morgen Ferien gibt.* →Mehrteiliges Prädikat, →verbale Klammer.

Elaboriert, dt.: (sorgfältig) ausgearbeitet; in der →Soziolinguistik Bezeichnung für die Sprechweise (den →Kode) der mittleren/gehobenen sozialen Schichten (→Gemeinsprache); sie ist durch Ausdrucksvielfalt, komplexere Satzstrukturen und dgl. gekennzeichnet. ↔Restringiert, →Sprachbarriere.

Elativ, dt.: sehr hoher Grad, absoluter →Superlativ, höchste Steigerungsstufe (→Komparation), die im Deutschen ausgedrückt wird durch Wörter wie: *äußerst, besonders, riesig, sehr, überaus, über alle Maßen. – Dies ist ein überaus kostbarer Schrank.*

Als absoluter Superlativ fehlt die Vergleichsgröße: *Nur edelste Hölzer wurden verarbeitet. Die Hölzer wurden aufs genaueste verfugt.*

Elision, dt.: Ausstoßung; Auslassung von meist unbetonten →Vokalen am Ende eines Wortes oder Verschleifung von benachbarten →Konsonanten zur bequemeren Aussprache (→Kontraktion): *sag(e) ich ja*; *Freud(e) und Leid*; *Wand(e)rung*. →Apokope; →Synkope.

Ellipse, dt.: Aussparung; grammatisch unvollständiger Ausdruck oder Satz, dessen fehlende Teile leicht (aus der →Sprechsituation) ergänzt werden können. *Was machst du da? – (Ich mache) Nichts! – Benimm dich (gut)!* →Satzellipse.

Emisch, eigentlich ein →Suffix *(-em, -emik, -emisch)*: bedeutungsunterscheidend, distinktiv; e. ist bei Termini wie »phonemisch« oder »Morphem« anzutreffen; es verweist auf die Ebene des Sprachsystems (→langue) bzw. auf einen abstrakten theoretischen Zusammenhang. ↔Etisch.

Empathie, Bereitschaft und Fähigkeit, sich in die Einstellung, die Interessen und Intentionen anderer einzufühlen; in der Kommunikationstheorie meint E., dass der Sprecher/Schreiber die Perspektive des Adressaten einnimmt: *Du erhältst morgen Post von mir* (anstatt: *Morgen schicke ich dir Post*).

Empfindungswort →Interjektion

Emphase, (1) mit Nachdruck, eindringlich reden; dies kann durch stimmliche Mittel, aber auch durch emphatische Umstellung (→Inversion) oder besondere Wortwahl geschehen. (2) Rhetorische Figur, die mit der →Synekdoche verwandt ist. Meist werden bestimmte Eigenschaften hervorgehoben, die für einen größeren Zusammenhang stehen: *Komm von deinem hohen Ross herunter! – Er hängt mit seinem Herzblut an der Sache. – Dumm bleibt dumm!*

Empirische Methode, wissenschaftliches Verfahren, das Erkenntnis primär oder vornehmlich aus der sinnlichen Beobachtung, aus überprüfbarer Erfahrung und kontrolliertem Experiment zieht, um diese induktiv (→induktive Methode) zu Hypothesen und Theorien zu verdichten. Alle →deskriptiven Sprachmodelle und Grammatiken basieren auf der e.n M. Sie nehmen ihren Ausgangspunkt bei einem empirisch erfassbaren Phänomen, z. B. bei tatsächlich beobachtbaren Sprachprodukten (→Parole), entwickeln über geeignete Verfahren und Operationen (z. B. →Segmentieren und →Klassifikation) eine Lösungsstrategie, wenden diese auf die sprachlichen Daten (z. B. →Diskursanalyse) an, werten sie aus und dokumentieren die Ergebnisse. Durch nachfolgende intersubjektive Überprüfung der Hypothesen, Verfahren usw. werden →Objektivität, →Validität und →Reliabilität der Ergebnisse gesichert. Insbesondere die Erforschung →gesprochener Sprache bedient sich e.r M., das sind im Wesentlichen die Datenerhebung, die Verschriftung sowie die Analyse verbaler Daten. (Näheres bei Schlobinski, 1996.)

Unter den in der empirischen Linguistik gebräuchlichen Methoden hat das Experiment (Planung und Durchführung sowie die statistische Auswertung empirischer Datenerhebung) mittlerweile einen festen Platz. (Grundlagen vermittelt Sichelschmidt, 1998.)

Empirismus, philosophische Richtung, die als wesentliche Quelle unserer Erkenntnis nur Anschauung und Erfahrung akzeptiert. Der E. gewinnt seine Daten aus →empirischen Untersuchungen und favorisiert die →induktive Methode. Von daher ist er für den →Behaviorismus von grundlegender Bedeutung. ↔Nativismus.

In der Sprachwissenschaft hat der E. insbesondere die →deskriptive Grammatik beeinflusst, etwa bei der Feldforschung oder der strikten →Korpusanalyse, aber auch andere Gebiete, wie die →Spracherwerbstheorie. Empiristische Ansätze lehnen das Konzept angeborener Ideen ab, oder sie erklären sie als im Laufe der Menschheitsgeschichte erworben und vererbt. Ein Modell des →Spracherwerbs könnte so aussehen: »Kinder werden mit sprachlichen Daten konfrontiert, und ausgehend von diesen Daten werden Generalisierungen vorgenommen. Die Reaktion der Umwelt – also Bestätigung richtiger und Korrekturen falscher Generalisierungen – liefert das Kontrollinstrument, an dem sich dieser Lernprozess orientiert.« (Grewendorf [u. a.], 1987.)

Empraktisch, auch: sympraktisch, dt.: auf das Handeln bezogen; nach K. Bühler ([2]1965) das situationsgebundene Sprechen; Rede im →kommunikativen Handlungszusammenhang, der von ihm als e.es Umfeld bezeichnet wird. So ist der e.e Sprachgebrauch *Drei zu zwölf Mark* an der Kinokasse kommunikativ angemessen, weil das e.e Umfeld stimmt, d. h., es ist üblich, auf diese Weise drei Kinokarten zu je zwölf Mark zu bestellen. Bei einem anderen e.en Umfeld, z. B. in einem großen Warenhaus, wäre die gleiche Äußerung zu vage und von daher kommunikativ unangemessen.

Endophorisch, im Bereich der Textlinguistik verwendeter Ausdruck zur Bezeichnung der textverweisenden Funktion von Pronomina, die entweder →anaphorisch (rückweisend) oder →kataphorisch (vorausweisend) textintern analysiert werden können. ↔ Exophorisch.

Endozentrisch, zur gleichen Formklasse gehörend; Terminus aus der →Distributionsanalyse. Ein →Syntagma ist e., wenn es aus mehreren →Konstituenten besteht, und zwar aus einem Trägerelement (dem →Kopf) und einem oder mehreren Bestimmungselementen. Der Ausdruck ist durch den Kopf substituierbar und beide können in der gleichen Umgebung vorkommen. So ist *der arbeitslose Willi* ein e.er Ausdruck, da er durch »Willi« substituierbar ist und somit in die gleiche Formklasse gehört. Darüber hinaus können beide in der gleichen Umgebung vorkommen: *Der arbeitslose Willi steht vor der Tür. – Willi steht vor der Tür.* ↔ Exozentrisch.

Endstellung, die Erscheinung, dass bei →eingeleiteten Nebensätzen die →flektierte Form des Verbs am Ende steht. *Ich musste noch einmal nach Hause fahren* (Hauptsatz), *weil ich mein Geld vergessen hatte* (Nebensatz). →Verbstellung.

Endsymbol →Terminales Symbol

Endung, kann entweder Flexions-E. sein (*ich schreibe, du schreibst*) oder →Suffix zur Wortbildung (*Schreiber, Schreibung*).

Energeia, dt.: Tätigkeit, Tatkraft; der Geist der Sprache ist nach W. v. Humboldt ein Abbild des Volksgeistes, der Sprache hervorbringt; Sprache ist kein Inventar von Wörtern mit einer Grammatik als deren Verknüpfungsregeln, sondern Sprache ist schaffende Tätigkeit. »Die Sprache, in ihrem wirklichen Wesen aufgefasst, ist etwas beständig und in jedem Augenblicke Vorübergehendes. [...] Sie selbst ist kein Werk (Ergon), sondern eine Tätigkeit (Energeia). Ihre wahre Definition kann daher nur eine genetische sein. Sie ist nämlich die sich ewig wiederholende Arbeit des Geistes, den artikulierten Laut zum Ausdruck des Gedankens fähig zu machen.« (Humboldt, 1830 ff.; Zitat modernisiert.) →Ergon.

Die energetische Sprachauffassung ist in neuerer Zeit als →inhaltsbezogene Grammatik weitergeführt und u. a. auf die Erklärung des Verhältnisses von →Sprache und Wirklichkeit bezogen worden. Schließlich hat auch N. Chomsky an Humboldt und seinen Begriff der E. bei der Konzeption der →generativen Transformationsgrammatik angeknüpft; in seiner →Cartesianischen Linguistik übernimmt er Humboldts Gedanken, dass die Sprache von endlichen Mitteln unendlichen Gebrauch macht und dass die Sprache ein »Organ« des menschlichen Geistes (bei

Chomsky: des menschlichen Gehirns) sei. →Sprache als Organismus.

Energetische Sprachauffassung →Inhaltsbezogene Grammatik, →Energeia

Enklise, Verschmelzung eines unbetonten (kürzeren) Wortes mit einem vorangehenden betonten Wort: *denkste* ← denkst du; *zum* ← zu dem. ↔Proklise.

Enklitischer Artikel, dt.: eingeschlossener →Artikel; Zusammenziehung von →Präposition und Artikel: *aufs* (= *auf das*) *Geratewohl*; *durchs* (= *durch das*) *Fenster*; *ins* (= *in das*) *Wasser*.

Enkodieren →Kodieren

Entdeckendes Lernen →Lernen

Entfaltungsprobe, Erweiterungsprobe, Adjunktion, Expansion; (1) Erweiterung eines Satzes durch Hinzufügen eines oder mehrerer Satzglieder oder Satzgliedteile (→Insertion): *Der Lastwagen steht vor eurem Haus – Der Lastwagen steht immer noch vor eurem Haus.*
Formal: a → a + b

(2) Verfahren, bei dem ein sprachliches Element durch ein größeres ersetzt wird (sinngebundene →Ersatzprobe): *Der Lastwagen steht dort – Der Lastwagen steht vor eurem Haus.*

Die E. ist hier eine Sonderform der Ersatzprobe; sie besteht aus den Teiloperationen Tilgung und Einfügung.
Formal: a → b + c

Entlehnung, Übernahme eines fremdsprachlichen Ausdrucks in die Muttersprache; zur E. kommt es aus kulturellen (Christianisierung), politischen (Eroberung), wissenschaftlich-technischen (Fachsprachen) oder innersprachlichen Gründen, wenn z. B. ein bestimmter Ausdruck in der Muttersprache fehlt. Unterschieden werden die äußere oder lexikalische E. (*Garage*, *Flirt*, ...) von einer inneren oder semantischen E., z. B.: *Auf der Messe* (lat. *mittere*, *missum* ›schicken, senden‹) *werden zehn* (gr. *déka*) *Sorten* (lat. *sors*; frz. *sorte*) *Wein* (lat. *vinum*) *zu einem fairen* (engl.; lexikalische E.) Preis (lat. *pretium*, frz. *prix*) *angeboten*. Zur genaueren Untergliederung der inneren E. →Lehnübersetzung, →Lehnübertragung, →Lehnschöpfung, →Lehnbedeutung und →Lehnwendung.

Entscheidungsfrage, Ja-Nein-Frage, Satzfrage; →Fragesatz, der den Sachverhalt eines ganzen Satzes klären soll und bei dem die Antwort »ja« oder »nein« erwartet wird: *Habt ihr für das Testat geübt?* – *Nein (wir haben nicht geübt).*
– *Ja (wir haben geübt).*

Epanalepse →Gemination (2)

Epicönum, auch: Epicoinon; Nomen, das als →Archilexem sowohl auf weibliche als auch auf männliche Wesen bezogen werden kann: *das Pferd* (Hengst, Stute), *die Ente, der Adler.*

Epipher, auch: Epiphora, dt.: das Hinzufügen; in der Rhetorik die Wiederholung eines oder mehrerer Wörter am Ende aufeinander folgender Sätze, Verse oder Satzteile: *»Doch alle Lust will Ewigkeit –, will tiefe, tiefe Ewigkeit«* (F. Nietzsche). ↔Anapher (1).

Epiphrase, rhetorische Figur, bei der an einen eigentlich abgeschlossenen Satz ein Nachtrag angefügt wird, welcher der Intensivierung des Gesagten dienen soll: *Ein echter Freund muss zuverlässig sein, und ehrlich und verschwiegen.*

Episches Präteritum, Vergangenheitsform (→Präteritum) als meist gewählte Zeitform in erzählender Dichtung (Epik).

Epistemische Logik, eine erweiterte Form der klassischen Logik, die auch Annahmen und Glaubenssätze einschließt und im Kontext einer semantischen Analyse der Alltagssprache zur Anwendung kommt; mit ihr korrespondiert die bereits seit Aristoteles bekannte →topische Argumentation.

Epistemologisch, auch: epistemisch; die Erkenntnistheorie (Epistemologie) betreffend, erkenntnistheoretisch.

Epitheton ornans, pl.: Epitheta ornantia, dt.: schmückendes Beiwort; Bezeichnung für ein typisierendes, formelhaftes, immer wiederkehrendes Beiwort, meist ein attributives Adjektiv: ein *brennendes* Problem, *barmherziger* Samariter, *rotes* Blut.

Erbwort, Wort, das nicht aus einer fremden Sprache stammt (↔Lehnwort): *Mann*, *Mensch*, *stehlen*, *Wand*, *winden*.

Ergänzung, (1) Satz-E.; allgemeine Bezeichnung für →Objekt; (2) Satzglied, das von der →Valenz (Wertigkeit) des Verbs gefordert wird und nicht wie die →Angabe beliebig weglassbar ist:

Wir schenken dir (zum Geburtstag) eine Schallplatte.
E1 P E3 A E4

(E1 = Subjekt, Ergänzung im 1. Fall; P = Prädikat; E3 = Dativobjekt, Ergänzung im 3. Fall; E4 = Akkusativobjekt, Ergänzung im 4. Fall; A = freie Angabe, adverbiale Bestimmung der Zeit)

Das notwendige Auftreten der E. im →Satzbauplan bezieht sich auf die →Grammatikalität, nicht auf die Aussageabsicht oder die subjektive Wichtigkeit der Mitteilung.

Ergänzende Hinweise

Aus Gründen einer theoriegebundenen Systematik ist die Zählung der E.en in den wissenschaftlichen Grammatiken recht uneinheitlich, was folgende Gegenüberstellung zeigen mag:

Traditionelle Bezeichnung	Heringer 1970	Erben 1958	Erben ^{12}1980	Engel ^{2}1982	Engel ^{3}1996
Subjekt	E1	E1	E1	E0	E_{subj}
Prädikativum	E6		E6, E_{adj}	E7, E8	E_{nom}, E_{adj}
Genitivobjekt	E4		E2	E2	E_{gen}
Dativobjekt	E3	E3	E3	E3	E_{dat}

Akkusativobjekt	E2	E2	E4	E1	E_{akk}
Präpositional-objekt	E5	E4	E5	E4	E_{prp}
Adverbiale Bestimmung			E_{adv}	E5, E6	E_{sit}, E_{dir}
Abhängiger Infinitiv				E9	E_{verb}

Hentschel/Weydt (^{2}1994) nummerieren die Kasus traditionell: 1. Fall = Nominativ, 2. Fall = Genitiv usw., während H. J. Heringer (1996) wie in früheren Ausgaben zählt, allerdings bezeichnet er nur noch die Kasus, z. B. der Nomen (N): 1 = nom, 2 = akk, 3 = dat, 4 = gen. Ganz anders geht W. Flämig (1991) mit der Nummerierung der E.en vor: ohne Rücksicht auf die Kasus, nummeriert er die valenznotwendigen E.s-Bestimmungen nach ihrer Anzahl durch. Dabei ist E1 in der Regel das Subjekt; die anderen können je nach ihrem Auftreten im Stellungsplan variieren: E1 + V + E2 – *Er glaubt ihm* (E2 = Dativ); E1 + V + E2 – *Er glaubt das* (E2 = Akkusativ) usw.

In der Nachfolge von L. Tesnière (1959) nimmt für die Anhänger der Dependenzgrammatik das Subjekt keine Sonderstellung mehr ein; es ist zur E. unter anderen geworden. Besonders J. Erben (*Abriß*, 1958; *Leitfaden*, 1968; *Deutsche Grammatik*, ^{12}1980) hat sich dafür eingesetzt, dass der »Subjektsnominativ« dem Verbum finitum im Satz untergeordnet sei. Zwar lässt er eine besondere Relation zwischen diesen Gliedern gelten, hält sie aber nicht für einzigartig, da auch bei attributiven Fügungen mit Kongruenz zu rechnen sei. »Und Kongruenz begründet keine strukturelle Abhängigkeit.«

Hinzuweisen ist darauf, dass Erben in der dritten Neubearbeitung seiner Grammatik die Zählung der E.en – unter dem Gesichtspunkt der Anwendbarkeit im Sprachunterricht – den traditionellen Bezeichnungen für die Zählung der Kasus angepasst hat (s. E1 bis E4). U. Engel ([3]1996) verzichtet ganz auf numerische Kennzeichnungen und benutzt »sprechende« Indices (subj = Subjekt, nom = nominale Ergänzung zu einem Kopulaverb/Prädikatsnominativ, sit = situativ, dir = direktional usw.).

Gelegentlich wird zwischen obligatorischen und fakultativen E.en sowie Angaben unterschieden:

a) E.en (konstitutive Satzglieder)
- obligatorisch:

Subjekt	*Die Katze schläft.*
Gleichsetzungsnominativ	*Doris wird Reiseleiterin.*
Objekt	*Silke kauft Geschenke.*
adverbiale Bestimmung	*Die Gäste befinden sich im Garten.*

- fakultativ:

Objekt	*Familie Schmitz feiert ein Fest.*

b) Angaben (freie Satzglieder)

adverbiale Bestimmung	*Familie Schmitz feiert im Garten.*

Ergänzungsfrage, W-Frage, Wortfrage, Satzgliedfrage; →Fragesatz, der einen bereits bekannten Tatbestand genauer klären soll und der nach einem bestimmten Teil des Satzes (einem →Satzglied) fragt. Die E. wird mit Fragewörtern wie *wer?*, *was?*, *wo?*, *wohin?*, *warum?* eingeleitet, die alle mit »W-« beginnen: *Wann habt ihr das Diktat geübt?* (fragt nach einer Zeitangabe) – *Wo habt ihr das Diktat geübt?* (fragt nach einer Ortsangabe) – *Wer hat das Diktat geübt?* (fragt nach dem Subjekt)

Ergänzungssatz, →Gliedsatz, der die grammatische Stelle einer →Ergänzung einnimmt; →Subjektsatz, →Objektsatz und →Adverbialsatz:

Wer viel fragt, bekommt viel Antwort. (Wer oder was? – Subjektsatz)

Er antwortete, was ihm gerade einfiel. (Wen oder was? – Objektsatz)

Das Gespräch dauerte, bis der Zug die U-Bahn-Station erreichte. (Wie lange? – temporaler Adverbialsatz)

Ergon, bei W. v. Humboldt Kennzeichnung der Sprache als »Werk«, als etwas Statisches; im Zusammenhang mit →Energeia Charakterisierung der beiden Seiten der Sprachinhaltsforschung. E. und Energeia sind vergleichbar dem Begriffspaar »langue« und »parole« (F. de Saussure) oder »competence« und »performance« (N. Chomsky). →Inhaltsbezogene Grammatik.

Erklärungsadäquat →Adäquatheit

Erklärungsbegriff, diese Art von Begriffen beinhalten eine Kategorie und zusätzlich eine Erklärung, d.h. eine Theorie im weitesten Sinne. Im Gegensatz zu den deskriptiven Konstrukten der →Eigenschaftsbegriffe handelt es sich bei E.en um explizite, hypothetische Konstrukte, die zur Erklärung von beobachteten Sachverhalten dienen können. Sie unterstellen eine Abhängigkeit zwischen zwei oder mehreren Ereignissen. Zum Beispiel kann der Begriff »Leistungsunterschied« a) durch unterschiedliche Intelligenz (einer bestimmten Gruppe von Personen) oder b) durch unterschiedlichen Fleiß erklärt werden.

Nicht jeder Begriffsnamen ist jedoch eindeutig zuzuordnen: so kann »Erziehungsstil« einen Eigenschaftsbegriff benennen, der eine bestimmte Art des Umgangs mit Kindern beschreibt; das gleiche Wort kann aber auch einen E. benennen, der elterliche Erziehungsmaßnahmen als Bedingung für spezifische kindliche Verhaltensweisen erklärt.

Ernstfalldidaktik, Anfang der 70er-Jahre entwickelte Ansätze für eine kommunikativ begründete Didaktik, bei der die Öffnung des Unterrichts für außerschulische Bereiche eine wesentliche Rolle spielte. So liegen der E. beispielsweise im Schreibunterricht folgende Maximen zugrunde: Der Schreibanlass soll ein reales Anliegen der Schülerinnen und Schüler sein; die Intentionen des Schreibers und die antizipierten Erwartungen des Empfängers steuern die Auswahl der Textsorte (Brief, Bericht, Dokumentation) und der sprachlich-stilistischen Mittel; der Empfänger (Adressat) des Geschriebenen ist »real« (also kein simulierter Adressat wie der Lehrer oder die Lehrerin), und das an ihn gerichtete Schreiben enthält eine relevante Botschaft; die tatsächliche Reaktion des Empfängers ist Maßstab für die Beurteilung des Erfolgs, d. h. für die Wirksamkeit des Schreibens.

Dieses Konzept ist vielfältig kritisiert worden, z. B. wird eingewendet, dass es kaum so viele konkrete Anliegen geben dürfte, um genügend Schreibanlässe zu schaffen, dass keine systematische Schreibschulung stattfindet oder dass die Beurteilung letztlich ohne kontrollierbare Maßstäbe erfolgt.

Ersatzdehnung, kombinatorischer →Lautwandel; Phänomen der gemeingermanischen Konsonantenentwicklung, wonach ein Vokal länger gesprochen wurde, nachdem ein unmittelbar benachbarter Konsonant ausgefallen war: Vor germ. [h] schwindet das nasalierte n [ŋ] unter E. des vorausgehenden Vokals. In einigen Dialekten greift der Nasalschwund weiter: Mit E. schwindet der Nasal vor jeder →Spirans der gleichen Silbe: ideur. **branhto* > germ. *brâhta* > ahd. *brâhte*; germ. *uns* > as. *ûs*.

Ersatzprobe, Austauschprobe, Kommutation, Substitution; Verfahren, bei dem ein Satzglied oder Satzgliedteil durch ein anderes ausgetauscht wird; hierbei gilt, dass alle Elemente, die an der gleichen Stelle im Satz ausgetauscht werden können, ohne dass der neue Satz ungrammatisch ist, zur gleichen →grammatischen Kategorie gehören. Das Verfahren besteht aus den Teiloperationen Tilgung und Einfügung:

Subjektposition (E 1):

Der Lastwagen	*steht vor eurem Haus.*
Ein Polizist	*steht vor eurem Haus.*
Ein hoch gewachsener Mann	*steht vor eurem Haus.*
Joachim	*steht vor eurem Haus.*

Der Mann, dem ich gestern
in der U-Bahn begegnet bin, *steht vor eurem Haus.*
(...) *steht vor eurem Haus.*

Die E. an der Stelle E 1 ergibt Ausdrücke, die alle die Subjektposition innehaben. Formal: a → b.

Ersetzungsregel → Phrasenstrukturregel

Erste Lautverschiebung → Lautverschiebung (1)

Erstes Mittelwort → Partizip

Erweiterungsprobe → Entfaltungsprobe

Erzählgrammatik → Geschichtengrammatik

Ethnolinguistik, (1) von W. v. Humboldt begründete Richtung der Sprachwissenschaft, die in der → inhaltsbezogenen Grammatik (Sprachinhaltsforschung) ihre Fortsetzung gefunden hat; dies zeigt sich insbesondere in der 4. Stufe bei der Erforschung der Sprache (L. Weisgerber), die sich mit der Frage beschäftigt, wie die Sprache in das Handeln der Gemeinschaft eingreifen kann. (2) Richtung der Ethnologie (Völkerkunde), die sich mit Natursprachen beschäftigt, um die sprachlichen Erscheinungen, aber auch die sozialen Gegebenheiten und den Kulturwandel im Kontrast beschreiben und erklären zu können. Darüber hinaus werden Besonderheiten der Grammatik, verstanden als Besonderheiten der Denkstruktur, untersucht, um so Aufschlüsse über das Verhältnis von → Sprache und Wirklichkeit zu erhalten. → Linguistisches Relativitätsprinzip.

Etikettierung, Notation, Darstellungsweise für linguistische Daten und Strukturen, Konvention zur Formalisierung solcher Daten und Strukturen; → Klammerausdruck, → Baumdiagramm.

Etisch, eigentlich ein → Suffix (-etik, -etisch): kennzeichnet physikalische, im Experiment oder durch Beobachtung gewonnene Daten sowie die Methoden zu deren Gewinnung; e. ist bei Termini wie »phonetisch« oder »Phonetik« anzutreffen; es verweist auf die Ebene der gesprochenen Sprache (→ Parole) bzw. auf konkrete, nicht klassifizierte sprachliche Daten und Zusammenhänge. ↔ Emisch.

Etymologie, Analyse und Darstellung der Herkunft, Geschichte und Grundbedeutung einzelner Wörter sowie Bezeichnung der Wissenschaft, die sich mit diesen Aspekten beschäftigt.

Etymon, pl.: Etyma, dt.: »das Wahre«; ursprüngliche Form und Bedeutung eines Wortes, z. B. *laut*: Das westgerm. Adjektiv mhd. *lût*, ahd. *[h]lût*, niederl. *luid*, engl. *loud* geht zurück auf eine Partizipialbildung zu der idg. Verbalwurzel **kleu-* ›hören‹ und bedeutet demnach eigentlich »gehört«. → Etymologie.

Euphemismus, pl.: Euphemismen, dt.: Hüllwort; verhüllende, beschönigende Ersetzung eines Ausdrucks (eines Tabuwortes) durch einen anderen: *sterben* wird ersetzt durch *entschlafen*, *dahingehen*; *Mülldeponie* durch *Entsorgungspark*; *Altersheim* durch *Seniorenresidenz*; *kündigen* durch *freistellen*.

Euphonie, sprachlicher Wohlklang, der durch verschiedene sprachlich-stilistische Mittel erreicht oder verstärkt werden kann, wie → Alliteration oder → Onomatopöie.

Existenzaussage, in der formalen Logik eine Aussage, die mit einem Existenzoperator verbunden ist und die für ein oder mehrere Elemente einer Menge gilt. ↔ Allaussage.

So stellt sich das fundamentale Theorieprädikat der Linguistik (nach P. Finke) wie folgt dar: $\bigvee \Sigma \bigvee x \, (\Sigma x)$, zu lesen als: Es gibt (Existenzoperator $\bigvee$) Etwas (Σ), das über Etwas (x) ausgesagt wird, oder: Es wird »etwas« über die »Existenz einer theoretischen Entität« behauptet. Hieraus lässt sich das fundamentale linguistische Theorieprädikat ableiten: »x ist ein Satz«.

Exklamativsatz → Ausrufesatz

Exklusion(sprobe), auch: Kontaktprobe, Unverträglichkeitsprobe; operationales Verfahren zur → Segmentierung und → Klassifikation von konstitutiven Elementen: zwei → Stellungsglieder, die in → paradigmatischer Relation stehen und demzufolge zur gleichen Funktionsklasse gehören, können nicht nebeneinander im Satz stehen. Umgekehrt kann man schließen, dass zwei Stellungsglieder, die nebeneinander im Satz stehen können, nicht zur gleichen Funktionsklasse gehören: **Willi er schenkt seiner Freundin Blumen*.

Dieser Sachverhalt gilt selbst dann, wenn zwei Stellungsglieder in →paradigmatischer Relation erscheinen: *Willi verreist gern. – Willi verreist allein*. Obwohl beide Elemente an der gleichen Satzgliedstelle vorkommen, zeigt die E., dass sie nicht in eine Konstituentenklasse gehören; denn sie können durchaus nebeneinander vorkommen: *Willi verreist gern allein*.

Exmetapher, im allgemeinen Sprachgebrauch nicht mehr als →Metapher empfundener Ausdruck: *Als sie den Bergrücken erklommen hatten, reichte die Sicht durch die glasklare Luft bis hin zur Seenkette*.

Exophorisch, dt.: verweisend; bei textlinguistischen Untersuchungen geht es u. a. darum, →Anapher und →Katapher als Textverweise zu beschreiben und zu analysieren. Hierbei kann der Gebrauch →deiktischer Ausdrücke problematisch werden, wenn sie nicht aus dem Text intern erklärbar sind, sondern auf textexterne Phänomene referieren. Ein solcher e.er Gebrauch liegt z. B. vor, wenn eine Erzählung »unmittelbar« beginnt: *Damals, als alles begann, waren wir noch kleine Kinder* ... ↔Endophorisch.

Exozentrisch, nicht zur gleichen Formklasse gehörend; der Ausdruck e. wurde bei der →Distributionsanalyse eingeführt, um Syntagmen zu kennzeichnen, die kategorial unterschiedlich klassifiziert werden müssen: Die Konstruktion »hat gekauft« signalisiert das Perfekt einer finiten Verbform, aber weder »hat« noch »gekauft« gehört zu dieser Formklasse, und beide sind mit Bezug auf diese e. ↔Endozentrisch.

Expansion, (1) →Entfaltungsprobe; (2) dt.: Ableitung; in der →Phrasenstrukturgrammatik die Ersetzung eines Elements links vom Pfeil durch zwei oder mehrere Elemente rechts vom Pfeil nach dem Muster: S → NP + VP, gelesen: S (Satzsymbol) wird expandiert in die Satzkonstituenten NP (Nominalphrase) plus VP (Verbalphrase). → Derivation (2); → Phrasenstrukturregel.

Expletiv(um), pl.: Expletiva, dt.: »Leerstelle«; (1) allgemein für »Gesprächspartikel« (Duden-Fremdwörterbuch, [5]1990), Füllwort: *Ob er es wohl gehört hat?* (2) In der → GB-Theorie unpersönliche Pronomen wie »es« in *Es regnet*, die nicht auf einen komplexeren nominalen Ausdruck verweisen. Es handelt sich um semantisch weitgehend leere Elemente, die nach dem → Theta-Kriterium vom Verb (→ Witterungsimpersonalia) keine Kasusrolle zugewiesen bekommen. → Referenz (2); → Argument (3).

Explosiv, dt.: Sprenglaut: b, d, g und p, t, k; Laut, der durch die plötzliche Öffnung eines Verschlusses produziert wird, z. B. [b] in »Baum«, [p] in »plump« oder [k] »kalt«. ↔ Implosiv.

Expressive Funktion → Ausdrucksfunktion

Extension, dt.: Begriffsumfang; die E. eines → Begriffs ist die Menge aller Elemente (→ Denotate), die er umfasst. Die E. des Ausdrucks »Ozean« gibt man dadurch an, dass man die Gegenstände, die unter diesen Mengennamen (→ Designat) fallen, aufzählt: *Atlantik, Pazifik, Indischer Ozean.* ↔ Intension.

Extralinguistisch, (1) → außersprachlich; (2) Aspekte der Sprachbeschreibung, die nicht unmittelbar systemlinguistisch relevant sind, die jedoch kommunikativ wirksam werden, wie z. B. Gestik, Mimik oder relevante Merkmale des → kommunikativen Handlungszusammenhangs. ↔ Intralinguistisch.

Extranuklear, außerhalb des Satzkerns (von Subjekt – Prädikat) stehende → Angaben: *Unsere Nachbarn feierten / ein Fest / bis in die Nacht / …* → Nukleus (3); ↔ intranuklear.

Extraposition, dt.: Herausstellung; syntaktische Variante, bei der ein Satzglied oder ein Nebensatz nach rechts (ans Ende des Satzes) gestellt wird: *Euer Sieg freut mich! – Es freut mich, dass ihr gesiegt habt!* An die Stelle des Subjekts, das als Subjektsatz ans Ende gestellt wurde, erscheint ein »es« als Platzhalter.

Bei syntaktischer Mehrdeutigkeit kann E. zum besseren Verständnis beitragen:

Die Entdeckung des Jungen freut die Eltern sehr.
Es freut die Eltern sehr, dass der Junge entdeckt worden ist.
Es freut die Eltern sehr, was der Junge entdeckt hat.

Extraverbal → Außersprachlich

F

Fachdidaktik →Didaktik der deutschen Sprache

Fachsprache, eine einheitliche und allgemein gültige Festlegung des Terminus F. gibt es zurzeit nicht. Im Allgemeinen legt man den Terminus in Abgrenzung zur →Gemeinsprache fest, und zwar primär über den Fachwortschatz, der auf die speziellen Bedürfnisse eines Faches, Wissensgebietes oder Hobbys abgestimmt ist. F.n gelten als probate Mittel zur Artikulation neuer Erkenntnisse und zur Präzisierung und Organisation gegenständlicher und gedanklicher Systeme. Allerdings bauen sie auch Informations- und Verstehensbarrieren auf. Grundsätzlich sind zwei Formen von Fachsprachen zu unterscheiden:

a) Historisch gewachsene und tradierte F.n, die zur natürlichen Sprache zählen; hierzu gehören alle beruflichen F.n (Brauer-, Gärtner-, Schuster-F. usw.), aber auch fast alle geistes- und gesellschaftswissenschaftlichen F.n der entsprechenden akademischen Fächer (F. der Soziologie, Germanistik usw.).

b) Explizite F.n, die neu aufgebaut und formalisiert sind; sie gehören zu den →Kunstsprachen (z.B. Sprache der strukturalen Grammatiktheorie).

In neuerer Zeit werden die F.n nicht nur hinsichtlich ihres Fachwortschatzes charakterisiert, sondern weitgehend auch mittels anderer texttypologischer Mittel (Gebrauchsfrequenzen, morphologische und syntaktische Mittel) und pragmatischer Aspekte (unterschiedliche Gebrauchssysteme der Sprache, soziale Relevanz der Kommunikation). Die F. wird als in gewissem Sinne von der Gemeinsprache abhängig angesehen; zumindest was die allgemeinen Sprachregeln und die Verwendung von →Funktionswörtern betrifft. Allerdings sind die Beziehungen recht kompliziert und keineswegs völlig geklärt. Es erscheint naheliegend, dass nicht alles, was in der Gemeinsprache ausdrückbar ist (z. B. individuelle Zuneigung), adäquat in einer F. ausgedrückt werden kann; hierzu besteht auch keinerlei Kommunikationsbedürfnis. Andererseits muss auch nicht alles, was fachsprachlich dargestellt werden kann, in der Gemeinsprache wiedergegeben werden können. Dennoch erscheint die Forderung plausibel, dass die Ergebnisse der Fachdisziplinen wenigstens in einigen Kontexten gemeinsprachlich erklärbar sein müssen.

Fachunterrichtswissenschaft →Didaktik der deutschen Sprache

Faktitiv, dt.: veranlassend, →kausativ; →Aktionsart des Verbs: *Der Wanderführer lässt ein Feuer anzünden. – Das Feuer erwärmt* (bewirkt, dass es warm wird) *den Raum.*

Fakultatives Satzglied, dt.: wahlfreies Satzglied; →Angabe; →obligatorisches Satzglied.

Fakultative Variante, unter phonologischen Gesichtspunkten sind →Allophone f. V.n, sofern sie nicht →komplementär verteilt sind, z. B. dunkles [l] in »Lust« und helles [l] in »List«.

Fall →Kasus

Faux ami, dt.: »Falscher Freund«; in einer Sprache gebräuchliches Fremdwort, das aufgrund von →Interferenz oder Unkenntnis falsch gebraucht wird: ital. *caldo* wird gelegentlich dt. als »*kalt« gedeutet, obwohl es ›heiß‹ bedeutet; engl. *actually* wird dt. als »*aktuell« übersetzt, obwohl es ›tatsächlich‹ bedeutet.

Feld, (1) →Stellungsfeld; (2) in der Inhaltsgrammatik von J. Buscha u. a. (1998) wird der Stoff nach F.ern geordnet angeboten. Ein F. ist in ihrer Diktion ein »Inhaltsbereich« wie *Grund – Folge*, *Aufforderung*, *Vermutung* usw., d. h. weitgehend ein Sprechakt, zu dessen Realisierung die in der Sprache bereitstehenden grammatischen und lexikalischen Sprachmittel vorgeführt werden. Das Konzept der F.er erinnert stark an die Termini »Strategieelement« und »Realitätserfahrungskomplex« bei P. Pauly (1975).

Die Anordnung der Grammatik in F.er kommt dem Konzept →Deutsch als Fremdsprache sehr entgegen.

Felderstruktur →Stellungsfeld

Feldtheorie →Sprachliches Feld

Femininum, dt.: weiblich; grammatisches Geschlecht (→Genus); da im Deutschen das natürliche Geschlecht nur bei einigen Wortgruppen mit dem grammatischen übereinstimmt, ist die Kennzeichnung F. weitgehend willkürlich. Immer feminin sind Bezeichnungen wie: *Frau*, *Schwester*, *Mutter* usw., Wörter mit den Endungen: *-ei*, *-heit*, *-keit*, *-schaft*, *-ung* sowie die Bildungen auf *-in*: *Schneider – Schneiderin*. →Sexismus in der Sprache.

Feminisierung, Bestrebungen innerhalb der →feministischen Linguistik, den lexikalischen Bestand sowie die grammatischen Formen zur Bezeichnung weiblicher Personen entweder in ihrem Sinne zu verändern oder zu erweitern. So ist etwa der Gebrauch von Berufsbezeichnungen in öffentlichen Ausschreibungen insofern verändert worden, als auch die feminine Form genannt werden muss: *Wir suchen einen Fachverkäufer oder eine Fachverkäuferin*. Im Bereich der Grammatik sind vor allem die Erweiterung durch das Pronomen »frau« (gegenüber »man«) sowie die F. der Kongruenzregel betrieben worden: *»Wer ihre Hausaufgaben nicht macht, die muss eben zusehen, wie sie die Arbeit schafft«* (Pusch, 1984).

Feministische Linguistik, besondere Schwerpunktsetzung in der Linguistik, die Anfang der 70er-Jahre in den USA begonnen und etwa 10 Jahre später durch die Arbeiten von Trömel-Plötz (1982) und Pusch (1984) in Deutschland bekannt gemacht wurde: Im Wesentlichen geht es um die Auseinandersetzung mit dem Thema »Gewalt durch Sprache« oder noch programmatischer: Es geht um die Gewalt, die in einer patriarchalischen Gesellschaft mit sprachlichen Mitteln gegen die Frauen ausgeübt wird. »Sprachgewalt« steht auch im Mittelpunkt der Untersuchungen von K. Frank (1992) zu einer f.n L. im Kontext sozialwissenschaftlicher Frauenforschung.

Im Wesentlichen lassen sich zwei große Arbeitsfelder der f.n L. ausmachen: (1) Unter systemlinguistischen Aspekten geht es um den Vorwurf von Sexismus im deutschen Sprachsystem, der meist mit einer dezidierten Kultur- und Gesellschaftskritik verbunden ist. Unter den systemlinguistischen Arbeitsbereich fallen Untersuchungen zum →generischen Maskulin bei Berufs- und Personenbezeichnungen, neue →Komposita auf »-frau« (*Kauffrau, Amtfrau, jedefrau, jefraud, niefraud* usw.) sowie die →Feminisierung der Kongruenzregel.

(2) Unter pragmatisch-kommunikativen Aspekten wird das geschlechtstypische Kommunikationsverhalten in gemischt geschlechtlichen Gruppen untersucht und kritisiert. Es geht hier um die Hypothese, dass Frauen einen eigenen Kommunikations- und Schreibstil haben, dass sie die Beziehungsarbeit bei Gesprächen leisten, dass sie weniger aggressiv, dominant und besserwisserisch reden, dass sie weniger oft unterbrechen, dass ihr →Kommunikationsstil insgesamt »humaner« sei.

Die Untersuchungen im Rahmen der f.n L. haben Auswirkungen gezeigt im Bereich der öffentlichen Stellenausschreibung, der behördlichen Schreiben, der Lehrbuchgestaltung (mehr Mädchen und Frauen in positiv besetzten Rollen) sowie der Rechtsprechung (maskuline und feminine Formen in Gesetzestexten).

Figur →Tropus

Figura etymologica, auch: →kognates Objekt; Redefigur, bei der ein nominaler Ausdruck als Objekt mit einem Verb gleichen Inhalts verbunden wird: *einen schweren <u>Kampf</u> <u>kämpfen</u>*; den *<u>Schlaf</u> des Gerechten <u>schlafen</u>*.

Final, den Zweck, das Ziel betreffend; f.e →Konjunktion (2), f.es →Adverb, f.es →Adverbial.

Finalsatz, dt.: Zwecksatz; der F. bezieht sich auf den Zweck oder das Ziel einer Aussage im übergeordneten

Satz; er gehört im weiteren Sinne zu den Kausalsätzen; →Adverbialsatz: *Unser Junge erhält Nachhilfeunterricht, damit sich seine Zensuren verbessern.*

Finite State Grammar, Grammatik mit endlich vielen Zuständen; die F. S. G. ist so angelegt, dass ein Automat aus einer endlichen Menge von Elementen durch rekursive Regeln unendlich viele linear (von links nach rechts) verlaufende syntaktische Ketten erzeugen kann. Zur linguistischen Beschreibung natürlicher Sprachen hat dieses Grammatikmodell keinen nennenswerten Beitrag geleistet, zumal N. Chomsky (1957) nachgewiesen hat, dass es mit Hilfe einer F. S. G. unmöglich sei, einen Apparat der Art zu konstruieren, dass alle grammatischen Sätze des Englischen, und nur diese, produziert würden. Dies lässt sich augenfällig daran zeigen, dass auch nicht unmittelbar aufeinander folgende Elemente syntaktisch voneinander abhängig sein können, wie etwa im Deutschen bei der →Satzklammer oder der →verbalen Klammer.

Finite Verbform, Personalform des Verbs, →flektierte Form des Verbs (→Konjugation); kann allein das →Prädikat im Satz bilden: *Unsere Tochter studiert. Ich schreibe, du schreibst; ... wir fuhren; als ob er schliefe ...* →Infinite Verbform.

Flektieren, dt.: beugen, die →Flexion anwenden.

Kennzeichnende →grammatische Kategorie	Man dekliniert:	Man konjugiert:
Genus (Geschlecht)	das Nomen	
Kasus (Fall)	den Artikel	
	das Adjektiv	
Numerus (Zahl)	das Pronomen	das Verb
Person		das Verb
Tempus (Zeitform)		das Verb
Modus (Aussageweise)		das Verb
Genus verbi (Aktiv, Passiv)		das Verb

Flexion, dt.: Beugung, Biegung; Formenlehre für alle Wortarten, die eine →Deklination oder →Konjugation aufweisen; die F. von Wörtern mit gleicher Veränderung in den einzelnen Formen erscheint in Grammatiken oft in einer schematischen Auflistung, einem →Paradigma. (Vgl. Darstellung S. 146.)

Flexionsendung, Flexionsmorphem; zur Kennzeichnung der →Flexion an den →Stamm angefügte Endung, die sich nach den →grammatischen Kategorien der →Deklination oder →Konjugation richtet; gebundenes grammatisches →Morphem:

Mann – (des) Mannes: die F. kennzeichnet hier →Genus (maskulinum), →Kasus (Genitiv) und →Numerus (Singular).

gehen – (ich) gehe: die F. kennzeichnet hier die →Person (1. Person), den →Numerus (Singular), das →Tempus (Präsens), den →Modus (Indikativ) und das →Genus verbi (Aktiv).

Zu beachten ist, dass eine F. mehrere →grammatische Funktionen übernehmen kann; vgl. die Form *gehe* in: *Er sagte, er gehe nach Hause.* (3. Person, Singular, Präsens, Konjunktiv, Aktiv)

Flexionsform, →deklinierte oder →konjugierte Wortform; →Flexion.

Flexionsmorphem, auch: Flexiv; →Flexionsendung.

Fokus, auch: Focus; pl.: Fokusse, Foci; dt.: Mitte; der Teil eines Satzes, der die wesentliche Aussageabsicht des Sprechers/Schreibers tragen soll, oft durch →Akzent oder →Inversion (Spitzen- oder Endstellung) gekennzeichnet. →Comment, →Rhema.

Folgend →Konsekutiv

Folgesatz →Konsekutivsatz

Form, in der Sprachwissenschaft recht unterschiedlich gebrauchter Ausdruck; (1) traditionell im Sinne von Wortform, flektierte Form, die auf einen Stamm zurückgeht. →Flexion. (2) In der allgemeinen Zeichentheorie das

→Bezeichnende im Gegensatz zur Bedeutung eines Zeichens. (3) In der →Distributionsanalyse alle sprachlichen Ausdrücke, denen eine Bedeutung zugeordnet werden kann, z.B. →Morpheme oder syntaktische →Konstituenten. Unterschieden wird zwischen freien und gebundenen F.en. (4) Im Gefolge der Arbeiten von F. de Saussure zur strukturalen Linguistik ist das Gegensatzpaar Form – Substanz oder Ausdrucksseite – Inhaltsseite auf alle Ebenen der Sprachbeschreibung angewandt worden, z.B. Form: →Phonem, →Morphem; Substanz: →Allophon, →Allomorph.

Formale Logik, umfasst in der philosophischen Tradition seit der Antike eine Lehre vom Begriff, eine Lehre vom Urteil (von der internen Struktur von Aussagen) und eine Lehre vom Schluss (von der gültigen Verknüpfung von Aussagen), wobei jede Teildisziplin auf die vorhergehende aufbaut. »Wir können die formale Logik deshalb einfach als Theorie des Schließens kennzeichnen« (Kutschera/ Breitkopf, 1971). →Aussagenlogik, →Prädikatenlogik, →Präsupposition.

A	B	A ∧ B
w	w	w
w	f	f
f	w	f
f	f	f

Bei der Darstellung und Herleitung der formal gültigen Schlüsse bedient sich die f. L. einer Reihe von eigenen Symbolen. In der Aussagenlogik z.B. werden die wahrheitswert-funktionalen Verknüpfungen zwischen nicht analysierten Aussagen vermittels der logischen Funktoren ¬ (›nicht‹), ∨ (nicht ausschließendes ›oder‹), ∧ (›und‹), → (›wenn – dann‹) usw. ermittelt. Sie können in einer Wahrheitswerttabelle dargestellt werden. So gilt für die Verknüpfung (Konjunktion) A ∧ B, dass sie nur dann wahr (w) ist, wenn beide Teilsätze A und B wahr sind, oder formal, wie in der Wahrheitswerttabelle S. 148 dargestellt.

Formale Sprachen → Kunstsprachen (3)

Formalisierung, die Forderungen der strukturalen Grammatikschreibung gehen dahin, dass eine Theorie explizit, widerspruchsfrei und ökonomisch sein solle. Dieser Forderung kommt eine F. nach, die sich mathematischer und logischer Darstellungsmittel bedient. Meist werden eine Menge von Elementen (z. B. lexikalische und grammatische Kategorien) sowie eine Reihe von Regeln (z. B. Formationsregeln, Bewegungsregeln) miteinander in Verbindung gebracht, um auf diese Weise Satzstrukturen zu generieren, wie dies bei der → generativen Transformationsgrammatik der Fall ist.

Formans, das F., pl.: Formantia; (1) grammatisches Bildungselement, das an die Wurzel eines Wortes angeschlossen wird: *lieblich* (gebundenes → Morphem). (2) → Affix.

Formationsregel, (1) allgemein für Ersetzungsregel: A → B + C (»Ersetze das Element A links vom Pfeil durch zwei – oder mehr – Elemente B und C rechts vom Pfeil«). (2) Regelzusammenhang im Formationsteil (der Basis) der Standard-Theorie der → generativen Transformationsgrammatik; die F.n umfassen → Phrasenstrukturregeln, → Subkategorisierungsregeln und → Lexikonregeln. Die sukzessive Anwendung dieser Regeln liefert am Ende des Formationsteils die → Tiefenstrukturen für den → Transformationsteil.

Formativ, minimales Element auf der Satz- oder Wortebene; (1) → Formans; (2) in der → generativen Transformationsgrammatik kleinstes Element mit syntaktischer Funktion innerhalb einer Kette, z. B. die lexikalischen F.e (→ Lexeme) wie N → »Baum«, »Haus«, »schreib-« sowie die grammatischen F.e wie »Plural«, »Nominativ« oder »-st« (→ Flexionsmorphem) usw.

Form(en)klasse, Terminus der strukturalen Sprachanalyse; alle sprachlichen Ausdrücke, die in der gleichen Umgebung vorkommen, gehören zu einer F. →Distributionsanalyse, →Ersatzprobe.

Fortis, pl.: Fortes; phonologisches Merkmal, das bei der Produktion von Konsonanten (bei →Plosiven und →Frikativen) relevant wird; die Lautproduktion der Fortes ist durch relativ hohe artikulatorische Energie und durch angespannte Artikulationsorgane gekennzeichnet, z. B. bei [p], [t], [k] oder [s]. Für die Plosive korreliert im Deutschen der Ausdruck F. mit Stimmlosigkeit (→Tenuis). ↔Lenis.

Frageadverb, Frageumstandswort; →Interrogativadverb.

Fragefürwort, Fragepronomen; →Interrogativpronomen.

Frageprobe, dient zur Ermittlung der →Kasus; sie ist eine →Ersatzprobe; denn das zu erfragende Satzglied wird getilgt und durch die entsprechenden Fragepronomen ersetzt:

Willi schenkt seiner Freundin Blumen.
Wer oder was schenkt seiner Freundin Blumen?
Willi schenkt wem Blumen? usw.

Natürlich funktioniert diese Probe nur, um einen Kasus zu ersetzen, und nicht, um den richtigen Kasus zu finden. Wenn der Berliner sagt: *Ik liebe dir* und fragt: *Ik liebe wem*? – dann ist »dir« eben der Dativ und nicht unbedingt der standardsprachlich »richtige« Kasus. Demnach kann die F. nicht mehr sein als eine Gedankenstütze in Lernsituationen.

Fragepronomen, Fragefürwort; →Interrogativpronomen.

Fragesatz →Interrogativsatz

Frauensprache →Feministische Linguistik

Freier Relativsatz, hat kein →Bezugswort im übergeordneten Satz; er kann sich auf dessen gesamte Aussage beziehen: *Auf die unerwartete Frage antwortete er, was ihm gerade einfiel.*

Freies Satzglied →Angabe

Freie Variante, sprachliche Varianten ohne bedeutungsunterscheidende Funktion; z.T. sind sie stilistisch relevant: *dem Mann / dem Manne.* →Fakultative Variante.

Fremdsprachendidaktik, die F. weist eine Reihe von Überschneidungen mit der →Didaktik der deutschen Sprache auf, insbesondere was die Forderung betrifft, dass alle Empfehlungen für die Verbesserung von Unterricht auf gesicherten empirischen Befunden basieren sollten. In diesem Sinne kann sie als Teil der neueren allgemeinen Sprachlehrforschung angesehen werden. Auch sie ist auf interdisziplinäre Zusammenarbeit (Sprach- und Literaturwissenschaft, Pädagogik, Sozialwissenschaften, Psychologie) angewiesen.

Die F. befasst sich als angewandte Linguistik primär mit den Prozessen des Lehrens und Lernens im Fremdsprachenunterricht sowie der Verbesserung seiner Planung und Durchführung. Hierzu versucht sie Lehr- und Lernziele aufzustellen und zu begründen sowie Methoden zur Realisierung dieser Ziele zu entwerfen und zu erproben. Ferner geht es darum, wie im Fremdsprachenunterricht Verständnis für Wesen, Eigenart und Kultur des fremden Volkes vermittelt werden kann, und zwar so, dass im Vergleich mit der eigenen Kultur und Sprache mittelbar eine Vertiefung der muttersprachlichen Bildung erzielt wird. Weitere Arbeitsgebiete sind die Erforschung der Lernvoraussetzungen und Organisationsformen (z.B. öffentliche Schulen, Erwachsenenbildung, Hochschule), die Lehrmittelkritik und die Entwicklung von geeigneten Test- und Messverfahren für Leistungskontrollen.

Ein wichtiges Hilfsmittel für didaktisch-methodische Entscheidungen sowie für die Lehrmittelherstellung stellen so genannte Häufigkeitslisten dar, die Aufschluss über Frequenz und Rang der in einer Sprache am häufigsten gebrauchten Wörter darstellen. So zeigt sich, dass die 100 häufigsten Wörter einen Normaltext zu 60%, die 1000 häufigsten einen Normaltext bereits zu 85% abdecken. → Deutsch als Fremdsprache.

Fremdwort, aus einer Fremdsprache übernommenes Wort, das nicht als in die Muttersprache eingegliederter Ausdruck empfunden wird (↔ Lehnwort). Das F. unterscheidet sich in der Lautung, im Schriftbild oder der Flexion von den muttersprachlichen Mustern und wird als »fremd« empfunden. Die Abgrenzung ist jedoch im Einzelfall schwierig, da sie sich z.T. nach der subjektiven Einschätzung des Sprechers/Hörers bzw. Schreibers/Lesers richtet: *einen Film sehen*; *zum Friseur/Frisör gehen*; *die Bibliothek benutzen*; *die orthographische/orthografische Repräsentation vergleichen.*

Frequentative, Terminus bei W. Flämig (1991), mit dem er → adverbiale Bestimmungen bezeichnet, die angeben, wie oft, in welcher Folge ein Sachverhalt verläuft: *Stunde für Stunde*, *jede Stunde*, *wöchentlich*, *abends* usw.

Frequenz, (1) Höhe der Anzahl von Schwingungen (von Atemzügen, von Verkehrsaufkommen) in einem bestimmten Zeitintervall; (2) in der Sprachwissenschaft stellt die Ermittlung der F. eine quantitativ-messende Methode dar, die kontrollierte Aussagen über das Vorkommen und die Verteilung von Sprachdaten liefern soll. Diese Methode wird u.a. eingesetzt, um bestimmte stilistische Eigenarten oder die Herkunft bzw. Autorenschaft eines Textes zu ermitteln bzw. nahezulegen. (3) Grundbegriff in der → Fremdsprachendidaktik.

Frikativ, Reibelaut, bei dessen Produktion der Luftstrom eingeengt wird, so dass ein Reibegeräusch entsteht, z.B. als → Fortis: [f], [s], [ʃ] oder als → Lenis [w], [z], [ʒ] und [j].

Frontstellung → Spitzenstellung

Frühneuhochdeutsch, Sprachform des Deutschen im Übergang vom → Mittelhochdeutschen zum → Neuhochdeutschen von ca. 1350 bis 1650 n.Chr. Einige Autoren betonen allerdings den engeren Bezug dieser Epoche zum Altdeutschen, etwa durch die Bezeichnung »spätmittelalterliches Deutsch« (H. Moser). Eine vermittelnde Position spricht eher von »Sprachperiode«, in der sowohl Kontinuität als Neuerungen feststellbar sind. Für die periodische Abgrenzung spricht, »dass die wichtigsten sprachlichen Veränderungen der Neuzeit (Wandel im Vokalismus, Ansätze einer Schrift- und Schreibsprache) bereits um 1350 in den Urkunden der Prager Kanzlei und in der Prager Geschäftssprache greifbar sind und dass die überregionalen Ausgleichsbestrebungen 300 Jahre später, um 1650, so weit gediehen waren, dass J. G. Schottelius sie in seiner ›*Teutschen Sprachkunst*‹ (1641) erstmalig systematisch und normierend erfassen konnte« (Wolff, [3]1994).

In der frühneuhochdeutschen Periode ergeben sich durch die Entwicklung der Städte, die Ostbesiedlung, den Buchdruck und die Reformation (→Luther-Deutsch) völlig neue soziokulturelle Verhältnisse gegenüber der mittelhochdeutschen Zeit; sie können als wichtige Grundlagen für die spätere neuhochdeutsche Schreib- und Schriftsprache angesehen werden.

Fügepotenz →Valenz

Fügewort, Bezeichnung für →Präposition und →Konjunktion; durch ein F. wird ein präpositionaler Ausdruck, ein Satzglied oder Teilsatz in oder an einen Satz gefügt: *Wir fahren nicht in die Berge, weil wir lieber baden und am Strand liegen.*

Füllwort →Abtönungspartikel

Fugenlaut, Fugenelement, Fugenzeichen; Laut, der zur besseren Aussprache bei →Zusammensetzungen eingefügt ist; als F. kann ein Konsonant oder ein Vokal (Bindevokal) dienen: *Birkenzweig*, *Pferdefuhrwerk*, *Vereinspokal*, *hoffnungsvoll.*

Das Fugen-s signalisiert häufig einen Genitiv: *Vereinsversammlung – Versammlung des Vereins*; *Landeshauptstadt – Hauptstadt des Landes.*

Fugen-s → Fugenlaut

Funktion → Grammatische Funktion

Funktionale Grammatik, eine von W. Schmidt (1964) und W. Admoni (1966) vorgestellte Richtung der Sprachbeschreibung auf strukturalistischer Basis. In diesem Kontext wollen die Vertreter der f.n G. »die wichtigsten Kategorien und Grundsätze der traditionellen Grammatik [...] nicht einfach beiseite schieben, sondern als Grundlage für die weitere Arbeit – vertieft, präzisiert und manchmal umgeformt – beibehalten« (Admoni, [3]1970).

Es geht der f.n G. nicht mehr nur um eine Darstellung der grammatischen Formen, sondern um die Ermittlung und Beschreibung der außersprachlichen Wirkungen solcher grammatischer Formen. Der Ausdruck f. G. wird jedoch nicht einheitlich verwendet.

(1) Im Kontext einer marxistisch-leninistisch ausgerichteten Sprachwissenschaft und -didaktik versteht sich die f. G. als wissenschaftliche Theorie auf dem Hintergrund einer dialektisch-materialistischen Erkenntnislehre (→ Widerspiegelungstheorie): »[...] die funktionale Grammatik geht wie bisher von der gesellschaftlichen Bedingtheit der Sprache und ihrem dialektischen Zusammenhang mit dem Denken aus; sie zielt weiterhin auf die Erforschung und wissenschaftliche Beschreibung des kommunikativen Effekts der grammatischen Formen; es geht ihr nach wie vor um das Verhältnis von sprachlicher Form und Funktion« (W. Schmidt, [2]1971).

Die sprachlichen Erscheinungen werden stets in ihrem Wechselbezug von Form und Funktion betrachtet; dabei wird Funktion nicht innersprachlich oder mathematisch-logisch verstanden, sondern im außersprachlichen Sinne des Kommunikationseffekts, den eine sprachliche Form auslöst. Die f. G. erforscht einerseits, welche Funktionen bestimmte sprachliche Mittel erfüllen und durch welche sprachlichen Mittel bestimmte Funktionen erfüllt werden. »Andererseits studiert sie, welche Rolle sprachliche Mittel hinsichtlich anderer sprachlicher Mittel spielen, mit denen sie zusammen in einem Ausdruck verbunden werden« (Bartsch/Vennemann, [2]1980). Die Hauptleistung der f.n G. liegt auf dem Gebiet der Syntax. Hier geht es ihr im Wesentlichen darum, die traditionellen grammatischen Kategorien (Wortarten, Modi, Kasusformen und dgl.) als autonome Träger syntaktischer und semantischer Funktionen zu erfassen und zu beschreiben.

Hat die f. G. im Wesentlichen klassifikatorische Ziele (im Hinblick auf eine prinzipiell offene Liste von Aspekten) verfolgt, so war sie doch auch bestrebt, das Ganze der Sprache im Blick zu behalten. So schreibt W. Admoni in seinem Werk *Der deutsche Sprachbau*: »Das grammatische System ist eine zusammenhängende Totalität und nicht eine mechanische Verbindung von selbständigen Bestandteilen. Die einzelnen grammatischen Erscheinungen der betreffenden Sprache muss man nicht gesondert, sondern aufeinander bezogen betrachten.«

(2) Gelegentlich ist der Ausdruck »functional grammar« für einen auf pattern-drills ausgerichteten Sprachunterricht im anglo-amerikanischen Raum verwendet worden. Von daher ist er vor allem im →Fremdsprachenunterricht bekannt geworden als eine auf Standardisierung und Effektivität ausgerichtete Form der Sprachvermittlung.

(3) Wesentlich enger mit der unter (1) beschriebenen Form der f.n G. ist eine seit Beginn der 70er-Jahre entstandene Richtung der →Fachdidaktik verbunden. In seiner Darstellung eines integrativen Sprachunterrichts unterscheidet P. Pauly (1975) entsprechend den Teilaspekten des →Sprechakts drei Kategorien: Strategieelement (→Illokution), Realitätserfahrungskomplex (Lokution, →Proposition) und Wirkintention (→Perlokution). So sind z.B. »Handlungsanweisungen erteilen« oder »Begründungen abgeben« typische Strategieelemente. Aufgabe der Sprachwissenschaft ist es, »die semantischen Komplexe einer Sprache zu ermitteln, auf die jeder Benutzer dieser Sprache

bei der Verwendung von Strategieelementen zurückgreift«. Diese semantischen Komplexe werden als in der Sprache vorliegende Realitätserfahrungen begriffen. »Die Realitätserfahrungskomplexe werden als Ergebnisse einzelsprachlicher sprachwissenschaftlicher Analysen verstanden«, wie zum Beispiel der Realitätserfahrungskomplex »Einheit – Vielheit« oder die Wirkintention »Haben-Wollen« im Deutschen. Idealtypisch ergibt sich folgendes Verlaufsschema: a) Erarbeitung eines Realitätserfahrungskomplexes aufgrund linguistischer und unterrichtstheoretischer Erwägungen; b) Erarbeitung und Zusammenstellung der linguistisch-semantischen Befunde; c) Zielsetzung für die unterrichtliche Arbeit; d) didaktisch-methodische Organisation der Unterrichtseinheit unter Berücksichtigung konkreter Lernvoraussetzungen.

Für den Deutschunterricht hat R. Ulshöfer (1977) eine Fassung des funktionalen Grammatikunterrichts vorgeschlagen, der »von der Polyfunktionalität und Mehrdimensionalität der Sprache und der sprachlichen Strukturen« ausgeht. Er skizziert folgendes Verfahren: Nach der Darstellung typischer Situationsfelder (oder Themen) aus dem Erfahrungsbereich bestimmter Sprechergruppen sind die grammatischen Formen zu bestimmen, die zur Bewältigung dieser Situationen (oder Themen) unerlässlich sind; über geeignete methodische Verfahren sollen schließlich die Lernenden die Wechselwirkungen zwischen Situation, grammatischer Form und deren Funktion (Wirkung) im Sprachvollzug analysierend erkennen und reflektieren. So entsteht (ähnlich wie bei Pauly) ein Dreifaktorenmodell: typische Situation – zugeordnete grammatische Formen – Funktion der grammatischen Formen im sozialen Bezugsfeld. In neuerer Zeit haben J. Buscha u.a. (1998) diesen Ansatz für ihre Grammatik in →Feldern nutzbar gemacht.

Zu beachten gilt, dass *eine* grammatische Form in unterschiedlichen Situationen verschiedene Funktionen haben kann und dass andererseits unterschiedliche grammatische Formen in entsprechenden Situationen nur *eine* (Haupt-) Funktion zu erfüllen brauchen. →Pragmatik; →Sprechakt; →Sprache und Wirklichkeit.

Typische Situation	Zugeordnete grammatische Formen	Funktion im sozialen Vollzug
Handlungsanweisung geben	Imperativ: *Stell das Radio ab!* Aussagesatz: *Du stellst jetzt das Radio ab.* Modalverb: *Du sollst das Radio abstellen.* Konjunktiv II: *Du könntest das Radio abstellen.* Fragesatz: *Stellst du das Radio ab?* usw.	Unterschiedliche Grade der Verbindlichkeit *einer* Wirkungsabsicht, abhängig von der Rollenverteilung, der Sprechsituation und dgl.

Funktionaler Sprachunterricht →Sprachunterricht, →funktionale Grammatik (3)

Funktionale Satzperspektive, ausgehend von E. Drachs Arbeit zur Feldstruktur des deutschen Satzes (→Stellungsfeld) hat K. Boost (1956; ²1964) die →Thema-Rhema-Gliederung untersucht. Er definiert den Satz als Spannungseinheit, die vom Setzen des ersten Wortes anhebt, während des Sprechvorgangs aufrechterhalten wird und sich zum Schluss löst. Hierbei konstatiert er ein »Gefälle« von Wissen (Bekanntem) und Noch-nicht-Wissen (Neuem, Unbekanntem), aus dem die ordnende Funktion des Satzes entspringt. Er nennt den Raum vor dem Prädikat →Thema und bestimmt es näher als eine Gegebenheit, »eine eindeutig auch dem Hörer bekannte Erscheinung«. Es ist also das Thema, durch dessen Setzung an die erste Stelle (Drachs »Vorfeld«) eine Spannung erzeugt wird, die im Verlauf des Satzes am Ende gelöst wird. In seiner

Diktion heißt dies: einem »fragenden« Thema folgt ein »antwortendes« →Rhema.

Funktionsmodell der Sprache →Organonmodell

Funktionssymbol, Abkürzungszeichen für grammatische Funktionen wie E1 (Ergänzung im Nominativ / Subjekt) oder E4 (Ergänzung im 4. Fall / Objekt). Derartige F.e werden in der →generativen Transformationsgrammatik nicht gesetzt, da sie im →Stammbaum jeweils als Relation (→Kante) zwischen zwei Knoten ablesbar sind: »Subjekt-von« ist demnach diejenige NP, die unmittelbar von S (bzw. IP) dominiert wird, während »Objekt-von« diejenige NP ist, die unmittelbar von VP dominiert wird usw. →Kategorialsymbol.

Funktionsverb, Verben wie »kommen, nehmen, stehen, finden, bringen« können in bestimmten Verbindungen (den →Funktionsverbgefügen) zu so genannten Schwellformen oder Streckformen gefügt werden; sie verlieren dann ihre Eigenständigkeit als →Vollverben und vermitteln zwischen →Subjekt und →Präpositionalobjekt; sie sind semantisch entleert und haben primär grammatische Funktion. Verbreitet sind diese Formen vor allem in der Geschäfts- und Verwaltungssprache. *Bevor der Antrag zur Abstimmung gebracht wird, muss die genaue Formulierung in Angriff genommen werden.*

Funktionsverbgefüge, sprachliche Fügung mit einem →Funktionsverb: *Ein Gesetz kommt zur Entscheidung. Arbeit wird in Angriff genommen. Ein Spiel steht auf Verlust. Jemand findet zur Einsicht. Das Geschäft wird zum Abschluss gebracht.*

Die F. können vor allem die →Aktionsart genauer kennzeichnen: *Der Antrag steht zur Entscheidung an. Er wird zur Entscheidung gebracht. Er wird zur Entscheidung gestellt. Er kommt zur Entscheidung.*

Die F. eignen sich in bestimmten kommunikativen Zusammenhängen zur genaueren Differenzierung der Aussage und zur Vermeidung von Passivkonstruktionen.

Funktionswort, Sammelbezeichnung für Wörter, die keine lexikalische, sondern grammatische Bedeutung haben (→ grammatisches Zeichen); sie referieren nicht (→ Referenz), sondern stellen → syntaktische, → semantische Beziehungen zwischen sprachlichen Elementen im Satz her. Einige Funktionswörter können die Aufgabe von → Fügewörtern übernehmen. → Inhaltswort.

Funktionswörter sind: → Artikel, → Konjunktion, → Präposition, → Pronomen.

[1] *Ein Mann stand* [2] *an der Ladenkasse.* [1] *Der Mann schaute sich dauernd um,* [3] *weil* [4] *er den Kaufhausdetektiv fürchtete.*

([1] = unbestimmter/bestimmter Artikel: vorher nicht genannt / vorher genannt; [2] = adverbiale Bestimmung des Ortes: Anfügung durch Präposition; [3] = Satzverbindung durch Unterordnung: Anfügung durch Konjunktion; [4] = Rückbezug auf ein bekanntes Nomen: Rückbezug durch Pronomen)

Funktor, (1) → logische Partikel; jeder Ausdruck, der einen anderen Ausdruck (sein → Argument) näher bestimmt oder der mehrere Ausdrücke in Beziehung zueinander setzt. (2) Ergänzung einer Leerstelle im Satz.

Futur, dt.: Zukunft, → Tempusbezeichnung; man unterscheidet zwei Formen des F.s:

(1) Futur I, erstes Futur, einfache Zukunft: Zeitform des Verbs, die mit »werden + Infinitiv« gebildet wird. *Ich werde dich bestimmt anrufen. Wann wirst du in Hamburg ankommen? Wir werden uns dann treffen.*

Mit der Zeitform des F.s verweist ein Sprecher/Schreiber auf Zukünftiges; diese → grammatische Funktion kann (bei entsprechendem Kontext) auch das → Präsens übernehmen. In neueren Arbeiten wird das F. nicht als Tempus, sondern als Modalgefüge analysiert (vgl. Vennemann, 1987).

(2) Futur II, zweites Futur, vollendete Zukunft: Zeitform des Verbs, die mit »werden + Partizip II + haben/

sein« gebildet wird. *Ich werde dich bestimmt anrufen, wenn du in Hamburg angekommen sein wirst. – Er wird alle Arbeiten erledigt haben, bevor er in Urlaub fährt (fahren wird).*

Mit dem F. II kann ein Sprecher die Vorzeitigkeit (→Zeitenfolge) bei der Bezugnahme auf Zukünftiges (F. I) ausdrücken:

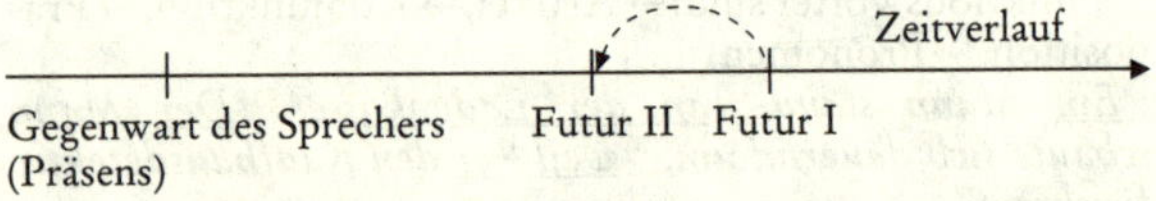

Diese Funktion wird auch vom →Perfekt übernommen: *Ich werde dich bestimmt anrufen, wenn du in Hamburg angekommen bist.*

Das F. II kann auch Vermutungen wiedergeben; es steht dann allein: *Er wird die Arbeiten (vielleicht/vermutlich/bestimmt) erledigt haben.*

G

Ganzheitliches Lernen, im Laufe der Geschichte der Pädagogik hat sich eine Reihe von ganzheitlichen Konzepten des Lernens herausgebildet: (1) Ganzheit ist seit dem Mittelalter bis hin zur Waldorf-Pädagogik als anthropologische Einheit von Leib, Geist und Seele aufgefasst worden, die mit dem Ziel der sittlichen Erziehung des ganzen Menschen verbunden worden ist. Lernen in diesem Sinne ist Lernen mit Kopf, Herz und Hand (J. H. Pestalozzi).

(2) Unter ganzheitlichem Lernen wird der alternative Einsatz verschiedener Unterrichtsformen (→Unterrichtsmethode) verstanden; insofern ist Ganzheitlichkeit ein komplementärer Begriff. Immer dort, wo Methoden einseitig und ausschließlich eingesetzt werden, mangelt es an Ganzheitlichkeit (→Methodenpluralismus). Dies hat auch zu tun mit der Präsentation des Lernstoffes, der nicht nur rein fächerbezogen, sondern in Sacheinheiten fächerübergreifend und fächerverbindend gelehrt und gelernt werden soll. In dieses Konzept fließen Traditionen wie die der Arbeitsschule (geistig-manuelles Lernen) sowie der Projektgedanke (Lernen in übergreifenden Zusammenhängen) ein.

(3) Ein weiterer Aspekt von ganzheitlichem Lernen bezieht sich auf die Ergebnisse von Gestaltpsychologie, humanistischer Pädagogik und Handlungstheorie. Ein solcher handlungsorientierter →Sprachunterricht ist ganzheitlich in dreierlei Hinsicht: a) Unter einem personalen Aspekt sollen Kopf, Herz (= Gefühl), Hände und alle Sinne der Schüler angesprochen und beansprucht werden. b) Unter inhaltlichem Aspekt sollen Vereinbarungen zwischen Lehrenden und Lernenden getroffen werden, was bei der gemeinsamen Arbeit »herauskommen« soll; es sol-

len Produkte vereinbart werden, die das Ergebnis dieser Arbeit sind, »die man anfassen und vorführen, mit denen man spielen und weiterarbeiten kann, die für die SchülerInnen augenblicklich und auch noch später Gebrauchswert haben« (Jank/Meyer, 1991). c) Unter methodischem Aspekt sind solche Verfahren zu bevorzugen, die den ganzen Menschen ansprechen, wie Gruppen- und Partnerarbeit, Projektunterricht, Geschichtenerzählen, Rollenspiel, Experimentieren, Erkunden usw.

Gattungsname →Appellativum

Gattungszahl →Numeral

GB-Theorie, engl.: »Government and Binding Theory«; dt.: Rektions- und Bindungstheorie; die GB-Th. ist von N. Chomsky 1981 in ihrer klassischen Version formuliert worden. Sie stellt eine Weiterentwicklung und z.T. Neuformulierung der →Standard-Theorie der →generativen Transformationsgrammatik (gTG) dar.

Von Anfang an ging es der gTG darum, »auf möglichst neutrale Weise die Sprachkenntnis zu charakterisieren, die für den aktuellen Sprachgebrauch durch einen Sprecher-Hörer die Basis liefert« (Chomsky, 1969). Die Standard-Theorie konnte zwar unendlich viele Sätze einer Einzelsprache generieren, doch es blieben zu viele Fragen offen, was die Beziehung zur →Universalgrammatik betraf. Die GB-Th. versucht, diesen Mangel zu beheben; sie trennt sehr scharf zwischen Teiltheorien, die universalgrammatisch fundiert und somit repräsentativ für alle natürlichen Sprachen sind (→Kerngrammatik), sowie den einzelsprachlichen Besonderheiten (Peripherie der Grammatik). Sie stellt den Versuch dar, empirische Aussagen über einen Teilbereich der menschlichen Verstandestätigkeit zu machen und ist in diesem Sinne der →kognitiven Psychologie verpflichtet. Der Neuansatz besteht darin, dass das Prinzip der →Derivation von sprachlichen Strukturen aufgegeben wurde zugunsten eines Konzepts, das von dem Zusammenspiel verschiedener autonomer Systeme (Module) ausgeht, die ihrerseits nur insofern von Interesse sind, wie sich aus ihnen Einsichten in die Universalgrammatik gewinnen lassen. Aus dem *derivationellen Modell* der Standard-Theorie ist weitgehend ein *repräsentationelles Modell* geworden; die Syntax-Theorie stellt nicht mehr einen Ableitungsmechanismus dar, der die grammatischen Sätze einer Sprache (und nur diese) erzeugen soll, sondern es werden (beliebig) erzeugte Strukturen durch das Zusammenspiel unabhängiger Teilsysteme auf ihre Grammatikalität hin geprüft und als grammatisch bzw. ungrammatisch markiert.

Die klassische Version der GB-Th. lässt sich (vereinfacht) wie folgt schematisch darstellen: Das →X-bar-Schema erzeugt →D-Strukturen (Phrasenstrukturen), die durch die →Bewegungsregel in →S-Strukturen überführt werden; →Kasusfilter und →Theta-Kriterium überprüfen die erzeugten Strukturen auf ihre Grammatikalität hin. Hierbei operiert das Theta-Kriterium sowohl auf der Ebene der D- als auch auf der Ebene der S-Strukturen, während der Kasusfilter nur auf der Ebene der S-Struktur Anwendung findet. Die →Bindungstheorie, die die Koreferenzbeziehungen zwischen Pronomen (= Personal- und Possessivpronomen), →Anaphern (3) und →Argumenten (4) überprüft, findet ebenfalls auf der Ebene der S-Strukturen Anwendung. Von ihnen sagt Chomsky (1980), dass sie »bessere Kandidaten« (»more reasonable candidates«) für die semantische Interpretation seien als Tiefen- oder Oberflächenstrukturen. Durch erneute Anwendung der Bewegungsregel werden S-Strukturen auf eine dritte Repräsentationsebene überführt, die Ebene der →Logischen Form (LF). Alle drei Repräsentationsebenen stellen abstrakte Strukturen dar und gehören zur Syntax im engeren Sinne.

Den Übergang zur phonologischen Komponente der Grammatik bildet die Repräsentationsebene der →Phonetischen Form (PF), die auch Oberflächenstruktur genannt wird. PF kann als »Schnittstelle« zwischen Syntax und Phonologie angesehen werden; sie realisiert lautliche Prozesse, bei denen syntaktische Strukturinformationen noch wirksam sind.

Chomsky ([3]1984) hat die universalgrammatischen Komponenten der GB-Th. wie folgt angegeben:

I. *Regelsystem* (»subcomponents of the rule system«)
Basis: 1. →Lexikon, 2a. →Syntax: kategoriale Komponente, 2b. Syntax: transformationelle Komponente, 3. PF-Komponente, 4. LF-Komponente

II. *Wohlgeformtheitskriterien* (»subsystems of principles«)
1. →Rektions- und Bindungstheorie, 2. →Theta-Kriterium, 3. →Kasus-Theorie, (4. →Kontroll-Theorien).

Schematisch lässt sich der Regelteil der GB-Th. in folgendem Modell darstellen, das wegen seiner Form »Y-Modell« genannt wird:

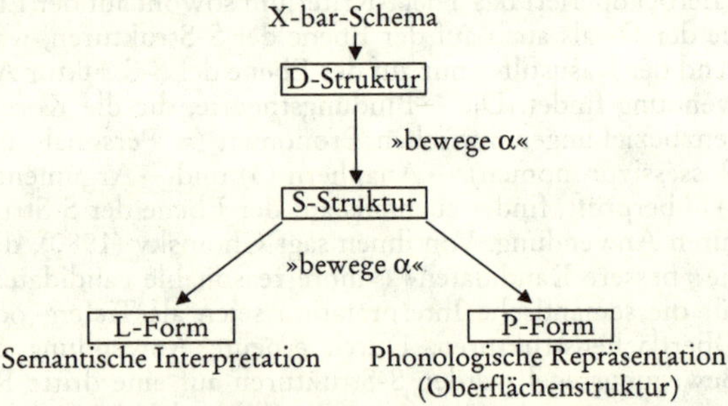

X-bar-Schema, Theta-Kriterium und Kasusfilter stellen drei autonome Komponenten dar, die die möglichen →Phrasenstrukturen in natürlichen Sprachen spezifizieren; gleichzeitig sind sie universalgrammatische Teiltheorien; sie skizzieren den für alle Sprachen gültigen Rahmen für Phrasenstrukturen und werden als genetisch verankerte mentale Strukturen gedeutet, mit denen jedes Kind für den Erwerb einer Sprache (→langage) ausgestattet ist. Einzelsprachliche Besonderheiten ergeben sich vor allem durch das →Lexikon (3), dessen Einträge die relevanten Informationen enthalten, wie sie in der Standard-Theorie etwa durch →Subkategorisierung eingebracht wurden, sowie durch diverse →Parameter, die zum Beispiel die Richtung der Kasuszuweisung (→Rektion) regeln. Die Transformationsregeln werden durch die einzige Bewegungsregel »Ersetze α« ersetzt, und die Theorie der →Barriere (Chomsky, 1986a) stellt weitere universalgrammatische Bedingungen für die Anwendung dieser Regel auf.

Internetadresse: www.worldmedia.com/ (N. Chomsky Archiv; u. a. Quellen und Artikel von und zu Chomsky).

Gebärdensprache, (1) im weitesten Sinne die im kommunikativen Handlungszusammenhang eingesetzte bzw. beobachtbare relevante Körpersprache. (2) Im Unterschied zur Lautsprache bezeichnet G. die Verständigung von Gehörlosen mittels Handzeichen und Gebärden (Handform, Handstellung, Ausführungsstelle und Bewegung). Die G. ist, je nach ihrem Verwendungszweck, mehr oder weniger an der Lautsprache orientiert (genauer Ausdruck der Phonemverbindungen, der grammatisch-morphologischen Merkmale, der Satzmuster). Somit gelten die G.n wie die DGS (Deutsche G.) oder die →ASL (American Sign Language) als vollwertige Sprachen, die semiotisch vergleichbar strukturiert und physiologisch in vergleichbarer Weise verarbeitet werden.

Gebrauchstheorie, im Zusammenhang der →Bedeutungslehre entwickelte Vorstellung, wonach die →Bedeutung eines Wortes oder Ausdrucks als die Regel für seinen Gebrauch in →Sprechsituationen erklärt wird. »Man kann für eine große Klasse von Fällen der Benützung des Wortes ›Bedeutung‹ – wenn auch nicht für alle Fälle seiner Benützung – dieses Wort so erklären: Die Bedeutung eines Wortes ist sein Gebrauch in der Sprache.« (Wittgenstein, 1967.)

Die G. geht von der Beobachtung natürlicher Sprache und ihrer Rolle in alltäglichen Handlungszusammenhängen (→Sprachspiel) aus; sie versucht, psychische und erkenntnistheoretische Probleme in der Bedeutungsdefinition zu umgehen, und stützt sich auf die Annahme, dass die Verwendung sprachlicher Ausdrücke von →Regeln (2) geleitet wird und dass die Kenntnis und Beherrschung dieser Regeln (in den meisten Fällen) mit der Kenntnis der Bedeutung dieser Ausdrücke gleichzusetzen ist.

Vereinfachend ausgedrückt: wenn ich einem Partner die Regeln des Schachspiels verdeutlicht habe, dann zeigt sich, ob er die »Bedeutung« kennt, darin, dass er das Spiel mit mir oder einem anderen richtig spielt. →Pragmatik.

Gedächtnis, (1) allgemein der Sachverhalt, dass Mensch und Tier Eindrücke oder Erlebnisse sich einzuprägen, zu behalten und später wieder bewusst für die Gegenwart nutzbar zu machen vermögen. (2) Mit G. wird auch der Informationsspeicher selbst bezeichnet, aus dem Mensch oder Tier Nachrichten über vergangene Ereignisse abrufen können. Die Integration und Verarbeitung der Informationen erfolgt in zentralen Strukturen des Nervensystems. Die wichtigsten Hirnzentren, die jeweils eine differenzierte Binnenstruktur aufweisen, sind: Die Großhirnrinde (Cortex), das limbische System, das Zwischenhirn, das Mittelhirn, das Hinterhirn, das Nachhirn und das Rückenmark. Es lassen sich zwei Grundfunktionen unterscheiden: die Steuerung der Organismus-Umwelt-Interaktionen und die Kontrolle des physiologischen Gleichgewichts im Körperinnern. Eine der wichtigsten Aufgaben der Cortex ist die Verarbeitung der Sinneseindrücke (sensorisches Rindenfeld) und die willkürliche Steuerung der Bewegungen (motorisches Rindenfeld). Jedem Körperteil entspricht ein bestimmtes Areal auf diesen Rindenfeldern.

Die Mehrzahl der sensorischen und motorischen Bereiche ist symmetrisch angeordnet, d.h., sie finden sich auf beiden Hirnhälften. Sie sind für die jeweils gegenüberliegende Körperhälfte zuständig.

Einige Funktionen sind dagegen asymmetrisch nur einer Hirnhälfte zugeordnet, z.B. die Sprachzentren. So ist die linke Hemisphäre zuständig für die Verbindung zum Bewusstsein, für sprachliche, begriffliche, arithmetische, analytische und abstrakte Gehalte. Die rechte Hemisphäre hat keine Verbindung zum Bewusstsein und ist zuständig für musikalische, geometrische und räumliche Gehalte, für Bild- und Mustererkennung. Neuere Arbeiten zeigen allerdings, dass eine genaue Abgrenzung von Arealen und Funktionen – insbesondere im Hinblick auf den Bewusstseinsbegriff – problematisch ist; daher sollte man von dem einen G. reden, das über zwei komplementäre, hoch spezialisierte Hemisphären verfügt.

Die Interaktion der Hemisphären findet in der Hauptsache über das Zwischenhirn (Thalamus) statt, das in enger Beziehung zum Hypothalamus steht. Diese Hirnregion ist das oberste Steuerungszentrum für das autonome (vegetative) Nervensystem und bildet über die Hirnanhangdrüse (Hypophyse) die Verbindungsstation von Nerven- und Hormonsystem.

Eine besondere Bedeutung hat das limbische System, das mit dem Cortex zusammen das Großhirn bildet. Es ist die neuronale Grundlage für Emotionen und für →Motivation. Ein anderer Teil des limbischen Systems ist entscheidend am Aufbau der Gedächtnisspuren beteiligt und ermöglicht den Übergang der Inhalte vom Kurzzeit- in das →Langzeitgedächtnis.

Im Zusammenhang mit →Lernen und G. wird gegenwärtig eine ganzheitliche Sichtweise favorisiert: In einer horizontalen Integration wirken die linke und die rechte Hemisphäre des Cortex mit ihren komplementären Funktionen zusammen, und in einer vertikalen Integration kommt es zu einem komplexen Zusammenspiel zwischen corticalen und subcorticalen Strukturen, wobei das limbische System besonders bedeutsam ist (nach Edelmann, [3]1993). → Ganzheitliches Lernen.

Gegensätzlich → Adversativ

Gegenstandswort → Konkretum

Gegenwart, physikalischer Zeitbegriff, der zwischen Vergangenheit und Zukunft den Zeitpunkt einer mentalen Präsenz meint; in der Literaturwissenschaft als Bezeichnung für die Erzähl-G. gebräuchlich. Der Ausdruck G. sollte nicht mit dem grammatischen Terminus → Präsens verwechselt werden, auch wenn beide in einigen Fällen das Gleiche bezeichnen können.

Gegenwort → Antonym

Gemeinsprache, auch: Standardsprache; Sprachform, die von der Allgemeinheit einer Sprachgemeinschaft verstanden und/oder verwendet wird; allgemein verständliche Sprechweise von Nachrichten- und Fernsehsprechern im Gegensatz zum → Dialekt (Schwäbisch, Bairisch, Schlesisch, ...). Gelegentlich spricht man von der G. als Nationalsprache (→ Langue): Deutsch, Englisch, Chinesisch, ...

Die G. umfasst mithin alle schriftlichen und mündlichen Äußerungen, sofern sie in Satzbau, Wortbildung, Formenwahl und Lautung allgemein gültigen Regeln entsprechen.

Gemination, (1) Konsonantenverdoppelung; → Doppelkonsonant. (2) Auch: Geminatio; rhetorische Figur (Epanalepse), bei der ein Wort oder eine Wortgruppe mehrfach im Satz wiederholt wird: *Lang, lang ist's her.*

Generativ, dt.: erzeugend; eine → Grammatik ist dann g., wenn sie zusammenhängende Regeln zur Erzeugung von Sätzen enthält; diese Regeln müssen formalisiert, vollständig und eindeutig angegeben sein, so dass grammatisch richtige Sätze der Sprache und nur diese erzeugt werden (→ Grammatikalität).

Generative Kraft, auch: generative Kapazität; eine von N. Chomsky (1957) ins Spiel gebrachte Kategorie zur Beurteilung von Grammatiken hinsichtlich ihrer →Adäquatheit. Eine Grammatik hat dann eine höhere g. K., wenn sie für mehr natürliche Sprachen ein Modell abgibt als eine andere. So haben alle kontextsensitiven Grammatiken eine größere g. K. als etwa →Finite State Grammatiken oder kontextfreie Grammatiken.

Generative Semantik, als Gegenposition zu N. Chomskys Konzept der »interpretativen Semantik« in den 60er-Jahren entworfen. Während in der Grammatiktheorie Chomskys die syntaktische Komponente der →generativen Transformationsgrammatik alle relevanten Informationen für die semantische Interpretation liefert, geht die g. S. davon aus, dass bereits die Basiskomponente der Grammatik elementare semantische Strukturen erzeugt, die dann über geeignete →Transformationen in sprachübliche Oberflächenstrukturen überführt werden. Das Ziel der g.n S. liegt in der Weiterentwicklung von Beschreibungsmitteln der →Prädikatenlogik zur Darstellung der Bedeutungsverhältnisse in den Sätzen natürlicher Sprachen (vgl. Lakoff, 1971).

Die Basis einer g.n S. erzeugt Prädikat-Argument-Strukturen. »Die Überführung dieser Strukturen in Oberflächenstrukturen von Sätzen ist unter der Voraussetzung möglich, dass es sich bei beiden um Strukturen derselben formalen Natur handelt, was sich darin ausdrückt, dass dieselbe Darstellungsform, nämlich etikettierte Strukturbäume, angewandt werden kann« (Hundsnurscher, ^{2}1980).

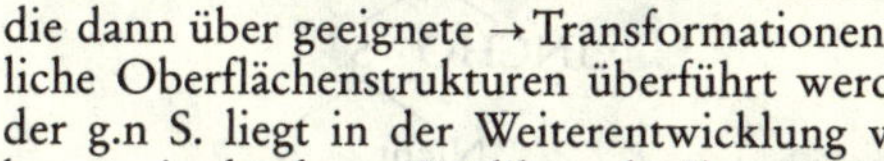

Als Einheiten der Basis kommen →atomare Prädikate vor wie BEWIRK (= Bewirkungsrelation zwischen zwei Satzvariablen) oder KOMZU (= einstelliges Prädikat für eine Satzvariable, die einen erreichten Zustand bezeichnet); darüber hinaus Referenzvariablen, denen als syntaktische Kategorialsymbole V (= Verb) und NP (= Nominalphrase) entsprechen. Durch diese Vorgehensweise entfällt die Anwendung von Selektionsbeschränkungen oder von →Subkategorisierungsregeln. Syntax und Semantik bilden quasi eine Einheit.

Besondere Transformationen, z.B. die Prädikatsanhebung, dienen der Bündelung des semantischen Materials, das in den lexikalischen Einheiten der natürlichen Sprachen organisiert ist. Bekannt ist die Analyse des Satzes »x tötete y« von McCawley (1968):

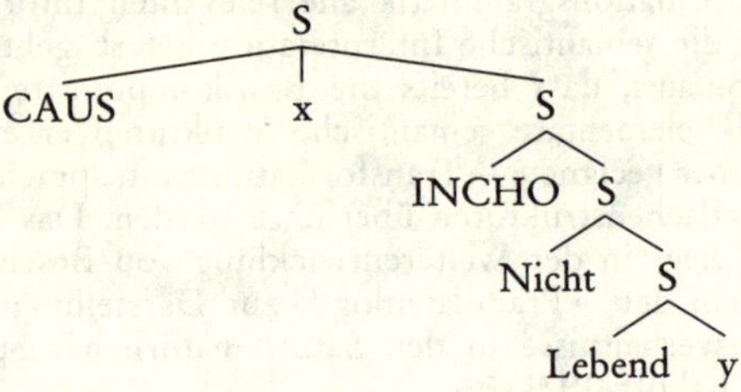

(CAUS = causativ, bewirken; INCHO = inchoativ, einen Beginn anzeigend)

Also: x bewirkt, dass es dazu kommt, dass y nicht lebend ist.

Um zur Oberflächenstruktur des Satzes zu gelangen, ist es notwendig, die über die ganze semantische Struktur verteilten Bestandteile der Verbbedeutung von »töten« zu einer einheitlichen Konfiguration zu sammeln, so dass die entsprechende lexikalische Einheit aus dem Lexikon zugewiesen werden kann.

Kritik an diesem Konzept erfolgte insbesondere gegen die Ad-hoc-Bildung der atomaren Prädikate sowie die Beschreibungsmechanismen. (Ausführlich bei Ebneter, 1973, Kap. 11.)

Generative Transformationsgrammatik, übliche Bezeichnung für die von N. Chomsky (1957) entwickelte und später (1965, dt. 1969; 1972) erweiterte und präzisierte Theorie zur Beschreibung und Erklärung der →Grammatik einer Sprache. Hierbei wird »Grammatik« verstanden als das sprachliche Wissen eines kompetenten (idealisierten) Sprechers (→Kompetenz (1)). Ausgangspunkt für die Entwicklung der g.n T. war die Beobachtung, dass ein Kind beim →Spracherwerb mit einer endlichen Anzahl von Sprachdaten konfrontiert wird und daraus die Fähigkeit erwirbt, (im Prinzip) unendlich viele Sätze – auch solche, die es zuvor nie gehört hat – zu produzieren. Die g. T. will diesen →Spracherwerbsmechanismus durch einen formalisierten, vollständigen und eindeutigen Regelapparat nachbilden und erklären; sie will aus einer endlichen Menge von Daten (im Prinzip) unendlich viele, grammatisch richtige Sätze einer Sprache und nur diese erzeugen (→generieren). In der →Standard-Theorie, die hier vereinfacht dargestellt werden soll, weil sie für das Verständnis generativer Prozesse grundlegend ist, geht die g. T. von zwei Postulaten aus:

a) Die →Oberflächenstruktur eines Satzes lässt sich als →Phrasenstruktur beschreiben, d.h. als lineare Kette sprachlicher Einheiten, denen →grammatische Kategorien zugeordnet sind. Sie kann als →Baumdiagramm oder auch als gekennzeichneter Klammerausdruck dargestellt werden:

$(((\text{Der})_{\text{Art}}\ (\text{Schüler})_{\text{N}})_{\text{NP}}\ ((\text{schreibt})_{\text{V}}\ ((\text{einen})_{\text{Art}}(\text{Aufsatz})_{\text{N}})_{\text{NP}})_{\text{VP}})_{\text{S}}$

(N = Nomen, NP = Nominalphrase, V = Verb, Art = Artikel, VP = Verbalphrase, S = Satz)

b) Die Oberflächenstruktur eines Satzes wird erklärt aus einer zugrunde liegenden (abstrakten) →Tiefenstruktur; diese enthält alle für die Erzeugung von Oberflächenstrukturen notwendigen Informationen, wobei gilt, dass eine höhere Strukturebene (»level«) nicht direkt aus Elementen der unteren bestehen muss. Diese Annahme macht es erforderlich, dass →Transformationen zwischen den verschiedenen Ebenen vermitteln.

Die g. T. geht aus von vorliegenden Spechdaten und von Urteilen eines kompetenten (idealisierten) Sprechers über diese Daten, die sie jedoch nicht nur beschreiben will, sondern deren zugrunde liegenden, bedeutungserzeugenden Prozesse sie erklären will.

In der Standardversion hat die g.T. folgende Bestandteile:

Syntax:

Basisteil	Transformationsteil
S → PS-Rg. → Sk-Rg. → L-Rg. →	Tiefen-strukturen → T-Rg. → Oberflächen-strukturen
	↓ Semantik ↓ Phonologie

(PS-Rg. = Phrasenstrukturregeln; Sk-Rg. = Subkategorisierungsregeln; L-Rg. = Lexikonregeln; T-Rg. = Transformationsregeln)

Die Tiefenstruktur wird semantisch (→Semantik) interpretiert, die Oberflächenstruktur phonologisch (→Phonologie) repräsentiert. Ein vereinfachtes Beispiel für die Ableitung eines Satzes im Rahmen der g.n T. könnte folgendermaßen aussehen:

Lexikon

N – »Junge« [+N, –Abs, –Kon, +Bel, +Hum, +Männl., –Erw., …]
»Aufsatz« [+N, –Abs, –Kon, –Bel, –Hum, +Erzeugnis, …]
V_t – »schreib-« [+V, +Trans/__NP][+N, –Abs, –Kon, +Bel, +Hum]$_S$, [+N, –Abs, –Kon, –Bel, –Hum]$_{VP}$]
Art – »der, die, …«, »ein, einer, einen, …«
VM_P – »-t«

Basisteil

$$
\begin{array}{lll}
\text{PS-Rg.: S} & \rightarrow & \text{NP+VP} \\
\text{VP} & \rightarrow & \text{Aux+HV} \\
\text{HV} & \rightarrow & \text{V (Adv)} \\
\text{V} & \rightarrow & \text{V}_t\text{+NP} \\
\text{Aux} & \rightarrow & \text{VM}_p \\
\text{NP} & \rightarrow & \text{Art+N+N}^\circ \\
\text{N}^\circ & \rightarrow & \left\{\begin{array}{l}\text{Sing.} \\ \text{Plural}\end{array}\right\} \\
\text{Art} & \rightarrow & \left\{\begin{array}{l}\text{Art}_{def} \\ \text{Art}_{indef}\end{array}\right\} \\
\text{Sk.-Rg.: N} & \rightarrow & \left\{\begin{array}{l}[+\text{N}, -\text{Abs}, -\text{Kon}, +\text{Bel}, +\text{Hum}] \\ [+\text{N}, -\text{Abs}, -\text{Kon}, -\text{Bel}, -\text{Hum}]\end{array}\right\} \\
\text{V}_t & \rightarrow & [+\text{V}_t\,[+\text{N}, -\text{Abs}, -\text{Kon}, -\text{Bel}, +\text{Hum}]_S, \\
 & & [+\text{N}, -\text{Abs}, -\text{Kon}, -\text{Bel}, -\text{Hum}]_{VP}]
\end{array}
$$

(Vereinfachend sind die komplexen Symbole als Wörter wiedergegeben; es sind keine phonologischen und keine morphologischen Matrizen angegeben.)

Das Durchlaufen der drei Regelarten des Basisteils kann zu einer Ableitung führen, wie S. 174 f. dargestellt.

Das Verbmorphem (Präsens) steht vor dem Stamm des Verbs (transitiv), was bei diskontinuierlichen Elementen (z. B. →verbaler Klammer) wichtig wird. Durch Transformation wird es an seine oberflächenstrukturelle Position gebracht.

Transformationsteil

T-Rg.: →Permutation *der + Junge + Ø + schreib- + -t + einen + Aufsatz + Ø*

Durch entsprechende morpho-graphemische Regeln wird der generative Prozess abgeschlossen: *Der Junge schreibt einen Aufsatz.*

Dieser Satz ist (per definitionem) ein grammatischer Satz, insofern er vom Regelapparat erzeugt worden ist. Ist ein derartiger Satz entsprechend dem Urteil eines kompetenten Sprechers grammatisch defekt oder nicht akzep-

PS-Rg.:

S

NP + VP

NP + Aux + HV

NP + Aux + V

NP + VM_p + V

NP + VM_p + V_t + NP

Art + N + N^0 + VM_p + V_t + Art + N + N^0

Art + N + Sing + VM_p + V_t + Art + N + Sing

Art_{def} + N + Sing + VM_p + V_t + Art_{indef} + N + Sing

Sk-Rg.:

Art_{def}: $\begin{bmatrix} \vdots \end{bmatrix}$

N: $\begin{bmatrix} +N \\ -Abs \\ -Kon \\ +Bel \\ +Hum \end{bmatrix}$

V_t: $+V$, $+\_\_NP$, $\left[\begin{bmatrix} +N \\ -Abs \\ -Kon \\ +Bel \\ +Hum \end{bmatrix}_S \quad \begin{bmatrix} +N \\ -Abs \\ -Kon \\ -Bel \\ -Hum \end{bmatrix}_{VP} \right]$

N: $\begin{bmatrix} +N \\ -Abs \\ -Kon \\ -Bel \\ -Hum \end{bmatrix}$

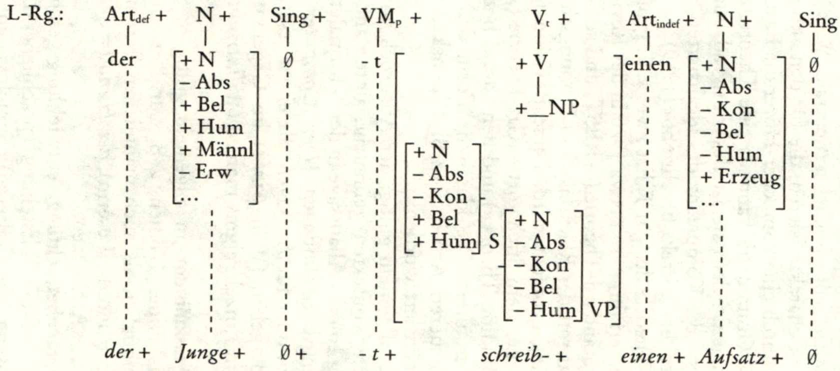

(NP = Nominalphrase; VP = Verbalphrase; Aux = Auxiliar [Hilfsverb/Personalform]; VM_p = Verbmorphem Präsens; HV = Hauptverb; N^0 = Numerus; Abs = Abstrakt; Kon = Kontinuativ; Bel = Belebt; Hum = Human; Männl = Männlich; Erw = Erwachsen; Erzeug = Erzeugnis; Ø = → Nullmorphem)

tabel, so müsste der Regelapparat entsprechend verändert werden. Dieser Zusammenhang zeigt deutlich den deskriptiven Charakter der g.n T. Chomsky schreibt hierzu: Die g. T. »versucht auf möglichst neutrale Weise die Sprachkenntnis zu charakterisieren, die für den aktuellen Sprachgebrauch durch einen Sprecher-Hörer die Basis liefert«, und: »Eine Grammatik kann als eine Theorie einer Sprache angesehen werden; sie ist deskriptiv adäquat in dem Maße, wie sie die Kompetenz des idealisierten Sprechers (native speaker) korrekt beschreibt« (1969).

Die Standard-Theorie der g.n T. hat zwei z. T. grundlegende Revisionen erfahren: seit etwa 1970 in der Revidierten Erweiterten Standard-Theorie (→REST) und seit etwa 1980 in dem, was mit der Rektions- und Bindungstheorie in Zusammenhang gebracht wird. Diese Revisionen der g.n T. werden unter dem Stichwort →GB-Theorie (»Government and Binding Theory«) und den darauf bezogenen Verweisen erläutert. Die klassische Form der GB-Theorie ist in neueren Arbeiten (z.B. Chomsky, 1986, 1986a) weiter präzisiert worden.

Generisch, dt.: allgemein gültig; der Ausdruck wird in unterschiedlichen Kontexten gebraucht, unter anderem zur Bezeichnung einer →Allaussage in der →formalen Logik, für Gattungsbezeichnungen (*Der Computer verdrängt das Buch*) oder für Aussagen, die einen gesetzhaften Inhalt wiedergeben (*Willi trinkt*) im Gegensatz zu Aussagen, die ein Einzelereignis meinen (*Willi trinkt eine Tasse Tee*).

Generisches Maskulinum, in allgemein gültigem Sinne gebrauchtes maskulines Nomen, z.B. zur Bezeichnung von sowohl weiblichen als auch männlichen Wesen: *der Leser* (= der Leser und die Leserin), *der Hund* (= der Rüde, die Hündin). →Archilexem.

Genetische Sprachbetrachtung, entwicklungsgeschichtlich orientierte, auf die Entstehung sprachlicher Daten bezogene Richtung der (älteren) Sprachwissenschaft;

→historische Sprachwissenschaft, deren Grundlage der Sprachenvergleich und deren Ziel unter anderem die Darstellung von Sprachen und Sprachfamilien in ihrer Abhängigkeit zueinander ist. →Stammbaumtheorie.

Genfer Schule →Strukturalismus

Genitiv, dt.: Wesfall, 2. Fall bei der →Deklination; im Vergleich zu den übrigen →Kasus kommt der G. seltener vor; vor allem das →Genitivobjekt wird weitgehend durch präpositionale Ausdrücke ersetzt. Der G. kann eine Reihe von unterschiedlichen sprachlichen Leistungen erfüllen. →Genitivattribut.

Genitivattribut, dt.: Beifügung im Wesfall (2. Fall, →Genitiv); →Attribut. Das G. erfüllt eine Reihe von sprachlichen Leistungen zur Bezeichnung des Besitzers, des Anteils, der Beschaffenheit, des Urhebers oder des Ziels einer Handlung oder einer Gegebenheit: *meines Vaters Geschäft; das größte der Geschäfte; die Hälfte des Weges.* Man fragt: *Wessen* (Geschäft)?

Genitivobjekt, dt.: Anteilgröße, →Ergänzung im Wesfall (2. Fall, →Genitiv); das G. kommt nur noch selten vor, und zwar bei Verben wie: *gedenken, sich erinnern, harren, bedürfen, sich brüsten, sich schämen.* Das G. wird weitgehend durch präpositionale Ausdrücke ersetzt:
Wir gedenken seiner. – Wir denken an ihn.
Wir erinnern uns des Vorgangs recht gut. – Wir erinnern uns recht gut an den Vorgang.

Zum Teil setzt sich ein anderes Verb mit präpositionaler Fügung als gebräuchlicher durch: *Die Familie harrt des Vaters. – Die Familie wartet auf den Vater.*

Man fragt: *Wessen* (gedenken wir)?

Genus, dt.: grammatisches Geschlecht; formales System unserer Sprache mit den drei Untergruppen →Maskulinum (männlich), →Femininum (weiblich) und →Neutrum (sächlich), die nur in wenigen Fällen mit dem natürlichen Geschlecht übereinstimmen; das G. kennzeichnet →Nomen und über die →Rektion den dazugehörigen →Artikel, das →Adjektiv und einige der →Pronomen. P. Eisenberg ([3]1994) weist darauf hin, dass z. B. das Adjektivattribut mit dem Nomen hinsichtlich Numerus und Kasus kongruiert, »nicht aber im Genus«; denn das G. ist beim Nomen eine »Paradigmenkategorie«, d. h., das Nomen *regiert* das Adjektiv hinsichtlich des G.

Petra hat Geburtstag. Sie bekommt ein rotes Fahrrad. Am nächsten Tag

fem. neutr. mask.

fährt sie mit diesem Fahrrad gegen eine Wand. Das Vorderrad

fem.

des neuen Fahrrads ist verbogen. Es muss repariert werden.

neutr.

Genus verbi, dt.: Sehweise des Verbs, Handlungsform; gemeinsame Bezeichnung für →Aktiv und →Passiv.

Germanisch, die g.en Sprachen beginnen schon im 2. Jahrtausend v. Chr. durch bestimmte →Lautverschiebungen, sich aus dem Indoeuropäischen (Indogermanischen) herauszulösen; »dieser Prozess zieht sich bis in die ersten Jhe. nach Beginn unserer Zeitrechnung hin« (Wolff, 1994). Das G.e gehört urverwandtschaftlich zu Sprachen wie Keltisch, Italisch, Illyrisch, Griechisch, Hettitisch, Lyrikisch und andere →Kentumsprachen sowie Baltisch, Slawisch, Albanisch, Thrakisch, Indisch und andere →Satemsprachen.

Zur Gliederung des G.en vgl. S. 179.

Germanische Lautverschiebung →Lautverschiebung (1)

Germanismus, eine für das Deutsche typische lexikalische oder syntaktische Erscheinung, die in eine Fremdsprache eingebracht wird. Dies führt meist zu fehlerhaftem Gebrauch (etwa wenn engl. *to become* als »bekommen« verstanden oder übersetzt wird). →Interferenz (3).

Nordgermanisch/Skandinavisch		Süd- oder Westgermanisch			Ostgermanisch*
Westnordisch	Ostnordisch	Nordsee-germ. (Ingwaeonisch)	Rhein-Weser-germ. (Istwaeonisch)	Elbgerm. (Hermionisch)	Burgundisch Gotisch – Westgot. – Ostgot. – Krimgot. Wandalisch
Isländisch Färöisch Norwegisch	Dänisch Schwedisch Gunisch	Angels./Engl. Friesisch Niederländisch	Fränkisch u.a. Mitteldeutsch	Alemannisch Bairisch Langobardisch*	
		Niederdeutsch		Oberdeutsch	

(*= ausgestorbene Sprachform bzw. Sprachfamilie)

Germanistik, (1) ursprünglich Forschungsrichtung, die sich der Erkundung und Beschreibung von Kultur, Brauchtum, literarischen Zeugnissen und Sprache der germanischen Stämme widmete. (2) Im engeren Sinne erforschte die G. die germanischen Dialekte und die Sprachdenkmäler des →Germanischen. In diesem Sinne hat sie sich als →historische Sprachwissenschaft etabliert. Wissenschaftsgeschichtlich wurde diese Phase abgelöst durch die →Junggrammatiker. (3) Mit der Etablierung der →synchronen Sprachforschung bzw. der →Linguistik mit ihren verschiedenen interdisziplinären Teilbereichen differenzierte sich auch die G. weiter aus. Heutzutage bezeichnet der Ausdruck »Germanistische Fakultät« an vielen Hochschulen die Wissenschaft von der Deutschen Sprache und Literatur oder Deutsche Philologie; meist in eine Ältere und eine Neuere Abteilung (ab dem Barock) sowie in die Bereiche Literatur- und Sprachwissenschaft aufgeteilt. (Näheres bei Bentfeld/Delabar, 1997.)

Gerundium, pl.: Gerundien; Verbalsubstantiv; die als →Nomen gebrauchte Form des →Infinitivs; ursprünglich (vgl. Latein, Englisch) stellt das G. eine Form zwischen Verb und Nomen dar. Im Deutschen hat es seine verbalen Eigenschaften weitgehend verloren: *(Das) Singen ist ein schönes Hobby. Sie widmet ihre ganze Freizeit dem Singen.*

Gerundiv(um), das G., pl.: Gerundive; Verbaladjektiv; passivisch gebrauchte Form des →Partizips, durch die die Notwendigkeit eines zukünftigen Verhaltens oder einer noch auszuführenden Handlung ausgedrückt wird: *Dies ist kein zu billigender Vorschlag. Der zu bezahlende Betrag erscheint mir zu hoch. Außerdem stehen zahlreiche der zu erledigenden Arbeiten noch aus.*

Geschehensweise →Aktionsart

Geschichtengrammatik, bei diesem Terminus wird der Ausdruck »Grammatik« in dem ganz allgemeinen Sinn von »innewohnender Struktur«, Gesetzmäßigkeit oder Wesensbestimmung gebraucht. So gehört zu jeder erzählten »Geschichte« eine narrative Struktur, d.h. z.B. eine bestimmte Spannungskurve, Anfang – Mittelteil – Ende mit ihren jeweiligen Funktionen: Orientierung des Lesers, Komplikation der Handlung und Auflösung.

Geschlagener Laut, im Deutschen nur der stimmhafte →Dental [r] im Gegensatz zum gerollten stimmhaften →Uvular [R].

Geschlecht, zu unterscheiden sind das natürliche G. (der Junge, die Mutter, das Haus) und das grammatische G., die im Deutschen in den meisten Fällen nicht übereinstimmen (das Mädchen, der Tisch, die Wolke). →Genus; →Sexismus in der Sprache.

Geschlechtersplitting, bei Stellenanzeigen, bei behördlichen Schreiben oder in der Rechtssprache hat sich das G. weitgehend durchgesetzt, z.T. ist es durch Verordnung vorgeschrieben. Man versteht darunter die Vermeidung des →generischen Maskulin durch die Nennung sowohl der maskulinen als auch der femininen Bezeichnungen (Professorin/Professor; Kaufmann/Kauffrau) sowie die feminine Anrede, wenn eine weibliche Person gemeint ist.

Geschlossenes Inventar, in der Sprachwissenschaft Menge sprachlicher Gegenstände mit einer begrenzten Anzahl von Elementen, z.B. das Phoneminventar einer Sprache, das etwa 30 bis 40 Phoneme umfasst, oder das Inventar der grammatisch relevanten Elemente (wie Singular, Plural; die Tempora usw.). →Offenes Inventar.

Geschlossenes System →Regelkreis

Geschlossene Tonsilbe, endet eine Silbe auf einen Konsonanten, so handelt es sich um eine g. T.: *Turn-schuh*, *Breitwand-film*, im Gegensatz zur →offenen Tonsilbe (Ho-se).

Geschriebene Sprache →Schriftsprache

Gesprächsanalyse →Konversationsanalyse, →Sprechakttheorie

Gesprochene Sprache, die Erforschung der g.n S. (zunächst der gesprochenen Standardsprache) setzt in Deutschland erst zu Beginn der 60er-Jahre ein. Das Interesse lag zunächst bei einer Verbesserung des Unterrichts →DaF sowie der Erfassung und Bewertung der typischen Formen g.r S. im Gegensatz zur →Schriftsprache. In der →Soziolinguistik unterschied man zwischen →restringierter und →elaborierter Sprechweise, wobei Erstere zunächst – wegen ihrer relativen Ferne zur Schriftsprache – als defizitär, später als eigenständig (→Differenzhypothese) angesehen wurde. Typische Merkmale der g.n S. sind: Spontaneität, →Parataxe bei oft kurzen Sätzen, →Satzbrüche, unvollendete Sätze, Wiederholungen, emphatische Umstellung von Satzgliedern u. a. m. (Einzelheiten bei Schwitalla, 1997.)

Im Laufe der 70er- und 80er-Jahre hat sich das Interesse von der primär syntax-orientierten Erforschung der g.n S. hin zu dialogischen Aspekten, zu Gesprächsorganisation und zur Erforschung von »Redekonstellation, Redekonstellationstyp, Textexemplar und Textsorte im Rahmen eines Sprechverhaltensmodells« entwickelt (Steger [u. a.], 1974). Diese Forschungsrichtung hat entscheidend dazu beigetragen, dass der Schwerpunkt der linguistischen Forschung, der primär auf systemlinguistischen Fragestellungen lag, durch Themen einer eher empirisch fundierten →Pragmatik erweitert worden ist. Dieser Prozess führte sozusagen »vom Satz zum Text und schließlich zum Dialog« (Schank/Schwitalla, [2]1980). →Konversationsanalyse.

Gestalt, (1) Terminus aus der G.-Psychologie, worunter ein Schema oder ein Gebilde verstanden wird, das als Ganzes andere Qualitäten aufweist als die Summe seiner einzelnen Elemente und Strukturen. Die G.-Gesetze sollen erklären, wie sich aus den Elementen und Strukturen G.en mit eigener Qualität ergeben. Solche Gesetze sind u. a. das Gesetz der Nähe (Elemente mit geringerem Abstand werden zusammengesehen), der Gleichartigkeit (gleiche Elemente werden leichter zusammengefasst), der guten Kurve und der Geschlossenheit (Elemente werden eher zusammengesehen, wenn sie unter einer guten Kurve angeordnet sind, und geschlossene Linien werden schneller als ein Ganzes erfasst als unterbrochene).

(2) In der Sprachwissenschaft meint G. eine abstrakte Klasse. Vorausgesetzt, ein Idealtyp dieser G. (z.B. ein →Phonem) ist im Gedächtnis gespeichert, dann können konkrete Vorkommen (→Phone) unter dieser G. subsumiert und erkannt werden.

Gestik, Gebärdensprache; die Rede begleitende Ausdrucksbewegung des Körpers, insbesondere der Arme und Hände. →Mimik.

Gewalt durch Sprache →Sprachliche Gewalt

Gleichgröße →Prädikatsnomen

Gleichsetzungsakkusativ →Prädikatsnomen

Gleichsetzungsnominativ →Prädikatsnomen

Gleichsetzungssatz, (1) Satz mit Gleichsetzungsakkusativ oder Gleichsetzungsnominativ; →Prädikatsnomen. Zwei →Satzglieder werden durch ein Verb wie »sein, werden, bleiben, heißen, scheinen« gleichgesetzt: *Petra ist meine Freundin. Sie will Augenärztin werden. Man betrachtet sie als eine tüchtige Studentin.*

(2) Gelegentlich wird nur der Prädikativsatz so bezeichnet: *Sie ist, was man eine gute Freundin nennt.*

Gleichzeitigkeit →Zeitenfolge

Gleitlaut →Diphthong

Gliedsatz, abhängiger Satz, der in einem →Satzgefüge die Stelle eines Satzgliedes einnimmt. Je nachdem, welche →Satzgliedstelle ein solcher G. im übergeordneten Satz einnimmt, unterscheidet man →Subjektsatz, →Objektsatz und →Adverbialsatz.

- Subjektsatz: *Wer viel fragt, erhält viel Antwort.*
  Man fragt: *Wer oder was* (erhält viel Antwort)?
- Objektsatz: *Er spürte, dass er die Frage nicht hätte stellen sollen.*
  Man fragt: *Wen oder was* (spürte er)? In diesem Fall vertritt der Objektsatz ein →Akkusativobjekt.
- Der Adverbialsatz: *Sie lachte, weil sie sich freute.*

Man fragt: *Warum* (lachte sie)? In diesem Fall vertritt der Adverbialsatz eine →adverbiale Bestimmung des Grundes.

Glossem, das G.; (1) in der →Distributionsanalyse kleinste bedeutungstragende Einheit, umfasst →Tagmem und →Morphem. (2) Terminus innerhalb der Kopenhagener Schule (→Strukturalismus, →Glossematik): kleinste Struktureinheit der Sprache (→Langue), die nach Inhaltsseite (→Plerem) und Ausdrucksseite (→Kenem) hin untersucht werden kann; z.B. die sprachliche Einheit »ungeduldig« in die Ausdrucksformen *un-*, *ge-*, *duld-*, *ig* sowie in die Inhaltsformen ›un-‹ Negation; ›ge-‹ Präfix (kollektiv); ›duld-‹ Stamm; ›ig‹ Adjektivendung.

Glossematik, strukturale Sprachtheorie, die von der so genannten Kopenhagener Schule (→Strukturalismus), insbesondere von L. Hjelmslev, in der Nachfolge von F. de Saussure entwickelt worden ist. »In der Übertragung der ›phonologischen‹ Methode zur Beschreibung des Phonems auf die inhaltliche Seite der Sprache besteht das wesentliche Verdienst der Kopenhagener Schule« (Helbig, [7]1986). Grundlegend ist die Annahme von zwei Ebenen: einer Inhaltsebene (content plane) und einer Ausdrucksebene (expression plane). Innerhalb dieser beiden Ebenen wird noch einmal zwischen Form und Substanz unterschieden, woraus insgesamt vier »Strata« resultieren, denen jeweils eine Forschungsrichtung zugeordnet ist:

Ebene des Ausdrucks		Ebene des Inhalts	
Substanz des Ausdrucks	Form des Ausdrucks	Form des Inhalts	Substanz des Inhalts
↓	↓	↓	↓
Phonetik	Phonologie	Grammatik	Semantik
	↳ Linguistik ↲		

Die *Substanz des Ausdrucks* ist das phonetische Material, das für alle Sprachen gleich ist; die *Form des Ausdrucks* das für eine Sprache gültige phonologische System; die *Substanz des Inhalts* die Widerspiegelung der Sachverhalte der Außenwelt, die für alle Sprachen gleich ist und deshalb auch bei Übersetzungen gleich bleibt; die *Form des Inhalts* schließlich die Ordnung des Materials durch die jeweilige Sprache. Zur G. gehören nur die beiden Formebenen, die über das Gesetz der Kommutation verbunden sind: Einer Veränderung in der Form des Ausdrucks entspricht eine Veränderung in der Form des Inhalts und umgekehrt. Eine Sprache muss demnach so strukturiert sein, dass »mit Hilfe einer Handvoll Figuren und durch immer neue Zusammenstellungen von ihnen eine unübersehbare Menge von Zeichen gebildet werden kann« (Hjelmslev, 1974). Dies gilt für die Ausdrucks- und Inhaltsfiguren, die →Glosseme. Zum Beispiel ist »bin« zerlegbar in die Ausdrucksfiguren /b/, /i/ und /n/ sowie in die fünf Inhaltsfiguren »sein« + 1. Person + Singular + Präsens + Indikativ.

Sprache ist für Hjelmslev ein variabler Prozess, in dem eine konstante Anzahl von Elementen als System wiederkehrt, wobei Relationen und Korrelationen entstehen. An eine logische Sprachbeschreibung stellt er die Forderungen der Vollständigkeit, der Folgerichtigkeit sowie der Einfachheit. Die G. ist abstrakt und streng-logisch konzipiert und dadurch in ihrer Terminologie nur im Kontext verständlich. (Überblick bei Ebneter, 1974, Kap. 4.) →Strukturalismus.

Glottal, Kehlkopflaut: [h] wie in *behalten*.

Glottal stop, Stimmritzenverschlusslaut, Knacklaut: [|] wie in »Affe« ['|afə] oder »beachten« [bə'|axtn]. Der g. s. entsteht im Deutschen beim Stimmansatz zu einem Vokal am Silbenanfang.

Glottis, die G., pl.: Glottides, dt. Stimmritze; das aus den beiden Stimmbändern bestehende Stimmorgan im Kehlkopf.

Gotisch, Dialekt des Ostgermanischen, der außer von den Goten von Gepiden, Wandalen, Burgunden u. a. Völkergruppen gesprochen wurde. »Sie saßen am Anfang unserer Zeitrechnung östlich von der Elbe bis zur Weichsel« (Braune, [19]1981). Die Goten kamen aller Wahrscheinlichkeit nach aus Südskandinavien und zogen während der Völkerwanderungszeit weiter bis zum Schwarzen Meer, wo sich die beiden großen Stämme der Ost- und der Westgoten niederließen. Aufgrund historischer Ereignisse (Hunneneinfälle) wurden sie nach Italien und Spanien abgedrängt. Das G.e ist eine ausgestorbene Sprache; das so genannte Krim-G. wurde allerdings noch bis ins 16. Jh. hinein tradiert.

Die schriftliche Überlieferung des G.en ist sehr begrenzt. Neben einigen kleineren Denkmälern (meist nur Namen) besitzen wir die Fragmente einer Bibelübersetzung des Bischofs Wulfila (um 311–383), die in fünf Handschriften vorliegt, von denen der Codex argenteus (Universitätsbibliothek Uppsala) mit 187 Blättern (von ursprünglich 336) der schönste und wichtigste ist. Das G.e zeigt eine enge Verbindung zum Ideur. (z. B. Erhaltung des Duals und des → Vokativs, weniger starke Abschwächung der Endungen als im Westgermanischen), aber auch eine starke Verwandtschaft zum → Althochdeutschen (bei Nomen und Verben, im Bestand der Pronomina usw.). Ein Vergleich des gotischen mit dem ahd. Vaterunser-Text (s. dort) kann dies belegen:

»*Atta unsar þu in himinam* [Dativ Plural!], *weihnai* [3. Sing. Präs. Optativ] *namo þein. qimai þiudinassus þeins* [dein Königreich], *wairþai wilja þeins, swe* [so wie] *in himina* [Dat. Sing.] *jah ana airþai. hlaif unsarana* [unser Brot] *þana sinteinan gif uns himma daga* [alle Tage]. *jah aflet* [2. Sing. Präs. Imperativ] *uns þatei skulans sijaima, swaswe jah weis afletam* [wie wir vergeben] *þaim skulam unsaraim* [Dativ Pl.]. *jah ni briggais* [2. Sing. Optativ] *uns in fraistubnai, ak lausei* [2. Sing. Imperativ] *uns af þamma ubilin* [sondern erlöse uns von dem Übel]; *unte þeina ist*

Þiudangardi [Königreich] *jah mahts jah wulÞus* [Herrlichkeit] *in aiwins. amen.*«

Gradpartikel, Untergruppe der →Partikeln; G. sind unveränderliche Wörter, »die im Konstativsatz jederzeit vor dem Vorfeldelement und zugleich hinter dem Konjunktor stehen können und die nicht für sich allein als Vorfeldelement in Frage kommen« (Engel, ³1996). Beispiel: *Und* (= Konjunktor) *sogar* (= Gradpartikel) *dieses Dorf* (= Vorfeldelement) *wurde damals geplündert.*

G. tragen in den meisten Fällen nichts zur Beschreibung des Sachverhalts bei, präzisieren aber gelegentlich den Grad einer Eigenschaft des folgenden Elements (z. B. *nahezu*), zugleich und oft ausschließlich spezifizieren sie die Erwartbarkeit (z. B. *sogar*), oder sie setzen das Folgeelement in Beziehung zu gleichartigen Elementen (z. B. *besonders*). So kann der Sprecher mit Hilfe von G. vor allem seine Einstellung zu einem Sachverhalt ausdrücken. Weitere G.: *auch, allein, bereits, besonders, bloß, eben, erst*, ...

Einige dieser Wortformen können auch andere Funktionen im Satz übernehmen (Adjektiv: *die bloße Erwähnung*; Adverb: *schon um zehn Uhr*; Abtönungspartikel: *ich wollte nur sagen*; Konjunktion: ..., *doch er wollte nicht antworten*).

Grammatik, dt.: Sprachlehre; im Wesentlichen lassen sich zwei Gebrauchsweisen des Wortes G. unterscheiden. (1) Allgemein versteht man unter G. eine Lehre von der Sprache (→Langue), die schriftlich fixiert ist; meist ein Nachschlagewerk, in dem die Besonderheiten einer Sprache, ihre einzelnen Elemente und deren Verknüpfungsregeln beschrieben und systematisiert sind (Laut-, Wort- und Satzlehre). (2) Daneben wird G. als das sprachliche Wissen eines kompetenten Vertreters der Sprache (→Kompetenz) verstanden. Eine Beschreibung der linguistischen Kompetenz eines idealisierten Sprechers/Hörers führt zu Spracherzeugungsmodellen, wie sie zum Beispiel die →generative Transformationsgrammatik darstellt.

Grammatik von Port Royal, Bezeichnung für die von A. Arnauld und E. Lancelot 1660 in Paris herausgegebene *Grammaire générale et raisonnée*, die ganz in der Tradition der →philosophischen Grammatik und des Rationalismus steht. Sie wird von der Idee geleitet, dass die logischen Strukturen des Denkens und die Strukturen der Sprache aufeinander abbildbar seien. Ihr Ansatz besteht darin, aus den damaligen Hauptsprachen (Griechisch, Latein, Französisch) Gemeinsamkeiten zu erarbeiten, so genannte universalgrammatische Kategorien (→Universalie), die es ermöglichen könnten, eine für alle Sprachen geltende Grammatiktheorie zu entwickeln.

Es kann angenommen werden, dass in Deutschland derartige Überlegungen bereits zu Beginn des 17. Jh.s bekannt waren. So hat W. Ratke 1619 fünf gleich konzipierte Grammatiken herausgebracht (*Allgemeine Sprachlehr*, *Grammatica universalis*, *La Grammaire universelle*, *La Gramatica universale* und *Grammatike katholike*) mit dem Ziel, diese in der Schule zur Erleichterung des Fremdsprachenerwerbs einzusetzen.

Die Einflüsse der G. v. P. R. reichen bis hin zu N. Chomskys →Cartesianischer Linguistik und der Konzeption der →generativen Transformationsgrammatik.

Grammatikalität, auch: Grammatizität; (1) im Allgemeinen betrifft G. die Form sprachlicher Ausdrücke hinsichtlich ihrer Richtigkeit. Ein Sprecher/Hörer urteilt über G. aufgrund seines (intuitiven) sprachlichen Empfindens sowie aufgrund von Kenntnissen einer verschriftlichten →Grammatik. Da solche Kenntnisse nicht immer korrekt und vollständig sind, können Urteile dieser Art variieren. →Akzeptabilität. (2) Im engeren Sinne wird von G. im Zusammenhang mit →generativen Grammatiken gesprochen; alle Satzstrukturen, die der Regelapparat erzeugt, besitzen G., unabhängig von ihrer Bedeutung. So ist ein Satz wie *Die wenten Krapeten pondeten radital* zwar sinnlos, er kann aber, je nach dem Regelsystem, grammatisch sein. Ein Satz wie *Gehst du mit im Kino?* ist zwar verständlich (möglicherweise auch akzeptabel), aber nicht grammatisch. (3) In der GB-Theorie werden durch das →X-bar-Schema in einer natürlichen Sprache mögliche phrasale Strukturen erzeugt, die dann durch autonome Teilsysteme, wie →Theta-Kriterium oder →Kasusfilter, auf ihre G. hin überprüft werden (Repräsentationsmodell der Grammatik).

Grammatikunterricht, spielt in der Geschichte des Deutschunterrichts eine recht unterschiedliche Rolle. In den mittelalterlichen Lateinschulen war die deutsche Grammatik nur ein Hilfsmittel für die Übersetzung altsprachlicher Texte. Im Zuge des bürgerlich-patrizischen Machtzuwachses im 13. Jh. bekam die Beherrschung der deutschen Grammatik als pragmatische Fertigkeit beim Abfassen von Handelsverträgen, Geschäftsbriefen oder Urkunden einen gewissen Eigenwert. Doch erst die humanistischen Muttersprachenschulen des 16. Jh.s brachten, bedingt durch das erwachende Nationalbewusstsein, eine erste Wertschätzung des Deutschen als Volkssprache. Mit W. Ratkes Denkschrift (1612) erhielt der Unterricht in der Muttersprache die zentrale Stellung für alle weitere Bildung, und zwar in den Teilbereichen Begriffsbildung (über die Sachwelt), Rhetorik und Grammatik (ihrerseits eingeteilt in Orthographie, Formenlehre und Syntax). R. Hildebrand setzte 1867 mit seiner Schrift *Vom deutschen Sprachunterricht in der Schule* entscheidende Akzente: Grundlage des Unterrichts sei die lebendige, gesprochene Sprache der Kinder, und das Ziel des Unterrichts sei die Selbständigkeit der Kinder. Damit war die endgültige Loslösung vom Muster des Lateinunterrichts vollzogen; allerdings hat sich seine Konzeption zunächst nur im Bereich der Volksschule (Grundschule) durchgesetzt. Das Gymnasium hielt an einem formal-systematischen G. bis weit über die Mitte des 20. Jh.s fest. Erst der Einfluss der →inhaltsbezogenen Grammatik, dann die Rezeption der

→Pragmatik und des →Strukturalismus in der Sprachwissenschaft haben eine entscheidende Wende gebracht.

Anfang der 70er-Jahre wurde der Lernbereich »Reflexion über Sprache« etabliert (Hessische Rahmenrichtlinien), der über den reinen G. in entscheidenden Punkten hinausgeht: Aufarbeitung sprachlicher Defizite (kompensatorischer Unterricht), Primat der gesprochenen Sprache, Verzicht auf systematische Grammatik; stattdessen Einsichten in →kommunikative Handlungszusammenhänge im Rahmen eines integrativen G.s Gleichzeitig übernahm die →Sprachdidaktik Verfahren und Ergebnisse der strukturalen Sprachwissenschaft.

Nach anfänglichen Experimenten mit didaktisierten Modellen der →generativen Transformationsgrammatik, der →Dependenzgrammatik und →Mischgrammatiken, hat sich gegenwärtig das Konzept eines integrativen G.s auf der Grundlage einer modifizierten →Valenzgrammatik durchgesetzt. Unterschiede in den Konzeptionen des G.s bestehen jedoch weiterhin, vornehmlich im Methodischen. So ist die Frage offen, ob eine →induktive Methode (entdeckendes Lernen) oder eine →deduktive Methode (systemgrammatischer Kurs) zu bevorzugen sei. Eine Perspektive für einen optimalen G. könnte in der Kombination beider Verfahren gesehen werden: a) Ausgehen von kommunikativen Handlungszusammenhängen, anhand derer bestimmte (signifikante) grammatische Phänomene erkannt und reflektiert werden können; b) Herauslösen und Üben des Grammatikstoffes, Einordnen in größere systematische Zusammenhänge, Kategorienbildung; c) erneute Einbindung des grammatischen Stoffes in kommunikative Handlungszusammenhänge, Reorganisation, Transfer auf neue Situationen, Verfügen über grammatisches Wissen in Funktion.

Begründen lässt sich G. dadurch, dass man auf die Vorzüge einer →Metasprache verweist (über Sprache sprechen), dass das Wissen über Leistung und Funktion sprachlicher Elemente zu besserem Textverstehen (→Textanalyse) und zu vertieften Einsichten in psychische und soziale Auswirkungen der →Kommunikation beitragen, dass der G. als Zuträger für den →Fremdsprachenunterricht gesehen wird u. a. m.

Probleme eines integrativen G.s entstehen vor allem bei der Begründung (ad hoc) gewählter kommunikativer Handlungszusammenhänge (→Ernstfalldidaktik), der damit verbundenen Auswahl grammatischer Stoffe und der methodischen Verbindung der einzelnen Phasen im Übergang von induktiven zu deduktiven Verfahren und umgekehrt. Hier könnten Ansätze, Ergebnisse und Vorgehensweise der →funktionalen Grammatik (3) neue Impulse setzen.

Grammatisch vollständiger Satz, besteht bis auf geringe Ausnahmen (wie: *Mich friert*) aus mindestens zwei Satzgliedern, dem →Subjekt und dem →Prädikat (z. B.: *Ich friere*). Sofern die →Valenz des →finiten Verbs dies erfordert, gehören auch alle obligatorischen →Ergänzungen zum grammatisch vollständigen Satz: *Willi wohnt in Dortmund. Er schenkt seiner Freundin Rosen.*

Unter pragmatischen Aspekten könnte man den Typ des »kommunikativ brauchbaren Satzes« unterscheiden, der unter →empraktischen Aspekten betrachtet werden müsste. →Satz.

Grammatische Funktion, (1) die g. F. eines sprachlichen Elements lässt sich allgemein beschreiben als die Menge aller Verknüpfungsmöglichkeiten mit anderen Elementen. So besteht z. B. die g. F. des →Artikels darin, Begleiter eines Nomens zu sein; seine g. F. ist, im Gegensatz etwa zum →Verb, recht begrenzt. (2) In der →generativen Transformationsgrammatik bedeutet g. F. das Verhältnis einer →grammatischen Kategorie im →Baumdiagramm zu anderen; eine grammatische Kategorie wird dargestellt als Knoten, während die g. F. an den Kanten abzulesen ist. So hat eine →Nominalphrase, die von »S« dominiert wird, (definitionsgemäß) die g. F. »Subjekt-von S« zu sein, während eine Nominalphrase, die von einer →Verbalphrase dominiert wird, (definitionsgemäß) die g. F. »Objekt-von S« besitzt. Insofern stellt die g. F. Relationen (Beziehungen) dar.

Grammatische Kategorie, (1) allgemein jede Klasse (Menge) grammatischer Einheiten mit gleichen Eigenschaften (→grammatische Funktion); je nach der Beschreibungsebene unterscheidet man g. K.n in der Formenlehre (Genus, Kasus, Numerus; Person, Tempus, Aktionsart usw.), in der Satzlehre (Subjekt, Objekt usw.) oder in der Bedeutungslehre (belebt, unbelebt). →Kategorie.

(2) In der →generativen Transformationsgrammatik Klasse von Ausdrücken, die an der gleichen Stelle im Ableitungsschema (→Derivation) stehen können; bei den in der →Endkette erscheinenden, nicht weiter ersetzbaren Symbolen handelt es sich um g. K.n, die durch Lexikoneinträge ersetzt werden (N – Nomen, V – Verb usw.). Die vorangehenden Symbole vertreten eher syntaktische Kategorien, die relational definiert sind (eine von S dominierte NP ist als »Subjekt-von S« definiert usw.). Durch →Subkategorisierungsregeln werden semantische Kategorien eingeführt (wie z. B. [+ belebt] oder [– human] usw.). Insofern stellt die g. K. Klassifikationen (Einteilungen) dar.

Zur Unterscheidung von Kategorie und Funktion schreibt L. Tesnière (1980) u. a.: »Die Kategorien sind statische und unbewegliche Elemente, die Funktionen hingegen sind dynamische und lebendige Elemente.« Zur Verdeutlichung gebraucht er ein sprechendes Bild: »Man kann die Kategorien mit Geschützen in Ruhestellung vergleichen, die Funktionen mit Geschützen im Gefechtseinsatz.«

Grammatischer Wechsel, beim Übergang vom →Germanischen zum →Althochdeutschen (also vor der Zweiten →Lautverschiebung) beobachtete J. Grimm als Erster

ein Nebeneinander von stimmlosen und stimmhaften Spiranten, beispielsweise in den Zeitstufen starker Verben oder den Ableitungen aus gleicher Wurzel, das er als Grammatischen Wechsel bezeichnet hat, z. B.:
ideur. **patér* > germ. *faÞár* > got. *fadar* > ahd. *fater* (Vater)
ideur. **treies* > germ. *Þris* > got. *Þreis* > ahd. *drî* (drei)

K. Verner hat 1876 diese Erscheinungen weiter untersucht und als Ausnahmen zur Ersten Lautverschiebung im so genannten *Vernerschen Gesetz* formuliert: »Die nach der germ. Lautverschiebung vorhandenen vier stimmlosen Spiranten Þ, f, h, s sind in stimmhafter Nachbarschaft zu den entsprechenden stimmhaften Spiranten d, b, g, z gewandelt, wenn der unmittelbar vorhergehende Vokal nicht nach der ursprünglichen indoeuropäischen Betonung den Hauptton trug« (Braune/Eggers, [14]1987).

Im →Mittelhochdeutschen setzt sich der Grammatische Wechsel weiter durch, insbesondere bei den starken Verben: (schlagen) *slahen – geslagen*, (schneiden) *snîden – gesniten*, (bedürfen) *dürfen – darben*, (küren) *kiesen – gekorn*. (Näheres bei H. Paul, [24]1998, §§ 92, 93.)

Wenn man die späteren Entwicklungen von Zweiter Lautverschiebung und →Rhotazismus berücksichtigt, stehen also im Deutschen »f – b, d – t, h – g, s – r« gegenüber. Vgl.: *leiden – litt – gelitten*; *ziehen – zog – gezogen.*

Grammatisches Geschlecht →Genus

Grammatisches Formativ, Terminus der →generativen Transformationsgrammatik; Menge der grammatischen Kategorien, die zu einem Lexikoneintrag gehören, wie Tempus bei V(erben) oder Kasus bei N(omen). →Lexikalisches Formativ.

Grammatisches Subjekt, das →Satzglied, das oberflächenstrukturell im Nominativ (1. Fall) steht und im normalen Aussagehauptsatz die erste Stelle innehat sowie die Täterrolle zugewiesen bekommt: *Willi kauft seiner Freundin Blumen. – Der Junge von nebenan kauft seiner Freundin Blumen.*

Im Fragetest kann das grammatische Subjekt durch »wer oder was?« ersetzt werden. →Logisches Subjekt.

Grammatisches Zeichen, auch: →synsemantisches Funktionszeichen; im Gegensatz zu →lexikalischen Zeichen repräsentieren grammatische Zeichen innersprachliche Sachverhalte, sie sind so etwas wie kognitive Ordnungsmuster und dienen primär der Meta-Information, d.h. sie geben uns zu verstehen, wie wir die lexikalische Information verstehen sollen. Damit haben grammatische Zeichen sowohl eine kognitive als auch eine instruktive Qualität. Sie lassen sich verstehen als »Manifestationsformen von historisch erarbeiteten kognitiven *Differenzierungsmustern* und als *Instruktionssignale* für die Organisation von aktuellen Sinnbildungsprozessen« (Köller, 1988). Damit ist ausgesagt, dass sowohl die →Kognitionssemantik als auch die →Instruktionssemantik Anteil an der Erforschung der grammatischen Zeichen hat.

(1) Kognitionssemantisch lassen sich drei große Fragerichtungen unterscheiden:

- Welche systemtheoretische Differenzierungskraft, d.h. welche Organisationsfunktion bei der Bildung komplexer Zeichen haben grammatische Zeichen?
- Welche Beeinflussung der Denk- und Wahrnehmungsprozesse findet durch grammatische Zeichen statt? →Linguistisches Relativitätsprinzip.
- Welche kognitiven Differenzierungsmuster sind universell? →Universalien.

(2) Instruktionssemantisch ergibt sich folgende Klassifikation der grammatischen Zeichen:

- ontologisch orientierte Interpretationsanweisungen: Hauptwortarten, Numerus- und Steigerungsformen, Teile der Konjunktionen (etwa bei Relationen zwischen zwei Aussagen);
- Beziehung von Vorstellungsinhalten auf die Sprechsituation: Pronomen, Artikel, Tempusformen;

– Kennzeichnung des kommunikativen Stellenwerts der Information: Partikeln, Tempus-, Genus- und Modusformen des Verbs, Thema-Rhema-Gliederung;
– Angabe von Konnexionsanweisungen: Flexionskongruenz, Attributsrelation, Konjunktionen, Pronomen, Kasusformen.

Grammatizität → Grammatikalität

Grammem → Tagmem

Graph, der G.; (1) allgemein bedeutet G. einen konkret geschriebenen oder gedruckten Buchstaben (↔ Graphem). (2) Graphische Darstellung grammatischer Strukturen; gleichbedeutend mit → Baumdiagramm.

Graphem, das G.; Klasse (Menge) von Schreibvarianten eines Buchstabens (↔ Graph): s, ſ ; ss, ß; S, 𝒮 usw. für ›S‹. Die einzelnen Varianten heißen → Allographe. Oft steht ein G. für ein → Phonem (einen Laut), d. h. für die kleinste Einheit, die einen Bedeutungsunterschied anzeigt (*Wand* – *Wind*). In einigen Fällen repräsentieren auch mehrere G.e einen Laut (*Schein*, *Hecke*, *lachen*).

Graphemik, Wissenschaft von den → Graphemen im Hinblick auf ihre → distinktiven Merkmale sowie ihre Stellung im Alphabet. Untersuchungsgegenstand der G. sind geschriebene oder gedruckte Texte; ihre Methode basiert (sofern es sich um alphabetische Schriften handelt) auf einer vergleichenden Analyse von Rede und Schrift, wobei sie sich weitgehend an den Ergebnissen der → Phonologie orientiert. Sie deckt z. B. Konvergenzen und Divergenzen in einem Schreibsystem auf (*Vogel*/*Flügel* versus *Vogel* ≠ *Vase*), sie beschäftigt sich mit der unterschiedlichen Qualität von Graphemkombinationen (oft im Sprachenvergleich) oder befasst sich mit der Entschlüsselung fremder Schriftdokumente (→ Graphetik).

Graphetik, befasst sich im Rahmen der → Graphemik mit den konkreten Vorkommen geschriebener Zeichen (→ Graph) und dient neben der Entschlüsselung fremder Schriftdokumente u. a. der Untersuchung von Handschriften, um diese bestimmten Schreibern zuzuordnen (historische Quellenkunde, Kriminologie) oder um Charakterzüge des Schreibers zu identifizieren (auch: Graphometrie).

Gravis, →diakritisches Zeichen; (1) Betonungszeichen für einen bestimmten (schweren und fallenden) Wortakzent, z. B. der Accent grave im Frz. bei è [ɛ] in *très* ›sehr‹ im Gegensatz zu e [ə] in *je* ›ich‹. (2) Wortmarkierungszeichen zur Unterscheidung verschiedener Wortbedeutung bei gleicher Schreibung, z. B. im Frz. *où* ›wo‹ im Gegensatz zu *ou* ›oder‹.

Grenzknotentheorie, engl. *bounding theory*; mit der Revidierten Erweiterten Standardtheorie (→REST) hat N. Chomsky (1975; dt. 1977) die G. in die →generative Transformationsgrammatik eingeführt. Die G. gibt Bedingungen an, unter denen bestimmte →Bewegungsregeln angewendet werden können oder nicht. So darf zum Beispiel eine NP nicht über mehr als einen Grenzknoten hinweg bewegt werden (→Subjazenz). Im Sprachenvergleich zeigt sich, »dass sich Einzelsprachen u. a. darin unterscheiden können, welchen Kategorien der Status eines Grenzknotens zukommt« (Fanselow/Felix 2, 1987).

Grimmsches Gesetz, Bezeichnung der lautlichen Veränderungen vom Indoeuropäischen zum Germanischen nach dem Begründer der →genetischen Sprachforschung, J. Grimm (1785–1863); →Lautverschiebung (1), →grammatischer Wechsel.

Grundgröße →Subjekt

Grundstufe, Positiv; erste Stufe bei der →Komparation.

Grundwort, bildet mit dem →Bestimmungswort ein zusammengesetztes Wort und steht an letzter Stelle: *Haus/tür/<u>schlüssel</u>, blitz/<u>schnell</u>.* Das G. bestimmt in der Wortzusammensetzung die Wortart und beim Nomen das →Genus.

Grundwortschatz, bezeichnet die Menge von Wörtern (im Lexikon) und Regeln (in der Grammatik) einer Sprache, die als Mindestanforderung für bestimmte kommunikative Zwecke erforderlich sind. So beträgt für das Deutsche der (aktive) G. ungefähr 2000 Wörter. Von C. G. Ogden wurde ein G. für die einfachste Verständigung in der englischen Sprache von 850 Wörtern zusammengestellt (Basic English). Beim G. handelt es sich um die in einer Sprache (→Parole) am häufigsten verwendeten Wörter.

Der G. für die Lektüre (allgemein)wissenschaftlicher Texte wird mit 2200 ausgesuchten Wörtern angegeben; er deckt etwa 95% aller Wörter in Textproben aus verschiedenen wissenschaftlichen Fächern ab (vgl. Fluck, [5]1996). →Wortschatz, →Sprache; →Spracherwerb.

Grundwortstellung, je nach der Struktur einer Sprache mehr oder weniger festgelegt. Die G. gilt für den normalen Aussagehauptsatz und kann im Hinblick auf eine bestimmte Intention (z.B. →Emphase, →Kontrast, Satzartenwechsel) umgestellt werden (→Inversion). Im Deutschen gilt die Abfolge von Subjekt – Prädikat – Objekt als G., ähnlich wie im Englischen, obgleich dort die G. wegen der z. T. fehlenden bzw. abgeschwächten →Flexionsmorpheme, Artikel- und Pronomenflexion bindender ist. Im Deutschen dürfte es sich bei der G. um eine →Default-Regel handeln. Bei stark →analytischem Sprachbau (wie etwa im Lateinischen) kann die G. relativ frei abgewandelt werden.

Grundzahl →Kardinalzahl

H

Habituativ, auch: habituell, dt.: gewohnheitsmäßig; Aktionsart des Verbs, die eine zeitlich unspezifizierte Dauer der ausgeführten Handlung bzw. eine über einen längeren Zeitraum gültige Eigenschaft des Handelnden zum Ausdruck bringt: *Willi wohnt in Hamburg. Er arbeitet als Lehrer.*

Halszäpfchenlaut → Uvular

Handlung, in der Lernpsychologie von Verhalten unterschieden. Von Handeln ist die Rede, wenn die Entwicklung eines antizipatorischen, flexiblen → Handlungskonzepts im Vordergrund steht. Von Verhalten ist die Rede, wenn die tatsächlichen oder antizipierten Konsequenzen im Vordergrund stehen. Eine H. unterliegt demnach der Innensteuerung des Subjekts, während Verhalten durch Außensteuerung provoziert und motiviert wird.

Handlungsform, grammatische Kategorie des Verbs; → Genus verbi.

Handlungskompetenz, die Gesamtheit der einer Person zur Verfügung stehenden → Handlungskonzepte und → Handlungsschemata. Während Handlungskonzepte der Bewältigung einzelner Aufgaben dienen, sind Handlungsschemata längerfristig angelegte psychisch-motorische Dispositionen. Ein Handlungsschema liegt dann vor, wenn die Struktur einer Handlung in unterschiedlichen Situationen gleich bleibt (z. B. Mahlzeiten im Familienkreis, Bewirten von Gästen, Grillparty). Ein solches Schema stellt die kognitive Repräsentation einer Klasse von Vorgängen in handlungsmäßiger, bildhafter und symbolischer Form dar und ist als Kategorisierung zu begreifen.

Im Verlauf der Entwicklung von Kindern und Jugendlichen lassen sich beim Erwerb der H. drei Abschnitte unterscheiden: a) Aneignung der durch Modelle vorgegebenen Verhaltensmuster; b) Ausbildung von Handlungsschemata unter Anleitung; c) eigenständige Handlungsregulation in neuartigen Situationen. Wesentlich für die Entwicklung einer eigenständigen H. ist das Vorhandensein von echten Alternativentscheidungen sowie von Freiräumen.

Handlungskonzept, auch: Handlungsplan; eine Person verfügt über eine →kognitive Struktur (Wissen- und Wertestruktur, Gedächtnis) sowie über Emotionen und Motive. Werden Wissen, Emotionen oder latent vorhandene Motive (z.B. durch die Anreizstruktur eines Gegenstandes) angeregt, so kommt es zu einem H., »das eine Antizipation der späteren Handlung beinhaltet« (Edelmann, [3]1993). Die eigentliche Tätigkeit wird von diesem H. gesteuert. Ist das H. erfolgreich (ist das Ziel der Handlung erreicht worden), dann erfolgt eine Rückmeldung an das Gedächtnis; das H. wird gespeichert und kann in ähnlichen Situationen kurzfristig abgerufen werden.

Neben Kognitionen steuern besonders Bedürfnisse und Gefühle die Bildung von H.en; deshalb ist in →kommunikativen Handlungszusammenhängen, insbesondere in Lehr-Lern-Situationen, die personale Ebene der Kommunikation und die →Motivation der beteiligten Personen von nicht zu unterschätzender Bedeutung.

Handlungsorientierter Sprachunterricht →Sprachunterricht

Handlungsschema, auch Handlungsmuster; die Ausbildung der grundlegenden H.ta erfolgt bereits im Kleinkindalter: Die spontane, totale Tätigkeit als »Gesamtrhythmus des Organismus« (J. Piaget) führt durch Wiederholung zu einem Übungseffekt, dessen Folge eine Konsolidierung der gegebenen Schemata und deren Anpassung oder →Assimilation an die Umwelt ist. Antrieb ist ein der Assimilation inhärentes Bedürfnis (z.B. Saugen, Greifen). Eine Handlung, die zu einem angenehmen Ergebnis geführt hat, wird wiederholt. Die Ausbildung eines

Assimilationsschemas stabilisiert die bedingten Reflexe und wird so zu einer Gewohnheit (Saugen an der Mutterbrust, Saugen am Schnuller, Saugen am Daumen). Die Anwendung mehrerer Handlungsmuster auf den gleichen Gegenstand (ein Bauklotz wird betrachtet, geschüttelt, geklopft, geworfen) führt schließlich dazu, dass neue H.ta durch aktives Experimentieren entdeckt und dass neue Mittel zur Differenzierung bekannter Schemata gesucht werden, was den Beginn vollständiger Akte praktischer Intelligenz darstellt.

Handlungstheorie →Pragmatik

Handlungsverb, Tätigkeitsverb; Zusammenfassung von Verben zu einer Gruppe unter dem Gesichtspunkt ihrer Bedeutung; H.en drücken aus, dass jemand etwas tut oder ausführt: *befehlen*, *rennen*, *spielen*, *unterstützen.* →Vorgangsverb, →Zustandsverb.

Haplologie, Verschmelzung zweier gleicher oder ähnlich klingender Silben: *Zauberin* statt Zaubererin.

Hauptsatz, grammatisch vollständiger Satz; Aussage-, Frage- und Befehlssatz (→Satzart) sind Hauptsätze. Der H. lässt sich an der Stellung der →finiten Verbform erkennen; sie steht an erster oder zweiter (nie an letzter) →Satzgliedstelle. →Nebensatz.

Head →Kopf

Hebung, (1) auch: Palatalisierung; qualitative Veränderung eines Vokals durch Angleichung (meist) an einen (helleren) Vokal in der Folgesilbe, etwa die H. von [a] zu [e] beim →Umlaut. Auch der Wandel im Ahd. von [ai] zu [ei] oder [au] zu [ou] kann als H. von [a] zu [e] bzw. [o] oder als Assimilation an die zweite Komponente des Diphthongs angesehen werden. (2) Auch: Anhebung, engl.: Raising; →Hebungsverb.

Hebungsverb, Verben, die eine bestimmte Konstruktion erforderlich machen, z.B. *sehen*, *hören* mit →AcI oder *scheinen*, *pflegen* als →modifizierende Verben. In der Standard-Theorie der →generativen Transformationsgrammatik werden solche syntaktischen Strukturen über →Transformationen aus zugrunde liegenden →Tiefenstrukturen abgeleitet, wobei →Hebung als →Subjekthebung oder →Objekthebung stattfindet. Dies meint ganz allgemein die Bewegung einer Kategorie von einer tiefer gelegenen Strukturebene auf eine höhere. So wird zum Beispiel *Er sieht sie kommen* hergeleitet aus *Er sieht* (*sie kommt*), wobei das Subjekt des eingebetteten Satzes durch Subjekt-zu-Objekt-Hebung Akkusativ vom H. »sehen« zugewiesen bekommt. Ähnliches wird für *Er pflegt mittags zu schlafen* durch Subjekt-zu-Subjekt-Hebung angenommen. H.en sind auch bei →Infinitivsätzen relevant.

H. J. Heringer (1996) behandelt den Hebungskomplex dependentiell: H.en regieren den Infinitiv beim abhängigen Verb; der Infinitiv ist »mit einem bedeutungsleeren *zu* erweitert«. Dieses *»zu«* wertet er als ein isoliertes Lexem, das direkt vor dem Infinitiv steht und nicht von ihm abrücken kann; deshalb erhält es keine lexikalische Kategorie zugeschrieben und wird direkt wie ein Morphem ins Stemma eingeführt. Zum Beispiel: (*Willi*) *scheint zu schlafen.*

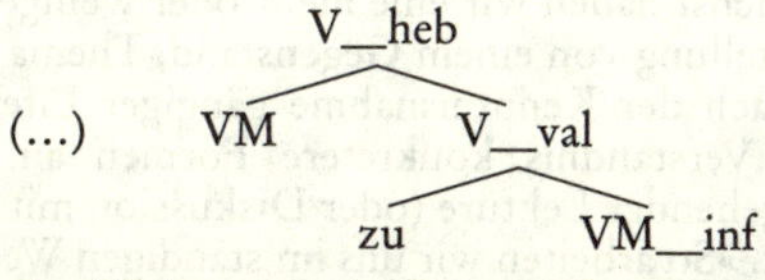

(V_heb = Hebungsverb, VM = Verbmorphem, V_val = valenzielles Verb, VM_inf = infinites Verbmorphem)

Hendiadyoin, auch: Hendiadys, dt.: eins durch zwei; (1) rhetorische Figur zur Verstärkung der Aussage durch die Verwendung zweier synonymer Nomen oder Verben: *sein Herr und Meister*; *bitten und flehen.* (2) Besonders bei antiken Schriftstellern anzutreffende stilistische Figur, bei der eine attributive Fügung durch eine reihende Verbindung mit »und« ersetzt wird: *die Masse der hohen Berge – die Masse und die hohen Berge.*

Hermeneutik, Auslegekunst, Verstehenslehre; in der Sprach- und Literaturwissenschaft Verfahren der Auslegung und Erklärung (Interpretation, Exegese) von Texten, Kunstwerken oder Musikstücken. Sodann auch die Darstellung der Regeln und Hilfsmittel, die dem Rezipienten helfen, den vom Verfasser gemeinten Sinn zu erschließen. Im Laufe ihrer Geschichte, die in der Antike beginnt, hat die H. mehrfach eine Begriffserweiterung bzw. eine Verlagerung der Anwendungsinteressen erfahren: Analyse der grammatischen Struktur, Deutung des allegorischen Sinns, Rekonstruktion einer als ursprünglich angesehenen Sprachform, Bibelexegese, Rekonstruktion der Mitteilungsabsicht des Autors (psychologische Auslegung), Verstehen des Textsinns in seiner geschichtlichen Bedingtheit (historische Interpretation), Bewusstwerden der eigenen Verstehensbedingungen (kognitionswissenschaftliche Aspekte der →Textverarbeitung und Sinnkonstruktion). (Ausführlich bei Köller, 1988, Kap. 11.)

Hermeneutischer Zirkel, Phänomen innerhalb der hermeneutischen Wissenschaften, das sich etwa so beschreiben lässt: Zunächst haben wir eine mehr oder weniger vage Alltagsvorstellung von einem Gegenstand, Thema oder Sachgebiet. Nach der Kenntnisnahme gängiger Literatur nimmt unser Verständnis konkretere Formen an, was uns zu weitergehender Lektüre (oder Diskussion mit Kollegen) befähigt. »So arbeiten wir uns im ständigen Wechsel von ›Entwurf‹ und ›Kenntnisnahme‹ bis zur weitestmöglichen, dem gegebenen Forschungsstand entsprechenden Information über unser Problem vor« (Seiffert 2, 1970). Dieser Vorgang ist prinzipiell nicht abschließbar; denn jeder Verstehensprozess ist dialogisch und historisch zugleich.

Erkenntnistheoretisch wirft dieser Vorgang folgendes Problem auf: Wenn wir innerhalb einer Theorie einen bestimmten Terminus verstehen wollen, wird er uns mit anderen Termini dieser Theorie bzw. mit Wendungen der Umgangssprache erklärt, die ihrerseits erklärungsbedürftig sind, so dass eine fortwährende Kreisbewegung einsetzt, aus der wir uns nicht befreien können. Als Lösungsversuche, diesen hermeneutischen Zirkel zu durchbrechen, sind vorgeschlagen worden: a) die Erklärungssuche abzubrechen, wenn man zu Ausdrücken gelangt, die sich selbst erklären, die sich quasi von allein verstehen oder selbstevident sind; b) die Erklärungssuche zurückzustellen, solange eine Theorie keine Widersprüche produziert und sich bewährt.

Heterolog, Wortbildungsphänomen; Wörter stehen in einem h.en Verhältnis, wenn ihre spezifische Differenz (z. B. männlich – weiblich) durch ein eigenes → Lexem realisiert wird: *Hengst – Stute*.

Heteronymie, dt.: verschiedenartige Namen; (1) die H. bezeichnet sachlich eng zusammengehörende Wörter, denen unterschiedliche → Wortstämme zugrunde liegen. Heteronyme sind z. B.: *Montag, Dienstag, Mittwoch* (Wochentage); *Vater, Mutter, Kind* oder *Fisch, Wasser.* (2) H. kennzeichnet auch Lautkörper in verschiedenen Sprachen, die dasselbe bedeuten: *equus, cheval, horse, Pferd, phert.*

Heuristisch, Kennzeichnung einer bestimmten wissenschaftlichen Vorgehensweise; das h.e Prinzip besagt, dass vorläufige Annahmen oder Arbeitshypothesen aufgestellt werden, um einen Sachverhalt besser verstehen zu können, um neue Erkenntnis zu gewinnen oder um eine Lösungsstrategie zu entwickeln.

Hiatus, dt.: Kluft; deutlich hörbare Unterbrechung bei der Aufeinanderfolge zweier Vokale a) in der Fuge zwischen zwei Wörtern: *dann fragte | er*, ... b) am Ende und am Anfang zweier aufeinander folgender Silben im Wortinnern: Kooperation ['ko|opəratsjo:n], Chaos ['ka|ɔs].

Hilfsverb, auch: Hilfszeitwort; (1) als H. bezeichnet man *haben*, *sein*, *werden*, sofern mit diesen Verben zusammengesetzte Formen in Verbindung mit dem →Infinitiv oder dem →Partizip eines →Vollverbs gebildet werden: *Wir sind nach London geflogen. – Wir haben ausgezeichnet gegessen. – Es wurde viel gelacht. – Man wird sehen.*

H.en können auch selbständig in der Rolle von Vollverben gebraucht werden: *Wir sind hier im British Museum. – Wir hatten eine gute Überfahrt. – Elke wird Stewardess.*

(2) Gelegentlich werden auch →Modalverben (analog zu engl. *auxiliaries*) als H.en bezeichnet.

Hintergaumenlaut →Velar

Hinweisendes Fürwort →Demonstrativpronomen

Historische Sprachwissenschaft, Sammelbezeichnung für alle Richtungen der Allgemeinen Sprachwissenschaft, die sich mit der Erklärung des Ursprungs der Sprache, mit dem Vergleich verwandter Sprachen oder mit den historisch bedingten Veränderungen einer Sprache befassen (→Diachronie). Schon in der Antike hat es ein Interesse an historischer Sprachbetrachtung gegeben, doch erst im 19. Jh. ist die h. S. systematischer betrieben worden, insbesondere durch die Entdeckung des →Grimmschen Gesetzes und die Methoden der historisch-vergleichenden oder →genetischen Sprachwissenschaft. Die →Junggrammatiker haben eine Fülle historischen Materials zusammengetragen und aufgearbeitet, das bis heute seine Relevanz für die h. S. nicht verloren hat.

Historisches Präsens, Bezugnahme auf Vergangenes mit Hilfe der Gegenwartsform; in solchen Fällen kann das historische Präsens durch das →Präteritum ersetzt werden. Das historische Präsens findet Anwendung in historischen Darstellungen, bei der Vergegenwärtigung vergangener Handlungen und Geschehnisse oder zum Zweck der Verlebendigung einer ansonsten in der Vergangenheitsform erzählten Geschichte:

Karl der Große wird um 800 zum Kaiser gekrönt.

»Am Abend gingen wir durch Aachens Altstadt. Als wir

dann den Dom mit dem legendären Thronsessel Kaiser Karls besichtigten, kommt plötzlich ein wildfremder Herr auf mich zu, klopft mir auf die Schulter und begrüßt mich mit ›Hallo, Kleine, wie geht's?!‹ Mir verschlug es glatt die Sprache.«

Historisch-vergleichende Sprachwissenschaft →Komparatistik

Hochdeutsch, (1) auch →Hochsprache; in Abgrenzung zu →Dialekt oder →Soziolekt überregionale Sprachform oder Standardsprache des heutigen Deutsch. (2) Im Gegensatz zum →Niederdeutschen die Form des Deutschen, die die Zweite oder Hochdeutsche →Lautverschiebung ganz (oder teilweise), und zwar südlich der →Benrather-Linie, realisiert hat. Das H.e gliedert sich in das →Mitteldeutsche und →Oberdeutsche.

Hochdeutsche Lautverschiebung →Lautverschiebung (2)

Hochlautung, Gegenstand einer normierten Ausssprachelehre, Ausspracheregeln etwa für Nachrichtensprecher in Rundfunk oder Fernsehen; niedergelegt z.B. im Duden-Aussprachewörterbuch ([3]1990). →Hochsprache (1).

Hochsprache, (1) ursprünglich Bezeichnung für die Bühnenaussprache im klassischen Drama (Th. Sieb, *Deutsche Bühnensprache*, 1910); heute als →Hochlautung bezeichnet. (2) Standardsprache; überregionale, gehobene Sprachebene (schriftlich oder mündlich), →elaboriert. (3) Nach einer Einteilung von J. Trier bezeichnet H. diejenige Sprechweise, die auch ohne die Unterstützung durch das Nichtsprachliche verstehbar ist, also eine relativ kontextunabhängige Sprechweise.

Höchststufe, Superlativ, dritte Stufe der →Komparation.

Höherstufe, Komparativ, zweite Stufe der →Komparation.

Holistisch, dt.: ganzheitlich, das Ganze betreffend; Richtung der →kognitiven Linguistik innerhalb der allgemeinen →Kognitionswissenschaft, welche die Sprache nicht als ein autonomes Subsystem ansieht, sondern als eine Begleiterscheinung der Kognition. »Ziel der holistisch ausgerichteten Kognitionsforschung ist es, die Menge der universalen Prinzipien [wie →Konzeptualisierung, Mustererkennung, Kategorisierung usw.] zu beschreiben, die allen mentalen Fähigkeiten gleichermaßen zugrundeliegen« (Schwarz, 1992). Der h.e Ansatz, der die untrennbare Verflechtung allgemeiner kognitiver und sprachlicher Prinzipien und Regeln postuliert, wird insbesondere in der →kognitiven Grammatik betont. ↔Modular.

Homöostase, inneres Gleichgewicht, das der Organismus einzuhalten und nach Störungen wieder zu erreichen versucht. Diese Vorgänge spielen sich auf verschiedenen Ebenen ab, u. a. der physikalisch-chemischen, der biochemischen bis hin zu einer Ebene von komplexeren, die Triebe und Bedürfnisse regulierenden Strebungen (Hunger, Durst, Temperaturausgleich). In der Lernpsychologie berufen sich einige Richtungen (z. B. trieb- oder neugiertheoretische Konzepte) auf den kybernetischen Begriff der H., um Lernverhalten zu erklären. Bei J. Piaget wird zur Erklärung von Entwicklung durch Selbstregulation der Begriff der →Äquilibration eingeführt.

Das einfachste Modell der H. stellt der →Regelkreis mit (negativem) Feedback dar, z. B. der Thermostat an einer Heizung.

Homograph, Sonderfall der →Homonymie; Wort, das sich nur in der Aussprache von einem anderen unterscheidet, mit diesem aber nicht etymologisch verwandt ist: (sie) *rasten* (sie ruhen, machen eine Pause) versus: (sie) *rasten* (sie fuhren sehr schnell).

Homolog, Worbildungsphänomen; Wörter stehen in einem h.en Verhältnis, wenn sie lediglich in ihrer Endung differieren: *König* – *Königin* (männlich – weiblich). ↔Heterolog.

Homonym, das H.; gleich lautende Wörter mit unterschiedlicher →Bedeutung. Eine →Lautgestalt vertritt mehr als eine Bedeutung: *Bank*, *Kiefer*, *Strauß*, *Ton.*

Bank — Lautgestalt ['baŋk]
— Bedeutung 1: »Sitzgelegenheit«
— Bedeutung 2: »Geldinstitut«

Lassen sich die Bedeutungen voneinander ableiten, so spricht man von →Polysemie. Zum Teil können H.e durch unterschiedliche Artikel (*der Kiefer*, *die Kiefer*) oder unterschiedliche Pluralbildung (*Bänke*, *Banken*) identifiziert werden. ↔Synonym.

Homophon, Wort, das mit einem anderen gleich lautet, aber unterschiedlich geschrieben wird: *lehren – leeren*; *Wirt – wird.*

Hüllwort →Euphemismus

Hybridbildung, dt.: Bildung aus unterschiedlichen Formen; von H. spricht man, wenn bei der →Ableitung oder →Zusammensetzung von Wörtern die Bestandteile aus unterschiedlichen Sprachen stammen: *Duschgel* (dt./frz.), *Farbmarker* (dt./engl.), *Hybridbildung* (griech./dt.).

Hyperbaton, das H., pl.: Hyperbata; Abweichung von der üblichen Wortstellung. Als rhetorische Figur dient das H. der Akzentuierung oder Herausstellung: *»Vor allem aber dürft ihr unter keinen Umständen solche von euren Kameraden, welche die Arbeit wieder aufnehmen wollen, daran hindern«* (Wilhelm II., 1880).

Als stilistisches Mittel oft in der Lyrik genutzt: *»Gelassen stieg die Nacht ans Land,* [...]*«* (E. Mörike).

Hyperbel, rhetorische Figur; Wahl eines übertriebenen Ausdrucks: *Ich hege felsenfest die Überzeugung*; *das völkerwürgende System der Inflation.*

Hyperkorrekt, übertriebene Hervorhebung z.B. von →Hochlautung oder →Hochsprache im umgangssprachlichen Kontext. Solche h.en Formen kommen z.B. dann vor, wenn etwa durch sozialen Aufstieg die linguistischen →Kodes noch nicht vollständig beherrscht werden. Oft wird dann eine Regel irrtümlich auf einen ähnlichen Fall übertragen, oder es werden Ausnahmen nicht beherrscht und berücksichtigt: *Wir haben dann der Vorlesung* [lexikalische Analogie zu »etwas vorlesen«] *des Autoren* [morphologische Analogie zu »des Herren«] *gelauscht* [Stilhöhe].

Hyperonym, Oberbegriff; Lexem, das in einer begrifflich übergeordneten Beziehung zu einem oder mehreren anderen Lexemen steht: *Sitzmöbel* (im Verhältnis zu: Stuhl, Sessel, Sofa, Hocker usw.). Das H. ist inhaltlich allgemeiner und enthält weniger →distinktive Merkmale. ↔Hyponym.

Hypertext, auch: Hypermedia; ein im HTML-Format (= im →Internet lesbares Datenformat, Abk. für »Hypertext Markup Language«) geschriebener Text, der über einen Browser (= Computerprogramm zur Anzeige von Dokumenten aus dem World Wide Web, kurz www) auf einem Monitor realisiert werden kann. Im zeichentheoretischen Sinne handelt es sich um einen →Text (3), der nicht nur aus Sprachzeichen bestehen muss und nicht mehr nur linear verläuft. Dies bedeutet, dass im Textfluss an bestimmten Stellen Links (Verbindungsknoten) angezeigt werden, die der Benutzer anklicken kann, um zu einer bestimmten anderen Stelle in dem betreffenden Dokument oder auch zu einem ganz anderen H. zu gelangen. Dabei kann es sich um bestimmte Textstellen (z. B. Kapitelanfänge), um eine Graphik, eine Tabelle oder eine ganz andere Quelle im www handeln. Ein Return-Link sollte den Surfer stets an die Stelle zurückbringen, von der er bei seiner Datensuche ausgegangen ist.

Hyponym, Unterbegriff; Lexem, das in einer begrifflich untergeordneten Beziehung zu einem anderen steht: *Stuhl* (im Verhältnis zu Sitzmöbel). Das H. ist inhaltlich differenzierter und merkmalhaltiger. ↔Hyperonym.

Hypostase, (1) Verdinglichung, Vergegenständlichung eines bloß in der Phantasie existierenden Begriffs: z. B. das Fabelwesen *Einhorn* in der Dichtung oder Malerei. (2) Bei den Wortarten lässt sich H. insofern feststellen, als gilt: Nomen bezeichnen Gegenstände, Verben Vorgänge und Adjektive Eigenschaften, was zum Teil nicht den wirklichen Verhältnissen entspricht. So ist *Blitz* eher ein Vorgang als ein Gegenstand, und *Dummheit* ist eher eine Eigenschaft. (3) Spezialfall von Wortartenwechsel, z. B. der Übergang eines Nomens im Genitiv zum Adverb, bei dem dann das Genitiv-s erhalten bleibt: *mittags.*

Hypotaxe, auch: Subordination, dt.: Unterordnung; Verknüpfung eines →Hauptsatzes mit abhängigen →Nebensätzen im Gegensatz zur →Parataxe (Nebenordnung) von Sätzen gleicher Ordnung. Die H. kann unterschiedlich realisiert sein: a) durch Voranstellung (→Linksverzweigung), b) durch Nachstellung (→Rechtsverzweigung), c) durch Zwischenschaltung (Schachtelsatz, →Einbettung), d) durch Kombination der Verfahren a) bis c):

a) *Wenn die Preise steigen, geht die Nachfrage zurück.*
b) *Die Nachfrage geht zurück, wenn die Preise steigen.*
c) *Die Nachfrage, die durch den Preis reguliert werden kann, geht zurück.*
d) *Die Nachfrage, die durch den Preis geregelt werden kann, geht zurück, wenn die Preise steigen, und sie kann belebt werden, wenn die Preise fallen.*

I

IC-Analyse, engl.: Immediate Constituent Analysis, dt.: unmittelbare →Konstituentenanalyse.

Ich-Jetzt-Hier-Origo, Bezeichnung von K. Bühler ([2]1965) für die im Bewusstsein verankerte personale Identität mit ihren persönlichen (Ich), zeitlichen (Jetzt) und räumlichen (Hier) Aspekten. Sie ist der Bezugspunkt für die Äußerungen eines jeden Sprechers und spannt quasi den Kommunikationsraum auf, in dem er oder sie sich sprachlich bewegen kann. Die hier benutzten →deiktischen Ausdrücke bezeichnen in unterschiedlichen kommunikativen Handlungszusammenhängen ebenso unterschiedliche →Referenzobjekte (nach dem Motto: morgen ist heute gestern).

Die I.-J.-H.-O. kann wirksam werden in der aktuellen Sprechsituation (z.B. durch Gesten des Zeigens mit den entsprechenden Demonstrativa), durch Kontextverweise (z.B. →Anaphern) oder durch literarische Konstruktion (Phantasie, Erinnerung, »Deixis am Phantasma«).

Icon, Relation im Objektbezug eines →Zeichens; ein iconisches Zeichen enthält eine Anzahl von Elementen des Objekts, von dem durch das Zeichen Notiz genommen werden soll. Es besteht eine Ähnlichkeitsbeziehung, wie z.B. bei den Zeichen für sportliche Disziplinen, Abbildungen von Gegenständen oder Personen (Piktogramm, Porträt, Fotografie). →Index; →Symbol (2); →triadische Zeichenrelation.

Iconisch →Triadische Zeichenrelation

Ideale Sprechsituation, theoretisches Konstrukt zur Beschreibung der Bedingungen, die angenommen werden müssten, wenn ein →Diskurs zu einem wahren Konsens führen soll. Diese Bedingungen sehen unter anderem vor, dass für alle Beteiligten die gleichen Rechte und

Chancen bestehen, den Diskurs zu eröffnen, Fragen zu stellen oder zurückzuweisen, den Diskurs zu beenden usw., d.h. »Dialogrollen wahrzunehmen und Sprechakte auszuführen«; sie hat »für jede mögliche Kommunikation die Bedeutung eines konstitutiven Scheins, der zugleich Vorschein einer Lebensform ist« (Habermas, 1971). Zwar wird sie kontrafaktisch nur unterstellt, doch ist sie zugleich eine grundlegende Bedingung (und nicht nur ein regulatives Prinzip) unserer Kommunikation überhaupt.

Idealer Sprecher/Hörer, ein von N. Chomsky 1965 eingeführter Begriff: »Der Gegenstand einer linguistischen Theorie ist in erster Linie ein idealer Sprecher-Hörer, der in einer völlig homogenen Sprachgemeinschaft lebt, seine Sprache ausgezeichnet kennt und bei der Anwendung seiner Sprachkenntnis in der aktuellen Rede von solchen grammatisch irrelevanten Bedingungen wie begrenztes Gedächtnis, Zerstreutheit und Verwirrung, Verschiebung der Aufmerksamkeit und im Interesse, Fehler (zufällige oder typische) nicht affiziert wird.« Nur in dieser Idealisierung kann für Chomsky die Sprachverwendung als direkte Widerspiegelung der linguistischen →Kompetenz (1) angesehen werden, die sich nicht auf die Oberflächenstrukturen richtet, sondern auf das der Sprachverwendung zugrunde liegende Regelsystem, etwa in Gestalt der →generativen Transformationsgrammatik.

Idealistisch, Bezeichnung für eine philosophische Denkrichtung, die in der Welt und in dem, was ist, Erscheinungsformen von Ideen (des Geistes, der Vernunft, des Bewusstseins) sieht. Solche Ideen sind bei Platon absolut und dem Menschen vorgegeben; bei Aristoteles wird dieses Modell bereits psychologisiert, insofern die platonische Idee durch den Begriff der Vorstellung (als dem Menschen erscheinender Gedanke) ersetzt wird. ↔Positivistisch, →Referenz (1).

Idealistische Sprachwissenschaft, Strömung gegen die ↔positivistische Ausrichtung der →Junggrammatiker (um 1900), die Sprache als etwas Individuelles und Kreatives ansieht und vor allem die ästhetische Funktion in den Mittelpunkt stellt. Insofern ist die i. S. eher an einer Verknüpfung ihrer Forschung mit Literatur (Stilistik), Kultur und Kunst interessiert. Ihr Vorreiter in Deutschland ist K. Voßler, der u.a. an W. v. Humboldt anknüpft: Voßlers Anliegen ist die innere Sprachform, nicht die so genannte historische Grammatik, die für ihn nichts als eine Ansammlung toter Gegenstände ist. »Da Voßler den Geist als Ursache aller sprachlichen Erscheinungen ansieht, verliert die Sprachwissenschaft wieder [...] ihren eigenen Gegenstand. Sprache wird in Geist aufgelöst, die Sprachgeschichte wird zur *Geistesgeschichte* deklariert.« (Helbig, [7]1986.)

Ideogramm → Ideographisches Zeichen

Ideographisches Zeichen, auch: Ideogramm, dt.: Begriffszeichen; (Schrift-)Zeichen, das einen ganzen Begriff darstellt, z.B.: 8 (Ziffer), + (Pluszeichen), § (Paragraph), % (Prozent) oder & (Et-Zeichen).

Idiolekt, dt.: eigentümliche Rede; Sprache und Sprachverhalten eines einzelnen Sprachteilnehmers; unter sozialen Aspekten werden merkmalgleiche I.e zum → Soziolekt, unter regionalen Aspekten zum → Dialekt zusammengefasst.

Idiom, dt.: Spracheigentümlichkeit; (1) Menge von → Idiolekten einer kleineren Gruppe von Sprachteilnehmern (z.B. Jargon in einer Jugendgruppe). (2) Auch: Wortgruppenlexem, festes Syntagma; feststehende Redewendungen: *aus dem Häuschen sein*, *einen Bock schießen*; I.e sind meist nur in ihrer Gesamtbedeutung verständlich und lassen sich nicht allein aus der Summe ihrer Teile erklären. Von daher sind sie für Lerner der betreffenden Sprache semantisch »undurchsichtig«.

»Ein Idiom ist kombiniert aus mindestens zwei einfachen bedeutungstragenden Sprachzeichen« (Heller, [2]1980); z.B. »Blaustrumpf«. Ein I. umfasst also mehr als ein Lexem und weniger als einen Satz (Abgrenzung zum

Sprichwort!); es ist immer mehrdeutig und hat mindestens eine idiomatische und eine nicht idiomatische Lesart.

Idiomatik, (1) Teilgebiet der Sprachwissenschaft, das sich mit den →Idiomen (1) befasst. (2) Phraseologie; Beschreibung und Klassifikation der Gesamtheit der Idiome (2).

Idiomatisierung, sofern ein Wort oder ein →Idiom (2) seine semantische Durchsichtigkeit verliert, wird es idiomatisiert, d.h. nur in einer eigentümlichen Gesamtbedeutung verstanden: *auf die lange Bank schieben* = verzögern (bezieht sich auf die Aktentruhen der alten Gerichte), *durch die Bank* = alle (bezieht sich auf die soziale Gleichstellung aller, die auf der gleichen Bank sitzen). Solche I. liegt auch bei der →Volksetymologie vor.

Illokution, dt.: (Handeln) beim Sprechen; Bezeichnung für einen Teilaspekt des →Sprechakts; der illokutionäre (illokutive) Akt betrifft die sprachliche Handlung, die mit einer Äußerung intendiert ist, wie z.B. Behaupten, Fragen, Befehlen, Versprechen usw. J. R. Searle (1971) nennt die intendierte Wirkung auf einen Hörer auch »illokutionären Effekt« (→Perlokution).

I.en sind selbst in verschiedene Komponenten zerlegbar:

- Illokution
  - Einstellung
  - Proposition
    - Referenz
    - Prädikation

Beispiel (nach Heringer, 1996): *Ich bedaure, dass die Wunde schmerzt.* Der Sprecher (*ich*) tut in der I. dieses Satzes seine Einstellung kund (*bedaure*); sie hat zum Inhalt eine Proposition, die in dem *dass*-Satz ausgedrückt ist. Der propositionale Akt zerfällt seinerseits in den Referenzakt, in dem auf einen Gegenstand der Rede Bezug genommen wird (*die Wunde*), und den Prädikationsakt, in dem von diesem Gegenstand etwas ausgesagt wird (*schmerzt*).

Illokutionär, auch: illokutiv; →Illokution.

Illokutionärer Akt →Illokution, →Sprechakttheorie

Imperativ, dt.: Befehlsform; der I. ist eine der drei Formen des →Modus im Deutschen. Der I. wird gebraucht, um den direkten Aufforderungssatz (Befehls-, Wunschsatz) zu bilden. Allgemein üblich ist der I. a) zur direkten Anrede einer Person (2. Person Singular) oder mehrerer Personen (2. Person Plural) im Präsens Aktiv: *Gib dem Kellner ein Trinkgeld! – Vergiss nicht den Termin! – Geht voraus!* b) als Höflichkeitsform: *Behalten Sie den Rest! – Geben Sie Ihre Hausarbeit im Sekretariat ab!*

Andere Tempora und das Passiv sind nicht ausgebildet. Das Subjekt (Personalpronomen) wird gesetzt, wenn es zur besonderen Kennzeichnung dienen soll: *Gib du dem Kellner ein Trinkgeld! (Ich habe gerade kein Kleingeld.)*

Ansonsten tritt das Subjekt nicht in Erscheinung; »es ist aber als latent gegeben vorauszusetzen« (Flämig, 1991).

Durch das Satzschlusszeichen (Ausrufezeichen) oder die besondere →Intonation sowie durch die Spitzenstellung des Verbs werden die Befehls- oder Aufforderungssätze gekennzeichnet, wodurch sie sich z.B. von der →Entscheidungsfrage (Fragezeichen/Frageintonation) unterscheiden, obgleich auch diese Satzart Spitzenstellung des Verbs (→Verbstellung) aufweist.

Imperfekt →Präteritum

Imperfekt(iv) →Durativ

Impersonale, pl.: Impersonalia; dt.: unpersönliches Verb; mit I. bezeichnet man ein Verb, das kein grammatisches Subjekt aufweist oder nur mit dem Pronomen »es« oder mit einer ganz begrenzten Menge von Nomen als Subjekt verbunden werden kann. →Personale; →Witterungsimpersonale.

Mir ist kalt (subjektlose Fügung). *Es weht (Der Wind weht). Es grünt. Es regnet. Es dämmert (Der Morgen dämmert). Es klopft. Es spukt.*

Auch einige Wendungen mit persönlichen Verben können unpersönlich gebraucht werden: *Es klingelt. Es wird gestreikt.*

Implikation, dt.: »Einflechtung«, Einbeziehung einer Sache (Aussage) in eine andere; (1) Bezeichnung für die logische Wenn-dann-Beziehung: wenn p, dann q (formal: $p \rightarrow q$): *Wenn morgen Schnee liegt, (dann) können wir rodeln.* Die Aussage ist nur dann falsch, wenn q wahr und p falsch ist.

(2) In der Semantik bezeichnet I. die inhaltliche Beziehung von Wörtern in einem →Bedeutungsfeld (das Wort »Schnee« impliziert »kristalliner Niederschlag«) oder von Aussagen zueinander (*Der Schnee liegt auf dem Dach* impliziert *Das Dach befindet sich unter dem Schnee / ist zugedeckt mit Schnee* o. Ä.).

Implikatur, dt.: das Umfassende; ein von H. P. Grice eingeführter Terminus, der alle sprachlichen Äußerungen betrifft, die nicht (genau bzw. alles) sagen, was der Sprecher meint, wie etwa bei den →indirekten Sprechakten oder der →Implikation (2), wobei der Angesprochene dem Gesagten entnehmen kann (zumindest: entnehmen sollte), was der Sprecher eigentlich meint. Ein solcher indirekter Verständigungsprozess funktioniert jedoch nur, wenn bestimmte Annahmen gelten: (1) Die konventionale I. ist in der Regel eine →Präsupposition: bestimmte Annahmen über die grammatischen und lexikalischen Bezüge sind konventionell geregelt und werden auf dieser Basis (mit-)verstanden. Die Feststellung *Sie schlagen also immer noch Ihre Frau!* impliziert, dass der Angeredete eine Frau hat (also männlich und verheiratet ist) und dass er eine (strafbare) Handlung begangen hat, weil mit *»immer noch«* unterstellt wird, dass eine solche Handlung bereits vorliegt. In ähnlicher Weise wirken bestimmte andere sprachliche

Mittel als konventionelle I., wie z. B. einige der →Aktionsarten: »verbrennen, verblühen« impliziert, dass es etwas gibt, das *gebrannt, geblüht hat* usw.

(2) Die konversationale I. beruht auf einer Äußerung, die bestimmte →Konversationsmaximen verletzt bzw. außer Acht lässt, wobei der Sprecher gleichzeitig unterstellt, dass der Angesprochene aufgrund des allgemeinen →konversationellen Prinzips die tatsächliche →Illokution rekonstruiert. Grice gibt u. a. folgendes Beispiel an: A und B wollen durch Frankreich reisen und C, den Freund von A, treffen: *A fragt: »Wo wohnt C?« – B: »Irgendwo in Frankreich.«*

Die Antwort von B ist, das muss B selbst wissen, für die Zwecke von A nicht informativ genug. »Diese Zuwiderhandlung gegen die erste Maxime der Quantität lässt sich nur durch die Annahme erklären, dass es B klar ist, dass er der Maxime der Qualität, ›Sage nichts, wofür dir angemessene Belege fehlen‹, zuwiderhandeln müsste, um etwas Informatives zu sagen. Mithin impliziert B, dass er nicht weiß, in welcher Stadt C wohnt.« (Grice, 1979; Näheres bei Rolf, 1994.)

Implosiv, →Verschlusslaut, bei dem es nicht zur Sprengung des oralen Verschlusses kommt: z. B. die ersten beiden [t] in *Betttuch*; das [p] in *Kippboden*.

Inchoativ →Ingressiv

Indefinitpronomen, dt.: unbestimmtes Fürwort; mit den I. können Gegenstände oder Personen bezeichnet werden, die nach Numerus und/oder Genus unbestimmt sind:
- unbestimmt im Numerus/Genus: *mancher, niemand*
- unbestimmt im Genus: *etwas, jemand*
- weitere I.: *alle, kein, man, nichts, sämtlich*

Der Übergang zu den unbestimmten →Numeralia ist fließend: *einzeln, einzig, ganz, gesamt, halb, viel, zahlreich.*

Index, Relation im Objektbezug eines →Zeichens; ein indexikalisches Zeichen weist auf das Objekt, von dem

Notiz genommen werden soll, hin. Ein solches Verhältnis zwischen Zeichen und Objekt besteht z. B. zwischen einem Wegweiser und dem Ziel (Ortschaft, Aussichtspunkt und dgl.), auf das der Wegweiser hinweist. →Icon; →Symbol (2); →triadische Zeichenrelation.

Indexikalisch, (1) →deiktisch; (2) →Index.

Indikativ, dt.: Wirklichkeitsform; neben Konjunktiv und Imperativ einer der drei Modi (→Modus) im Deutschen. Mit dem I. werden Feststellungen, Tatsachen und sachliche Aussagen ganz allgemein wiedergegeben: *Es regnet. Geht ihr trotzdem spazieren? Wir wollen lieber Karten spielen.*

Indikator, Terminus der →Aussagenlogik; I.en sind →deiktische Ausdrücke wie »ich, du, jetzt, hier, heute«; und nur solche nicht analysierten Aussagen können wahr oder falsch sein, die keine I.en enthalten.

Indirekte Rede, dt.: abhängige/berichtete Rede; mit der i.n R. können Aussagen oder Fragen anderer wiedergegeben werden, ohne sie unmittelbar zu zitieren (↔direkte Rede). Die i. R. wird im →Modus des →Konjunktivs wiedergegeben, wodurch zum Ausdruck kommt, dass der Sprecher nur eine andere Meinung wiedergibt. Die i. R. gilt als (uneingeleiteter) Nebensatz, da sie stets von einem übergeordneten Satz (des Sagens, Meinens) abhängig ist.

Willi behauptet, er sei der beste Tennisspieler im Club.
(Hauptsatz) (indirekte Rede im Konjunktiv I)

Bei der Umsetzung in die i. R. müssen →deiktische Ausdrücke auf die veränderte Sprecherrolle bezogen werden:

A sagt zu B: *»Leider kann ich nicht länger hier bleiben und euren Verein unterstützen.«*

B berichtet *(seinen Vereinskameraden): »A hat gesagt, er könne leider nicht länger hier bleiben und unseren Verein unterstützen.«*

C berichtet *(als Außenstehender): »A hat zu B gesagt, er könne leider nicht länger dort bleiben und ihren Verein unterstützen.«*

Auch eigene Gedanken oder Wünsche lassen sich mit dem Mittel der i.n R. wiedergeben: *Ich wollte, es wäre schon Abend.* (Hauptsatz + unerfüllter/unerfüllbarer Wunschsatz im Konjunktiv II) →Irrealis.

In der Schriftsprache gilt der Konjunktiv II als Ersatzform für den Konjunktiv I, sofern dieser in der i.n R. mit dem →Indikativ übereinstimmt. Stimmen Konjunktiv I und II mit dem Indikativ überein, so wird – falls ein Missverständnis auftreten kann – mit »würde« umschrieben: *Dozent M. behauptet, ich hätte* (statt: *habe*) *bei der Klausur gemogelt. – Herr M. behauptet, ich würde nicht richtig lernen.* (Statt: *ich lerne/lernte nicht richtig.*)

Der Grammatik-Duden ([4]1984) weist darauf hin, dass der Konjunktiv nur ein Mittel neben anderen sei, die i. R. von der direkten Rede abzuheben. »So erklärt es sich, dass der Konjunktiv an Stelle des Indikativs in der indirekten Rede zwar immer gewählt werden *kann*, aber nicht immer gewählt werden *muss.*«

Indirekter Fragesatz →Interrogativsatz (2)

Indirekter Sprechakt, sofern die manifesten Äußerungsformen mit der →Illokution, also dem tatsächlich gemeinten und auch so verstandenen Sprechakt, nicht übereinstimmen, spricht man vom indirekten Sprechakt. Wenn z.B. ein Gast die Feststellung (als Aussagesatz) trifft: *Hier ist es sehr warm* – so kann dies, aufgrund bestimmter Konventionen, vom Gastgeber als Aufforderung verstanden werden, das Fenster zu öffnen, die Heizung zu drosseln und dgl.

Indirektes Objekt, (1) im engeren Sinne nur das →Dativobjekt. (2) Im Gegensatz zum →direkten Objekt (dem →Akkusativobjekt) fasst man die übrigen fallbestimmten Objekte, also Dativ- und →Genitivobjekt, als indirekte Objekte zusammen (Eichler/Bünting, [6]1996). Bei einem Zusammentreffen von direktem und indirektem Objekt ist das direkte Objekt in der Regel das wichtigere, während das indirekte Objekt oft weggelassen werden kann.

Willi hat uns einen Bildband aus Rom mitgebracht. – Wir erinnern uns dieser netten Geste recht gut.

Beim →Passiv kann das indirekte Objekt nicht (wie das direkte Objekt) die Funktion des Subjekts übernehmen.

Indiziert, bei der graphischen Darstellung sprachlicher Strukturen, etwa bei der →Konstituentenanalyse, können kategoriale oder funktionale Unterscheidungen durch höher oder tiefer gestellte Kennzeichnungen getroffen werden, so etwa beim i.en Klammerausdruck:
$(((\text{Der})_{\text{Art}}\ (\text{Junge})_{\text{N}})_{\text{NP}}\ ((\text{schreibt})_{\text{V}}\ ((\text{einen})_{\text{Art}}\ (\text{Aufsatz})_{\text{N}})_{\text{NP}})_{\text{VP}})_{\text{S}}$.

Indoeuropäisch, Abk.: ideur., ie. oder i.-e.; die i.en Sprachen werden in ihren Verwandtschaftsbeziehungen seit dem 19. Jh., insbesondere im Gefolge der →historischen Sprachforschung, untersucht; auch lässt sich aufgrund der breiten Überlieferung eine gemeinsame Ursprache (Ur-indoeuropäisch) rekonstruieren. Das I.e reichte von den germanischen Sprachen Nordeuropas (→Germanisch) bis zu den indoarischen Sprachen Südasiens; es ist sowohl durch ältere Sprachformen (Sanskrit, Altlatein) als auch durch neuere belegt. Meistens nimmt man an, »dass die ie. Ursprache im 3. Jahrtausend v. Chr. (Jungsteinzeit) im Bereich der Schnurkeramiker und Streitaxtleute gesprochen wurde« (Wolff, [3]1994).

Indogermanisch (Abk.: idg.) →Indoeuropäisch

Induktive Methode, mit dieser →Methode wird das Schließen von Einzelfällen auf allgemein gültige Sätze bezeichnet oder der Versuch, die Richtigkeit eines Satzes durch Überprüfen von Einzelfällen in der Wirklichkeit zu beweisen. »Man kann also sagen: wenn wir einen Einzelvorgang durch eine allgemeine Gesetzmäßigkeit erklären, so bedeutet das auf der anderen Seite, dass wir andere Einzelvorgänge aus dieser Gesetzmäßigkeit auch ableiten können müssten« (Seiffert 1, 1969). Ein solcher Beweis hat allerdings nur den Status der Vorläufigkeit; er gilt so lange, wie keine Fälle bekannt geworden sind, die den Satz widerlegen.

In diesem Sinne werden vorläufig bestätigte Hypothesen in den empirischen Wissenschaften Gesetze genannt.

Infinite Verbform, dt.: ungebeugte Form des Verbs; zu den i.n V.en gehören der →Infinitiv sowie das →Partizip I und II. Vom Lateinischen her gehören auch →Gerundium und →Gerundivum dazu. →Finite Verbform.

Die i.n V.en werden gebraucht, um die zusammengesetzten Tempora (→Tempus) zu bilden:
Er ist gelaufen. (Partizip II zur Bildung des Perfekts)
Er will laufen. Er wird laufen. (Infinitiv nach →Modalverb oder zur Bildung des Futurs I)

Daneben gibt es Übergänge zum Nomen und zum Adjektiv:
Laufen ist gesund. (Infinitiv als Nomen)
Wir übernehmen die laufenden Kosten. (Partizip I als attributives Adjektiv)
Das Spiel ist gelaufen. (Partizip II als prädikatives Adjektiv)

Infinitiv, dt.: Nennform, Grundform des Verbs; der I. gehört mit dem →Partizip zu den →infiniten Verbformen. Der I. steht als Wortform zwischen Verb und Nomen: *Es ist gesund zu laufen. – Das Laufen ist gesund.*

Bei einer Reihe von Verben, die sich mit dem I. verbinden können, wird bei der Konstruktion mit »haben« der I. gesetzt (nicht bzw. wahlweise das Partizip II): *Willi hat gestern arbeiten müssen* (nicht: *gemusst*). *Er hat einen großen Lastwagen im Hof stehen sehen* (selten: *gesehen*). Man spricht hier vom »Ersatzinfinitiv« (Duden-Grammatik, [4]1984). →AcI, →Infinitivgruppe, →Infinitivsatz.

Infinitivgruppe, zu unterscheiden ist zwischen dem reinen Infinitiv sowie dem einfachen zu-Infinitiv und dem erweiterten zu-Infinitiv. Nur der erweiterte zu-Infinitiv gilt als nebensatzwertige Konstruktion (→Infinitivsatz).
Reiner Infinitiv: *In der Not lernt man sparen. Soll ich dir tragen helfen?*
Einfacher zu-Infinitiv: *Wir haben beschlossen zu gehen.*

Infinitivkonjunktion, (1) mit den →Konjunktionen »zu, (an)statt – zu, ohne – zu, um – zu« werden Infinitive angeschlossen, und zwar als einfacher Infinitiv (*Das ist kaum zu glauben*) oder als erweiterter Infinitiv (*Anstatt zu arbeiten, geht Willi ins Kino*); →Infinitivsatz. (2) Während die Duden-Grammatik ([4]1984) in der Tradition von H. Glinz »zu« als Konjunktion bezeichnet und somit einer eigenen Wortklasse zuordnet, gehört nach P. Eisenberg ([3]1994) »zu« zum Verb: »Der mit *zu* gebildete Infinitiv hat an der Subklassifizierung der Verben teil, er ist valenzgebunden. [...] Da *zu* nicht wie die Konjunktionen am Satzanfang steht, sondern immer bei der dem Finitum entsprechenden Verbform, sehen wir es als Bestandteil der Verbform an.« →Hebungsverb.

Infinitivprobe, Verfahren zur Ermittlung der Subjekt-Prädikat-Verbindung in einem Satz. Man notiert den Infinitiv des flektierten Verbs und ordnet ihm die abhängigen Satzglieder zu; das Subjekt bleibt dann übrig:

Beispielsatz:	*Mit euch fahre ich nicht nach München.*
Finites Verb:	*fahren*
Probe:	*nicht fahren*
	nicht nach München fahren
	mit euch nicht nach München fahren
Subjekt (das, was übrig bleibt):	*ich*

Infinitivsatz, nebensatzwertige Infinitivkonstruktion, erweiterter zu-Infinitiv; der I. kann als →Gliedsatz oder →Attributsatz auftreten.

Der I. als Gliedsatz:

- an der grammatischen Stelle des Subjekts: *Alle Partien zu gewinnen ist unmöglich.*
- an der grammatischen Stelle des Objekts: *Er hätte verdient, die Partie zu gewinnen.*

– an der grammatischen Stelle des Adverbials: *Er spielte zu schnell, um gewinnen zu können.*

Der I. als Attributsatz:

– an der grammatischen Stelle des Attributs: *Ich habe Lust, Schach zu spielen.*

Infix, Sprachelement, das in einen →Wortstamm eingefügt ist (z.B. beim Wechsel des Stammvokals): *sprechen, sprach, gesprochen*; *lachen, lächeln.*

Meist werden auch →Ablaut, →Fugenelement und →Umlaut zu den I.en gezählt. →Wortbildungsmorphem; →Präfix; →Suffix.

INFL, Abk. für engl. *inflection*, Flexion; mit INFL wird in der →GB-Theorie ein Knoten bezeichnet, der die morphologischen Merkmale von Subjekt und Prädikat repräsentiert. Im Deutschen wird INFL entweder als →Flexionsmorphem oder als →Auxiliarkomplex realisiert. Im →X-bar-Schema wird S als die maximale Projektion des Kopfes INFL angesehen und daher als INFL-Phrase (IP) oder als INFL" bezeichnet. INFL weist der →Specifier-Position (der von INFL" dominierten NP) stets Nominativ zu. Damit ergibt sich für den Standardsatz mit Subjekt-NP und VP-Komplement folgende Struktur:

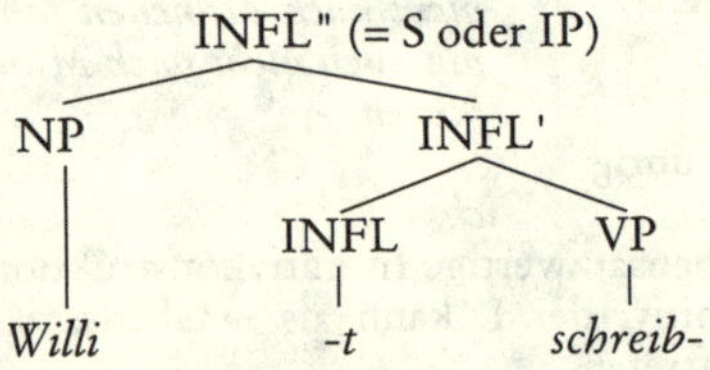

Nach Grewendorf (1988) könnte man INFL darstellen als den Merkmalkomplex:

INFL: [[± tense], (AGR)],

zu lesen als: INFL enthält die Merkmale ± Tempus für Finitheit bzw. Infinitheit sowie fakultativ die Merkmale

→AGR für die Kongruenzmerkmale, die etwa im Deutschen bei [+ tense] ins Spiel kommen.

Die Beschreibung von INFL, die hauptsächlich an Beispielen der englischen Sprache gewonnen worden ist, wird von H. Haider (1993) für das Deutsche nicht übernommen. Er zweifelt an, »dass das Finitum in der Endstellung eine derivierte Position« einnimmt. →VP-Hypothese.

Information, (1) allgemein sprachlich bedeutet I. so viel wie Nachricht, Auskunft, Belehrung. (2) In der Nachrichtentechnik bezeichnet I. die berechenbare Größe für das Eintreten eines Ereignisses (Recheneinheit: 1 →Bit, d.h. »binary digit«). Der Inhalt der I. ist bei dieser Betrachtungsweise irrelevant.

So kann z.B. die Wahrscheinlichkeit, die Position einer Figur auf einem der 64 Felder des Schachbretts zu ermitteln, nach folgender Formel (die nur für Zweierpotenzen gilt) errechnet werden:
H = ld m (die gesuchte I. H ist der Logarithmus dualis der Menge der möglichen Positionen m)
Also: H = ld 64
H = 6
Die gesuchte I. beträgt 6 bit.

Je größer m (d.h. je kleiner die Wahrscheinlichkeit für das Eintreten eines Ereignisses), desto größer ist H (d.h. der Wert der I.).

(3) Kommunikationstheoretisch lässt sich I. als die Beseitigung von Nichtwissen auffassen; in diesem Sinne erzeugt I. →Redundanz: Ein Rechenbuch für die 5. Klasse enthält für einen Abiturienten keine – oder doch nur sehr geringe – I., sein Inhalt ist redundant.

Informationsästhetik, eine in den 60er-Jahren entwickelte Theorie, die mit Mitteln der →Semiotik und der Mathematik ästhetische Zustände zu erfassen und darzustellen versucht hat. Hierbei wendet sie sich sowohl den natürlichen Gegenständen als auch künstlerischen Objekten zu, die durch Zahlenwerte und Zeichenklassen gekennzeichnet werden, um sie als eine besondere Art von →Information zu würdigen, »eben als ›ästhetische Information‹, die relativ zu einer Quelle, das heißt einem Repertoire von Elementen oder materialen Mitteln gebildet wird« (Bense, 1969). Grundlegend ist der Gedanke, dass ästhetische Zustände als innovative »Ordnungszustände«, die über einem bekannten Repertoire materialer Elemente (Farben, Wörter, Töne) erstellt werden, zu beschreiben sind und dass das künstlerische Objekt Träger solcher ästhetischer Zustände ist. Der konstitutive kreative Prozess ästhetischer Zustände wird als Selektion (Auswahl) und Semiose (Zeichenprozess) gesehen und mit Hilfe von numerischer und semiotischer Analyse beschrieben.

Ingressiv, inchoativ; i.e Verben zeigen den Beginn eines Geschehens an: *Das Licht flammt auf.* →Aktionsart.

Inhärent, dt.: anhaftend, innewohnend; i.e Merkmale werden bei der strukturalen Merkmalanalyse aufgelistet, um z.B. die →Bedeutung von Lexikoneinträgen (kontextunabhängig) festzulegen; etwa [+ menschlich], [+ männlich], [– erwachsen], ... für »Junge«. Das Merkmal [+ belebt] ist dem Merkmal [+ menschlich] i.

Inhalt, (1) auch: Inhaltsseite; der I. eines sprachlichen →Zeichens meint seine →Bedeutung (im Sinne einer definitorischen Festlegung oder einer umgangssprachlichen Gebrauchsregel). Der Terminus kann, je nach der sprachwissenschaftlichen Theoriebildung, auch anders verwendet werden: (a) I. als Referenzobjekt eines sprachlichen Ausdrucks (→Referenz); (b) I. als überindividuelle »sprachliche Zwischenwelt«, die der sprachliche Ausdruck ergreift (→inhaltsbezogene Grammatik); (c) I. als Signifikat (→Bezeichnetes) im →Zeichenprozess. (2) Auch: Inhaltsebene; in der →Glossematik bedeutet I. eine der beiden Analyseebenen, die ihrerseits unter dem Gesichtspunkt der Form des I.s (→Grammatik) und der Substanz des I.s (→Semantik) betrachtet werden. →Ausdruck (3).

Inhaltsaspekt → Pragmatische Axiome

Inhaltsbezogene Grammatik, Sprachinhaltsforschung, energetische Sprachauffassung, die auf W. v. Humboldt zurückgeht; von L. Weisgerber seit den 30er-Jahren entwickelt und in den 50er-/60er-Jahren von verschiedenen Sprachwissenschaftlern (W. Porzig, J. Trier, H. Gipper u. a.) ausgebaute Richtung der Sprachwissenschaft in Deutschland, die den Wirkungszusammenhang von Mensch, Sprache und Welt zu ihrem Forschungsgegenstand hat.

Die i. G. geht von einer Dreiteilung der am sprachlichen Prozess beteiligten Bereiche aus:

Den Menschen bedrängende Wirklichkeit	〉	Sprachliche Zwischenwelt	〈	Sprachliche Fügungen

Die Sprachinhaltsforschung konstatiert »Differenzen« zwischen den einzelnen Bereichen, insbesondere zwischen Erscheinungswelt und Sprachwelt, »und gerade diese Differenzen sind es, welche die Inhaltsforschung sucht« (Gipper, 1963). Durch die Erforschung der sprachlichen Zwischenwelt soll die besondere Weltsicht einer Sprachgemeinschaft aufgedeckt und die erkenntnisstiftende Kraft (die »innere Form«) der jeweiligen Sprache dargestellt und erklärt werden. Diese übergreifende Zielsetzung soll schließlich dazu führen, »die geistig-inhaltliche Seite vor allem der wichtigsten Kultursprachen der Erde systematisch zu untersuchen und damit ein besseres Verstehen der verschiedenen Erscheinungsformen menschlichen Geistes zu ermöglichen« (Gipper). Damit sind für die Sprachwissenschaft neue Perspektiven eröffnet, wonach auch die Verständigung der Völker untereinander befördert werden soll. Im Kern versteht sich die i. G. als phänomenologisch; sie will durch möglichst unvoreingenommenes Anschauen des Gegenstandes dessen Wesen erfassen und in den Merkmalen beschreiben, die die größte »Aufschlusskraft« besitzen. Sprache wird hierbei verstanden als überpersonale geistige Kraft, die das Denken und Handeln jedes Einzelnen unbemerkt mitbeeinflusst. »Der Mensch sieht die Welt durch die Brille seiner Muttersprache.«

Nach L. Weisgerber (1963) soll die Erforschung der Sprache in vier Stufen geleistet werden:

1. Stufe: Feststellung der sinnlich-lautlichen Formen der Sprache (gestaltbezogene Betrachtungsweise);
2. Stufe: Bewusstmachung dessen, was im Bestand einer Sprache an geistigen Mitteln ausgeprägt ist (inhaltsbezogene Betrachtungsweise);
3. Stufe: Aussagen über die geistigen Leistungen, die sich innerhalb einer Sprache vollziehen (leistungsbezogene Betrachtungsweise);
4. Stufe: Frage danach, wie die Sprache in das Handeln der Gemeinschaft eingreifen kann (wirkungsbezogene Betrachtungsweise).

Gegenstände der Forschung auf den einzelnen Stufen sind: 1. Formen, Lautkörper, 2. Inhalte, Bedeutungen, 3. die sprachliche Zwischenwelt und 4. die sprachlichen Wirkungen. Die Stufen 1 und 2 werden unter dem Begriff der »statischen Betrachtung« zusammengefasst, die Stufen 3 und 4 unter dem der »energetischen Betrachtung«. Erfordert Erstere ein grammatisches Verfahren, so Letztere ein volles sprachwissenschaftliches.

Die ersten beiden der zehn Leitsätze Weisgerbers zur Erfassung des Ganzen einer Sprache verdeutlichen die Grundlagen für die i. G.:

»1. Alle Sprachforschung, gleichgültig an welcher Stelle sie ansetzt, muss hergeleitet sein aus dem Wesen des Gegenstandes, den Daseinsbedingungen der Sprache.

2. Die Sprache ist eine Kraft geistigen Gestaltens, über die der Mensch verfügt. Die *Sprachkraft* ermöglicht ihm, mit Hilfe von sinnlichen Zeichen durch sprachlichen *Zugriff ›Welt‹* in einer bestimmten Form dem menschlichen Geiste verfügbar zu machen.«

Die i. G. hat in den 50er- und 60er-Jahren starken Einfluss vor allem auf die Schulgrammatik in Deutschland genommen. So ist zum Beispiel die gestaltbezogene Kennzeichnung von →Satzbauplänen nach Weisgerber ein Verfahren, das auch heute noch angewendet wird: 1. Kennzeichnung der Satzmelodie, 2. formale Kennzeichnung nach Wortarten, 3. Kennzeichnung der formalen Bindung einzelner Satzglieder, 4. vor allem durch Kongruenz und 5. Kennzeichnung der Stellenwerte innerhalb des Ganzen eines Satzbauplans. »In jedem geltenden Satzbauplan trägt eine Muttersprache in den Prozess der sprachlichen Weltgestaltung eine typische geistige Situation oder besser Gestaltungsform hinein, unter der Geschehnisse und Erlebnisse einbezogen und dadurch in bestimmter Richtung menschlich verständlich gemacht werden können« (Weisgerber, 1963). Dieser Ansatz integriert (wenn auch nicht immer explizit) die Valenzeigenschaften des Verbs in der Art einer →Valenzgrammatik.

Setzt man *Sprachkraft* mit →Langage, *Sprachzugriff* mit →Langue und ›*Worten der Welt*‹ mit →Parole auf eine Stufe, so wird ersichtlich, dass Weisgerber den energetischen Sprachbegriff Humboldts mit dem Systemgedanken Saussures (→Synchronie) zu vereinen versucht hat. Hierbei schreibt er allerdings der Sprache Leistungen zu, wie sie u. a. von B. L. Whorf im →linguistischen Relativitätsprinzip formuliert worden sind. So hat sich denn auch die Kritik im Wesentlichen gegen die Konstruktion einer »sprachlichen Zwischenwelt« gewendet, die wenig erklärt und das problematische Verhältnis zwischen →Sprache und Wirklichkeit bzw. →Sprache und Denken nur – durch eine Verdoppelung der Bereiche – verkompliziert.

Erst gegen Ende der 60er-Jahre wurde, vor allem durch die Einbeziehung des →Strukturalismus und der →Pragmatik in die Sprachwissenschaft, in Deutschland der Blick auf die Entwicklung der modernen →Linguistik gelenkt.

Inhaltssatz, auch: dass-Satz; →Konjunktionalsatz, der als →Subjektsatz oder →Objektsatz vorkommt und den wesentlichen Inhalt der Aussage übermittelt.

Subjektsatz: *Dass du ständig verhindert bist, ist sehr bedauerlich.*

Objektsatz: *Ich bedauere, dass ich morgen nicht kommen kann.* (Satzgliedrolle eines Akkusativobjekts) *Wir wundern uns, dass du zum zweiten Mal absagen musst.* (Satzgliedrolle eines Präpositionalobjekts)

Inhaltsseite →Inhalt (1)

Inhaltswort, auch: Autosemantikon, Sinnwort; lexikalische Einheit mit eigener, vom Kontext weitgehend unabhängiger Grundbedeutung, wie die meisten Nomen, Verben und Adjektive. Im Sinne der Zeichentheorie handelt es sich um →lexikalische Zeichen. →Denotation; →Funktionswort.

Inhibition, sprachliche Hemmung aus innerer →Motivation.

Inklusion, dt.: Einschluss; wenn jedes Element einer Menge M_2 auch ein Element der Menge M_1 ist, dann inkludiert M_1 M_2 ($M_2 \subset M_1$: M_2 ist Teilmenge von M_1). Semantisch gesehen herrscht zwischen zwei Ausdrücken I., wenn die Merkmale von A_2 auch Merkmale von A_1 sind, aber nicht umgekehrt: So ist »Mensch« inkludiert in »Lebewesen«.

Inkompatibilität, dt.: Unverträglichkeit, Unvereinbarkeit; (1) nicht zulässige semantische Verknüpfung von →Lexemen im Satz: *Sie ritt einen schwarzen Schimmel.* Das Lexem *»Schimmel«* ist konstitutiv mit dem semantischen Merkmal »Farbe = *weiß*« verbunden. (2) In der →generativen Transformationsgrammatik bedeutet I. einen Verstoß gegen die →Subkategorisierungsregeln. →Kompatibilität.

Innere Flexion, auch: Binnenflexion; manche Formen der →Flexion bringen auch Veränderungen der Wortwurzel oder des Wortstammes mit sich, wie beim →Umlaut

(*Kuh – Kühe*), →Ablaut (*sprechen – sprach – gesprochen*) oder Konsonantenwechsel nach dem →Vernerschen Gesetz (*ziehen – gezogen*).

Innere Sprache, nach den Forschungsergebnissen von L. S. Wygotski (1971) zur Entwicklung der menschlichen Sprache ist »die ursprüngliche Sprache des Kindes eine rein soziale«. Erst allmählich differenziert sich diese soziale Sprache und teilt sich ziemlich scharf in eine egozentrische und eine kommunikative Sprache. »Auf der Basis der egozentrischen Sprache des Kindes, die sich von der sozialen gelöst hat, entsteht dann die innere Sprache des Kindes, die die Grundlage sowohl seines autistischen als auch seines logischen Denkens bildet.« Das, was J. Piaget als die →egozentrische Sprache beschrieben hat, ist nach Wygotski der Übergang von der äußeren zur i.n S. Während Piaget annimmt, dass die egozentrische Sprache des Kindes durch →Dezentrierung (zu Beginn des Schulalters) rasch abstirbt, interpretiert Wygotski die Daten so, dass die egozentrische Sprache eine Wandlung in die i. S. durchmacht. Sie ist gekennzeichnet durch spezifische Verkürzungen, besonders durch eine Abschwächung der syntaktischen Gliederung und eine Reduktion aufs Prädikat. »Die innere Sprache ist eine stumme Sprache«; so gesehen stellt sie eine »Abstraktion von der lautlichen Seite der Sprache« dar. →Sprache und Denken.

Innere Sprachform, Begriff, der von W. v. Humboldt eingeführt worden ist, um die in einer Sprache realisierte Weltsicht zu kennzeichnen. Humboldt sieht die Sprache als subjektives und objektives, gleichzeitig individuelles und nationales Gebilde an; schließlich ist sie für ihn Ausdruck eines Volksgeistes und insgesamt des Menschengeistes, den es letztlich aus der Sprache zu erkennen gilt. →Sprache und Wirklichkeit, →inhaltsbezogene Grammatik.

Innerer Monolog →Rede

Inneres Objekt, auch: kognates Objekt; →Objekt.

Insertion, dt.: Einsetzung; (1) →Entfaltungsprobe (1); (2) neben der →Tilgung ist die I. eine der beiden Grundoperationen (Transformationen) im Konzept der →generativen Transformationsgrammatik: a + b → a + c + b. Die Kombination von I. und Tilgung führt zu →Substitution und →Permutation.

Instruktionsfunktion →Grammatisches Zeichen

Instruktionssemantik, Teilbereich der linguistisch orientierten Kommunikationswissenschaft. Die I. ist eher informationstheoretisch und sprachpraktisch ausgerichtet. So werden zum Beispiel →grammatische Zeichen als Kommunikationsmittel zur intersubjektiven Verständigung angesehen. Phylogenetisch betrachtet spricht vieles dafür, dass sprachliche Zeichen zunächst herausgebildet wurden, um sich über Handlungsabsichten zu verständigen, was naturgemäß dazu führte, im Laufe der Zeit standardisierte Differenzierungsmuster und Informationsmittel auszubilden. Auch ontogenetisch betrachtet lässt sich feststellen, dass Kleinkinder sprachliche Mittel als Differenzierungswerkzeuge unter bestimmten Kontextbedingungen bereits erfolgreich anwenden können, bevor sich deren kognitiver Gehalt konventionell stabilisiert hat. ↔Kognitionssemantik.

Instrumental, ein Mittel angebend, mit Hilfe dessen ein Vorgang geschieht oder eine Handlung vorgenommen wird; i.e →Konjunktion (2); i.es →Adverb; i.es →Adverbial.

Instrumentalsatz, gibt das Mittel an, mit Hilfe dessen ein Vorgang geschieht oder eine Handlung vorgenommen wird. *Der Gärtner schneidet die Äste, indem er eine Motorsäge benutzt.* →Adverbialsatz.

Integration der Lernbereiche, in den neueren →Fachdidaktiken und den meisten Lehrplänen wird explizit die Forderung ausgesprochen, dass im Deutschunterricht grundsätzlich die →Lernbereiche »Sprechen und Schreiben«, »Umgang mit Texten« sowie »Reflexion über Sprache« zu integrieren sind. Dabei wird in der Regel ein

Lernbereich dominant sein, was auf die besondere Intention des Unterrichts Auswirkungen hat. So kann bei der Besprechung von Kurzprosa auch über konstitutive grammatische Phänomene gesprochen werden (z.B. über die Verwendung und Funktion des Modus in einer Kafka-Parabel), womit zwei (und bei der schriftlichen Interpretation der dritte) der Lernbereiche integriert wären. In diesem Fall ist die Kurzprosa Gegenstand des Unterrichts. Andererseits können bei der Behandlung von Modalität unterschiedliche Textbeispiele (Kurzprosa, Lyrik, Zeitungsberichte, Interviews) herangezogen werden, an denen das grammatische Phänomen induktiv erarbeitet und übersichtlich systematisiert werden könnte. In diesem Fall wäre der Text nicht mehr Gegenstand, sondern Medium des Unterrichts.

Integrativer Sprachunterricht →Sprachunterricht, →Integration der Lernbereiche

Intension, dt.: Begriffsinhalt; die I. eines →Begriffs ist die Menge der Merkmale, durch die er charakterisiert wird. Die I. des Begriffs »Ozean« gibt man dadurch an, dass man »Ozean« mit Hilfe →distinktiver Merkmale von Ausdrücken ähnlicher Art (*Meer*, *See*, ...) abgrenzt und so definiert, z.B.: »Teil des Weltmeeres zwischen Kontinenten mit eigenem Gezeitenlauf und selbständigen Strömungsverhältnissen« usw. ↔Extension.

Intensität, Stärke des Sprechausdrucks, der als Amplitude sichtbar gemacht oder in →Phon (2) gemessen werden kann.

Intensiv, dt.: eindringlich, stark, durchdringend; →Aktionsart des Verbs, die Intensität einer Handlung oder eines Vorgangs kennzeichnend: lachen – *lächeln* (verhalten lachen), stoßen – *stottern* (wiederholt mit der Zunge anstoßen), hören – *horchen* (intensiv hören); brüllen, dröhnen.

Intention, dt.: Absicht; die einem →Sprechakt (auch Text) zugedachte Aussageabsicht. Zu unterscheiden sind

I. und tatsächliche Wirkung auf den Rezipienten (Hörer, Leser, Zuschauer); auch muss damit gerechnet werden, dass die (subjektive) I. des Produzenten nicht immer adäquat durch sprachliche Mittel (Text-I.) realisiert worden ist, so dass eine Verständigung schwierig wird.

Interaktion → Kommunikatives Handeln

Interaktionspostulate → Konversationsmaximen

Interdependenz, dt.: gegenseitige Abhängigkeit; zwei Elemente A und B sind dann interdependent, wenn A stets B bedingt und umgekehrt: A ↔ B. So bedingt z. B. die → Inhaltsseite eines Zeichens stets seine → Ausdrucksseite, und die Ausdrucksseite bedingt stets die Inhaltsseite. → Dependenz.

Interferenz, dt.: Überlagerung, Überschneidung; (1) Verwechslung ähnlich klingender oder semantisch verwandter Wörter: *Approbation* (Genehmigung) – *Appropriation* (Aneignung). (2) Falsche Analogiebildung beim Erlernen der Sprache (»er *schreibte« statt »er schrieb«, analog zu »er weinte«) oder beim Erlernen einer Fremdsprache (→ Fremdsprachendidaktik, → Faux ami). (3) Einwirken eines Sprachsystems auf ein anderes, z. B. durch (angenommene) strukturelle Ähnlichkeit: *He is working.* – *?Er ist am Arbeiten.*

Interjektion, dt.: Ausdruckswort, Empfindungswort, Ausrufewort; die I.en werden meist nicht mehr zu den Wortarten gerechnet, da sie als solche nicht eindeutig zu klassifizieren sind. I.en stehen meist außerhalb des Satzgefüges und gelten dann als → Satzwort; sie weisen häufig keine feste (lexikalische) Bedeutung auf.

Ausdruckswörter:	*ach, oh, ii*
Schimpfrede:	*verflixt, Donnerwetter, Mist*
Kontaktwörter:	*hallo, he da, pst*
Lautmalerei:	*mäh, peng, blub*

Allerdings können I.en die Rolle einer Wortart übernehmen:

Satzwort:	*<u>Hui</u>! Schon ging es den Berg hinab.*

Substantiv: *Schon ging es mit einem Hui den Berg hinab.*

Hentschel/Weydt ([2]1994) teilen die I.en nach syntaktisch-semantischen Kriterien ein in: a) Voll-I.en (*pfui, mhm, pst*); b) →onomatopoetische I.en (*miau, quak*); c) adverbiale I.en (*schwupps, kracks*); d) Lexem-I.en (*kreisch, ächz*).

Interlinearversion, wörtliche Übersetzung(shilfe), die über die fremdsprachlichen (meist lateinischen) Zeilen mittelalterlicher Texte geschrieben wurde. »Die Übersetzungen, zu allererst nur in einzelnen Glossen bestehend, entwickelten sich rasch weiter zu vollständigen Interlinearversionen« (Eggers 1, 1986). Die freiere Übersetzung gab es in althochdeutscher Zeit auch; so ist bei der *Isidor*-Übersetzung (um 800) der deutsche Text in eine besondere Spalte neben den lateinischen gesetzt.

Bereits um 825 endet die Technik der I., wenn man nur die größeren Werke betrachtet. In Einzelfällen kommen I.en allerdings auch in mittelhochdeutscher Zeit noch vor.

Internalisierung, (1) Terminus der →Psycholinguistik, der die Verinnerlichung von Sprachverhaltensregeln, Normen oder Werten kennzeichnet. (2) In der Lerntheorie bezeichnet I. den Übergang von außengesteuerten hin zu innengesteuerten Formen des →Lernens und der →Motivation (Methodenbewusstsein, Problemlösungsverhalten, Leistungsmotivation).

Internet, bietet Sprachwissenschaftlern eine ganze Reihe von nützlichen Links mit Informationen zu speziellen Wissensgebieten oder zu Fragen von allgemeinem Interesse. Alle Adressen beginnen mit »http://« – allerdings gilt zu bedenken, dass sie sich gelegentlich ändern. Hier sollte dann eine Suchmaschine wie »Web.de«, »AltaVista« oder »Yahoo!« eingesetzt werden. Einige Beispiele für relevante Internetadressen:

Human-Languages-Page	www.june29.com/HLP/	Sprachbezogene Internetquellen
Inst. für deutsche Sprache	www.ids-mannheim.de	Artikel und Dokumentationen
Universität Essen	www.linse.uni-essen.de	Zahlreiche linguistische Themenbereiche
E-Mail Service	www.linguistlist.org	Fachleute antworten zu Fragen
Dt. Bibliothek Frankfurt	www.ddb.de	Interne und externe Datenbanken
Lieferdienst	www.subito-doc.de	Beschafft Artikel aus Fach-Zs.
Textsammlung	www.abc.de/gutenb/gutenb.htm	Bücher im Volltext
Bildungsserver	www.Zum.de	Katalog mit Verweisen zu anderen Sites
Universität Regensburg	www-bibliothek.uni-regensburg.de/ezeit/ezb.phtml	3000 Volltextzeitschriften, davon 850 frei zugl.
Referate, Fach-/Diplomarbeiten	www.GuteNoten.de	Beschreibung der größten Anbieter

Stand: Januar 2000

Weitere I.-Adressen finden sich direkt bei einigen der Stichwörter, z. B. →ASL, →Computerlinguistik, →GB-Theorie, →Slang, →Sprache, →Sprachkritik oder →Zeichentheorie.

Die Linguistik beschäftigt sich insbesondere mit Sprache und Kommunikation im I. (einen Überblick bieten Runkehl [u. a.], 1998); einzelne Wissenschaftler können aber auch über eine eigene Homepage Kontakte im I. aufbauen (Anregungen bei Cölfen [u. a.], 1997).

Interpret, derjenige, der im →Zeichenprozess mittels eines Zeichens von einem Objekt Notiz nimmt; der Zeichenbenutzer.

Interpretant, auch: (das) Interpretans; der I. ist dasjenige, was im Bewusstsein des →Interpreten an →Bedeutung aktiviert wird, wenn er mittels eines Zeichens von einem Objekt Notiz nimmt. Innerhalb des →Zeichenprozesses wird der I. als »kulturelle Einheit« (Eco, [8]1994) verstanden.

Interpretantenbezug →Triadische Zeichenrelation

Interpretative Semantik, erster systematischer Versuch, den Aufbau der Satzbedeutung im Rahmen eines integrierten Grammatikmodells darzustellen (Katz/Fodor, 1963). Semantikmodell, das im Rahmen der Standardtheorie der →generativen Transformationsgrammatik vertreten wird. Ihm liegen drei Postulate zugrunde:

- Die →Tiefenstruktur liefert alle für die semantische Interpretation notwendigen Informationen.
- Die Bedeutung der im Lexikon gespeicherten →Lexeme lässt sich über →Merkmalkomplexe von universellen →distinktiven Merkmalen angeben; auftretende Mehrdeutigkeiten (etwa bei →Homonymie) können über →Projektionsregeln, die die Verträglichkeit regeln, behoben werden.
- Transformationen zwischen Tiefen- und Oberflächenstrukturen wirken sich nicht auf die Bedeutungsbeschreibung aus.

Einige der offenen Probleme, die mit diesen Annahmen verbunden sind, werden bei Chomsky (1969, Kap. 4) diskutiert.

Interpunktion, (1) allgemein: Zeichensetzung; (2) →pragmatische Axiome (3).

Interrogativadverb, dt.: Frageumstandswort; Untergruppe der →Adverbien, mit denen Fragen eingeleitet werden können: *Wann? Warum? Weshalb? Weswegen? Wie? Wieso? Wo? Woher? Wohin? Womit?* Im Gegensatz zu den →Interrogativpronomen sind die I.ien nicht flektierbar.

Interrogativpronomen, dt.: Fragefürwort; Untergruppe der →Pronomen, mit denen Fragen eingeleitet werden können: *Was? Was für ein? Welcher? Wer?* Die I. werden im Gegensatz zu den →Interrogativadverbien flektiert.

Interrogativsatz, dt.: Fragesatz; der I. wird mit einem →Interrogativpronomen oder -adverb eingeleitet und fordert dazu auf, Auskunft zu geben.

(1) Der direkte Fragesatz ist ein Hauptsatz und gehört zusammen mit Aussage- und Aufforderungssatz zu den drei →Satzarten im Deutschen. Man unterscheidet mehrere Typen des I.es, die durch typische →Intonation gekennzeichnet sind:

a) Die Entscheidungsfrage (Ja/Nein-Frage, Satzfrage) mit Spitzenstellung des Verbs: *Gehst du mit den Kindern in den Zoo?*
b) Die Ergänzungsfrage (W-Frage, Satzgliedfrage) mit Zweitstellung des Verbs: *Wohin gehst du mit den Kindern?*
c) Die rhetorische Frage (Scheinfrage), auf die der Sprecher keine Antwort erwartet: *Bist du von Sinnen?* (Der Form nach Typ a)

(2) Der indirekte Fragesatz ist ein abhängiger Nebensatz und gehört zur →indirekten Rede; er kann auch mit der Konjunktion »ob« eingeleitet werden: *Rita fragte, ob Erwin mit den Kindern in den Zoo gehe* / – *wohin Erwin mit den Kindern gehen wolle*.

Intonation, dt.: Tongebung, Betonung; Veränderung der Aussprache nach Höhe und Stärke; die I. kann einzelne Silben in einem Wort (Wortakzent) oder den ganzen Satz (Satzmelodie, Klanggestalt, Spannbogen) betreffen. Hierbei zeigen vor allem die drei →Satzarten ganz typische I.s-Kurven.

Aussagesatz: relativ gleichmäßig steigende und fallende I.

Ich gehe weg

Fragesatz: steigende I. am Schluss

Gehst du weg?

Aufforderungssatz: Starkton am Schluss

Geh weg!

Durch die besondere Betonung einzelner Wörter im Satz kann die Aufmerksamkeit gerade auf diese Wörter gelenkt werden:

Ihr fliegt Ostern an die Nordsee?
1 2 3 4

Betonung bei: 1 (= sonst seid ihr doch immer zu Hause geblieben); 2 (= gewöhnlich fliegt man eine derart kurze Strecke doch nicht); 3 (= ihr wolltet doch keinen Osterurlaub mehr machen); 4 (= da sollte man nicht mehr hinfliegen) o. Ä.

Durch Verschiebung der I. kann auch Ironie (uneigentliches Sprechen) signalisiert werden.

Intralinguistisch, (1) innersprachlich; (2) alle Gegenstände und Fakten, die in den Untersuchungsbereich der Linguistik gehören, werden als i. bezeichnet. Ihre Abgrenzung erfolgt theorieabhängig. ↔ Extralinguistisch.

Intransitives Verb, dt.: nicht zielendes Verb; Teilmenge der → Verben, die kein → Akkusativobjekt bei sich haben: *lachen, gedenken, begegnen, danken, folgen.*

Bei einigen Verben ist sowohl die Konstruktion mit Akkusativ- als auch mit Dativobjekt möglich: *Ich glaube ihm. – Ich glaube das.* »Der Grund dafür dürfte in einer semantischen Besonderheit von *glauben* zu suchen sein: die Aktantenfunktionen des direkten und des indirekten Objekts sind nicht immer klar voneinander zu trennen« (Eisenberg, [3]1994).

Die intransitiven Verben können kein vollständiges →Passiv bilden, sondern – wenn überhaupt – nur ein unpersönliches Passiv: *Es wird gelacht.* →Transitives Verb.

Intranuklear, Satzteile, die nicht weggelassen werden können, ohne dass der Satz ungrammatisch wird, stehen i. →Komplement, →Nukleus (3), →extranuklear.

Inversion, dt.: Umkehrung; (1) grammatisch gesehen bedeutet I. die Umstellung des →Subjekts von der ersten an die dritte →Satzgliedstelle, wenn ein anderes Satzglied an die erste Stelle gesetzt wird, damit der finite Prädikatsteil an der zweiten Satzgliedstelle fest bleiben kann.

Aussagesatz (Normalform):	*Wir schreiben morgen eine Klausur.*
Aussagesatz (Inversion):	*Eine Klausur schreiben wir morgen.*

Anzumerken ist, dass das Phänomen der I. im Deutschen nur zutrifft, wenn man eine →Grundwortstellung annimmt; denn die Form mit einem Adverbial in Spitzenstellung (*Morgen schreiben wir eine Klausur.*) erscheint genauso »normal« wie die Normalform.

(2) Als →rhetorische Figur liegt bei I. eine emphatische Veränderung der üblichen Wortfolge – meist am Satzeingang – vor, so dass das zu betonende Wort an die erste (oder letzte) Stelle kommt: »*Grau, teurer Freund, ist alle Theorie, / Und grün des Lebens goldner Baum*« (J. W. Goethe).

IP, Abk. von engl. *INFL-Phrase* oder S"; →IP-Knoten.

IP-Knoten, Terminus der →GB-Theorie; Stelle im Strukturbaum, die durch →IP besetzt ist. Erzeugt wird IP über das →X-bar-Schema: $INFL^n \rightarrow \ldots INFL^{n-1} \ldots$ Der IP-K. dominiert NP (→Specifier) und INFL', also:

IP → NP + INFL'
NP → Det + N
INFL' → INFL + VP

VP → V + NP
usw.
(IP = INFL-Phrase, INFL = Inflection, NP = Nominalphrase, Det = Determinator, VP = Verbalphrase, V = Verb)

Irrealer Bedingungssatz, der irreale Bedingungssatz ist ein abhängiger Nebensatz, der eine unwirkliche (nur gedachte, gewünschte) Bedingung ausspricht; er steht im Konjunktiv II (→Irrealis): *Wenn du eher gekommen wärst, hättest du noch etwas mitbekommen.*

Irrealer Vergleichssatz, abhängiger Nebensatz, der einen unwirklichen (nur gedachten) Vergleich ausspricht; er steht im Konjunktiv I, meist im Konjunktiv II (→Irrealis): *Die Sekretärin tut so, als führe (führte) sie ein wichtiges Telefongespräch. – Er spricht Englisch, als hätte er eine heiße Kartoffel im Mund.*

Irrealis, Form des →Konjunktivs (Konjunktiv II); der I. steht in Bedingungsgefügen oder Vergleichssätzen, die etwas Unwirkliches (nur Gedachtes) zum Inhalt haben; →irrealer Bedingungssatz, →irrealer Vergleichssatz.

Gebildet wird der I., indem man von der zweiten →Stammform ausgeht: *sah – sähe, konnte – könnte, rief – riefe, lobte – lobte/würde loben.*

Isoglosse, Linie, die auf Sprachkarten Gebiete mit gleichem Wortgebrauch begrenzt.

Isophone, Linie, die auf Sprachkarten Gebiete mit gleicher Lautung begrenzt.

Iteration, dt.: Wiederholung; (1) Mittel der →Wortbildung, das meist der Verstärkung dient: *tagtäglich, soso, jaja, wauwau; Junge-Junge.* (2) In der allgemeinen →Zeichentheorie bedeutet I. »die Bildung des ›Zeichens des Zeichens‹ usw.« (Bense, 1969). So kann z.B. ein Schallgebilde (Zeichen 1) in eine Tonbandaufzeichnung (Zeichen 2), diese erneut in ein Schallgebilde (Zeichen 1), in einen Schreibmaschinentext (Zeichen 3) oder Bildschirmtext (Zeichen 4) usw. verwandelt werden.

Iterativ, dt.: stete Wiederholung ausdrückend; → Aktionsart des Verbs, häufig durch → Infix (-l- oder -r-) gebildet: *streicheln, plätschern, rattern. Die Schneiderin stichelt eifrig an der Naht.*

Iterativzahl → Numeral

J

Ja-/Nein-Frage → Interrogativsatz

Junggrammatiker, ursprünglich ein Scherzwort zur Bezeichnung der in den 70er-Jahren des 19. Jahrhunderts aufgekommenen → analytisch-deduktiven, → positivistischen Richtung innerhalb der Sprachwissenschaft. Bedeutende Vertreter sind H. Paul (*Prinzipien der Sprachgeschichte*, 1880; *Deutsche Grammatik*, 4 Bde., 1916–20), O. Behaghel (*Deutsche Syntax. Eine geschichtliche Darstellung*, 4 Bde., 1923–32), W. Streitberg und W. Braune (mit ihren Grammatiken zum Urgermanischen, Gotischen und Althochdeutschen). Die J. wandten sich ab von den allgemein sprachphilosophischen Fragen und arbeiteten stattdessen an konkreten Einzelaufgaben. »Man hat deshalb von einem Übergang der Sprachwissenschaft aus ihrer philosophischen in ihre historische Etappe gesprochen« (G. Helbig, [7]1986). Die Sprache wird wie ein naturwissenschaftlicher Gegenstand betrachtet, und weniger ihre Inhalte als vielmehr ihre Formen – insbesondere die Laute und Lautgesetze – werden Gegenstand der Forschung.

Die Kritiker der J. (→ idealistische Sprachwissenschaft) wandten ein, dass sich eine derartige Forschung vom Menschen als dem Sprachträger sowie von der kulturellen Bedeutung der Sprache weit entfernt habe.

Junktion, auch: Nektion, dt.: Verknüpfung; in der → Dependenzgrammatik syntaktische Relation zur Beschreibung von Nebenordnung und Koordination mittels nebenordnender Konjunktionen (→ Junktiv).

Junktiv, in der → Dependenzgrammatik grammatische Wortklasse zur Koordination (nebenordnende Konjunktionen wie »und«); die J.e gelten als Wörter mit rein syntaktischen Aufgaben und dienen der → Junktion.

Junktor, auch: Satzoperator; logische Partikel, durch die Aussagen zu neuen Aussagen verbunden werden, deren Wahrheitswert von dem der Einzelaussagen abhängt (→ Aussagenlogik). Beispiele für J.en sind: $\neg$ (Negation: ›nicht‹), $\wedge$ (Konjunktion: ›und‹), $\vee$ (Adjunktion: ›oder‹), $\supset$ (→ Implikation), $\equiv$ (→ Äquivalenz).

Juxtaposition → Zusammenrückung

K

Kalibrierung, Ausrichten auf ein bestimmtes Maß, Eichen von Messinstrumenten; der Ausdruck K. wird von P. Watzlawick gebraucht, um bestimmte Eigenschaften von offenen →Systemen, zu denen er auch die »zwischenmenschlichen Systeme« zählt, zu beschreiben. So wie man beim Thermostat die Einstellung der Raumtemperatur erhöhen oder niedriger einstellen, d. h. neu kalibrieren kann, so zeigen auch soziale Systeme wie etwa die Familie die Fähigkeit, sich dynamisch zu verändern. Sie können, trotz veränderter Bedingungen, auf einer neuen »Stufe« funktionieren, ohne ihre Struktur grundsätzlich aufzugeben oder zu ändern. »Wenn eine solche Änderung der Kalibrierung – der Gangwechsel in einem Auto ist ein anderes Beispiel dafür – im Verhalten des Systems selbst liegt, so sagt man, es enthalte Stufenfunktionen« (Watzlawick [u. a.], [5]1980). Derartige →Stufenfunktionen wirken stabilisierend auf das System, zumal bei einer neuen K., wie dies bei menschlich-sozialen Systemen etwa die Ehe, die Geburt eines Kindes, der Schulbeginn oder die Verabschiedung aus dem Beruf darstellen.

Kalkül, (1) das K.; Berechnung, Überlegung; (2) der K.; axiomatische Theorie, die über einen formalen Ableitungsmechanismus, etwa für mathematische oder logische Prozesse, verfügt, der vollständig und widerspruchsfrei formuliert sein muss. Ein solcher K. enthält eine endliche Menge von Elementen (wie Zahlen, Wörter, Kategorialsymbole, logische Zeichen) sowie eine Reihe wohldefinierter Ableitungs- oder Deduktionsregeln. Er dient u. a. der Automatisierung von Abläufen und Werksroutinen.

Im Bereich der Sprachwissenschaft stellt jede strukturale Grammatiktheorie, sofern sie die Prinzipien der Explizitheit, der Widerspruchsfreiheit und Vollständigkeit (→Adäquatheit) erfüllt, einen K. dar.

Kanal →Kommunikationsmodell

Kante, im →Baumdiagramm werden →Knoten durch K.n miteinander verbunden; diese Verbindungslinien repräsentieren die Relationen und funktionalen Abhängigkeiten, die zwischen ihnen bestehen, wie etwa Überordnung (→Regens) oder Unterordnung (→Dependenz) oder gleichen Rang (→Schwesterknoten).

Kardinalzahl, dt.: Grundzahl; die K.en gehören zur Wortart der →Numerale: *eins*, *zwei*, *drei*, …

Kastendiagramm, die Ergebnisse der →Konstituentenanalyse lassen sich als →Stemma, als →indizierter Klammerausdruck oder als K. darstellen; ein K. grenzt die einzelnen durch →Proben gewonnenen Kategorien ein und bildet den Prozess sukzessive ab:

<table>
<tr><td colspan="5">Die Opposition verlangt eine Erklärung</td></tr>
<tr><td colspan="2">Die Opposition</td><td colspan="3">verlangt eine Erklärung</td></tr>
<tr><td colspan="2">Die Opposition</td><td>verlangt</td><td colspan="2">eine Erklärung</td></tr>
<tr><td>Die</td><td>Opposition</td><td>verlangt</td><td colspan="2">eine Erklärung</td></tr>
<tr><td>Die</td><td>Opposition</td><td>verlangt</td><td>eine</td><td>Erklärung</td></tr>
</table>

Kasus, pl.: Kasûs, dt.: grammatischer Fall; im Deutschen werden vier K. unterschieden: Nominativ, Genitiv, Dativ und Akkusativ.

Während das →Subjekt immer im Nominativ steht (→casus rectus), kommen die →Objekte in unterschiedlichen K. (→casus obliqui) vor. Meist werden Objekte mit einem bestimmten K. vom Verb gefordert (→Valenz); sie können aber auch von anderen Nomen oder einer Präposition abhängen (→Rektion): *Stunde der Besinnung* (Genitiv); *auf dem Kasten* (Dativ), *in den Kasten* (Akkusativ).

Kasus	Genus (Numerus: Singular)		
	Maskulinum:	Femininum:	Neutrum:
Nominativ (1. Fall, Wer-Fall)	*der Baum*	*die Blume*	*das Kind*
Genitiv (2. Fall, Wes-Fall)	*des Baumes*	*der Blume*	*des Kindes*
Dativ (3. Fall, Wem-Fall)	*dem Baum(e)*	*der Blume*	*dem Kind(e)*
Akkusativ (4. Fall, Wen-Fall)	*den Baum*	*die Blume*	*das Kind*

In der →GB-Theorie werden K. danach unterschieden, wie sie determiniert sind. (1) So gibt es zwei K. (Nominativ und Akkusativ), »deren Zuweisung bei Argumenten des Verbs durch eine bestimmte strukturelle Konfiguration bedingt ist« (Grewendorf, 1988); sie werden *strukturelle* K. genannt, da ihre Zuweisung strukturell determiniert ist. (2) Zwar werden auch die anderen K. unter den strukturellen Bedingungen der →Rektion zugewiesen; »diese determiniert jedoch nur, dass überhaupt Kasus zugewiesen werden kann, und nicht, welcher Kasus zugewiesen werden muss«. Man unterscheidet hier zwischen abstraktem und morphologischem K. So weist eine Präposition zwar immer K. zu, aber nicht immer den gleichen (*Wir gehen in den Saal – Wir stehen in dem Saal*). Solche K. heißen *lexikalische* K. (3) K., deren Zuweisung an →thematische Rollen gebunden ist (wie bei nicht-subkategorisierten Adverbialen) werden *Adverbial-K.* genannt (*Willi schläft den Schlaf des Gerechten – Willi schläft wie ein Murmeltier*).

Kasusfilter, im Rahmen der →GB-Theorie entwickelte Kasustheorie, wonach festgelegt wird, dass eine lexikalische Nominalphrase ungrammatisch steht, sofern sie keinen Kasus zugewiesen bekommt. Ein →Kopf (X^0) weist

Kasus sprachspezifisch nach links oder rechts zu (→Parameter), aber nur an solche →Komplemente, die unmittelbar neben ihm (adjazent) stehen. In den vom →X-bar-Schema erzeugten Phrasenstrukturen kann α (= Kasuszuweiser) nur dann Kasus an β (= Kasusempfänger) zuweisen, wenn →Rektion besteht, d. h., wenn α β regiert. Hierdurch werden sprachspezifisch sowohl syntaktische Relationen festgelegt als auch vom X-bar-Schema erzeugte Strukturen als grammatisch bzw. ungrammatisch markiert.

Katachrese, dt.: Missbrauch; (1) verblasste Metapher, →Exmetapher. (2) Bildbruch, missbräuchliche Zusammenfügung von nicht zusammengehörenden Metaphern oder Ausdrücken: *Diese Niederlage ist nur die Spitze des Eisberges; erdrutschartiger Sieg.*

Katapher, auch: Kataphora; sprachlicher Ausdruck, der auf einen anderen vorausweist; →Anapher. Rechtsgerichtete Verweisstruktur von →Pro-Formen; oft eingesetzt, um die Aufmerksamkeit des Hörers/Lesers zu wecken:

Als er befragt wurde, sagte der Dieb: »Den kenne ich nicht, den Mann.«

Kategorema (pl.: Kategoremata) →Autosemantikum

Kategorialsymbol, Abkürzungszeichen für Konstanten, z. B. für grammatische →Kategorien (2) wie NP, VP, N oder V in der →generativen Transformationsgrammatik; ↔Funktionssymbol.

Kategorie, dt.: Grundaussage, Klasse, Gattung; →grammatische K.n sind (1) in der traditionellen Grammatik die Wortarten sowie deren grammatische Kennzeichnungen, z. B. Person, Numerus, Tempus, Modus, Genus verbi; Kasus und Genus; ferner Aktionsart und Aspekt.

(2) In der →generativen Transformationsgrammatik alle Elemente, die an der gleichen Stelle im Ableitungsmechanismus stehen können, z. B. NP → Art + N, oder die

durch Lexikoneinträge ersetzt werden können, z. B. Art: *der, die, das;* N: *Baum, Blume, Kind,* ... (NP [Nominalphrase] = komplexes Kategorialsymbol; Art [Artikel] und N [Nomen] = lexikalische Kategorialsymbole).

Kausal, dt.: eine Begründung ausdrückend; k.e → Konjunktion (1), (2); k.e → Präposition; k.es → Adverb; k.es → Adverbial.

Kausalsatz, dt.: Begründungssatz; der K. ist ein Gliedsatz, der eine Begründung gibt für einen Vorgang oder eine Handlung. *Sie liest den Lokalteil der Zeitung, weil sie Langeweile hat.* → Adverbialsatz.

Kausativ → Faktitiv

Kehlkopflaut → Glottal

Kenem, Terminus der → Glossematik; Ausdrucksseite eines → Glossems, die dem fachsprachlichen Ausdruck → Phonem der Prager Schule entspricht. ↔ Plerem.

Kenntnissysteme → Sprachverhalten

Kennzeichnungsoperator, auch: Jota-Operator: »ι«; prädikatenlogisches Symbol, mit dessen Hilfe Ausdrücke notiert werden, die genau auf ein Objekt, und nur auf dieses, referieren, zum Beispiel: Der Autor des *Wilhelm Tell.*

Die logische Normalform solcher Ausdrücke lautet: ι x F (x), gelesen: »Dasjenige Objekt x, für das gilt: F (x)« oder: »Dasjenige Objekt, für das gilt: es ist Autor von *Wilhelm Tell*«.

Kentumsprache, westindoeuropäische Gruppe der → indoeuropäischen Sprachenfamilie, in der das Wort für »hundert« (vgl. lat. *centum*) als ['kentum] ausgesprochen wurde. Neuere Untersuchungen legen nahe, dass der Unterschied zwischen K.n und → Satemsprachen nicht mehr aufrechterhalten werden kann.

Kerngrammatik, umfasst alle Struktureigenschaften einer natürlichen Sprache, die sich unmittelbar aus der → Universalgrammatik ableiten lassen (Chomsky, 1986). Bedenken gegen dieses Modell wendet H. Haider (1993) ein; für ihn ist die Universalgrammatik eher ein Koprozessor der allgemeinen →kognitiven Struktur.

Kernsatz, →einfacher Satz; (1) Sätze mit →Achsenstellung des Verbs; meist bejahte Aussagesätze im Aktiv, die nicht weiter reduzierbar sind. (2) Grundbestand an Sätzen einer Sprache, die unter dem Gesichtspunkt der →Grammatikalität nicht weiter reduzierbar sind. Über →Transformationsregeln lassen sich aus ihnen alle weiteren Sätze der Sprache erzeugen (vgl. Z. S. Harris).

Kettenanalyse →String Analysis

Klammerausdruck, auch: indizierte Klammer; durch einen K. kann das Ergebnis der syntaktischen Analyse ähnlich wie in einem →Baumdiagramm, jedoch linear, dargestellt werden. Geklammert werden jeweils die unmittelbaren →Konstituenten (→Konstituentenanalyse). Die grammatischen →Kategorien werden als Indizes jeweils neben die rechts schließende Klammer gesetzt.

$(((Der)_{Art}\ (Student)_{N})_{NP}\ ((sucht)_{Vt}\ ((einen)_{Art} (Gebrauchtwagen)_{N})_{NP})_{VP})_{S}$.

(S = Anfangssymbol »Satz«; NP = Nominalphrase; VP = Verbalphrase; N = Nomen, Vt = transitives Verb; Art = Artikel)

Art und N sind unmittelbare Konstituenten der NP, die einmal (zu Anfang des Satzes) unmittelbare Konstituente von S ist, ein andermal (am Ende des Satzes) unmittelbare Konstituente von VP.

Klammerbau →Verbale Klammer

Klammerform, Reduktionsform eines zusammengesetzten, meist dreigliedrigen Wortes, bei dem die mittlere Komponente zur Erleichterung der Aussprache weggelassen wird: *Pfeffernüsse* (statt: »Pfefferkuchennüsse«). →Kurzwort.

Klammerfügung, syntaktische Reihung, bei der Wörter mit gleichem →Grundwort vorkommen, das aber nur einmal gesetzt wird: *Ober- und Untertöne*, *Sprach- und Schreiblehrgang*.

Klammersatz →Spaltsatz

Klammerung, Paare gleicher oder unterschiedlicher Klammern können dazu verwendet werden, die Struktur einer Zahlen- oder Symbolfolge anzugeben; vgl. (8 + 5) × 3 versus 8 + 5 × 3. →Klammerausdruck.

Klang, akustische Erscheinung mit periodischer Schwingungsform, zusammengesetzt aus mehreren Sinusschwingungen, deren Frequenzen im Verhältnis ganzer Zahlen stehen. Dagegen wird ein Ton durch eine einzige reine Sinusschwingung hervorgerufen. →Klangfarbe.

Klangfarbe, ein →Klang lässt sich in Teiltöne (Grundton und Obertöne) zerlegen, deren Art, Zahl und Intensität die K. ausmachen. Der tiefste Teilton (Grundton) bestimmt die Tonhöhe.

Klassem, übergeordnete Einheit mit strukturbildender Kraft; (1) im Sinne der strukturalistischen Sprachbetrachtung stellen K.e Kennzeichnungen dar, die die Besetzung einer »Leerstelle« (→Konstituente, lexikalische →Kategorie) derart beschränken, dass nicht ein semantisch abweichender Satz entsteht. K.e sind z. B. kontextuelle oder semantische Merkmale wie [+ belebt], [– human] als K. für »Tier« oder »Pflanze«.

(2) In H. J. Heringers →Dependenzgrammatik (1970) bedeuten K.-Regeln so viel wie Kontextregeln, die den Bereich, in dem eine Kategorie gelten soll, beschränken. Sie leisten Ähnliches wie die →Transformationsregeln in der →generativen Transformationsgrammatik. So erhält ein mehrdeutiger Ausdruck wie *die Untersuchung des Arztes* durch die K.-Regel »$k_{NP4} \rightarrow k_1 \cdot k_2$« zwei eindeutige Lesarten: a) die NP4 (= Nominalphrase im Genitiv) ist hergeleitet aus dem Klassem 1 (= Nominativ): *Der Arzt untersucht jemanden*; b) die NP4 ist hergeleitet aus dem Klassem 2 (= Akkusativ): *Jemand untersucht den Arzt*.

Klassifikation, dt.: Einteilung in Klassen; die K. ist neben dem →Segmentieren eine der beiden Grundoperationen der strukturalistischen Sprachwissenschaft. Das Verfahren wurde vor allem bei der Beschreibung unbekannter Sprachen im amerikanischen →Strukturalismus entwickelt: Nachdem das Sprachmaterial in die kleinsten bedeutungsunterscheidenden (→Phoneme) und bedeutungstragenden Elemente (→Morpheme) zergliedert ist, werden diese Einheiten durch operationale Verfahren (→Proben) übergreifenden Klassen zugeordnet. Diese grammatischen →Kategorien dienen dann zur Konstruktion der Grammatik dieser Sprache. Das Verfahren lässt sich auf allen Stufen der Sprachbeschreibung (→Phonologie, →Morphologie, →Syntax und →Semantik) anwenden.

Klimax, dt.: Höhepunkt; rhetorische Figur der Reihung mit dem Ziel, die Aussage zu steigern: »*Das ist so eindeutig, so selbstverständlich, und vor allem so rechtsstaatlich, dass es daran nichts zu deuteln gibt*« (Alfred Dregger).

Klitik, auch: Klitikon, dt.: Stützwort; schwach betontes Wort, das sich an ein anderes anfügt, ohne Präfix oder Suffix zu sein: *Geld macht's möglich*. →Enklise, →Proklise.

Knoten, Anfangs-, Verzweigungs- und Endpunkte im →Baumdiagramm, die mit →Kategoriensymbolen besetzt und mit →Kanten verbunden sind.

Kode, ursprünglich »Schlüssel« zu Geheimschriften; (1) in der Nachrichtentechnik stellt der K. ein Wahrscheinlichkeitssystem dar, das über die Gleichwahrscheinlichkeit eines primären Systems gelegt wird, um dieses kommunikativ zu beherrschen. So ist z. B. bei der Messung einer Temperatur der Stand der Quecksilbersäule zu einem beliebigen Zeitpunkt »gleichwahrscheinlich«, d. h., er kann überall im Glasröhrchen sein. Indem ich ein Wahrscheinlichkeitssystem darüber lege, also eine Skala von ±40° C anlege, den Nullpunkt beim Gefrieren des Wassers festlege usw., mache ich die Messung der Temperatur kommunikativ verfügbar. Ich kann z. B. ablesen und mitteilen, dass die Temperatur +3° C beträgt, und jemand, der die gleiche Skala benutzt (= über den gleichen K. verfügt), kann mich verstehen.

(2) In der →Soziolinguistik bedeutet K. so viel wie sozial determinierte Sprechvariante. Man unterscheidet hier einen →elaborierten und einen →restringierten K.

Kodieren, (1) einen →Kode (1) anwenden; ein spezielles Zeicheninventar auf einen bestimmten Geltungsbereich anwenden, z.B. die Zahlenskala ±40° C auf das Röhrchen mit der Quecksilbersäule anlegen, um die Temperatur zu messen. (2) In der Kommunikationstheorie bedeutet K. die Versprachlichung von Gedanken, Ideen, Eindrücken, Gefühlen. Ein komplexer Bewusstseinsinhalt wird in eine lineare Abfolge von Lauten oder Schriftzeichen gebracht (Botschaft). Dieser Vorgang des K.s findet auf allen Ebenen der linguistischen Beschreibung statt (phonologische, syntaktische, semantische Kodierung). Gelegentlich wird zwischen dem Vorgang der Produktion als »Enkodierung« (Verschlüsselung) und dem der Rezeption als »Dekodierung« (Entschlüsselung) der Botschaft unterschieden.

Kognat, Wörter gleicher etymologischer Abstammung (z.B.: *people*, *peuple*, *pueblo*, *popolo*, *Pöbel*). Sie haben das gleiche →Etymon (lat. *populus*). Hierunter fallen auch Wörter, die semantisch eng verwandt sind; in Redewendungen können sie als kognates (inneres) Objekt verwendet werden: *Tausend Tode sterben.* →Paronym.

Kognates Objekt, auch: inneres Objekt; →Objekt, →Figura etymologica.

Kognition, dt.: Auffassung, Kenntnis; wesentliches Merkmal der menschlichen K. ist die Herausbildung der symbolischen (oder semiotischen) Funktion im Laufe des zweiten Lebensjahres. Nach dem Erwerb der grundlegenden →Handlungsschemata erfolgt am Ende des sensomotorischen Stadiums der Aufbau der symbolischen Funktion in fünf Stufen:

- die aufgeschobene Nachahmung (das Kind ahmt zeitlich später eine Handbewegung nach),
- das symbolische Spiel (das Kind spielt »schlafen«),

- das Zeichenbild (das Kind beginnt zu zeichnen, was es – z. B. von einer Person – weiß, bevor es darstellen kann, was es sieht),
- das innere Bild (als verinnerlichte Nachahmung entstehen reproduktive Bilder als aktive Kopie der Wahrnehmungsbilder),
- die verbale Erwähnung von nicht-aktuellen Ereignissen (Sprechen als letzte, den anderen überlegene symbolische Funktion).

Die symbolische Funktion löst die K. vom Tun und schafft so gewissermaßen die Vorstellung (vgl. Piaget, 1983). Oerter/Montada ([2]1987) weisen darauf hin, dass die Ergebnisse neuerer Studien eindeutig nahe legen, dass es ein »genetisches Primat sozialer Kognition« gibt: So verstehen Kleinkinder z. B. »die Struktur sozialer Ereignisse nach Anlass und Folge offenbar eher, als sie Ursache und Wirkung bei physikalischen Geschehnissen differenzieren«.

Die Erforschung des Verhältnisses von Sprache und K. eröffnet für die Sprachwissenschaft ganz neue Perspektiven. (Näheres bei Sucharowski, 1996.)

Kognitionssemantik, Teilbereich der linguistisch orientierten →Kognitionswissenschaft. Die K. setzt sich unter pragmatischer Perspektive mit dem Bedeutungsbegriff auseinander und ist eher sprach- und erkenntnistheoretisch orientiert. Unter dieser Denkperspektive werden zum Beispiel →grammatische Zeichen als »kognitive Differenzierungsmuster« angesehen. »Die Frage nach der kognitiven Differenzierungskraft einer grammatischen Form ist zugleich eine Frage nach den Erkenntnisinteressen und sprachlichen Organisationsaufgaben derjenigen Menschen, die diese grammatische Form entwickelt und beibehalten haben« (Köller, 1988). ↔Instruktionssemantik.

Kognitionswissenschaft, interdisziplinäre Wissenschaft, die sich Mitte der 70er-Jahre in zwei größeren Strömungen entwickelt hat, welche als →modulare und als →holistische Konzeptionen der menschlichen →Kognition beschrieben werden können. Entscheidende Impulse erhielt die K. von unterschiedlichen Seiten: (1) der Computerforschung, insbesondere zur →Künstlichen Intelligenz, die sich mit kognitiven Prozessen und deren Modellierung anhand von komplexen Programmen befasst; (2) der Psychologie, die – sowohl theoretisch als auch empirisch-experimentell – die allgemeinen mentalen Fähigkeiten des Menschen untersucht. Hinzu kamen (3) Teilbereiche der Linguistik (→kognitive Linguistik), (4) der philosophischen Erkenntnistheorie sowie (5) der Neurowissenschaft, die sich mit den physiologischen Grundlagen der →Kognition beschäftigt.

Ziel der K. ist es, die Strukturen und Prozesse menschlichen Wissens empirisch zu erforschen, umfassend darzustellen und zu erklären. Dabei stellen sich folgende Leitfragen:

- Welches sind die kognitiven Grundlagen für so komplexe menschliche Fähigkeiten, wie sie →Sprache und Denken darstellen?
- Wie wird dieses Wissen im Gehirn repräsentiert (→Repräsentation), und wie ist es vernetzt?
- Welche kognitiven Prozesse laufen ab, wenn wir Wissensbestände abrufen und verwenden?

Weil sie interdisziplinär arbeitet, zeichnet sich die K. durch Methodenvielfalt und unterschiedliche theoretische Konzeptionen aus, die allerdings aufgrund eines gemeinsamen Forschungsgegenstands auch eine Reihe von elementaren Grundannahmen verbindet, z. B.: »Eine Grundannahme der Kognitiven Wissenschaft ist, dass der menschliche Organismus bedeutungsvolles Verhalten produzieren kann, indem er formale Operationen auf gespeicherte Wissensrepräsentationen anwendet.« Und – weiter zugespitzt: »Zu den theoretischen Prämissen der Kognitiven Wissenschaft gehört die Annahme einer mentalen, von der physiologischen Basis weitgehend unabhängig zu beschreibenden Repräsentationsebene« (Schwarz, 1992).

Denken erscheint aus dieser Perspektive als die Manipulation der internen Repräsentationen, die wir im Gedächtnis gespeichert haben.

Kognitiv, dt.: die Erkenntnis betreffend; die sprachliche Entwicklung des Kindes ist eng verbunden mit seiner k.en Entwicklung. Letztere setzt viel eher ein, und erst nach einer gewissen Zeit (etwa im 4. Lebensjahr) verlaufen sprachliche und k.e Entwicklung parallel.

Kognitive Grammatik, Grammatikmodell, das im Rahmen der →kognitiven Linguistik den →holistischen Erklärungsansatz vertritt. Ähnlich wie in der lernpsychologischen →Stadientheorie J. Piagets wird in der k.n G. die untrennbare Einheit allgemeiner kognitiver Fähigkeiten postuliert. Dies heißt, dass Struktur und Funktion des sprachlichen Systems nicht isoliert betrachtet werden sollen. Deshalb entwickeln die Vertreter der k.n G. (wie Langacker, 1988) keinen formalen Beschreibungsapparat – wie die ↔generative Transformationsgrammatik –, sondern führen ihre linguistischen Analysen vor dem Hintergrund psychologischer und biologischer Forschungsergebnisse durch. Die Grammatik ist aus dieser Sicht das Ergebnis komplexer →Konzeptualisierungen.

Kognitive Linguistik, Teilbereich der allgemeinen Linguistik, der sich im Rahmen der allgemeinen →Kognitionswissenschaft mit dem Gegenstand Sprache beschäftigt und in diesem Zusammenhang strukturelle und prozedurale Aspekte sprachlichen Wissens eng aufeinander bezieht. Forschungsfelder sind u. a. die →Repräsentation, Strukturierung und Verarbeitung sprachlicher Einheiten im Gehirn. Als Maßstab für die →kognitive Adäquatheit einer linguistischen Hypothese gelten in der k.n L. »vor allem zwei Kriterien: das Lernbarkeitskriterium und das Verarbeitungskriterium« (Schwarz, 1992). Lernbarkeit zielt auf die Beantwortung der Frage, wie Kinder aufgrund recht heterogener und z. T. fehlerhafter Sprachdaten dennoch in relativ kurzer Zeit eine komplexe, funktionierende Grammatik aufbauen können. Das Kriterium beinhaltet damit bestimmte Annahmen über die Repräsentation sprachlicher Daten.

Die k. L. will darüber hinaus auch Fragen der Kompatibilität zwischen sprachlicher Repräsentation und dem neurophysiologischen Verarbeitungssystem in ihre theoretischen Ansätze integrieren. Dabei stellen sich u. a. so zentrale Fragen wie:

- Worin besteht unsere Sprachkenntnis im Einzelnen?
- Wie werden Sprachkenntnisse erworben und benutzt?
- Welche neuronalen Strukturen und Prozesse liegen der Repräsentation, dem Erwerb und dem Gebrauch von Sprache zugrunde?

Ein einheitliches Konzept der k.n L. liegt bis heute allerdings nicht vor.

Kognitive Struktur, die k. S. des Menschen lässt sich idealtypisch in zwei Bereiche gliedern:

a) eine Wissens- und Wertestruktur (epistemische Struktur), bestehend aus
   - Inhalt: Begriffen und Regeln, auf denen das reproduktive Denken basiert
   - Leistung: Bewältigung von Aufgaben

b) eine Problemlösungsstruktur (heuristische Struktur), bestehend aus
   - Inhalt: Heurismen (→ Problemlösungsverfahren), die produktives Denken begünstigen
   - Leistung: Lösung von Problemen

Beide Bereiche der k.n S. sind eng aufeinander bezogen und dienen der Bewältigung von Aufgaben (Aktivierung von vorhandenem Wissen, erprobten → Handlungsstrategien und bewussten moralischen Urteilen) sowie zur Bewältigung von Problemen, bei denen eine Lösungsstrategie erst gefunden werden muss.

Kognitives Ordnungsschema → Grammatisches Zeichen

Kohärenz, dt.: Zusammenhang; (1) oberflächenstrukturell wird der Terminus K. gelegentlich synonym zu →Kohäsion gebraucht. Dabei sind entweder nur die syntaktisch-morphologischen Konnexions- und Verweisstrukturen im Text (→Anapher, →Katapher, Funktion der Pronomen, →Rektions- und →Kongruenz-Phänomene bei Kasus, Numerus und Person) gemeint, oder es sind auch semantische Aspekte der Erzeugung von K. (kausale, lokale oder temporale Bezüge über die Satzgrenze hinaus) eingeschlossen. Unter semantischen Gesichtspunkten stellt sich K. als eine Kette von miteinander verbundenen und aufeinander bezogenen →Propositionen dar.

(2) Unter →pragmatischen Gesichtspunkten erhält K. einen umfassenden Bezug zum →kommunikativen Handlungszusammenhang. S. J. Schmidt (1973) weist auf vier Erklärungsmodelle für K. in diesem Sinne hin: a) Bezug auf den →nonverbalen Rahmen der K.; b) Bezug auf das vom Sprecher unterstellte gemeinsame Bezugssystem von Erfahrungen mit dem Kommunikationspartner; c) Bezug auf den gemeinsamen Wahrnehmungsraum (→Deixis) und d) Bezug auf den gemeinsamen Assoziationsspielraum von Sprecher und Hörer.

Dies bedeutet, dass eine Reihe von Sätzen stets in ein dem Sprecher und Hörer gemeinsam bekanntes und zugängliches Bezugssystem eingebettet sein muss, um pragmatische K. zu gewährleisten. Als wichtigster Bezugsrahmen gilt allerdings die semantische →Konnexion. (Zur Textkohäsion in unterschiedlichen Konzeptionen vgl. Brinker, [3]1992, Kap. 3.3 und 3.4.)

Kohäsion, dt.: Verknüpfung; Anfang der 70er-Jahre bürgert sich der Terminus K. in die →Textlinguistik ein, mit dem die grammatischen Konnexionsstrukturen und die syntaktische Positionsmobilität von sprachlichen Elementen in →Oberflächenstrukturen bezeichnet werden. Gleichzeitig wird damit eine Abgrenzung gegenüber dem eher pragmatisch motivierten Terminus →Kohärenz (2) vorgenommen. In diesem Sinne bezieht sich K. auf den Zusammenhalt der Wörter und Morpheme im Satz, d.h. auf die Eigenschaft grammatischer und lexikalischer Elemente, in stabilen Positionen zu stehen.

So steht im Deutschen das attributive Adjektiv stets vor dem Nomen (*ein sehr interessanter Film*), im Französischen dagegen dahinter (*un film très intéréssant*). Des Weiteren gehören Wiederholungen, →Paraphrase, →Parallelismus, →Tempus, →Deixis, →Intonation oder →Thema-Rhema-Gliederung zur K. von Texten.

Koine [koi'ne], die K., auch: Koinai; griechische Umgangssprache zur Zeit des Hellenismus, die ab dem 4.Jh. v. Chr. überregionale Bedeutung erhielt.

Kollektivum, pl.: Kollektiva, dt.: Sammelbezeichnung; Kollektiva sind Nomen im →Singular, die eine Mehrzahl von Lebewesen oder Dingen bezeichnen. Für ein Einzelwesen oder -ding muss meist eine Umschreibung gewählt werden: *Familie*, *Getreide*, *Herde*, *Laub*, *Obst*, *Publikum*, *Vieh* (Umschreibung: *ein Familienmitglied*, *eine Getreidesorte*, ...).

Unter den Kollektiva befindet sich eine Reihe von →Ableitungen, z.B. mit *Ge-*, *-schaft*, *-tum*. Manche Nomina sind im Singular →Gattungsbezeichnungen oder Kollektiva: *Spielzeug* (ein Spielzeug), *Gerät* (ein Gerät).

Kollektivzahl →Numeral

Kollokat, ein Wort, das häufig in der syntaktischen Umgebung eines bestimmten →Lexems vorkommt, wird als dessen K. bezeichnet. So ist bei dem Syntagma *in tiefer Trauer* das Adjektiv »tief« ein K. zu »Trauer«.

Kollokation, dt.: Anordnung, Stellung; (1) relativ feste Fügung sprachlicher Ausdrücke unter semantischen Gesichtspunkten: *Biene – summen*. Ein kompetenter Sprecher weiß die →Lexeme derart zu kombinieren, dass nur akzeptable Verbindungen entstehen. So wird im Deutschen ein Wettkampf *veranstaltet*, eine Tagung *abgehal-*

ten, ein Gottesdienst *gehalten* und eine Reise *unternommen.* »Dass bei diesen sprachlichen Verbindungen auch inhaltliche Nuancen im Spiel sind, ›spürt‹ der kompetente Sprecher intuitiv, wenn ihm andere Verbindungen, die durchaus vorkommen können, begegnen. Solche Kollokationstests können besonders für den Ausländer, der Deutsch lernt und den kein Sprachgefühl leitet, äußerst hilfreich sein.« (Duden-Grammatik, [4]1984.) →Fremdsprachendidaktik.

(2) Gemeinsames Vorkommen unterschiedlicher semantischer (Teil-)Bedeutungen in einem Wort: dt. *Fleisch* – engl. *flesh* + *meat.* Hierunter fallen auch kontextuell bedingte Teilbedeutungen: So meint »verlieren« im Kontext alltäglicher Begebenheiten, dass eine Sache abhanden gekommen ist; im Kontext menschlicher Beziehungen meint es den Tod eines geliebten Menschen.

Kombinatorischer Lautwandel →Lautwandel, →Ersatzdehnung

Kommentarwort, ähnlich wie bei manchen →Interjektionen ahmen Kommentarwörter Laute nach: *ächz*, *gluck*, *heul*, *jaul*, *mampf* u. Ä. Sie werden häufig in den Sprechblasen von Comics verwendet, um die Tätigkeit oder die Befindlichkeit der Akteure zu unterstreichen bzw. zu charakterisieren.

Kommunikation, dt.: Mitteilung, Verständigung; (1) im nachrichtentechnischen Sinne umfasst K. die Enkodierung, Übertragung und Dekodierung (→Kodierung) von Signalen zwischen einem Sender und einem Empfänger zwecks Übermittlung einer Botschaft. Diese Art der K. kann zwischen zwei Geräten stattfinden (→Regelkreis). Eine direkte Übertragung des →Kommunikationsmodells (1) auf menschliche K. ist problematisch. (2) Sprachwissenschaftlich betrachtet ist K. abhängig von zahlreichen →pragmatischen Faktoren, wie der psychischen und sozialen Lage von Sprecher und Hörer, den Bedingungen der Sprechsituation, Intention, Rezeptionsdisposition und dgl.

Kommunikationsmodell, Modelle der →Kommunikation sind ausgerichtet auf die Sachverhalte, die sie erklären wollen, und abhängig von der Hintergrundtheorie, auf der sie basieren. (1) Nachrichtentechnische Modelle stellen »die Welt des Signals« (U. Eco) dar, d.h., es sind weitgehend technisch orientierte Modelle, die einen kybernetischen →Regelkreis beschreiben:

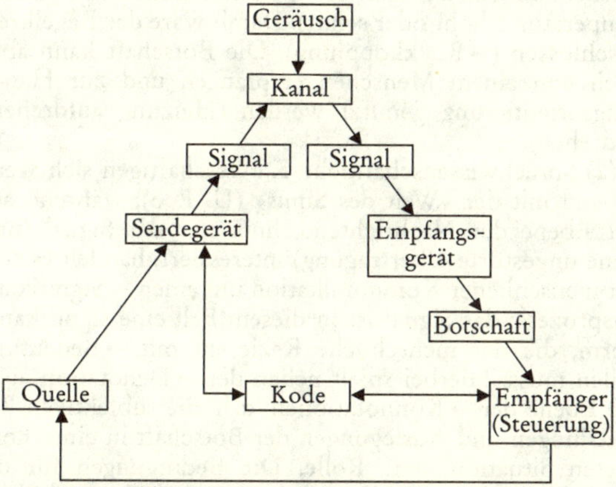

Umwandlung der Botschaft in ein Signal zur Veränderung des Zustands der Quelle (Rückkopplung)

Das Schaubild ist folgendermaßen zu verstehen: Eine Quelle (z.B. Raumtemperatur) gibt kontinuierliche Zustände (Wärme/Kälte) an ein Sendegerät (Thermostat) ab; dieses Sendegerät verfügt über einen →Kode (Temperaturmesser/Skala), der bei einem bestimmten Zustand (+ 16° C oder + 22° C) ein Signal (elektrischen Impuls) über einen Kanal (elektrischen Draht) zu einem Empfangsgerät (Wärmezufuhrregulator) übermittelt. Geräusche (Störungen bei der Übertragung / Stromausfall) können die Kommunikation verhindern oder verzerren; um das Rauschen möglichst gering zu halten, kann der Kode verkompliziert werden (→Redundanz). Das Empfangsgerät verwandelt das Signal in eine Botschaft (bei + 16° C Wärmezufuhr; bei + 22° C Wärmeentzug) für den Empfänger. Die Botschaft kann von dem Gerät selbst »gedeutet« und in ein entsprechendes Signal umgesetzt werden, das den Zustand der Quelle verändert (die Raumtemperatur erhöht oder senkt). Damit wäre der Regelkreis geschlossen (→Rückkopplung). Die Botschaft kann aber auch von einem Menschen empfangen und zur Handlungsorientierung genutzt werden (Heizung aufdrehen/abdrehen).

(2) Sprachwissenschaftliche K.e beschäftigen sich weitgehend mit der »Welt des Sinns« (U. Eco); während auf der Ebene der Nachrichtentechnik nur das Signal (und seine ungestörte Übertragung) interessiert, handelt es sich bei menschlicher Kommunikation um einen →Signifikationsprozess; das Signal ist in diesem Fall eine signifikante Form, die der menschliche Rezipient mit →Bedeutung füllen muss. Hierbei spielt neben der →Denotation auch die Ebene der →Konnotationen, d.h. die subjektiven Beurteilungen und Auslegungen der Botschaft in einer konkreten Situation, eine Rolle. Die Bedingungen für die menschliche Kommunikation liegen zum Teil außerhalb des nachrichtentechnisch beschreibbaren Vorgangs; sie liegen z.B. bei sozialen (Wissen, Bildung, Elternhaus) oder psychischen Faktoren (Absichten, Erwartungen, Stress) auf der Seite von Sprecher und Hörer.

Kommunikationsstil, unter pragmatisch-kommunikativen Aspekten sind im Rahmen der →feministischen Linguistik für Frauen und Männer typische K.e herausgearbeitet worden. Als typisch für den weiblichen K. werden u.a. genannt: andersartiger Wortschatz, z.B. weniger Vulgärausdrücke, Zweideutigkeiten, Flüche und Interjektionen; häufige Verwendung von Formen der Verniedlichung, der Modifikation und Abschwächung (*vielleicht, könnte man sagen, meiner Meinung nach,* ...); Infragestellen (*oder auch nicht*), Indirektheit und Mittelbarkeit; häufiger Gebrauch von Höflichkeitsfloskeln.

Frauen leisten, so die vorherrschende Meinung der feministischen Untersuchungen, in Gesprächen die meiste kommunikative Arbeit, hören besser zu, versuchen zu vermitteln. »Offenbar ermöglicht der weibliche Gesprächsstil größeren Informationsfluss, größeres Wohlbefinden unter den Gesprächsteilnehmern, und stellt eine humanere Atmosphäre her, als wir sie von männlich ausgerichteten Diskussionen kennen« (Trömel-Plötz, 1984).

Kommunikative Kompetenz → Kompetenz (2)

Kommunikative Wende, die so genannte k. W. in der → Fachdidaktik, als deren erster Wortführer gelegentlich W. Schlotthaus mit seinem Aufsatz »Lehrziel: Kommunikation« (1971) genannt wird, vollzieht sich im Gefolge von und im Zusammenspiel mit allgemeinen Tendenzen in der Fachwissenschaft und in der bildungspolitischen Planung. Seit 1967 werden in Deutschland die ersten Linguistik-Lehrstühle besetzt; die sozialliberale Koalition in Hessen ebnet sodann mit ihrem Lehrplan von 1969 als erste den Weg für die Übernahme von linguistischen und kommunikationswissenschaftlichen Ergebnissen in den Deutschunterricht. Insgesamt kann eine erhöhte Aufmerksamkeit von Politik und Gesellschaft für Bildungsfragen registriert werden, die einhergeht mit Veränderungen der Curriculumforschung (offenes → Curriculum und Curriculumrevision) sowie der Forderung »Bildung für alle« (Einrichtung des 10. Hauptschuljahrs und der Fachoberschulreife). Die stärkere Orientierung an der Systemlinguistik und der Zeichentheorie, aber auch an der Kommunikationswissenschaft und der Pragmatik, lassen neue fachdidaktische Ideen sowie Generationen von Lehrbüchern entstehen, die vor allem einen → integrativen Deutschunterricht propagieren und die isolierte Behandlung der Grammatik in systematischen Lehrgängen ablehnen.

Da die k. W. nahezu ohne die notwendige Einbindung der Lehrerschaft in den Entwicklungsprozess erfolgt ist, konnte eine Irritation über wissenschaftsinterne »Widersprüche« oder rasch aufeinander folgende Korrekturen nicht ausbleiben. Mit den Lehrplänen der 80er-Jahre ist denn auch der kommunikative Ansatz der Fachdidaktik durch die Kultusbehörden stark eingeschränkt und relativiert worden.

Kommunikativer Handlungszusammenhang, auch: Äußerungskontext; umfassende Bezeichnung für das Zusammenwirken von sprachlichem Kontext, auch →Kotext genannt, und außersprachlichem →Kontext. Soll Sprache nicht nur systemimmanent, sondern auch unter pragmatischen Gesichtspunkten betrachtet werden, muss sie im Kontext von Sprechsituation (Ort, Zeit, institutionellen Rahmenbedingungen), Anlass und Intention der verbalen Interaktion, dem Rollenverständnis der Kommunikationspartner (Einschätzung der Eigen- und der Fremdrolle) sowie der übrigen →außersprachlichen Merkmale und Signale (Kleidung, Aufmachung, prestigeträchtige Titel, Alter, Geschlecht, Attraktivität usw.) gesehen und beurteilt werden. All diese Faktoren lassen sich in einem Ausdruck wie k. H. zusammenfassen.

Kommunikatives Handeln, Interaktion; k. H. vollzieht sich in alltäglich eingelebten →Sprachspielen, die durch Konventionen, Normen und →Regeln (2) abgesichert sind. Bei Habermas (1971) stellt k. H. einen Gegenbegriff zum →Diskurs dar; beim kommunikativen Handeln wird die Geltung von Sinnzusammenhängen naiv vorausgesetzt, um Informationen bzw. handlungsbezogene Erfahrungen auszutauschen. Zum normalen Verlauf von kommunikativem Handeln tragen vier Voraussetzungen bei: a) die zwischenmenschliche Beziehung kann bewusst mitgeteilt und (gegenseitig) akzeptiert werden; b) der Sinn der

Äußerung kann ausdrücklich mitgeteilt und entsprechend aufgefasst werden; c) der Geltungsanspruch der Meinungen, die ausgetauscht werden, wird nicht in Frage gestellt; d) der Geltungsanspruch der Handlungsnorm, der man folgen will, wird nicht in Frage gestellt. Wird eine dieser Voraussetzungen nicht erfüllt, kommt es zu Störungen im kommunikativen Handeln; hier besteht dann die Möglichkeit, in einen Diskurs einzutreten.

Kommutation → Ersatzprobe

Komparation, Gradation, dt.: Steigerung; bei der K. von → Adjektiven und gewissen Adverbien unterscheidet man drei Steigerungsstufen: 1. Positiv (Grundstufe): *hell*, *groß*, *viel*; 2. Komparativ (Vergleichsstufe, Höherstufe): *heller*, *größer*, *mehr*; 3. Superlativ (Höchststufe): *Diese Lampe ist die hellste von dreien. Paul ist der größte unter den Jungen. Wer hat das meiste genommen?*

Eine weitere Form der K. bildet der → Elativ (der absolute Superlativ), der ohne Vergleichsgröße steht: *Meine Lampe leuchtet am hellsten. Paul ist außerordentlich/besonders groß.*

Eine Reihe von Adjektiven kann nicht gesteigert werden: *fertig*, *rund*, *tot* u. Ä.

Komparatistik, Teilbereich der → historischen Sprachwissenschaft, der sich mit der Herkunft, Entwicklung und Verwandtschaft von Sprachen beschäftigt. Angeregt wurden die Forschungen durch die Entdeckung der verwandtschaftlichen Beziehungen innerhalb der → indoeuropäischen Sprachenfamilie. Die detaillierten phonologischen, morphologischen und lexikalischen Vergleiche des Sanskrit mit dem alten Griechisch, Latein und mit dem → Germanischen führte schließlich zur Aufdeckung der verwandten grammatischen Strukturen sowie der Gesetzmäßigkeiten des Sprachwandels, z. B. der → Lautverschiebung.

Die Arbeiten von F. Bopp von 1816 und 1833 gelten als der Beginn der K. als Wissenschaft. Geleitet von der darwinschen Evolutionstheorie und der Vorstellung eines organischen Wachstums (→Organismusmetapher) der Sprachen, setzte sich die Idee einer organischen Entfaltung der Sprachen aus einer Wurzel nach der →Stammbaumtheorie durch. Diese eher romantischen Vorstellungen wurden durch die →Junggrammatiker präzisiert und auf strengere wissenschaftliche Prinzipien zurückgeführt.

Komparativ, dt.: vergleichend; k.e →Konjunktion (2); (1) den Vergleich mehrerer Sprachen betreffend; (2) auf die →Komparation bezogen.

Komparativ, dt.: Vergleichsstufe, Höherstufe, Mehrstufe; →Komparation.

Komparativsatz, dt.: Vergleichssatz; abhängiger Nebensatz, der die →Satzgliedstelle eines Adverbials innehat; →Adverbialsatz. Der K. drückt einen Vergleich zum Inhalt des übergeordneten Satzes aus und wird mit einer unterordnenden →Konjunktion (2), z.B. *als, als ob, als wenn, so – wie, wie wenn*, eingeleitet: *Ich habe so gut gespielt, wie ich konnte. – Es regnete ohne Unterbrechung, als ob der ganze Ort im Wasser versinken sollte.*

Kompatibilität, auch: Konvenienz, dt.: Vereinbarkeit; (1) allgemein bedeutet K. die Anschlussfähigkeit zweier Systeme untereinander oder die Austauschbarkeit ihrer (einzelnen) Komponenten. (2) Syntaktisch-semantische Kombinierbarkeit von sprachlichen Ausdrücken. In einem →Satzbauplan können →paradigmatisch nur begrenzt →Lexeme ausgetauscht werden, ohne dass der Satz ungrammatisch oder inakzeptabel würde; z.B.:

Der	*Junge*	*schreibt*	*einen*	*Aufsatz*
Ein	*Junge*	*schreibt*	*einen*	*Aufsatz*
Ein	*Junge*	*schreibt*	*einen*	*Brief*
Ein	**Tisch*	*schreibt*	*einen*	*Brief*

Beim Erlernen einer Fremdsprache spielen derartige →Kollokationen eine wesentliche Rolle. Die Verträglichkeitsbedingungen einzelner Lexeme miteinander werden in der →generativen Transformationsgrammatik durch →Selektionsbeschränkungen hergestellt. →Inkompatibilität.

Kompensatorisch, dt.: ausgleichend; angleichend an eine bestehende, anerkannte Norm, insbesondere im Rahmen der →Soziolinguistik benutzter Ausdruck, z.B. bei k.en Sprachprogrammen bzw. →kompensatorischem Sprachunterricht.

Kompensatorischer Sprachunterricht, Auslöser für diese Art von Sprachförderprogrammen waren Ergebnisse der →Soziolinguistik, wonach die unteren sozialen Schichten einen abweichenden →restringierten Kode beherrschen, der schulisches Lernen und damit die soziale Integration behindern würde. Diese so genannte →Defizithypothese führte in den 60er-Jahren zunächst in den USA (Headstart-Project), in den 70er-Jahren auch in Deutschland zu einer didaktischen Programmatik, die darauf zielte, durch speziell aufbereitete sprachliche Übungen den Sprachkode von restringiert sprechenden Schülern und Schülerinnen »positiv« zu verändern, und dies hieß nichts anderes, als ihn dem →elaborierten Kode anzugleichen. Probleme wie Milieubruch, psychische Barrieren, Eigenwerte des restringierten Kodes und dgl. wurden nicht gesehen und erst im Zusammenhang mit der →Differenzhypothese diskutiert.

Die Ergebnisse des kompensatorischen Sprachunterrichts waren eher entmutigend; denn ein Sprachtrainingsprogramm ohne umfassende soziale und familiäre Veränderungen musste folgenlos bleiben. Hinzu kam, dass das Interesse an einem kompensatorischen Sprachunterricht rasch abnahm. Auch der emanzipatorische Sprachunterricht, der gesellschaftliche Veränderungen in sein Konzept einbezogen hatte, konnte ohne die Unterstützung des politischen Willens sowie ohne Rückhalt in der Fachdidaktik und bei der Lehrerschaft keine nennenswerten Wirkungen erzielen.

Kompetenz, dt.: Zuständigkeit, Befähigung; (1) im Zusammenhang mit der →generativen Transformationsgrammatik hat N. Chomsky den Terminus der linguistischen K. eingeführt als ein »System generativer Prozesse« (1969). Ziel der Sprachbeschreibung ist nach Chomsky die Darstellung und Erklärung des intuitiven Sprachwissens eines idealisierten Sprechers/Hörers, wobei K. als ein abstraktes Konstrukt zu gelten hat, von dem alle (mögliche) Rede ableitbar ist und das zur Erklärung der dem aktuellen Sprechvorgang (↔Performanz) zugrunde liegenden generativen Prozesse dient. Daher ist der K.-Begriff bei Chomsky nicht äquivalent dem Begriff der »langue« (Sprachsystem) bei F. de Saussure, der sich lediglich auf Oberflächenstrukturen bezieht.

(2) Im Gegensatz zu Chomskys linguistischer K. entwickelte J. Habermas (1971) das Konzept der kommunikativen K., das der →Pragmatik und Interaktionstheorie (→Konversationsanalyse) verpflichtet ist. Der Zusatz »kommunikativ« weist auf die Bedeutungsverlagerung hin; denn menschliche →Kommunikation (2) wird entscheidend beeinflusst durch soziale, psychische und situative Faktoren. Gegenstand einer Theorie der kommunikativen K. sind die »allgemeinen Strukturen möglicher Redesituationen«, die selbst durch sprachliche Akte hervorgebracht werden.

Komplement, in der →GB-Theorie notwendige Ergänzung zum →Kopf einer Phrasenstruktur. So erfordert das Verb *regnen* das K. eines →Expletivums »es« in Subjektposition; das Verb *glauben* verlangt neben einer Subjekt-NP mindestens ein weiteres K. als NP (Dativ/Akkusativ: *Ich glaube dir/das*) oder als Präpositionalgefüge (PP: *Ich glaube an Gott*) oder als S' (eingebetteter Satz: *Ich glaube, dass alles gut wird*). Dieser Aspekt der GB-Theorie hat große Ähnlichkeit mit der →Valenzgrammatik (→Ergänzung).

Komplementär, dt.: sich wechselseitig ergänzend; (1) in der →Phonologie werden Laute, die nie in der gleichen Umgebung auftreten können, als k. bezeichnet; man sagt auch, sie stehen in k.er Distribution, wie etwa der Ach- und der Ichlaut im Deutschen. Beide Varianten können auch als →Allophone eines Archiphonems gelten. (2) Relation zwischen zwei sprachlichen Größen dahingehend, dass die Anwesenheit der einen die Anwesenheit der anderen erfordert. So ist das Vorkommen von Vokalen stets an das Vorhandensein von Konsonanten gebunden, und umgekehrt; das Vorkommen einer grammatischen Kategorie für »Einheit« setzt das Vorkommen einer solchen für »Vielheit« voraus, und umgekehrt.

Komplementäre Kommunikation, →asymmetrische Kommunikation, bei der die Beteiligten in einem sozial vorgegebenen, aufeinander bezogenen Rollenverhältnis stehen: Kommunikation zwischen Lehrer und Schüler, Arbeitgeber und Arbeitnehmer usw.

Komplementäre Spracherziehung, im Zusammenhang mit Ergebnissen der →Soziolinguistik erarbeitete didaktische Position, wonach die Spracherziehung von Kindern und Jugendlichen der Unterschicht, die einen so genannten →restringierten Kode sprechen, nicht einseitig auf die sprachlichen Mittel und Ausdrucksformen des →elaborierten Kodes festgelegt werden soll. Im Sinne der →Differenzhypothese sollen die als positiv eingestuften Werte des restringierten Kodes (wie Direktheit, stärkerer personaler Bezug, Einbeziehung des Hörers in die Sprecherrolle und dgl.) erhalten werden. Ziel eines solchen Unterrichts wäre dann die Fähigkeit, den Kode je nach Intention, Adressat und →kommunikativem Handlungszusammenhang adäquat wechseln zu können. Dies gilt in umgekehrter Richtung dann auch für die Sprecher eines elaborierten Kodes.

Komplementäre Variante, in der →Phonologie gelten solche Elemente als k. V., die mit einem anderen Element in →komplementärer Distribution stehen; z. B. der Achlaut, der nur nach den dunklen Vokalen [a], [o] und [u] vorkommt, gegenüber dem Ichlaut, der nur nach den hellen Vokalen [e] und [i] vorkommt.

Komplementarität, semantisches Verhältnis zwischen Prädikaten, das einen Gegensatz ausdrückt derart, dass die Verwendung des einen die Negation des anderen bedeutet: *Willi* <u>*ist verheiratet*</u> ≠ *Willi* <u>*ist unverheiratet*</u>. In der Regel sind derartige Ausdrücke, die in K. zueinander stehen, nicht steigerungsfähig oder graduierbar (**verheirateter sein, *ein wenig verheiratet sein*). Weitere Beispiele: *tot – lebendig, männlich – weiblich, rund – gerade*. →Inkompatibilität.

Komplexer Satz, im Wesentlichen Neben- und Unterordnung von Teilsätzen zur →Satzreihe oder zu einem →Satzgefüge.

Komplexes Symbol, (1) allgemein wird der Terminus k. S. für die Darstellung einer sprachlichen Einheit anhand einer →distinktiven Merkmalmenge benutzt. Diese Darstellung kann verschiedene sprachliche Ebenen betreffen, z. B. die phonologische Ebene: [+ Bilabial, + Nasal, + Stimmhaft] als k. S. für den Laut [m]; oder die semantische Ebene: [+ Human, – Weiblich, + Erwachsen, – Verheiratet] für das Lexem »Junggeselle«.

(2) In der →generativen Transformationsgrammatik gilt als k. S. die Ausgabe des Basisteils vor und nach der Anwendung der →Lexikonregeln. In der →Standardversion erzeugen die →Phrasenstruktur- und die →Subkategorisierungsregeln komplexe Symbole Q, die sowohl eine syntaktisch-morphologische [z. B. ± Transitiv, ± Singular] als auch eine semantische Charakterisierung [z. B. ± Abstrakt, ± Belebt] enthalten. Die Lexikoneinträge sind komplexe Symbole, die durch eine Charakteristik PM (= Menge der phonologischen Merkmale) und SM (= k. S., das syntaktische und semantische Merkmale enthält) angegeben werden, wobei gilt: PM symbolisiert SM. Durch die Lexi-

konregeln werden den subkategorisierten lexikalischen Kategorien (= Q) Lexeme (= PM/SM) zugeordnet, so dass gilt: Wenn Q ein k. S. ist und (PM, SM) ein Lexikoneintrag, und wenn Q nicht verschieden von SM ist, dann wird Q durch die Vereinigungsmenge M aus Q und SM ersetzt und M durch PM symbolisiert.

(3) In der →GB-Theorie werden grammatische Kategorien (z. B. Nomen, Verb, Adjektiv) als k. S. dargestellt, und zwar als minimale Charakterisierungen aus [± Verbal, ± Nominal]. So charakterisiert das Merkmalbündel [+ Verbal, – Nominal] eindeutig die Kategorie »Verb«, abgekürzt notiert als V.

Komponentenanalyse, dt.: Merkmaluntersuchung; Verfahren der Bedeutungsanalyse mit Hilfe einer begrenzten Zahl universeller Merkmale. Hierbei wird unter →Bedeutung die Menge der einem Wort zugeschriebenen Merkmale verstanden. Ziel der K. ist es, die Bedeutung eines Wortes derart zu beschreiben, dass es sich in mindestens einem →distinktiven Merkmal von allen anderen Wörtern unterscheidet. Lässt sich bei zwei Wörtern kein derart unterscheidendes Merkmal finden, so handelt es sich um →Synonyme. Sehr vereinfacht lassen sich die folgenden vier Ausdrücke so abgrenzen:

Mann [+ *belebt*, + *human*, – *weiblich*, + *erwachsen*, ...]
Mädchen [+ *belebt*, + *human*, + *weiblich*, – *erwachsen*, ...]
Rüde [+ *belebt*, – *human*, – *weiblich*, + *erwachsen*, ...]
Welpe [+ *belebt*, – *human*, ± *weiblich*, – *erwachsen*, ...]

Kompositum (pl.: Komposita) →Zusammensetzung

Konditional, eine Bedingung ausdrückend; k.e →Konjunktion (2); k.es →Adverb; k.es →Adverbial.

Konditionalsatz, drückt eine Bedingung aus, unter der der im übergeordneten Satz dargestellte Sachverhalt gelten soll; →Adverbialsatz: *Minderjährige Schüler können am Schikurs teilnehmen, wenn ihre Eltern zustimmen.*

Konditionierung, bestimmte Art des assoziativen Lernens, auch →Reiz-Reaktions-Lernen genannt. Bei der

K. wird die direkte assoziative Verknüpfung von Bewusstseinsinhalten angestrebt; einfachstes Beispiel ist der »Knoten im Taschentuch«. Bekanntes Beispiel für klassische K. ist der Versuch des russischen Physiologen I. P. Pawlow um die Jahrhundertwende vom 19. zum 20. Jahrhundert: Er beobachtete, dass bei hungrigen Tieren oder Menschen bereits beim Anblick von Nahrung oder sogar bei der Vorstellung von Speisen Speichel zu fließen beginnt. Dies wurde zum Ausgangspunkt zahlreicher Lernexperimente. So ließ Pawlow zum Beispiel jedes Mal, kurz bevor ein Hund sein Fressen bekam und Speichel absonderte, eine Glocke läuten. Schließlich genügte nur das Läuten der Glocke, um die Absonderung des Speichels zu provozieren, selbst dann, wenn gar kein Fressen in Sicht war. Diese Art der K. heißt auch Signallernen oder reaktives Lernen; der ursprünglich neutrale Reiz erhält Signalfunktion.

Liegen die konditionierenden Momente in der Zukunft (etwa Angst vor Strafe oder Hoffnung auf Belohnung), spricht man auch von instrumentellem Lernen oder operanter K.

Pawlows Gedankengänge und Konzeptionen wurden in den USA um 1920 vom →Behaviorismus aufgegriffen.

Konfiguration, dt.: Gestalt, Gestaltung; (1) Gruppe syntaktisch verbundener Wörter. (2) Menge von (meist semantischen) Merkmalen, die in einem geordneten Verhältnis zueinander stehen: Die Merkmale für »Junggeselle«, etwa [+ Männlich], [+ Erwachsen] und [– Verheiratet], bilden eine K., weil sie zur Kennzeichnung des Begriffsinhalts unmittelbar zusammengehören.

Konfrontative Linguistik →Kontrastive Linguistik

Kongruenz, dt.: Übereinstimmung; die K. tritt beim Satzbau zwischen unterschiedlichen →Satzgliedern auf. »Das Entscheidende ist, dass die Kongruenzbeziehung allein auf Flexionsmerkmalen der beteiligten Konstituenten beruht« (Eisenberg, [3]1994). Aus diesem Ansatz folgt, dass

Kasuszuweisung ein Phänomen der →Rektion ist; denn das Genus ist beim Nomen eine Paradigmenkategorie, d. h. es regiert z. B. ein attributives Adjektiv.

Traditionellerweise wird K. recht allgemein gesehen als ein Mittel, »mit dem syntaktische Beziehungen gekennzeichnet werden« (Duden-Grammatik, [4]1984, § 1158):

a) K. herrscht zwischen Subjekt und Prädikat (finitem Prädikatsteil) hinsichtlich Person und Numerus: *ich schreibe – ihr schreibt*;

b) hinsichtlich Kasus, Numerus und Genus bei:

- Artikel + Nomen: *der Baum, des Baumes (Schatten)*
- Pronomen/Adjektiv + Nomen: *dieser hohe Baum, dieses hohen Baumes*
- Nomen + Apposition: *Wir erwarten Bruno, den Vater von Oskar*

c) K. herrscht auch zwischen Subjekt und →Prädikatsnominativ hinsichtlich Kasus und (meist) Numerus: *Die Schatten scheinen Büsche zu sein. – Der Schatten ist ein Busch.* Das Finitum weist K. mit dem Subjekt auf: *Dieser Mann bin ich. Bist du es?* Schwankende K. kommt gelegentlich bei pluralischen Angaben vor: *Tausend Kilogramm ist* (neben: *sind*) *ein großes Gewicht* (vgl. Duden-Grammatik, [4]1984).

Kongruenzregel, Terminus der Kasus-Theorie im Rahmen der →GB-Theorie. Die horizontal wirkende K. garantiert, dass an die Projektionsstationen (z. B. von N''' an N'', N' und N^0) gesickerte Merkmale auf die Spezifikatoren dieser Projektionsstationen (also z. B. Artikel oder Attribute) übertragen werden (vgl. Grewendorf, 1988).

Konjugation, dt.: Beugung; Form der →Flexion bei Verben; bei der K. wird das Verb hinsichtlich fünf grammatischer Größen gekennzeichnet: →Person, →Numerus, →Tempus, →Modus und →Genus verbi. Unterschiede ergeben sich bei den so genannten starken gegenüber den schwachen Verben. →Stammform, →Deklination.

Konjugieren, dt.: beugen, die →Konjugation vornehmen; die konjugierte Verbform heißt auch →Personalform und ist der →finite Prädikatsteil im Satz.

Konjunkt, in der →Dependenzgrammatik Satzteile in →syntagmatischer Relation; nicht austauschbare Teile, die nebeneinander in einer Expansionsregel erscheinen: Die K.-Regel »K (a, b + c + d)« bedeutet, dass sich der Teil a aus einer Reihe von drei K.en »b + c + d« konstituiert.

Konjunktion, dt.: Bindewort; eine der →Wortarten im Deutschen; K.en gehören zu den →Partikeln. Unterschieden werden nebenordnende (koordinierende) sowie unterordnende (subordinierende) K.en.

(1) Nebenordnende (anreihende) K.en verbinden gleichgeordnete Satzteile oder Teilsätze miteinander:

Satzteile: *Schüler und Lehrer der Jahrgangsstufe 11 treffen sich zu einer Besprechung. Es geht um eine Fahrt nach Berlin oder um einen Schüleraustausch mit Brighton.*

Teilsätze: *Die meisten stimmten für eine Berlinfahrt, denn es gibt hierfür beträchtliche Zuschüsse zu den Fahrtkosten.* →Satzreihe.

Weitere nebenordnende K.en sind z. B.:
- adversativ (gegensätzlich): *sondern*
- disjunktiv (ausschließend): *oder, entweder – oder*
- kausal (begründend): *denn*
- kopulativ (anreihend): *und, sowohl – als auch*
- restriktiv (einschränkend): *aber, doch, jedoch*

Im Gegensatz zu den →Konjunktionaladverbien zählen die K.en nicht zu den Satzgliedern, so dass eine →Inversion nicht notwendig wird, wenn es darum geht, dass die →finite Verbform an der zweiten →Satzgliedstelle erscheint: ..., *sondern* | *wir* (= 1. Stelle) *fahren* (= 2. Stelle) *in die Berge* (= 3. Stelle).

(2) Unterordnende K.en verbinden Hauptsatz und →Nebensatz zu einem →Satzgefüge: *Die meisten stimmten für eine Berlinfahrt, weil es hierfür beträchtliche Zuschüsse zu den Fahrtkosten gibt.*

Weitere unterordnende K.en sind z. B.:
- adversativ (entgegensetzend): *wohingegen*, *während*
- final (Zweck, Absicht): *damit*, *dass*
- instrumental (Mittel): *indem*
- kausal (begründend): *weil*, *da*, *zumal*
- komparativ (vergleichend): *wie*, *als*, *als ob*
- konditional (bedingend): *wenn*, *falls*, *sofern*
- konsekutiv (Folge): (*so*) *dass*, *als dass*
- konzessiv (einräumend): *obgleich*, *obwohl*, *wenngleich*, *wenn auch*
- modal (Art und Weise): *indem*, *ohne dass*
- proportional (verhältnismäßig): *je* (– *desto*, – *umso*)
- restriktiv (einschränkend): (*in*)*soweit*, *so viel*
- temporal (zeitlich): *während*, *seitdem*, *solange*, *sobald*, *als*

Konjunktionaladverb, Untergruppe der →Adverbien, die die Aufgabe von koordinierenden →Konjunktionen (1) übernehmen können: *allerdings*, *auch*, *also*, *dadurch*, *daher*, *dennoch*, *deshalb*, *inzwischen*, *trotzdem*.

Die K.ien zählen als Satzglieder, so dass →Inversion eintritt. Wenn ein K. die erste Satzgliedstelle einnimmt, muss das Subjekt diese Stelle räumen; es wird an die dritte Satzgliedstelle gesetzt, so dass der finite Prädikatsteil an der zweiten Satzgliedstelle bleibt.

Nebenordnende Konjunktion:

Die Besprechung war ein Erfolg, und alle sind zufrieden.

Konjunktionaladverb:

Die Besprechung war ein Erfolg, deshalb sind alle zufrieden.

Tritt zusätzlich eine →Konjunktion auf, so wird diese bei der Berechnung der Satzgliedstellen nicht mitgezählt: . . ., *und* | *deshalb* (1. Stelle) *sind* (2. Stelle) *alle* (3. Stelle) *zufrieden* (4. Stelle).

Konjunktionalsatz, durch eine unterordnende →Konjunktion (2) eingeleiteter Nebensatz. Je nach der Satzgliedstelle, die der K. einnimmt, unterscheidet man:

(1) Der K. als Gliedsatz:

→Adverbialsatz: *Wenn du Englisch lernen willst, musst du ein Jahr in England verbringen.* (Konditionalsatz)

→Subjektsatz: *Dass du in England studieren willst, ist eine richtige Entscheidung.* (Inhaltssatz)

→Objektsatz: *Ich frage mich, ob ich mitkommen soll.* (indirekter Fragesatz)

(2) der K. als →Attributsatz: *Es bleibt nur noch das Problem, wie du alles finanzieren willst.*

Konjunktiv, dt.: Möglichkeitsform; der K. ist neben →Indikativ und →Imperativ einer der drei →Modi im Deutschen. Mit dem K. kann ein Sprecher subjektive Einstellungen wie Wünsche, Zweifel, Distanz zum Ausdruck bringen. Unterschieden werden zwei Formen, der K. I und der K. II.

a) Der K. I steht vor allem

– in der indirekten Rede: *Ute sagt, sie könne den Führerschein nicht alleine finanzieren.*
– im Wunschsatz: *Es lebe die Freiheit!*

b) Der K. II steht vor allem

– für etwas Unwirkliches und nur Gedachtes als →Irrealis:
  Ach, hätte ich doch mehr Geld! (Irrealis ohne Nennung der Folgen)
  Wenn du in den Semesterferien gearbeitet hättest, könntest du jetzt den Führerschein selbst finanzieren. (irrealer Konditionalsatz)
  Du sprichst so, als wärst du mein Vater. (irrealer Vergleichssatz)
– als Ersatzform für den K. I, wenn dieser mit dem Indikativ übereinstimmt (→indirekte Rede): *Ute behauptet, ich hätte* (statt: *habe*) *ihr Geld versprochen.*

Stimmt auch der K. II mit dem Indikativ überein, so kann er, um Missverständnisse zu vermeiden, mit »würde« umschrieben werden: *Der Lehrer meint, wir würden zu langsam lernen* (statt: *wir lernen/lernten zu langsam*).

Konklusion, lat. *conclusio* ›Folgerung, Schluss‹; Schlusssatz bei der logischen Figur des →Syllogismus. Die K. stellt eine analytische Wahrheit dar, die notwendig aus den zuvor genannten Sätzen folgt: 1. *Alle Menschen sind sterblich.* 2. *Sokrates ist ein Mensch.* → K.: *Sokrates ist sterblich.*

Konkretisation, Terminus der Rezeptionstheorie; unterschieden wird neben einem konkreten Textbegriff (der Text als Artefakt) ein psychologischer oder rezeptionstheoretischer, wonach der →Text (5) erst im verstehenden Bewusstsein des Hörers/Lesers entsteht, und zwar in einer (dialektischen) Wechselwirkung zwischen subjektivem Verständnis und objektiv prüfbarer →Textkonstitution.

Konkretum, pl.: Konkreta, dt.: Gegenstandswort; das K. ist ein →Nomen, das etwas Gegenständliches bezeichnet: *Frau*, *Junge*, *Maus*, *Erbse*, *Tisch*, *Felsen*, *Wolke*, *Luft*, *Ostsee.* ↔Abstraktum.

Die Konkreta können weiter unterteilt werden in

- Eigennamen: *Friedrich Schiller*, *die Alpen*, *Europa*, *Atlantik*, *Köln*
- Gattungsbezeichnungen: *Handwerker*, *Säugetier*, *Topfpflanze*, *Sessel*, *Einfamilienhaus*
- Sammelbezeichnungen (→Kollektiva): *Familie*, *Herde*, *Laub*
- Stoffbezeichnungen (Masse- oder Materialbezeichnungen): *Wasser*, *Silber*, *Mehl*, *Zement*

Konnexion, dt.: Zusammenhang; (1) in der →Dependenzgrammatik Bezeichnung für die grundlegende Beziehung zwischen Einheiten im Satz; die K. folgt nicht der linearen Gestalt eines Satzes, sondern versucht, meist ausgehend vom flektierten Verb, die Abhängigkeitsverhältnisse zwischen den Elementen eines Satzes darzustellen. Dies geschieht häufig in einer graphischen Darstellung als →Stemma: *Die siegreiche Mannschaft dankt ihrem Trainer.*

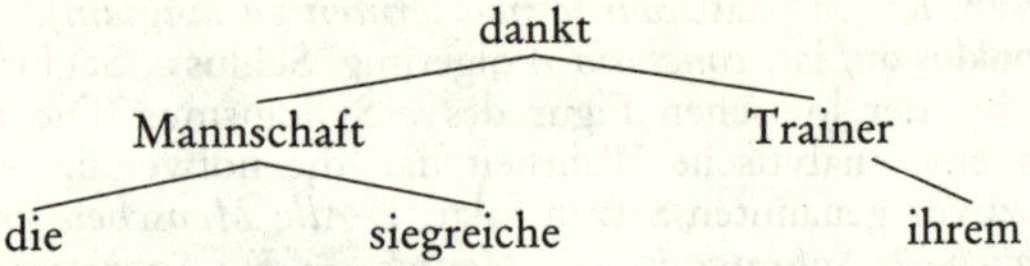

L. Tesnière (1980) schreibt in diesem Zusammenhang: »Daraus folgt, dass ein Satz vom Typ ›Alfred spricht‹ nicht aus zwei Elementen – nämlich erstens ›Alfred‹ und zweitens ›spricht‹ – besteht, sondern aus drei Elementen: erstens ›Alfred‹, zweitens ›spricht‹ und drittens der Konnexion, die sie verbindet und ohne die kein Satz bestünde.«

(2) In der →Textlinguistik hat sich in den 70er-Jahren, analog zur Satzverarbeitung, ein reges Interesse an Fragen der →Textverarbeitung herausgebildet. In diesem Zusammenhang bedeutet K. die Verknüpfung von →Propositionen sowie die »Vertextung« sprachlicher Mittel zu einem kohärenten Textganzen (→Kohäsion), z.B. durch →Kongruenz, →Rektion, →Deixis sowie durch vorausweisende oder rückbezügliche Elemente (Artikel, Pronomen, Adverbien) und dgl.

Konnotation, dt.: das Mit-Bezeichnete, Nebenbedeutung, auch: assoziative Bedeutung; K. kommt nur in den Formen menschlicher Kommunikation vor, indem die Grundbedeutung (→Denotation) eines Zeichens durch soziale, psychische oder situative Faktoren (wie Dummheit, Angst, Stress o.Ä.) überlagert wird. So kann z.B. der Anstieg eines Thermometers in einem Kühlhaus auf 10° C bei einer Wachperson Panik auslösen, weil sie sich an einen ähnlichen Fall mit katastrophalen Folgen erinnert, während eine andere Person den Anstieg der Temperatur als einen leicht zu behebenden Störfall ansieht. →Kommunikationsmodell (2).

Konsekutiv, eine Folge ausdrückend; k.e →Konjunktion (2); k.es →Adverb; k.es →Adverbial.

Konsekutivsatz, dt.: Folgesatz; der K. drückt eine Folge gegenüber der Handlung oder dem Geschehen des übergeordneten Satzes aus; →Adverbialsatz: *Ich hatte damals einfach zu wenig gelernt, so dass ich die Zwischenprüfung nicht bestehen konnte.*

Konsonant, dt.: Mitlaut (*b*, *c*, *d*, *f*, g usw.); K.en sind Geräuschlaute, d. h., der Luftstrom stößt bei der Lautproduktion an ein Hindernis (Zäpfchen, Velum, Zunge, Zähne oder Lippen); entsprechend dieser Artikulationsstelle sowie der Artikulationsart (Reibelaut, Verschlusslaut, Nasal usw.) lassen sich die K.en klassifizieren. Hinzu kommen noch Unterscheidungen wie zwischen stimmhaften und stimmlosen K.en je nachdem, ob die Stimmlippen schwingen oder nicht (vgl. *b*, *d*, *g* versus *p*, *t*, k). →Vokal.

Konstante, feststehende, unveränderliche Größe; (1) der Terminus kommt aus der Mathematik und meint dort im Gegensatz zu einer →Variablen eine Größe, die sich nicht ändert. In der Logik sind →Alloperator und →Existenzoperator K.n. (2) In der Linguistik bedeutet K. ebenfalls eine feststehende Größe, die immer gilt; so wird z. B. unterschieden zwischen einer konstanten Opposition (z. B. /ch/: Achlaut versus Ichlaut) sowie einer aufhebbaren Opposition ([d] versus [t] im Auslaut).

Konstituente, syntaktische Position; im (amerikanischen) →Strukturalismus bezeichnet K. eine sprachliche Einheit, die sich geschlossen umstellen lässt und/oder durch ein einzelnes Wort ersetzen lässt. →Konstituentenanalyse.

Konstituentenanalyse, auch: IC-Analyse (immediate constituent analysis); Darstellung und Untersuchung der unmittelbaren, auseinander hervorgehenden Satzeinheiten innerhalb des (amerikanischen) →Strukturalismus. Meist wird das Ergebnis der K. in Form eines →Baumdiagramms oder eines indizierten →Klammerausdrucks dargestellt. Die Summe der Ableitungen heißt auch →Derivation (2). Bei der K. gilt die Regel, dass durch einen Schnitt stets zwei unmittelbare →Konstituenten entstehen, und zwar derart, dass die relativ selbständigsten Teile zuerst abgetrennt werden. Die Darstellung erfolgt meist in einem Kastendiagramm, z.B.:

<table>
<tr><td colspan="2">Die Opposition</td><td colspan="3">verlangt eine Erklärung</td></tr>
<tr><td colspan="2">Die Opposition</td><td>verlangt</td><td colspan="2">eine Erklärung</td></tr>
<tr><td>Die</td><td>Opposition</td><td>verlangt</td><td colspan="2">eine Erklärung</td></tr>
<tr><td>Die</td><td>Opposition</td><td>verlangt</td><td>eine</td><td>Erklärung</td></tr>
</table>

Für den Beispielsatz ergibt sich folgende (vereinfachte) Derivation:
S → NP + VP
NP → Art + N
VP → V_t + NP
(S = Anfangssymbol »Satz«; NP= Nominalphrase; VP = Verbalphrase; Art = Artikel; N = Nomen; V_t = transitives Verb)
Als indizierter →Klammerausdruck geschrieben:
(((*Die*)$_{Art}$ (*Opposition*) $_{N}$) $_{NP}$ ((*verlangt*)$_{Vt}$ ((*eine*)$_{Art}$ (*Erklärung*)$_{N}$)$_{NP}$)$_{VP}$)$_{S}$.

Konstituentensatz, Satz, der in einen vorhandenen Satz (↔Matrixsatz) eingefügt wird; →Einbettung (2).

Konstituentenstrukturgrammatik, auch: KS-Grammatik; →Phrasenstrukturgrammatik.

Konstituenz, dt.: gemeinsame Aufstellung; bei der Darstellung von Satzstrukturen in einem →Baumdiagramm besteht zwischen zwei Elementen B und C dann K., wenn sie gemeinsam und unmittelbar von einem Element A höherer Stufe dominiert werden. →Dominanz.

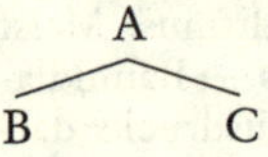

»A → B + C« heißt: »A konstituiert sich aus B + C« oder: »Zwischen B und C herrscht hinsichtlich A K.«

Konstitutiv, dt.: bestimmend, grundlegend; (1) k.e Merkmale sind solche, die die →Bedeutung eines Wortes von allen anderen unterscheidbar machen (→Merkmalanalyse). (2) K.e Satzglieder sind solche, die zur Bildung eines grammatischen Satzes notwendig und hinreichend sind (→einfacher Satz). (3) K.e Regeln sind solche, die für einen Geltungsbereich unentbehrlich sind, ihn geradezu definieren.

Konstrukt, gedankliche Hilfskonstruktion für Sachverhalte, die nicht direkt beobachtbar sind, die noch nicht hinreichend erforscht sind (Arbeitshypothese) oder die idealtypisch erfasst werden sollen. So ist das bohrsche Atommodell ein K.; aber auch »Morphem« oder »Phonem« sind K.e, da sie Abstraktionen aller in Wirklichkeit vorkommenden Morphe bzw. Phone darstellen. Letztlich sind alle →Begriffe idealtypische K.e.

Konstruktion, (1) →syntagmatische Beziehung zwischen unmittelbaren Konstituenten, die entweder →endozentrisch oder →exozentrisch ist. (2) Bei komplexen Sätzen werden in der →generativen Transformationsgrammatik oberflächenstrukturell unterschiedliche K.s-Typen unterschieden, z.B. rechts und links verzweigende K.en oder →Einbettung.

Kontaktfunktion →Phatisch

Kontaktlinguistik →Kontrastive Linguistik

Kontaktprobe →Exklusion

Kontaktsignal →Partikel wie »ja«, »hm«, Kopfnicken usw.

Kontamination, auch: Wortkreuzung; Verschmelzung von zwei Wörtern zu einem neuen derart, dass von jedem ein Teil wegfällt: *vorwiegend* aus: »vorherrschend + überwiegend«.

Neben diesen eher zufälligen K. finden sich bewusste Konstruktionen zur schärferen (manchmal auch) satirischen Kennzeichnung wie: *Grusical* aus: »Grusel + Musical«; *Snobiety* aus: »Snobismus + Society«; *Franglais* aus: »français + anglais«.

Kontext, dt.: Zusammenhang; bei der →Kommunikation (2) lässt sich ein sprachlicher →Kotext (gesprochene, geschriebene Sprache, Textzusammenhang) von einem außersprachlichen K. (soziale, psychische und situative Faktoren) unterscheiden, in dem eine Äußerung steht. Gelegentlich wird auch ein normativer K. (soziale Normen, die die sprachliche Äußerung regulieren) dem situativen K. (außersprachliche Faktoren) gegenübergestellt. →Kommunikativer Handlungszusammenhang.

Kontextabhängig, auch: kontextsensitiv; die →generative Transformationsgrammatik unterscheidet bei der →Subkategorisierung →kontextfreie und k.e Regeln. Die k.e Subkategorisierung kennt zwei Regeltypen: a) die strikte Subkategorisierung: Verben sind [± Transitiv]; b) die selektionale Subkategorisierung: grammatische Kategorien werden als →komplexe Symbole notiert, die Informationen über syntaktisch-morphologische sowie über semantische Merkmale enthalten wie:

$[+ V, + \_NP_D, [+ \text{Human}]_{(NP)S} \ldots]$

(NP_D = direktes Objekt, Akkusativ; (NP)S = die von S dominierte NP = Subjekt, Nominativ)

Die k.en Regeln sollen sicherstellen, dass keine ungrammatischen bzw. keine nicht akzeptablen Sätze erzeugt werden. →Kompatibilität.

Kontextfrei, neben den →kontextabhängigen Regeln der →Subkategorisierung kennt die →generative Transformationsgrammatik auch k.e Regeln, etwa die Subkategorisierung der Kategorie »Nomen«:

N → [+ N, ± Belebt]
[+ Belebt] → [– Abstrakt, – Kontinuativ, ± Human]
[– Belebt] → [± Abstrakt, ± Kontinuativ, – Human]
usw.

Kontextsensitiv →Kontextabhängig

Kontextualismus, auch: Londoner Schule; Richtung der →strukturellen Linguistik in England mit ihrem Hauptvertreter J. R. Firth. Der K. knüpft nicht an die Tradition der →generativen Transformationsgrammatik an, sondern greift auf Konzepte des →Taxonomischen Strukturalismus zurück. Es geht ihm um eine Theorie des sprachlichen Kontextes gesprochener Sprache, wobei zweierlei gemeint ist: zum einen *Kontext* der Rede (→Parole), zum anderen *Kontext* im Sinne von kommunikativer Situation. Die Funktion des →kommunikativen Handlungszusammenhangs für die genaue Erfassung von sprachlichen Produktionen wird besonders bei stark kontextabhängigen Wendungen deutlich. So führt Firth (1964) den →Satz (5) *Say when!* an, der in unterschiedlichen Kontexten recht Unterschiedliches bedeuten kann. Damit ist nicht mehr der grammatisch korrekte oder vollständige Satz Gegenstand der Untersuchung, sondern der kommunikativ brauchbare Satz in Abhängigkeit zu eben der kommunikativen Situation, in der er geäußert wird und in der er seine kommunikative Funktion erfüllt, sowie in Abhängigkeit von der sozialen Rolle, die ein Sprecher/Hörer gelernt und verinnerlicht hat (→Kode).

In diesem Zusammenhang wird auch der Begriff der →Bedeutung eher psychologisch fundiert; Bedeutung wird nicht mehr erfasst als eine mentale Beziehung zwischen Symbol und Gegenstand, sondern als Gebrauch einer Sprachform in Relation zum jeweiligen Kontext (›in relation to some context‹) oder als ein Komplex von kontextuellen Relationen (›a complex of contextual relations‹). Letztlich wird der Bedeutungsbegriff auf den der Funktion zurückgeführt: Die Bedeutung als semantische Funktion (als Funktion der gesamten Äußerung im Situationskontext) basiert auf der phonetischen, lexikalischen, morphologischen und syntaktischen Funktion. Sie kann damit ohne die mentalistische Begrifflichkeit (etwa die Unterscheidung von Form und Inhalt) beschrieben werden.

Kontiguität, dt.: »Berührung«; (1) in der Lernpsychologie wird →Reiz-Reaktions-Lernen durch K. des auslösenden Reizes mit der wahrnehmbaren Reaktion erklärt. So geht etwa bei der →Konditionierung der bedingte Reiz eine feste psychische Verbindung mit dem gezeigten Verhalten ein. Man spricht hier auch von →Assoziation (2). (2) Die Relation der K. besteht zwischen zwei Elementen dann, wenn sie hierarchisch auf der gleichen Stufe stehen und von einem gemeinsamen Element dominiert werden (→Konstituenz). (3) Textgrammatisch spricht man von K., wenn die →Textkohärenz über ein Gerüst miteinander (semantisch, fachsprachlich, kulturell oder situativ) vereinbarer Elemente hergestellt ist.

Kontiguitätsergänzung, Terminus zur Kennzeichnung bestimmter semantischer Beziehungen zwischen zwei Ausdrücken, die in →syntagmatischer Relation zueinander stehen, insbesondere beim →Prädikativ oder bei Verben wie *nennen*, *verarbeiten*, *bleiben*, *gelten*, *finden*, *halten für*, *machen* usw.: *Willi nennt Kurt einen Feigling. Johannes findet Mozart genial.*

Zwischen der K. und dem Bezugswort (z.B. *genial – Mozart*) besteht gewissermaßen ein innerer Zusammenhang, der so zu erklären ist, dass das →Denotat des einen Elements »Berührungspunkte« mit dem des anderen hat; »sei es, dass B ein Merkmal oder ein Merkmalsbündel von A ist, sei es, dass das Denotat von B aus dem von A entstanden ist, sei es, dass das Denotat von B dem von A nur zugeschrieben wird. Die Denotate dieser beiden Satzglieder müssen zumindest ein gemeinsames Merkmal haben« (Engelen, 1986).

Kontradiktion, dt.: Widerspruch; einander entgegengesetzte Behauptungen zu ein und demselben Sachverhalt stellen eine K. dar: *Jochen*$_i$ *ist verheiratet* ≠ *Jochen*$_i$ *ist Junggeselle*. Für beide Aussagen muss gelten, dass sie auf dieselbe Person zum gleichen Zeitpunkt usw. referieren.

Eine K. ist im Sinne der formalen Logik schon von ihrer Form her falsch, z. B.: $p \wedge \neg p$.

Kontrafaktisch, nicht wirklich gegeben, der Wirklichkeit nicht entsprechend; in manchen Kontexten (z. B. →ideale Sprechsituation) ist es unerlässlich, eine Gegebenheit k. zu unterstellen, um z. B. eine Handlungsnorm zu legitimieren.

Kontraktion, dt.: Zusammenziehung; jede Form der sprachlichen Verkürzung unterhalb der Wortebene; auch →Elision: *in dem = im*; *an das = ans*; *einen = 'nen.*

Kontrast, sprachliche Elemente in →syntagmatischer Relation: | *Der* | *Schüler* | *schreibt* | *einen* | *Aufsatz* |. Elemente, die in K. zueinander stehen, sind linear miteinander verbunden.

Kontrastive Linguistik, auch: konfrontative Linguistik; Forschungsrichtung im Rahmen der vergleichenden Sprachwissenschaft, die jedoch nicht historisch-genetisch, sondern synchron-strukturell orientiert ist. Meist geht es der k.n L. um Sprachtypologisierung, indem sie Gemeinsamkeiten und Unterschiede im Hinblick auf einen angenommenen Typus oder bestimmte generelle Vergleichspunkte herausarbeitet; oder sie arbeitet der →Fremdsprachendidaktik zu, indem sie →Interferenzen aufdeckt und so typische Fehler beim Spracherwerb zu vermeiden hilft.

Ein spezielleres Gebiet bearbeitet die Kontaktlinguistik, und zwar dann, wenn die zu untersuchenden Sprachen räumlich eng beieinander liegen und Vermischungen über die Sprachgrenze hinaus stattfinden. Sie setzt sich zur Aufgabe, die besonderen einseitigen oder wechselseitigen Einflüsse der Sprachen aufzudecken und zu beschreiben.

Kontrolle, die Beobachtung, dass bestimmte Verben die →Referenz zwischen dem Subjekt- oder Objektausdruck im →Matrixsatz und dem leeren →PRO der eingebetteten Infinitivkonstruktion festlegen, hat bereits in der Revidierten Erweiterten Standardtheorie (→REST) und dann in der →GB-Theorie zur Ergänzung der →Bindungstheorie durch eine Theorie der K. geführt. Die Kontrolltheorie bezieht sich auf die Abhängigkeiten, die zwischen einem →Kontrollverb im Matrixsatz und PRO in der eingebetteten Infinitivkonstruktion bestehen, sowie auf semantische Faktoren bei der Referenzherstellung, da nicht alle PRO-Formen verbspezifisch kontrolliert werden, wie folgendes Beispiel zeigt: *ich verspreche dir*$_i$ [PRO$_i$ *bei der nächsten Beförderung berücksichtigt zu werden*].

Offenbar verändert die thematische Struktur des eingebetteten Satzes hier die Kontrolleigenschaft von »versprechen«, das normalerweise ein Subjektkontrollverb ist. Insofern vereinigt K. unterschiedliche Aspekte: lexikalische (Kontrollverben), syntaktische (Besetzung der leeren Subjektstelle durch PRO), semantische und pragmatische (Regulierung der Kontrolle über die sprachliche →Kompetenz des Sprechers) Aspekte. (Einzelheiten zur Kontrolltheorie bei Grewendorf, 1988, Kap. 8.2.6.)

Kontrollverb, Untergruppe der Verben, die eine Infinitivkonstruktion regieren und →Kontrolle ausüben über die Referenz von →PRO:
- Subjektkontrollverb: *ich*$_i$ *verspreche dir* [PRO$_i$ *den Brief einzuwerfen*]
- Objektkontrollverb: *ich bitte dich*$_i$ [PRO$_i$ *den Brief einzuwerfen*]

Konvenienz →Kompatibilität

Konventionell →Arbiträr

Konvergenz, dt.: Übereinstimmung; phonologische oder semantisch-lexikalische Feststellung beim Sprachvergleich, wonach zwei oder mehr sprachliche Elemente der Ausgangssprache A durch *ein* Element der anderen Sprache B wiedergegeben werden. Im semantischen Bereich: engl. *flesh/meat* (A) ›Fleisch‹ (B). ↔Divergenz.

Konversationelles Prinzip, nach H. P. Grice gibt es ein allgemeines k. P., das Kooperationsprinzip, dessen Beachtung von allen Kommunikationspartnern erwartet werden kann: »Mache deinen Gesprächsbeitrag jeweils so, wie es von dem akzeptierten Zweck oder der akzeptierten Richtung des Gesprächs, an dem du teilnimmst, gerade verlangt wird« (Grice, 1979). Dieses Kooperationsprinzip gliedert er weiter auf nach vier Konversationskategorien: Quantität, Qualität, Relation und Modalität, was zu diversen →Konversationsmaximen führt.

Konversationsanalyse, auch: Gesprächsanalyse, Dialogforschung; jüngere interdisziplinäre Forschungsrichtung, die Anregungen von der →Sprechakttheorie, der →Soziolinguistik sowie der psychologisch orientierten Kommunikationsforschung erhalten hat. Hierzu gehören u. a. die →pragmatischen Axiome, die Bedeutung der →nonverbalen Kommunikation, des →kommunikativen Handlungszusammenhangs oder der →Metakommunikation.

Allgemeine Merkmale von Konversation sind: a) es gibt mindestens einen Sprecher und einen Hörer; b) es findet Sprecher- und Hörerwechsel statt; c) der kommunikative Austausch erfolgt mittels eines sprachlichen Symbolsystems; d) Sprecher/Hörer konzentrieren ihre Aufmerksamkeit auf das jeweils relevante dialogische Geschehen.

Zu den wichtigsten Themen der K. gehören: Gesprächseröffnung und -beendigung, Regelung des Sprecherwechsels und Gesprächssteuerung, Ausgrenzung von Gesprächsteilen, Handlungspläne und Ablaufmuster sowie Verständigungsprozeduren. Hinzu kommen Bemühungen, Gesprächstypen auszugrenzen und zu beschreiben oder die K. im Hinblick auf bestimmte soziale Räume (z. B. am Kiosk) vorzunehmen.

Konversationsmaximen, die Aufgliederung des allgemeinen →konversationellen Prinzips führt H. P. Grice zur Ableitung diverser K. nach den vier Kategorien:

a) Quantität: ›*Mache deinen Beitrag so informativ wie (für die gegebenen Gesprächszwecke) nötig. Mache ihn nicht informativer als nötig.*‹

b) Qualität: ›*Versuche deinen Beitrag so zu machen, dass er wahr ist. Sage nichts, was du für falsch hältst oder wofür dir angemessene Gründe fehlen.*‹
c) Relation: ›*Sei relevant.*‹
d) Modalität: ›*Sei klar. Vermeide Dunkelheit des Ausdrucks. Vermeide Mehrdeutigkeit. Sei kurz, und rede der Reihe nach!*‹

Die Beachtung der K. soll dazu beitragen, dass ein Scheitern von Gesprächen oder Dialogen vermieden bzw. verringert wird. Als theoretische Konstrukte sind sie darüber hinaus hilfreich, sprachliche Phänomene wie →indirekte Sprechakte oder →Implikaturen zu erfassen und deren Funktionsweisen zu beschreiben.

Konversationspostulate →Konversationsmaximen

Konversationsprinzip →Konversationelles Prinzip

Konversion, (1) →Wortartenwechsel ohne formale Veränderung: *Dank – dank*; Frühstück – frühstück(en). (2) In der Logik Umkehrschluss bei →Äquivalenzbeziehungen: *Wenn Willi der Vater von Dirk ist, dann ist Dirk der Sohn von Willi.*

Konzeptualisierung, Terminus der →kognitiven Grammatik; unter K. werden Prozesse des menschlichen Gehirns verstanden, die Informationen aus verschiedenen Erfahrungsbereichen aufeinander beziehen. So lassen sich etwa die Grammatik oder das Lexikon einer Sprache als das Ergebnis komplexer K.s-Prozesse betrachten.

Konzessiv, eine Einräumung ausdrückend; k.e →Konjunktion (2); k.es →Adverb; k.es →Adverbial.

Konzessivsatz, drückt eine Einräumung oder einen unwirksamen Gegengrund hinsichtlich des im übergeordneten Satz dargestellten Sachverhaltes aus; →Adverbialsatz: *Sie arbeitete weiter, obwohl sie Kopfschmerzen hatte.*

Kookkurenz, dt.: Miteinandervorkommen; bei der →Distributionsanalyse stehen alle Einheiten, die gleichzeitig in einem Satz vorkommen, in K. zueinander. Z. S. Harris

(1962) bezeichnet mit K. die Menge aller Umgebungen, in denen ein sprachliches Element vorkommt.

Koordination, dt.: Nebenordnung, Aufzählung; nebenordnende Verbindung von Wörtern, Satzteilen oder Teilsätzen; die K. kann →asyndetisch oder →syndetisch, durch nebenordnende →Konjunktionaladverbien oder →Konjunktionen (1) verbunden, vorgenommen werden.

- asyndetisch: *Reden, reden, nichts als reden!*
- syndetisch: *Er redet und redet und redet!*

Die K. von Teilsätzen heißt →Satzreihe (auch →Parataxe): *Entweder du hilfst mir jetzt, oder wir müssen auf den Stadtbummel verzichten; denn die Arbeit muss heute noch fertig werden.*

Koordinierend, dt.: nebenordnend; →Koordination (1).

Koordinierungsprobe, besagt, dass Wörter und Wortfolgen, die syntaktisch verknüpft werden können, →Konstituenten sind. Dieses Verfahren geht auf die »Discourse Analysis« von Z. S. Harris (1952) zurück.

Beispiel: *Willi und sein Freund Albert wollen ins Kino oder in die Disko gehen.* Die K. ergibt, dass »Willi« und »sein Freund Albert« Konstituenten sind ebenso wie »ins Kino« und »in die Disko«. »Den Koordinationstest wird man wohl als den wichtigsten und somit zuverlässigsten aller Tests bezeichnen können« (Grewendorf [u.a.], ²1988).

Kopenhagener Schule →Strukturalismus

Kopf, engl. *head*; auch: Trägerelement; in der →GB-Theorie diejenige lexikalische Kategorie X^0 innerhalb einer Phrasenstruktur, die nicht weiter expandiert werden kann, z.B. V (Verb), N (Nomen), A (Adjektiv) oder P (Präposition). →Wortsyntax.

Kopfform, →Kurzwort (2), das aus dem ersten Teil eines komplexeren Wortes besteht: *Super(benzin), Vize(präsident).* ↔Schwanzform.

Kopula, auch: Kopulativverb, verbindendes Verb; einige wenige →Verben können die Verbindung zwischen Subjekt und →Prädikatsnomen herstellen. Die K. hat nur eine sehr eingeschränkte lexikalische Bedeutung; sie erfüllt eher eine nur grammatische Funktion: *sein*, *werden*, *bleiben*, *heißen*, (zu sein) *scheinen*, *erscheinen*: *Unsere Dozentin scheint heute recht müde zu sein. Professor M. wird Rektor an unserer Universität.*

Kopulasatz, Satztyp, der mit einer →Kopula und einem →Prädikativ gebildet wird: *Willi ist mein Freund. Er wird Maurer.*

Kopulativ, dt: verbindend, anreihend; k.e →Konjunktion (1).

Kopulativkompositum (pl.: -komposita) →Zusammensetzung

Koreferenz, dt.: gemeinsamer Bezug auf (etwas); auch: Referenzidentität; beim Stichwort →Kontradiktion wurde zur Kennzeichnung der K. ein tiefergestellter Index »i« benutzt, wodurch kenntlich gemacht wird, dass in zwei Aussagen mit einem gleich lautenden Ausdruck (dort: »Jochen«) dasselbe außersprachliche →Referenzobjekt (dieselbe Person) gemeint ist. Auch bei Pronominalisierung und Verwendung von Reflexivpronomen werden Indices benutzt, um K. zu kennzeichnen: *Michael*$_1$ *will, dass sein Sohn*$_2$ *mehr für die Schule tut. Er*$_1$ *besorgt daher einen Nachhilfelehrer*$_3$, *der*$_3$ *Mathematik und Physik erteilt. Bald hat er*$_2$ *sich*$_2$ *verbessert.*

Korpus, das K., pl.: Korpora, dt.: (Text-)Körper; K. nennt man eine geschlossene Menge von (sprachlichen oder schriftlichen) Texten, die zu einem bestimmten Zweck zusammengestellt worden sind.

Korpusanalyse, beeinflusst von logischen Ansätzen der Sprachbeschreibung der →Junggrammatiker sowie vom →Behaviorismus Bloomfields (1935), hat vor allem Z. S. Harris die K. formalisiert und perfektioniert. Grundlage der sprachlichen Analyse ist stets ein wohldefiniertes →Korpus, das mit empirischen Methoden und (nahezu) ohne die Intuitionen des Sprachwissenschaftlers untersucht wird. Im Bereich der Syntax besteht eine zentrale Aufgabe in der Feststellung (grammatischer) Funktionen und der Aufstellung von →Formklassen durch →Segmentieren und →Klassifikation. Die Positionen, in denen eine Form erscheinen kann, begründen ihre Funktion, und alle Formen, die eine bestimmte Position besetzen können, konstituieren eine Formklasse.

Zum Einsatz kam die K. vor allem bei der Erforschung unbekannter Eingeborenensprachen (Indianersprachen), die weitgehend mündlich überliefert worden waren.

Korrelat, dt.: Wechselbegriff, Ergänzung, Stützwort; (1) ein K. ist ein Ausdruck, der stets mit einem anderen zusammen vorkommt oder mit diesem in wechselseitiger semantischer oder grammatischer Beziehung steht: *Rechte – Pflichten*; *Himmel – Erde*; *links – rechts*; *hoffen + auf*; *darauf bestehen + dass*. (2) Auch: Platzhalterelement; sprachliche Ausdrücke, die aufgrund von →Inversion die erste →Satzgliedstelle besetzen und auf einen Nebensatz (vorwärts oder rückwärts) verweisen: *Es ist von Vorteil, die Klausur mitzuschreiben. – Dass du dich vor der Arbeit drückst, das hätte ich nicht erwartet*. Das K. wird bei Umstellung wieder getilgt; es hat somit die vornehmliche Aufgabe, eine ansonsten nicht besetzte grammatische Stelle auszufüllen. (3) Manchmal wird als K. auch das unpersönliche »Es« in der Funktion eines syntaktischen oder logischen Subjekts bezeichnet, wie z.B. in: *Es hat sich gestern ein schwerer Unfall ereignet* oder in: *Es friert mich* (vgl. Helbig/Buscha, [14]1991).

Kotext, sprachlich manifester Teil eines →kommunikativen Handlungszusammenhangs, der die →Kohäsion erzeugenden grammatischen und semantischen Phänomene umfasst, im Gegensatz zum außersprachlichen situativen →Kontext.

Kreolsprache, die →Soziolinguistik hat gezeigt, dass K.n aus dem →Pidgin hervorgehen, sofern sich die Notwendigkeit des Sprachkontakts mit einer anderen als der muttersprachlichen Sprachgemeinschaft über mehrere Generationen hinaus ergibt. So sind K.n auf den verschiedenen linguistischen Ebenen nicht mehr reduziert, sondern weisen eine eigentümliche Grammatik mit eigenständigen, funktionalen grammatischen Strukturen auf, die sich über die Generationen hin entwickelt und verfestigt haben. Meist kommt den K.n ein sozial niedriger Status zu; doch dies muss nicht sein, sofern diese Sprachform sich in prestigebesetzten sozialen Gruppen durchsetzt oder zur Muttersprache in einem bestimmten Sprachgebiet (z.B. in Jamaika oder Haiti) geworden ist.

KS-Grammatik, d.h. Konstituentenstrukturgrammatik; →Phrasenstrukturgrammatik.

Künstliche Intelligenz, Abk.: KI; die KI-Forschung hat einen eher theoretischen (→Sprachphilosophie, →Kognitionswissenschaft) und einen eher praktischen Aspekt (Computerwissenschaft). Die Bezeichnung KI entstand in den 50er-Jahren als Übersetzung des engl. *artificial intelligence*. Allerdings wird in der deutschen Übersetzung eine Reihe von →Konnotationen geweckt, die sich die KI-Forschung so nicht zu Eigen machen würde: Zum einen bedeutet »artificial« zugleich »unecht, erkünstelt, Schein-«. Die Programme, die in der KI entstehen, verhalten sich also für den Betrachter so, *als ob* sie Intelligenz besäßen. Zum anderen besitzt das Wort »intelligence« im Englischen eine weitergehende Bedeutung als das Wort »Intelligenz« im Deutschen, nämlich denkbezogene Information, Einsicht, Verständnis. Standardbeispiel für die computergerechte Nutzung der KI-Forschung sind Strategiespiele (z.B. das Schachspiel); auf diesem Gebiet sind bisher erstaunliche Ergebnisse erzielt worden.

Teilgebiete der KI-Forschung sind:

a) das automatische Beweisen (unterstützt Mathematiker bei der Beweisführung),
b) Expertensysteme (sind spezialisiert auf eng begrenzte Wissensgebiete),

c) natürlich-sprachliche Kommunikation (erkennt und erzeugt gesprochene und/oder geschriebene Sprache),
d) Bildverstehen und Mustererkennung sowie
e) die Robotik (flexibel einsetzbare Handhabungsautomaten).

Leitende Fragestellungen aller Teilgebiete der KI-Forschung sind:
– Wie kann man Wissen darstellen?
– Wie kann man aus Wissen neues Wissen gewinnen?
– Wie kann man die einzelnen Komponenten eines KI-Systems zu einem funktionsfähigen Ganzen zusammenfügen, das bestimmte Bedürfnisse bedient bzw. zuvor definierte Aufgaben löst oder das kreativ auf bestimmte Anforderungen reagiert?

Kultivierung des Sprachgebrauchs, neben dem älteren statischen Begriff der → Sprachkultur hat sich in neuerer Zeit der Ausdruck K. d. S. eingebürgert, und zwar als dynamische kommunikationsbezogene → Sprachnormkritik. Solche sprachkulturellen Verbesserungen lassen sich in dreifacher Hinsicht akzentuieren: Sie betreffen auf der Objektebene die Seite der Sprachproduzenten und die Seite der Sprachrezipienten sowie auf der Metaebene die Analyse und Behandlung von Kommunikationskonflikten, wie sie zum Beispiel die → feministische Linguistik aufgedeckt und der Reflexion zugänglich gemacht hat. Als Maßnahmen sind denkbar:
– auf Seiten der Sprachproduzenten, dass sie informativ, wahrhaftig, sach- und adressatenbezogen sowie situationsangemessen schreiben oder sprechen (→ Konversationsmaximen);
– auf Seiten der Rezipienten, dass sie ihre Verstehensfähigkeiten erweitern, sensibel für Sprachprobleme – auch Sprachprobleme anderer – werden und selbstkritisch gegenüber dem eigenen Sprachgebrauch und der eigenen Fixierung auf Deutungsmuster.

Hier eröffnet sich insbesondere für den → Sprachunterricht die wichtige Zielsetzung, die Schüler und Schülerinnen zu einem reflektierten Sprachgebrauch zu befähigen und zu motivieren.

Kunstsprachen, neben der natürlichen Sprache gibt es eine Reihe von K., die auf unterschiedliche Weise entstanden sind und verschiedene Aufgaben erfüllen: (1) die expliziten →Fachsprachen sind nach mehr oder weniger strengen Regeln eingeführt und kodifiziert; sie werden insbesondere durch ihren Wortschatz, aber auch durch andere texttypologische sowie pragmatische Mittel der von ihnen geprägten Interaktionen gekennzeichnet. Diese Mittel sind selbst einem versierten Sprecher der →Gemeinsprache nicht geläufig, wenn er sich nicht mit dem entsprechenden Sachgebiet und mit den typischen Interaktionsformen – etwa im Rahmen einer Berufsausbildung oder eines Hobbys – vertraut gemacht hat. Hierher gehören auch die →Sondersprachen. (2) Die Wissenschaftssprachen zeichnen sich durch ihren autonomen Umgang mit dem jeweiligen Wortschatz (z. T. auch mit →Formationsregeln) aus; für sie gilt in entscheidendem Maße »die übergeordnete Regel des kreativen Umgangs mit expliziten Sprachfestlegungen« (Fricke, 1986). Weitere Kennzeichen, wie etwa der hohe Grad der Normierung, die →kontextfreie Verwendung von Termini oder die Einbettung der Wissenschaftssprache in einen theoretischen →Kontext, haben sie mit anderen K. (etwa der des Schachspiels) gemeinsam. (3) Formale Sprachen ersetzen nicht nur den Wortschatz, sondern auch die Syntax (z.T. sogar die Phonologie) der natürlichen Sprache durch explizite Festlegungen, meist in Form mengentheoretischer Ausdrücke oder mathematisch-logischer Zeichen und Kürzel, z. B. Buchstaben, Ziffern, →Quantoren, →Junktoren und dgl. Der formale Apparat von →Kalkülsprachen, der strengsten Form einer Kunstsprache, ist axiomatisch und streng regelgeleitet, explizit, widerspruchsfrei und einfach aufgebaut. (4) Neben den logischen Kalkülen entstanden mit der Entwicklung von Rechenanlagen seit 1940 Programmiersprachen, die ebenfalls präzise definiert werden mussten und den Umgang mit EDV-Anlagen regeln. Eine bekannte Programmiersprache ist PASCAL; ihr Zeichensatz ist endlich, und es gibt eine endliche Regelmenge, die festlegt, ob ein Programmtext ein zulässiges PASCAL-Programm ist oder nicht.

Kurzsatz, grammatisch unvollständiger Satz, der nur im →Kontext verständlich wird; Kurzsätze kommen oft in Überschriften oder Titeln von Büchern, Filmen und dgl. vor: *Los geht's!*; *Die Reiter der Nacht*; *Transit*; *Hui!* →Satzellipse; →Satzwort.

Kurzwort, (1) Abkürzung oder Kunstwort, aus den Anfangsbuchstaben oder Teilen mehrerer Wörter gebildet; *KSG = Konstituentenstrukturgrammatik*; *Schupo = Schutzpolizist*; (2) aus dem Anfangs- oder Schlussteil einer →Zusammensetzung gebildetes Wort (→Kopf-, →Schwanzform): *Ober = Oberkellner*; *Super = Supertreibstoff*; *Trockner = Wäschetrockner*. Bei dreigliedrigen Zusammensetzungen wird manchmal das Mittelglied weggelassen: *Fernamt = Fern(sprech)amt*. (3) Kunstwort: *Smog* (engl.: *smoke + fog*).

Kurzzeitgedächtnis, nach der Aufnahme optischer, akustischer oder haptischer Eindrücke gelangen die Sinnesdaten über das sensorische →Gedächtnis in das K. Während sie im sensorischen Gedächtnis, wo sie ein detailreiches Abbild der vorausgegangenen Wahrnehmung erzeugen, nur weniger als 1 sec bleiben, überdauern die Inhalte im K. ungefähr 15 sec. Das K. kann auch als Arbeitsspeicher betrachtet werden, der nur solches Wissen enthält, das gerade benutzt wird; es enthält also auch bereits bearbeitetes Material. Dem Vergessen im K. kann durch absichtliche Wiederholungen (Memorieren) oder durch aktive Bearbeitung entgegengewirkt werden.

Das K. kann bei einmaliger Darbietung nur etwa sieben Einheiten (Buchstaben, Silben, Zahlen, unzusammenhängende Wörter) aufnehmen. Dabei kommt der Organisation und der →Repräsentation der Lerninhalte eine entscheidende Bedeutung zu; denn kontextuell eingebettete oder vernetzte Informationen lassen sich leichter und in größerer Menge behalten. →Langzeitgedächtnis, →semantisches Netz.

Kybernetik, dt.: »Steuermannskunst«; die wissenschaftliche Analyse und Beschreibung von sich selbst regulierenden Systemen; von dem amerikanischen Mathematiker N. Wiener (1894–1964) entwickelt; ein einfacher →Regelkreis ist z.B. der Thermostat an einer Heizung zur Regulierung der Raumtemperatur. Kybernetische Ansichten sind auch auf die menschliche →Kommunikation, den →Spracherwerb oder die →Sprachverarbeitung angewendet worden.

L

Labial, dt.: Lippenlaut; →Bilabial und →Labiodental.

Labiodental, dt.: Lippenzahnlaut; im Deutschen gibt es einen stimmlosen L. [f] und einen stimmhaften L. [w]; nach der →Artikulationsart handelt es sich um →Frikative.

LAD, Abk. für engl. *Language Aquisition Device*; →Spracherwerbsmechanismus.

Langage, dt.: »Sprache« im Sinne von angeborener Sprachfähigkeit; als »faculté de langage« von F. de Saussure 1916 zur Abgrenzung gegenüber →Langue und →Parole verwendet. Saussure stellt fest, »dass es nicht die gesprochene Rede ist, was dem Menschen natürlich ist, sondern die Fähigkeit, eine Sprache zu schaffen, d.h. ein System unterschiedlicher Zeichen, die unterschiedlichen Vorstellungen entsprechen«.

Language Aquisition Device →Spracherwerbsmechanismus

Langue, dt.: »Sprache« im Sinne von Sprachsystem, Nationalsprache; Sprache im sozialen, überindividuellen Sinne; grundlegender Terminus für die Konzeption einer →synchronen Sprachforschung: »Die Sprache ist ein System von Zeichen, die Ideen ausdrücken« (F. de Saussure). Ziel der so konzipierten Sprachforschung ist es, »das Leben der Zeichen im Rahmen des sozialen Lebens« zu untersuchen (→Semeologie). →Langage, →Parole.

Langzeitgedächtnis, Informationen, die über das →Kurzzeitgedächtnis dauerhaft in das L., das eine sehr hohe Kapazität aufweist, aufgenommen worden sind, können dennoch nicht immer erinnert werden. Die beiden wichtigsten Theorien, die das »Vergessen« erklären, sind die physiologische *Spurenzerfalltheorie*, wonach sich die nervlichen Bahnen allmählich auflösen können, und die

Interferenztheorie, die eine Blockade des →Gedächtnisses durch nachfolgende oder vorausgehende Lernprozesse annimmt.

Wahrscheinlich ist das Vergessen eher eine Frage des Auffindens von Gedächtnisinhalten, wobei das Wiedererkennen wesentlich leichter ist als die aktive Reproduktion. Ferner lässt sich feststellen, dass der Abruf eng mit der Art der →Repräsentation und der →Kodierung zusammenhängt. »Neben der Verarbeitungstiefe und dem Aufbau einer multiplen Repräsentation spielt auch die Ähnlichkeit zwischen Lern- und Abrufsituation eine Rolle« (Edelmann, 1993). Als Beispiel für eine optimale Simulation der Abrufsituation kann die Ausbildung von Piloten gelten.

Laryngal, dt.: Kehlkopflaut; →Glottal und →glottal stop.

Lateral, dt.: Seitenlaut; im Deutschen gibt es lediglich den stimmhaften Dental [l] als L., bei dem der Luftstrom zu einer oder zu beiden Seiten der an den Vordergaumen gehobenen Zunge entweicht.

Lateralität, (1) allgemein das Vorherrschen einer Körperseite oder die Dominanz von paarig angelegten Organen; auch Rechts- oder Linkshändigkeit; (2) insbesondere bei der Beurteilung der beiden Hirnhälften (Hemisphären) verwendeter Terminus. Die Mehrzahl der sensorischen und motorischen Regionen ist symmetrisch angeordnet und findet sich auf jeder der beiden Hirnhälften, allerdings sind sie den gegenüberliegenden Körperhälften zugeordnet. Dies heißt, dass sich die meisten Nervenfasern von den Sinnesorganen und zu den Muskeln überkreuzen.

Einige Funktionen sind dagegen asymmetrisch nur einer Hirnhälfte zugeordnet. In der linken Großhirnrinde befinden sich beispielsweise die Sprachzentren, das vordere (Brocasche) und das hintere (Wernickesche). Ist das vordere motorische Sprachzentrum gestört (→Aphasie), dann ist das Sprachverständnis noch intakt, der Patient spricht aber spontan fast nicht; ist das hintere sensorische Sprachzentrum beeinträchtigt, dann ist das Sprachverständnis extrem gestört, das spontane Sprechen des Patienten ist aber flüssig. Die Sprachzentren befinden sich bei etwa 98% aller Menschen in der linken Hemisphäre.

Durch Untersuchungen bei Patienten, denen die Verbindung zwischen beiden Hirnhälften durchtrennt worden war, konnte R. W. Sperry in den 60er- und 70er-Jahren detailliert beschreiben, welche Leistungen den beiden Hemisphären zuzuschreiben sind.

- Linke Hemisphäre: Verbindung zum Bewusstsein, sprachlich-begrifflich, arithmetisch, analytisch und abstrakt.
- Rechte Hemisphäre: keine Verbindung zum Bewusstsein, musikalisch, Bild- und Mustererkennung, geometrisch und räumlich, einheitlich und konkret.

In neuerer Zeit sind Untersuchungen zur L. von Gefühlen durchgeführt worden. Erste Befunde deuten darauf hin, dass »der rechten Hemisphäre vorwiegend eine emotional aktivierende Funktion« und der linken »eher die Aufgabe der Inhibition (Hemmung) und Kontrolle emotionaler Prozesse« zukommt (Edelmann, 1993).

Dennoch: der Mensch verfügt nicht über zwei Gehirne. Statt in der linken Hirnhälfte die dominante und in der rechten die untergeordnete zu sehen, sollte man von zwei komplementären Hemisphären sprechen, die zusammen das eine Gehirn bilden; denn jede Hälfte ist hoch spezialisiert, und es ist sehr wohl anzunehmen, dass bei allen → kognitiven Leistungen beide Hemisphären in der ihnen eigenen Weise beteiligt sind.

Lasswell-Formel, von H. D. Lasswell 1948 propagierte Formel zur Erfassung des Kommunikationsvorgangs: »Who says what in which channel to whom with what effect« (Wer sagt was, über welchen Kanal, zu wem, mit welcher Wirkung?). Diese so genannte L.-F. (die auf das mittelalterliche Chrie-Schema zurückgeht) wird als

Grundlage einer pragmatischen, kommunikativ orientierten Sprachbetrachtung in verschiedenen Varianten und Ausprägungen zitiert. → Kommunikationsmodell.

Laut, von einem Sprachteilnehmer ad hoc wahrgenommene Schalleinheit der gesprochenen Sprache. Die Ausgrenzung von L.en geschieht intuitiv aufgrund der Fähigkeit, bedeutungsunterscheidende gegenüber redundanten Einheiten im Sprechkontinuum herauszuhören. Die physikalische, physiologische Erforschung der L.e ist Gegenstand der → Phonetik.

L.- und Schrift-Bild stimmen in zahlreichen Fällen nicht überein; vgl. [ks] bei *Hexe*, *Klecks*, *Keks*, *Fuchs*. → Phon; ↔ Phonem.

Lautgestalt → Bezeichnendes

Lautmalerisch → Onomatopoëtisch

Lautschrift → Phonetische Umschrift

Lautverschiebung, stellt einen systematischen → Lautwandel innerhalb des Konsonantensystems einer Sprache dar; betroffen sind in der Regel artikulatorisch verwandte Konsonanten. Als Erster hat J. Grimm 1822 die Ausdifferenzierung des Germanischen aus dem Indoeuropäischen beschrieben; seine Ergebnisse werden auch als »Grimmsches Gesetz« bezeichnet. Neben einer ersten oder germanischen L. unterscheidet man eine zweite oder hochdeutsche L. Vereinfacht lassen sich die Verschiebungen wie folgt darstellen:

(1) Erste oder Germanische L. (nach R. v. Kienle etwa seit der 2. Hälfte des 1. Jahrtausends vor Chr.; andere setzen den Beginn genauer um 1200–1000 v. Chr. an, der Abschluss der Entwicklung dürfte um 500–300 v. Chr. liegen): das Germanische entwickelt sich aus dem Indoeuropäischen (> bedeutet »wird zu«):

Indoeuropäisch		Germanisch	Beispiel (mit hochdeutscher Übersetzung)	
p, ph	>	f	*pater*	> *fadar* (*Vater*)
t, th	>	d, þ, [θ]	*tres*	> *þreis* (drei, engl. *three*)
k, kh	>	ch [x]	*cornu*	> *haurn* (Horn)
b	>	p	*(s)lubricus*>	*sliupan* (schleichen)
d	>	t	*edo*	> *itan* (essen)
g	>	k	*ego*	> *ik* (ich)

([þ] entspricht engl. »th«; [x] entspricht dem dt. Achlaut)

(2) Zweite oder Hochdeutsche L. (5. bis 8. Jh. n. Chr.): das Althochdeutsche entwickelt sich aus dem Germanischen:

a) Althochdeutsche Tenuesverschiebung
– in vokalischer Stellung
t > zz *water* > *wazzar* (Wasser)
p > ff *drepan* > *treffan* (treffen)
k > hh *makôn* > *mahhôn* (machen)
– in nichtvokalischer Stellung
t > tz (z) *tîd* > *zît* (Zeit)
p > pf (ph) *helpan* > *helphan* (helfen)
k > ch (kh) *korn* > *kchorn* (Korn)

b) Althochdeutsche Medienverschiebung
d > t *dohtar* > *tohter* (Tochter)
b > p *geban* > *gepan* (geben)
g > k *got* > *kot* (Gott)

Die Zweite L. wurde nicht im gesamten Sprachraum durchgeführt; sie breitete sich vom Süden zum Norden mit unterschiedlicher Reichweite aus. Die ersten vier Verschiebungen drangen am weitesten vor bis zur so genannten →Benrather Linie. Nördlich dieser Linie blieb das

Niederdeutsche für lange Zeit erhalten. Die übrigen Verschiebungen blieben auf weiter südlichere Bereiche des Sprachraums beschränkt und wurden z. T. nach einiger Zeit wieder zurückgebildet.

Lautwandel, wird in einer Sprachgemeinschaft die Realisierungsnorm für ein →Phonem verändert, so spricht man von phonetischer Veränderung oder L. Findet der L. unter den Bedingungen des Kontexts statt, so spricht man von kombinatorischem L.:
Vokalerhöhung (ideur. →germ.):
e > i, wenn Nasal + Konsonant folgen: *ventus* > *winds* (Wind)
wenn *j/i* in der Folgesilbe sind: *medium* > *mitti* (Mitte)
wenn *u* folgt: *septem* > *sibun* (sieben)
Vokalsenkung (ideur. →germ.):
u > o, wenn *a*, *e* oder *o* folgen: *iugum* > *joh* (Joch)

Neben dem kombinatorischen L. wird ein konventionell bedingter oder spontaner L. angenommen. Systematisch erforscht wird L. in der →historischen Sprachwissenschaft, indem Sprachsystem, Sprachnorm und Realisation miteinander in Beziehung gesetzt werden. »Die Sprachentwicklung kann nicht erklärt werden als die Folge synchroner Systeme relevanter Einheiten, wir müssen sie betrachten als Folge von Systemen, die durch Veränderungen auf den Ebenen der Norm und der Realisierung vermittelt sind« (Herrlitz, 1970). Wenn sich ein Wandel auf der Ebene der Norm vollzieht, so kann dies mit der Zeit ins System übergehen. Solche Wandlungen im Sprachsystem werden dadurch erklärbar, dass man auf der Ebene der Norm →redundante Alternativen annimmt, die zeitweise als Varianten akzeptiert werden. Solche Redundanzen sind entscheidend für die Erklärung des L.s.

Als Grundstrukturen des →phonologischen Wandels können gelten:

(1) Veränderungen im System:
a) *Phonemverschiebung*
Neuhochdeutsche →Monophthongierung:
/ie/ > /i:/
/uo/ > /u:/
/üe/ > /ü:/
Merksatz: mhd. *liebe guote grüeze* > nhd. *liebe gute Grüße* (mhd. /ie/ wird getrennt [ië] ausgesprochen)
Neuhochdeutsche →Diphthongierung:
/i:/ > /ei/
/ü:/ > /oi/ »eu«
/u:/ > /au/
Merksatz: mhd. *mîn niuwes hûs* > nhd. *mein neues Haus* (mhd. /iu/ wird [ü:] ausgesprochen)
b) *Phonemspaltung*
Zwei oder mehr →Allophone eines Phonems werden durch äußeren Einfluss phonemisiert: Umlaut a > e bei nachfolgendem i: *gasti* > *gesti* (Gäste).
Bei a) und b) ändert sich nur die Relation der Einheiten zueinander, die Einheiten selbst bleiben erhalten.
c) *Phonemverschmelzung*:
/ie/, /io/ > /ie/ [i:] (mhd. *liob*/*lieb* > nhd. *lieb* [li:p])
(2) Partielle Verschmelzung, z. B. die Dehnung der mittelhochdeutschen kurzen Vokale in offener Tonsilbe:
/a, a:/ > /a/ in geschl. Tonsilbe, /a:/ in offener Tonsilbe (mhd. *trá-gen* > nhd. *trâ-gen*).

Im Wesentlichen sind zwei Methoden ausgearbeitet worden: a) die vergleichende Rekonstruktion setzt verwandte Sprachen miteinander in Beziehung, um so die gemeinsame Vorstufe zu erschließen; b) bei der inneren Rekonstruktion werden Relationen zwischen alternierenden Einheiten innerhalb *eines* Sprachsystems untersucht.

Als Gründe für L. gelten strukturbezogene Argumente wie Symmetrie- und Ökonomiestreben innerhalb des Lautsystems selbst oder »Wandel in der Regelkomponente« (King, 1971) als Regelhinzufügung, -verlust, -umordnung usw. sowie außersprachliche Argumente, wie artikulatorische Vereinfachung (z.B. beim Verfall der Endsilben), statusbedingte Sprechvarianten und dgl. (Weitere Einzelheiten bei Paul, ^{24}1998, §§ 31ff.)

Leere Kategorie, vom →X-bar-Schema erzeugte Kategorie e (= empty), die bei der Bewegung (→Bewegungsregel) von NP- oder wh-Phrasen als »Landeplatz« dient. →Spur.

Leerstelle, auch: Platzhalter, engl. *slot* ›Schlitz‹; (1) im Allgemeinen die durch die →Valenz des Verbs geforderten Satzgliedstellen in einem →Satzbauplan; in diesem Sinne auch in der →Tagmemik verwendet. (2) Erfüllungsmenge einer Aussageform; z.B. »x ist ein Wochentag«: x {Montag, Dienstag, Mittwoch, ..., Sonntag}.

Legasthenie →Dysgraphie, →Dyslexie

Legizeichen →Triadische Zeichenrelation

Lehnbedeutung, Entlehnung der Bedeutung laut- oder bedeutungsähnlicher Wörter aus einer Fremdsprache, z.B. die Bedeutungsvariante »verstehen, einsehen« von *realisieren* analog zu engl. *to realize*: *Antje wollte nicht realisieren, dass es vorbei war.*

Lehnbildung, fasst →Lehnformung und →Lehnschöpfung zusammen.

Lehnformung, semantische Entlehnung eines Fremdworts; fasst →Lehnübersetzung und →Lehnübertragung zusammen.

Lehnprägung, semantische Entlehnung eines Fremdworts; fasst →Lehnbildung und →Lehnbedeutung zusammen.

Lehnschöpfung, unabhängige Neubildung zu einem Fremdwort: *Veloziped* (frz. *vélocipède*) – ›Fahrrad‹.

Lehnübersetzung, direkte Übertragung eines Fremdworts in die Muttersprache: frz./engl. *exposition* ›Ausstellung‹; engl. *summit talk* ›Gipfelgespräch‹.

Lehnübertragung, freiere Übertragung oder Teilübersetzung eines Fremdworts: lat. *communio* ›Gemeinschaft‹.

Lehnwendung, Übersetzung einer fremdsprachlichen Wendung oder Redensart: ›jemandem die Schau stehlen‹, übersetzt aus engl. *to steal the show* (*from somebody*).

Lehnwort, solche Übernahmen aus einer Fremdsprache, die sich in ihrer Form und in der Aussprache derjenigen Sprache angepasst haben, in die sie übernommen worden sind. Sie werden nicht mehr als Wörter einer anderen Sprache empfunden: lat. *fenestra* ›Fenster‹, lat. *murus* ›Mauer‹. → Fremdwort.

Lehrmethode, Lerninhalte erschließendes und Lernwege eröffnendes Verfahren, das sich an bestimmten Lehrzielen orientiert. Diese beschreiben die Bildungsabsichten des Lehrenden; sie geben an, welche Sach-, Sozial- und Handlungskompetenzen die Lernenden erwerben sollen. Idealtypisch lassen sich *induktive* und *deduktive* L.n unterscheiden. Während Erstere von Einzelbeispielen zu allgemeinen Einsichten, Regeln und Gesetzen führt, geht letztere vom Allgemeinen aus und führt zur Betrachtung von individuellen Fällen bzw. zur Lösung von Einzelaufgaben. Wie alle → Methoden sind auch L.n abhängig von den zu vermittelnden Inhalten, von der Zielsetzung und anderen Randbedingungen (wie Zeitmangel, überfüllte Übungsräume oder Hörsäle, Klausurendruck). Wenn das Thema es zulässt und wenn die Rahmenbedingungen erträglich sind, sollte der induktiven L. der Vorzug gegeben werden, da sie die Aktivität der Lernenden herausfordert: Sie müssen Informationen selbständig sichten, auswerten und beurteilen, sie definieren selbständig Verstehensprobleme und Lernbarrieren, sie stellen Hypothesen zur Überwindung dieser Barrieren auf, machen Vorschläge für Lösungswege, probieren diese aus, beurteilen die gewonnenen Ergebnisse bzw. Einsichten, kommen zu eigenen Lösungen und ziehen daraus Rückschlüsse auf das Ausgangsproblem. So können sie eigenständiges Arbeiten, Problembewusstsein, Methodenkompetenz erwerben und Eigenverantwortung erfahren. Die Lehrperson fungiert bei diesem Vorgehen als Initiator des Lernprozesses, als Wegbegleiter und Ratgeber.

L.n sind immer Interaktionsformen; auch eine Vorlesung alten Stils, bei der nur einer redet und alle anderen zuhören, ist Interaktion, d. h. Aktion (die Zuhörer klopfen Beifall, murmeln missbilligend, gähnen gelangweilt, verlassen den Hörsaal) mit Rückwirkung auf den Redner. H. Gudjons u. a. ([3]1991) haben den Versuch unternommen, die L.n als polige Interaktionen zu beschreiben und zu systematisieren, wobei die »Pole« (1) der Lernende, (2) der Gegenstand, (3) der Lehrende, (4) die Lerngruppe und evtl. (5) weitere Lehrende sind.

- Methoden der zweipoligen Interaktion (1, 2): Einzelarbeit, programmierter Unterricht, Hausarbeit
- Methoden der dreipoligen Interaktion (1, 4, 2): Partnerarbeit, Klein- und Großgruppenarbeit, simulative Verfahren (z. B. Plan- und Rollenspiel)
- Methoden der vierpoligen Interaktion (3, 1, 4, 2): Darbietung des Lehrenden (Vorlesung, Vortrag, multimediale Präsentation) oder des Lernenden (Referat, Vorführung), Experiment, entwickelndes Lehrgespräch, offenes Planungs- oder Problemgespräch, Diskussion, Debatte, Rundgespräch
- Methode der fünfpoligen Interaktion: Teamteaching (mehrere Lehrende, Tutoren oder Lehrender und einzelne Lernende bereiten das Vorhaben gemeinsam vor, führen es durch und werten es aus)

L.n sind strikt von den Lernwegen der Lernenden zu unterscheiden; denn was sich der Lehrende denkt, was er plant und intendiert, ist nicht gleichzusetzen damit, wie es der Lernende versteht, was er davon überhaupt zu leisten in der Lage ist, was er zu leisten gewillt ist und was er im Ganzen von der Interaktion hält (→ Motivation).

Lehrmittelkritik, Fähigkeit von Lehrenden, die für Ausbildungs- oder Unterrichtszwecke einzusetzenden Lehrmittel (Lehrbücher, Übungshefte, Materialien, Medien) kritisch zu prüfen im Hinblick auf die zurzeit geltenden fachwissenschaftlichen Verfahren und Ergebnisse, die gängigen fachdidaktischen Erkenntnisse und die von ihnen selbst intendierten Ziele im Hinblick auf die Situation der Lernenden (Anfänger, Examenskandidaten; Kinder, Jugendliche oder erwachsene Lerner und dgl.).

Für die L. können einige allgemeine Kriterien genannt werden: a) fachliche Richtigkeit des Lehrmittels (Methoden, Inhalte, Terminologie, theoretische Einbettung, Eignung für Anschlusswissen auf höherer Stufe); b) methodische Darbietung (Vermittlung typischer Fachmethoden, Methodenvielfalt, induktive und/oder deduktive →Lehrmethode); c) Aufteilung und Abfolge der Lerneinheiten (thematischer Zusammenhang, didaktische Progression); d) Sicherung des Lernstoffes (Zusammenfassungen, Lehrsätze, Inhaltsverzeichnis, Register auch für die Hand der Lernenden); e) Layout (Aufteilung der einzelnen Seite, der Lerneinheit, des gesamten Werkes, Einsatz von Farbe, Bildern, Fotos, Skizzen und dgl., Identifikationsmöglichkeiten für beide Geschlechtergruppen); f) materielle Beschaffenheit (Umschlag bei Heften und Büchern, Verarbeitung) und Preis.

Lehrplan, Grundlagen- und Steuerungstext für Rahmenbedingungen der schulischen Arbeit, des Fachunterrichts und der Schulentwicklung. Gelegentlich wird zwischen Richtlinien (allgemeiner Teil) und Lehrplan (fachspezifischer Teil) unterschieden. Über die Angaben von Mindestanforderungen (Obligatorum) und Vorschriften zu den Abiturleistungen üben die Kultusministerien auch die Kontrolle über das öffentliche Bildungswesen aus (Genehmigung und Überprüfung der Abituraufgaben). Da Lehrpläne Gesetzescharakter haben, wirken sie normativ und innovativ zugleich.

Für die neueren Lehrpläne sind folgende Aussagengruppen relevant (Deutscher Bildungsrat, 1970):

- Aussagen über die Lernerfordernisse der Gesellschaft und die Lernbedürfnisse der Heranwachsenden,
- Aussagen über die →Lernziele und →Lernbereiche,
- Aussagen über die von den Lernzielen her geforderte Mitwirkung der anderen Faktoren im Lehr-Lernprozess,
- Aussagen über Verfahren und Instrumente, mit denen die Erreichung der Lernziele kontrolliert werden kann.

Leistungsmotivation →Motivation

Lemma, das L., pl.: Lemmata; (1) Stichwort in einem Nachschlagewerk; (2) Vordersatz eines logischen Schlusses.

Lenis, die L., pl.: Lenes; phonologisches Merkmal, das bei der Produktion von Konsonanten (insbesondere bei →Plosiven und →Frikativen) relevant wird; die Lautproduktion der Lenes ist durch relativ schwache artikulatorische Energie und durch ungespannte Artikulationsorgane gekennzeichnet, z. B. bei [b], [d], [g] oder [w]. Für die Plosive korreliert im Deutschen der Ausdruck L. mit Stimmhaftigkeit (→Media). ↔Fortis.

Lenisierung, Form der →Schwächung bei Konsonanten. Lautwandel durch Abschwächung der Energie bei der Lautproduktion. So werden Mitte des 8. Jh.s (frühalthochdeutsche Spirantenschwächung) die stimmlosen →Fortes (f, Þ, s) zu →Lenes (w, d, z). Eine weitere Artikulationsschwächung stellt die spätalthochdeutsche Verschlusslautschwächung dar (vgl. Braune/Eggers, [14]1987).

Lernbereich, in den Anfängen des muttersprachlichen Unterrichts gab es keine deutliche Trennung von Lernbereichen. Erst als im 17. Jh. die Einheit von Sprach- und Sachunterricht zerbrach und einzelne Fächer (wie Erdkunde, Geschichte, Mathematik, Physik) sich verselbständigten, musste der Deutschunterricht nach einem eigenen konstitutiven Gegenstand suchen. Das Erscheinen des Lesebuchs und die Aufnahme literarischer Texte ergaben zwei wesentliche Aufgabenfelder: Bildung durch Dichtung und Sprachkunde (Sprachlehre) sowie Spracherziehung (die alte Rhetorik und Grammatik).

Die zeitgenössische Didaktik differenziert die L.e stärker aus; bei H. Helmers ([9]1976) sind es sieben L.e:

	Repertoire	Gestaltung
– Sprechen	grammatisch richtiges Sprechen: Sprachtraining	lautreines und gestaltetes Sprechen: Sprecherziehung
– Lesen	Technik des lauten und stillen Lesens: Leselehre	
– Schreiben	orthographisch richtiges Schreiben: Rechtschreibunterricht	schriftliches Gestalten von Sprache: Gestaltungslehre (Aufsatzunterricht)
– Verstehen	Verstehen des Repertoires: Sprachbetrachtung	Verstehen der gestalteten Sprache: Literaturunterricht

Die →Lehrpläne für Deutsch weisen in der Regel drei L.e aus (z.B. NRW S I, 1993): a) Umgang mit Texten; b) Sprechen und Schreiben, einschließlich Rechtschreibung und Zeichensetzung; c) Reflexion über Sprache. Sofern nicht eigens aufgeführt, wird der Grammatikunterricht (im engeren Sinne: Sprachtraining, Sprachübung) in die L.e integriert.

Lernen, generell ist intuitives (alltägliches) von schulischem L. zu unterscheiden; Letzteres ist stets intentional, zielgerichtet und institutionalisiert. So beginnt (außerschulisches) L. bereits von den ersten Momenten unseres Lebens an, zunächst durch die Herausformung von →Handlungsschemata, weiterhin durch →Assimilation und →Akkomodation bis hin zur Ausbildung der →symbolischen Funktion, deren wesentlichste die →Sprache ist (→Stadienlehre).

Nach D. P. Ausubel (1974) gibt es vier Grundformen des sprachlichen L.s:

- *Mechanisch rezeptives L.*: Wir versuchen, uns eine neue Telefonnummer einzuprägen.
- *Sinnvolles rezeptives L.*: Ein Lehrer behandelt den Kompass. Die Schüler ordnen die neuen Erfahrungen in die zuvor gelernten Regeln über Magnetismus ein.
- *Mechanisch entdeckendes L.*: Ein Kind entdeckt zufällig, dass eine Kerzenflamme erlischt, wenn man ein Glas darüber stülpt. Es kann diesen Vorgang nicht begreifen, erfreut sich aber an dem Effekt.
- *Sinnvolles entdeckendes L.*: Schüler erhalten Landkarten, statistische Daten und andere Informationen und entdecken die Regel: »Jede größere Stadt bildet den kulturellen, verwaltungsmäßigen und wirtschaftlichen Mittelpunkt einer Region.«

»Sinnvoll« ist L. dann, wenn es inhaltlich, d.h. nicht wortwörtlich geschieht, und wenn der neue Lernstoff zufallsfrei auf bisheriges Wissen bezogen werden kann. Drei Grundformen lassen sich hier unterscheiden, wobei die Frage der →Repräsentation eine große Rolle spielt:

- das unterordnende L.: Das Lernmaterial wird unter bereits vorhandene allgemeine Ideen subsumiert (s. o. unter sinnvoll rezeptivem L.).
- das überordnende L.: Das Lernmaterial ist umfassender als die bereits vorhandenen Wissensbestände (s. o. unter sinnvoll entdeckendem L.).
- das kombinatorische L.: Das neue Material wird gelernt, indem es auf mehrere früher gelernte Ideen bezogen wird, ohne dass eine Unter- oder Überordnung hergestellt wird (Vernetzung).

Das wichtigste Merkmal des sinnvollen L.s ist die Interaktion von bereits vorhandenen →kognitiven Strukturen mit dem neuen Lernstoff.

Um später zur Anwendung von bereits Gelerntem und zu neuem L. fähig zu sein, ist es nach J. S. Bruner (1971) besonders vorteilhaft, wenn sich der Lernende die grundlegenden Zusammenhänge und Gesetzmäßigkeiten in einem Prozess des entdeckenden Lernens selbst aneignet. Ziel eines solchen L.s ist der Aufbau einer → heuristischen Struktur und das Verfügen über → Problemlösungsverfahren.

Lernformen, idealtypisch können vier L. unterschieden werden, die entweder zur verhaltenstheoretischen Psychologie (I) oder zur kognitiven Psychologie (II) gehören (Edelmann, 1993):

I. Reaktion und Verhalten: Beim → Lernen spielt die Außensteuerung durch Reize eine entscheidende Rolle; Anpassung des Organismus an die Umwelt:

a) Reiz-Reaktions-Lernen: Aufbau von Verbindungen zwischen Reizen und Reaktionen; besonders emotional-motivationale Reaktionen und Reizsubstitutionen; Organismus verhält sich reaktiv

b) Instrumentelles Lernen: Aufbau von Verbindungen zwischen Verhalten und nachfolgenden Konsequenzen; besonders gewohnheitsmäßiges, motiviertes Verhalten; Organismus verhält sich aktiv

II. Wissen und Handeln: Beim Lernen spielt die Innensteuerung durch → kognitive Strukturierungsprozesse im Individuum selbst die entscheidende Rolle; Gestaltung der Umwelt durch die Person:

a) Kognitives Lernen: Aufbau von Verbindungen zwischen den Elementen einer kognitiven Struktur; Informationsaufnahme und Verarbeitung; Person ist aktiv

b) Lernen von planvollem Handeln und Problemlösen: Aufbau von Verbindungen zwischen Wissen und Aktivität; Handlungssteuerung und Vernetzung der Handlungskonzepte; Person ist aktiv

Lernziel, oft mit → Lehrziel synonym gebraucht; im Wortsinn bedeutet L. jedoch das, was die Lernenden im Unterricht intendieren, was sie von den offerierten Lehrzielen des Lehrenden verstehen, ausführen können und wollen.

Deswegen sollte eher von den Handlungszielen oder den Lernwegen der Lernenden gesprochen werden.

Im Allgemeinen versteht man unter einem L. »die sprachlich artikulierte Vorstellung von den durch Unterricht (oder andere Lehrveranstaltungen) zu bewirkenden gewünschten Verhaltensdispositionen eines Lernenden« (Jank/Meyer, 1991). Diese Definition geht über die sonst übliche Formulierung der »Verhaltensänderung« insofern hinaus, als Lernen auch dann erfolgt sein kann, wenn das gewünschte Verhalten nicht gezeigt wird. Problematisch bleibt, dass Dispositionen nicht (unmittelbar) beobachtbar und damit nicht beweisbar sind.

Formal besteht ein L. aus drei Teilen: (1) dem Unterrichtsgegenstand, (2) der pädagogischen Intention und (3) einer Verfahrensvorschrift, zum Beispiel: *Die Schüler und Schülerinnen sollen* (*3*) *unter Zuhilfenahme von Zusatzmaterial* (2) *selbständig* (2) *die Leistung der Metapher* (*1*) *in Sachtexten* (*1*) *erarbeiten und beschreiben können* (*3*).

Lexem, dt.: Wort(form); (1) allgemein Lexikoneintrag, Element des Lexikons einer Sprache; (2) in der →generativen Transformationsgrammatik Wörter, die Mitglieder von (lexikalischen) →Kategorien sind, wie N(omen), V(erb), Art(ikel) usw.; solche L.e sind im Lexikon durch eine Charakteristik (PM, SM) versehen. PM bedeutet »Menge der phonologischen Merkmale, die angeben, wie das L. auszusprechen ist«; SM bedeutet »komplexes Symbol, das syntaktische und semantische Merkmale enthält«. Es gilt: PM symbolisiert SM. (3) →Wortsyntax.

Lexikalische Bedeutung, (1) Bedeutung →lexikalischer Zeichen, wie sie im Lexikon notiert sind, evtl. mit unterscheidbaren Bedeutungsvarianten. Die l. B. ergibt zusammen mit der Bedeutung der →grammatischen Zeichen (wie Numerus, Tempus, Modus, Kasus usw.) die Gesamtbedeutung des Wortes. (2) Im Gegensatz zur aktualisierten Bedeutung eines Wortes im →Kontext, lässt sich die l. B.

verstehen als die Summe aller möglichen Bedeutungen dieses Wortes. →Homonymie, →Semem.

Lexikalische Dekomposition, auch: lexikalische Zerlegung; Verfahren der →generativen Semantik, wonach semantische Strukturen auf abstrakte →atomare Prädikate zurückgeführt werden. Ein Verb wie *zermahlen* lässt sich als kausativ oder →faktitiv beschreiben. Kausativ → Zustand: »bewirken, dass etwas zu etwas wird«. Der Satz *Willi zermahlt die Pfefferkörner* versteht sich demzufolge so: »Willi bewirkt, dass es dazu kommt, dass die Pfefferkörner gemahlen sind«. Oder formalisiert: »/x + Kausativ → Zustand von y/«.

Lexikalische Kategorie, in der Syntaxtheorie Bezeichnung für die Symbole, die lexikalische Formklassen repräsentieren, wie N (Nomen), V (Verb), Adj (Adjektiv), Art (Artikel), VM (Verbalmorphem) usw. »Lexikalische Kategorien sind Mengen von Lexemen und Morphemen, die sich syntaktisch analog verhalten« (Heringer, 1996). Unterschieden werden Hauptkategorien (Verb, Nomen, Adjektiv, →Determinierer, Präposition, →Äquation), Nebenkategorien (Adverb, Partikel, Konjunktion, Subjunktion) und Morphemkategorien (Verbal-, Nominal, Determinierer- und Adjektivmorphem).

Lexikalisches Formativ, Terminus der →generativen Transformationsgrammatik für den als →komplexes Symbol notierten Lexikoneintrag. Neben der Stammform finden sich weitere syntaktische und semantische Informationen: [lauf-, + Verb, – Transitiv, $[[+ \text{Belebt}]_{NP}]_{S}$, ...]; zu lesen als: »laufen ist ein transitives Verb mit einem belebten Subjekt« (= NP, die von S dominiert wird) usw. Über die →Lexikonregel werden lexikalische Formative zusammen mit ihren →grammatischen Formativen in die →Tiefenstruktur eingeführt.

Lexikalische Solidarität, semantische Beziehung von Wörtern in →syntagmatischer Relation; in älteren Arbeiten auch »wesenhafte Bedeutungsbeziehung« genannt.

Bei der l.n S. gibt es ein determinierendes und ein determiniertes Lexem: So verweist *fressen* auf den tierischen, *essen* auf den menschlichen Bereich. E. Coseriu (1967) hat drei Typen von l.r S. unterschieden: a) *Affinität* durch ein klassenbildendes Merkmal (fressen: tierisch); b) *Selektion* durch ein übergreifendes Merkmal (fahren: Fahrzeug [Schiff, Bahn, Auto, ...]); c) →*Implikation* durch das ganze Lexem (greifen: Hand).

Lexikalisches Zeichen, auch: Nennzeichen; im Sinne der →Zeichentheorie lassen sich Wörter als →Zeichen mit einer Zeichengestalt (dem Bezeichnenden) und einer Zeichenbedeutung (dem Bezeichneten) auffassen. Repräsentiert wird die Zeichenbedeutung durch lexikalische und →grammatische Zeichen, was in anderen Kontexten der Unterscheidung zwischen →autosemantischen Inhaltswörtern und →synsemantischen Funktionszeichen entspricht. Die lexikalischen Zeichen sind »kognitive Begriffsmuster« und haben »eine Repräsentationsfunktion für außersprachliche Sachverhalte. Sie sollen aus dem Seinskontinuum Einheiten herausdifferenzieren, die für die Erkenntnis- und Lebensbedürfnisse der Menschen als wichtig angesehen werden« (Köller, 1988). Allerdings sind lexikalische Zeichen immer schon mit bestimmten grammatischen Basisinformationen »verwurzelt«, d. h., sie lassen sich nur idealtypisch als reine Inhalts- oder →Nennwörter identifizieren.

Lexikalische Zerlegung →Lexikalische Dekomposition

Lexikalisiertes Kompositum, bestimmte →Komposita lassen sich lexikalisch nicht analysieren. So bildet *vergessen* ein einziges →Lexem, da »-gessen« keine Bedeutung hat und somit keinen Lexikoneintrag darstellt, im Gegensatz etwa zu »ver-brennen«.

Lexikographie, Bereich der Sprachwissenschaft, in dem man sich mit der Erfassung, Darstellung und Erklärung des →Wortschatzes befasst. Je nach der systematischen Anlage bzw. den Interessen der intendierten Benutzer sind die Wörterbücher und Lexika ganz unterschiedlich angelegt:

- alphabetische Anordnung gegenüber Ordnung nach Sachgebieten oder semantischen Feldern,
- ein- oder mehrsprachig,
- allgemein oder fachspezifisch,
- historisch-etymologisch oder aktuell-synchronisch,
- rein deskriptiv oder sprachkritisch-präskriptiv,
- allgemeine gegenüber Sonderinteressen (z. B. Sammlung von Redensarten und Sprichwörtern, Valenzwörterbuch).

Lexikologie, dt.: Wortkunde; (1) Bereich der Sprachwissenschaft, in dem man sich mit dem →Wortschatz, den →Lexemen und →Morphemen, einer Sprache unter morphologischen, semantischen oder etymologischen Aspekten befasst. Das Interesse richtet sich sowohl auf die interne Struktur der sprachlichen Einheiten als auch auf die Beziehungen der einzelnen Lexikoneinträge untereinander. Ihre Ergebnisse kommen der →Lexikographie zugute. (2) Wortlehre oder →Morphologie, die sich mit der Beschreibung der →Wortarten sowie mit der →Wortbildung beschäftigt. Systematisch hat sie ihren Ort zwischen der Laut- und der Satzlehre.

Lexikon, pl.: Lexika, dt.: Wörterbuch; (1) allgemein Nachschlagewerk, in dem die Wörter einer Sprache, alphabetisch oder nach Sachgebieten geordnet, niedergeschrieben (und erklärt) sind; traditionell wird eine Sprache mit Hilfe von Lexikon und Grammatik beschrieben, was weitgehend mit den beiden linguistischen Grundoperationen →Segmentation und →Klassifikation korrespondiert.

(2) Sprachwissenschaftlich gesehen nennt man »den Wortschatz einer Sprachgemeinschaft oder eines einzelnen Menschen ein Lexikon« (Linke [u. a.], 1991). Nach diesem fachspezifischen Wortgebrauch schreiben linguistische Lexikographen das L. einer Sprache in einem Wörterbuch

nieder; d. h., sie schreiben nicht ein L., sondern ein Wörterbuch!

(3) In der →generativen Transformationsgrammatik Teil der →Basiskomponente, der die Lexikoneinträge (lexikalische Formative, Stammlexeme) enthält. Diese →Lexeme (2) sind versehen mit phonologischen und semantischen Charakteristiken, die über eine →Lexikonregel die Anbindung eines L.-Eintrags an die entsprechende lexikalische →Kategorie regulieren.

(4) Im Rahmen der →GB-Theorie ist das L. neu definiert worden; es enthält alle Eigenschaften der Lexeme, die sich nicht aus den Prinzipien der →Universalgrammatik ableiten lassen. Hierzu gehören z. B. die Wortklassenzugehörigkeit, Numerus- oder Tempusmerkmale sowie allgemein die →Subkategorisierung, die auch die syntaktische Struktur, in der das Lexem erscheinen kann, spezifiziert. Hier zeigen sich etwa beim Verb Berührungspunkte zur →Valenzgrammatik. Im Einzelnen besteht die L.-Komponente aus:

– einem Speicher syntaktischer Wörter (→Wortsyntax),
– allgemeinen lexikalischen Prinzipien (Merkmale der Wortkonstitution, Wortarten, normale Merkmalbelegungen usw.),
– einem Bildungsmodul, das aus bestehenden Wörtern neue bildet,
– Bildungsprinzipien, die die Wortbildung kontrollieren.

Die Gesamtheit der syntaktischen Umgebungen, in der eine lexikalische Kategorie erscheinen kann, heißt »Subkategorisierungsrahmen«; z. B. für das Verb »glauben«:

V [__NP_D] *Ich glaube das*
V [__NP_I] *Ich glaube dir*
V [__PP] *Ich glaube an Gott*
V [__S'] *Ich glaube, dass wir gewinnen*
usw.

(NP_D = direktes Objekt; NP_I = indirektes Objekt; PP = präpositionaler Ausdruck; S' = Nebensatz)

Lexikoneintrag →Lexem

Lexikonformular →Wortsyntax

Lexikonregel, Regel innerhalb der Standard-Theorie der →generativen Transformationsgrammatik, die dazu benutzt wird, den lexikalischen →Kategorien →Lexeme (2) zuzuordnen; so kann zum Beispiel am Ende einer →Derivation folgende Kette lexikalischer Kategorien entstanden sein:

Art + N+ V

(Art = Artikel, N = Nomen, V = Verb)

Die lexikalischen Kategorien werden zu komplexen Symbolen (Q) expandiert, z. B.

N
|
[+ N
– Abs
– Kon
+ Bel
+ Hum]

(– Abs = Konkretum [– Abstraktum]; – Kon = Diskontinuativ [– Kontinuativ]; + Bel = Belebt; + Hum = Menschlich)

Im →Lexikon (2) sind Lexeme mit phonologischen, syntaktischen und semantischen Charakteristiken (PM, SM) enthalten. PM gibt die →phonologischen Merkmale für die Aussprache an; SM enthält syntaktische Merkmale wie [+ N, – Abs, – Kon, + Bel, + Hum] sowie semantische Merkmale wie [– Weiblich, – Erwachsen, . . .]. SM enthält in der Regel mehr Merkmale als ein komplexes Symbol Q.

Nun gilt folgende L.: Wenn Q ein komplexes Symbol ist und (PM, SM) ein Lexikoneintrag und wenn Q nicht verschieden von SM ist, dann wird Q durch die Vereinigungsmenge M aus Q und SM ersetzt und M durch PM symbolisiert (vgl. Bechert [u. a.], 1970). Also: Q → SM. (Vgl. Darstellung folgende Seite.)

$$
\begin{array}{c}
\text{N} \\
| \\
\begin{bmatrix} +\text{N} \\ -\text{Abs} \\ -\text{Kon} \\ +\text{Bel} \\ +\text{Hum} \\ -\text{Weibl} \\ -\text{Erw} \end{bmatrix} \\
\vdots \\
\text{»Junge«}^{*)}
\end{array}
$$

*)»Junge« sei die abkürzende Schreibweise für die phonologische Symbolisierung PM, d.h. die Repräsentation eines jeden →Phonems durch eine Menge →distinktiver Merkmale in einer →Matrix.

Ligatur, Buchstabenverbindung zu einer geschlossenen Einheit (ursprünglich: auf *einer* Drucktype), z.B.: Æ, æ, œ oder & (= lat. *et* ›und‹).

Lingua Adamica →Ursprache

Lingua franca, (1) bis ins 19.Jh. hinein Verkehrssprache für Handel und Seefahrt im östlichen Mittelmeerraum, die ein Gemisch aus romanischem und z.T. arabischem Wortgut darstellt. (2) Im übertragenen Sinne Verkehrssprachen für einen größeren, überregionalen Bereich, wie z.B. Englisch; aber auch eigens dazu geschaffene Sprachen wie Esperanto.

Lingual, der L., dt.: Zungenlaut, insbesondere zur Unterscheidung der →Vokale, die unter Beteiligung der Zunge im vorderen, mittleren oder hinteren Mundbereich gebildet werden. So sind [i] oder [e] Vorderzungenlaute, [a] und [ə] Mittelzungenlaute und [u] oder [o] Hinterzungenlaute.

Linguistik, dt.: Sprachwissenschaft; der Terminus L. wird in der Regel als wissenschaftliche Erforschung der Sprache definiert. Im Hinblick auf die traditionelle (historische) Sprachwissenschaft weist das Attribut »wissenschaftlich«

den besonderen Anspruch der neuen Disziplin aus, deren Entstehung mit dem Jahr 1916, dem Erscheinungsjahr des *Cours de linguistique générale* (dt.: *Grundlagen der allgemeinen Sprachwissenschaft*, 1931, ^{2}1967) von F. de Saussure, angesetzt wird. In Deutschland wurden erstmals 1967 Linguistik-Lehrstühle eingerichtet.

Die theoretische L. umfasst im Wesentlichen drei große Aufgabengebiete:

a) Sie erforscht die allgemeinen Eigenschaften der Sprache, das sind diejenigen →Universalien, die für jede Einzelsprache Gültigkeit haben (können).
b) Darüber hinaus lassen sich hiervon Einsichten in den →Spracherwerb des Kindes sowie in →kognitive Prozesse allgemein erhoffen.
c) Sie stellt das Instrumentarium zum Vergleich möglicher Grammatiken einer Sprache bereit mit dem Ziel, optimale bzw. relativ optimale Modelle auszuwählen.

Als deskriptive Wissenschaft umfasst die L. die Gebiete →Phonologie, →Morphologie, →Syntax und →Semantik. Die Komplexität des zu beschreibenden Gegenstands – Sprache als System, als Faktor im Erkenntnisprozess und als kommunikative, soziale Tätigkeit des Menschen – hat sehr bald dazu geführt, interdisziplinäre Ansätze zu entwickeln, wie die →Soziolinguistik, die →Pragmalinguistik oder die →Psycholinguistik.

Linguistikbriefe, J. Stalin hat in mehreren Schreiben, den so genannten *Linguistikbriefen*, zum Thema Sprache aus marxistisch-leninistischer Sicht Stellung bezogen. Er äußerte sich erstmals im Juni 1950 in der *Prawda* zu einigen Fragen junger Linguisten, die insbesondere die alles entscheidende Frage betrafen, ob die Sprache zum Überbau oder zur Basis gehöre oder ob sie eine von den sozialpolitischen Strömungen weitgehend unabhängige Superstruktur sei, bzw., ob die Sprache gemäß den Klassen eingeteilt werden könne. In einem dieser Briefe (an die Genossin Krascheninnikowa) präzisiert

Stalin seine Auffassung, die stichwortartig Folgendes besagt:

- Die Sprache gehört weder dem Überbau noch der Basis an.
- Auch als »Zwischen-Erscheinung« zwischen Basis und Überbau kann man sie nicht qualifizieren.
- Sie dient der Gesellschaft ebenso, wie ihr alle anderen gesellschaftlichen Erscheinungen dienen.
- Unterschiede bestehen darin, dass die Sprache der Gesellschaft dient, und zwar »als ein Verbindungsmittel der Menschen, als ein Mittel zum Gedankenaustausch in der Gesellschaft, als ein Mittel, das den Menschen die Möglichkeit gibt, einander zu verstehen und die gemeinsame Arbeit in allen Bereichen menschlicher Tätigkeit aufeinander abzustimmen« (Gente, 1968).
- Zwischen der Sprache und den Produktionsmitteln besteht eine »gewisse Analogie«: die Produktionsmittel, wie auch die Sprache, erscheinen an sich als neutral gegenüber den Klassen und können gleichermaßen verschiedenen Klassen der Gesellschaft dienen, den alten ebenso wie den neuen.
- Während aber die Produktionsmittel materielle Güter erschaffen, erschafft Sprache nichts oder lediglich Wörter.
- Dabei gilt das bekannte Marx-Zitat: »Die Sprache ist die unmittelbare Wirklichkeit des Gedankens.«

Diese Feststellungen waren insbesondere gegen die idealistischen Strömungen in der zeitgenössischen Sprachwissenschaft, u. a. gegen die Thesen des Indogermanisten N. J. Marr gerichtet, der um 1920 verkündet hatte, die Sprache sei allein ein Phänomen des Überbaus. Nach Stalins L.n verschwand der so genannte Marrismus aus der marxistischen Sprachtheorie.

Linguistisch, der Ausdruck l. kann in verschiedenen Bedeutungen gebraucht werden. (1) Er bezeichnet einmal alles, was im weitesten Sinne mit der Sprache und der Beschäftigung mit Sprachlichem zu tun hat. (2) Zum anderen wird l. synonym zu »sprachwissenschaftlich«, die wissenschaftliche Erforschung der Sprache betreffend, verwendet. (3) Schließlich gibt es Autoren, die den Ausdruck l. auf eine strukturalistische, primär formbezogene bzw. eine im naturwissenschaftlich-mathematischen Sinne exakte Sprachwissenschaft einschränken.

Linguistisches Relativitätsprinzip, B. L. Whorf beschäftigt sich in *Language, Thought and Reality* 1956 (dt. 1963) mit dem Thema → Sprache und Wirklichkeit; dort formuliert er das linguistische Relativitätsprinzip wie folgt: »Wir gelangen daher zu einem neuen Relativitätsprinzip, das besagt, dass nicht alle Beobachter durch die gleichen physikalischen Sachverhalte zu einem gleichen Weltbild geführt werden, es sei denn, ihre linguistischen Hintergründe sind ähnlich oder können in irgendeiner Weise auf einen gemeinsamen Nenner gebracht werden.« Zugespitzt formuliert heißt dies, dass die Sprache unser Weltbild prägt.

Dieser einseitigen These ist insofern widersprochen worden, als dass zwar die prägende Kraft der Sprache nicht geleugnet werden kann, dass aber auch »die Gliederung der Welt« sich der Sprache mehr oder weniger anbietet. »Die Sprache sucht sich also einerseits der Welt und ihrer sich aufdrängenden Gliederung anzupassen, indem sie andererseits der Welt eine Gliederung erst gibt« (Kamlah/Lorenzen, 1967).

Linksverzweigung, (1) syntaktisch gesehen ein Satzgefüge, bei dem der abhängige Satz vor dem Hauptsatz steht: *Weil er erkältet war, konnte Willi nicht kommen.* (2) In der → generativen Transformationsgrammatik eine (syntaktische) Struktur, bei der links von einem Element expandiert wird:

Sie kauft die		*Tasche.*
Sie kauft die	*(teure)*	*Tasche.*
Sie kauft die ((viel zu)	*(teure))*	*Tasche.*

→ Rechtsverzweigung

Lippenlaut → Labial

Lippen-Zahnlaut →Labiodental

Litotes, rhetorische Figur, die durch doppelte Verneinung oder durch Verneinung des Gegenteils eine (vorsichtige oder ironische) Behauptung aufstellt: *Man kann nicht nicht kommunizieren* (P. Watzlawick); *das ist nicht ganz unwahrscheinlich; sie ist nicht die Dümmste* (= sie ist recht klug) und dgl.

Logik, als »Vater der Logik« gilt Aristoteles (383 bis 321 v. Chr.) mit den sechs Schriften seines *Organon.* Die Logik als Wissenschaft befasst sich mit der Lehre vom Denken in →Begriffen, nicht aber vom Erkennen durch Begriffe; somit dient sie der Steigerung der bewussten formalen Exaktheit und gehaltlichen Sachlichkeit des Denkens und Erkennens. In den logischen →Axiomen werden grundlegende Eigenschaften der Begriffe festgelegt. In der sachlichen Strukturierung folgen die Lehre vom Begriff, dann die vom Urteil, zuletzt die vom Schluss. Sie konstituieren zusammen die reine L.

Die angewandte L. umfasst traditionell die Lehre von der →Definition, vom Beweis und von der →Methode. Neuerdings werden ihr zum Teil die erkenntnistheoretischen bzw. psychologischen Lehren vom Erleben, vom Beschreiben und Formulieren, insbesondere mit Hilfe einer Fachsprache oder →Terminologie, und von der Begriffsbildung vorangeschaltet, oder es wird ihr die Lehre vom System angeschlossen.

Neuere Konzepte der Logik (Logistik) sind in der Regel als →Kalkül formalisiert; sie berücksichtigen nicht die inhaltlichen Bedeutungen der einzelnen Ausdrücke, sondern nur ihre syntaktische Kategorie und deren strukturelle Beziehungen, und sie formen die Ausdrücke nach festen Regeln derart um, dass man mit ihnen logisch rechnen kann. Darüber hinaus sind sie axiomatisiert, d. h., es wird ein System von Zeichen definiert, das bestimmten festgelegten Operationsregeln unterworfen werden kann. Liegen sie in symbolisierter Form vor, dann kann den einzelnen Ausdrücken jeweils ein ganz bestimmtes Zeichen zugeordnet werden.

In diesem Sinne beschäftigt sich die Metalogik mit der Lehre vom L.-Kalkül, seinen formalen Voraussetzungen, philosophischen Grundlagen (z.B. der →Syntaktik, →Semantik und →Pragmatik) sowie seinen Anwendungen. Teilbereiche der neueren L. sind das Aussagenkalkül (→Aussagenlogik) oder das Prädikatenkalkül (→Prädikatenlogik), ferner das Klassen- und das Relationenkalkül; neuerdings auch weitere Formen wie das Modalkalkül oder die mehrwertige L. (Näheres hierzu bei Stegmüller 2, 1979, Kap. II.3.)

Logische Form, Abk.: LF; im Rahmen der →GB-Theorie von N. Chomsky ([3]1984, 1986) postulierte syntaktische Repräsentationsebene, die nach Anwendung der →Bewegungsregel auf →S-Strukturen entsteht. Die LF zeigt den Skopus (Reichweite/Anwendungsgebiet) für Quantoren (z.B. *nicht viele*, *jeder*) oder wh-Phrasen (Fragesätze) an, und es gilt: α hat Skopus über β gerade dann, wenn α β c-kommandiert (zum C-Kommando vgl. →Bindungstheorie; →Rektion).
Beispiel:
(a) *Willi hat nicht viele Bücher gelesen.*
(b) *Viele Bücher hat Willi nicht gelesen.*
Es ergeben sich folgende Lesarten in LF:
(a') *Für Willi trifft nicht zu: Willi hat viele Bücher gelesen.*
(b') *Für viele Bücher trifft zu: Willi hat sie nicht gelesen.*
In (a') hat »nicht« Skopus über »viele«; in (b') hat »viele« jedoch Skopus über »nicht«. Damit sind beide Formen keine Paraphrasen voneinander. Wenn Willi zum Beispiel jeden Tag ein Buch liest, dann ist (a) nicht zutreffend, (b) ist jedoch in dem Fall »richtig«.

Die LF ist Eingabe für die semantische Interpretation; die gesamte Konstruktion der LF wirft jedoch eine Reihe von Fragen auf, die beim derzeitigen Forschungsstand noch weitgehend ungeklärt sind.

Logische Konstante, Sammelbezeichnung für →logische Partikel, →Operatoren und →Quantoren.

Logische Partikel, auch: Junktor, Konnektiv oder Satzoperator; Elementare Verknüpfungszeichen in der →Aussagenlogik, mit deren Hilfe aus gegebenen Sätzen neue, komplexere Sätze erzeugt werden können, z. B.: Konjunktion $\wedge$ (›und‹), Negation $\neg$ (›nicht‹), Adjunktion/Disjunktion $\vee$ (›oder‹), Implikation $\supset$ (›wenn – dann‹), Äquivalenz $\equiv$ (›genau dann – wenn‹).

Logisches Prädikat, (1) In der →Aussagenlogik ist alles Prädikat, was nicht Subjekt ist: *Xaver ist ein Bayer. Erna liebt Max. Regensburg liegt an der Donau. Willi ist größer als sein Vater.* (2) In der →Prädikatenlogik ist alles das Prädikat, was nach der Streichung der Namen übrig bleibt. Ausnahmen sind die Verbindungen der Hilfsverben wie »sein«, »haben« und »werden« mit einem Nomen, einem Adjektiv oder Partizip: *Xaver ist ein Bayer. Erna liebt Max. Regensburg liegt an der Donau. Willi ist größer als sein Vater.* (3) In der →generativen Semantik werden komplexe logische Prädikate mit Hilfe von →atomaren Prädikaten analysiert und mit entsprechenden →thematischen Rollen (z. B. Agens, Patiens) versehen:

$\exists$ a LIEB^{+} (a) $\wedge$ C_{ag}(Erna, a) $\wedge$ C_{pt} (Max, a) – hierbei ist C_{ag} zu lesen als »beteiligt als Agens der Handlung a« und C_{pt} als »beteiligt als Patiens der Handlung a«; oder kürzer: LIEBEN (Erna$_{ag}$, Max$_{pt}$).

Logisches Subjekt, auch: psychologisches Subjekt; in manchen Satztypen, die oberflächenstrukturell kein →grammatisches Subjekt aufweisen, wird ein l. S. unterstellt, das in der Regel Nominativ sowie die thematische Rolle des Agens und bei passivischer Bedeutung die Rolle des Patiens zugewiesen bekommt. *Hier wird die ganze Nacht durchgetanzt ← Jemand tanzt hier die ganze Nacht durch. – Mich friert ← Ich friere. – Ihn friert ← Er friert.* Auch bei Passivkonstruktionen wird ein l. S. mitgedacht: *Der Schüler wird gelobt ← Eine Lehrperson lobt den Schüler.*

Nicht geklärt ist in dieser Hinsicht der Status des unpersönlichen »Es« bei den →Impersonalia: *Es grünt. Es schneit.* Zwar stellt es syntaktisch das Subjekt dar, es kann aber nicht mit einem semantischen →Argument (4) des Verbs identifiziert werden.

Logische Valenz, Terminus der →Prädikatenlogik, wonach Prädikate eine bestimmte →Valenz oder Wertigkeit haben; sie eröffnen gleichsam ein, zwei oder drei Argumentstellen. Letztere stellen Relationen dar. Formal ausgedrückt:

Vater schläft. P (x)
Willi ist mein Freund. P (x, y)
Willi nennt Bernd einen Dummkopf. P (x, y, z)

Die Zerlegung von Aussagen nach dem Subjekt-Prädikat-Schema, um zu All- oder Existenzaussagen zu gelangen, ist für die grammatische Analyse unergiebig. So weist J. Fourquet (1976) darauf hin, dass der Aussage *Siegfried erschlug den Drachen* zwar die logische Relation P (x, y) entspricht, dass diese aber lediglich besagt, dass Siegfried und der Drache →Aktanten bei einem Akt des Erschlagens sind, »welcher aber erschlagen wurde, bleibt unbestimmt«; denn logisch gesehen sind beide Argumentstellen gleichrangig. Um diesem Einwand zu entgehen, hat man traditionellerweise vereinbart, dass das links stehende Argument →Agens in der Aussage ist (was jedoch andere Probleme, etwa das der »normalen« Verteilung der →thematischen Rollen, nach sich zieht).

Logistik, moderne Form der →Logik.

Logogramm, auch: Schrift-, Wortzeichen; L.e können abstrakte, nicht ikonische Zeichen sein, die genau ein Lexem repräsentieren, wie etwa die meisten Schriftzeichen im Chinesischen (→Logographie), oder es können rein →ikonische Zeichen, etwa →Piktogramme, sein.

Logographie, auch: Wortschrift; bei diesem Schrifttyp repräsentiert ein Schriftzeichen genau ein Wort. Meist jedoch (wie etwa im Chinesischen) haben sich auch reine →grammatische Zeichen herausgebildet, die etwa die Satzart (chin. *ma* = Fragesatz) oder das Tempus (chin. *guo* = Vergangenheitsform) anzeigen. Derartige Funktionszeichen werden an das Satzende gestellt (wie die Fragepartikel) oder an das →lexikalische Zeichen, das sie betreffen, gereiht: *wo jian ta* (ich sehe ihn) versus *wo jian guo ta* (ich habe ihn [bereits] gesehen). →Logogramm.

Logopädie, dt.: Sprachheilkunde; Lehre von den Sprach- und Sprechstörungen und ihrer Heilung, z.B. durch Spracherziehung bei Stottern, Stammeln u. Ä. sowie bei Störungen der Sprachentwicklung.

Logophobie, dt. Sprechangst, auch »Lampenfieber«; in schulischen Situationen wird der Lernerfolg manchmal dadurch verschleiert, dass die erworbenen Kenntnisse vom Lernenden verbal nicht »gezeigt« werden. Oft sind psychische Barrieren dafür verantwortlich, oft fehlen auch nur die geeigneten rhetorischen Mittel, einen Redebeitrag zu beginnen oder sich in ein Gespräch einzuklinken.

Lokal, den Raum, Ort oder die Richtung betreffend; l.e →Präposition; l.es →Adverb; l.es →Adverbial.

Lokalsatz, stets ein Relativsatz; er gibt die räumlichen oder richtungsbezogenen Umstände an, unter denen das Geschehen im übergeordneten Satz abläuft; →Adverbialsatz: *Wir treffen uns, wo die drei Eichen stehen* (Frage: Wo treffen wir uns?).

Steht der L. als eine nähere Bestimmung zu einem Bezugswort, so handelt es sich um einen →Attributsatz: *Wir treffen uns an der Stelle, wo die drei Eichen stehen* (Frage: An was für einer Stelle treffen wir uns?).

Lokution, dt.: Reden; (1) allgemein Redestil oder Ausdrucksweise; (2) Redensart, Redewendung. (3) In seiner achten Vorlesung definiert J. L. Austin (1972): »Diese gesamte Handlung, ›etwas zu sagen‹ nenne – d.h. taufe – ich den Vollzug eines lokutionären Aktes und die Untersuchung von Äußerungen unter diesen Gesichtspunkten die Untersuchung der Lokutionen, d.h. der vollständigen

Einheiten der Rede.« Die L. setzt sich zusammen aus den drei Teilaspekten: a) bestimmte Geräusche zu produzieren (= phonetischer Akt), b) gewisse Vokabeln (d. h. Geräusche von bestimmter Gestalt) zu äußern, die zum Vokabular einer bestimmten Sprache gehören und nach den Regeln der in dieser Sprache gültigen Grammatik miteinander verbunden sind (= phatischer Akt), sowie c) dadurch festzulegen, wovon die Rede ist, d. h. zu referieren, und ferner festzulegen, was darüber gesagt wird, d. h. zu prädizieren (= rhetischer Akt). Zusammen mit der → Illokution gehört die L. zu jedem → Sprechakt.

J. R. Searle (1971) verwendet den Terminus L. nicht mehr. Sein »Äußerungsakt« umfasst weitgehend die L. (a, b) bei Austin, sein »propositionaler Akt« die L. (c).

Luther-Deutsch, Martin Luther schrieb seine Bibelübersetzungen in der Kursächsischen Kanzleisprache und hat nachhaltig auf die Entwicklung einer einheitlichen deutschen Schriftsprache eingewirkt. »Waren die Wettiner und Prager Kanzleien vor der Reformation maßgeblich beteiligt am Ausgleich zwischen dem Mitteldeutschen und dem Oberdeutschen, so vermittelt Luther einerseits zwischen dem Hochdeutschen und dem Niederdeutschen, andererseits zwischen dem gesprochenen und geschriebenen Deutsch« (Wolff, [3]1994).

Luther bevorzugt die kräftige, direkte, bildhafte Sprache des Volkes, er zieht den verbalen Ausdruck dem nominalen vor, er erlaubt sich Freiheiten in Wortstellung und Satzgliedfolge, und er verwendet → Ellipsen und → Modalpartikeln. Zeit seines Lebens hat Luther an der sprachlichen Form seiner Übersetzungen (es gab allein 90 Wittenberger Drucke) gefeilt.

Doch Luthers Deutsch wäre längst nicht der Erfolg beschieden gewesen, wenn nicht eine andere Strömung gleichzeitig seine Verbreitung betrieben hätte. Zu Beginn des 17. Jh.s trafen sich sowohl die Bestrebungen der → Sprachgesellschaften, die deutsche Sprache als eine der

Hauptsprachen aufzuwerten, als auch die Bestrebungen, die nationale Einheit durch eine einheitliche Nationalsprache zu fördern, und die Bestrebungen, die deutsche Volkssprache in das allgemeine Schulwesen einzuführen. Alle drei Bestrebungen finden in W. Ratke ihren Verfechter. Ratkes Plan war es, die Spracheinheit schulpädagogisch zu verwirklichen; und diese einheitliche und Einheit stiftende Sprache sah er »bei Luther vorgebildet, wobei er wie die meisten seiner Zeit das Deutsch der Lutherbibel mit dem Meißnischen und der Sprache der kaiserlichen Kanzlei gleichsetzte« (Frank, 1973). Das L.-D. wurde so zur Grundlage zahlreicher und weit verbreiteter Sprachlehren. (Zu sprachlichen Einzelheiten des L.-D. vgl. Wolff, ^{3}1994, Kap. 5.4.)

M

Makrolinguistik, (1) Sprachwissenschaft im weiteren Sinne; wissenschaftliche Beschäftigung mit der Sprache (mit Sprachlichem) auf allen Wissensgebieten, insbesondere der Soziologie der Sprache. →Mikrolinguistik. (2) →Ethnolinguistik.

Makrostruktur, textlinguistischer Terminus, der sich auf die Großform von Texten bezieht, z.B. als Textthema, das durch Zusammenfassung und Generalisierung gewonnen wird, oder als Leitmotiv, das an entscheidenden Stellen im Text erscheint und als übergreifende Sinnfigur verstanden werden kann.

Marker, (1) Merkmal eines sprachlichen Elements, das als vorhanden (+) oder nicht vorhanden (–) gekennzeichnet ist. (2) Darstellung der →Konstituentenstruktur in einem →Baumdiagramm. (3) Darstellung der Reihenfolge von Transformationsregeln.

Markiert, (1) allgemein ist jede zur →Nullform in Opposition stehende Form m. (2) Terminus aus der →Phonologie, der die Erfassung von binären Merkmalen erleichtern soll: M. ist jenes Phänomen, das weniger erwartet und weniger einfach ist. So sind bei den Vokalen die hinteren →Linguale im Hinblick auf das Merkmal »rund« m., die vorderen Linguale sind auf das Merkmal »nicht rund« m. (3) →Hyponyme sind mit Bezug auf ihr Hyperonym semantisch m., insofern sie mehr distinktive Merkmale aufweisen als diese. →Unmarkiert.

Marrismus →Linguistikbriefe

Maskulinum, dt.: männlich; neben →Femininum und →Neutrum eines der grammatischen Geschlechter; →Genus.

Materialistische Sprachtheorie →Widerspiegelungstheorie, →Zeichenprozess (2), →Linguistikbriefe

Matrix, pl.: Matrizes, dt.: tabellarische Darstellungsform; mit einer M. lassen sich phonologische, syntaktische oder semantische Merkmalmengen übersichtlich zusammenstellen. Zum Beispiel lassen sich die →Vokale im Deutschen mit folgender M. darstellen:

Artikulation	a	e	i	o	u
vokalisch	+	+	+	+	+
konsonantisch	–	–	–	–	–
lang	–	–	–	–	–
dunkel	+	–	–	+	+
hoch	–	–	+	–	+
tief	+	–	–	–	–
rund	–	–	–	+	+

(+ = zutreffend; – = nicht zutreffend)

Matrixsatz, dt.: Trägersatz; in der →generativen Transformationsgrammatik ein Satz, der unmittelbar von dem Anfangssymbol »S« dominiert wird und in dem ein →Konstituentensatz eingebettet ist (→Einbettung): *Die Besucher* (*Die Besucher füttern die Tiere.*) *werden vom Wärter ermahnt* → *Die Besucher, die die Tiere füttern, werden vom Wärter ermahnt.*

Maximale Projektion, gemäß dem →X-bar-Schema müssen phrasale Kategorien stets einen lexikalischen →Kopf enthalten, der zusammen mit dem →Komplement die nächsthöhere Kategorie, d.h. X' (gelesen: X-Strich oder X-bar), bildet. X' verbindet sich wiederum mit anderen Elementen zu X". Die einzelnen kategorialen Ebenen sind →Projektionen des Kopfes der Konstruktion. Die oberste Projektionsebene heißt m. P. oder X^{max}, also: $X^0 \rightarrow X^{max}$.

Die Satzexpansionsregel S → NP + INFL + VP legt nahe, dass →INFL und VP zu einer Projektion INFL' zusammengefasst werden können (INFL legt z. B. die besondere Art der VP und ihre Kombinierbarkeit mit Komplementen fest). Mit ähnlichen Argumenten lässt sich die Subjekt-NP mit INFL' zusammenfassen als INFL" oder IP (INFL-Phrase), die das Ausgangssymbol S in der Standardversion der →generativen Transformationsgrammatik ersetzt. Auf diese Weise ist die Satzexpansion in das X-bar-Schema integriert mit dem Ergebnis, dass IP die m. P. von INFL darstellt. Beispiel:

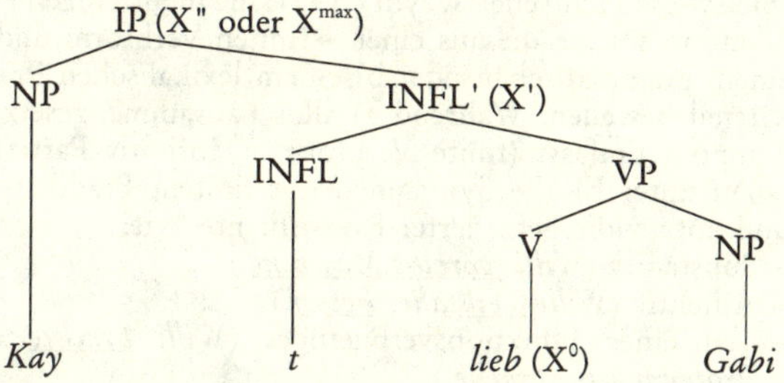

Media, pl.: Mediae oder Medien, dt.: Verschlusslaut; die M. ist ein stimmhafter Laut, der durch die Aufhebung des Verschlusses entsteht: *b*, *d*, *g*. ↔Tenuis.

Mediales Verb, Untergruppe der Verben, die kein Passiv bilden und nicht mit →Modaladverbien kombinierbar sind, z. B. *ähneln*, *kosten*, *passen*, *wiegen*.

Mediationstheorie →Bedeutung (3)

Mehrstufe, Komparativ; →Komparation.

Mehrteiliges Prädikat, steht im Deutschen vor allem dann, wenn ein zusammengesetztes Tempus gewählt wird (Perfekt, Plusquamperfekt, Futur I und II): *Willi hat geschlafen / hatte geschlafen / wird schlafen* usw. In den meisten Grammatiken zählen auch weitere Verbindungen zu den mehrteiligen Prädikaten, z. B.:

- Modalverb (*Willi soll schlafen.*)
- modifizierendes Verb (*Willi scheint zu schlafen.*)

– Verbzusatz (*Willi ist eingeschlafen.*)
– auch im Präsens (*Willi schläft gerade ein.*)

W. Flämig (1991) zählt zu den mehrteiligen Prädikaten neben den genannten:

– haben/sein + Infinitiv (*Du hast zu schweigen / Es ist zu prüfen*)

Je nach theoriegebundener Abgrenzung des →Prädikats als Satzglied ergeben sich auch für das mehrteilige Prädikat recht unterschiedliche Formen. So unterteilen beispielsweise Hentschel/Weydt ([2]1994) die mehrteiligen Prädikate in solche, die aus einer →finiten Verbform und a) einem grammatischen oder b) einem lexikalischen Prädikatsteil bestehen. Während a) alle →zusammengesetzten Tempora umfasst (finite Verbform + Infinitiv/Partizip), fallen unter b) alle Syntagmen mit finitem Prädikatsteil und notwendig geforderter Konstituente, wie:

– Substantiv (*Willi schreibt Maschine.*)
– Adjektiv (*Willi weiß alles besser.*)
– Teil eines Funktionsverbgefüges (*Willi brachte das Problem zur Sprache.*)
– Infinitiv als Teil des zusammengesetzten Verbs (*Willi lernte Ines in Italien kennen.*)
– nicht ersetzbares Reflexivpronomen (*Willi freut sich.*)

Meiststufe, Superlativ; →Komparation.

Mentalismus, Denkrichtung, welche die Besonderheiten des menschlichen Geistes modellhaft darstellen und erklären will, indem sie Aspekte des Denkens und Denkvermögens aus Psychologie und Philosophie miteinander verbindet. Der M. will insbesondere die nicht unmittelbar beobachtbaren Prozesse des Denkvorgangs erfassen und im Sinne →kognitiver Differenzierungsmuster (→Kognitionssemantik) erklären.

In der Geschichte der neueren Sprachwissenschaft hat N. Chomsky in den 50er-Jahren mit seiner →Cartesianischen Linguistik den Paradigmenwechsel zum M. vollzogen. Für ihn eröffnet die Beschäftigung mit natürlichen

Sprachen und den ihnen zugrunde liegenden Strukturen eine Möglichkeit, Einsichten in die Struktur der menschlichen →Kognition zu gewinnen, wodurch die Linguistik zu einem Teilbereich der →Kognitionswissenschaft wird (vgl. Fanselow/Felix 1, 1987, Kap. 1.1).

Merkmal, in der Sprachwissenschaft solche Einheiten, die zur Beschreibung eines sprachlichen Phänomens wesentlich oder unerlässlich sind. Meist sind es Elemente von Gegensatzpaaren, die auftreten (+) oder nicht auftreten (–) können. Man sagt auch, sie sind relevant oder redundant. (1) In der →Phonologie werden M.e nach ihrer Relevanz klassifiziert und z.B. in einer →Matrix zusammengestellt. (2) In der →Semantik werden z.B. →Bedeutungspostulate als M.e von sprachlichen Ausdrücken analysiert. (3) Morpho-syntaktische M.e können kontextfrei (wie das Genus beim Nomen) auftreten oder kontextgebunden (wie Numerus oder Kasus). Derartige M.e spielen in der →generativen Transformationsgrammatik bei der →Subkategorisierung eine Rolle, etwa als kontextsensitive M.e beim Verb [+ V, + Transitiv / + $\_NP_D$]. Darüber hinaus sind sie bei der Bildung →komplexer Symbole relevant.

Merkmalanalyse →Komponentenanalyse

Merkmalkomplex, auch: Merkmalbündel; →Kategorien können als je eigener M. aufgefasst werden. Von daher kommt jedem linguistischen Gegenstand ein M. relevanter →Merkmale zu, der ihn eindeutig von allen anderen unterscheidet. Die Annahme von M.en hat den Vorteil, dass die linguistischen Gegenstände explizit abgrenzbar sind, dass sie aber auch hinsichtlich bestimmter Merkmale oder Merkmalgruppen zu größeren Einheiten zusammengefasst bzw. miteinander verglichen werden können. So lassen sich z.B. die Vokale in einer →Matrix anhand von M.en übersichtlich erfassen und miteinander kontrastieren.

Meta-, →Präfix mit der Bedeutung »zwischen, inmitten, nach, nachher, später«; z.B. Metaebene = Ebene, die einer anderen Ebene über- oder nachgeordnet ist.

Metakommunikation, →Diskurs (2), in dem die Geltungsansprüche der Kommunikation in Frage gestellt und besprochen (kommuniziert) werden; Kommunikation über die Kommunikation.

Metalinguistik, (1) Theorie der →Metasprachen; (2) interdisziplinäre Wissenschaft zur Erforschung der Verhältnisse zwischen →Sprache und Denken sowie →Sprache und Wirklichkeit.

Metapher, dt.: sprachliches Bild; die M. wird in der antiken Rhetorik als verkürzter Vergleich erklärt. Ein gemeinsames Merkmal (das Tertium comparationis) zweier Bereiche wird nicht im direkten Vergleich mit »wie« ausgedrückt, sondern unmittelbar:
Vergleich: *Der Zorn überkam ihn wie eine Welle* (*die bei Sturm an die Küste prallt*).
Metapher: *Eine Welle des Zorns überkam ihn.*
- Bei den so genannten →Exmetaphern (habituellen M.n) ist die metaphorische Bildung nicht mehr immer gegenwärtig: *Tischbein*, *Bergrücken.*
- Originäre M. sind individuelle Schöpfungen, die nicht sinnvoll auf einen Vergleich zurückgeführt werden können: *Weltschmerz* (Jean Paul).
- Kreative M. sind singulär und kommen oft in poetischer Sprache vor: *schwarze Milch der Frühe* (Paul Celan).

Metasprache, Sprache zur Verständigung über Sprache; Terminologie zur Sprachbeschreibung; über Sprache sprechen; ↔Objektsprache:
- objektsprachlich: *Paul ist mein Freund.*
- metasprachlich: *Der Satz »Paul ist mein Freund« ist ein Aussagesatz mit Prädikatsnomen.*
- meta-metasprachlich: *Die Aussage: »Der Satz ›Paul ist mein Freund‹ ist ein Aussagesatz mit Prädikatsnomen« müsste erläutert werden.*

Metathese, Lautumstellung in einem Wort, auch bei Entlehnung in eine andere Sprache: ahd. *wefsa*, *wefse* > nhd. *Wespe*; engl. *horse*, dt. *Ross*.

Methode, theoretisch betrachtet müsste zwischen M. als Reflexion über den einzuschlagenden Weg zu einem Ziel und der Anwendung der M., also dem methodengerechten Handeln selbst unterschieden werden. In diesem Sinne ist M. ein Handlungsmuster, und in der Handlung wird die M. realisiert. Gewöhnlich werden allerdings beide Aspekte unter M. subsumiert. Je nachdem, ob wir Aufgaben durch reproduktives Denken erledigen oder Probleme mit Hilfe geeigneter →Problemlösungsverfahren bewältigen wollen, werden andere →kognitive Strukturen aktiviert.

Wissenschaftliche M.n lassen sich idealtypisch als →induktive oder →deduktive M. beschreiben. Die Sprachwissenschaft hat sich nach einer eher historisch-genetisch orientierten Anfangsphase als Erfahrungswissenschaft etabliert und induktive M.n zur Erhebung und systematischen Erfassung von Sprachdaten herangezogen. Die neueren Entwicklungen der strukturalistischen Grammatiktheorie bedienen sich jedoch auch anderer, eher mathematisch-deduktiver Verfahren. So lassen sich drei große Strömungen charakterisieren:

Linguistik im engeren Sinne

a) induktiv-deduktive Mischverfahren (traditionelle Sprachwissenschaft): Feldforschung, Korpusanalyse mit daraus abgeleiteter präskriptiver bzw. →normativer Grammatik
   - diachrone Richtung
   - synchrone Richtung
b) induktiv-deskriptive Verfahren (empirische Sprachwissenschaft): Korpusanalyse mit daraus abgeleiteter →deskriptiver Grammatik; operationale →Proben, kontrollierte Verfahren der →Segmentierung und →Klassifikation
   - primär auf die Ausdrucksseite bezogen
   - primär auf die Inhaltsseite bezogen
c) analytisch-deduktive Verfahren (strukturalistische Sprachwissenschaft): axiomatische Setzung (von An-

fangsbedingungen) als wohlbegründete Hypothesen über die Sprachstruktur; explizite mathematisierte Ableitungsverfahren; empirische Prüfverfahren auf →Grammatikalität und →Akzeptabilität (linguistische →Kompetenz eines idealisierten Sprechers/Hörers)

Darüber hinaus kann die Linguistik im weiteren Sinne betrachtet werden: Überfachliche Verbindung zu den unterschiedlichen Nachbarwissenschaften, deren Gegenstandsbereiche sich auch als »Sprache« (Rede, System, mentale Repräsentation) konstituieren; Annäherung an die M.n der jeweiligen Bezugswissenschaft, z. B. Tests, Erhebungen, Statistiken, Fallstudien.

Methodenpluralismus, spätestens seit P. Feyerabends *Wider den Methodenzwang* (1976) wissen wir, dass Methoden nicht nur die Gegenstände, die mit ihrer Hilfe erforscht werden, mit konstituieren, sondern dass sie auch Erkenntnisse verbauen können; denn es gilt zu bedenken, »dass es Tatsachen gibt, deren adäquate Beschreibung einen Widerspruch enthält«. Was dieser Gedanke im Kern beinhaltet, ist die Tatsache, dass jede Methode ihre Grenzen hat.

So lässt sich zum Beispiel mit Hilfe der operationalen →Proben zeigen, dass ein bestimmtes Syntagma eine →Konstituente ist und dass dasselbe Syntagma keine Konstituente ist; etwa beim AcI:

a) Anwendung der Umstellprobe:
Willi | *sieht* | <u>*seine Freundin*</u> | *rauchen.*
Seine Freundin | *sieht* | *Willi* | *rauchen.*

b) Anwendung der Ersatzprobe:
Willi | *sieht* | <u>*seine Freundin rauchen*</u>.
Willi | *sieht* | *dies.*

Hieraus folgt, dass nur M., d. h. die Anwendung mehrerer methodischer Zugriffe in Kombination, (relativ) gesichertes empirisches Wissen liefern kann. In jedem Fall ist es entscheidend wichtig, sich der Möglichkeiten und Grenzen einer →Methode bewusst zu sein.

Ähnliches gilt für Fachmethoden. Auch bei der methodisch geleiteten Erschließung von Sachtexten oder Literatur sollten mehr als nur eine Methode angewendet (und Lernenden vermittelt) werden. Nur so ist eine Ausbildung von Methodenkompetenz als Voraussetzung für eigenständiges und eigenverantwortliches Arbeiten und Problemlösen möglich.

Metonymie, dt.: Umbenennung, Namenvertauschung; übertragener Gebrauch eines Wortes für einen verwandten Begriff, der mit diesem Wort zwar in einem sachlichen, äußeren, nicht aber in einem notwendigen, immanenten Verhältnis steht: *Wir lesen Schiller* (statt: »Wir lesen Schillers Drama *Don Carlos*. Wir könnten aber auch Balladen oder einen Essay von Schiller lesen.«).

Neben der Vertauschung von Autor und Werk kommt auch die Umbenennung von Person/Institution oder Ort/Gebäude vor oder die Setzung der Wirkung für die Ursache u. Ä.: *Wie aus Moskau verlautet, ... – Die Straßenbahn hielt an.* →Synekdoche.

Mikrolinguistik, zentraler innerer Bereich der →Linguistik; Beschränkung auf die Erforschung der Sprache im strukturalistischen Sinne, ohne Einbeziehung von Fragestellungen der Nachbardisziplinen wie Philosophie, Soziologie, Psychologie oder der →Universalgrammatik. →Makrolinguistik.

Mimik, Mienenspiel, als Ausdruck eigenen oder Nachahmung fremden seelischen Erlebens, zur Unterstützung der eigenen Rede, zur Verdeutlichung der eigenen Intentionen oder zur →nonverbalen Kommentierung der Rede, des Verhaltens oder der Handlung anderer.

Minimalpaar, die Bildung von M.en ist ein operationales Verfahren zur Ermittlung der →Phoneme einer Sprache als der kleinsten bedeutungsunterscheidenden Einheiten. Ein M. ist dadurch gekennzeichnet, dass durch den Austausch eines einzigen →Phonems bei ansonsten gleicher Umgebung Wörter oder Morpheme mit unterschiedlicher

Bedeutung entstehen: So sind »Tanne« und »Kanne« ein Minimalpaar, bei dem [t] und [k] die diskriminierenden Phoneme darstellen. »Herz« mit dentalem [r] und »Herz« mit uvularem [R] gesprochen, stellen jedoch kein M. dar, da die beiden Phonemvarianten (→Allophon) keinen Bedeutungsunterschied bewirken.

Mischgrammatik, zahlreiche didaktische Grammatiken und Sprachbücher sind als M. konzipiert, meist mit der Begründung, dass zahlreiche Verfahren und Ergebnisse der Sprachwissenschaft für ganz unterschiedliche fachdidaktische Ziele einzusetzen sind. So wird angemerkt, dass die →Dependenzgrammatik oder die Theorie der →Valenz hilfreich sein könnten bei der Analyse vorliegender Sätze, sofern sie hinsichtlich ihrer inneren Struktur betrachtet werden. Eine lineare →Phrasenstrukturgrammatik sei dann von Interesse, »wenn es um Sprachproduktion und Sprachrezeption, m. a. W. wenn es um Äußerungen geht« (Lewandowski, 1983).

Problematisch ist hier die Frage nach der fachlichen Konsistenz einer solchen M.; denn die Forderung, dass sich unterschiedliche Beschreibungsmodelle nicht widersprechen und dass sie nicht verfälscht werden dürfen, ist zwar prinzipiell richtig, in der Praxis aber weder durchführbar noch kontrollierbar (vgl. Esslinger, 1989). Die Problematik der M. ist ein zentraler Punkt der →Lehrmittelkritik und gilt ebenso für die Bereitstellung von →Anschlusswissen (etwa beim Übergang der Schüler und Schülerinnen von einer Schulform in die andere).

Mittelbezug →Triadische Zeichenrelation

Mitteldeutsch, das →Mittelhochdeutsche besteht im Wesentlichen aus einer Reihe von Territorialdialekten, die unter den Bezeichnungen M. und →Oberdeutsch zusammengefasst werden:

Mitteldeutsch

- Westmitteldeutsch
  - Mittelfränkisch (Köln, Trier)
    - Ripuarisch
    - Moselfränkisch
  - Rheinfränkisch (Mainz)
    - Pfälzisch
    - Hessisch
- Ostmitteldeutsch
  - Thüringisch
  - Obersächsisch
  - Lausitzisch-Schlesisch

Mittelfeld → Stellungsfeld

Mittelhochdeutsch, Sprachform des Deutschen von etwa 1050 n. Chr. (Frühmhd.) bis etwa 1350 n. Chr. (Spätmhd.); »Von etwa 1170 bis 1250 reicht dann das Mittelhochdeutsche im engeren Sinne, das gelegentlich auch als ›klassisches Mittelhochdeutsch‹ bezeichnet wird« (Eggers 1, 1986).

Der Übergang vom → Althochdeutschen zum M.en ist im Wesentlichen gekennzeichnet durch die Abschwächung der Endsilbenvokale: ahd. *lobôta* > mhd. *lobete* (lobte); *biogan* > *biegen* (biegen) sowie durch die Erweiterung des Umlautes (→ Sekundärumlaut): ahd. *magedi* > mhd. *mägede* (Mägde). Kennzeichnend sind ferner die kurz gesprochenen Vokale in offener Tonsilbe (mhd. *trá-gen, sá-gen, lé-gen*) und die im Vergleich zum → Neuhochdeutschen noch nicht durchgeführte → Diphthongierung (*mîn – mein*; *nîuwe – neu*; *hûs – Haus*); auch wurden die geschriebenen Doppellaute noch weitgehend als solche gesprochen (*lieb* [liep]; *guot* [gu^{o}t]).

Als Textbeispiel diene eine erweiterte Fassung des *Paternoster* von Reinmar von Zweter (um 1200 bis 1250):

»Got vater unser, dâ du bist / in dem himelrîche gewaltic alles des dir ist, / geheiliget sô werde dîn nam, zuo müeze uns komen das rîche dîn. / Dîn wille werde dem gelîch / hie ûf der erde als in den himeln, des gewer unsich, / nu gip uns unser tegelîch brôt und swes wir dar nach dürftic sîn. /

Vergip uns allen sament unser schulde, / alsô du wilt, daz wir durch dîne hulde / vergeben, der wir ie genâmen / dekeinen schaden, swie grôz er sî: / vor sünden kor sô mache uns vrî / und loese uns ouch von allem übele. âmen.«

Mittelverb →Mediales Verb

Mittelwort →Partizip

Modal, die Art und Weise kennzeichnend; m.e →Konjunktion (2); m.e →Präposition; m.es →Adverb; m.es →Adverbial.

Modaler Aussagenebensatz, in einigen Grammatiken wird der durch »wie« eingeleitete →modale Nebensatz als m. A. bezeichnet: *Niemand weiß, wie das ausgehen wird.*

Modalität, dt.: Bei- oder Zumessung; Färbung einer Aussage durch sprachliche Mittel; (1) M. im engeren Sinne wird durch die drei →Modi im Deutschen ausgedrückt: Indikativ, Konjunktiv und Imperativ, wodurch Aussagen, Wünsche, Aufforderungen, Befehle und dgl. ausgedrückt werden können:

- Indikativ: *Heinz ruft seine Freundin Leoni an.* (Tatsachenaussage in der Wirklichkeitsform)
- Konjunktiv I: *Heinz hat mir gesagt, er rufe seine Freundin Leoni an.* (Distanzierung durch berichtete Rede in der Möglichkeitsform)
- Konjunktiv II: *Ach, riefe mich Heinz doch an.* (Wunschsatz in der Möglichkeitsform)
- Imperativ: *Heinz, rufe deine Freundin Leoni an!* (Aufforderungssatz in der Befehlsform)

(2) Daneben gibt es weitere sprachliche Mittel, eine Aussage zu modifizieren:

- Modalverben: *dürfen, können, mögen, müssen, sollen, wollen – Du darfst/kannst/sollst/musst dieses Buch lesen.*
- Modifizierende Verben: *pflegen, scheinen, vermögen – Sie pflegt jeden Abend in diesem Buch zu lesen.*
- Modifizierende Elemente beim Verb: Präfix oder Verbzusatz. *Die Blume verblüht/erblüht.* (auch: →Aktions-

art) – *Du sollst mir die Bücher heraufreichen/herabreichen.*
- Modaler Infinitiv: *Du hast dieses Buch zu lesen. Diese Aufgabe ist von dir bis morgen zu lösen.*
- Modale Adverbien: *allerdings, anders, außerdem, besonders, dagegen, doch, ebenfalls, ferner, genau, gerade, gewiss – Ich lese gern jeden Abend in diesem Buch.*
- Satzadverbien: *bestimmt, gottlob, hoffentlich, möglicherweise, vielleicht, wahrscheinlich – Vielleicht hast du Recht mit deinem Ratschlag.*
- Modale Teilsätze (modale Konjunktionen): *indem, ohne dass, sofern, wohingegen; als ob – Ich lerne viel, indem ich jeden Abend in diesem Buch lese.*
- Modale Satzteile (modale Präpositionen): *außer, einschließlich, gegen, mitsamt, ohne, statt, wider – Ich lese ohne Ermüdung jeden Abend in diesem Buch.*
- Abtönungspartikel: *aber, doch, eben, etwa, schon – Ich lese aber/doch/eben jeden Abend in diesem Buch.*

Modalitätsverb →Modifizierendes Verb

Modalpartikel →Abtönungspartikel

Modalsatz, drückt die Art und Weise aus, in der ein Geschehen oder eine Handlung im übergeordneten Satz abläuft; →Adverbialsatz: *Der Solist wartet auf seinen Einsatz, indem er konzentriert zum Dirigenten schaut.*

Modalverb, dt.: Hilfsverb der Art und Weise; M.en geben in Verbindung mit einem Infinitiv die besondere →Modalität an, unter der ein Geschehen oder eine Handlung zu sehen ist: *dürfen, können, mögen (möchten), müssen, sollen, wollen.* Es besteht die Tendenz, auch das Verb *brauchen* als M. anzusehen; es steht dann ohne »zu«.

Zu unterscheiden sind zwei Funktionen, einmal die Kennzeichnung der Sprechhandlung als Erlaubnis (*du darfst, kannst*), als Zwang (*du sollst, musst*), als moralische Verpflichtung (*du solltest, müsstest*), als Annahme oder Wunsch (*du könntest, solltest*) und dgl.; zum anderen die

Umschreibung des Imperativs: *Lies das Buch! – Du sollst/ musst das Buch lesen!*

Steht das M. allein, so wird es als → Vollverb gebraucht; in dieser Funktion kann es durch ein anderes Vollverb ersetzt werden:

- Hilfsverb: *Erika kann euch bei den Vorbereitungen helfen.*
- Vollverb: *Sie kann einfach alles.* (*Sie vermag einfach alles.*)

Modalwort → Satzadverb

Modell, (1) allgemein Muster, Vorbild; gemeint sein kann u.a. ein Entwurf oder eine Nachbildung in kleinem Maßstab, eine Form zur Herstellung eines Abgusses, eine modische Einzelanfertigung oder der Typ eines Fabrikats, aber auch ein vorbildhafter Mensch, ein Mensch oder Gegenstand als Vorbild für ein Werk der bildenden Kunst. (2) Modelle in der Sprachwissenschaft sind vereinfachte Darstellungen sprachlicher Sachverhalte. Sie können Theorien abbilden oder vortheoretisch als Denkmodelle dienen. Geläufig sind folgende drei Modelltypen:

a) deduktiv-theoretisches M.: Eine weitgehend axiomatisierte Theorie wird auf einen Gegenstandsbereich, etwa das fundamentale Theorieprädikat »x ist ein Satz«, angewendet. Wenn dies zu keinen Widersprüchen führt, die Theorie sich also bewährt, kann dieser Gegenstandsbereich als ein deduktiv-theoretisch gewonnenes M. der Theorie angesehen werden. So sind etwa die Sätze, die eine → generative Transformationsgrammatik tatsächlich oder potentiell erzeugt – und nur diese –, M.e der Theorie.

b) induktives M.: Ein eher induktiver M.-Begriff basiert auf einer Konzeption, »die es erlaubt, immer wieder auftretende (Grund-)Züge oder Konstitutiva eines Erscheinungskomplexes so zu erfassen und zu verstehen, dass deren Abhängigkeit, Bedingtheit, Notwendigkeit klar bzw. formulierbar und damit erklärt wird« (Hartmann, 1965). Dies dürfte der Fall bei → deskriptiven Grammatiken sein, die über Korpora (→Korpus) oder Beispielsätze zur Regelfindung kommen, die sie dann modellhaft abbilden. Ein Beispiel liefert die Auflistung von Satzbauplänen in der Duden-Grammatik.

c) M., das die Konzeption a und b verbindet: Die Konzeption, die deduktiv-theoretische und induktive Aspekte miteinander verbindet, sieht zunächst eine eher induktive M.-Bildung vor, tritt dann aber mit normativem Anspruch auf. Dies dürfte bei allen präskriptiven bzw. →normativen Grammatiken der Fall sein, die zunächst induktiv gewonnene Daten zu einem M. zusammenfügen. Die durch das M. formulierte Theorie wird dann normativ gesetzt und, wie beim M.-Begriff unter a), deduktiv angewendet. Diese Vorgehensweise findet sich vornehmlich bei →didaktischen Grammatiken.

Modifikation, dt.: Veränderung, Abwandlung; Phänomen der →Wortbildung, wonach ein →Morphem durch Präfix, Suffix oder Infix in seiner Bedeutung differenziert werden kann. Beispiel: *blau – bläulich*; *Baum – Bäumchen*; *sagen – aufsagen*, *zusagen*, *versagen*; *sagenhaft*. ↔Transposition.

Modifizieren, dt.: abändern, abwandeln, einer Aussage eine bestimmte Färbung geben

Modifizierendes Verb, auch: Modalitätsverb; →Verb, das ein anderes Verb modifziert, ihm eine besondere Färbung gibt; die modifizierenden Verben erfordern ein anderes Verb im Infinitiv mit »zu«: *pflegen*, *scheinen*, *vermögen*, *haben*, *geben*, *stehen*. *Meine Eltern pflegen morgens Tee zu trinken. – Es scheint so zu sein. – Das vermag ich nicht zu sagen. – Es gibt viel zu tun. – Das steht zu befürchten.*

Das modifizierende Verb kann bei der →Infinitivprobe weggelassen werden (*Meine Eltern / morgens / Tee trinken*). Die modifizierenden Verben können auch ohne Zusatz als →Vollverben gebraucht werden (*Er pflegt seine Eltern*). Sie sind daher von homonymen Vollverben (*pflegen*, *scheinen*) und Hilfsverben (*haben*, *sein*) streng zu trennen.

Modular, der Terminus bezieht sich auf komplexe Teileinheiten, die selbständig arbeiten und in eine größere Einheit integriert werden (können); Objekte oder Theorien sind dann m. aufgebaut, wenn sie aus mehreren geschlossenen Funktionseinheiten zusammengesetzt sind, die miteinander (über Schnittstellen) interagieren und jederzeit ausgetauscht werden können.

Nach Chomsky ([3]1984) ist die →GB-Theorie m. aufgebaut: »The grammar of a particular language can be regarded as simply a specification of values of parameters of UG [Universalgrammatik], nothing more.« Die Grammatik hat also »den Status eines Moduls, d.h. eines autonomen Systems, das Gesetzmäßigkeiten aufweist, die sich nicht durch die Interaktion allgemeiner kognitiver Prinzipien oder die Gesetzmäßigkeiten anderer Kenntnissysteme erklären lassen« (Schwarz, 1992).

Modus, pl.: Modi, dt.: Aussageweise; der M. ist eine →Kategorie des Verbs; er gestattet die Färbung einer Aussage als Tatsachenbehauptung, Unwirklichkeit, unerfüllbaren Wunsch, Anweisung, Befehl oder dgl. Im Deutschen unterscheidet man →Indikativ, →Konjunktiv und →Imperativ als spezifische Ausformungen des M. Außer durch den M. kann →Modalität auch durch andere sprachliche Mittel ausgedrückt werden, z.B. durch →Modalverben oder →modifizierende Verben.

Monem, dt.: das Einzelne (bei A. Martinet, 1963: kleinster Bedeutungsträger); synonym zu →Morphem.

Monophthong, einfacher →Vokal; ↔Diphthong.

Monophthongierung, →Lautwandel, in dessen Verlauf aus einem Doppellaut ein einfacher Vokal wurde; (1) in ahd. Zeit wurde das germ. [ai] > [ê] und das [au] zu [ô] monophthongiert; [ai] > [ê] tritt schon sehr früh auf und ist auf wenige Fälle (vor h, r, w) beschränkt: got. (in) *<u>ai</u>wins* > ahd. *<u>ê</u>wîg*. (2) Beim Übergang vom →Mittelhochdeutschen zum →Neuhochdeutschen tritt die so genannte nhd. M. auf; dies bedeutet, dass die weitgehend als Diphthonge realisierten Laute [ie, uo, üe] zu den langen Vokalen [i:, u:, ü:] werden: *liebe guote grüeze > liebe gute Grüße.* ↔ Diphthongierung.

Monosemie, dt.: eine Bedeutung aufweisend; von M. spricht man bei Wörtern, die genau eine Bedeutung haben, z. B. Wasser (H_2O). ↔ Polysemie.

Monosemierung, auch: → Disambiguierung; bei mehr als einer Wortbedeutung kann durch Schaffung eines geeigneten Kontextes genau eine Bedeutung realisiert werden, zum Beispiel »Bank«: a) *Eine Bank ist ein Geldinstitut, auf ihr kann man Geld einzahlen oder aufnehmen.* b) *Eine Bank ist eine Sitzgelegenheit, auf sie kann man sich setzen, um sich auszuruhen.*

Montague-Grammatik, auch: Logische Semantik; von R. Montague in den 70er-Jahren begründetes Grammatik-Modell, das seinen Ursprung bei der → generativen Semantik hat. In diesem Modell werden alle wichtigen Erkenntnisse der modernen Logik und Semantik für die grammatikalische Theorie genutzt. Ausgangspunkt der Formalisierung ist nicht der Begriff oder das Wort, sondern der Aussagesatz; wobei unterstellt wird, dass zwischen der natürlichen und der mathematisch-formalen Sprache kein prinzipieller Unterschied besteht. Ausgehend von dieser Prämisse versucht die M.-G., die natürliche Sprache als formal-logische zu modellieren, und zwar so, dass sich die Gesamtbedeutung eines Satzes aus der Bedeutung seiner Teilelemente aufbaut. Dabei gilt der folgende sprachanalytische Grundsatz: »Jede Formalisierung natürlicher Sätze hat nach präzisen Regeln zu erfolgen. Der Präzisionsgrad des Regelsystems muss der eines Algorithmus sein.« Seine Arbeiten werden als Brückenschlag zwischen Logik und Linguistik, ja sogar als »Meilenstein« in der Geschichte beider Disziplinen gewertet. (Weitere Einzelheiten bei Stegmüller 2, 1979, Kap. I.2.)

Morph, dt.: »Gestalt«; kleinster bedeutungstragender lautlicher Repräsentant der gesprochenen Sprache mit

Ausdrucks- und Inhaltsseite; noch nicht klassifiziertes →Morphem; zum Beispiel »-en« in: *das Fliegen*, *(wir) rufen*, *(die) Tauben*; ↔ Allomorph.

Morphem (bei A. Martinet, 1963: gebundenes →Monem), kleinste bedeutungstragende Einheit der Sprache mit Ausdrucks- und Inhaltsseite; repräsentiert wird ein M. durch ein →Morph (Lautsegment). Das M. ist weder identisch mit dem Wort noch mit einer Silbe:
Wort/Silbe: *Be-las-tung*, *heu-te*
Morphem: *Be-last-ung*, *heute*

Ein M. kann mehrere Elemente umfassen, die dieselbe Bedeutung haben und komplementär verteilt sind (nicht im gleichen Kontext auftreten). So umfasst das Plural-M. eine Anzahl von →Allomorphen, wie {Ø, *-e*, *-n*, *-s*, *-en*, *-er*, *Umlaut*, *U -er*, *U -e*}.

Mehrere M.e können in einem Element realisiert sein, z. B. *sprang*: Bedeutung (spring-) + Numerus (Singular) + Tempus (Präteritum).

Wort und Silbe sind Einheiten der tatsächlich gesprochenen Sprache; M.e sind theoretische Größen, die der wissenschaftlichen Beschreibung einer Sprache dienen. Man unterscheidet:

	freie Morpheme	gebundene Morpheme
mit lexikalischer Bedeutung	*Kind, Fisch, Buch, groß, spring-, les-, …*	*Brom(beere), (ge-) sund, (Ver)stand, …*
mit grammatischer Bedeutung	*in, an, aber, doch, der, diese, mein, …*	*-heit, -lich, ver-, ge-,* (Umlaut), …

Morphologie, dt.: Formenlehre; (1) in der traditionellen Sprachwissenschaft umfasst die M. →Flexion und →Wortbildung, d. h. weitgehend alle Formveränderungen von →Stammformen. (2) Im strukturalistischen Sinne bedeutet M. die Lehre von den →Morphemen: Inventarisierung und Klassifikation sowie Darstellung der Kombinierbarkeit der M. innerhalb einer Sprache und zum Zwecke des Sprachenvergleichs. (Morphologische Modelle bei Bergenholtz/Mugden, 1979, Kap. 9.)

Morphologisches Merkmal, alle Merkmale zur Kennzeichnung von →Deklination, →Konjugation oder →Komparation; z. B. die fünf morphologischen Merkmale des flektierten Verbs: Person, Numerus, Tempus, Modus und Genus verbi.

Morphophonem, Ausdruck bei Z. S. Harris zur Bezeichnung eines →Phonems, das durch die →Morphologie determiniert ist: ['golt̲] – ['gold̲ən]. →Auslautverhärtung.

Morphosphäre →Morphosyntax

Morphosyntax, auch: Morphosphäre (H. Glinz); Ebene der Wortkörper, d. h. der »dienenden Inhalte«, deren Struktur und Regularitäten durch →Proben erforscht werden können. ↔Nomosyntax.

Motion →Movierung

Motivation, lernpsychologischer Terminus; Komplex verschiedener Organismus- und Umweltvariablen, deren Funktion in einer allgemeinen Aktivierung und spezifischen Orientierung von Erleben und Verhalten besteht. Dieses Phänomen ist in unterschiedlichen theoretischen Zusammenhängen erforscht und beschrieben worden, z. B. im Rahmen von triebtheoretischen Konzepten, von Neugier-M., von anreiztheoretischen, entscheidungs- oder austauschtheoretischen Auffassungen.

Als besonders geeignet für die Übertragung in Lehr- und Lernsituationen erweisen sich die anreiztheoretische Auffassung von M. sowie die Leistungsmotivation.

(1) Nach der *Anreiztheorie* kommt dem Aufforderungscharakter der Objekte (der Unterrichtsgegenstände bzw. Themen) eine initiale Bedeutung zu. Die emotionale Valenz der Objekte regt das latente Motiv in der Person (Schüler/Schülerin) an, so dass es zur aktuellen Motivation kommen kann. Dies bedeutet: Nicht nur die Struktur der

Person und ihre Bedürfnisse (Triebtheorie) oder die Struktur der Umwelt mit einem gewissen Aufforderungscharakter (Neugier-M.), sondern das gesamte System ist dynamisch. Das »Feld« schließt sämtliche Bedingungsfaktoren der Person und der Umwelt sowie die daraus resultierenden aufeinander einwirkenden Kräfte ein. Die M. des Verhaltens entsteht so aus dem Kräfteverhalten der augenblicklichen Gesamtsituation des Feldes. Also: a) In der Person sind Motive (Bedürfnisse, Strebungen) latent vorhanden. Sie sind Persönlichkeitsdispositionen. b) Wenn sie von Situationsfaktoren angeregt werden, gehen sie in den Zustand der aktuellen M. über. c) Der Aufforderungscharakter (Anreiz, Attraktivität) kann als eine vorrangig emotionale Valenz aufgefasst werden. d) Dieser Aufforderungscharakter ist häufig erlernt und kann durch →Reiz-Reaktions-Lernen erklärt werden.

(2) *Leistungsmotivation* meint die Gesamtheit der Bedingungsfaktoren eines aktuellen leistungsorientierten Handelns. Der psychische Anteil der Leistungsmotivation wird als Konflikt zwischen den Tendenzen ›Hoffnung auf Erfolg‹ und ›Furcht vor Misserfolg‹ erklärt. Eine Leistung liegt dann vor, wenn ein bestimmter Standard erreicht oder verfehlt werden kann. Voraussetzung für Leistungshandeln ist also ein Maßstab für Gelingen oder Misslingen. Leistung ist immer bewertete Leistung; dies ist auch der Grund für das Auftreten von Gefühlen. Ein wesentlicher Impuls zum Leistungshandeln ist die Vorwegnahme des Gefühls von Stolz bei Erfolg und von Beschämung bei Misserfolg. Hierbei wirken drei Faktoren mit: a) das Erfolgsmotiv, b) die subjektive Erfolgswahrscheinlichkeit und c) der Erfolgsanreiz.

Triebfeder jeglicher M. sind der Explorationstrieb, das Orientierungsverhalten oder kognitive Bedürfnisse wie die Überwindung kognitiver Konflikte, die dann auftreten, wenn etwas Neues nicht allein durch →Assimilation in die vorhandenen kognitiven Schemata überführt werden kann, sondern wenn bestehende Schemata aufgrund von neuen Tatbeständen geändert, umstrukturiert, ergänzt oder ganz neu aufgebaut werden müssen (→Akkomodation). Dieser Zustand kann als »fruchtbares Moment« in Unterrichtssituationen angesehen werden.

Motiviert, (1) →Motivation; (2) bezogen auf die →Zeichengestalt eines Wortes gilt, dass sie nicht völlig beliebig (*signe arbitraire*) ist, sondern dass sie relativ m. sein kann; dies gilt insbesondere für →Wortneubildungen.

Movierung, Ableitung femininer Formen aus maskulinen und umgekehrt: *Kunde – Kundin*; *Maus – Mäuserich*. In der Regel wird die nicht abgeleitete Form als →Archilexem verwendet. Grammatisch betrachtet kann »Kunde« genus-unspezifisch verwendet werden, was jedoch unter sozialpsychologischem Gesichtspunkt nicht unproblematisch erscheint. →Sexismus in der Sprache.

Multiple Repräsentation, die →Repräsentation von Wissen kann auf unterschiedliche Weise erfolgen: a) durch handelndes Erfassen, b) durch bildhafte Vergegenwärtigung, c) durch symbolische Darstellung (z.B. Sprache). Da die Wissenselemente in ganz bestimmte Areale des Gehirns abgelegt werden, ist es von Vorteil für die Vernetzung und das Wiederfinden (Erinnern), wenn diese Wissenselemente mehrfach repräsentiert sind. Die m. R. unterstützt demnach Lernvorgänge, etwa wenn ein Drama gelesen, im Theater angeschaut und/oder auf der Schulbühne von den Lernenden selbst einstudiert und aufgeführt wird. →Duale Kodierung.

Multiplikativzahl →Numerale

Murmellaut →Schwa

Musikalischer Akzent →Akzent

Mutation, dt.: Änderung, Wandlung; in der Sprachwissenschaft werden mit M. alle Abwandlungen der →Stammform bezeichnet, die den Vokalismus (→Ablaut,

→ Umlaut) oder den Konsonantismus (→ Grammatischer Wechsel) betreffen.

Muttersprache, Primärsprache; mit M. bezeichnet man diejenige Sprache (→ Langue), die man als Kind gelernt hat und hauptsächlich beherrscht.

N

Nachfeld → Feldstruktur

Nachtrag, auch: Nachfeldbesetzung; → Stellungsglied, das – meist aus stilistischen Gründen – rechts neben einen abgeschlossenen Satz gesetzt wird. Folgende Möglichkeiten lassen sich unterscheiden:

- N. von besonders umfangreichen Satzgliedern, insbesondere bei Wortreihen: *Wir stimmten überein in den Vorlieben für Musik und Kunst, in den Farben, die wir …*
- N. von Nebensätzen oder Infinitivkonstruktionen, die größeres Gewicht erhalten sollen: *Er forderte sie zur Stellungnahme auf, die sie am Vortag gemeinsam in der Gruppe …*
- N. von einzelnen Satzgliedern zur Hervorhebung: *Ich werde nicht spazieren gehen bei diesem Wetter.*

Nachsatz, abhängiger Nebensatz, der rechts vom Hauptsatz steht; → Rechtsverzweigung.

Nachsilbe → Suffix

Nachzeitigkeit → Zeitenfolge

Namenwort → Nomen

Nasal, dt.: Nasenlaut; im Deutschen kennt man als N.e den stimmhaften Labial [m], den Dental [n] sowie den Velar [ŋ] wie in *Junge*. Bei der Produktion von N.en entweicht die Luft durch die Nasenhöhle. Im Französischen werden N.e teilweise so produziert, dass die Luft sowohl durch Mund als auch Nase entweichen kann: *mon* [mõ], *enfin* [ãfẽ].

Native Speaker, dt.: Muttersprachler; bei N. Chomsky (1969) wird ein »idealisierter« N. S. eingeführt, um über dessen linguistischer → Kompetenz (1) die → Akzeptabilität von sprachlichen Strukturen zu gewährleisten. Letztlich dürfte es sich hierbei um die Intuitionen des Sprachwissenschaftlers selbst handeln. »Die Grammatik einer Sprache versteht sich als Beschreibung der immanenten Sprachkompetenz des idealen Sprecher-Hörers.«

Nativismus, philosophische Richtung, die davon ausgeht, dass menschliche Vorstellungen, Begriffe und Grundansichten, besonders Raum- und Zeitvorstellungen, nicht durch Erfahrung erworben, sondern angeboren sind. Ausgangspunkt ist die Überlegung, dass bestimmte Vorstellungen und Erkenntnisse nicht erworben sein können, weil sie in der Sinnenwelt gar nicht vorkommen, wie etwa die mathematisch-logischen Axiome oder ethische Werte.

N. Chomsky greift die Vorstellung von angeborenen Ideen auf, indem er an Descartes und W. v. Humboldt anknüpft. →Cartesianische Linguistik, →Mentalismus, ↔Empirismus.

Natürliches Geschlecht, angeborenes Geschlecht, Sexus (männlich, weiblich) oder bei Dingen geschlechtsneutral (sächlich); das natürliche Geschlecht steht im Deutschen häufig im Kontrast zum grammatischen Geschlecht. →Genus.

Natürliche Sprachen, dazu zählen die →Gemeinsprache einer Sprachgemeinschaft sowie die historisch gewachsenen →Fachsprachen. Während die Gemeinsprache (als Alltags- oder als Bildungssprache) jeder Sprachteilnehmer und jede Sprachteilnehmerin im Großen und Ganzen versteht und zum Teil auch produktiv beherrscht, ist dies bei den Fachsprachen nicht mehr der Fall; es sei denn, sie haben sich im Rahmen einer Berufsausbildung oder eines Hobbys mit dem Wortschatz, den texttypologischen und pragmatischen Mitteln sowie mit den typischen Interaktionsformen vertraut gemacht.

Nebenbedeutung →Konnotation

Nebenordnende Konjunktion →Konjunktion (1)

Nebenordnung, Aufzählung, Beiordnung, Gleichordnung; →Koordination von Wörtern, Satzgliedern oder Teilsätzen; →Konjunktion (1).

Es war ein warmer und sonniger Tag. (Attributreihe)
Es war ein warmer Tag und sonniges Wetter. (Satzgliedreihe)
Es war ein warmer Tag und das Wetter war sonnig. (Satzreihe – neue Regelung der Zeichensetzung!)

Nebensatz, Teilsatz, der von einem übergeordneten Satz abhängig ist; diese Abhängigkeit kann sich auf den Inhalt, auf →Tempus oder →Modus sowie die →Verbstellung beziehen. Die Einteilung der Nebensätze ist nach unterschiedlichen Kriterien vorgenommen worden, so dass Überschneidungen und Doppelungen ein verwirrendes Bild ergeben können. Folgende Einteilungen sind üblich:

(1) Nach der Form

a) →Eingeleiteter N.: das Einleitungswort kann eine Konjunktion sein oder ein Pronomen/Adverb; bei den eingeleiteten Nebensätzen steht die flektierte Form des Verbs an letzter Satzgliedstelle.
b) →Uneingeleiteter N.: z. B. wörtliche oder indirekte Rede; die uneingeleiteten Nebensätze lassen sich stets in eingeleitete umformen.
c) N.-wertige Konstruktionen: →Infinitivsatz; →Partizipialkonstruktion.

(2) Nach dem Einleitungswort

a) →Konjunktionalsätze: das Einleitungswort ist eine Konjunktion.
b) →Relativsätze: das Einleitungswort ist ein Relativpronomen oder Relativadverb.

(3) Nach der grammatischen Stellung im Satzgefüge

a) →Gliedsatz: Der N. nimmt die grammatische Stelle eines Satzglieds ein, und zwar
   – als Subjektsatz: der N. steht an der Satzgliedstelle eines Subjekts,
   – als Objektsatz: der N. steht an der Satzgliedstelle eines Objekts,
   – als Adverbialsatz: der N. steht an der Satzgliedstelle einer adverbialen Bestimmung (eines Adverbials).

b) →Attributsatz: Der N. nimmt die grammatische Stelle eines Attributs ein.

(4) Nach der inhaltlichen Funktion

Die Adverbialsätze werden je nach der semantischen Funktion benannt als: Lokal-, Temporal-, Modal-, Final-, Konditional-, Konzessivsatz usw.

Der N. *Wir treffen uns, wo die drei Eichen stehen* lässt sich unter den verschiedenen Gesichtspunkten wie folgt bezeichnen: Eingeleiteter N.; Relativsatz; Gliedsatz, und zwar Adverbialsatz; Lokalsatz. →Hauptsatz.

Negation, dt.: Verneinung; die Satznegation wird im Allgemeinen durch »nicht« vorgenommen. Daneben kommt die N. auch bei einzelnen Satzgliedern vor:

Ich gehe heute nicht einkaufen. – Keiner von uns geht heute einkaufen. – Wir kaufen heute nichts ein.

Außer den lexikalischen Mitteln der N. (*nicht*, *nie*, *keineswegs*, *kein*, *weder – noch*, ...) können Wortbildungselemente (*un-*, *des-*, ...) benutzt werden, oder es kann durch →Intonation ein bestimmtes Einzelelement im Satz negiert werden.

Nektion, auch: Junktion; Terminus bei H.-J. Heringer (1970), der damit die Verbindung zweier gleichartiger Positionen (Nektive) im Konstitutionssystem durch koordinierende →Konjunktionen (1) meint: *Wir sehen zahlreiche Leute. – Wir sehen zahlreiche Männer und Frauen.*

Nennform →Infinitiv

Nennglied, in der →inhaltsbezogenen Grammatik zusammenfassender Terminus für →Infinitiv und →Partizip.

Nennwort →Nomen

Nennzeichen →Lexikalisches Zeichen

Neologismus, pl.: Neologismen, auch: Neuschöpfung; lexikalische Neubildung durch a) Einführung eines neuen Lexems (z.B. bei neuen Produkten, Arzneimitteln, Erfindungen), b) Bedeutungsübertragung (*anklopfen* oder *makeln* beim Telefonieren), c) Entlehnung aus anderen Sprachen (*Hardware*, *Discman*) oder d) durch neuartige →Zusammensetzung (*Datenbank*). Neben der Einführung neuer Lexeme oder der Übertragung von Bedeutungen können Neologismen als modische Varianten bereits vorhandener Ausdrücke (*Haarstudio* statt Frisör) oder als →Euphemismen (*Entsorgungspark* statt Mülldeponie) dienen. Die Neologismen sind in der Regel noch nicht vollständig in die Umgangssprache integriert.

Neuhochdeutsch, Sprachform des Deutschen seit etwa 1350 n. Chr. (Frühnhd.); es handelt sich im 14./15. Jh. um gleitende Übergänge aus dem →Mittelhochdeutschen. Je nach den zugrunde gelegten Kriterien sind andere Abgrenzungen denkbar. Mitte des 17. Jh.s hat sich eine Reihe von Neuerungen weitgehend durchgesetzt, so dass etwa seit dieser Zeit von einer nhd. Standardsprache gesprochen werden kann. Vor allem Luthers Schriften (nach 1520) und das so genannte →Luther-Deutsch, zusammen mit der Erfindung der Buchdruckkunst (um 1470), die zunehmende Bedeutung der schriftlichen Sprache (Kanzleisprachen, Schriftverkehr der Hanse und dgl.), das Aufkommen einer bürgerlichen Kultur sowie der Aufschwung der Städte (Fernhandel, Schriftverkehr, Standardsprache) beförderten die Vereinheitlichung unterschiedlicher Dialektformen zu einer Art überregionaler Einheitssprache.

Neurolinguistik, auch: Sprachpathologie; interdisziplinäre Wissenschaft, die sowohl den klinisch-anatomischen als auch den linguistischen Aspekt bei →Aphasien berücksichtigt. Die Forschungsmethoden entstammen der klassischen Psychologie, der Neurologie, Neuroanatomie und Neurophysiologie; erforscht wird der Zusammenhang zwischen beobachtbarem Verhalten und dessen anatomischen, physiologischen und biochemischen zerebralen Grundlagen. (Einführendes bei Keller/Leuninger, 1993, Kap. 7.)

Idealtypisch lassen sich zwei Konzeptionen unterscheiden: (1) Nach dem *klinischen Konzept* werden zunächst Daten aus den Beobachtungen von gestörtem (sprachlichem) Verhalten gesammelt, um sodann einen komplexen Zusammenhang zwischen Hirnstruktur, höheren geistigen Fähigkeiten und Verhalten zu konstatieren. (2) Nach dem *linguistischen Konzept* werden neurolinguistische Daten wie sonstige Daten in der Linguistik auch bewertet. »So zeigt sich beim Unterfangen des Linguisten, Komponenten der menschlichen Sprachfähigkeit herauszufinden, dass die unterschiedlichsten Daten Evidenz für eine so genannte modulare Konzeption dieser Sprachfähigkeit sind: Versprecher, Aphasiedaten, Urteile, Sprachwandeldaten usw« (Leuniger, 1989). →Kognitive Linguistik, →Psycholinguistik, →modular.

Neuschöpfung →Neologismus

Neutrum, dt.: sächlich; eine der drei Formen des grammatischen Geschlechts; →Genus.

Nexus, pl. Nexus [-ûs], dt.: das Zusammengeknüpfte; Terminus in der →Dependenzgrammatik, der die Abhängigkeitsrelation zwischen einem →Regens und einem →Dependens meint. Bei Tesnière ist der zentrale N. der verbale N., den er mit »einem kleinen Drama« vergleicht: Wie das Drama umfasst er ein Geschehen, »und meist auch noch Akteure und Umstände« (Tesnière, 1980). Zum Beispiel:

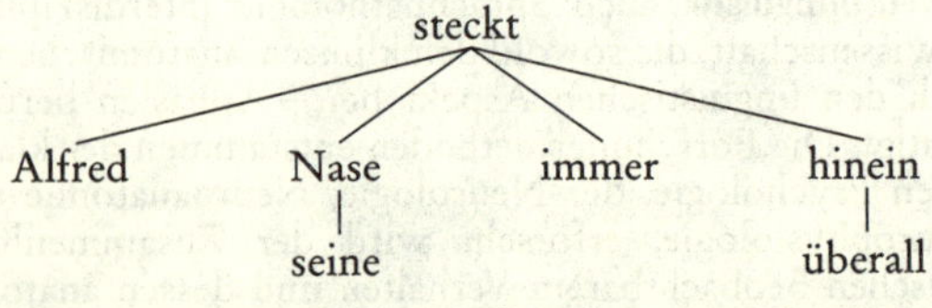

Dieses →Stemma umfasst neben dem zentralen verbalen N. einen Nominal-N. (Nase – seine) sowie einen Adverbial-N. (hinein – überall).

Niederdeutsch, auch: Plattdeutsch; Kriterium für die Einteilung →Hochdeutsch/N. bildet die Zweite oder Hochdeutsche →Lautverschiebung (2), die im südlichen

Teil Deutschlands mehr oder weniger vollständig durchgeführt ist. Nördlich der →Benrather Linie liegen die Gebiete, in denen das so genannte N. bis in unser Jahrhundert hinein gesprochen wird. Funktional ist es nicht mehr von den anderen Dialekten zu unterscheiden.

In mittelhochdeutscher Zeit lassen sich folgende Territorialdialekte des N.en unterscheiden:

– Mittelniederländisch (Flämisch, Brabantisch)
– Mittelniederdeutsch (Altfriesisch, Nordniedersächsisch, West- und Ostfälisch, Ostelbisch oder Ostniederdeutsch)

Beispiel: Westfälisches Plattdeutsch

»*Van alen Düöpmschen gerichten es dä Piäperpottharst dat bekannteste un beste Gericht.* [...] *Wä düet Gericht nit kennt, kennt Westfolen blaus half, un wä noch käin richtig Piäperpottharst-Jäten metmakt hiet, wu et in ollen Wertshüsern taum Besten gaft wor, dä kann sik van Dage gar nit mäh sau'n richtigen Begriep davon maken.* [...]«

(Karl Prümer, *Düöpmsche Lifgerichte*, in: *Kleine Bettlektüre für standhafte Dortmunder*, hrsg. von Wilhelm Damwerth, Bern [u. a.] [o. J.], S. 140.)

Nomen, pl.: Nomen, auch: Nomina, dt.: Hauptwort, Dingwort, Namenwort; (1) eine der →Wortarten im Deutschen; in diesem Sinne ist N. synonym zu »Substantiv«. N. können flektiert werden (→Deklination). Eingeteilt werden die N. in →Konkreta und →Abstrakta. Die Großschreibung der N. ist historisch bedingt; sie stammt aus der Tradition barocker Schreibgewohnheiten (→Rechtschreibreform).

Die Versuche einer allgemeinen Definition des N.s sind problematisch; im Allgemeinen sagt man, N. geben Lebewesen und Dingen einen Namen. N. machen etwa 2/3 unseres →Wortschatzes aus: durch Wortneubildung (→Ableitung, →Zusammensetzung) können sie zur Bezeichnung neuer Produkte und dgl. dienen. Grammatisch fungieren N. als wesentlicher Bestandteil von Subjekt, Objekt und meist auch adverbialer Bestimmung. Fast alle Wortarten können nominalisiert werden (→Nominalisierung).

(2) In einigen, vor allem dem Lateinischen verpflichteten Grammatiken, werden mit N. alle deklinierbaren Wortarten bezeichnet; außerdem gibt es die Tradition, Substantiv und Adjektiv unter dem Oberbegriff N. zusammenzufassen (etwa beim →Prädikatsnomen).

Nomen acti, Nomen, das das Ergebnis eines Geschehens bezeichnet (*Gewinn, Landung*).

Nomen actionis, auch: Verbalabstraktum; Nomen, das ein Geschehen bezeichnet (*Jagd, Lauf, Schlaf*).

Nomen agentis, Nomen, das den Träger eines Geschehens bezeichnet (*Jäger, Läufer, Schläfer*).

Nomen appellativum →Appellativum

Nomen instrumenti, Nomen, das das Mittel eines Geschehens nennt (*Leuchter, Wagenheber*).

Nomen loci, Nomen, das den Ort eines Geschehens nennt (*Hörsaal, Wäscherei*).

Nomen patientis, Nomen, das denjenigen benennt, an dem sich eine Handlung vollzieht (*Häftling, Prüfling*).

Nomen proprium, (1) Eigenname als Untergruppe der →Konkreta. Mit N. p. werden Lebewesen, Dinge und dgl. bezeichnet, die so, wie sie sind, nur einmal vorkommen. Dies können bestimmte Menschen sein, Länder, Städte, Gebirge, Flüsse, Sterne, menschliche Einrichtungen oder künstlerische Schöpfungen. Hierzu gehören auch →Pluraliatantum (*die Niederlande*) oder Personengruppen als kollektive Gesamtbezeichnungen (*die Deutschen*). Tier-, Pflanzen-, Monats-, Krankheits- und Verwandtschaftsbezeichnungen sind dagegen →Appellativa. (2) Sammelbezeichnung für die deklinierbaren Wortarten Nomen und Adjektiv.

Nomen qualitatis, auch: Adjektivabstraktum; Nomen, das einen Zustand oder eine Eigenschaft bezeichnet (*Hit-*

ze, Schönheit, Stärke) oder aus einer adjektivischen Prädikation abgeleitet ist: *Das Meer ist blau – Meeresbläue; Im Winter ist es kalt – Winterskälte.*

Nominal, das →Nomen betreffend; zum Nomen gehörig.

Nominaldefinition, bei der N. hat das Definiendum noch keine Bedeutung vor der Festlegung, z. B.: Die lexikalische Kategorie im →X-bar-Schema, die Kopf einer phrasalen Struktur ist, nennen wir X^0. Das frei gewählte Symbol »X^0« ist der mathematischen Formensprache entlehnt und erhält im neuen Kontext eine Bedeutung zugeschrieben, die nur in diesem Kontext (dem X-bar-Schema) gilt. ↔Realdefinition.

Nominalform →Infinite Verbform

Nominalisierung, auch: Substantivierung; Bildung von →Nomen aus anderen Wortarten:

Wortart	Beispiel	Nominalisierung
Verb: Infinitiv	*singen*	*Das Singen im Chor macht Freude.*
Partizip I	*laufend*	*Das Laufende wird erledigt.*
Partizip II	*gesandt*	*Der Gesandte trifft morgen ein.*
Adjektiv	*neu*	*Wir lieben das Neue.*
Adverb	*heute*	*Sie denkt nur an das Heute.*
Pronomen	*du*	*Er bietet ihr das Du an.*
Konjunktion	*aber*	*Die These ist ohne Wenn und Aber zu akzeptieren.*
Präposition	*diesseits*	*Man soll nicht nur ans Diesseits denken.*
Numerale	*zwei*	*Jörg hat eine Zwei geschrieben.*
Interjektion	*ach*	*Dein ständiges Ach und Weh geht mir auf die Nerven!*

Nominalismus, sprachphilosophische Richtung, deren Vertreter in den →Universalien bloße Namen sehen, denen außerhalb des Denkens nichts Wirkliches entspricht. ↔Realismus.

Nominalkompositum →Zusammensetzung

Nominalphrase, in der →generativen Transformationsgrammatik bezeichnet N. (abgekürzt: NP) ein komplexes Symbol, das bei der →Expansion (2) von S (»Satz«) oder VP (→Verbalphrase) abgeleitet wird und einen nominalen Kern hat. Dabei gilt definitionsgemäß die von S abgeleitete NP als »Subjekt von S«, die von VP abgeleitete NP als »Objekt von S«.

Nominalsatz, unter pragmatischen Gesichtspunkten Äußerungen, die nur aus Nomen bestehen; solche Sätze können etwa beim →Kurzsatz (*Der Tiger von Eschnapur*) oder der →Ellipse (*Drei Karten zu zwölf Mark!*) vorkommen.

Nominalstil, über das geläufige Maß hinausgehende Bevorzugung von →Nomen beim Sprechen, häufiger beim Schreiben. Die Beurteilung des N.s sollte im Hinblick auf seine Funktion erfolgen; seine Anwendung ist z. T. Platz sparend und ermöglicht über →Funktionsverbgefüge eine gewisse Differenzierung von Arbeitsabläufen: *Unter Hinweis auf das zuvor Gesagte wird der Antrag erneut zur Abstimmung gestellt.*

Der N. ist typisch für Verwaltungs- und Juristensprache sowie wissenschaftliche Texte, weil er eine knappe, konzentrierte Information ermöglicht. ↔Verbalstil.

Nominativ, dt.: Nennfall, Wer-Fall, 1. Fall bei der Deklination (→Kasus); der N. ist stets der Kasus des Subjekts (→Casus rectus), das mit dem Prädikat durch →Kongruenz verbunden ist. Der N. kann durch *wer oder was?* erfragt (ersetzt) werden. Außer dem Subjekt steht das →Prädikatsnomen (der Prädikatsnominativ) im N.: *Erich ist mein Freund.*

In manchen Grammatiken wird sowohl das Subjekt als auch der Gleichsetzungsnominativ unter E1 (= Ergänzung im 1. Fall) zusammengefasst. Unterschieden wird dann zwischen E1 in der Position des Subjekts und E1 in der Position des Gleichsetzungsnominativs.

Nomosphäre →Nomosyntax

Nomosyntax, auch: Nomosphäre (H. Glinz); Ebene der »geltenden Inhalte«, d.h. der in einer Sprache (aktuell) verbindlichen Bedeutungen. ↔ Morphosyntax.

Nonverbale Kommunikation, dt.: außersprachliche Verständigung; unterschieden werden zum einen → paralinguistische Phänomene, wie Tonhöhe, Lautstärke, Sprechrhythmus, Stocken und dgl. als mit dem Sprechen gegebene Faktoren, zum anderen extraverbale Phänomene. Letztere erstrecken sich auf Mimik und Gestik sowie Körpersprache und andere kulturelle Signale (z.B. Statussymbole) ganz allgemein, sofern sie Kommunikationsvorgänge begleiten und unterstützen.

Norm, auch: Konvention, Regel; sprachliche Vorgänge werden durch N.en reguliert und stabilisiert. Alles, was überindividuell fixiert ist, kann als N. gelten. Solche N.en können auch regional (Dialekt), schichtenspezifisch (Soziolekt), institutionell (Jargon) oder stilistisch (Sprachebene, Schreibkonvention) begründet sein. Sie sind z.T. mit unterschiedlicher Verbindlichkeit wirksam.

Die N.en vermitteln zwischen Sprachsystem (→ Langue) und dem aktuellen Sprachgebrauch (→ Parole); sie beziehen sich auf alle Beschreibungsebenen (phonologische, syntaktische, semantische und pragmatische N.en), sind relativ stabil, unterliegen aber auch zeitlichem Wandel. In diesem Zusammenhang kommt der sprachlichen → Kompetenz eine entscheidende Rolle zu; denn sie ist nicht nur von Regeln und N.en geprägt, sondern gleichzeitig an der Veränderung von Regeln und N.en beteiligt. Diskutiert werden sprachliche N.en unter anderem im Zusammenhang mit der → Rechtschreibreform, gewissen Sprachregulierungen (→ Sprachpflege, → Sprachnormkritik) sowie bei Problemen der so genannten → Hochsprache, wo sie leicht identifizierbar und analysierbar sind.

Die N. kann individuell (kreativ, z.B. als originäre Metapher in der Dichtung) oder systematisch (kritisch, z.B. bei der konsequenten Kleinschreibung in manchen Publikationen) durchbrochen werden; die neue Form wird, sofern sie ins System übergeht und nicht folgenlos bleibt, entweder inkorporiert (Erweiterung der geltenden N.) oder sie verändert, modifiziert die N. (historischer Wandel).

Normative Grammatik, dt.: regelsetzende Grammatik, auch: präskriptive (vorschreibende) Grammatik; im Gegensatz zur →deskriptiven Grammatik, die nur beschreiben will, was an Regularitäten vorhanden ist. Die n. G. geht in der Regel von einem →Korpus geschriebener, meist anerkannter (dichterischer) Texte aus, stellt deren Regelhaftigkeit heraus und erhebt diese zur →Norm.

NP →Nominalphrase

Nukleus, pl.: Nuklei, dt.: Kern; (1) betonter (Mittel-) Teil einer Silbe, meist ein Vokal; (2) in der →Dependenzgrammatik von L. Tesnière (1980) komplex strukturierter Knoten, der neben der syntaktischen Konnexion (→Nexus) auch semantische Relationen beschreibt. Knoten bestehen immer nur aus einem Element, Nuklei in der Regel aus mehreren; sie werden im Stemma durch Einkreisung kenntlich gemacht. Tesnière definiert N. »als ein Konstrukt, zu dem außer dem strukturalen Nexus im engeren Sinne alle weiteren Elemente gehören, denen der Nexus nur als materieller Träger dient, vor allem die semantischen Elemente.« Und: »Der Nexus aller Nexus ist gemeinhin ein verbaler Nexus.« Beispiel: *Das Haus ist neu.*

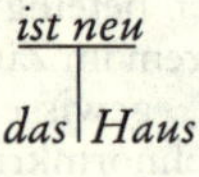

Als Stemma:

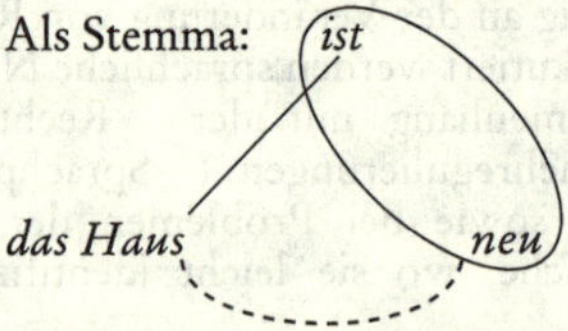

Dependentielle Analyse (nach Tesnière): »ist neu« enthält als N. strukturelle Information (3. Person Singular

+ unflektiertes Prädikatsadjektiv) und semantische Elemente (Zusprechen einer Qualität, einer Eigenschaft bestimmter Art).

(3) Gelegentlich wird auch der Satzkern (Subjekt + Prädikat) mit N. bezeichnet, im Gegensatz zu den →Adjunkten.

Nullartikel, nicht besetzte grammatische Stelle des →Artikels; der N. wird meist durch »Ø« symbolisiert (→Nullform): *Wir lieben die hohen Berge über alles. – Wir lieben* [Ø] *hohe Berge über alles. / Die Schafe weiden auf der Alm. –* [Ø] *Schafe weiden auf der Alm.*

Nullform, grammatische Form »Ø«, die nicht besetzt ist; zum Beispiel das Null-Allomorph des Plural-Morphems bei Pluralbildung wie: *das Fenster – die Fenster* + Ø. →Leere Kategorie; →Leerstelle.

Nullmorphem →Morphem; →Nullform

Numeral(e), pl.: Numeralia, dt.: Zahlwort; im Allgemeinen werden die Numeralia zu den →Wortarten im Deutschen gezählt, auch wenn ihre Eigenständigkeit als Wortart problematisch ist. Meist handelt es sich bei den Numeralia der Form nach um Adjektive, Indefinitpronomen oder Nomen. Folgende Unterteilungen werden vorgenommen:

- Kardinal- oder Grundzahlen (*eins, zwei, drei*)
- Ordinal- oder Ordnungszahlen (*erstens, zweitens, drittens*)
- Distributiv- oder Aufteilungszahlen (*je zwei, je drei*)
- Iterativ- oder Wiederholungszahlen (*zweimal, dreimal*)
- Multiplikativ- oder Vervielfältigungszahlen (*zweifach, dreifach*)
- Kollektivzahlen (*ein Dutzend*)
- Bruchzahlen (*ein Drittel, anderthalb*)
- Gattungszahlwörter (*einerlei, allerlei, keinerlei*)

Als unbestimmte Pronomen bzw. Zahlwörter gelten: *einzeln, übrig, verschieden, ganz, wenig, alle, beide, mehrere.*

Ergänzende Hinweise

Einige Grammatiken (Duden-Grammatik, ^{4}1984; Helbig/Buscha, ^{14}1991) werten die Numeralia nicht als →Wortart, sondern bezeichnen sie als »Zahladjektive«. Andere (*Grundzüge*, 1981; Flämig, 1991) sprechen den Numeralia ebenfalls den Status einer Wortart ab, fassen sie jedoch in einer »Sach- oder Funktionsgruppe« zusammen, die Vertreter der Nomen (*Hunderte von Menschen*), Adjektive (*der dritte Mann*) und Indefinita (*Es waren viele*) enthält.

Hentschel/Weydt (^{2}1994) wenden sich gegen diese Tendenz, da die Numeralia zwar meist wie Adjektive verwendet werden können, sich aber »in ihrem Flexionsverhalten deutlich von den Adjektiven« unterscheiden, und da zahlreiche Numeralia eben keine Adjektive sind, sondern z. B. auch Adverbien (*erstens, dreifach*). »Aus diesen Gründen scheint es durchaus sinnvoll, die Kategorie der Numeralia aufrechtzuerhalten.«

Numerus, pl.: Numeri, dt.: grammatische Zahl; im Deutschen unterscheidet man →Singular und →Plural bei Nomen und Verb: (*ein*) *Licht scheint* – (*mehrere*) *Lichter scheinen.*

Durch →Kongruenz und →Rektion mit dem Nomen verbunden, zeigen auch andere Wortarten (Artikel, Adjektiv, Pronomen) Formveränderungen beim N.: *das helle Licht – die hellen Lichter; dieses Licht – diese Lichter; dasselbe – dieselben.*

O

Oberbegriff → Hyperonym

Oberdeutsch, fasst folgende Territorialdialekte in mittelhochdeutscher Zeit zusammen, die die Zweite oder Hochdeutsche → Lautverschiebung (2) vollständig durchgeführt haben:

Oberdeutsch

Alemannisch | Süd(rhein)-fränkisch | Bairisch | Ostfränkisch

Oberflächenstruktur, (1) in der Standard-Theorie der → generativen Transformationsgrammatik die Ausgabe von → Basis- und Transformationsteil; auf die O. eines Satzes werden phonologische (oder morpho-graphemische) Regeln angewendet, die zu der gesprochenen (oder geschriebenen) Gestalt des Satzes führen. Die phonologische (oder morpho-graphemische) Komponente ist jedoch nicht mehr Bestandteil des Syntaxmodells:

Syntax (Standard-Theorie):

Basisteil		Transformationsteil		
Phrasen-struktur-regeln	Lexikon-regeln →	[Tiefen-struk-turen]	Transfor-mations-regeln →	[Ober-flächen-strukturen]

↓

Phonologie

(2) In manchen Fällen (vor allem in Schulgrammatiken) wird unter O. der aktuell gesprochene oder zumeist geschriebene Satz verstanden. Dies ist jedoch irreführend, sofern damit die Ausgabe der generativen Syntax gemeint

sein soll. (3) In der →GB-Theorie wird die O. durch die →Bewegungsregel aus der →S-Struktur abgeleitet; sie stellt die →Phonetische Form dar, die die Nahtstelle zwischen Syntax und Phonologie bildet. Die Phonetische Form ist Eingabe in die phonologische Komponente.

Objekt, dt.: Satzergänzung (→Ergänzung); das O. gibt nähere Informationen zu dem durch Subjekt und Prädikat dargestellten Sachverhalt. Anzahl und Art der O.e werden durch die →Valenz des flektierten Verbs festgelegt. Im Deutschen unterscheidet man gewöhnlich folgende O.e:

- Das Genitivobjekt (Ergänzung im 2. Fall): Man fragt *wessen? Die Gemeinde gedenkt des Verstorbenen.*
- Das Dativobjekt (Ergänzung im 3. Fall): Man fragt *wem? Der Künstler dankt seinem Gönner.*
- Das Akkusativobjekt (Ergänzung im 4. Fall): Man fragt *wen oder was? Der Jäger beobachtet den Fuchs.*
- Das Präpositionalobjekt (Ergänzung mit Präposition): Man fragt mit der Präposition. *Die Surfer warten auf Wind.*

Formal kann das O. durch Nominalphrase, Pronomen oder Nebensatz repräsentiert sein:
Der Künstler malt ein Bild.
Der Künstler malt es.
Der Künstler hat vor, nur noch abstrakt zu malen.
Der Künstler malt, was er will.

Eine Unterteilung nach semantischen Kriterien ergibt folgende Gruppen:

- Das affizierte O. erfährt durch die im Verb ausgedrückte Handlung eine Veränderung: *Willis Mutter streicht die Fenster.*
- Das effizierte O. entsteht erst als Ergebnis der im Verb ausgedrückten Handlung: *Holger schreibt einen Brief.*
- Das kognate (innere) O. wiederholt nominal das im Verb bereits Ausgedrückte: *Willis Vater schläft den Schlaf des Gerechten.*

– Das direkte O. ist unmittelbar von der Verbhandlung betroffen: *Andrea liest einen Roman*.
– Das indirekte O. ist nicht unmittelbar von der Verbhandlung betroffen: *Andrea liest ihrer Mutter vor.* Die Frage, ob auch andere vom Verb regierte Objekte (Genitivobjekt, präpositionales Objekt) hierzu zu rechnen sind, wird kontrovers beantwortet.
– Das verkappte O. kann nur im semantischen Sinne als O. gelten: *Außer dieser Zeitung hat Willi heute noch nichts gelesen.* »Formal liegt hier ein Attribut vor, das nicht ohne Beziehungswort [hier: *nichts*] stehen kann« (Hentschel/Weydt, ²1994).

Objektbezug →Triadische Zeichenrelation

Objekthebung, in der Standardversion der →generativen Transformationsgrammatik wird z.B. die AcI-Konstruktion mit einer Subjekt-zu-Objekt-Anhebung erklärt. Durch eine spezielle →Transformation wird das tiefenstrukturelle Subjekt des eingebetteten Satzes in die Objektposition des Oberflächensatzes angehoben: *Willi sieht* (*Katrin raucht*) – *Willi sieht Katrin rauchen.* →Hebungsverb.

Bei Helbig (1983) wird dieses Phänomen über eine Theorie der →prädikativen Aktanten erklärt.

Objektivität, (1) allgemein versteht man unter O. strenge Sachlichkeit, vor allem in der wissenschaftlichen Forschung und Argumentation. In den Erfahrungswissenschaften wird O. insofern angestrebt, als alle Ergebnisse intersubjektiv nachprüfbar sein müssen. Sie gelten nur so lange, wie sie sich in konkreten Anwendungen bewähren bzw. keine Widersprüche auftreten. (2) Eines der drei Gütekriterien bei Testverfahren, wonach Durchführung, Auswertung und Beurteilung für alle Probanden unter gleichen Bedingungen erfolgen, d.h. nicht von äußeren Gegebenheiten abhängig sein sollen.

Objektsatz, abhängiger →Nebensatz, der die Satzgliedstelle eines →Objekts einnimmt:

Satzgliedstelle	Objektsatz
Genitivobjekt (Wessen?)	*Der Spieler rühmt sich, dass er so schnell gesiegt hat.*
Dativobjekt (Wem?)	*Ich musste zusehen, wie der Verdächtige weglief.*
Akkusativobjekt (Wen oder was?)	*Viele fotografieren, was sie gerade sehen.*
Präpositionalobjekt (Präposition: Über was bin ich erstaunt?)	*Ich bin erstaunt, dass du so günstig eingekauft hast.*

Formal kann der O. unterschiedlich aussehen: →Konjunktionalsatz (dass-, ob-, wie-Satz), →Relativsatz, →Infinitivsatz oder →uneingeleiteter Nebensatz.

Objektsprache, Aussagestufe unterhalb der →Metasprache; auf der untersten Stufe (Null-Stufe) werden Aussagen über nicht-sprachliche Sachverhalte getroffen, z.B.: *Paul ist mein Freund.*

Metasprachlich ist stets die sprachliche Bezugnahme auf die untere Aussagestufe: *Der Satz »Paul ist mein Freund« ist ein Aussagesatz mit Prädikatsnominativ.*

Jede Aussage der Metaebene kann ihrerseits zum Gegenstand einer metasprachlichen Aussage werden; so ist die Metaebene gleichzeitig Objektebene für eine nächsthöhere Aussagestufe (Meta-Metaebene). Im Gegensatz zur O. werden metasprachliche Ausdrücke durch Anführungszeichen o.Ä. hervorgehoben.

Objektsprädikativ, auch: doppelter Akkusativ, Gleichsetzungsakkusativ; einige Verben erfordern zwei →Ergänzungen im Akkusativ (→Valenz): *nennen, heißen* (transitiv), *schimpfen, schelten, schmähen. – Selbst seine Freunde nennen/schmähen/schimpfen Willi einen Lügner.*

Obligatorisches Satzglied, dt.: »verpflichtendes«, notwendiges Satzglied; durch die →Valenz des flektierten Verbs zur Bildung eines grammatischen Satzes geforderte Satzglieder;

für den →einfachen Satz sind (traditionellerweise) Subjekt und Prädikat obligatorische Satzglieder.

Ob-Satz →Interrogativsatz (2)

Öffnung, im Vokalsystem des Deutschen werden, je nach dem Grad der Ö. des Mundraumes, offene [a] oder halb offene [ä, ε, ö, o], halb geschlossene [e, i, ö, ü, ə, o:, u] und geschlossene [i:, ü:, u:] Vokale unterschieden. Je tiefer der Zungenrücken bei der Lautproduktion liegt, desto offener ist der Vokal.

Örtlich/Orts- →Lokal

Offenes Inventar, in der Sprachwissenschaft Menge sprachlicher Gegenstände mit einer prinzipiell unbegrenzten Anzahl von Elementen; z. B. die Menge der →Lexeme einer Sprache, die offen für neue Zugänge ist, etwa durch →Neologismus, →Entlehnung usw. →Geschlossenes Inventar.

Offene Tonsilbe, endet eine Silbe auf einen Vokal, so handelt es sich um eine o. T.: *H<u>o</u>-se, l<u>e</u>-sen, L<u>u</u>-pe*, im Gegensatz zur →geschlossenen Tonsilbe (*Lum-pen*).

Okkasionell, dt.: gelegentlich; von o.er Wortbildung spricht man bei (kreativen) Wortneubildungen, die spontan für einen bestimmten Zweck oder in speziellen Verwendungszusammenhängen gebraucht werden (z. B. *Stimmvieh* für unkritische Wähler). Eine Wortbedeutung ist o., wenn sie nur gelegentlich, in ganz besonderen Kontexten realisiert wird (*Pferd* für Turngerät). ↔Usuell.

Onomasiologie, dt.: Bezeichnungslehre; die Fragerichtung der O. lautet: Was kann ich alles für x sagen, wobei »x« ein Referenzobjekt ist? Ergebnisse dieser Forschungsrichtung sind z. B. regional gegliederte Wortkarten, Bilderlexika oder Sachgruppen-Wörterbücher. ↔Semasiologie.

Onomatopoëtisch, dt.: lautmalerisch; o.e Ausdrücke sind Laut- oder Geräuschnachahmungen wie: *muh*, *wauwau*, *kuckuck*, *kikeriki* oder *plumps*, *squasch*, *grrr*.

Onomatopöie, dt.: Lautmalerei; →onomatopoëtisch.

Operational, Kennzeichnung für intersubjektiv kontrollierbare Verfahren, etwa die Aufstellung von →Minimalpaaren in der Phonologie oder die Verwendung von syntaktischen →Proben in der strukturellen Sprachwissenschaft zur →Segmentierung und →Klassifikation von sprachlichen Daten.

Operationale Definition →Definition

Operationales Verfahren →Operational, →Probe

Operativ, der o.e Sinn von →Zeichen bezieht sich auf die Regeln des Umgangs mit diesen Zeichen. So besteht die Funktion →grammatischer Zeichen darin, die durch →lexikalische Zeichen repräsentierten Realitätseinheiten zu organisieren. Jemand, der das Englische neu erlernt, kann den o.en Sinn des Perfekts beherrschen (er kann es korrekt bilden), ohne genau zu wissen, wann er es anwenden darf und wann nicht.

Operator, Zeichen für eine (logische) Operation; (1) O.en als →logische Partikeln können Wörter der Umgangssprache (›nicht‹, ›und‹) oder Symbole (¬, ∧) sein. Mit einem O. lassen sich z. B. aus Sätzen neue Sätze bilden, deren Wahrheitswert von den Wahrheitswerten der Teilsätze abhängt. (2) In der Prädikatenlogik Oberbegriff für den →Alloperator Σ oder ⋀ (⋀ x F(x), gelesen: »Für jedes Ding x gilt: F(x)«) und den →Existenzoperator ∃ oder ⋁ (⋁ x F(x), gelesen: »Es gibt [mindestens] ein Ding x, für das gilt: F(x)«).

Die Symbole ⋀ oder ⋁ sind die beiden O.en, die Ausdrücke ⋀ x, ⋀ y, ⋀ z usw. heißen →Quantoren (hier: Allquantoren), die Marken x, y, z usw. heißen (Objekt-)Variablen.

Opposition →Kontrast

Ordinalzahl, dt.: Ordnungszahl; →Numerale.

Ordnungszahl, auch: Ordinalzahl; →Numerale.

Organismus →Sprache als Organismus

Organonmodell, geht davon aus, dass die menschliche →Sprache als Werkzeug (griech. *organon*) benutzt wird.

In seiner populären Form wurde das Modell 1934 von K. Bühler entwickelt und verbindet drei wesentliche Sprachfunktionen mit dem sprachlichen →Zeichen: (1) die Ausdrucksfunktion (ein Sprecher drückt Ideen, Gedanken, Gefühle aus), (2) die Appellfunktion (ein Hörer wird angeredet, aufgefordert) und (3) die Darstellungsfunktion (ein Sprecher referiert auf Gegenstände oder Sachverhalte in der Welt). Hiermit korrelieren die drei Aspekte des sprachlichen Zeichens, ein Symptom, ein Signal oder ein Symbol zu sein.

Es ist wiederholt darauf hingewiesen worden, dass die drei sprachlichen Funktionen nicht getrennt, sondern stets gemeinsam, höchstens mit unterschiedlicher Intensität in der aktuellen Rede vorkommen. Der Ausruf *Feuer!* zum Beispiel ist Ausdruck (von Angst), Appell (zur Hilfeleistung) und Darstellung (des Brandherdes) zugleich. Weitere sprachliche Funktionen (wie die ästhetische, die →phatische Funktion) sind später ergänzt worden.

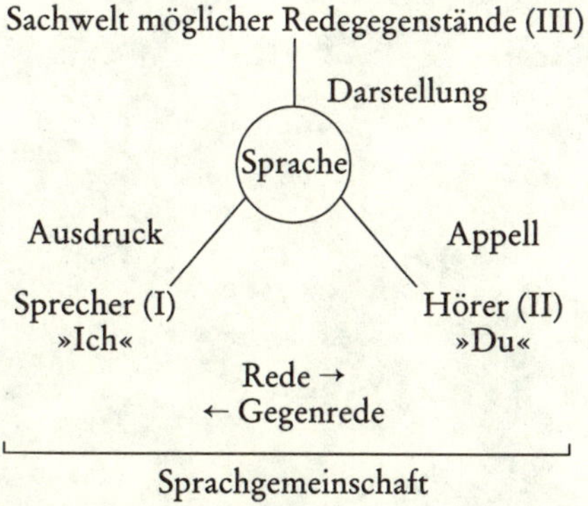

Origo →Zeigefeld der Sprache

Orthographie, dt.: Rechtschreibung; im Laufe der Geschichte verfestigte und nach bestimmten Regeln kodifizierte Schreibung der Wörter einer Sprache; →Rechtschreibreform.

Oxymoron, Verbindung zweier sich (inhaltlich) widersprechender Ausdrücke: *beredt schweigen; bis zur Kenntlichkeit entstellt.*

P

Pädagogische Grammatik →Didaktische Grammatik

Paedolinguistik, Teildisziplin der angewandten Linguistik, speziell der →Psycholinguistik, die sich mit der Erforschung der Sprache des Kindes befasst; →Spracherwerb; →Sprache und Denken.

Palatal, Vordergaumenlaut; das Deutsche kennt zwei P.e, das stimmlose /ch/ oder den Ichlaut [ç] und das stimmhafte [j]. Nach der Produktionsart handelt es sich um →Frikative.

Palatalisierung, auch: Erweichung, Hebung; Umwandlung eines Konsonanten oder Vokals dadurch, dass die Artikulationsstelle zur Gaumenmitte vorverlegt wird bzw. Zungenrücken oder Zungenspitze angehoben werden. →Umlaut (2).

Palatoalveolar, mit dem Zungenblatt als Artikulationsorgan zwischen Zahnwulst und hartem Gaumen gebildeter Reibelaut; im Deutschen das stimmlose [ʃ] wie in »Schein« ['ʃain] und das stimmhafte [ʒ] wie in »Dschungel« ['dʒuŋl].

Paradigma, pl.: Paradigmen (Paradigmata), dt.: Beispiel (-reihe); (1) allgemein versteht man unter P. die Formentafeln zur →Deklination und zur →Konjugation. (2) In der strukturalen Sprachforschung gehören zu einem P. alle in →paradigmatischer Relation stehenden Elemente, das sind solche Elemente, die an einer Stelle im Satzbauplan (vertikal) austauschbar sind. ↔Syntagma.

Paradigmatisch, das →Paradigma betreffend; Ausdrücke stehen in p.er Relation zueinander, wenn sie an einer Stelle im Satzbauplan austauschbar sind. ↔Syntagmatisch.

Friedel	*spricht*	*mal wieder von seinen Urlaubsbekanntschaften.*
	erzählt	

| *redet*
quatscht
labert
(...) |

Paralinguistisch, bezeichnet solche sprachbegleitenden phonetischen Phänomene, die nicht direkt zum System der Sprache gehören, wie sich räuspern, flüstern, schreien sowie alle intonatorischen Mittel, typische Pausen, Sprechrhythmus und dgl.

Parallelismus, Wiederholung der syntaktischen Konstruktion in aufeinander folgenden Satzteilen, Sätzen oder Versen. Besonders eindringlich wirkt diese rhetorische Figur, wenn zusätzliche Mittel wie →Antithese oder →Klimax eingesetzt werden: »Als ich ein Kind war, redete ich wie ein Kind, dachte ich wie ein Kind, urteilte ich wie ein Kind« (1. Kor. 13,11).

Parameter, Terminus innerhalb der →GB-Theorie; in natürlichen Sprachen kann beobachtet werden, dass grammatische Strukturen jeweils zu größeren Einheiten verbunden auftreten (oder nicht auftreten). »Da diese Bündelung von Eigenschaften eine prinzipielle Einschränkung der in natürlichen Sprachen zugelassenen Kombinationen von Strukturtypen darstellt, muss sie in irgendeiner Art und Weise aus der Universalgrammatik abgeleitet werden können« (Fanselow/Felix 2, 1987). Solche in der →Universalgrammatik spezifizierten Wahlmöglichkeiten für bestimmte Strukturbündel heißen P. (Chomsky, ^{3}1984). Somit besteht eine Sprache aus dem Zusammenspiel von universalgrammatischen Regeln und Prinzipien (wie →X-bar-Schema, →Theta-Kriterium, →Kasusfilter), einer begrenzten Anzahl von P.n und den eher zufälligen Eigenschaften (der →Peripherie der Grammatik), die durch Evidenz beim →Spracherwerb gelernt werden. Ein typischer Fall von Parametrisierung ist die Eigenschaft eines verbalen →Kopfes, Kasus nach links oder nach rechts zuzuweisen.

Paraphrase, dt.: das »Hinzusagen«; verdeutlichende Umschreibung eines sprachlichen Ausdrucks mit anderen (mehr) Worten; freie, nur sinngemäße Übertragung eines fremdsprachlichen Ausdrucks oder Textes. In der →Lexikologie dienen P.n zur Bedeutungsbeschreibung.

Parataxe, dt.: Beiordnung; Nebenordnung von Teilsätzen; →Satzreihe; →Hypotaxe.

Parenthese, dt.: Einfügung, Schaltsatz; die P. ist ein selbständiger Ausdruck, der in einen Satz eingefügt wird. Meist wird die P. durch Gedankenstriche abgesetzt. Ein Komma steht höchstens nach dem zweiten Gedankenstrich, wenn auch ohne die P. ein Komma stehen würde; sonst steht kein Komma.

Für diese Arbeit – Staatsarbeit – solltest du mehr Mühe aufwenden.

Für diese Arbeit – immerhin ist es eine Staatsarbeit – solltest du mehr Mühe aufwenden.

Die Arbeit ist wichtig – immerhin ist es eine Staatsarbeit –, und da solltest du mehr Mühe aufwenden.

Parole, dt.: Sprache im Sinne von aktueller Rede; individuelle Realisierung des Sprachsystems; von F. de Saussure ([2]1967) benutzter Ausdruck zur Abgrenzung der aktuellen Rede gegenüber →Langue und →Langage. P. ist stets nur auf der Basis der Langue (dem abstrakten Sprachsystem) möglich, auch in ihren zahlreichen regionalen (Dialekt) oder schichtspezifischen (Soziolekt) Differenzierungen. Die P. ist weitgehend dem Terminus →Performanz bei N. Chomsky gleichzustellen.

Paronym(on), pl. Paronyma; (1) stammverwandtes, vom gleichen Stamm eines Wortes abgeleitetes Wort: *fahren, Fahrer, verfahren, befahrbar.* (2) Ähnlich klingende Wörter in unterschiedlichen Sprachen: dt. *das Meer*, ital. *il mare*, frz. *la mer.*

Pars pro toto →Synekdoche

Partikel, dt.: »Teilchen«, unveränderliche Wortart; Form- und Funktionswort; (1) mit P. bezeichnet man im

Allgemeinen die nicht flektierbaren Wortarten wie Adverb, Interjektion, Konjunktion und Präposition. »Die Unflektierbarkeit ist indessen ein unsicheres Kriterium der Wortklasseneinteilung« (Hentschel/Weydt, [2]1994). (2) Im engeren Sinne sind P.n Wörter mit nur geringer lexikalischer Bedeutung, wie zum Beispiel → Abtönungspartikeln, Antwortpartikeln (*Ja/Nein*), Gradpartikeln (*auch*, *genau*, *nur*, *schon*), Steigerungspartikeln (*außerordentlich*, *sehr*, *ungewöhnlich*) oder Vergleichspartikeln (*als*, *wie*).

U. Engel ([3]1996) führt folgende Unterteilung der P.n durch: a) Präposition; b) Subjunktor (unterordnende Konjunktion); c) Konjunktor (nebenordnende Konjunktion); d) Adverb; e) Modalpartikel (*allerdings*, *anscheinend*, *beinahe*, *leider*, *vielleicht*); f) Rangierpartikel (die Rangier-P.n können nicht als Antwort auf Fragen gebraucht werden: *eigentlich*, *glücklicherweise*, *jedoch*, *wenigstens*, *zwar*); g) Gradpartikel (*auch*, *bereits*, *besonders*, *bloß*, *eben*, *erst*); h) Kopulapartikel (*abspenstig*, *allein*, *egal*, *leid*, *schade*); i) Satzäquivalente (*ja*, *nein*, *doch*, *hm*, *ach*, *hoppla*, *pst*); j) Abtönungspartikel (*aber*, *also*, *auch*, *bitte*, *bloß*); k) sonstige P.n (eine »unübersehbare Zahl von Partikeln«, die sich den Definitionsversuchen a) bis j) entziehen: »Restklasse«).

Hentschel/Weydt ([2]1994) heben bei der Abgrenzung der P.n »semantische Aspekte« hervor; für sie sind »Partikeln im weiteren Sinne« → Synkategoremata, also: Präpositionen (*auf*, *in*), Konjunktionen (*denn*, *weil*), Konjunktionaladverbien (*auch*, *deshalb*), Modalwörter (*sicherlich*, *vielleicht*), Abtönungspartikeln (*doch*, *wohl*), Intensivpartikeln (*sehr*, *ziemlich*), Fokuspartikeln (*ausgerechnet*, *besonders*), Antwortpartikeln (*ja*, *gewiss*) und Negationspartikeln (*nicht*).

Partikelverb → Verbzusatz

Partitiv, die Teilung ausdrückend.

Partizip, pl.: Partizipien, dt.: Mittelwort; die P.ien zählen zu den → infiniten (unkonjugierten) Verbformen. Man unterscheidet zwei Formen:

(1) Das P. I (1. Mittelwort)

Bildung aus der 1. →Stammform des Verbs + -(e)nd: *singend, zerreißend, lauernd*

Das P. I bezeichnet eine Handlung oder einen Vorgang, der (ohne zeitliche Begrenzung) andauert.

(2) Das P. II (2. Mittelwort)

Das P. II stellt die 3. →Stammform dar und wird unterschiedlich gebildet:

Einfache Verben – unregelmäßig – regelmäßig	 ge -en ge -(e)t	 *gesungen, gegangen* *gelacht, geredet*
Ableitungen – mit trennbarer Vorsilbe / erste Silbe betont – mit nicht trennbarer Vorsilbe / nicht auf der ersten Silbe betont	 -ge -en -ge -(e)t -en -(e)t	 *vorgesungen, weggegangen* *ausgelacht, angeredet* *zersungen, entgangen* *verlacht, zerredet*

Das P. II bezeichnet eine vollendete Handlung oder einen vollendeten Vorgang.

Die P.ien stehen zwischen Verb und Nomen. Verbale Eigenschaften zeigen sich z. B. in Folgendem: P.ien können →Ergänzungen fordern (*Er ist auf seinen Vorteil <u>bedacht</u>*), sie weisen temporale Aspekte auf (gegenwärtiger – abgeschlossener Vorgang), bilden die zusammengesetzten Tempora (Perfekt, Plusquamperfekt, Futur II) und können →Aktionsarten ausdrücken (andauernder – beendeter Vorgang): *die laufenden Verhandlungen – die gelaufenen Verhandlungen; das sinkende Schiff – das gesunkene Schiff; aufblühende – blühende – verblühende – verblühte Blumen.*

Nominale Eigenschaften zeigen sich z. B. in Folgendem: einige P.ien können gesteigert werden (*treffend, treffender, am treffendsten*), sie sind sowohl attributiv als auch prädikativ zu verwenden und verhalten sich in dieser Funktion wie Adjektive:

– attributiv: *der sinkende Preis, die sinkenden Preise, wegen sinkender Preise*
– prädikativ: *der Preis ist gesunken, die Blumen sind verblüht*

→ Nominalisierung, → Partizipialkonstruktion.

Partizipialkonstruktion, gilt als nebensatzwertig; sofern das → Partizip durch mehr als ein Wort näher bestimmt ist, kann es durch Kommas abgetrennt werden. Die P. kann die Rolle eines Attributs oder eines Satzglieds im Satz übernehmen.

(1) Als Attribut entspricht die P. einem → Relativsatz: *Kurt M., geboren am 4. 12. 1954, wird Trainer unserer Mannschaft. Er ist ein Mann mit Erfahrung, gesammelt in zahlreichen Clubs auf regionaler Ebene.*

(2) Als Satzglied entspricht die P. in der Regel einem → Adverbialsatz:

Nur hin und wieder auf ihren Stichwortzettel schauend, hielt sie ihren ersten freien Vortrag. (Modalsatz: Indem sie nur hin und wieder ...)

Aus dem Zug gestiegen, sah sich der Juwelendieb von Polizisten umringt. (Temporalsatz: Als er aus dem Zug gestiegen war, sah ...)

Von seinem Können überzeugt, nahm er die Herausforderung an. (Kausalsatz: Weil er von seinem Können ...)

(3) Als weiterführende Konstruktion entspricht die P. einem selbständigen Satz: *Nun stand er auf Platz eins, von allen bewundert und gefeiert.* (Nun stand er auf Platz eins, und alle bewunderten und feierten ihn.)

Passiv, dt.: Leideform; neben dem → Aktiv eine der beiden Formen des → Genus verbi im Deutschen; es ist die Sehweise des → Prädikats, das eine Handlung oder ein Geschehen aus der Sicht des Betroffenen darstellt:

Die Preisträger werden von ihrem Mentor gelobt.

2. 1.

3.

Gebildet wird das P., indem der aktivische Satz umstrukturiert wird:

– Das Subjekt des aktivischen Satzes wird ein (fakultatives) →Präpositionalgefüge als »Abwandlungsresultat« eines Grundstruktursubjekts. Dem Subjekt der Grundstruktur (dem Subjekt eines Aktivsatzes) »entspricht in der abgewandelten Form des Passivsatzes die Agensangabe in der Form *von* (auch: *durch*) + *Substantivgruppe*« (Flämig, 1991).
– Das Akkusativobjekt des aktivischen Satzes wird im P. zum Subjekt.
– Das Prädikat wird mit einer Form von »werden« und dem →Partizip II (bzw. »sein« + Partizip II) gebildet.

Unterschieden werden zwei Formen des P.:

(1) Das Vorgangs-P. (›werden-P.‹)

– Persönliches P. (bei →transitiven Verben); der Urheber kann benannt werden: *Die Preisträger <u>werden</u> von ihrem Mentor <u>gelobt</u>.*
– Unpersönliches P. (bei →intransitiven Verben): *Hier <u>wird</u> nicht <u>gelacht</u>.*

(2) Das Zustands-P. (›sein-P.‹): *Alle meine Briefe <u>sind</u> <u>geöffnet</u>.*

Patholinguistik, gelegentlich wird der Teil der →Neurolinguistik, der sich mit den organisch bedingten Sprachstörungen, insbesondere mit den →Aphasien beschäftigt, als P. bezeichnet. Im Einzelnen geht es bei den diversen Sprachstörungen um folgende Gegenstandsbereiche: Zentrale Störungen a) des Sprachbesitzes (organisch bedingt: Aphasie, Sprachstörungen bei seniler Demenz, Epilepsie usw.); b) des Spracherwerbs (organisch bedingt: Mongolismus, Sprachentwicklungsbehinderungen).

Patiens, Ziel eines durch ein Verb ausgedrückten Verhaltens, meist als →Akkusativobjekt realisiert; in der →Theta-Theorie semantische Rolle, die vom Verb an eine Argumentstelle vergeben werden kann, z. B. *Willi gießt <u>die Blumen</u>.* ↔ Agens.

Pejorativ, dt.: verschlechternd, herabsetzend; als p.e Ausdrücke gelten solche, die den Gegenstand einer Aussage herabsetzen oder verächtlich machen. Dies kann durch lexikalische Mittel (*Er ist ein dummer Mensch*) oder durch Wortbildungselemente (*Er ist dümmlich / ein Schwächling / ein Protestler / linkisch*) geschehen. Die Abwertung eines Ausdrucks kann auch durch historisch bedingten →Bedeutungswandel erfolgen (mhd. *wîp* > nhd. *Weib*; ursprünglich im Mittelhochdeutschen neutrales Wort für ›Frau‹).

Perfekt, dt.: vollendete Gegenwart; eines der zusammengesetzten →Tempora im Deutschen; das P. wird mit »sein/haben« + Partizip II gebildet: *ich bin gekommen – ich habe gewartet.*

Das P. stellt eine Verbindung von der Vergangenheit zur Gegenwart des Sprechers her; die Folgen eines vergangenen Geschehens sind noch relevant: *Erich hat zehn Mark verloren.* (*Er sucht sie noch.*)

Außerdem drückt es in Verbindung mit dem →Präsens Vorzeitigkeit aus: *Als Erich sein Geld wieder gefunden hat, bezahlt er seine Schulden.*

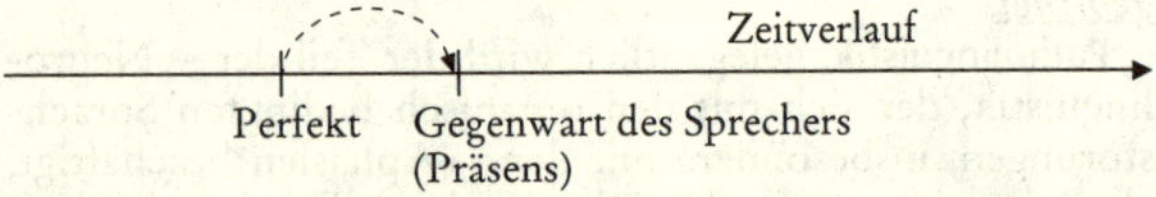

Im mündlichen Sprachgebrauch ersetzt das P. sinngemäß heute oft das →Präteritum: *Gestern habe ich Erich getroffen* (statt: *Gestern traf ich Erich*).

Perfektiv, zeitliche Begrenzung ausdrückend; eine der →Aktionsarten des Verbs, die den Beginn (→ingressiv) oder das Ende (→egressiv) eines Geschehens ausdrückt: *aufblühende Rosen – verblühende Rosen.* ↔Durativ.

Performanz, dt.: »Ausführung«, Rede; bei N. Chomsky (1969) ist P. der aktuelle Gebrauch der Sprache in konkreten Situationen; sie stellt den Gegenbegriff zur →Kompetenz (1) dar. P. ist weitgehend mit Saussures →Parole identisch. Doch muss berücksichtigt werden, dass nur in der Idealisierung »die Sprachverwendung als Widerspiegelung der Sprach-Kompetenz aufgefasst werden« kann. In Wirklichkeit besteht ein solch direktes Verhältnis nicht.

Performatives Verb, zeigt die →Illokution an, die einer Äußerung als →Sprechakt zukommt; mit einem performativen Verb wird genau die Handlung vollzogen, die das Verb ausdrückt: *befehlen*, *danken*, *versprechen*, *warnen*.

»In konkreten Sprechsituationen geht oft aus dem Zusammenhang hervor, welche illokutionäre Rolle der Äußerung zukommt, ohne dass es notwendig wäre, sich eines expliziten Indikators der illokutionären Rolle zu bedienen« (Searle, 1971). Wortfolge, Betonung (Interpunktion) und der →Modus des Verbs können die Wirkung des performativen Verbs mindern oder verstärken.

Periphrase, dt.: Umschreibung; (1) Kennzeichnung eines →Begriffsinhalts durch Nennung von wesentlichen Merkmalen: *der Allmächtige* oder *jenes höhere Wesen, das wir verehren* (für »Gott«). Die P. als rhetorisch-stilistisches Mittel wird mit unterschiedlichen Intentionen verwendet: zur poetischen Ausschmückung und Variation, als →Euphemismus oder als Anspielung. (2) Grammatisch gesehen bedeutet P. die lexikalische Markierung einer grammatischen Form: *er wird kommen* (statt der rein morphematischen Markierung z. B. in lat. *venebit*).

Periode →Satzperiode

Perkolationsregel, Terminus im Rahmen der →Kasus-Theorie (→GB-Theorie), der besagt, dass Merkmale von einer maximalen Projektion vertikal die Projektionslinie entlang nach unten – also bis zum →Kopf der Projektion – »sickern«; also z. B. von N''' an N'', N' und N^0 (Grewendorf, 1988). Die P. wird durch die →Kongruenzregel ergänzt.

Perlokution, auch: perlokutionärer Akt, dt.: Sprechwirkung; von J. L. Austin (1962; dt. 1972) benutzter Terminus zur Kennzeichnung der Wirkung einer Sprechhandlung. Bei J. R. Searle (1969; dt. 1971) sind die perlokutionären Akte eng mit den →Illokutionen verbunden, daher nennt er sie auch »illokutionäre Effekte«: »Zum Beispiel kann ich jemanden durch Argumente *überreden* oder *überzeugen*, durch Warnen *erschrecken* oder *alarmieren*, [...]« Die kursivierten Ausdrücke bezeichnen solche perlokutionären Akte. →Sprechakt.

Permutation →Umstellprobe

Person, Kennzeichnung der finiten Form des Verbs nach 1. P. (Sprecher), 2. P. (Angesprochenem) oder 3. P. (Besprochenem) im Singular oder Plural (→Numerus):

	Singular	Plural
1. Person	*ich lese*	*wir lesen*
2. Person	*du liest*	*ihr lest*
3. Person	*er/sie/es liest*	*sie lesen*

Personale, das P., pl.: Personalia, dt.: persönliches Verb; ein P. kann in allen drei →Personen gebraucht werden oder zumindest mit »er, sie, es« in der 3. Person: *ich lache, du fragst, er* (der Ginster) *blüht, sie* (die Linde) *blüht.* →Impersonale.

Personalform, konjugierte Form des Verbs, die die Flexionsendung trägt; →finite Verbform.

Personalpronomen, dt.: persönliches Fürwort; die P. stehen als Stellvertreter eines Nomens, und zwar im Singular und Plural für den Sprecher (*ich*; *wir*), für den Angesprochenen (*du*; *ihr*) und für den Besprochenen (*er/sie/es*; *sie*). Gelegentlich wird auch das →Reflexivpronomen zu den P. gezählt; es verfügt nur in der 3. Person über eine eigene Form (Dativ und Akkusativ: *sich*).

Nach der Rechtschreibreform wird nur das →Anredepronomen *Sie* mit all seinen Formen in Briefen, Urkunden und dgl. großgeschrieben.

Persönliches Verb →Personale

Perspektivierung, Terminus, der im Zusammenhang mit der →Valenz der Verben verwendet wird und deren →Theta-Rollen hinsichtlich Reihenfolge und pragmatischer Verteilung betrifft. So unterscheiden sich die beiden Aussagen *Ich gebe dir morgen das Geld* und *Du erhältst von mir morgen das Geld* nicht so sehr in ihrem Aussagegehalt, sondern vielmehr in ihrer P., die sich allerdings auf die Reihenfolge und die grammatische Realisierung der einzelnen Rollen/Kasus auswirkt. Ähnlich verhalten sich *kaufen – verkaufen, lehren – lernen* u. a. Verben.

Pertinenzakkusativ, in Konkurrenz zum →Pertinenzdativ gebrauchte Form des Akkusativs: *Ihn juckt das Fell.*

Pertinenzdativ, auch: Dativus possessivus, dt.: Dativ der Zugehörigkeit: wird oft im Zusammenhang mit einem Körperteil oder einem Kleidungsstück gebraucht: *Dem Hund juckt das Fell. – Er bürstet dem Hund das Fell. – Er klopft seinem Freund auf die Schulter.*

Perzeption, (1) sinnliches Wahrnehmen als erste Stufe im Erkenntnisprozess; (2) in neuerer Zeit widmet sich die Perzeptionsforschung der wissenschaftlichen Untersuchung der akustischen oder visuellen Aufnahme und →kognitiven Verarbeitung von Sprache. Eingeschlossen sind demnach auch Sinnbildungsprozesse; denn der Rezipient formt die Sinneseindrücke in leicht erinnerliche →Schemata und →Skripte um, klassifiziert und organisiert sie dabei nach individuellen Möglichkeiten und Bedürfnissen, um sie zu »verstehen« bzw. um sie besser und langfristiger speichern zu können. →Repräsentation (2).

Phatisch, (1) alle sprachlichen Maßnahmen, die zur Kontaktaufnahme und zur Aufrechterhaltung eines kommunikativen Kontakts dienen, lassen sich als ph.e Funktion der Sprache zusammenfassen; z. B. die kurzen Lautgebungen wie »Hm« oder »Ja«, um dem Gesprächspartner am Telefon zu signalisieren, dass man noch (interessiert) zuhört. (2) Ph.er Akt →Lokution (3).

Philosophische Grammatik, auch: Allgemeine Grammatik; die grundlegende Idee für eine Ph. G. liegt darin, sprachliche und logische Strukturen gleichzusetzen bzw. miteinander zu vergleichen und zu verbinden. Ziel der Ph.n G. ist es seit alters her, die für alle Sprachen geltenden →Universalien zu ermitteln, um so einen Regelapparat zu erhalten, auf dem alle (oder doch sehr viele) Sprachen aufbauen. Hierzu kann in neuerer Zeit N. Chomskys →Cartesianische Linguistik gerechnet werden.

Phon, dt.: Laut(segment); (1) in der →Phonologie bedeutet Ph. die kleinste bedeutungsunterscheidende Einheit der gesprochenen Sprache, die noch nicht als Repräsentant eines bestimmten →Phonems klassifiziert ist. (2) Maßeinheit in der physikalischen Akustik. Als Grundeinheit gilt 1 kHz-Ton von 1 sec Dauer; sein Schallpegel (in Dezibel) wird seiner Lautstärke in Ph. gleichgesetzt.

Phonem, dt.: Laut; (1) in der →Phonologie bedeutet Ph. die kleinste bedeutungsunterscheidende Einheit der Sprache. Ermittelt werden Ph.e durch operationale Verfahren (Segmentieren, Klassifikation), vor allem durch die Bildung so genannter Minimalpaare: Wenn in gleicher Umgebung zwei →distinktive Lauteinheiten Bedeutungsunterschiede anzeigen, so handelt es sich um zwei Ph.e; z.B. /l/ und /r/ in *Latte* und *Ratte*.

Kommen zwei Lautsegmente (→Phone) in komplementärer Verteilung vor, so heißen sie →Allophone eines Ph.s; zum Beispiel die stellungsbedingten Varianten /x/ und /ç/ in *lacht* und *licht*.

Das Ph. ist eine abstrakte, theoretische Einheit; es umfasst alle nach Klangfarbe, Länge, Stärke oder Tonhöhe unterschiedlichen Realisierungen, die, in derselben Umgebung vorkommend, dieselbe bedeutungsunterscheidende Funktion haben. (Vgl. z.B. die freien Varianten bei der Realisierung von /r/.)

(2) Die →Glossematik analysiert die kleinsten Ausdrucksformen ohne Zeichencharakter als →Keneme; so

sind die Vokale minimale zentrale Keneme. Sie entsprechen weitgehend den Ph.en der Prager Schule (→Strukturalismus).

Phonematik, auch: Phonemik; Lehre von der Funktion der Sprachlaute. (1) In der Prager Schule (→Strukturalismus) Synonym für →Phonologie (amerik. *phonemics*); (2) Oberbegriff für →Phonetik und Phonologie.

Phonemik →Phonematik

Phonetik, auch: Phonemik, dt.: (naturwissenschaftliche) Lautlehre; Wissenschaft von der physikalisch-physiologischen Beschaffenheit der Laute als Schallproduktionen; dabei geht es um die Gesamtheit der beim Kommunikationsprozess verwendeten lautsprachlichen Signale sowie der sie begleitenden →suprasegmentalen Erscheinungen der gesprochenen Sprache. Neben der älteren deskriptiven Ph. hat sich in neuerer Zeit die experimentelle Ph. etabliert. Unterschieden werden diverse methodische Ansätze:

- *Die artikulatorische Ph.* beschreibt die Sprachlaute primär unter genetischen Aspekten, im Wesentlichen nach →Artikulationsart und →Artikulationsort der Lautproduktion; bei den Vokalen kommen Zungenstellung, Lippenrundung und dgl. hinzu. Dargestellt werden die Ergebnisse in der so genannten →Transkription. Unter experimentellen Bedingungen werden die Aktivitäten untersucht, die bei der Sprachproduktion eine signifikante Rolle spielen, wie z.B. Bewegung der Muskeln, Atmung, Lautformung und Artikulation.
- *Die akustische Ph.* ist eine Richtung der allgemeinen Phonetik, die die Schalleigenschaften von Sprachproduktionen auf elektroakustischem Wege aufzeichnet und untersucht. Sie bedient sich dabei insbesondere der Verfahren zur Schallanalyse, wie sie der Sonograph oder digitale Geräte in Form von Laut-Spektrogrammen zur Verfügung stellen. Gemessen und dargestellt werden u.a. Zeitverlauf, akustische Segmente, Fre-

quenzbereiche und -abschnitte oder die Lage der akustischen Formanten (Frequenzbänder). Neuerdings wird mit den Verfahren der akustischen Ph. Sprache auch künstlich synthetisiert.

– *Die auditive Ph.* untersucht den Produktions- und Rezeptionsvorgang als neurologisch-psychologisches Gesamtgeschehen; heute vor allem als Teil der experimentellen Ph. Insbesondere werden typische Eigenarten bei der Wahrnehmung und →kognitiven Verarbeitung von Sprachlauten und (synthetischen) akustischen Sprachsignalen untersucht. Relevante Aspekte hierbei sind z. B. die menschliche Fähigkeit, einem Gesprächspartner bei zahlreichen anderen Sprechern zu folgen (Party-Effekt) oder sprachlich relevante Einheiten aus einem Kontinuum zu selektieren. Hierbei hat sich z. B. herausgestellt, dass aufgrund der →Lateralität die rechte Gehörseite einen Vorteil gegenüber der linken aufweist.

Phonetische Form, Abk.: PF; im Rahmen der →GB-Theorie vorgesehene Repräsentationsebene, die eine Nahtstelle zwischen Syntax und →Phonologie bildet. Chomsky (1980) bezeichnet sie als →Oberflächenstruktur (surface structure). Innerhalb der PF finden lautliche Prozesse statt, die von syntaktischen Strukturinformationen noch beeinflusst werden, z. B. bei Kontraktionsphänomenen:

Geh an das Tor!– Fang jetzt an / das Tor zu streichen!
*Geh <u>ans</u> Tor! – *Fang jetzt <u>ans</u> / Tor zu streichen!*

Offenbar verhindern im zweiten Fall syntaktische Informationen, die in PF wirksam sind, die Kontraktion von *an + das.*

Die PF ist Eingabe für die phonologische Repräsentation eines Satzes.

Phonetische Umschrift, auch: Lautschrift, Transkription; (1) lautgetreue Wiedergabe gesprochener Sprache in geschriebener Sprache, bei der individuelle Aussprachegewohnheiten, Verschleifungen oder Reduktionserscheinungen berücksichtigt werden. Bei einer ausführlichen Transkription kann die Darstellung der Lautvarianten sehr detailliert ausfallen. (2) Festlegung der Aussprache von Lauten einer Sprache durch eindeutige Zeichen (Buchstaben, →diakritische Zeichen, Symbole). Am verbreitetsten ist heute die ph. U. der Association Phonétique International (API; engl. IPA), die so genannte »Internationale Lautschrift«. Sie wird in eckigen Klammern notiert und gilt als enge (ausführliche) Transkription, bei der auch →Allophone, Längen/Kürzen, Öffnung oder Rundung notiert werden, etwa [o], [o:] oder [ô], [ó], [ò], [ɔ], [o^{u}], [ø], [õ] usw. (Übersicht in der Duden-Grammatik, ^{4}1984, § 2.)

Phonographie, (1) Teilgebiet der →Phonetik, das sich mit der Aufzeichnung und Konservierung gesprochener Sprache auf Tonträger befasst; (2) →phonologische Umschrift.

Phonologie, auch: Phonematik, dt.: (funktionale) Lautlehre; die Wissenschaft von den →Phonemen einer Sprache; grundlegend sind →Inventarisierung und →Klassifikation des Phonembestandes sowie die Analyse der geltenden Verknüpfungsregeln in einer Sprache. Unterscheiden lassen sich historische (diachrone) und systematische (synchrone) Ph.

a) Die systemorientiert arbeitende Ph. hat Verfahren entwickelt, die für alle weitere strukturalistische Sprachforschung grundlegend waren, vor allem die Arbeit mit →distinktiven Merkmalen, oppositionellen Paaren (→Matrix) und kontextabhängigen Varianten (→Allophon).

b) Die historisch orientierte Ph. geht nicht davon aus, dass Lautentwicklung allein durch eine Vielzahl synchroner Beschreibungen erfasst werden könne, sondern dass →Lautwandel auf der Ebene des Systems stets abhängig ist von Veränderungen auf der Ebene der Norm sowie der Realisierung.

Phonologische Umschrift, Lautschrift, Transkription; Erfassung phonologischer Einheiten durch eine Alphabetschrift, z.B. die »Internationale Lautschrift«. Die ph. U. konzentriert sich im Wesentlichen auf die Erfassung bedeutungsunterscheidender Lautdifferenzen, deren Einheiten zwischen Schrägstrichen notiert werden. So wird der dt. Vibrant in weiter ph.r U. als /r/ notiert; in enger →phonetischer Umschrift als die freien Varianten Dental [r] und Uvular [R]. Ein wichtiges Anwendungsgebiet ist die Aufstellung von →Minimalpaaren; so unterscheiden sich die beiden Ausdrücke *Tanne* ['tanə] und *Kanne* ['kanə] genau in den beiden Phonemen /t/ und /k/.

Phonotagma, pl.: Phonotagmen; Phonemkombination ohne bedeutungstragende Relevanz, z.B. die →Auslautverhärtung im Deutschen: (*das*) *Kind* ['kint] – (*des*) *Kindes* ['kindes]; →Phonotaktik.

Phonotagmem, Phonemkombination mit bedeutungstragender Relevanz, z.B. (*es*) *brennt* ['brent] – (*der*) *Brand* ['brant]; →Phonotaktik.

Phonotaktik, Teildisziplin der →Phonologie, die sich mit den möglichen Verbindungen der Phoneme einer Sprache zu Silben und →Morphemen beschäftigt. Insbesondere geht es um die Klärung der Frage, welche Phonemkombination in bestimmten Positionen zugelassen oder unzulässig sind. So sind im Deutschen keine drei Konsonanten am Anfang eines Wortes möglich, am Ende durchaus (*sie singt*).

Phrasenstruktur, auch: Konstituentenstruktur; die PS ergibt sich bei der →Konstituentenanalyse als Abfolge von →PS-Regeln, die das Anfangssymbol »S« in seine Konstituenten ableiten. Dargestellt wird die PS als indizierter →Klammerausdruck oder als →Baumdiagramm.

Phrasenstrukturgrammatik, Abk.: PSG; auch: Konstituenten(struktur)grammatik KSG, Formationsgrammatik; die PSG beschreibt die →Oberflächenstrukturen von Sätzen und erlaubt generalisierende Aussagen über diese Strukturen (z.B.: Ein Satz besteht aus einer *NP* und einer

VP). Die durch die →Konstituentenstrukturanalyse gewonnenen Einheiten werden durch eine geordnete Abfolge von PS-Regeln systematisch erfasst und dienen zur Erzeugung der PS-Strukturen.

1. Schritt: Die →Konstituenten von »S« werden ermittelt.

2. Schritt: →PS-Regeln formulieren den Ableitungsmechanismus grammatischer →Kategorien.

3. Schritt: Die →Derivation erlaubt die Ableitung der PS-Struktur von »S«.

4. Schritt: Die PS-Struktur lässt sich als →Baumdiagramm darstellen (meist in binären Schritten).

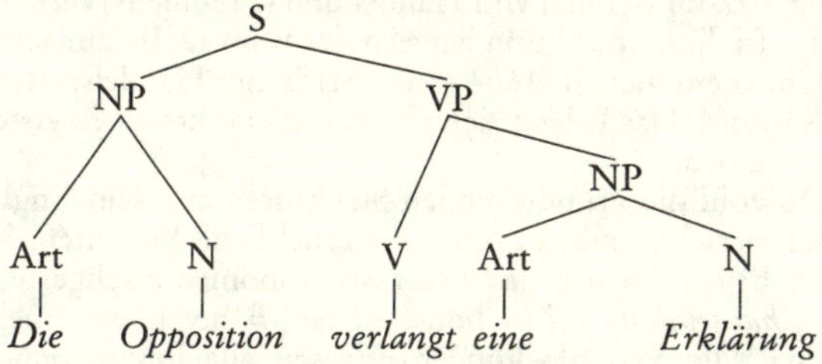

Probleme ergeben sich bei diesem Typ von Grammatik bei der Darstellung und Erklärung bestimmter syntaktischer Phänomene, wie z.B. bei der Darstellung der →verbalen Klammer (Distanzstellung) oder bei syntaktischer Mehrdeutigkeit (*Das Mädchen, das Klaus belügt, weint*). Solche Erscheinungen sind z.B. durch die Modifizierung der PSG im Rahmen der →generativen Transformationsgrammatik darstellbar und erklärbar geworden.

Phrasenstrukturregel, dt.: Ersetzungsregel; PS-Regeln beschreiben die →Phrasenstruktur von Sätzen; sie erlauben die geordnete Ableitung der über die →Konstituentenanalyse gewonnenen Einheiten von einem Anfangssymbol »S« bis hin zur Endkette lexikalischer →Kategorien. Zum Beispiel:

Die PS-Regeln	*S*	→	*NP + VP*
	NP	→	*Art + N*
	VP	→	*V + NP*
ergeben:	*S*	→	*NP + VP*
			Art + N + VP
			Art + N + V + NP
			Art + N + V + Art + NP

Diese Endkette erlaubt z.B. die Erzeugung eines Satzes wie *Die Opposition verlangt eine Erklärung.*

Phraseologie → Idiomatik

Pidgin, reduzierte Sprachform, die nicht die Muttersprache der jeweiligen Sprecher ist und zur raschen Verständigung z.B. im Bereich von Handel und (Fremden-)Verkehr dient. In dieser Funktion hat sich das P. im 17. Jh. zunächst in China entwickelt (1664 erster Britischer Handelsposten in Kanton). Das P. lässt sich als eingeschränktes → Register beschreiben.

Obwohl die grundlegenden Strukturen auf dem Englischen basieren, gibt es durchaus erhebliche Varianten. So kann beispielsweise das Possessivpronomen nachgestellt sein: *haus bilong mi* [= house of me] = my house [mein Haus]. Die Vereinfachungen erfassen alle linguistischen Strukturen bis hin zur Phonemstruktur und zum Akzent. In einigen Varianten liegt der Wortakzent regelmäßig auf der ersten Silbe: *bíkos* (= because), *míshin* (= machine) usw. Verfestigen sich die Sprachgewohnheiten über mehrere Generationen hin, so entwickelt das P. für die Bedürfnisse der Sprecher voll funktionsfähige grammatische Strukturen, die man als → Kreolsprache bezeichnet.

Piktogramm, Bildsymbol; Zeichen mit international festgelegter Bedeutung, z.B. eine durchgekreuzte Zigarette für »Nichtraucher-Abteil«.

Pivot-Grammatik, engl. *pivot* ›Drehpunkt‹; im Verlauf der → Sprachentwicklung erreichen Kinder etwa im Alter von 20 Monaten das Stadium der Zweiwortsätze. Diese bestehen häufig aus einem so genannten Pivot-Element (einem Funktionswort), das eine feste Position einnimmt, und einem lexikalischen Element, das in seiner Position frei ist; z. B.: *Teddy haben*, *Ball haben*, *Milch haben*, ... oder: *da Teddy*, *da Ball*, *da Blume*, ... Das Wort »haben« nimmt in dieser Mini-Syntax stets nur die zweite, das Wort »da« stets nur die erste Position ein, wohingegen Lexeme wie »Teddy« oder »Ball« sowohl in der ersten als auch in der zweiten Position auftreten können.

Pleonasmus, pl.: Pleonasmen, dt.: »Überfluss«, redundante Häufung sinngleicher oder sinnverwandter Ausdrücke: *sich einander gegenseitig die Hände schütteln*; *noch einmal wieder von neuem beginnen*. → Tautologie.

Plerem, (1) entspricht in der Diktion der → Dependenzgrammatik (z. B. Heringer, 1970) dem → Morphem; das P. hat wie das Morphem (oder bei A. Martinet das → Monem) eine Ausdrucksseite (Monem) und eine Inhaltsseite (Semem). Die unterschiedliche Verwendung gleich lautender Termini in linguistischen Beschreibungsmodellen sowie die gleiche Verwendung unterschiedlich lautender Termini kann (bei Nicht-Linguisten) zu Verwirrungen führen: So wird z. B. die »kleinste bedeutungstragende Einheit« als Morphem (allgemein), Monem (bei Martinet), Plerem (bei Heringer) bezeichnet. (2) Der Terminus P. wird in anderen Zusammenhängen (Kopenhagener Schule, → Strukturalismus) synonym zu den »semantischen Merkmalen« bei der → Komponentenanalyse verwendet. In der → Glossematik sind P.e (oder »volle Einheiten«) eine beschränkte und relativ kleine Gruppe von häufig wiederkehrenden Inhaltsfiguren; so z. B. für das Wort »Junggeselle« [*Mensch*, *männlich*, *erwachsen*, *unverheiratet*, ...]. ↔ Kenem.

Plexus, Terminus bei L. Tesnière; wenn in einem → Stemma zwei durch → Junktion verbundene Satzteile durch → Konnexion verbunden sind, entsteht ein P.:

laufen (und) springen

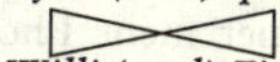

Willi (und) Fido

Plural, dt.: Mehrzahl; eine der beiden Kategorien des →Numerus beim Nomen oder Verb; der Numerus wird durch →Kongruenz auch auf andere Wortarten (wie Artikel, Adjektiv oder Pronomen) übertragen. Bei den Nomen wird der P. in der Regel durch eine Endung und/oder Umlaut realisiert. →Morphem; →Allomorph, ↔Singular.

Singular	Plural Lexem	 + Pluralmorphem
das Fenster	*die Fenster*	Ø
das Tor	*die Tor-*	*-e*
die Frau	*die Frau-*	*-en*
das Kind	*die Kind-*	*-er*
die Gabel	*die Gabel-*	*-n*
das Auto	*die Auto-*	*-s*
die Tochter	*die Töchter*	Umlaut
der Mann	*die Männ-*	Umlaut + *er*
der Ton	*die Tön-*	Umlaut + *e*

Die in der Tabelle dargestellten Beispiele zeigen, dass das P.-Morphem im Deutschen mindestens neun →Allomorphe umfasst, die zum Teil im Innern (Umlaut), zum Teil als Endung erscheinen.

Ergänzende Hinweise

Die Vielzahl der P.-Endungen im Deutschen erklärt sich aus der sprachgeschichtlichen Entwicklung beim Übergang vom Indoeuropäischen zum →Althochdeutschen. Der ursprüngliche Bau der indoeuropäischen Nomen

Wurzel (+ stammbildendes Suffix) + Endung

wird durch Fusion von stammbildendem Suffix und Endung sowie durch die Tatsache, dass immer mehr Phoneme vom stammbildenden Suffix in die Flexion einbezogen werden, ruiniert. Nach dieser »phonemischen Katastrophe« (Werner, 1975) bleiben die P.-Endungen als unterschiedlich weit fortgeschrittene Reduzierungen des ursprünglichen Systems stehen.

Pluraletantum, pl.: Pluraliatantum; Nomen, das nur im →Plural vorkommt: *Eltern*, *Ferien*, *Gebrüder*, *Kosten*, *Leute*, *Möbel*, *Spesen*; gelegentliche Singularbildungen (das Möbel, das/der Elter) setzen sich nur langsam durch und gehören nicht zur Allgemeinsprache. ↔Singularetantum.

Pluralmorphem, auch: Pluralendung; →Plural.

Plusquamperfekt, dt.: vollendete Vergangenheit; das P. wird mit »sein/haben« im Präteritum + Partizip II gebildet: *Herr Huber hatte es endlich geschafft. Er war in den Vorstand gelangt.*

In einfachen Sätzen bezeichnet das P. das Ende (Ergebnis) einer in der Vergangenheit abgelaufenen Handlung bzw. eines in der Vergangenheit beendeten Vorgangs. In Verbindung mit dem →Präteritum signalisiert es Vorzeitigkeit in der Vergangenheit. →Zeitenfolge: *Kurz bevor Herr Huber seinen sechzigsten Geburtstag feiern konnte, war er Vorstandsmitglied geworden.*

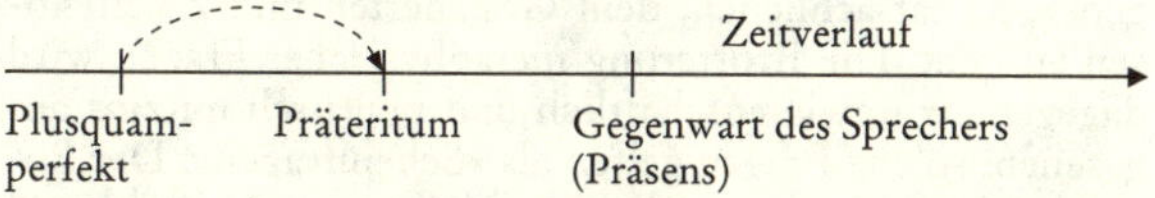

P-Marker, auch: Phrase-Marker; in der →generativen Transformationsgrammatik Darstellung syntaktischer Strukturen in einem →Baumdiagramm, dessen →Knoten durch syntaktische Kategorien (wie NP, VP, Art, V oder N) besetzt sind, oder Darstellung solcher Strukturen in Form eines →indizierten Klammerausdrucks.

Polymorphie, dt.: Vielgestaltigkeit; wenn mehrere sprachliche Formen für den gleichen Inhalt bzw. für die gleiche Funktion vorhanden sind, spricht man von P. So wird ein und dieselbe grammatische Kategorie →Plural durch eine Reihe von →Allomorphen repräsentiert.

Polyptoton, Wiederholung desselben Wortes in einem Satz in unterschiedlichen Kasus: *Der Mensch ist des Menschen größter Feind.*

Polysemie, dt.: Mehrdeutigkeit; von P. spricht man dann, wenn ein Ausdruck mehrere →Bedeutungen aufweist, die auf eine Grundbedeutung zurückgeführt werden können: *Brücke*: a) als Verbindung zweier Tal- oder Flussseiten; b) als Zahnersatz; c) als Turnübung; d) als schmaler Teppich, ... Grundbedeutung: Überbrückung eines Zwischenraums. Diese gemeinsame Grundbedeutung ist beim →Homonym nicht gegeben.

Polysyndeton, Wort- oder Satzreihe, deren Glieder durch →Konjunktionen miteinander verbunden sind: *Und es regnet und regnet und regnet.* ↔Asyndeton.

Porte-manteau-Morphem, Verschmelzung zweier Morpheme zu einem: *bei dem – beim.*

Positiv, dt.: Grundstufe; →Komparation.

Positivistisch, seit A. Comtes *Cours de philosophie positive* (1830–42) Bezeichnung für diejenige Richtung in Philosophie und Wissenschaft, die vom Positiven als dem Gegebenen, Tatsächlichen, dem Gesicherten und Zweifellosen ausgeht. Die Erörterung metaphysischer Fragen wird dagegen als unwissenschaftlich und praktisch nutzlos angesehen; solche Fragen gelten als »Scheinfragen«. Der Positivismus fühlt sich in hohem Maße dem Weltbild und den Methoden der Naturwissenschaften verpflichtet. ↔Idealistisch.

Possessivadjektiv, gelegentlich wird das →Possessivpronomen in der Position als →Stellvertreter P. genannt; es kann mit oder ohne Artikel gebraucht werden.

- Ohne Artikel: *Ich bezahle meinen Teil / meine Karte / mein Getränk, bezahle du deinen / deine / deines.* usw.
- Mit Artikel (Flexion wie ein Adjektiv nach Artikel): *Er liebte die Seinen.*

Possessivpronomen, dt.: besitzanzeigendes Fürwort.
1. Formen und Vorkommen
Mit einem P. kann ein Besitzverhältnis oder ein Verhältnis der Zugehörigkeit, des Zugeordnetseins, der Verbundenheit ausgedrückt werden: *mein Fahrrad, unsere Heimat, ihre Gedanken, seine Schwester.*
Zwischen dem P. und dem Nomen, für das es gebraucht wird, besteht → Kongruenz:
Dies ist Monikas Fahrrad. – Es ist ihr Fahrrad.
Dies ist Erichs Fahrrad. – Es ist sein Fahrrad.
Außerdem besteht Kongruenz zwischen dem P. und dem Nomen, bei dem es attributiv steht:
Dies ist Monikas Fahrrad. – Es ist ihr Fahrrad.
Dies ist Monikas Zeitung. – Es ist ihre Zeitung.
P. können nicht nur als Begleiter eines Nomens stehen, sondern auch als Stellvertreter: *Nimm du Monikas Fahrrad, ich nehme mein(e)s.*
2. Ergänzende Hinweise
Die Beurteilung des P.s als Wortart ist nicht einheitlich. Ungenau ist wohl die Klassifikation als Possessivadjektiv, da das Pronomen zwar an der gleichen Stelle wie ein Adjektiv stehen kann, mit diesem aber nicht in eine Formklasse fällt:
Dies ist mein neues Fahrrad. – Dies ist mein Fahrrad.
**Dies ist neues Fahrrad.*
Gelegentlich wird argumentiert, dass das P. nicht *vor* einem Nomen stehen dürfe, wenn es *Pro*nomen genannt werden soll. Dieses Argument ist ungenau; denn das P. steht in zweierlei Abhängigkeit. Auch bei adnominalem Gebrauch steht es *für* ein Nomen: *Monikas Fahrrad – ihr Fahrrad* vs. *Erichs Fahrrad – sein Fahrrad.*
J. Erben ([12]1980) zählt das P. (zusammen mit dem bestimmten Artikel und den Indefinita) zur Formklasse der »Determinativpronomen«. Auch U. Engel ([2]1982) fasst die Possessiva (zusammen mit Artikel, Demonstrativa, Indefinita, Quantitativa und Qualitativa) in einer Sam-

melklasse »Determinativa« zusammen. Für ihn ist die Formklasse der Pronomen eindeutig gekennzeichnet: sie »treten ausschließlich in derselben syntaktischen Umgebung wie Nominalphrasen auf und ersetzen diese«. Danach sind P. nur solche Wörter, die anstelle eines Nomens, nicht aber attributiv vor einem Nomen stehen. Auch an späterer Stelle ([3]1996) zählt er das P. zu der Formklasse der »Determinativa«: »Wir verstehen [...] unter Pro-Nomina nur Wörter mit der ausschließlichen Funktion, Nominalphrasen zu ersetzen.«

Die *Grundzüge* (1981) unterscheiden unter semantischem Aspekt »stellvertretende, deiktische und kennzeichnende Pronomen«. Hervorzuheben ist der folgende Hinweis: »Auch in ihren artikelartigen bzw. adjektivischen kennzeichnenden Funktionen überwiegt die kategoriale Charakteristik ihrer Referenzobjekte (der Wohnort meines Bruders / <u>sein</u> Wohnort)«. Und: »Hauptcharakteristikum des Possessivpronomens ist seine semantische Komplexität, die darauf beruht, dass das Possessivpronomen semantische Eigenschaften der deiktischen bzw. Stellvertreter-Pronomen auf eine Weise miteinander verbindet, die durch ein allgemeines Konzept ›Zugehörigkeit‹ vermittelt wird.«

Die Duden-Grammatik ([4]1984) hält an der Klasse der P. fest, und zwar in den Formen »Begleiter des Substantivs« und »Stellvertreter des Substantivs« (Kap. 5.1). Sie klassifiziert das P. also wie den Artikel (→ Artikelwort), sofern es adnominal gebraucht wird. B. Engelen (1984) fasst die adnominalen P. in Gruppe II der → Artikelwörter, die ein folgendes Adjektiv wie »ein, kein« beeinflussen: *ein/ kein/mein/dein alt<u>er</u> Wein.* Die P. in Stellvertreter-Position fasst er unter die Sammelklasse der → Anaphern (2).

P. Eisenberg ([3]1994) trennt Artikel und Pronomen; er fasst adnominale P. in der Formklasse »Artikel« zusammen und nennt sie »Possessivartikel«. »Das eigentliche Possessivpronomen ist ›meiner‹. ›Meiner‹ dekliniert pronominal und hat syntaktisch die Funktion der Verbergänzung«. Somit zählt er nur die Stellvertreter eines Nomens zu den P.

Postposition, dem Nomen nachgestellte →Präposition: *Schone dich deiner Gesundheit halber / deiner Gesundheit wegen.*

Prädikat, dt.: Satzaussage.

1. Formen und Vorkommen

Das P. ist das verbale →Satzglied, das die Personalform anzeigt (→Konjugation) und zusammen mit dem →Subjekt die einfache Form des grammatisch vollständigen Satzes bildet: *Heinz schläft* (Subjekt + Prädikat). Beide sind durch →Kongruenz hinsichtlich Person und Numerus miteinander verbunden: *Heinz schläft. – Die Kinder schlafen.*

Das P. kann meist wie folgt erfragt werden: Was tut / wie verhält sich / wie erscheint das Subjekt?

Durch seine →Valenz legt der →finite Prädikatsteil Art und Anzahl der weiteren Satzglieder, der →Objekte, fest. Formal kann das P. einfach oder zusammengesetzt sein: *Heinz schläft. – Heinz wird geschlafen haben* (→verbale Klammer).

Als →Kopula steht das P. mit →Prädikatsnomen.

Durch seine Stellung im →Satzbauplan legt der finite Prädikatsteil die Strukturtypen des deutschen Satzes fest:

a) Spitzenstellung
- Entscheidungsfrage: *Gehst du heute ins Kino?*
- Imperativsatz: *Geh nicht so schnell!*

b) Zweitstellung
- Aussagesatz: *Ich gehe in die Spätvorstellung.*
- Ergänzungsfrage: *Wer geht mit dir ins Kino?*

c) Letztstellung
- Eingeleiteter Nebensatz: *Wenn du so spät ins Kino gehst, (kann ich nicht mitkommen).*

2. Ergänzende Hinweise

Die Abgrenzung des P.s ist in den Grammatiken recht uneinheitlich. In den älteren Grammatiken wird – analog zur antiken Praxis, die den Satz primär unter logischen Gesichtspunkten analysiert hat – das P. dem Subjekt entgegengestellt. Demnach ist P. alles das, was nicht Subjekt ist. Dieser Standpunkt wird jedoch schon früh relativiert: »Das Prädikat mit allen seinen Erweiterungen heißt das Prädikat im weiteren Sinne« (Blatz, [2]1880). H. Glinz ([2]1961) gibt eine »eindeutige Neufassung dessen, was in der herkömmlichen Theorie das ›Prädikat‹ meint«; er bestimmt es als den verbalen Satzkern oder -rahmen mit seinen drei möglichen Teilen: Personalform, Infinitform (= Infinitiv und Partizip II), Verbzusatz. Damit ist der Begriff des P.s auf die verbalen Teile im Satz beschränkt. J. Erben (*Abriß*, 1958) kennt den »verbalen Aussagekern oder -rahmen« sowie die »Ergänzungsbestimmungen zum Aussagekern« (= Subjekt, Objekt, Prädikativ und Adverbiale). Er geht vom *Verb* als dem »charakteristischen Aussagekern« im deutschen Verbalsatz aus (so auch [12]1980), ohne es als →Satzglied zu definieren.

Bei allen Verb-Grammatiken, die von der dominierenden Stellung des finiten Verbs in der Satzhierarchie ausgehen, besteht die Tendenz, die verbalen Teile von den Satzgliedern, die als →Ergänzungen zum finiten Verb fungieren, abzuheben (J. Erben, U. Engel). U. Engel ([3]1996) unterscheidet das Zentralverb (eine finite oder infinite Form) und den zwei- bis viergliedrigen Verbalkomplex, der sich aus den zusammengesetzten Formen ergibt: *hat – gekauft / wird – kaufen wollen / dürfte – gekauft worden sein.* Der Verbalkomplex wird durch zusätzliche Satzglieder (→Ergänzungen) erweitert.

Bei den neueren Subjekt-Prädikat-Grammatiken gibt es gravierendere Unterschiede. Zum einen wird versucht, die alte Tradition zu beleben und all das, was nicht Subjekt ist, dem »Prädikat« (Schüler-Duden »Grammatik«, [2]1981; Eichler/Bünting, [6]1996) bzw. der »Prädikatsgruppe« (*Grundzüge*, 1981; Flämig, 1991) oder dem »Prädikatsverband« (Duden, [4]1984) zu subsumieren, so dass das P. einmal Satzkonstituente ist und einmal nicht:

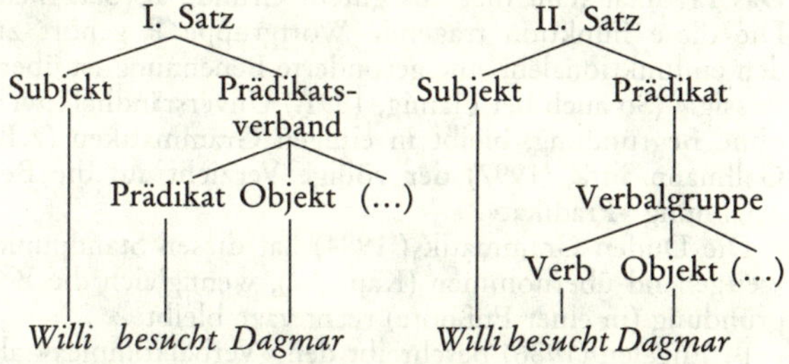

Meist wird zusätzlich zwischen dem P. im engeren und dem P. im weiteren Sinne unterschieden. In anderen Konzeptionen wird der P.s-Begriff (ähnlich wie bei H. Glinz) relativ eng gefasst. P. Eisenberg ([3]1994) bezeichnet mit P. die »größte Form des Verbs«, die aus Formen der Vollverben, der Kopula- oder Modalverben bestehen kann. Steht ein Modalverb, so zählt der abhängige Infinitiv nicht zum P. (anders als bei H. Glinz); denn die Form des Modalverbs »bildet mit dem Infinitiv des Vollverbs keine Verbform«. Problematisch ist auch stets die Zuordnung der → Prädikatsnomen.

Bei einigen Subjekt-Prädikat-Grammatiken ist die Tendenz zu beobachten, die Satzglieder, ähnlich wie dies bereits N. Chomsky (1965; dt. 1969) getan hat, funktional zu definieren. Hierbei ergibt sich für das P. eine Sonderstellung, so dass es nicht mehr eigens als Satzglied bezeichnet wird. Am entschiedensten wird dieser Standpunkt in den *Grundzügen* (1981) vertreten: Da das P. als Konstituente immer nur *einen* Platz in der Konstituentenstruktur einnehmen kann, wird es als »einfunktionale Konstituente« eingestuft; alle anderen Konstituenten sind mehrfunktional, d.h., sie können *mehrere* Plätze in der Konstituentenstruktur einnehmen. »Es erweist sich, dass die Funktionen der mehrfunktionalen Wortgruppen identisch sind mit den wichtigsten traditionellen Satzgliedern. Das Prädikat fehlt hier aus gutem Grunde als Satzglied: Die diese Funktion tragende Wortgruppe P gehört zu den einfunktionalen, eine gesonderte Benennung ist überflüssig.« (So auch bei Flämig, 1991.) Unverständlich, weil ohne Begründung, bleibt in einigen Grammatiken (z. B. Gallmann/Sitta, ^{2}1997) der völlige Verzicht auf die Bezeichnung »Prädikat«.

Die Duden-Grammatik (^{4}1984) hat diesen Standpunkt weitgehend übernommen (Kap. 2.2), wenngleich die Begründung (in einer Fußnote) recht vage bleibt.

B. Engelen (1986) beschreibt den »Verbalkomplex« als Zusammensetzung von finiten und infiniten Verbformen; auch er erachtet es als günstig, »dem gesamten Verbalkomplex einen Sonderstatus gegenüber den Satzgliedern zuzuschreiben«. Er begründet dies durch die relative Homogenität des Hauptverbs gegenüber dem Subjekt, das in vielfältiger Weise seinen Status ändern könne, sowie mit der Tatsache, dass das Hauptverb am intensivsten mit den anderen Teilen des Satzes verbunden sei. Engelen weist auch darauf hin, dass die Herausstellung des Verbs gegenüber anderen Satzgliedern »beschreibungstechnische Vorteile« bietet, aber keineswegs durch die Natur der Sprache gegeben sei.

Vereinfacht ergeben sich folgende unterschiedliche, systemabhängige Festlegungen für das P.:

- Subjekt und P. sind gleichwertige Satzglieder; sie stehen in einer engen Wechselbeziehung (Kongruenz). P. ist alles, was nicht Subjekt ist.
- Unterschieden wird das P. im engeren Sinne (die verbalen Teile im Satz) von dem P. im weiteren Sinne (alle Teile außer dem Subjekt); auch »Prädikatsverband«, »Prädikatsgruppe« o. Ä. genannt.
- Rein formal wird das einteilige P. (nur → finite Verbform) von einem → mehrteiligen P. unterschieden.

- P. ist als ›Rhema‹ das Neue, vorher nicht Erwähnte, das zum Subjekt als dem ›Thema‹ hinzugefügt wird; beide begründen als Spannungseinheit den deutschen Satz.
- Subjekt und P. bilden den einfachen Satz; das P. umfasst nur die verbalen Teile, wobei unterschiedliche Abgrenzungen feststellbar sind.
- Das finite Verb (und die eng mit ihm verbundenen Teile) gilt als verbaler Satzkern/Aussagekern oder -rahmen, dem die Ergänzungen/Ergänzungsbestimmungen (dazu zählt dann auch das Subjekt) untergeordnet sind.
- Die Satzkonstituente, die das finite Verb enthält, wird funktional bestimmt; da sie die einzige »einfunktionale« Konstituente ist, erübrigt sich eine Benennung als →Satzglied.
- Die Verbalphrase ist die Konstituente, die unmittelbar von S (»Satz«, Satzbasis o. Ä.) dominiert wird und die Kategorie »Verb« enthält.

Zu den Infinitivkonstruktionen vgl. →AcI und →prädikativer Aktant.

Prädikatenlogik, Teilbereich der formalen →Logik, in dem die Aussagen, die die →Aussagenlogik als Ganzes behandelt, in ihrer internen Struktur nach dem Subjekt-Prädikat-Schema analysiert werden. Als →Prädikat wird hier eine bestimmte Beschaffenheit benannt, deren Zuordnung zu einem Gegenstand mittels eines →Prädikators (2) geschieht. Formal betrachtet ist alles das Prädikat, was übrig bleibt, wenn man die Namen wegstreicht: *Willi ist gelangweilt. Erna liebt Max. Sascha ist größer als sein Vater.* (Die prädikatenlogischen Prädikate sind unterstrichen.) So ist P (x, y) die logische Struktur sowohl von »liebt (Erna, Max)« als auch von »ist größer als (Sascha, sein Vater)«.

Der Umfang der Zuordnung wird durch den →Quantor ausgedrückt. In die Darstellung gehen nicht die Beschaffenheiten selbst, sondern nur die Prädikatoren bzw. die Quantoren ein. So lässt sich die formale Struktur der Aussage »Mein Auto ist hellblau« durch den Existenzquantor

⋁ x angeben, nämlich als ⋁ x F(x), gelesen: »Es gibt (mindestens) ein Ding, für das gilt: es ist hellblau«.

Im Gegensatz zur Aussagenlogik existiert für die prädikatenlogische Wahrheit von Sätzen und die prädikatenlogische Gültigkeit von Schlüssen kein Entscheidungsverfahren. Daher ist es notwendig, einen →Kalkül zu konstruieren, der widerspruchsfrei, vollständig und axiomatisiert ist. (Zu einer axiomatischen Theorie der Prädikatenlogik vgl. Kutschera/Breitkopf, 1971, Kap. 10.)

Prädikation, (1) bezeichnet allgemein die Beziehung des →Prädikats auf ein Subjekt. (2) In der →Semantik bedeutet P., einem Gegenstand einen →Prädikator zusprechen oder absprechen: *Dies ist ein Fagott* (zu »Dies« →Deixis) oder *Dieses Instrument ist ein Fagott* (»Dieses Instrument« heißt Kennzeichnung und besteht aus dem Zeigewort »Dieses« und dem Prädikator »Instrument«) oder *Herr Huber ist Musiker* (»Herr Huber« gilt als Eigenname). (3) In der →Sprechakttheorie meint P. den Vollzug eines →propositionalen Aktes. →Referenz.

Prädikativ, zum Prädikat gehörend; z.B. p.es →Adjektiv: *Der Aussichtsturm ist hoch* im Gegensatz zum →attributiven Gebrauch (*der hohe Aussichtsturm*).

Prädikativer Aktant, Terminus bei G. Helbig (1983), der sich auf die Analyse von →Infinitivkonstruktionen bezieht; bei Konstruktionen mit prädikativem Aktant bildet das übergeordnete finite Verb keine eigenständige →Proposition; es ist ein →Funktor, der mindestens eine Leerstelle für einen weiteren Funktor, den prädikativen Aktant, eröffnet. Helbig unterscheidet 12 Bedeutungsgruppen von finiten Verben mit prädikativem Aktant.

Seine Ausführungen haben das Ziel zu klären, welche Infinitivkonstruktion zum Prädikat gehört und welche nicht; gehört sie nicht zum Prädikat, hat sie Satzgliedstatus. Hierzu schlägt er folgende Unterscheidung vor:

a) Bei allen Konstruktionen mit prädikativem Aktant, in denen nur ein →prädikatives Zentrum vorliegt, ist der prädikative Aktant als Teil des Prädikats anzusehen: *Elsa kann schwimmen. Sie beginnt zu schwimmen.* (Das Prädikat ist jeweils unterstrichen.)

b) Bei allen Konstruktionen mit prädikativem Aktant, in denen zwei prädikative Zentren vorliegen, ist der prädikative Aktant »offenbar nicht als Prädikatsteil, sondern als selbständiges Satzglied außerhalb des Prädikats, bei der Abhängigkeit von Verben oder Adjektiven als Subjekt oder als Objekt anzusehen« (Helbig, 1983). Beispiel: *Wir sehen Elsa schwimmen. Sie lässt ihren Freund warten.* (Einfach unterstrichen = Prädikat; doppelt unterstrichen = p. A. als selbständiges Satzglied.)

Prädikatives Zentrum, Infinitivkonstruktionen oder →prädikative Aktanten können sich auf ein oder auf zwei Größen beziehen:

a) *Elsa kann schwimmen* lässt sich analysieren als »Elsa kann etwas« und »Elsa schwimmt«, wobei vorausgesetzt ist, dass zwischen dem Namen »Elsa« in beiden Aussagen →Referenzidentität herrscht, d.h. dass es nur ein p. Z. gibt.

b) *Wir sehen Elsa schwimmen* lässt sich analysieren als »Wir sehen Elsa« und »Elsa schwimmt«, wobei zwischen »Wir« im ersten und »Elsa« im zweiten Satz offenbar keine Referenzidentität herrscht, d.h. dass hier zwei prädikative Zentren vorliegen.

Prädikativ(um) →Prädikatsnomen

Prädikativsatz →Prädikatsnomen

Prädikator, (1) in der →Semantik ein Wort, mit dem einem Gegenstand Eigenschaften zu- oder abgesprochen werden können, zum Beispiel *ein Fagott zu sein.* In diesem Zusammenhang ist der Terminus »Eigenschaft« sehr weit gefasst. P.en (wie: *Fagott*, *Aussichtsturm*, *hoch* usw.) sind von Eigennamen (wie: *Herr Huber*, *Mozart*, *Wien* usw.) und →Funktionswörtern (wie: *dies*, *dort*, *jetzt*, *und*, *weil* usw.) zu unterscheiden; P.en stellen abstrakte Größen dar, die vielen Gegenständen (immer wieder) zu- oder abgesprochen werden können. Neben den zweistelligen P.en (»x ist ein y«) gibt es auch mehrstellige (»x nennt y einen z«). (2) In der → Prädikatenlogik Bezeichnung für das prädikatenlogische Prädikat.

Prädikatsadjektiv → Prädikatsnomen

Prädikatsakkusativ → Prädikatsnomen

Prädikatskern, gelegentliche Bezeichnung für den verbalen Teil des → Prädikats als dem wesentlichen Bestandteil der Satzaussage; → Satzkern.

Prädikatsnomen, auch: Prädikativ(um), Gleichgröße.

1. Formen und Vorkommen

Ausgehend von der Lateingrammatik, umfasst das P. sowohl nominale als auch adjektivische Syntagmen. Unter P. fasst man eine Reihe von prädikativen Satzteilen zusammen, die nach einem Kopulativverb (*bleiben*, *erscheinen*, *heißen*, *sein*, *werden*) stehen können. Im Wesentlichen sind dies:

– Prädikatsnominativ, auch Gleichsetzungsnominativ (Nomen oder Pronomen): *Christa bleibt meine Freundin*; *Christa bleibt es*.
– Prädikatsadjektiv (auch Partizip): *Christa ist klug*; *Christa erscheint gekränkt*.
– prädikative Ergänzung (Adverb oder Präpositionalgefüge): *Christa ist hier/allein*; *Christa ist bei ihrem Freund*.
– Vergleich als P.: *Christa ist wie eine Freundin*.
– P. im Genitiv: *Christa ist meiner Meinung*.
– Prädikativsatz (Nebensatz an der Stelle eines P.s): *Christa ist, was man eine gute Freundin nennen kann*.

Neben den »Gleichgrößen«, die sich auf das Subjekt beziehen (auch: Subjektsprädikative), gibt es solche beim Akkusativobjekt. Sie stehen nach Verben wie: *halten für*, *heißen*, *nennen*, *rufen* und werden → Objektsprädikative genannt: *Ich halte Christa für eine gute Freundin*.

Zwischen dem Subjekt und einem Gleichsetzungsnominativ besteht eine Art → Kongruenz in Kasus und Numerus, gelegentlich im Genus: *Sie ist meine Freundin*. – *Er ist mein Freund. – Sie sind meine Freunde / meine Freundinnen. – Willi ist eine echte Hilfe.*

Die Bezeichnung »Gleichgröße« (H. Glinz) stellt einen ungenauen Sprachgebrauch dar, da Subjekt und Gleichsetzungsnominativ nur selten wirklich gleiche Größen verkörpern (wie in »Kinder sind Kinder«). Engel/Schumacher (1976) meinen hierzu: »Prinzipiell geht es um die Relation von Untermenge zu Obermenge, [...] eine Untermenge wird einer Obermenge subsumiert oder eingeordnet.« Weiterhin geben sie zu bedenken, dass der Unterschied zwischen nominalem und adjektivischem Prädikativ aufgegeben werden könnte (wie dies die Lateingrammatik gemeinhin tut).

Durch die →Infinitivprobe lässt sich in der Regel das Subjekt ermitteln; der Gleichsetzungsnominativ bleibt dann beim Verb:
Beispiel: *Romano wird Schneider.*
Infinitiv: *werden – Schneider werden*
Subjekt: *Romano*

2. Ergänzende Hinweise

Die älteren Grammatiken sprechen mit Bezug auf das P. von einem substantivischen bzw. adjektivischen Prädikat: »In diesem Sinne unterscheidet man Sätze, deren Prädikat ein Verb, ein Adjektiv oder ein Substantiv ist« (Blatz, [2]1880). H. Glinz (*Innere Form*, [4]1965) hat darauf insistiert, den Prädikatsnominativ (nicht das -adjektiv) als »Größe« zu klassifizieren; er hält sie »so gewichtig, frei bildbar und deutlich größengeprägt [...] wie irgend eine andere [Größe]«, weswegen er keinen Grund sieht, »sie mit dem Leitglied [dem Prädikat] zu einer besonders engen Gruppe zusammenzunehmen«. Auch J. Erben ([12]1980) spricht vom »gleichen Rang« des Subjekts- und des Prädikatsnominativs. Die Duden-Grammatik ([4]1984) unterscheidet Prädikatsnominativ und -akkusativ sowie das Satzadjektiv; als Unterscheidungsmerkmal gilt »kasusbestimmt / nicht im Kasus bestimmt«; sie zählen nicht zum Prädikat im engeren Sinne (= Finitum, infinite Form, Verbzusatz), wohl aber als Satzglieder zum → Prädikatsverband (wie alle anderen Objekte auch). Ähnlich urteilt W. Flämig (1991): »Prädikative sind notwendige Ergänzungen bestimmter Verbklassen mit Satzgliedcharakter, die als direkte Konstituente des Prädikats auftreten.«

P. Eisenberg ([3]1994) diskutiert die Problematik im Zusammenhang mit den Kopulaverben. Er weist darauf hin, dass Grammatiken, die sich auf den Valenzgedanken berufen, meist das P. nicht zum Prädikat zählen, sondern als eigenständiges Satzglied beschreiben; denn »wenn das Vollverb strukturelles Zentrum des Satzes ist, dann auch das Kopulaverb«, und: »Prädikatsnomina sind dann Ergänzungen wie alle anderen«. B. Engelen (1986) fasst das P. unter den Begriff der »Kontiguitätsergänzungen« (lat. *contiguus* ›angrenzend‹) und unterscheidet vier Untergruppen:

a) Nominale Kontiguitätsergänzung (Gleichsetzungsergänzung)
- intransitiv: *Herr Huber ist Künstler.*
- transitiv: *Er verarbeitet Schrott zu Kunstwerken.*

b) Adjektivische Kontiguitätsergänzung (Artergänzung)
- intransitiv: *Das Werk ist genial.*
- transitiv: *Ich halte es für unsinnig.*

Engelen weist darauf hin, dass es sich hierbei nicht um ein Verhältnis zwischen Teil und Ganzem handelt, sondern zwischen Merkmal (Merkmalkomplex) und Ganzem. Er zählt die Kontiguitätsergänzung zu den Ergänzungen des Prädikats (wie H. Glinz).

U. Engel ([3]1996) führt die Bezeichnungen »Nominalergänzung« und »Adjektivalergänzung« ein, die weitgehend dem Prädikatsnominativ und -adjektiv entsprechen, aber auch Adjektivergänzungen, z.B. bei einem Adjektiv wie »bekannt (als)«, umfassen: *ein als <u>streitsüchtig</u> bekannter Gast.*

Kontrovers ist ebenfalls die Beurteilung der von einem Prädikatsadjektiv abhängigen Syntagmen (→ Valenz).

H. J. Heringer (1970) gibt die Konsequenzen für eine unterschiedliche Beurteilung an: »Die wichtigste Konsequenz ergibt sich zweifellos für die Wertigkeit, da bei Adjektiven mit Leerstellen die Ergänzungen der Adjektive nur dann als E gezählt werden dürfen, wenn die Adjektive selbst keine E sind. Zählt man dagegen die Adjektive als E, so müssen die von ihnen abhängigen Ergänzungen Attribute sein.« Beispiel: *Er ist in München ansässig.*

In Heringer (1996) heißt es: »Die Kopulaverben sind semantisch verhältnismäßig leer, sie tragen allerdings die syntaktische Hauptlast«; sie haben das Verbmorphem und kongruieren mit dem Subjekt. Valenzbestimmend ist jedoch das dominierte Adjektiv. »Es bestimmt die Anzahl der abhängigen N, hat selbst einen blockierten Einser-Slot (= Subjekt-Stelle), selegiert aber das Subjekt und andere Komplemente.«

Die Duden-Grammatik (^{4}1984) qualifiziert beide Syntagmen als »Ergänzungen«:

Subjekt +	Prädikat +	Raumergänzung +	Artergänzung
Er	*ist*	*in München*	*ansässig.*

Sie folgt damit den *Grundzügen* (1981), die feststellen: »Das Prädikativ ist somit das einzige Satzglied, das gegenüber anderen Satzgliedern Valenzträger sein kann.« Beispiele: *Die Familie war dort ansässig. – Wir waren einer solchen Antwort gewärtig.*

Prädikatsnominativ → Prädikatsnomen

Prädikatsverband, Fügung aus → Prädikat und → Ergänzung(en).

Präfix, dt.: Vorsilbe; an einen Wortstamm gebundener Wortteil, der diesem vorangeht und nicht allein gebraucht werden kann: *be-*, *ge-*, *miss-*, *un-*, *ver-*, *zer-* u. a.

P.e können die → Aktionsart einer verbalen Fügung kennzeichnen: *erblühen – blühen – verblühen.* Darüber hinaus haben P.e semantische Funktionen: *entnehmen* (weg, fort), *entwarnen* (rückgängig machen); *verdrehen* (verkehrt), *verreisen* (fort), *verriegeln* (schließen), *ver-*

dunsten (abnehmen), *vergiften* (töten); *zerlegen* (auseinander), *zertrümmern* (gewaltsam trennen) usw.

Präfixbildung, Wortbildung mit →Präfix: *leg(en), zerleg(en), unzerleg(bar)*; oft wird die P. unter →Ableitung subsumiert.

Prämisse, die beiden Vordersätze (Prädikataussagen) im →Syllogismus, aus denen die →Konklusion folgt. Die einleitende P. heißt Obersatz, die zweite (vermittelnde) heißt Untersatz. Beispiel: (Obersatz = P. 1:) *Alle M sind P* – (Untersatz = P. 2:) *Alle S sind M* – (Konklusion:) *Also: Alle S sind P.*

Präposition, dt.: Verhältniswort; nicht flektierbare Wortart, die weder als Satzglied noch als Satzgliedteil (Attribut) gebraucht wird; P.en bestimmen den Kasus ihres jeweiligen Bezugswortes (→Rektion):

- mit Genitiv: *außerhalb*, *diesseits*, *innerhalb*, *kraft*, *laut*, *mittels*, *statt*, *wegen*
- mit Dativ: *aus*, *bei*, *binnen*, *gegenüber*, *mit*, *nach*, *nebst*, *seit*, *von*, *zu*
- mit Akkusativ: *bis*, *durch*, *für*, *gegen*, *ohne*, *um*, *wider*
- mit Dativ oder Akkusativ: *an*, *auf*, *hinter*, *in*, *neben*, *über*, *unter*, *vor*, *zwischen*

Die P. stellt eine Beziehung zwischen zwei Ausdrücken und deren Bedeutung her. Je nach der Art dieser Beziehung unterscheidet man lokale (*in der Kiste*), temporale (*nach der Feier*), modale (*mitsamt der Kiste*), kausale (*anlässlich der Feier*) P.n.

Präpositionales Attribut →Präpositionalgefüge

Präpositionalgefüge, auch: Präpositionalphrase; Sammelbezeichnung für unterschiedliche Gefüge mit →Präposition:

a) →Adverbiale Bestimmung
   - weglassbar (→Angabe): *Hugo malt an einer Wand.*
   - nicht weglassbar (→Ergänzung): *Hugo lehnt an einer Wand.*

b) →Präpositionalobjekt: *Wir denken an Hugo.*

c) →Funktionsverbgefüge: *Die Farbe wird in Rechnung gestellt.*
d) →Attribut (mit Präposition): *Die Striche an der Wand müssen übermalt werden.*

Präpositionalobjekt, von der →Valenz des Verbs abhängiges →Satzglied mit einer →Präposition, die relativ fest mit dem Verb verbunden ist. »Präpositionen in Präpositionalobjekten haben eine ähnliche syntaktische Funktion wie die Objektkasus. Sie werden von dem Valenzträger der Präpositionalgruppe gefordert (regiert), sie sind valenzabhängig. Die Präpositionen ihrerseits regieren den Kasus der Substantivgruppe« (Flämig, 1991): *Er klagt über Kopfschmerzen* (klagen über). – *Wir hoffen auf besseres Wetter* (hoffen auf).

Das P. ist von anderen →Präpositionalgefügen dadurch unterschieden, dass es ein weitgehend obligatorisches Satzglied ist, dessen Präposition nicht ohne weiteres austauschbar ist, wie dies zum Beispiel bei der →adverbialen Bestimmung der Fall ist (*Das Buch liegt auf/neben/unter dem Stapel*). Dennoch ist die Abgrenzung im Einzelfall schwierig: *Willi freut sich über das Geburtstagsgeschenk.* – *Willi freut sich.* Dieses Beispiel zeigt, dass das P. weglassbar ist; allerdings gilt, dass die Präposition nicht gegen andere ausgetauscht werden kann und dass sie semantisch leer ist. (Man kann nicht fragen: Wo freut er sich?, sondern muss mit der Präposition fragen: Worüber freut er sich?)

Präpositionalphrase →Präpositionalgefüge

Präsens, dt.: Gegenwartsform; Tempus der Beschreibung (Inhaltsangabe); eines der sechs Tempora im Deutschen. Mit dem P. wird normalerweise ein gerade ablaufendes Geschehen bezeichnet: *Ich lese ein Buch.*

Außerdem kann das P. noch andere Funktionen übernehmen:

– Allgemein gültige, gesetzmäßige oder zeitlos gültige Aussage: *Die Erde ist rund. Zwei mal zwei ergibt vier.*

- Wiederholung und gewohnheitsmäßiges Handeln: *Nach dem Sommer folgt der Herbst. Wir trinken morgens nur Tee.*
- Zeitstufe Zukunft (meist durch temporales Adverb unterstützt): *Morgen fahren wir nach Berlin.*
- Historisches P.: *Im Jahre 800 n. Chr. wird Karl der Große in Rom zum Kaiser gekrönt.*
- Erzählendes P. (→Tempuswechsel): *Gedankenverloren ging er durch die nächtlichen Straßen. Plötzlich kracht ein Schuss.*

Präskriptiv, dt.: beschreibend; eine p.e Grammatik geht von einem →Korpus ausgezeichneter (meist dichterischer) Texte aus, ermittelt deren Regelhaftigkeiten und erhebt diese zur allgemeinen sprachlichen →Norm. Sie tritt dann als →normative Grammatik auf. ↔Deskriptiv.

Präskriptive Grammatik →Normative Grammatik

Präsupposition, dt.: das Zugrundeliegende; P.en sind stillschweigend gemachte (oder machbare) Voraussetzungen bei einer Aussage. Teilgebiet der Logik, die sich mit der Beschreibung von Folgebeziehungen befasst. Beispiel: *Meine Frau arbeitet als Dolmetscherin.*

Dieser Aussage liegt eine Reihe von P.en zugrunde: a) »Meine« (Singular) bezeichnet ein feminines Bezugswort; b) der Sprecher hat eine Frau, ist verheiratet; c) der Sprecher ist männlich und erwachsen; d) die Frau ist berufstätig; e) sie beherrscht/übersetzt eine oder mehrere Fremdsprachen usw.

Die P.en bleiben im Wesentlichen gültig, auch wenn die Aussage verneint würde. Die Erforschung von P.en ist wichtig für bestimmte Aspekte der strukturalen Syntax (Beschränkung bei der Besetzung von lexikalischen Kategorien; →Subkategorisierung), der Semantik (→Konnotation), der →Textlinguistik (→Vertextung), der →Sprechakttheorie (Regeln für das Glücken einer Sprechhandlung), der →Pragmatik (Kommunikationsregulative) u. a. m. Die Erforschung der P.en könnte dazu beitragen,

Missverständnisse zu vermeiden und Kommunikationsstörungen abzubauen. Allerdings ergeben sich erhebliche Probleme bei der wissenschaftlichen Abgrenzung und Klassifikation von P.en.

Präteritum, dt.: Vergangenheitsform, erste Vergangenheit; eines der sechs →Tempora im Deutschen, das eigene Formen herausgebildet hat (2. →Stammform). Das P. verweist auf Vergangenes, auf Vorgänge oder Handlungen, die in der Vergangenheit abgeschlossen sind: *Als wir durch die Eifel fuhren, hatten wir strahlenden Sonnenschein.*

Das P. ist die Zeitform des Erzählens; in der Umgangssprache übernimmt das →Perfekt oft die Funktion des P.s: *Im letzten Jahr sind wir nach Rom gefahren* (statt: *Im letzten Jahr fuhren wir nach Rom*).

Prager Schule →Strukturalismus

Pragmalinguistik →Pragmatik (1)

Pragmatik, dt.: Handlungstheorie; (1) als Pragmalinguistik Teildisziplin der →Textlinguistik; Zielsetzung ist die Erfassung und Analyse allgemeiner textbildender Gesetzmäßigkeiten unter den Bedingungen möglicher Verwendungssituationen. Der zugrunde liegende Textbegriff schließt Gestik, Mimik, aber auch andere situationsbezogene Faktoren ein. Teilweise ergeben sich Überschneidungen mit der →Soziolinguistik. (2) Teildisziplin der →Linguistik, die von der allgemeinen →Zeichentheorie beeinflusst ist. Ch. W. Morris (1938; dt. 1972) hat die Grundlagen der Zeichentheorie in einem triadischen Modell beschrieben, wonach drei Dimensionen des sprachlichen Zeichens zu unterscheiden sind, denen jeweils eine Forschungsrichtung zugeordnet ist: die *Syntaktik* untersucht die Relation Zeichen – Zeichen(system); die *Semantik* untersucht die Relation Zeichen – Objekt (im Sinne von →Designat); die *Pragmatik* untersucht die Relation Zeichen – Zeichenbenutzer (Interpret). Somit konzentriert sich die P. vornehmlich auf den Aspekt von →Bedeutung, der unter den besonderen Bedingungen des Interpreten (nicht nur als Individuum, sondern auch als soziale Gruppe, Gesellschaftsform) und der Verwendung in bestimmten Kontexten relevant wird (werden kann).

Enge Berührungspunkte gibt es zur allgemeinen Kommunikationswissenschaft, zur Soziolinguistik und zur →Sprechakttheorie (vgl. Rolf, 1997).

Pragmatische Axiome, bei der Beschreibung zwischenmenschlicher Beziehungen und Kommunikationsabläufe haben Watzlawick u. a. ([5]1980) versucht, allgemeine Konstanten festzulegen. Diese p.n A. stellen allerdings kein homogenes Begriffssystem dar, auch sind sie von Beobachtungen sehr unterschiedlichen Abstraktionsgrades abgeleitet. Gemeinsam ist ihnen, dass sie handlungsorientierte zwischenmenschliche Konstanten darstellen, die dem →kommunikativen Handeln zugrunde liegen. Ihre theoretische Schwäche wird durch ihre praktische Nützlichkeit bei der Analyse vornehmlich der gesprochenen Sprache ausgeglichen.

Watzlawick u. a. unterscheiden insgesamt fünf p. A.:

I. *Man kann nicht nicht kommunizieren.*

Dieses pragmatische Axiom legt fest, dass alle »Zwei-oder-mehr-Personen-Situationen« kommunikativ und zwischenpersönlich sind. Auch Schweigen muss daher als kommunikativer Akt mit bestimmten Intentionen und Wirkungen verstanden werden, sofern mindestens einer der Kommunikationspartner die Situation als »gemeinsame Situation« deutet.

II. *Jede Kommunikation hat einen Inhalts- und einen Beziehungsaspekt, derart, dass letzterer den ersteren bestimmt und daher eine →Metakommunikation ist.*

Wenn sich zum Beispiel zwei Personen auf einer Feier zum ersten Male begegnen und kennen lernen wollen, so werden sie zuerst versuchen, den Beziehungsaspekt derart festzulegen, dass die Einschätzung der Eigenrolle mit der der Fremdrolle irgendwie in Einklang gebracht wird. Jede verbale oder körpersprachliche Äußerung, aber auch andere kulturelle Signale (wie Kleidung, Schmuck) können jederzeit den noch nicht gefestigten Beziehungsaspekt verschieben; und je nach der Festlegung des Beziehungsaspekts werden die Inhaltsaspekte der Kommunikation »gefärbt«, eingeschätzt und mehr oder weniger akzeptiert. Hierin drückt sich die alte Erfahrung aus, dass z. B. Studenten einem beliebten Dozenten (Beziehungsaspekt) eher zuhören und das, was er sagt, glauben und annehmen (Inhaltsaspekt) als einem unbeliebten Dozenten. Dies ist eine Chance (Motivation, Lernerfolg), aber auch eine verdeckte Gefahr (Manipulation, Abschwächen von kritischem Potential).

III. *Die Natur einer Beziehung ist durch die Interpunktion der Kommunikationsabläufe seitens der Partner bedingt.*

Interpunktion tritt beim Austausch von Mitteilungen zwischen Kommunikationspartnern auf, wenn beide zwar glauben, sie bezögen sich auf dieselbe Sache, wenn aber jeder nur einen Aspekt dieser Sache betont und für sich wichtig nimmt. Watzlawick u. a. führen zur Verdeutlichung folgenden Beziehungskonflikt an: In einer Zweierbeziehung wirft die Frau ihrem Mann vor, er zöge sich von ihr zurück; er hingegen wirft seiner Frau vor, sie nörgele stets. Typische Aussagen sind: »Ich meide dich, weil du nörgelst« – »Ich nörgele, weil du mich meidest«. Es handelt sich im Wesentlichen bei diesem Konflikt um ein monotones Hin und Her der gegenseitigen Vorwürfe und Selbstverteidigungen, weil die Interpunktion ihrer Mitteilungen sowohl verhindert, dass beide den Zusammenhang ihres Konflikts durchschauen, als auch den →Diskurs unmöglich macht. Erst wenn beide aus dem Schema ihrer Interpunktion heraustraten, wäre eine notwendige Bedingung für die Verständigung erfüllt.

Internationale Beziehungen haben nicht selten die gleiche Kommunikationsstruktur.

IV. *Menschliche Kommunikation bedient sich digitaler und analoger Modalitäten.*

→Digitale Kommunikation hat eine komplexe und vielseitige logische Syntax, aber eine auf dem Gebiet der Beziehungen unzulängliche Semantik. →Analoge Kommunikation dagegen besitzt dieses semantische Potential, ermangelt aber die für eindeutige Kommunikationen erforderliche logische Syntax.

Von digitaler Kommunikation spricht man, wenn z.B. die sprachlichen Zeichen (Wörter, Phrasen, Sätze, Texte) gemeint sind, die im Wesentlichen der Übermittlung von symbolisch kodierter Information dienen. Von →analoger Kommunikation spricht man, wenn eher die Übermittlung von Körpersignalen gemeint ist, welche vor allem die persönliche Beziehung der Gesprächspartner regeln. Sie ist sehr variationsreich, aber situationsgebunden und häufig mehrdeutig, weil sie weder eine →Morphologie noch irgendwelche logisch-syntaktischen Zeichen (wie Konjunktionen) kennt. Die Übertragung von analoger in digitale Kommunikation ist problematisch, teilweise unmöglich. (So gibt es keinen Sinn, jemandem mitzuteilen: »Ich lächele dir zu«. Man muss es schon tun.)

V. *Zwischenmenschliche Kommunikationsabläufe sind entweder →symmetrisch oder →asymmetrisch (komplementär), je nachdem, ob die Beziehung zwischen den Partnern auf Gleichheit oder Unterschiedlichkeit beruht.*

Asymmetrisch ist zum Beispiel die Kommunikation zwischen Fachmann und Laie, sofern beide über ein Fachgebiet reden, von dem der Fachmann viel, der Laie aber nur wenig versteht. Die Verhältnisse können sich jedoch auch verkomplizieren, wenn der Laie gleichzeitig der Vorgesetzte (Arbeitgeber, Kunde) ist und der Fachmann von ihm abhängig ist. Watzlawick u.a. nennen diese Form der Kommunikation auch »komplementär«, was so viel bedeutet, dass die Kommunikationspartner sich gegenseitig »ergänzen«, dass die Rolle des einen durch die Rolle des anderen definiert ist und umgekehrt. Symmetrische Kommunikation liegt nur dann vor, wenn die gleichen Chancen und gleichwertigen Rollen wirklich bestehen und nicht nur (vorübergehend) zugestanden werden; dies kann zu verdeckten Beziehungskonflikten führen. →Kommunikatives Handeln, →Pragmatik.

Primärberührungseffekt, bereits vor der Ersten oder Germanischen →Lautverschiebung (1) haben sich innerhalb des indoeuropäischen (i.e.) Konsonantismus (vor allem bei den →Verschlusslauten) »gewisse Veränderungen vollzogen, so dass gar nicht die zu erwartenden, sondern andere Laute in die germanische Sprachentwicklung eintraten« (v. Kienle, 1969). Die indoeuropäischen Verbindungen *bt*, *gt*, *gs* und *dt* erscheinen im Urgermanischen demnach als *ft*, *mt*, *χs* und *ss* und nicht als *pt*, *kt*, *ks* oder *tt* wie aufgrund der Germanischen Lautverschiebung zu erwarten wäre.

Beispiel: i.e. [t, d, dh] + [s] fallen bereits in indoeuropäischer Zeit zu [ts] zusammen und sind bereits in vorgermanischer Zeit zu [ss] geworden, das germ. als -ss- bzw. nach langem Vokal oder Diphthong als -s- erscheint: i.e. **ueid-s* (lat. *vîsere*) ›zu sehen trachten, besuchen‹ wird got. *gaweisôn*, ahd. *wîsôn* ›besuchen‹.

Primatensprache →Tiersprache

pro, engl. *small pro*; in der →GB-Theorie Bezeichnung für eine leere Subjektposition in finiten Sätzen, z.B. in lat. Konstruktionen wie *veni, vidi, vici* (dt.: *Er kam, sah, siegte*). Universalgrammatisch ist p. Element des Pro-drop-Parameters in →Pro-drop-Sprachen.

PRO, engl. *big PRO*; bereits in der Revidierten Erweiterten Standardtheorie (→REST), dann auch in der →GB-Theorie Bezeichnung für eine leere Subjektkategorie in Infinitivsätzen:

Ich bat ihn$_i$ [PRO$_i$ *sich*$_i$ *zu rasieren*]. – PRO ist gebunden.

Es ist schwierig [PRO$_i$ *sich$_i$ Zugang zu verschaffen*]. – PRO ist ungebunden.

P. entsteht nicht durch →Bewegungsregeln, sondern ist von der Basis generiert. Da es sowohl Eigenschaften eines Pronomens (es tritt frei und gebunden auf) als auch einer →Anapher (Verbindung mit höchstens einer Position im Matrixsatz) hat, bezeichnet man P. als *pronominale Anapher.* Das PRO-Element unterliegt nicht der →Rektion, aber der →Kontrolle. Durch die Einführung von P. können Infinitivsätze unter der →COMP-Position erzeugt werden, also unter dem gleichen Schema wie alle anderen eingebetteten Strukturen.

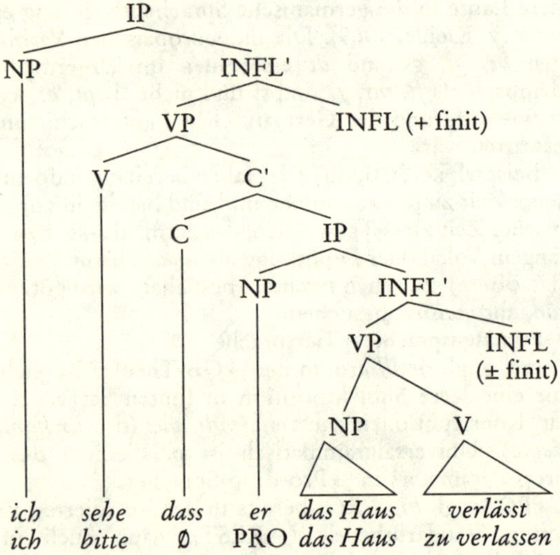

Probe, operationales Verfahren der systemorientierten Linguistik, mit dessen Hilfe die Kategorien einer Sprache auf allen Ebenen der Beschreibung (Phonologie, Syntax,

Semantik) ermittelt sowie ihre Kombinierbarkeit und Funktion beschrieben werden können. Im Einzelnen unterscheidet man u. a. folgende P.n:

a) →Entfaltungsprobe (Erweiterungsprobe, Adjunktion, Expansion):
   - ein Element wird hinzugefügt $a \rightarrow a + b$
   - ein Element wird erweitert $a + b \rightarrow a + c$ [wobei gilt: $b < c$]

b) →Ersatzprobe (Austauschprobe, Kommutation, Substitution), bestehend aus den beiden Teiloperationen Tilgung und Ersetzung:
   $a + b \rightarrow a + c$ [wobei gilt: $b \neq c$]

c) →Umstellprobe (Satzgliedprobe, Verschiebeprobe, Permutation): $a + b \rightarrow b + a$

d) →Weglassprobe (Abstrichprobe, Tilgung, Reduktion):
   - ein Element wird weggelassen $a + b \rightarrow a$
   - ein Element wird reduziert $a + b \rightarrow a + c$ [wobei gilt: $b > c$]

e) →Frageprobe, →Pronominalisierungsprobe, →Unverträglichkeitsprobe

Problemlösungsverfahren, auch: Heurismen; die Lernpsychologie kennt fünf Formen des problemlösenden Denkens: Problemlösen durch

- *Versuch und Irrtum* (z. B. Knobel-Aufgaben; Ausprobieren)
- *Umstrukturierung* – hierzu gehören die Situationsanalyse, allgemeine Lösungsprinzipien, Entwicklung eines Suchmodells und die Aktualisierung der Mittel (z. B. Planung einer Urlaubsreise mittels Straßenkarte; Planskizze zur Lösung einer geometrischen Textaufgabe)
- *Anwendung von Strategien* (z. B. Suche einer Figur auf dem Schachbrett mit 8 × 8 Feldern bei geringster Anzahl von Ja-Nein-Entscheidungen; effektive Durchführung eines physikalischen Versuchs)

- *Kreativität* – hierzu gehören die Phasen der Problematisierung, der Exploration und Inkubation (scheinbares »Vergessen« des Problems), der heuristischen Regression (spontan auftauchende Lösungsmöglichkeiten und deren Variation oder Neuordnung) sowie die systematische Ausarbeitung und Durchsetzung der Lösung (z.B. Schaffung eines effektiven Werbeslogans für ein Produkt; Schreiben eines Gedichts)
- *Systemdenken* – hierzu gehören Zielpräzisierung, Strukturwissen, Schwerpunktbildung, Planung von Eingriffen (Metareflexion wie Nebenwirkungs- oder Fernwirkungsanalysen)

Um solche P. erfolgreich durchzuführen, sind bestimmte Persönlichkeitsmerkmale erforderlich, zumindest hilfreich, z.B. umgehen können mit Komplexität, spezifische intellektuelle Leistungskapazität, Entscheidungsfreude, Selbstsicherheit, Verantwortungsbewusstsein und Stabilität des Handelns, einschließlich der Fähigkeit zu Selbstreflexion und intellektueller Redlichkeit.

Pro-drop-Sprache, Parameter in der →GB-Theorie, der folgende Aussage macht:

Pro-drop-Parameter

- [+pro-drop] bedeutet, dass →INFL →pro identifizieren kann.
- [–pro-drop] bedeutet, dass INFL pro nicht identifizieren kann.

Die positive Auswahl des Pro-drop-Parameters besagt, dass in der betreffenden Sprache ein leeres Subjekt (= pro) als Subjekt eines finiten Verbs auftreten kann, es wird durch die Verbmorphologie in INFL eindeutig identifiziert. So rechnet man das Italienische oder Spanische zu den [+pro-drop]-Sprachen, das Englische oder Deutsche zu den [–pro-drop]-Sprachen (vgl. Fanselow/Felix 2, 1987). Lat. *conoscere* → Ital.: *Conosco i miei polli*; im Gegensatz zum Dt.: *Ich kenne meine Pappenheimer.*

Produktion →Sprachverarbeitung

Pro-Form, auch: Verweisform, Substituens; P.-F.en werden realisiert durch Pronomen in →Stellvertreter-Position oder durch →Pronominaladverbien; sie können →anaphorisch rückverweisend oder →kataphorisch vorausweisend stehen und dienen im Wesentlichen der →Textkonstitution: *Als* er_i (→) *das* $Büro_j$ *betrat, konnte* $sich_i$ (→) $Willi_i$ *nicht mehr erinnern, ob* er_i (←) $darin_j$ (←) *jemals einen braunen Ledersessel gesehen hatte.*

Progressiv, Kategorie des Verbs, die den →Aspekt betrifft und z. B. im Englischen als Continuous-Form grammatisch realisiert ist: *She was working all day long*. Diese Struktur gilt im Deutschen als nicht korrekt, wenngleich gelegentlich in der Umgangssprache anzutreffen (*Sie war den ganzen Tag am Arbeiten*). Der p.e Aspekt gibt an, dass ein Vorgang längere Zeit andauert; insofern gibt es Überschneidungen mit der →Aktionsart des Verbs.

Projektion, (1) in der →generativen Transformationsgrammatik bedeutet P. die Übertragung von (syntaktischen und semantischen) Merkmalen der →Lexeme auf alle anderen Beschreibungsebenen (→Lexikonregel). (2) Die →interpretative Semantik versucht, den Aufbau der Satzbedeutung durch eine semantische Interpretation der syntaktischen →Tiefenstruktur zu leisten. Dies geschieht über die →Projektionsregel, d. h. die sukzessive Vereinigung der Merkmalbündel der einzelnen →Formative zur Gesamtbedeutung des Satzes. (3) Im →X-bar-Schema der →GB-Theorie gilt, dass phrasale Kategorien stets einen lexikalischen →Kopf enthalten müssen, vielfach als X^0 bezeichnet. Dieser Kopf bildet zusammen mit dem →Komplement die nächst höhere Kategorie, also X'. Die Kategorie X' verbindet sich wiederum mit →Adjunkten bzw. mit dem Determinator (Det) in der NP zu X'' usw. bis hinauf zur maximalen (obersten) Ebene. Die einzelnen kategorialen Ebenen bezeichnet man als P.en des Kopfes der Konstruktion. (4) Das so genannte »Projektionsproblem« wird im Zusammenhang mit der Frage diskutiert, »ob die Präsuppositionen eines komplexen Satzes sich kompositionell aus den Präsuppositionen seiner Teile ergeben« (Grewendorf [u.a.], 1988). Das Problem der →Präsuppositionen gehört in den Bereich der →Pragmatik.

Projektionsprinzip, im Zusammenhang der →GB-Theorie gilt, dass nur das →Theta-Kriterium sowohl auf der →D-Struktur als auch auf der S-Struktur gültig ist. Dieser Sonderstatus der Theta-Theorie wird im P. wie folgt festgehalten: »Die thematischen Selektionseigenschaften eines Elements bleiben auf allen syntaktischen Strukturebenen erhalten« (Fanselow/Felix 2, 1987). Hieraus ergibt sich z.B., dass eine NP nur in eine Position bewegt werden darf, die nicht theta-markiert ist, z.B.:

D-Struktur:

[*e*] *liest sich* *dieses Buch* *sehr angenehm.*

S-Struktur:

dieses Buch$_i$ *liest sich*$_i$ [t_i] *sehr angenehm.*

(e: →Expletiv, t: →Spur)

Das erweiterte P. besagt, dass das Subjekt nicht subkategorisiert zu werden braucht (Grewendorf, 1988): a) Die im Lexikon festgelegte Argumentstruktur eines Lexikalischen Elements muss auf jeder syntaktischen Repräsentationsebene erhalten, d.h. kategorial repräsentiert bleiben; b) Sätze haben ein Subjekt.

Projektionsregel, Terminus im Rahmen der →interpretativen Semantik; die P. bildet schrittweise den Verstehensprozess eines idealisierten Sprechers/Hörers ab. Dies geschieht dadurch, dass die semantischen Merkmale sukzessive von der untersten Ebene auf die nächst höheren Ebenen projiziert werden, und zwar unter Beachtung der Selektionsbeschränkungen.

Beispiel (nach Katz/Postal, 1964):

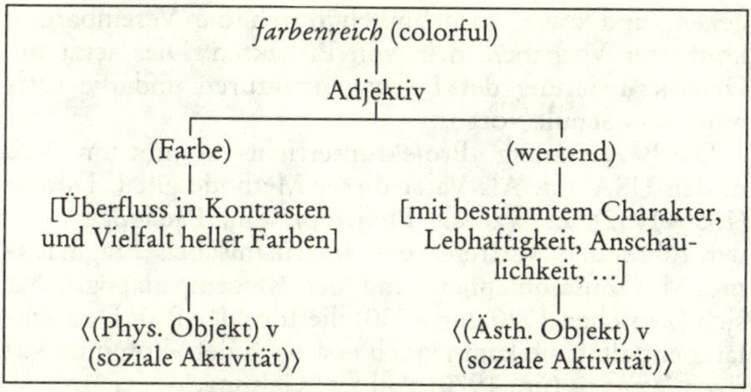

Dieser Lexikoneintrag (*farbenfroh*) besteht aus einem syntaktischen Marker (Adj.), den semantischen Markern (runde Klammern), den distinktiven Merkmalen (eckige Klammern) sowie den Selektionsbeschränkungen (spitze Klammern). Die P.n geben demnach Auskunft über die Kombinierbarkeit von Bedeutungen auf Grund der basisgenerierten → P-Marker der syntaktischen → Tiefenstruktur. Deshalb bestimmt die syntaktische Struktur im Wesentlichen, wie die Lexikoneintragungen mit Hilfe der P.n verbunden werden. Stufenweise wird jeweils die Bedeutung von zwei Konstituenten bis zum nächsten → Knoten kombiniert, und so bis zur Spitze des P-Markers vereinigt. Ergibt sich auf einer Ebene keine Lesart, so ist die Äußerung nicht grammatisch (**farbenfroher Husten*). Der Ausdruck »farbenfroh« passt zu einem Lexikoneintrag wie »Ball« und bekommt durch die Kombination mit »Ball« von der P. die erste Bedeutung ⟨Phys. Objekt⟩ zugewiesen, weil diese die gemeinsame Kennzeichnung beider ist; somit ist die zweite Bedeutung ⟨Ästh. Objekt⟩ in dieser Kombination ausgeschlossen. Als Ergebnis produziert die P. semantisch interpretierte P-Marker.

Projektmethode, auch: Projektunterricht, Projektarbeit; stellt den Versuch dar, in Unterricht und Ausbildung zur Selbstorganisation von Lehr- und Lernprozessen überzugehen, und zwar vornehmlich durch die Vereinbarung konkreter Vorhaben, d.h. von Projekten. Dies setzt die Demokratisierung der Leitungsstrukturen und die Öffnung von Schule voraus.

Die Bezeichnung »Projektunterricht« kommt um 1900 in den USA auf. Als Vater dieser Methode gilt J. Dewey (1859–1952); er war als Philosoph und Pädagoge einer der führenden Vertreter des amerikanischen Pragmatismus. Im Zusammenhang mit der Reformpädagogik hat sich (zwischen 1920 und 1930) die Idee der P. in Deutschland entfaltet; sie kam jedoch erst nach der »kommunikativen Wende« (um 1970) voll zur Geltung.

Im Allgemeinen unterscheidet die →Fachdidaktik folgende Projektarten:

a) nach dem Echtheitsgrad: Spielprojekt – Ernstfallprojekt
b) nach der Intentionsrichtung: Veränderungs-, Orientierungs- oder Unterhaltungsprojekt
c) nach Personen oder Sachbezügen: Agitationsprojekt, Kontaktprojekt, Forschungsprojekt
d) nach der Zeitdauer: Kleinprojekt (2–6 Stunden) bis hin zum Großprojekt (etwa 40 Stunden über ein Quartal verteilt)

Projektkonzeptionen und Projektarten weisen einige gemeinsame Merkmale auf:

- Es gibt jedes Mal eine Projektinitiative (möglichst von den Lernenden selbst).
- Diese Projektidee hat ihren Bezugspunkt in der Lebenswirklichkeit der Lernenden.
- Die Projektmitglieder beraten über die Initiative. Sie verständigen sich über das, was sie tun wollen.
- Die Mitglieder entwickeln ihr Betätigungsgebiet (Eingrenzung, Vorplanung, Akzentuierung).
- Die Betätigungen werden an Fixpunkten unterbrochen, um über das eigene Tun nachzudenken und darüber zu reden (Metakommunikation).

– Die Betätigung endet in einem bewusst gesetzten Abschluss, meist mit dem »Produkt«.

Zusammengefasst ergeben sich mindestens vier klar abgrenzbare Phasen: (I) Motivation und Zielsetzung, (II) Planung, (III) Durchführung und (IV) Reflexion.

Proklise, auch: Proklisis; Anlehnung eines unbetonten Wortes an ein folgendes betontes: *Wo hast du 's Geld hingelegt?* Oft bei der Verschriftlichung von Umgangssprache: *'s ist unglaublich!* ↔ Enklise.

Prolepse, auch: Prolepsis; (1) rhetorische Figur, durch die ein Gedanke oder eine Aussage vorweggenommen wird, etwa ein mögliches Argument der Gegenpartei oder ein teilweises Zugeständnis. (2) Vorwegnahme eines Satzglieds, besonders des Subjekts eines Nebensatzes: *Hast du den Angsthasen gesehen, wie der gelaufen ist?!* (Statt: *Hast du gesehen, wie der Angsthase gelaufen ist?!*) Man spricht auch vom proleptischen Akkusativ (»den Angsthasen«), der in den Hauptsatz gestellt wird.

Pronomen, pl.: die Pronomen, auch: Pronomina, dt.: Fürwort; die P. verweisen auf etwas Gemeintes oder zuvor Genanntes, sie stehen als →Stellvertreter für eine Nominalphrase bzw. ein Nomen oder als Begleiter bei einer Nominalphrase bzw. einem Nomen. In neueren Grammatiken werden nur die Stellvertreter eines Nomens als »Pronomen« bezeichnet; die →Begleiter werden dann in andere Sammelklassen einbezogen (s. die exemplarische Darstellung unter »Ergänzende Hinweise« beim →Possessivpronomen).

Im Einzelnen unterscheidet man:

– Personalpronomen: *ich*, *du*, *er*, *sie*, *es*
– Reflexivpronomen: *sich*
– Demonstrativpronomen: *dieser*, *diese*, *dieses*
– Possessivpronomen: *mein/mein(e)s*, *dein/dein(e)s*
– Interrogativpronomen: *wer?*, *wem?*, *welche?*
– Relativpronomen: *der*, *des*, *dem*; *welche*
– Indefinitpronomen: *jemand*, *jemandem*; *etwas*

Gelegentlich wird noch das reziproke P. (*einander*, *sich gegenseitig*) angeführt; Letzteres ist, wie U. Engel ([3]1996) betont, lediglich ein reziprok gebrauchtes reflexives P. Reziproke Verhältnisse deuten auch die Reflexivpronomen im Plural an: *Wir haben uns angefreundet.* Dort, wo das →Numerale als Wortart aufgelöst wird, erscheinen bestimmte Lexeme dieser Wortklasse als Zahlpronomen (*ein*, *zwei*, *drei*, ...). Bei Gallmann/Sitta ([2]1997), die zehn Untergruppen des P.s nennen, fällt auch der bestimmte und der unbestimmte Artikel unter diese Bezeichnung.

In der →GB-Theorie zählen zu den P. das Personal- und das Possessivpronomen; Reflexiv- und Reziprokpronomen werden als →Anaphern bezeichnet. Beide Untergruppen unterliegen in der →Bindungstheorie besonderen Gesetzmäßigkeiten.

Pronominaladverb, die P.ien zählen im weiteren Sinne zu den →Pronomen. An der Bildung beteiligt sind einige wenige Adverbien und bestimmte (lokale) Präpositionen: {da(r)-, wo(r)-, hier-} + {-an, -auf, -bei, -gegen, -in, -nach, -vor, ...}

P.ien können räumliche, zeitliche oder modale Aspekte bezeichnen; sie stehen für →Präpositionalgefüge:
Er setzt sich auf die Kiste. – Er setzt sich darauf.
Nach dem Kaffee gehen wir ins Kino. – Danach gehen wir ins Kino.

Pronominalisierungsprobe, besagt, dass alles das eine →Konstituente ist, was sich pronominalisieren lässt, d.h. worauf man sich mit einer →Pro-Form beziehen kann; Beispiel:
Willi und Thomas sind befreundet. Sie feiern gemeinsam ihr Examen.
Willi und Thomas wohnen in einer WG. Dort kann man nicht ungestört feiern.
Willi will in einer Gartenanlage feiern. Das will Thomas auch.

Es zeigt sich, dass die P. nicht unbedingt zuverlässig ist; denn im dritten Beispiel liefert sie eine übergroße Konstituente (Adverbial + Infinitiv). Es empfiehlt sich von daher, mehrere →Proben miteinander zu kombinieren.

Proportionale Konjunktion →Konjunktion (2)

Proposition, dt.: Thema, Satzbegriff; (1) im Allgemeinen bedeutet P. so viel wie: Satz, Urteil, Behauptung; allerdings ist eher die logische als die grammatische Struktur eines Satzes gemeint. (2) P. ist ein von J. R. Searle (1971) benutzter Terminus im Rahmen seiner →Sprechakttheorie. Unterschieden wird zwischen →Referenz, →Prädikation, →Illokution und dem propositionalen Gehalt der Illokution.

In den Sätzen *Katrin arbeitet fleißig. Arbeitet Katrin fleißig? Katrin, du sollst fleißig arbeiten!* sind die Referenz (»Katrin«) und die Prädikation (»fleißig arbeiten«) stets gleich, die Illokution ist jedoch verschieden (Feststellung, Frage, Aufforderung). Wenn mehrere (unterschiedliche) illokutionäre Akte die gleiche Referenz und die gleiche Prädikation enthalten, dann wird »stets die gleiche Proposition ausgedrückt«. Der propositionale Gehalt eines illokutionären Aktes ist demnach die Summe der semantischen Information, die durch Referenz und Prädikation beim Vollzug eines Äußerungsaktes übermittelt wird.

(3) In der Psychologie kleinste, abstrakte Wissenseinheit, die einen Sachverhalt beschreibt und die es ermöglicht, dass zwischen unterschiedlichen →Repräsentationen von Wissen gewechselt werden kann, etwa von Begriffen zu Bildern und umgekehrt. Beispiel für eine P.: »AUFFAHREN (AUTO, BUS)«. Diese P. repräsentiert den Satz *Das Auto fuhr auf den Bus auf.* »AUFFAHREN kennzeichnet die Relation zwischen AUTO und BUS und steht konventionell vor der Klammer. Man könnte auch sagen, dass die Sachverhalte AUTO und BUS das Merkmal AUFFAHREN aufweisen.« (Edelmann, 1993.) Man nimmt an, dass P.en die Bausteine unseres semantischen und episodischen Ge-

dächtnisses sind und dass nah beieinander liegende P.en auch zusammen erinnert werden. Wissenserwerb geschieht durch Bildung neuer P.en und deren Verknüpfung in →semantischen Netzen durch →Assimilation und →Akkomodation.

Propositionaler Akt →Sprechakt

Prosodie, (1) Lehre von der Messung der Silben; in der antiken Metrik die Lehre von der Tonhöhe und der →Quantität der Silben. (2) Lehre von der metrisch-rhythmischen Gestaltung der Sprache, insbesondere die Versstruktur (z.B. Quantität, Akzent, Tonhöhe, Wortgrenze und Pause).

Prototyp, dt.: Urbild, Muster, Inbegriff; der Terminus P. wird in der →Semantik benutzt, um die Bildung von →Eigenschaftsbegriffen (2) zu erklären.

Pseudomorphem, bei der Analyse sprachlicher Einheiten gewonnenes gebundenes lexikalisches →Morphem, das nicht allein auftritt: (ge)*sund, Brom*(beere).

PS-Regel →Phrasenstrukturregel

Psycholinguistik, fächerübergreifende wissenschaftliche Disziplin, die eine Brücke zwischen →Linguistik und Psychologie schlägt; gemeinsamer Gegenstandsbereich ist das Sprachverhalten (genauer: die neurophysiologischen Bedingungen der zwischenmenschlichen Kommunikation), vor allem →Spracherwerb (ontogenetisch wie phylogenetisch), sprachliche →Universalien, das Verhältnis zwischen →Sprache und Denken, Phänomene des →Lernens (behalten, vergessen, transferieren), →Sprachstörungen und dgl.

In ethnologischen Zusammenhängen steht die Klärung kulturabhängiger Bedingungen der Verständigung zwischen unterschiedlichen Gesellschaften und Gesellschaftsgruppen. Teilweise reichen die Fragestellungen der P. in die Bereiche der Biologie, Neurologie, Soziologie, Ethnologie und in die allgemeine Pädagogik. (Einführendes bei Keller/Leuniger, 1993, Kap. 6.)

Psychologisches Subjekt → Logisches Subjekt

Punktuell, Aktionsart des Verbs; p.e Verben bezeichnen einen Vorgang, der ohne zeitliche Ausdehnung punkthaft geschieht, z.B. *erblicken*, *finden*, *treffen*, *erschlagen*.

Q

Qualität, dt.: Beschaffenheit; der Terminus wird in der →Phonetik zur Bezeichnung der Klangfarbe eines Lautes gebraucht, d.i. alles, was nicht zur →Quantität gehört, z.B.: *gespannt – ungespannt, gerundet – ungerundet.*

Qualizeichen →Triadische Zeichenrelation

Qualitativ, Eigenschaftswort; →Adjektiv.

Quantifikator →Quantor

Quantität, dt.: Menge; der Terminus wird in der →Phonetik zur Bezeichnung von Dauer oder Länge eines Lautes (einer Silbe) ohne Berücksichtigung der Betonung gebraucht: *Saat – satt.*

Quantor, auch: Quantifikator; →logische Partikel für quantifizierende Aussagen. Allquantor oder Existenzquantor werden dadurch gebildet, dass zu dem jeweiligen →Operator eine Objektvariable tritt: Alloperator $\bigwedge$ + Variable x ergibt den Allquantor $\bigwedge$ x. Existenzoperator $\bigvee$ + Variable y ergibt den Existenzquantor $\bigvee$ y usw. →Prädikatenlogik.

Quotativ, Bezeichnung für einen →Modus, der das Gesagte als Wiedergabe von etwas Gehörtem kennzeichnet; im Deutschen übernimmt diese Funktion z.B. der →Konjunktiv I (*Er sagt, er <u>sei</u> nicht dabei <u>gewesen</u>*) oder ein →Modalverb (*Er <u>will</u> nicht dabei gewesen sein*).

R

Radikal, (1) Bezeichnung für die Konsonanten im Semitischen; die R.e zeigen die Grundbedeutung eines Wortes an, z. B. die Folge der drei R.en »k-t-ḇ« mit der Grundbedeutung »schreiben«. Durch Einsetzen bestimmter Vokale ergeben sich weitere →Wortformen: hebr. *kitâḇ* ›Buch‹ oder *kataḇa* ›sie schreibt‹. (2) Semantisch bestimmte Grundbausteine der chinesischen Schriftzeichen. Die Liste der traditionellen R.e umfasst 214 Schriftzeichen, die auf Kaiser Kâng Xî im 17. Jh. zurückgehen; sie reichen von »yi« (eins) mit einem Strich bis »yue« (Flöte) mit 17 Strichen. Eine Reihe von R.en kann auf mehrere Arten geschrieben werden, je nachdem, ob sie im linken, rechten, oberen oder unteren Teil eines →Logogramms vorkommen. Sie verändern jedoch nicht ihre Strichzahl, nach der sie gruppiert sind. (Einführung bei Kantor, 1994.)

Raffwort, Zusammenfassung eines komplexen Sachverhaltes oder Vorgangs in einer →Zusammensetzung: *Überraschungsangriff* = Angriff, der als Überraschung für den Gegner gedacht ist.

Raising, dt.: Anhebung; →Hebungsverb, →Objekthebung, →Subjekthebung.

Rangierglied, auch: Rangierteil, Rangierpartikel, Rangierattribut; rangverleihende →Partikel der Hervorhebung oder Einschränkung. Bei J. Erben ([12]1980) können R.er »Satzgliedern verschiedener Art (auch Gliedsätzen) appositiv zugeordnet« sein. Als Beispiele führt er an: *Allein | ein Arzt | | kann hier entscheiden. – Der Lärm störte | | vor allem | den Vater, weniger | die Mutter.* U. Engel ([3]1996) definiert R.er wie folgt: »Wort, das im Konstativsatz vor dem finiten Verb stehen, aber nicht als Antwort auf irgendwelche Fragen verwendet werden kann«. Somit wäre nach dieser Begriffsfestlegung nur das erste Beispiel bei J. Erben zutreffend, nicht das zweite. Engel fasst darunter Wörter wie *jedoch*, *gottlob*, *eigentlich*, *überhaupt*, *schätzungsweise* usw.

Hentschel/Weydt (^{2}1994) zählen die R.er zu den →Satzadverbien; sie weisen darauf hin, dass die Liste bei Engel auch Konjunktionaladverbien (*jedoch*) oder Abtönungspartikel (*eigentlich*) enthält. Sie kommen zu dem Schluss, dass »die Gruppe der Rangierpartikel so heterogen [ist], dass die Etablierung einer solchen Klasse nicht nachvollziehbar ist«.

H. J. Heringer (1996) fasst die syntaktischen Kategorien Adverb, Satzadverb und Partikel als »Rangierteile« zusammen: »Sie sind in der Regel nicht in Phrasen integriert, und sie sind verhältnismäßig frei beweglich.«

Rangierpartikel →Rangierglied, →Partikel

Raumangabe →adverbiale Bestimmung (des Ortes); →Angabe

R-Ausdruck, referentieller Ausdruck; in der →Bindungstheorie jede nicht-pronominale NP, die Kasus zugewiesen bekommen muss; ↔Expletivum (2); →Referenz (2).

Realdefinition, (1) klassische oder aristotelische →Definition; (2) Unterarten der R. sind →Begriffsanalyse, →Begriffsexplikation sowie die →operationale Definition. ↔Nominaldefinition.

Rechtschreibreform, erste Bestrebungen einer Vereinheitlichung der Rechtschreibung hat es in Deutschland seit 1855 (Königreich Hannover) bzw. 1861 (Württemberg) gegeben; 1876 tagte die erste überregional anerkannte Rechtschreibkonferenz. Doch erst das 1880 von K. Duden herausgegebene Werk *Vollständiges orthographisches Wörterbuch der deutschen Sprache* verkörperte durch seine praktische Verwendung gegen Ende des 19. Jh.s jene Autorität, die der deutschen Sprachgemeinschaft die Einheit ihrer Rechtschreibung sicherte. 1958 wird der Rechtschreib-Duden (wie das Werk seit 1915 heißt) von der Kultusministerkonferenz der Länder als verbindlich anerkannt.

Dessen Regelwerk ist jedoch so kompliziert, dass es von kaum jemandem beherrscht wird. Daher sind bereits früh Stimmen laut geworden, die eine Reform – vor allem hinsichtlich der aus dem Barock stammenden Großschreibung der Nomen – gefordert haben. In den »Wiesbadener Empfehlungen« von 1958 wird u.a. Folgendes gefordert:

- gemäßigte Kleinschreibung der Nomen (Großschreibung nur noch: Satzanfänge, Eigennamen, Anredepronomen und fachsprachliche Abkürzungen),
- Vereinfachung der Kommasetzung (entsprechend dem rhythmischen Empfinden des Schreibenden beim Schreiben/Lesen),
- Silbentrennung nach Artikulationsgrenzen,
- Beseitigung von Doppelformen bei der Rechtschreibung,
- Angleichung der Fremdwörter an die deutsche Schreibung,
- Zusammenschreibung nur noch bei echten Zusammensetzungen.

Diese Empfehlungen sind kontrovers diskutiert worden (z.B. gemäßigte Großschreibung), doch war eine Einigung über die Rechtschreibung (zwischen der Bundesrepublik, der DDR, Österreich und der deutschsprachigen Schweiz) lange Zeit nicht durchsetzbar.

Seit Mitte der 70er-Jahre arbeiteten Kommissionen in den deutschsprachigen Ländern intensiv an der Vereinfachung und Vereinheitlichung der Rechtschreibung und Zeichensetzung. Der Durchbruch gelang jedoch erst 1986 mit dem Treffen der politisch Verantwortlichen in Wien. Hier wurde vereinbart, die wesentlichen Gebiete der Rechtschreibung zu reformieren. Danach waren folgende Kommissionen mit der Arbeit offiziell betraut: die Kommission für Rechtschreibfragen des Instituts für deutsche Sprache (Mannheim), die Forschungsgruppe Orthographie des Zentralinstituts für Sprachwissenschaft (Berlin/Rostock), das Koordinierungskomitee für Orthographie beim Bundesministerium für Unterricht, Kunst und Sport (Wien) und die Arbeitsgruppe Rechtschreibreform der schweizerischen Konferenz der kantonalen Erziehungsdirektoren (Zürich). Schließlich ist eine Reihe von Vereinbarungen in den Kommissionen erarbeitet und verabschiedet worden: 1982 (Wien) ein Regelwerk zur Groß- und Kleinschreibung (»Gemäßigte Kleinschreibung«), 1984 (Rostock) Einigung zur Silbentrennung, 1987 (Zürich) Regelwerk zur Zeichensetzung.

Das Ziel des internationalen Arbeitskreises für Orthographie, in dem die Kommissionen der einzelnen deutschsprachigen Länder zusammengefasst waren, bestand in der Verabschiedung folgender Themen:

- Vereinfachung der Zusammen- und Getrenntschreibung,
- Neuregelung der Zeichensetzung und Silbentrennung,
- Angleichung bei der Laut-Buchstaben-Beziehung (Dehnungsfragen),
- Angleichung von Fremdwörtern an die deutsche Schreibweise.

Das zentrale Thema, die Groß- und Kleinschreibung (Kleinschreibung bis auf Satzanfänge und Namen), wurde zunächst ans Ende der Verhandlungsliste gesetzt und wurde auch über 1989 hinaus heftig diskutiert. Ziel der Verhandlungen auf politischer Ebene war es schließlich, einen Text zu erarbeiten, der als Verordnung in allen deutschsprachigen Staaten erlassen werden konnte. Dies geschah am 1. Juli 1996, als die nunmehr drei deutschsprachigen Länder Deutschland, Österreich und die Schweiz eine gemeinsame Erklärung zur Neuregelung der deutschen Rechtschreibung unterzeichneten, die offiziell am 1. August 1998 in Kraft trat. Allerdings ist nur ein minimaler Konsens durchsetzungsfähig gewesen, u. a.:

- Bei der Laut-Buchstaben-Zuordnung gilt das Stammprinzip (also: *Tollpatsch* statt *Tolpatsch*, *Stängel* statt *Stengel*),

- neuer Gebrauch von ss und ß (ß bleibt nur nach langem Vokal und Diphthong, also: *dass, Hass, Schluss, geküsst*),
- Schreibung von Fremdwörtern (meist sind zwei Schreibweisen möglich: *Exposé/Exposee, Spaghetti/Spagetti*),
- Neuerungen bei der Worttrennung (*Wes-te, Zu-cker, A-bend, Mag-net/Ma-gnet, war-um/wa-rum*),
- modifizierte Großschreibung, die die Grundregeln nicht verändert (im Zweifelsfall Großschreibung: *den Kürzeren ziehen, Jung und Alt, Angst und Bange machen*; Kleinschreibung der vertraulichen Anredepronomen),
- Getrenntschreibung als Regelfall (*Rad fahren, baden gehen, vorwärts bringen, ineinander fließen, Ekel erregend, wie viel*; aber: *irgendjemand, zu Grunde / zugrunde gehen*),
- verschiedene Änderungen bei e und eu sowie bei Konsonanten nach kurzem Vokal (*überschwänglich* statt *überschwenglich*, *Gämse* statt *Gemse*, *Schenke/Schänke*, *nummerieren*, *platzieren*, *Schifffahrt, Rohheit*),
- Vereinfachung der Zeichensetzung.

In einigen Bundesländern lernen die Schüler und Schülerinnen bereits seit Herbst 1996 nach den neuen Regeln. Bis zum Jahr 2005 läuft die Übergangsfrist, innerhalb der die bisherige Orthographie zwar nicht als falsch, doch als überholt gilt.

Rechtsverzweigung, (1) syntaktisch gesehen ein Satzgefüge, bei dem der abhängige Satz rechts hinter dem Hauptsatz steht: *Er konnte nicht kommen, weil er erkältet war.* (2) In der →generativen Transformationsgrammatik eine (syntaktische) Struktur, bei der rechts von einem Element expandiert wird:

Elke fährt mit dem Auto.
Elke fährt mit dem Auto ihres Vaters.
Elke fährt mit dem Auto ihres Vaters, der verreist ist.
→Linksverzweigung.

Rede, (1) aktuelle gesprochene oder geschriebene Sprache; →Parole; (2) schriftliche (literarische) Darbietungsform, und zwar als

- direkte (wörtliche) Rede: *Paul sagte: »Ich komme morgen zu euch.«*
- indirekte (berichtete) Rede: *Paul sagte, er komme morgen zu uns.*
- erlebte Rede: *Wollte er doch morgen schon zu uns kommen.*
- innerer Monolog: *Morgen, da komme ich zu euch.*

Redeteil →Wortart

Redewendung →Idiom (2)

Reduktion →Weglassprobe

Redundant, dt.: übervoll; →Information (2) ohne Neuigkeitswert ist r. Von Redundanz spricht man vor allem dann, wenn Informationseinheiten weggelassen werden können, ohne dass die Botschaft abnimmt. Im Kommunikationsprozess gilt: je höher die Redundanz, desto sicherer die Informationsweitergabe.

Referens, das R.; (1) erstes Glied in einer zweistelligen Aussage, welches dasjenige oder denjenigen bezeichnet, von dem die Handlung ausgeht: *Der Jäger schießt den Hasen.* ↔Relatum. (2) Auch: Referent, das →Bezeichnete; Objekt (Lebewesen, Gegenstand, Sachverhalt) der außersprachlichen Realität, auf das sich ein sprachliches Zeichen bezieht: »Das Referens ist nämlich der vom Symbol benannte Gegenstand« (Eco, ^{8}1994).

Referent →Referens (2)

Referentielle Identität →Koreferenz

Referenz, die R., dt.: Bezugnahme (auf »Welt«); (1) in der →Zeichentheorie bezeichnet R. die Beziehung zwischen (sprachlichem) Zeichen und →Referens (2). Im Wesentlichen haben sich zwei Ansichten durchgesetzt: Auf der einen Seite wird danach verfahren, die Frage nach der R. »aus jeder semiotischen Untersuchung kurz und bündig zu eliminieren« (U. Eco), da sie zu unauflöslichen

Aporien führe. Die Semiose wird beschränkt auf einen (kulturell vermittelten) → Signifikationsprozess. Auf der anderen Seite wird der → Zeichenprozess um eine vierte Relation R (Z, O), d.h. um die Beziehung zwischen sprachlichem Zeichen (Z) und dem Objekt (O) der Widerspiegelung, erweitert. Die Untersuchung dieser Relation soll Gegenstand einer eigenen Disziplin, der → Sigmatik, sein. Danach wird → Semiotik definiert als »allgemeine Theorie der sprachlichen Zeichen und ihrer Beziehungen zueinander, zum Denken, zur objektiven Realität und zum Menschen« (Klaus, 1973). Allerdings wird auch bei diesem (marxistischen) Ansatz eingeräumt, dass R (Z, O) keine direkte Relation sei, sondern der Vermittlung durch das gedankliche Abbild bedürfe.

(2) In der → Sprechakttheorie bilden R. und → Prädikation den Vollzug eines propositionalen Aktes (→ Proposition). In den beiden Äußerungen *Hamburg liegt an der Elbe* und *Wie viel Einwohner hat Hamburg?* ist die R. die gleiche (»Hamburg«), die Prädikationen »liegen, an der Elbe« und »haben, x Einwohner« und die → Illokution (Feststellung, Frage) sind dagegen verschieden.

Referenzfestlegung, in der → Wissenschaftssprache wird angestrebt, dass möglichst alle → Termini genau einem Gegenstand oder Sachverhalt zugeordnet sind und umgekehrt. Dies bedeutet, dass die → Referenz der in einer Theorie verwendeten Termini ein-eindeutig festzulegen ist, was meist durch explizite → Definition in einem → Referenzfixierungsakt geschieht.

Referenzfixierungsakt, unterschieden werden drei Arten von R.en: a) Namengebungsakte nach dem Muster: »Ich taufe dich hiermit auf den Namen Elfhelm«; b) okkasionelle Referenzregelungen nach dem Muster: »A nenne ich vorläufig X«; c) Benennungsfestlegungen. Letztere dürften den eigentlich interessanten Anteil der R.e bilden. Sie sind dadurch charakterisiert, »dass die Menge der möglichen Ausdrücke, für die neue Bezeichnungskonventionen festgelegt werden, nicht so eng umgrenzt ist und dass die Konventionen, auf die sich derjenige, der die Referenzfixierung ausführt, stützen kann, normalerweise nicht allgemein umgangssprachlich bzw. normalsprachlich anerkannt sind, sondern nur in bestimmten Fachsprachen, Sondersprachen bzw. Gruppensprachen Geltung haben« (Wimmer, 1979).

Die →Referenzfestlegung im R. weist im Allgemeinen folgende Struktur auf:

a) Der Ausdruck D (= Designator), der durch den R. präzisiert werden soll, wird explizit genannt.
b) Der Gegenstand, den D bezeichnet, ist für alle Sprachteilnehmer, für die D konzipiert ist, bestimmbar. Die Sicherung der Bestimmtheit eines Gegenstandes erfolgt für die Kommunikationsteilnehmer in konkreten Anwendungen.
c) Die in der Referenzfestlegung vorgenommene →Prädikation ist entweder mit D synonym, oder sie enthält →signifikante Merkmale von D, oder sie gibt eine →operationale Vorschrift zur Herleitung von D, oder sie umfasst eine Theorie, die unter D fällt.
d) Die fachsprachliche Bedeutungsfestlegung von D erfolgt im Rahmen einer Theorie T, und nur im Zusammenhang mit T hat D seine Bedeutung.
e) D muss wenigstens in einigen Kontexten gemeinsprachlich erklärt werden können.

Referenzidentität →Koreferenz

Referenzindex, meist tiefer gestellte Buchstaben zur Kennzeichnung der →Koreferenz.

Referenzobjekt, Gegenstand oder Sachverhalt, auf den mittels einer sprachlichen Äußerung Bezug genommen wird. Je nach linguistischem Ansatz und erkenntnistheoretischer Fundierung wird dieser »Gegenstand« a) als Teil der außersprachlichen Wirklichkeit angesehen, b) als →Widerspiegelung der außersprachlichen Wirklichkeit im Bewusstsein, c) als →Denotat, d. h. als kulturelle Einheit im →Signifikationsprozess.

Referenzsemantik, Teilbereich der →Semantik, der die Festlegung von Bezeichnungsfunktionen sprachlicher Ausdrücke zum Untersuchungsgegenstand hat. Dabei geht es im Wesentlichen um eine Theorie der →Referenzfestlegung sowie um die Beschreibung von →Referenzfixierungsakten.

(1) Inhaltsorientierte Konzepte versuchen, die Bezugnahme auf die außersprachliche Wirklichkeit mittels Sprache durch sprachinterne Relationen der hierfür benutzten sprachlichen Mittel zu erklären. Dabei werden die →Intensionen sprachlicher Ausdrücke als Anwendbarkeitsbedingungen formuliert, welche die →Extensionen der Ausdrücke determinieren.

(2) In neueren Arbeiten geht es zentral um die Frage, »inwieweit und wie Sprachteilnehmer selbst die Regeln bestimmen können, nach denen sie in der Kommunikation auf Gegenstände ihrer Umwelt Bezug nehmen« (Wimmer, 1979). Diese Arbeiten sind eher der →Sprechakttheorie und →Pragmatik verpflichtet.

Referenztheorie →Sigmatik

Reflexion über Sprache, einer der →Lernbereiche im Deutschunterricht; eingeführt wurde der Terminus erstmals im »Bildungsplan für das Fach Deutsch an den Gymnasien des Landes Hessen« im Jahre 1969, und er war verbunden mit der Zielsetzung, »die Ergebnisse und Verfahren der neueren Linguistik didaktisch umzusetzen«. Damit erhielt die Linguistik eine Art Leitfunktion für die →Sprachdidaktik. Doch hatte die unreflektierte Übernahme weder von systemlinguistischen noch von pragmalinguistischen Theorien längerfristig in der Praxis Bestand.

In einigen Bundesländern wurde der Lernbereich anders bezeichnet, neben »Sprachbetrachtung und Grammatik« oder »Sprachlehre und Sprachkunde« finden sich »Reflexion über Sprache und Sprachtraining« (Saarland) sowie »Sprachbetrachtung und Sprachübung« (Schleswig-Holstein). Dies zeigt, dass R. ü. S. vielerorts gleichgesetzt wird mit Sprachbetrachtung und dass als Pendant ein Teilbereich wie »Grammatik«, »Sprachtraining« oder »Sprachübung« angesetzt wird. Dies legt nahe, dass im Lernbereich R. ü. S. mindestens zwei Teilbereiche integriert sind: zum einen über Sprache sowie über sprachliche Funktionen in →kommunikativen Handlungszusammenhängen zu reflektieren und Bescheid zu wissen, zum anderen den richtigen Gebrauch der Sprache in Schrift und Wort zu lernen und zu üben. »Ein elementares Wissen um grammatische Begriffe und sprachanalytische Verfahren gehört zu dieser Reflexion. Sie kann sich aber nicht auf systematische Grammatik allein beschränken. Sprachverständnis geht in dem Maße über grammatisches Wissen hinaus, wie in der Reflexion über Sprache deren Gesetzmäßigkeiten und Normen deutlich werden und in zunehmender Weise ein verändertes, bewusstes Verhältnis zur Sprache selbst angestrebt wird.« (Lehrplan Deutsch S I von NRW, 1993.)

Reflexives Verb, dt.: rückbezügliches Verb; reflexive Verben stellen eine Beziehung zwischen Handelndem und dem von der Handlung Betroffenen her; sie werden mit dem →Reflexivpronomen verbunden. Zu unterscheiden sind solche reflexiven Verben, die das Reflexivpronomen obligatorisch bei sich haben (vollreflexive Verben: »sich« ist nicht austauschbar), und solche, die es fakultativ haben können (partimreflexive Verben: »sich« ist mit anderen Objekten austauschbar).

- R. V. mit obligatorischem Reflexivpronomen (das Reflexivpronomen ist Bestandteil des Prädikats): *sich* (irgendwo) *befinden*, *sich beeilen*, (etwas) *an sich bringen*, *sich* (für etwas) *entscheiden*, *sich ereignen*, *sich* (irgendwie) *fühlen*, *sich gleich bleiben*, (etwas) *auf sich nehmen*, *sich schämen*, *sich sorgen um*, *sich* (etwas) *vornehmen*, *sich wundern.*
- R. V. mit fakultativem Reflexivpronomen (das Reflexivpronomen zählt als →Ergänzung): *auf sich achten*, *sich*

(jemandem) *anvertrauen*, *sich anziehen*, *sich helfen*, *sich* (etwas) *holen*, *an sich glauben*, *sich retten*, *sich schaden*, *sich lieben*, *sich waschen.*

Reflexivpronomen, dt.: rückbezügliches Fürwort; die R. zählen im weiteren Sinne zu den →Personalpronomen. Mit diesen haben sie nahezu alle Formen gemeinsam, bis auf die 3. Person Singular und Plural (Dativ, Akkusativ): *sich.* (Einen Nominativ gibt es nicht.)

Das R. steht bei →reflexiven Verben; es ist entweder obligatorisch und Teil des Prädikats (*Er schämt sich*), oder es steht fakultativ und gilt als →Ergänzung (*Er zieht sich an – Er zieht seinen kleinen Sohn an*). Nur die fakultativen R. stellen eine echte Rückbeziehung her, d.h. eine Beziehung der Identität zwischen dem Handelnden (dem Subjekt) und dem Betroffenen (dem Objekt).

Regel, in der Sprachwissenschaft recht unterschiedlich gebrauchter Ausdruck: (1) Im Allgemeinen gilt R. als Vorschrift, Richtschnur für bewusstes Verhalten. So z.B. in der traditionellen Grammatik bei der Darstellung des richtigen Sprachgebrauchs. (2) Im Zusammenhang mit der →Sprechakttheorie und der →Pragmatik hat sich ein handlungstheoretisches Konzept durchgesetzt, wonach R.n Konventionen sind. Da sich sprachliche Regeln in diesem Sinne durch gemeinsame gesellschaftliche Praxis konstituieren, sind sie weder wahr noch falsch (wie Behauptungen), noch richtig oder unrichtig (wie Beschreibungen), sondern sie gelten oder gelten nicht. Meist werden Sprachregeln in Analogie zu Spielregeln erklärt. Demnach sind R.n im sprachlichen Handlungszusammenhang so viel wie geltende und damit allgemein akzeptierte Verfahrensweisen oder →Normen des sprachlich-sozialen Umgangs miteinander.

Regelkreis, wichtiges Element bei der Beschreibung eines geschlossenen Systems im Rahmen der →Kybernetik; ein anschauliches Beispiel für einen R. stellt eine Rudergaleere dar: 1. der Kapitän setzt das Ziel, wohin die Reise geht, 2. der Lotse ermittelt den jetzigen IST-Zustand und entwirft ein Programm, das die Überführung in den vom Kapitän gewünschten SOLL-Zustand ermöglicht, 3. der Steuermann ordnet den Befehlen optimale Stellungen des Steuerrades zu, 4. die Ruderer leisten die physikalische Arbeit, so dass die gewünschte Veränderung der Situation innerhalb der Umwelt stattfinden kann. Überträgt man dieses Beispiel, so sieht man leicht, dass die Erfindung von Maschinen die Arbeit der Ruderer ersetzt hat; die technische Kybernetik hat nun auch die maschinelle Durchführung der Lotsen- und Steuermannfunktion ermöglicht. Auf diese Weise kann sich der Mensch immer mehr auf die Rolle des Kapitäns konzentrieren; seine Ersetzung wäre eine Frage der →künstlichen Intelligenz.

»Wie man leicht einsieht, ist also die Regelung ein spezieller Fall der Rückkopplung; sie ist dadurch gekennzeichnet, dass durch den Rückkopplungsprozess ein bestimmter SOLL-Wert (oder eine Konstante) aufrechterhalten wird« (v. Cube, 1971). Die Termini R. und →Rückkopplung stammen ursprünglich aus der Technik und der Biologie; sie sind in der Folgezeit mathematisiert und verallgemeinert worden und als Strukturbegriffe auch in anderen Wirklichkeitsbereichen wie der Psychologie, der Pädagogik oder der Soziologie entdeckt und ausgearbeitet worden. →Homöostase, →Kommunikationsmodell (1).

Regelmäßiges Verb →Schwaches Verb

Regens, das R., pl.: Regentien/-ia, dt.: das Regierende; in der →Dependenzgrammatik und in der →GB-Theorie (→X-bar-Schema) die jeweils übergeordnete Kategorie, die alle von ihr abhängigen Kategorien dominiert (regiert): →Dependenz.

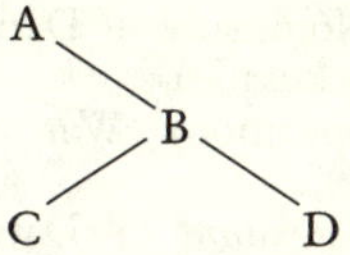

(A = Regens von B, C und D; B = Regens von C und D)

Register, adressaten- und situationsbezogene Sprech- oder Schreibvariante, die für bestimmte kommunikative Zwecke einem Sprachteilnehmer zur Verfügung steht; z.B. das R. »Bewerbungsschreiben«, »Beileidsbekundung«, »Spielerklärung«. Je nach der Intention des Sprechers, den antizipierten Motiven und Interessen des Adressaten, den besonderen situativen oder institutionellen Bedingungen und dgl. werden vom Sprecher/Schreiber bestimmte textsortenspezifische, sprachlich-stilistische oder rhetorische Mittel gewählt, um den kommunikativen Zweck optimal zu erreichen. Meist werden R. auch in Beziehung zu →Fach- und →Sondersprachen (R. der Jäger, der Prediger) oder sozialen Gruppen (Eltern – Kind, Professor – Student) gebracht.

Reibelaut →Frikativ

Reiner Infinitiv, nicht erweiterter →Infinitiv ohne »zu«: *Die Kinder sollen schlafen.*

Reiz-Reaktion →Behaviorismus

Rektion, (1) Eigenschaft eines Ausdrucks, den →Kasus der von ihm abhängigen syntaktischen Einheit zu bestimmen: »Eine Konstituente f_1 regiert eine Konstituente f_2, wenn eine Einheitskategorie von f_2 durch eine Paradigmenkategorie von f_1 festgelegt ist« (Eisenberg, [3]1994). So legt z.B. die Paradigmenkategorie »Präposition« die Einheitskategorie »Kasus« des mit ihr verknüpften Nomens fest: *(Komm) zu mir* (Dativ). Eine besondere Form der R. ist die →Valenz.

R. kommt vor beim

– Verb: *lieben* (Nominativ + Akkusativ), *hoffen auf* (No-

minativ + Akkusativ), *danken* (Nominativ + Dativ), *schenken* (Nominativ + Dativ + Akkusativ),
- Nomen (mit obligatorischer Präposition): *Wut auf* (+ Akkusativ), *Zweifel an* (+ Dativ),
- Adjektiv: *unwürdig* (+ Genitiv), *bekannt* (+ Dativ), *stolz auf* (+ Akkusativ)
- und bei der →Präposition.

R. ist in Verbindung mit Valenz zu sehen; daher ist es auch legitim, Subjekt (Nominativ) und Präpositionalgefüge hier einzubeziehen.

(2) (Engl. *government*); die R.-Theorie ist ein Teilsystem der →GB-Theorie (Chomsky, [3]1984); sie stellt eines der Prinzipien dar, das die Beziehung zwischen dem →Kopf einer phrasalen Struktur und den von ihm abhängigen Kategorien regelt. Von daher ist die R. in gewissem Sinne mit der strengen →Subkategorisierung der Standard-Theorie verwandt. Eine Kategorie α (Kasuszuweiser) kann einer Kategorie β (Kasusempfänger) nur dann Kasus zuweisen, wenn α β regiert. Kasuszuweisung ist eng mit dem →Theta-Kriterium und der →Bindungstheorie verknüpft, insofern als das Verb nur den →Komplementen Kasus zuweisen kann, denen es auch eine Theta-Rolle zugewiesen hat und die es c-kommandiert. Da das Verb (oder INFL) die Subjektposition (Specifier von IP) jedoch nicht c-kommandiert, gilt hier eigens das M-Kommando. Der Kopf X^0 einer phrasalen Struktur (d. i. V oder INFL) kann zwar sein Komplement (und dessen Konstituenten) c-kommandieren, da dieses tiefer im Strukturbaum hängt, nicht aber die Specifier-Position.

In dem Strukturschema (S. 441) c-kommandiert NP (Specifier) INFL' und alle von ihm abhängigen Konstituenten. V dagegen c-kommandiert nur die von VP dominierte NP (und alle von dieser möglicherweise noch abhängigen Konstituenten); d.h., V könnte der NP in Subjektposition (dem Specifier von IP) keinen Kasus zuweisen.

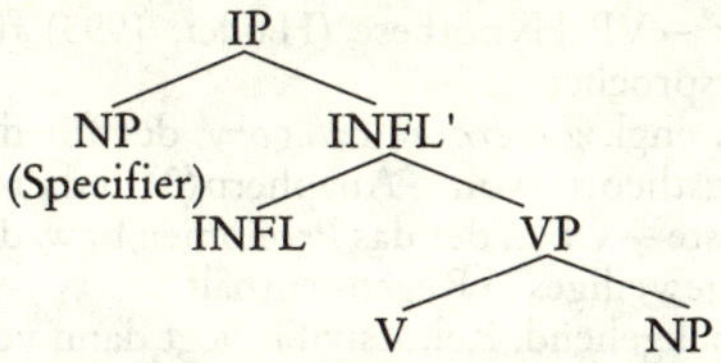

(IP = INFL-Phrase [= INF" = S]; INFL= Inflection [= Flexionsmorphem oder Hilfsverb]; NP = Nominalphrase; VP = Verbalphrase; V = Verb)

Das M-Kommando besagt: α m-kommandiert β gerade dann, wenn

1. jede maximale Projektion X^{max}, die α dominiert, auch β dominiert,
2. weder α β noch β α dominiert.

Hieraus folgt, dass β (= Kasusempfänger) höher im Strukturbaum hängen kann, sofern er mit α innerhalb derselben maximalen Projektion steht. Das M-Kommando ermöglicht also, dass INFL Kasus an die Subjekt-NP zuweisen kann, da beide innerhalb der maximalen Projektion IP stehen und weder INFL NP noch NP INFL dominiert. INFL weist stets nur Nominativ zu.

R. lässt sich demnach für den einfachen Satz wie folgt festlegen: α regiert β gerade dann, wenn

1. α β m-kommandiert,
2. α ein Kopf X^0 ist.

Die R. spielt sowohl für die Kasuszuweisung eine Rolle als auch für die →Bindungstheorie durch Festlegung der →Rektionskategorie, innerhalb der Anaphern (3) und Pronomen gebunden bzw. frei sein müssen. →ECP.

Nach Grewendorf (1988) besteht ein wesentlicher Zug dieser Rektionsdefinition in folgendem Zusammenhang: »Wenn eine Sprache eine VP besitzt, dann regiert das Verb zwar das Objekt, aber nicht das Subjekt.« Dieser universalistischen Grundannahme der Rektions- und Bindungstheorie wird in der →VP-Hypothese (Haider, 1993) für das Deutsche widersprochen.

Rektionskategorie, engl. *governing category*; der für die Bindung (→Bindungstheorie) von →Anaphern (3) und Pronomen gültige kleinste →CFC, der das Pronomen bzw. die Anapher und deren jeweiliges →Regens enthält.

Rekursiv, dt.: zurückgehend; Rekursivität liegt dann vor, wenn man beim Durchlaufen eines Prozesses wieder zum Anfang zurückgelangt und erneut beginnen kann. Geläufig ist der Ausdruck der r.en Regel vor allem bei den →Phrasenstrukturregeln der →generativen Transformationsgrammatik; zum Beispiel: S → NP + VP (*S*). Diese Regel erlaubt die Expansion zu: NP + VP (NP + VP (S)) usw.

Erreicht wird dadurch die →Einbettung eines →Konstituentensatzes in einen →Matrixsatz; zunächst in der →Tiefenstruktur:

Katrin fährt das Auto. (*Das Auto gehört ihrem Vater.* (*Der Vater ist auf Geschäftsreise.*))

und über geeignete →Transformationen in der →Oberflächenstruktur:

Katrin fährt das Auto, das ihrem Vater gehört, der auf Geschäftsreise ist.

Relation, (1) allgemein Beziehung zwischen den Elementen einer Menge, logisch dargestellt als P (x, y): »Vater von (Willi, Gerd)« – *Willi ist der Vater von Gerd.* (2) In der Syntax stehen die Glieder eines Satzes in →syntagmatischer Relation zueinander und in →paradigmatischer Relation zu möglichen Varianten des Lexikons. Die syntaktisch-semantischen Relationen werden im Wesentlichen durch die →Valenz und →Stelligkeit des →finiten Verbs festgelegt. (3) Zur Semantik s. →semantische Relation.

Relationsadjektiv, auch: Bezugsadjektiv; Untergruppe der →Adjektive, die eine Zugehörigkeit ausdrücken; formal können es reine Adjektive (z. B. *deutsch*) oder →Ableitungen sein: *schulisches Eigentum, betriebliche Vereinbarungen.*

Relationskasus →Genitiv

Relativadverb, dt.: bezügliches Umstandswort; einige →Adverbien können die Funktion des →Relativpronomens übernehmen; sie werden nicht flektiert: *wie*, *wo*, *woher*, *wohin*.

Relatives Verb, Verb, das neben dem Subjekt weitere →Ergänzungen fordert; →Valenz; ↔absolutes Verb.

Relativischer Anschluss, weiterführender Nebensatz, freier →Relativsatz, der sich nicht auf ein bestimmtes Bezugswort, sondern auf die gesamte Aussage des übergeordneten Satzes bezieht. »Es handelt sich um einen loseren Anschluss an den ganzen Satz, nicht nur an ein Nomen« (Eichler/Bünting, [6]1996). Zum Beispiel: *Der Clown trat sich ständig selbst auf den Fuß, was die Zuschauer als besonders lustig empfanden.*

Relativpronomen, dt.: bezügliches Fürwort; das R. leitet einen →Nebensatz ein. Es bezieht sich auf ein Nomen (oder Pronomen) und steht im Allgemeinen direkt hinter diesem. Das häufigste Relativpronomen *der*, *die*, *das* wird als »Stellvertreter« einer Nominalphrase (z.B. Nomen + Artikel) gebraucht (Duden-Grammatik, [4]1984). Der Nebensatz, den das R. einleitet, heißt →Relativsatz.

Das R. kann dekliniert werden. Während Genus und Numerus mit dem vorangehenden Bezugswort übereinstimmen, richtet sich der Kasus des R.s nach dem Inhalt des Relativsatzes:

	Genus	Num.	Kasus
Ich suche den Jungen, der eben hier stand.	mask.	Sing.	Nom.
Ich suche den Jungen, dessen Fahrrad hier steht.	mask.	Sing.	Gen.
Ich suche die Frau, die eben hier stand.	fem.	Sing.	Nom.
Ich suche die Frau, deren Fahrrad hier steht.	fem.	Sing.	Gen.

Weitere R. sind: *welcher, welche, welches, wer, was.* Die nicht deklinierbaren Formen heißen →Relativadverbien.

Relativsatz, dt.: Bezugssatz; der R. ist ein abhängiger Nebensatz, der mit einem →Relativpronomen oder →Relativadverb eingeleitet wird und meist unmittelbar hinter dem Nomen steht, auf das er sich bezieht.

a) Der R. kann als →Gliedsatz gebraucht werden:
- →Subjektsatz: *Wer nicht rechtzeitig kommt, geht leer aus.*
- →Objektsatz: *Ich habe geahnt, was du vorhast.*
- →Adverbialsatz: *Wir treffen uns, wo niemand uns stört.*

b) Meist kommt der R. jedoch als →Attributsatz vor, z.B.:
- *Sie trägt den Ring, der ihrer Mutter gehört hat.* (*Sie trägt den Ring ihrer Mutter.* →Genitivattribut)
- *Ich habe den Ring, den du verloren hast, gefunden.* (*Ich habe den verlorenen Ring gefunden.* →Adjektivattribut)

Relator, (1) in der Logik mehrstelliger →Prädikator; (2) alle →grammatischen Zeichen, die →Relationen ausdrücken, insbesondere Konjunktionen und Präpositionen.

Relatum, zweites Glied in einer zweistelligen Aussage, auf das die Handlung zielt: *Der Jäger schießt den Hasen.* ↔Referens (1).

Reliabilität, Messgenauigkeit eines Tests oder allgemein: Zuverlässigkeit eines wissenschaftlichen Versuchs oder einer wissenschaftlichen, oft auch einer statistischen Aussage. Die formale Genauigkeit oder R. eines Tests kann durch Paralleltests (Korrelation) oder durch Wiederholung nach bestimmten Zeitintervallen (Stabilität) geprüft werden.

Repertoire, dt.: Vorrat; (1) in der →Zeichentheorie Menge der Elemente, die (zusammen mit den Verknüpfungsregeln) ein System konstituieren. (2) Als verbales oder linguistisches R. bezeichnet man die sprachlichen Möglichkeiten, die einer Sprachgemeinschaft oder einem Individuum zur Verfügung stehen; im Einzelnen umfasst es die Summe der Varietäten, Soziolekte, Dialekte, Stile, Register usw. (vgl. Linke [u. a.], 1991). Damit wird die Vorstellung von der Existenz einer einheitlichen Sprache hinfällig; denn jeder Einzelne verfügt über regionale, soziale und situative →Register, die er entsprechend dem →kommunikativen Handlungszusammenhang aktivieren kann. Bei mehrsprachigen Gemeinschaften oder Personen ist das R. entsprechend komplexer.

Je nach seiner kommunikativen →Kompetenz (2) verfügt ein Sprecher oder eine Sprecherin aktiv über ein mehr oder weniger großes Spektrum des in einer Sprache (→Langue) bereitgestellten R.s. In diesem Sinne ist die Erforschung der R.s und ihre Verteilung auf die sozialen Gruppen in einer Sprachgemeinschaft Gegenstand der →Soziolinguistik. Deren Ergebnisse sind wiederum für pädagogische Zusammenhänge relevant; denn Ziel eines emanzipativen →Sprachunterrichts muss es sein, die Schüler und Schülerinnen zu befähigen, über ein möglichst umfangreiches R. an Leserrollen sowie sprachlichen →Kodes, Stilen und Registern zu verfügen, die es gilt, situationsangemessen und adressatenbezogen einzusetzen.

Repräsentation, dt.: Abbild, Darstellung; (1) allgemein kann die Relation der R. angenommen werden zwischen einem sprachlichen →Zeichen und der »kulturellen Einheit«, für die es steht; oder zwischen einem Bewusstseinsinhalt und dem außersprachlichen Objekt, auf das dieser bezogen ist. (2) In der Lernpsychologie bezeichnet R. die Speicherung von Wissen (Informationsdaten) im Gehirn. Entsprechend der jeweiligen →Kodierung werden mindestens zwei Formen der geistigen R. angenommen:

a) Bei der analogen R. nimmt man an, dass zwischen der äußeren Erscheinung und der inneren R. eine gewisse Ähnlichkeit besteht. »Prototyp dieser imaginativen Repräsentation ist die künstlerische Wahrnehmung eines Gegenstandes und anschließende Gestaltung des Gemäldes«

(Edelmann, 1993). Diese Art des Denkens ist konkret-anschaulich.

b) Bei der aussagenartigen oder propositionalen R. handelt es sich um die sprachlich vermittelte innere Speicherung von Inhalten oder Bedeutungskomplexen. Dabei kann es sich um → kognitive Feinstrukturen (z. B. um einzelne Begriffe) oder um das Behalten des Grundgedankens eines größeren Zusammenhangs (z. B. eines Erlebnisses) handeln.

c) In neuerer Zeit wird ein dritter R.s-Typ angenommen, die handlungsmäßige R. Sie kann als motorische Kodierung vorliegen (Lenken eines Fahrrads, Klavier spielen) oder Sachwissen beinhalten, das durch handelnden Umgang mit Dingen erworben wurde (→ Handlungsschema, → Handlungskompetenz).

Wird ein Wissenselement auf unterschiedliche Art dargeboten, gelernt und gespeichert, so spricht man von → multipler Repräsentation.

Repräsentationsmodell der Grammatik → GB-Theorie

Respons(e), der R., dt.: Erwiderung; → Behaviorismus.

REST, Abk. für »Revidierte Erweiterte Standardtheorie«; gemeint ist ein bestimmter Entwicklungsstand der → generativen Transformationsgrammatik, der mit Chomsky (1975 und 1980) erreicht worden ist. Kennzeichnend für die REST ist die Spurentheorie und die Ersetzung der Transformationen durch eine → Bewegungsregel, wonach bestimmte Elemente in eine leere Kategorie auf der → D-Struktur bewegt werden und auf der → S-Struktur eine → Spur hinterlassen. Außerdem wurde die → semantische Interpretation allein auf die S-Struktur bezogen.

Restriktiv, eine Einschränkung betreffend; r.e → Konjunktion (1), (2); r.es → Adverb.

Restriktiver Relativsatz, kann nicht ohne weiteres weggelassen werden, da er zur Kennzeichnung des Bezugsworts im übergeordneten Satz notwendig ist. Dieses Bezugswort kann durch eine Form von »derjenige« hervorgehoben werden: *Ich suche das (dasjenige) Buch, das einen roten Einband hat.*

Der nicht restriktive Relativsatz kann weggelassen werden, insofern er eine bereits bekannte Mitteilung enthält: *Ich suche ein Buch über Goethes erste Italienreise, (die bekanntlich von 1786 bis 1788 stattfand).*

Restriktivsatz, →Nebensatz; er wird mit einer unterordnenden Konjunktion (2) eingeleitet und drückt eine Einschränkung zu dem Sachverhalt im übergeordneten Satz aus. Der R. gehört im weiteren Sinne zu den Modalsätzen; →Adverbialsatz: *So viel ich weiß, schreiben wir die Klausur morgen. – Den Urlaubsort kann ich empfehlen, außer dass er ein wenig einsam liegt.*

Restringiert, dt.: eingeschränkt; im Rahmen der →Soziolinguistik wird ein r.er Kode von einem →elaborierten Kode unterschieden.

B. Bernstein (1972) hat r. in einer Reihe von Publikationen unterschiedlich beschrieben: 1959 beschreibt er den r.en Kode (damals »öffentlicher Kode« genannt) mit Hilfe von lexikalischen und syntaktischen Kriterien, »1. Kurze, grammatisch einfache und oft unvollständige Sätze von unzulänglicher syntaktischer Form, die das Aktiv betonen. 2. Einfacher und sich wiederholender Gebrauch von Konjunktionen (*so, dann, und, weil*)« usw.

1965 beschreibt er den r.en Kode mit Hilfe von Verzögerungsphänomenen sowie lexikalischer und syntaktischer Vorhersagewahrscheinlichkeit. 1971 setzt er den r.en Kode analog zu unterschiedlichen Familientypen (personal, positional) und Wertorientierungen (an Personen, an Sachen orientiert).

Die Problematik, auf die Bernstein selbst hinweist, besteht darin, »implizite Werturteile über den relativen Wert von Sprachsystemen und die Kulturen, die sie symbolisieren, zu vermeiden«. So werden in neueren Untersuchungen weniger die Mängel gegenüber dem elaborierten Kode herausgearbeitet (Defizithypothese) als vielmehr der Eigenwert, die Situationsabhängigkeit oder auch die Andersartigkeit der Symbolisierung in den Oberflächenstrukturen des r.en Kodes betont (Differenzhypothese).

Resultativ →Egressiv

Revidierte Erweiterte Standardtheorie →REST

Rezeption, dt.: Aufnahme; (1) allgemein Aufnahme eines literarischen, musischen, künstlerischen Werks durch den Leser, Hörer, Zuschauer; (2) Stadium bei der →Sprachverarbeitung.

Rezipient, dt.: der oder die Aufnehmende; übergeordnete Bezeichnung für Leser, Hörer, Zuschauer.

Reziprok, dt.: wechselweise, aufeinander bezüglich; das r.e Pronomen »einander« kann mehrere Subjekte oder Objekte aufeinander beziehen: *Horst, Elmar und Birgit helfen einander.*

Rheinischer Fächer, Gebiet westmitteldeutscher Territorialdialekte in mittelhochdeutscher Zeit; durch die abnehmende Ausbreitung der Zweiten →Lautverschiebung (2) entstand am Mittelrhein ein fächerförmig gestaffeltes Gebiet großräumiger Dialektformen: Ripuarisch (Köln), Moselfränkisch (Trier) und Rheinfränkisch (Mainz).

Rhema, pl.: Rhemata, dt.: Aussage; grundsätzlich sind zwei Gebrauchsweisen von R.ta zu unterscheiden: (1) Eine rein formale Kennzeichnung sieht im R. alles, was nicht zum Subjekt (1. Satzgliedstelle) eines Satzes gehört bzw. was nicht →Thema (2) ist. (2) In anderen Konzeptionen, bei denen es darum geht, das Zusammenspiel von syntaktischen und kommunikativen Elementen zu erklären, wird mit R. die für den Hörer neue Information gekennzeichnet. Hier spielen dann auch Aussageabsicht, Wortstellung, Intonation (»kommunikative Dynamik«) u. a. eine Rolle.

Bei W. Flämig (1991) heißt es: »Die Prädikatsgruppe umfasst im Allgemeinen den Bereich dessen, was über etwas ausgesagt wird, den Rhemabereich; sie trägt die Hauptbetonung des Satzes.« Unter bestimmten Bedingungen können auch Subjektgruppen als R. fungieren, »wenn sie Gegenstände bezeichnen, die in der gegebenen Äußerung erstmals erwähnt werden«. Ähnlich bei H. J. Heringer (1996): »Rhematisch oder fokal sind Teile, mit denen der Sprecherschreiber das Neue, das Mitteilenswerte ausdrückt.«

(3) In einigen Kontexten wird R. gleichbedeutend mit →Comment (1) verwendet. (4) Zeichentheoretisch ist R. ein Element im Interpretantenbezug der →triadischen Zeichenrelation.

Rhetorik, dt.: Beredsamkeit, Redekunst; seit der Antike Wissenschaft von der wirkungsvollen Gestaltung öffentlicher Rede, dann auch das Lehrbuch über diese Kunst der Rede. Zusammen mit Grammatik und Dialektik bildet die R. das Trivium, das (zusammen mit dem Quadrivium) zu den Septem Artes liberales gehört.

Unterschieden werden drei Formen der öffentlichen Rede: die Rede vor Gericht (genus iuridicale), die politische Rede (genus deliberativum) und die Festrede, meist auf eine Person (genus demonstrativum). In besonderen R.-Schulen konnte der antike Redner sich vorbereiten lassen, systematisch eine Rede aufzubauen. Hierzu gehörte: a) die Sammlung von Stoff und Argumenten (inventio), b) die Auswahl und Gliederung des Materials nach dem Redezweck und der kommunikativen Situation (dispositio), c) die stilistische Ausformung der Rede (elocutio), d) das Auswendiglernen der Rede (memoria) und e) der wirkungsvolle Vortrag selbst (pronuntio).

Die R. ist primär auf Überzeugung und Überredung angelegt; sie ist persuasive Kommunikation. Von daher sind die geschliffene Formulierung, aber auch die inhaltliche und gedankliche Angemessenheit der sprachlichen Darstellung von besonderer Wichtigkeit. Neben der Lehre von den drei Stilarten (den Genera dicendi) standen dem Rhetor Sammlungen von bewährten Redewendungen, Stoffen und Argumenten (die Loci oder Topoi) sowie die →rhetorischen Figuren zur Verfügung, die ihm zum einen die richtigen Gedanken und Beweismittel, zum anderen die notwendigen Mittel der Ausschmückung und Überredung an die Hand gaben.

Nach dem Missbrauch der R. in der nationalsozialistischen Propaganda ist die Redekunst sehr in Misskredit geraten. Deshalb fordern neuere Theoretiker eine »ethische Verpflichtung bezüglich der Argumentation«, die insbesondere in der Forderung an den Redner begründet ist, seine Hörer »auf alle ihm als möglich bewussten negativen Konsequenzen des Handelns aufmerksam zu machen, zu dem sie motiviert werden sollen« (Gumbrecht, 1975). Damit ist die R. heute Gegenstand von →Pragmalinguistik und →Textlinguistik, aber auch von Ethik, Soziologie und Sprachpsychologie. Einen besonderen Aspekt der R. stellt die →topische Argumentation dar.

Rhetorische Figur, Redefigur zur Verdeutlichung oder Ausschmückung von Aussagen (Thesen, Argumenten), vor allem in der politischen Rede, der Festrede, allgemein in allen mündlichen oder schriftlichen Texten, die sich einer emotional gesteigerten Sprache bedienen. Die r.n F.en wurden bereits in der antiken →Rhetorik ausgearbeitet und systematisiert; bis heute unterscheidet man folgende vier Typen:

- Wortfiguren: zeichnen sich dadurch aus, dass sie vom normalen Wortgebrauch abweichen, sei es durch Wortwiederholung oder durch eine besondere Wortfolge (→Gemination, →Anapher, →Epipher, →Polyptoton), sei es durch Worthäufung desselben Bedeutungsbereichs (→Epiphrase, →Asyndeton, →Polysyndeton).
- Sinnfiguren: ordnen den Gedankengang, um das Gesagte zu verdeutlichen oder dessen Bedeutung zu erweitern, zu präzisieren (→Antithese, →Chiasmus, →Parallelismus, →Parenthese).
- Grammatische Figuren: bestehen aus der Änderung des üblichen Wortlauts (→Apokope, →Synkope, →Elision),

der Abweichung vom grammatisch korrekten Sprachgebrauch (→Ellipse, →Hendiadyoin) oder der Abweichung von der üblichen Wortstellung (→Hyperbaton, →Inversion).

– Klangfiguren: prägen und gliedern die besondere klangliche Gestalt eines Satzes (Reim, →Alliteration, →Hiatus, →Zäsur).

Rhetorische Frage, Form des →Interrogativsatzes, bei dem eine Antwort nicht erwartet wird: *Seid ihr von Sinnen?*

Rhotazismus, generell der Wechsel eines Konsonanten zu [r] (griech. *rho*); im engeren Sinne der Wechsel von stimmhaftem [z] zu [r] in germanischer Zeit (→grammatischer Wechsel), z. B.: ahd. *furliosan* – nhd. *verlieren*. »Der urgerm. stimmlose Spirant s blieb bis in das 6. Jh. stimmlos und wurde in- und auslautend vielfach stimmhaft. Dies stimmhafte s (got. z) ist ahd. (im Süden mindestens im 6. Jh.) wie überhaupt westgermanisch zu r geworden.« (Braune/Eggers, ^{14}1987.)

Rhythmus, dt.: Gleichmaß, fließend; gleichmäßig gegliederte Bewegung in der Zeit. Ausgehend vom Gleichmaß des Puls- oder Herzschlags ist das Phänomen in die Kunst (Musik, Tanz, Literatur) übernommen worden. Allgemein werden *Sprachrhythmus* und *Versrhythmus* unterschieden. Zu ersterem gehört allgemein der Wechsel von betonten, unbetonten sowie langen und kurzen Silben. Der Versrhythmus überlagert das Metrum (sofern vorhanden) und steht in einer gewissen Spannung zu diesem. Während das Metrum eher als abstraktes Organisationsschema eines Gedichts angesehen wird (vor allem bei streng alternierenden Versen), gehört der R. eher zum sinnerschließenden Lesen; er überlagert das Metrum und verlebendigt das starre Schema des Metrums.

Als sprachliches Phänomen ist R. definitorisch schwer zu fassen. Dennoch kann man einen ruhigen, schweren oder sogar schleppenden R. von einem eher leichten, lockeren und gelösten R. unterscheiden. Man vergleiche Goethes Gedichtzeilen in *Meeresstille* (*Tiefe Stille herrscht im Wasser, / Ohne Regung ruht das Meer* [...]) mit *Glückliche Fahrt* (*Die Nebel zerreißen, / Der Himmel ist helle, / Und Äolus löset / Das ängstliche Band* [...]). Man erkennt leicht, dass der R. unter anderem mitbestimmt wird von der Melodik (hellen oder dunklen Vokalen), von der Dynamik (langen oder kurzen Vokalen), vom Auftakt und Metrum sowie vom Sinngehalt. »In den Rhythmus einer Verszeile geht, im Gegensatz zum Metrum, auch der Wortsinn ein. Weder werden alle metrisch betonten Silben auch rhythmisch betont, noch ist der Unterschied zwischen rhythmischen Hebungen und Senkungen so groß wie der zwischen metrischen.« (Gutzen [u.a.], [3]1979.)

Richtungsangabe, →adverbiale Bestimmung des Ortes; man fragt: *Wohin? Woher? Das kleine Mädchen läuft zu seinem Vater.*

Rolle, Terminus der →Soziolinguistik, der verschiedene Aspekte einer Person typisierend zusammenfasst, wie z.B. →verbale Planungsmuster, Verhaltensstrategien und -erwartungen, verinnerlichte soziale →Normen und →Regeln (2).

Rückbezügliches Fürwort →Reflexivpronomen

Rückbezügliches Verb →Reflexives Verb

Rückbildung, Wortbildungsmuster; R. kann z.B. durch Suffixtilgung entstehen: *Blutgierigkeit – Blutgier*, die nur durch eine historische Betrachtung sicher festzustellen ist. Oft liegen Ausdruckskürzungen vor, die zu neuen →Ableitungen anderer Wortklassen führen: *demütig – Demut*; *freimütig – Freimut* (älter: *Freimütigkeit*).

Rückkopplung, findet vor allem in →Regelkreisen statt; sorgt dafür, dass ein bestimmter Soll-Wert erreicht oder eingehalten wird. Dennoch ist R. allgemeiner als Regelung. »Rückkopplung besagt, dass bei einer Kette von Wirkungen irgendwann einmal eine Rückwirkung stattfindet« (v. Cube, 1971). Als Beispiel wird hier oft das

→Kommunikationsmodell (1) angeführt oder die Volkswirtschaft genannt: die Produktion beeinflusst den Preis eines Konsumguts, der Preis den Verbrauch und der Verbrauch wiederum die Produktion. Man kann sagen, dass der Regelkreis ein spezieller Fall der R. ist.

Rückumlaut, bereits vor der Ersten →Lautverschiebung (1) ist bei Verben der jan-Klasse durch →Synkope das i im Präteritum weggefallen: »Der Bindevokal i wird vorliterarisch und vor dem Wirken des i-Umlauts synkopiert, wenn die Wurzel lang- oder mehrsilbig ist« (v. Kienle, 1969):

got. *brannjan* (verbrennen) → Prät.: *brannida*
ahd. *brennen* → Prät.: *branta*

J. Grimm nannte diese Form im →Althochdeutschen R., weil er annahm, dass ihr ein ahd. Präteritum **brenta* (vgl. got. *brannida*) zugrunde gelegen haben müsste, bei der der →Umlaut dann wieder rückgängig gemacht worden wäre. Dies lag an der Auffassung Grimms von →Sprache als Organismus, wonach die umgelautete Form die ältere und lautgesetzlich reinere Form hätte sein müssen. Die Bezeichnung R. wird auch heute noch benutzt, obgleich sie im eigentlichen Sinne irreführend ist.

S

Sachfeld, gelegentliche Bezeichnung für ein →Wortfeld, das nur aus →Konkreta besteht, z. B. das Feld der »Sitzmöbel«: *Stuhl, Bank, Hocker, Sofa, Sessel,* …

SAE, Abk. für Standard Average European, dt.: Standard Durchschnitts-Europäisch; ein von B. L. Whorf (1956; dt. 1963) eingeführter Terminus zur Kennzeichnung der europäischen Sprachen, zu denen er auch Griechisch und Latein zählt. Die Einheitlichkeit des Weltbildes innerhalb dieser Sprachengemeinschaften besteht nach Whorf deswegen, »weil diese Sprachen alle indoeuropäische Dialekte sind«. Aus diesem Grund erscheint im SAE (wozu Whorf auch die amerikanische Einfluss-Sphäre zählt) die Beziehung zwischen →Sprache und Wirklichkeit ebenfalls einheitlich, was jedoch nicht gegen das →linguistische Relativitätsprinzip spricht.

Sammelbezeichnung →Kollektivum

Sapir-Whorf-Hypothese →Linguistisches Relativitätsprinzip

Satemsprachen, ostindoeuropäische Gruppe der →indoeuropäischen Sprachenfamilie, die nach dem altiranischen Wort für hundert »satem« benannt wurde. Neuere Untersuchungen legen nahe, dass der Unterschied zwischen S. und →Kentumsprachen nicht mehr aufrechterhalten werden kann.

Satz, im Allgemeinen die kleinste sprachliche Einheit, mit der man Ideen, Gedanken, Gefühle relativ selbständig und intonatorisch abgeschlossen ausdrücken kann. Grundsätzlich ist ein grammatisch fundierter S.-Begriff von einem eher →pragmatisch orientierten zu unterscheiden. Während sich die Definition von S. im ersten Fall auf die Vollständigkeit der →Satzglieder im →Satzbauplan bezieht, richtet sich die Definition im zweiten Fall eher auf die Funktion der sprachlichen Äußerung im →kommunikativen Handlungszusammenhang.

Im Folgenden werden einige Abgrenzungskriterien vorgestellt, von denen häufig mehrere kombiniert werden, um den S. als linguistische Größe zu beschreiben.

(1) Ein S. besteht mindestens aus Subjekt und Prädikat. Je nach der →Valenz des Verbs sind weitere →Ergänzungen notwendig. *Der Löwe schläft. – Der Löwe jagt die Gazelle. – Der Löwe schlägt seine Fänge in das Beutetier.*

H. J. Heringer (1996) weist auf die Zirkelhaftigkeit dieser S.-Definition hin, »weil wir nicht sagen können, was Teil eines Satzes ist, ehe wir überhaupt wissen, was ein Satz ist«.

(2) Unter pragmatischen Gesichtspunkten gilt jede selbständige, abgeschlossene sprachliche Äußerung, die in einem kommunikativen Handlungszusammenhang geäußert wird (und prinzipiell verstanden werden kann), als S.: *Wie viel Karten, bitte? – Drei zu acht Mark.*

»Das entscheidende Kriterium der Vollständigkeit ist, dass mit der Äußerung ein vollständiger Sprechakt vollzogen werden kann, sozusagen ein vollständiger Zug im Sprachspiel« (Heringer, 1996).

(3) Der S. gilt als lineare Organisation einer komplexen psychischen Einheit: »Der Satz ist der sprachliche Ausdruck, das Symbol dafür, dass die Verbindung mehrerer Vorstellungen oder Vorstellungsmassen in der Seele des Sprechenden sich vollzogen hat, und das Mittel dazu, die nämliche Vorstellung in der Seele des Hörenden zu erzeugen« (Paul, 1919).

(4) Der S. wird durch eine typische Klanggestalt als »Spannungseinheit« beschrieben, in der →Thema (der »Raum vor dem Prädikat«, das dem Hörer Bekannte) und →Rhema (das Neue, vorher nicht Erwähnte) miteinander verbunden sind: »Der deutsche Satz hält die mit dem Setzen des ersten Wortes erzeugte Spannung nach Möglichkeit bis zuletzt aufrecht und löst sie am Schluss« (Boost, ^{2}1964).

(5) Von der Form her werden folgende Typen des S.es unterschieden:

- Der Kurz-S. (grammatisch unvollständig): *Der Tiger von Eschnapur*; *M* (Filmtitel).
- Die S.-Ellipse (grammatisch unvollständig; fehlende S.-Teile sind leicht zu ergänzen): *Stimmt so!* (*Der Betrag stimmt so!*) – *Schönes Wetter!* (*Es ist schönes Wetter!*) – *Einmal BILD* (*Ich hätte gern ein Exemplar der BILD-Zeitung*).
- S.-Wort: *Wie? – Danke!*
- Der einfache S. (enthält nur die grammatisch notwendigen S.-Glieder): *Der Hund schläft. – Hilde besucht ihre Freundin.*
- Der erweiterte S. (enthält weitere, nicht notwendige S.-Glieder oder Attribute): *Der Hund des Schäfers schläft wenig. – Meine Tante Hilde besucht jeden Freitag ihre beste Freundin.*
- Der komplexe S. (besteht aus mehr als einem Haupt-S. und enthält meist mehr als nur eine flektierte Verbform): →Parataxe (Nebenordnung); →Hypotaxe (Unterordnung).
- Die S.-Periode (der Schachtel-S.): besteht aus mehreren →Satzreihen und/oder →Satzgefügen.

(6) Ein weiterer Versuch der Einteilung der Sätze geht von der →Verbstellung aus.

(7) Außerdem werden Sätze nach ihrer (relativen) Selbständigkeit/Abhängigkeit unterschieden:

a) →Hauptsatz: Aussage-, Frage-, Aufforderungssatz
b) →Nebensatz: Die Nebensätze werden nach unterschiedlichen und z. T. divergierenden Kriterien weiter unterteilt:
   - eingeleitet/nicht eingeleitet,
   - mit Konjunktion / mit Relativpronomen (oder -adverb) eingeleitet,
   - ein Satzglied/ein Attribut vertretend,
   - ein Subjekt/Objekt/Adverbial vertretend,

– lokale, temporale, modale, kausale, ... Umstände darstellend.

(8) In der Standard-Theorie der →generativen Transformationsgrammatik ist »S« (oft nicht ganz korrekt mit »Satz« identifiziert) das abstrakte Anfangssymbol der →Phrasenstrukturregeln im →Basisteil. Durch →Derivation (2) wird das Symbol bis zu einer Endkette lexikalischer →Kategorien expandiert, die die Tiefenstruktur eines S.es (oder mehrerer Sätze) der Oberflächenstruktur liefern.

In der →GB-Theorie wird S durch INFL" = INFL-Phrase (engl.: INFLexion = Flexionsmorphem oder Hilfsverb) ersetzt; im →X-bar-Schema ist INFL-Phrase (IP) die maximale Projektion von INFL:

IP → NP + INFL'
INFL' → INFL + VP

Satzadverb, Modalwort; Untergruppe der →Adverbien, die sich auf die Aussage des gesamten Satzes beziehen: *Sie sind hoffentlich (vermutlich, bestimmt, gottlob) gut in München angekommen.*

Satzakzent, Klanggestalt des Satzes, umfasst alles, was am Sprachschall über die Reihe der realisierten Laute hinaus als sinnhafte akustische Gestalt gebildet und aufgefasst wird. Hierzu gehören im Deutschen der gebundene Akzent der Stamm- bzw. Anfangsbetonung, Tonfall und Spannungsbogen für die unterschiedlichen →Satzarten, →Intonation, Lautstärke und Dauer bzw. →Quantität. (Zu weiteren Einzelheiten vgl. Grammatik-Duden, [4]1984, §§1286ff.)

Satzart, auch: Satztyp; im Deutschen werden drei S.en unterschieden:

– Der →Aussage- oder Deklarativsatz: *Gundi kommt Ostern zu Besuch.*
– Der Frage- oder →Interrogativsatz: *Kommt Gundi Ostern zu Besuch? Wann kommt Gundi zu Besuch?*
– Der Aufforderungssatz (→Imperativ): *Komm doch Ostern zu Besuch!*

Alle drei Typen sind →Hauptsätze, die nach →Verbstellung und →Intonation/Satzschlusszeichen unterscheidbar sind.

Satzaussage →Prädikat

Satzbauplan, auch: Satzplan, Satzmuster, Satzschema; im Allgemeinen werden Satzbaupläne aufgefasst als »in früher Jugend aufgenommene und eingeübte Muster«. Diese Muster verlangen Wörter bestimmter Wortklassen in bestimmter Anordnung und schließen andere aus, »d.h. die Einzelzeichen wechseln, der Rahmen bleibt«. Die Satzbaupläne stellen somit eine Art syntaktisches Programm einer Sprache dar, das »gleichsam die muttersprachlich gegebene Interpretationsrichtung für Erlebnisse und Ausbaurichtung für Gedanken« (J. Erben) bietet. Der S. richtet sich nach der →Valenz des Verbs; es werden nur die grammatisch notwendigen Satzglieder erfasst:

Satzbauplan	Beispiel
S + P	*Der Hund schläft.* *Blumen blühen.*
S + P + E2	*Der Kranke bedarf der Hilfe.* *Wir gedenken der Toten.* *Das spottet jeder Beschreibung.*
S + P + E3	*Sie antworten dem Lehrer.* *Wir danken der Polizei.* *Die Kinder winken ihren Eltern.*
S + P + E4	*Der Hund beißt niemanden.* *Wir bewundern die Gemälde.* *Sie sucht ihren Ring.*
S + P + E4 + E2	*Der Kommissar überführt den Gärtner des Mordes.*
S + P + E3 + E4 usw.	*Erwin leiht seiner Freundin zehn Mark.*

(S = Subjekt; P = Prädikat; E2 = Genitivobjekt/Ergänzung im 2. Fall; E3 = Dativobjekt/Ergänzung im 3. Fall; E4 = Akkusativobjekt/Ergänzung im 4. Fall)

Insgesamt lassen sich (nach der Duden-Grammatik, [4]1984) über 23 Hauptpläne und 14 Nebenpläne unterscheiden.

Satzbegriff → Proposition

Satzbruch, auch: Anakoluth; eine begonnene Satzkonstruktion wird abgebrochen und durch eine andere fortgeführt; der S. kann als Stilmittel eingesetzt werden oder aber darauf beruhen, dass der Sprecher/Schreiber den Faden verloren hat: *»Über die Höfe, zwischen die Hallen werden die weißen drolligen Tiere getrieben, die dicken lustigen Schenkel, die lustigen Ringelschwänzchen, und grüne rote Striche auf dem Rücken.* [...] *Man geht irgendwo, du siehst nicht wo, die Brille ist einem beschlagen, man geht vielleicht nackt, schwitzt sich den Rheumatismus aus, mit Kognak allein gehts nicht, man klappert in Pantoffeln.«* (Alfred Döblin, *Berlin Alexanderplatz,* 4. Buch.)

In der → Umgangssprache ist neuerdings ein S. nach »weil« zu beobachten; es folgt kein kausaler Nebensatz, sondern ein Hauptsatz. Bezeichnenderweise signalisiert eine Sprechpause den Wechsel des Satztyps: *Du solltest mit dem Kauf eines Computers noch etwas warten, weil* (Pause) *im Frühjahr kommen ganz neue Modelle auf den Markt.*

Man kann diese Erscheinung des S.s auch so interpretieren, dass »weil« von einer unterordnenden zu einer nebenordnenden Konjunktion überwechselt (vgl. die Konstruktion mit »denn«!).

Satzebene, bei der Satzanalyse kann es von Vorteil sein, die Einheiten der → Wortebene und der S. strikt voneinander getrennt zu halten. Auf der S. werden → Satzglieder analysiert.

Satzebene ↓

Subjekt		Prädikat	Adverbial 1	Adverbial 2		
Der	*Kurs*	*beginnt*	*morgen*	*im*	*großen*	*Saal*
Art	Nom	Verb	Adverb	Pr	Adj	Nom

Wortebene ↑

(Art = Artikel, Nom = Nomen, Pr = Präposition, Adj = Adjektiv)

Satzellipse, grammatisch nicht vollständiger Satz, dessen fehlende Teile im Kontext leicht ergänzt werden können: →Satz (2). *Überall klare Sicht*: *Überall ist klare Sicht. – Wir haben überall klare Sicht. – Es herrscht überall klare Sicht.*

Satzergänzung →Objekt; →Ergänzung

Satzfrage →Entscheidungsfrage

Satzfunktion, ein und derselbe Satz kann in unterschiedlichen →kommunikativen Handlungszusammenhängen verschiedene Funktionen erfüllen. So kann die Äußerung: *Mir ist es hier immer noch zu kalt* wie folgt verstanden werden: a) als Feststellung (der Sprecher zieht sich z.B. einen Pullover über); b) als Aufforderung (z.B. das Fenster zu schließen); c) als Frage (z.B. ob der Angesprochene die Heizung höher gestellt hat, wie es ihm gesagt worden ist). →Sprechakt.

Satzgefüge, Hypotaxe; komplexer →Satz (5), der aus Haupt- und Nebensatz besteht; in der Regel wird der abhängige Nebensatz durch eine unterordnende →Konjunktion (2) eingeleitet:

Zwei Hauptsätze: *Du musst früh zu Bett gehen. Morgen schreibt ihr eine Klausur.*

S.: *Du musst früh zu Bett gehen, weil ihr morgen eine Klausur schreibt.*

Der abhängige Satz kommt auch als →uneingeleiteter Nebensatz vor: *Er sagte, er müsse früh zu Bett gehen.*

(*Er sagte, dass er früh zu Bett gehen müsse.*) ↔Satzreihe.

Satzglied, (1) im Deutschen unterscheidet man traditionellerweise vier S.er: →Subjekt, →Prädikat, →Objekt und →adverbiale Bestimmung. S.er ergeben sich bei der →Satzgliedprobe als relativ selbständige Einheiten eines →Satzes; sie sind als Einheiten im Satz verschiebbar, können die erste S.-Stelle einnehmen und sind durch jeweils ein Wort ersetzbar. Das →Attribut gilt nicht als S., sondern als S.-Teil. Bei dieser Klassifizierung werden einige Elemente auf der Satzebene nicht berücksichtigt, wie z.B. die Konjunktionen, die weder S. noch Attribut sind. Beispiel (jeweils vier S.er):
Katrin | schreibt | am Dienstag | eine Matheklausur.
Am Dienstag | schreibt | Katrin | eine Matheklausur.
Eine Matheklausur | schreibt | Katrin | am Dienstag.
Wird das Prädikat umgestellt, so wechselt die →Satzart:
Schreibt | Katrin | am Dienstag | eine Matheklausur?

H. Glinz hat die Herkunft der vier S.er ausführlich beschrieben (*Geschichte*, 1947; *Satz*, ²1961); an anderer Stelle (*Innere Form*, ⁴1965) gibt er eine operational gewonnene Darstellung der S.er im Deutschen, die er als Vorgangsglieder, Größen (fallbestimmt), Angaben (nicht fallbestimmt) und Fügteile einteilt. Er kommt zu dem Schluss, dass »noch niemand ein befriedigendes, harmonisches, logisch klares System der Wortarten und Satzglieder hat aufstellen können«; er hält ein solches Unterfangen schlichtweg für eine »contradictio in adjecto«.

Auch J. Erben (1958, ⁷1964, ¹²1980) weist auf das »Problem der Satzglieder« hin; er unterscheidet

- die primären S.er: den verbalen Aussagekern oder -rahmen, Subjekt, Objekt, Prädikativ und Adverbiale,
- »weitere Elemente niederen Ranges«: Bestimmungsglieder, Rangier-Glieder und Bindeglieder.

»Das, was man als Satzglieder anspricht, sind im Grunde ›besetzte Rollen‹ oder ›(Plan-)Stellen‹ unserer Satzbaupläne, besetzt und ausgefüllt jeweils [...] mit geeigneten Funktionsträgern verschiedener Art (Einzelwort, Wortgruppe oder Gliedsätze).«

(2) Einige neuere Grammatiken, die von der zentralen Stellung des Verbs im Satz ausgehen (J. Erben, U. Engel) oder die die S.er funktional definieren (*Grundzüge*, Duden-Grammatik), rechnen das → Prädikat (2) bzw. die verbalen Teile im Satz nicht (mehr) zu den S.ern. In einer Fußnote erklärt die Duden-Grammatik ([4]1984): »Wir fassen hier das Prädikat – im Gegensatz zu einer lange geltenden Auffassung, die Subjekt und Prädikat als die zentralen Satzglieder betrachtet hat – nicht als ein Satzglied auf. In seiner Funktion als Achse oder Rahmen des Satzes ist das Prädikat vielmehr das strukturelle Zentrum, von dem aus Satzglieder aufgerufen werden. Wenn man gegen diese Auffassung das Prädikat weiterhin als Satzglied bezeichnen will, muss man sich bewusst sein, dass man damit Phänomene auf zwei verschiedenen Ebenen fasst.«

Die *Grundzüge* (1981) legen fest: »Satzgliedfunktion haben diejenigen Wortgruppen in der Konstituentenstruktur eines Satzes, die unmittelbare Konstituenten von verbhaltigen Wortgruppen sind, selbst aber nicht verbhaltig sind.« In ähnlicher Formulierung erscheint dieser Sachverhalt bei W. Flämig (1991). Aus dieser theoretischen Position heraus folgt der Schluss: »Das Prädikat, das herkömmlich als Satzglied bezeichnet wird, zählt nicht als Satzglied im Sinne der obigen Definition.«

Bei U. Engel (1977, [2]1982) werden folgende Beschreibungsebenen unterschieden: Monem, Phrase, Satz und Text; der Terminus S. ist hier nicht mehr berücksichtigt. Auch an späterer Stelle ([3]1996) verwendet Engel nicht den Ausdruck Prädikat, sondern spricht vom Zentralverb bzw. vom Verbalkomplex. Ein Teilsatz enthält in dieser Terminologie stets ein »zentrales Verb« (finit oder infinit); das finite Verb kann durch Modal- oder Hilfsverben sowie infinite Formen zum »Verbalkomplex« ausgeweitet werden. Alle vom »Hauptverb« aufgrund seiner →Valenz geforderten S.er sind Ergänzungen (einschließlich der Subjekt-Ergänzung). Für P. Eisenberg ([3]1994) gelten »Prädikat, Ergänzung oder adverbiale Bestimmung« als die einem Satzknoten unmittelbar untergeordneten Konstituenten, die häufig »Satzglieder« genannt werden. Eisenberg macht »gelegentlich von dieser Bezeichnung Gebrauch«, wenngleich sie praktisch in seiner Grammatik keine Rolle spielt.

(3) In der →generativen Transformationsgrammatik wird der Terminus »Satzglied« nicht kategorial, sondern funktional definiert: So ist »Objekt« eines Satzes stets eine von VP dominierte NP, während das »Subjekt« stets die von S dominierte NP ist, also:
»Objekt« = $(NP)_{VP}$
»Subjekt« = $(NP)_{S}$
»Der Begriff ›Subjekt‹ bezeichnet, im Unterschied zum Begriff ›NP‹, eine grammatische Funktion und nicht eine grammatische Kategorie. Es handelt sich mit anderen Worten um einen inhärent relationalen Begriff.« (Chomsky, 1969.)

In der →GB-Theorie hat sich zwar die Begrifflichkeit verändert, die relationale Bestimmung der S.er ist jedoch weiterhin gültig:
- »Subjekt« ist die Kategorie, die mit dem →Schwesterknoten (d. i. ein Knoten auf gleicher Höhe im Strukturbaum) INFL' von IP (= INF") dominiert wird.
- »Objekt« ist die Kategorie, die mit einem Schwesterknoten X^0 (→Kopf) von INFL' dominiert wird.

→X-bar-Schema.

Satzgliedfrage →Ergänzungsfrage

Satzgliedprobe, durch Anwendung der →Umstellprobe können die Satzglieder in einem Satz als relativ selbständige Einheiten ermittelt werden.
Beispiel (jeweils vier Satzglieder):

Mutter	*fährt*	*ihr Auto*	*in die Garage.*
Ihr Auto	*fährt*	*Mutter*	*in die Garage.*
In die Garage	*fährt*	*Mutter*	*ihr Auto.*
Fährt	*Mutter*	*ihr Auto*	*in die Garage?*

Die Satzglieder lassen sich durch jeweils ein Wort ersetzen:

Sie	*fährt*	*es*	*hinein.*

Satzgliedreihe, →Satzglieder können nebengeordnet in einer Reihe stehen; das Komma wird wie bei einer Aufzählung einzelner Wörter gesetzt:

– mehrere Subjekte: *Karl, Gabi und die Nachbarskinder wollen eine Party feiern.*
– mehrere Prädikate: *Sie hören Musik, tanzen, verkaufen Getränke und organisieren Spiele.*
– mehrere Objekte: *Willi mag nur Beat, Hip-Hop oder Heavy Metal.*
– mehrere Prädikat-Objektverbindungen bei nur einem Subjekt: *Die Eltern stellen Räume zur Verfügung, helfen mit Vorschlägen und packen auch selbst mit an.*

Satzgliedstelle, Stelle in einem →Satzbauplan, die für ein bestimmtes →Satzglied reserviert ist. Die S. kann durch unterschiedliche sprachliche Ausdrücke gefüllt werden:

1. Stelle: Subjekt	2. Stelle: Prädikat	3. Stelle: Objekt
Jürgen *Mein Bruder* *Er* *Der Junge von nebenan* *Wer nicht persönlich kommen kann,*	*schreibt*	*einen Brief*

Satzkern, gelegentlich wird das →flektierte Verb (die Personalform) als S. bezeichnet, wobei davon ausgegangen wird, dass dieser Teil des Satzes der dominierende ist. →Prädikatskern.

Satzklammer, im Allgemeinen die →verbale Klammer. Daneben gilt als Klammerbau:
- die nominale Klammer (Artikel – Nomen): *eine alte, kluge Frau*
- die Gliedsatzklammer (Konjunktion – Verb): ..., *weil sie auf alles eine Antwort weiß.*

Satzlehre, auch: Syntax; die S. ist neben Laut- und Wortlehre Bestandteil der Grammatik. In der S. wird beschrieben, nach welchen Regeln die Elemente der unteren Beschreibungsebenen (Laute, Silben, Wörter, Syntagmen) zu wohlgeformten Sätzen kombiniert werden können. In der traditionellen Grammatik werden solche Regeln eher intuitiv gefunden (→Satzbaupläne); in strukturalen Grammatiken wird versucht, die Ableitung von Sätzen über einen Regelapparat explizit zu machen (z. B. in der →generativen Transformationsgrammatik).

Weitere Gegenstände der S. sind die Herausbildung von Methoden der Satzanalyse (→Proben) oder Satzkonstruktion (→Phrasenstruktur) sowie Darstellung und Beschreibung der syntaktischen →Kategorien (→Satzglieder, →Satzarten, →Verbstellung u. a. m.). Die Grenzen zwischen S. und →Morphologie und →Semantik sind fließend.

Satzmuster →Satzbauplan

Satzoperation →Probe

Satzoperator →Logische Partikel

Satzpartikel →Abtönungspartikel

Satzperiode →Satz (5)

Satzrahmen →Verbale Klammer

Satzreihe, Parataxe; komplexer →Satz (5), der aus einer gleichgeordneten Verbindung grammatisch vollständiger Sätze, meist mit nebenordnender →Konjunktion (1) oder mit →Konjunktionaladverb gebildet wird:
Zwei Hauptsätze: *Du musst früh zu Bett gehen. Morgen hast du einen anstrengenden Tag.*
S.: *Du musst früh zu Bett gehen, denn morgen hast du einen anstrengenden Tag.*

Gelegentlich wird unterschieden zwischen →Satzverbindung (Reihung von Hauptsätzen) und →Koordination (Reihung von Glied- oder Attributsätzen).
Satzverbindung: *Die Examensklausur ist sehr wichtig und niemand darf zu spät kommen.* (Neue Regelung der Zeichensetzung!)
Koordination: *Ich gehe früh zu Bett, damit ich gut ausgeschlafen bin und damit ich mich morgen konzentrieren kann.*

Satzsymbol →Anfangssymbol

Satzteil →Satzglied oder →Attribut

Satzteilkonjunktion, mit einigen →Konjunktionen können →Satzteile in einen Satz eingebaut oder an einen Satz angeschlossen werden, z. B. *wie*, *als*, *desto*, *umso*: *Sebastian hat das Staatsexamen als Bester seines Jahrgangs bestanden. Er wird wie ein Held gefeiert. Wir fahren schon früher zurück, umso eher sind wir dann zu Hause.*

Satzverbindung, auch: Satzverknüpfung; gleichgeordnete Reihung von Hauptsätzen; →Satzreihe: *Peter fährt in den Ferien nach Paris, Heike besucht ihre Tante an der Nordsee und ich bleibe zu Hause.* (Neue Regelung bei der Zeichensetzung!)

Je nach der Art der koordinierenden Partikel unterscheidet man kopulative (*und*, *sowie*, *sowohl – als auch*), disjunktive (*oder*, *entweder – oder*), adversative (*sondern*), kausale (*denn*), konditionale (*sonst*) und andere S.en.

Satzverhältnis, der Terminus wird von K. F. Becker in die Sprachwissenschaft eingeführt. In seinem *Organism der Sprache* von 1827 unterscheidet er:
- das prädikative S.: Jeder Satz drückt die Einheit eines Prädikats (als Hauptbegriff) und eines Subjekts (als Beziehungsbegriff) aus. *Der Wind braust. / Das Kind ruft.*
- das attributive S.: Beziehung, in welcher »der Begriff des Substantivs durch den Begriff eines anderen Substantivs (oder Adjektivs) individualisiert wird«. *Das arme Kind ruft. / Das Kind des Bettlers ruft.*

– das objektive S.: Das Prädikat entwickelt sich, »indem die Tätigkeit mit einem Sein als Objekt – das Verb mit einem regierten Substantive – auf mancherlei Weise in Beziehung tritt«. *Das arme Kind ruft seine Mutter. / Das Kind des Bettlers ruft um Hilfe.*

Satzwertig, sowohl der →Infinitivsatz als auch die →Partizipialkonstruktion werden als s. angesehen, sofern sie die grammatische Rolle eines →Nebensatzes (Glied- oder Attributsatzes) übernehmen. Dies kann durch →Ersatzprobe ermittelt werden.
– Infinitivsatz: *Die Sportlerin trainiert täglich, um bei der Olympiade eine Medaille zu gewinnen*. Probe: Konjunktionalsatz (*Die Sportlerin trainiert täglich, weil sie bei der Olympiade eine Medaille gewinnen will*).
– Partizipialkonstruktion: *Dies ist unsere Spitzensportlerin, bewährt in zahlreichen schwierigen Wettkämpfen.* Probe: Relativsatz/Attributsatz (*Dies ist unsere Spitzensportlerin, die sich in zahlreichen schwierigen Wettkämpfen bewährt hat*).

Satzwort, ähnlich wie die →Ellipse stellt das S. einen grammatisch unvollständigen Ausdruck dar, der jedoch nur aus einem Wort besteht und der den Charakter eines kommunikativ brauchbaren →Satzes (2) aufweist: *Ja/Nein*; *Danke*; *Tschüs!*, *Verflixt!* usw. Solche Satzwörter können in der Regel formal zu Sätzen ergänzt werden, was jedoch für ihren kommunikativen Status unwesentlich ist (*Ich bejahe/verneine dies*; *Ich bedanke mich* usw.). Sie ergeben nur im →kommunikativen Handlungszusammenhang einen Sinn. Auch die →Interjektionen zählen zu den Satzwörtern.

Satzzeichen, schriftliche Grenzsignale; die Zeichensetzung (auch: Interpunktion) gliedert geschriebene Sprache optisch. Ursprünglich handelte es sich bei Punkt, Komma usw. um (fakultative) Vortragszeichen. Erst im Laufe der Zeit hat sich ein Regelsystem entwickelt, das für das Deutsche als verbindlich gilt und z. T. recht verwickelt und uneinsichtig erscheint. Im Zuge der →Rechtschreibreform ist auch eine Vereinfachung der Zeichensetzung erfolgt; so sind die etwa 60 Kommaregeln auf neun Grundregeln reduziert worden. So gilt z. B. die Regel »Kein Komma vor *und* bzw. *oder*« nach der neuen Regelung generell, also auch für eine Nebenordnung von Hauptsätzen. (Allerdings *kann* ein Komma stehen, um den Satz übersichtlicher zu gestalten.)

Im Einzelnen unterscheidet man bei den S.: Punkt, Fragezeichen und Ausrufezeichen, die im Allgemeinen als S. der drei →Satzarten gelten. Ferner: das Komma, das Semikolon (den Strichpunkt), den Gedankenstrich (→Parenthese), den Bindestrich (→Wortbildung; Trennungsstrich bei der Silbentrennung), den Doppelpunkt, die Anführungszeichen (bei der wörtlichen →Rede, bei Zitaten, Titeln und dgl.).

Schachtelsatz, Satzperiode; Verbindung mehrerer →Satzgefüge bzw. →Satzreihen zu einem komplexen Satz; →Hypotaxe, →Satz (5).

Schaltsatz →Parenthese

Schema, pl.: Schemata; uneinheitlich gebrauchter Terminus; (1) im Allgemeinen meint Sch. die Verknüpfungen von →Propositionen (3). Ein Sch. erfasst, was von einer Person als typisch für ein Objekt, eine Handlung oder allgemein einen Wahrnehmungskomplex angesehen wird. Es ist ein Standardmuster, das uns eine rasche Orientierung in unserer Umwelt und in →kommunikativen Handlungszusammenhängen ermöglicht und das unsere Erwartungen in normalen Situationen steuert. So kann jemand, der das Wort »Referendar« benutzt, folgendes Sch. damit verbinden: »Zwischenraum zwischen Hochschulstudium und Lehrberuf, geringes Einkommen, Unterrichten lernen, Seminar, Prüfungen, unsichere Zukunft« (Bovet/Huwendiek, ^{2}1998). In diesem Referendar-Sch. sind z. B. Gerichtsreferendare gar nicht enthalten, was zu Missverständnissen führen kann, wenn diese unterschiedlichen Vorstellungen nicht explizit gemacht werden. (2) Eine spezielle Bedeutung haben → Handlungsschemata bei J. Piaget.

Schichtenspezifisch → Soziolinguistik

Schlagwort, ursprünglich »schlagendes (treffendes) Wort«; Wörter und Redewendungen, meist kurz und prägnant formuliert, inhaltlich jedoch verschwommen und stark emotional aufgeladen. Schlagwörter werden vorzugsweise in der Propaganda (*gelbe Gefahr*) oder der Werbung eingesetzt. Da sie Sachverhalte nicht nur benennen, sondern gleichzeitig werten, sind sie ein probates Mittel, den eigenen Standpunkt plakativ zu verdeutlichen (*Schülerberg*) oder den Gegner zu verunglimpfen (*Ausbeutung*) und als Ersatz für eine inhaltliche Diskussion zu verwenden.

Schlitz (engl. *slot*) → Leerstelle

Schlüsselwort, zentraler Begriff in literarischen oder Gebrauchstexten, dessen Deutung (Entschlüsselung) wesentlich für das Verständnis des Gesamtzusammenhangs ist. Die Auswertung von Schlüsselwörtern, Stilmerkmalen und dgl. war u. a. Gegenstand der so genannten Inhaltsanalyse zur Auswertung von (nationalsozialistischen, faschistischen und kommunistischen) Propagandaschriften. Andererseits wird die Besetzung von Schlüsselwörtern in der politischen Auseinandersetzung zu einer Überlebensfrage. »Wir erleben heute eine Revolution, die sich nicht der Besetzung der Produktionsmittel, sondern der Besetzung der Begriffe bedient« (Biedenkopf, 1975). Zum Beispiel: *Emanzipation*, *Freiheit*, *Friede*, *Mitbestimmung*, *Mündigkeit*, *Reform*, *Solidarität*.

Schriftsprache, (1) im Zusammenhang mit dem Erwerb von Lese- und Schreibfähigkeiten erwirbt ein Kind die Sch., im Allgemeinsten also die Fähigkeit, schriftliche Texte zu produzieren und zu verstehen. (2) Unter soziolinguistischen Gesichtspunkten steht Sch. im Zusammenhang mit gehobener, → elaborierter Sprache, → Hochsprache und literarischer Bildung. (3) Sprachgeschichtlich betrachtet kann man eine Zeit der mündlichen Überlieferung von einer Zeit der beginnenden schriftlichen Zeugnisse unterscheiden. Hier meint Sch., dass eine Sprachgemeinschaft Mittel bereitgestellt und Fähigkeiten ausgebildet hat, um sprachliche Produktionen schriftlich niederzulegen und zu dokumentieren. Hierzu gehören insbesondere die Schaffung eines Schriftsystems, das funktional, explizit und ökonomisch zur Verschriftung eingesetzt sowie von der Sprachgemeinschaft akzeptiert und (zumindest von vielen) dekodiert werden kann.

Schulgrammatik → Didaktische Grammatik

Schwa, das Schwa, hebr. *schewâ*, auch Murmel-Laut; in bestimmten unbetonten Silben Schwundstufe des Vokals [e], z.B. am Wortende: *Liebe* ['li:bə].

Schwache Deklination, eine Gruppe von maskulinen Nomen weist außer im Nominativ Singular (→ Kasus) bei der → Deklination durchweg die Endung -(e)n auf. Man spricht hier von der sch.n D.

Kennzeichen: Singular Genitiv auf -(e)n:

	Singular	Plural
Nominativ	*der Mensch*	*die Menschen*
Genitiv	*des Menschen*	*der Menschen*
Dativ	*dem Menschen*	*den Menschen*
Akkusativ	*den Menschen*	*die Menschen*

Eine andere Gruppe maskuliner und neutraler Nomen zeigt nur im Plural eine sch. D. Man spricht hier von gemischter Deklination.

– Kennzeichen: Genitiv Singular -(e)s; Plural -(e)n: *Staat*, *See*, *Ohr*.

Gelegentlich werden auch einige feminine Nomen hierzu gerechnet.

– Kennzeichen: Genitiv Singular ohne Endung; Plural -(e)n: *Frau*, *Gabe*.

Schwaches Verb, regelmäßiges Verb; im Gegensatz zu den →starken Verben behalten die schwachen Verben bei der →Konjugation ihren →Stammvokal bei. Die drei →Stammformen werden wie folgt gebildet:

1. Stammform (Infinitiv)	2. Stammform mit -te (Präteritum)	3. Stammform mit (-ge-)t + -(e)t oder nur -(e)t (→Partizip II)
handeln	*handelte*	*gehandelt*
sagen	*sagte*	*gesagt*
enden	*endete*	*geendet*
versagen	*versagte*	*versagt*
übersetzen	*übersetzte*	*übersetzt*
übersetzen	*setzte über*	*übergesetzt*

Eine Gruppe von Verben weist Mischformen auf:

brennen	*brannte*	*gebrannt*
denken	*dachte*	*gedacht*
fechten	*focht*	*gefochten*

Schwächung, (1) auch: Lenisierung; Phänomen des →Lautwandels bei Konsonanten durch Abschwächung der artikulatorischen Energie, die sowohl der Ersten als auch der Zweiten →Lautverschiebung folgte. »Ihr Wesen besteht darin, dass in der Aussprache die Fortes /p, t, k/ in verschiedenem Umfang in Halbfortes und Lenes /b, d, g/ übergehen und die Behauchung (Aspiration) verlieren« (Paul, [24]1998). Diese Art der Sch. wird auch »binnendeutsche Konsonantenschwächung« genannt. (2) Vokal-Sch. findet in der (umgangssprachlichen) Rede vor allem bei den Endsilben statt; sie kann bis zum Ausfall des Vokals führen: *geben* ['gebən] – ['gebn].

Schwanzform, auch: Endwort; →Kurzwort (2), das aus dem zweiten Teil einer →Zusammensetzung besteht: *Ring* (Fingerring), *Bahn* (Eisenbahn). ↔Kopfform.

Schwellform →Funktionsverbgefüge

Schwesterknoten, im →Baumdiagramm alle →Knoten (hier: B, C und D), die von der gleichen →Konstituenten (hier: A) dominiert werden:

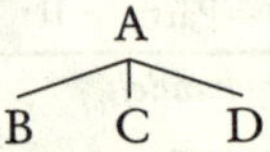

Schwinglaut →Vibrant

Schwundstufe, auch: Abstufung; quantitativer →Ablaut.

Segmentieren, dt.: Abschnitte bilden; elementares Verfahren der strukturalistischen Sprachanalyse zur Ermittlung der kleinsten Einheiten innerhalb einer Sprache wie →Phone oder →Morphe. Wichtiges Kriterium ist die Austauschbarkeit bei gleichzeitiger bedeutungsunterscheidender oder bedeutungstragender Funktion in →Minimalpaaren:
t versus k: *Tanne – Kanne*
a versus o: *Tanne – Tonne*

Durch →Klassifikation der so gewonnenen Elemente erhält man Mengen (Klassen) sprachlicher Einheiten (→Phonem, →Morphem), die als Grundlage zur (Re-) Konstruktion der Grammatik der betreffenden Sprache dienen. →Konstituentenanalyse.

Seitenlaut →Lateral

Sekundärumlaut, historisch spätere Form des →Umlauts; wenn i/j in der zweiten Folgesilbe erscheint, wird im Ahd. [a] nicht umgelautet, obwohl »bereits eine lautliche Färbung vorhanden gewesen« sein wird. »Neuere phonologische Untersuchungen gehen von einer einheitlichen Umlautung in vorahd. Zeit aus, wonach sich zunächst Allophone bildeten, die nach Wegfall der Kontextbedingungen phonemisiert wurden; erst mit zeitlichem Abstand evozierten die neuen Umlautphoneme eine graphische Kennzeichnung, die sich allerdings wegen fehlender Zeichen des lateinischen Alphabets schwierig gestaltete.« (Paul, [24]1998) So ergibt sich die Regel, dass i/j auch da gewirkt hat, wo im Ahd. noch /a/ geschrieben wird, dass dann aber die Entwicklung nicht bis zu geschlossenem [e] gegangen, sondern bei dem offenen [ä] stehen geblieben ist: ahd. *magadi* (Gen. Dat. Sg. und Nom. Akk. pl. zu *magad* ›Magd‹) > mhd. *mägede*.

Selbsteinbettende Konstruktion → Einbettung (2)

Selektion, (1) Terminus der → generativen Transformationsgrammatik; → Subkategorisierung und S. legen die syntaktischen Merkmale fest, so dass es möglich wird, syntaktischen Strukturen, die bei gleicher Anordnung verschiedene Bedeutung haben, zu unterscheiden. Dies geschieht durch → Selektionsmerkmale und → Selektionsbeschränkung. (2) In der → Glossematik bezeichnet S. die → syntagmatische Relation zwischen zwei Elementen, von denen das eine das andere regiert; so bestimmt z.B. die Präposition den Kasus des von ihr regierten Nomens.

Selektionsbeschränkung, auch: → Inkompatibilität (2); in der → generativen Transformationsgrammatik werden über die → Subkategorisierung bei der Verbindung lexikalischer Kategorien syntaktisch-semantische Beschränkungen wirksam, die gegen die Entstehung ungrammatischer Sätze gerichtet sind. So kann das Nomen mit den Merkmalen [+ N, – Belebt, + Abstrakt, ...] nicht mit einem Verb, das die Merkmale [+ V, + Human, – Abstrakt, ...] aufweist, in der Relation Subjekt – Prädikat verbunden werden. Somit wäre die Ableitung eines Satzes wie **Die Lüge verreist* blockiert.

Selektionsmerkmal, in der → generativen Transformationsgrammatik erhalten die lexikalischen Kategorien Charakteristika PM (= Menge phonologischer Merkmale) und SM (= komplexes Symbol, das syntaktische und semantische Merkmale enthält) zugeschrieben. SM besteht aus einem Merkmalbündel mit Angaben zu bestimmten →Selektionsbeschränkungen, die mit Hilfe von S.en wie z.B. [± Human, ± Belebt, ...] vorgenommen werden. Ist die Kategorie Verb mit [+ Belebt] charakterisiert, so kann sie nicht auf ein Nomen bezogen werden, welches das S. [– Belebt] enthält; andererseits enthält eine Kategorie, die [+ Human] markiert ist, gleichzeitig das Merkmal [+ Belebt] usw.

Selektionsregel →Selektionsbeschränkung

Sem, dt.: Zeichen; (1) distinktive Minimaleinheiten der Inhaltsseite eines →Lexems. Im Allgemeinen versteht man unter S. die kleinste Einheit bei der →Komponentenanalyse; S.e dienen zur Bedeutungsbeschreibung der Lexeme. (2) Gelegentlich synonym zur Bedeutung eines Lexems verwendet; (3) Grundeinheit der →Nomosyntax (H. Glinz); (4) freies Monem (A. Martinet); →Morphem.

Semantem, (1) Ausdrucksseite eines →Lexems als Träger des Inhalts; (2) gelegentlich wird S. im Sinne von →lexikalischem Zeichen (im Gegensatz zu →grammatischem Zeichen) verwendet. (3) Bei H. Glinz »fertige Satzinhalte«, die zur →Nomosphäre gehören, also feste Fügungen wie präpositionale Ausdrücke oder →Funktionsverbgefüge.

Semantik, auch: Semasiologie, dt.: Bedeutungslehre; (1) ursprünglich unter historischem Aspekt vorgenommene Analyse und Beschreibung von →Bedeutungswandel sowie von →Homonymie und →Synonymie. (2) Im Zusammenhang mit der →synchronen Sprachforschung kommen Wortschatzuntersuchungen (→Wortfeld) sowie Einzelwortbeschreibungen (→Komponentenanalyse) hinzu; außerdem werden die semantischen Beziehungen zwischen Ausdrücken sowie der Aufbau der Gesamtbedeutung eines Satzes aus den Bedeutungen seiner einzelnen Teile formal beschrieben. (3) Im Rahmen einer allgemeinen →Zeichentheorie ist die S. zuständig für die Untersuchung der Relation (Zeichen, Objekt), wobei »Objekt« entweder als →Designat (Ch. W. Morris, U. Eco) oder im marxistischen Denkmodell als →Widerspiegelung (A. Schaff, G. Klaus) gedeutet wird. (4) Neuere Konzeptionen legen der linguistischen S. handlungstheoretische Überlegungen zugrunde (H. J. Heringer: »praktische Semantik«). Sie wird so zu einem Teilgebiet der →Pragmatik und beschäftigt sich z.B. mit der Untersuchung und Darstellung der →Präsuppositionen.

Semantisch, die →Semantik betreffend; bedeutungsmäßig; s.e Merkmale werden in der →Komponentenanalyse ermittelt.

Semantische Relation, auch: Bedeutungsbeziehung; allgemein Beziehung, die zwischen den Inhalten von Ausdrücken besteht. (1) Traditionell werden s. R.en untersucht bei *Wörtern* in Gestalt von →Antonym, →Synonym, →Hyperonym oder Hyponym, bei *Sätzen* z.B. als →Paraphrase oder →Konversion sowie bei (logischen) *Aussagen* als →Äquivalenz, →Implikation oder Negation. Die Analyse aller s.n R.en eines →Wortfeldes macht dessen semantische Struktur deutlich. (2) In der →generativen Transformationsgrammatik werden s. R.en über →Selektionsmerkmale und →Selektionsbeschränkungen derart hergestellt, dass keine ungewöhnlichen Sätze entstehen. (3) Andere Wege zur Beschreibung s.r R.en hat z.B. die →generative Semantik eingeschlagen.

Semantische Rolle →Thematische Rolle

Semantisches Differential, auch: Polaritätsprofil; Methode zur Messung sozialer Einstellungen und der Bedeutungsanalyse von Begriffen und Vorstellungen. Polare Adjektivpaare (*rau – glatt*, *leise – laut* usw.) werden in einer Liste vorgegeben. Aufgabe der Testperson ist es, den korrespondierend in der Vorstellung auftauchenden Inhalt assoziativ mit den Wortpaaren in Verbindung zu setzen und auf einer abgestuften Skala anzugeben, nach welcher Richtung und in welcher Intensität die Assoziation ausfällt. Meist wird zwischen zwei polaren Adjektiven auf einer skalierten Verbindungslinie ein Kreuz eingetragen, und zwar näher oder weiter entfernt von dem Ausdruck, der der →Konnotation mehr oder weniger entspricht. Außer in sprachwissenschaftlichen Tests wird das semantische Differential häufig in der Markt- und Meinungsforschung eingesetzt.

Semantisches Feld, entsteht unter folgenden Bedingungen: a) alle Wörter müssen dem gleichen Sprachsystem angehören; b) alle Wörter müssen den gleichen Wortklassen angehören; c) jedem Wort des Feldes muss im Lexikon ein Inhalt zugeordnet werden können, der mit den Inhalten aller anderen Wörter der Gruppe mindestens ein →semantisches Merkmal gemeinsam hat. Es gibt drei Arten von semantischen Feldern:

- hierarchische, wenn sie ein →Hyperonym enthalten: *Möbel – Stuhl, Schrank, Tisch,* ...
- nicht hierarchische: *Mutter, Vater, Sohn, Onkel, Oma,* ... (ohne Hyperonym)
- antonyme (komplementäre Wortpaare): *groß – klein,* ...

Ein s. F. wird beschrieben durch die Festlegung eines Kontextes, innerhalb dessen den Ausdrücken Inhalte zugeordnet werden, die feldintern sind: *Bank* (Geld einzahlen) versus *Bank* (sich darauf setzen und ausruhen).

Semantisches Merkmal, auch: Inhaltskomponente, Inhaltsfigur; semantische Merkmale dienen als kleinste Bedeutungseinheiten der Beschreibung →semantischer Relationen von sprachlichen Ausdrücken. Ihre Notation erfolgt in eckigen Klammern. Anders als bei den distinktiven phonologischen Merkmalen gibt es keine objektiv begründbare Herleitung von semantischen Merkmalen.

Nach F. Hundsnurscher (1970) könnte die semantische Beschreibung des →Formativs */Truhe/* wie folgt aussehen:

Truhe:
[+ Nomen
+ feminin
+ zählbar
+ Gattungsname
+ konkret
– belebt
Artefakt: Funktion: Behälter
Material: Holz
Verwendung: Möbel
Größe: relativ groß]

Je weiter unten ein Merkmal auftritt, desto geringer sind die syntaktischen und desto größer die semantischen Auswirkungen. Das letzte Merkmal stellt den Unterschied zwischen dem im → semantischen Feld nächststehenden Formativ dar, was hier etwa */Kassette/* mit dem Merkmal [relativ klein] ist.

Semantisches Netz, die → Repräsentation von Wissen erfolgt in Form von kleinsten Bedeutungseinheiten, den → Propositionen, die in semantischen Netzen miteinander verbunden und organisiert sind. Eine Aussage (A) wie *Ein Unbekannter zerstörte nachts die Fensterscheiben im Supermarkt* könnte folgendermaßen als s. N. repräsentiert sein (nach Kluwe, 1990):

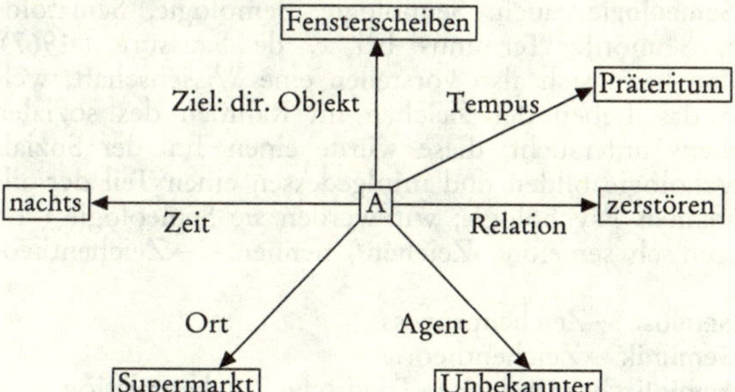

Diese graphische Notation eines semantischen Netzes kann mit anderen zu komplexeren Einheiten verknüpft werden. Je nach der Aussageabsicht können semantische Netze so unterschiedliche Relationen anzeigen, z.B. syntaktische Relationen, thematische Rollen oder Informationen über die Raum-Zeit-Verhältnisse.

Semantische Valenz, untersucht wird die Verträglichkeit und Kombinierbarkeit von Bedeutungskomponenten; die →Argumentstellen in einer Aussagenkonfiguration werden ausgefüllt mit entsprechenden Variablen, die zu ganz bestimmten semantischen Klassen gehören, wie Agens, Patiens, Adressat (→Theta-Rolle) und dgl. →Logische Valenz, →syntaktische Valenz.

Semasiologie, (1) Wortbedeutungslehre; gefragt wird: Was kann X alles bedeuten? ↔Onomasiologie. (2) Teilweise mit →Semantik (1) und (2) synonym verwendet; (3) teilweise mit →Semantik (3) synonym verwendet und dann veraltet für Semiotik (→Zeichentheorie); (4) in der Logik: Lehre von den Zeichen und Symbolen, die zum Ausdruck von Denkinhalten dienen.

Sematologie, von K. Bühler (^{2}1965) benutzter Terminus; →Semeologie.

Semem, im Allgemeinen Bezeichnung für die Menge der →Seme, die ein →Lexem beschreiben.

Semeologie, auch: Semiologie, Semologie, Sematologie, Semiotik; Terminus bei F. de Saussure (^{2}1967): »Man kann sich also vorstellen eine Wissenschaft, welche das Leben der Zeichen im Rahmen des sozialen Lebens untersucht; diese würde einen Teil der Sozialpsychologie bilden und infolgedessen einen Teil der allgemeinen Psychologie; wir werden sie Semeologie (von griechisch semeion, ›Zeichen‹) nennen.« →Zeichentheorie.

Semiose →Zeichenprozess

Semiotik →Zeichentheorie

Semiotisches Dreieck →Triadische Zeichenrelation

Semivokal, dt.: Halbvokal; (1) unsilbisch gewordener, als Konsonant gesprochener Vokal; im Deutschen z. B. [j]. (2) Unsilbischer Vokal als Bestandteil eines Diphthongs, z. B. das /i/ in /ei/ = [ai].

Senkung, Änderung des →Artikulationsortes durch geringere Anhebung der Zunge; meist wird eine S. durch Angleichung an benachbarte Vokale oder Konsonanten erreicht. So wird im Ruhrgebietsdialekt das [e] zu [ɛ] gesenkt: *Komm he̱r!* ['kɔm 'hɛə].

Sensorischer Speicher →Gedächtnis

Sexismus in der Sprache, Erscheinung innerhalb einer Sprache, den Formen eines bestimmten →Genus den Vorzug zu geben; dies kann konventionell bedingt oder strukturimmanent sein. So ist es üblich, vom »Leserbrief«, von »Besuchern«, »Schülern« oder »Patienten« zu sprechen, auch wenn es sich (sogar vorwiegend) um weibliche Personen handelt. Diese Sprach- bzw. Schreibgewohnheit könnte durch Doppelformen beseitigt werden (Briefe von Lesern und Leserinnen, Leser/innen usw.). Schwieriger wird es bei strukturbedingtem S. i. d. S.: *Amtmann – Amtfrau*, *mannhaft – frauhaft*, *jedermann – jedefrau*, *man sagt – frau sagt* u. ä. Wendungen können sich zurzeit als Varianten kaum durchsetzen.

Ein Satz wie *Wer seinen Lippenstift nicht zu dick aufträgt, der wirkt gut geschminkt* zeigt, dass nur eine Paraphrase den S. i. d. S. beseitigen könnte: »Jede Frau, die ...«. Beachtet werden muss, dass es sich bei den Formen von S. i. d. S. nicht primär um linguistische (Erklärungs-)Probleme, sondern weit eher um sozialpsychologische Probleme des sprachlichen Umgangs der Menschen miteinander handelt.

Sexus, natürliches Geschlecht im Gegensatz zum →Genus, dem grammatischen Geschlecht.

Sigmatik, von G. Klaus (1973) benutzter Terminus; die S. untersucht die Relation R(Z,O) (sprachliches Zeichen, Objekt der →Widerspiegelung). Hierbei gelten als »Objekte der Widerspiegelung« Gegenstände, Eigenschaften, Beziehungen und Sachverhalte in der außersprachlichen Wirklichkeit (→Referenz). Allerdings wird nicht angenommen, dass die R(Z,O) eine direkte Relation sei, sondern dass sie vielmehr der »Vermittlung durch A« (d.i. das gedankliche Abbild, →Interpretant) bedarf. Nur in gewissen Bereichen (z.B. den →Kunstsprachen) fallen O und A zusammen, so dass hier allein die →Semantik zuständig ist. Im Allgemeinen jedoch geht die S. über die Fragestellungen der Semiotik (→Zeichentheorie) hinaus und verweist auf Probleme der Erkenntnistheorie.

Signal →Kommunikationsmodell (1) und (2)

Signallernen →Konditionierung

Signans →Signifikant

Signat →Signifikat

Signifikant, der S.; auch: Signifikans, signifiant, (materieller) Zeichenträger; das →Bezeichnende; ↔Signifikat.

Signifikant, Adjektiv: (1) typisch, wichtig, bedeutsam; (2) gelegentlich wie →signifikativ gebraucht.

Signifikat, auch: signifié, Zeichenbedeutung; das →Bezeichnete; bei U. Eco (^{8}1994) als »kulturelle Einheit« charakterisiert; ↔Signifikant.

Signifikationsprozess, bei →Kommunikationsmodellen wird meist unterschieden zwischen dem kybernetischen Bereich, in dem →Signale zirkulieren und durch →Rückkopplung einen →Regelkreis bilden können, und der »Welt des Sinnes«, in der Menschen Signale als Botschaften deuten. Damit »hat sich ein Signifikationsprozess eröffnet, weil das Signal nicht mehr eine Reihe von diskreten Einheiten ist, die in bit Informationen berechenbar sind, sondern eine signifikante Form, die der menschliche Empfänger mit Bedeutung füllen muss« (Eco, ^{8}1994). Der Mensch ordnet einer Botschaft nicht nur ein →Denotat zu, sondern es stellen sich darüber hinaus →Konnotationen ein, die seine subjektive Interpretation der Sachlage mitbestimmen. Insofern spricht U. Eco vom kulturellen Wesen des S.es.

Signifikativ, (1) bedeutungstragende sprachliche Einheiten sind s., z. B. →Morpheme, Wörter oder Sätze. ↔Distinktiv. (2) Gelegentlich wie →signifikant gebraucht.

Silbe, kleinste sprachliche Einheit, die sich durch Sprechpausen bei einem Wort ermitteln lässt; die lange Zeit üblichen Ausnahmeregelungen für die S.n-Trennung (*Mei-ster*, *Zuk-ker*) sind durch die →Rechtschreibreform weitgehend aufgehoben worden (*Meis-ter*, *Zu-cker*); auch kann entgegen der bisherigen Praxis ein einzelner Vokal abgetrennt werden (*A-bend*, *o-ben*).

Meist liegt die Betonung auf dem Vokal (→Nukleus). Man spricht von offener (Ton-)S., wenn ein Vokal am Ende steht (*ro/sa*), von geschlossener (Ton-)S., wenn ein Konsonant am Ende steht (*rat/sam*). →Phonem und →Morphem sind von S. zu unterscheiden:

- *hassen* enthält ein /s/-Phonem; auf S.n verteilt, erscheinen jedoch zwei S-Laute: *has-sen.*
- *heute* stellt nur ein Morphem, aber zwei Silben (*heu-te*) dar.

Bei den grammatischen Morphemen wird der Unterschied zur S. noch deutlicher:

- *sprang* signalisiert nicht nur das lexikalische Morphem (*spring-*), sondern weitere grammatische Morpheme wie 3. Person, Singular, Präteritum; es stellt jedoch nur eine S. dar.

Silbenkern →Nukleus (1)

Silbenschrift, Schrifttyp, bei dem jedes Schriftzeichen (Syllabogramm) für eine Silbe steht und nicht weiter analysierbar ist, z. B. die beiden Systeme der japanischen Schriftzeichen (Hiragana und Katakana). →Buchstabenschrift, →Wortschrift.

Simplex, pl.: Simplexe (Simplizia), dt.: Grundwort; einfaches, nicht zusammengesetztes oder abgeleitetes Wort: *Arbeit*, *Bau*, *sprech-*; das S. kann seinerseits zur →Wortbildung verwendet werden: *Arbeiter*, *Rohbau*, *Sprechstunde.* ↔Kompositum.

Singular, dt.: Einzahl; eine der beiden Kategorien des →Numerus beim Nomen und Verb; der Numerus wird durch →Kongruenz auch auf andere Wortarten (wie Artikel, Adjektiv oder Pronomen) übertragen. ↔Plural.

Singularetantum, pl.: Singulariatantum; Nomen, das nur im →Singular vorkommt, wie z.B. die →Abstrakta (*Ernst, Herzlichkeit, Vergebung*), die →Kollektiva (*Laub, Obst, Vieh*) oder die →Stoffbezeichnungen (*Butter, Gold, Sand*); ↔Pluraletantum.

Sinn, (1) im allgemeinen Verständnis nicht eine Gegebenheit, die einem Objekt inhärent wäre, sondern eine, die ihm vom Menschen beigelegt wird, so dass etwas für den einen sinnhaft und für den anderen nicht sinnhaft sein kann. Von daher versteht man unter S. bei der →Textanalyse so etwas wie Textaussage, die ein Interpret ermittelt hat (→Konkretisation). (2) Entspricht in der Bedeutungslehre der →Intension. Der Terminus S ist von G. Frege in Abgrenzung zum Terminus →Bedeutung gebraucht worden: So können zwei Ausdrücke (etwa *Heiligabend* und *24. Dezember*) dieselbe Bedeutung (denselben →Referenten, dieselbe →Extension), aber ganz unterschiedlichen S. haben.

Sinnbezirk, ein von J. Trier (1931) benutzter Terminus zur Explizierung seiner Theorie vom →Wortfeld. Anders als bei der →Wortfamilie wird ein Wortfeld durch partielle Synonymie seiner Worteinheiten bestimmt, die so einen S. ausmachen.

Sinnkonstanz, von H. Hörmann eingeführter Terminus, der den Sachverhalt bezeichnet, dass ein Leser/Hörer die Sinnhaftigkeit von Sätzen voraussetzt, so dass die S. nicht ein Ergebnis der Sprachanalyse ist, sondern den Rezeptionsvorgang steuert. Der Mensch ist bei der →Textverarbeitung bewusst auf eine sinnvolle Auffassung von Sprache ausgerichtet, wodurch es ihm möglich wird, Micro- und Macro-Propositionen zu bilden und zu einer Super-Struktur zu verbinden oder auch schwierige Sprachzeichen z. B. als →Metapher zu deuten.

Sinnwort →Inhaltswort

Sinzeichen →Triadische Zeichenrelation

Situativer Sprachunterricht →Sprachunterricht

Skript, eine Variante von →Schemata sind S.e; sie repräsentieren Handlungsabläufe und werden manchmal mit kurzen Drehbüchern verglichen, die den beteiligten Personen bestimmte Rollen zuweisen. Ein viel zitiertes S. stellt der Restaurantbesuch dar:

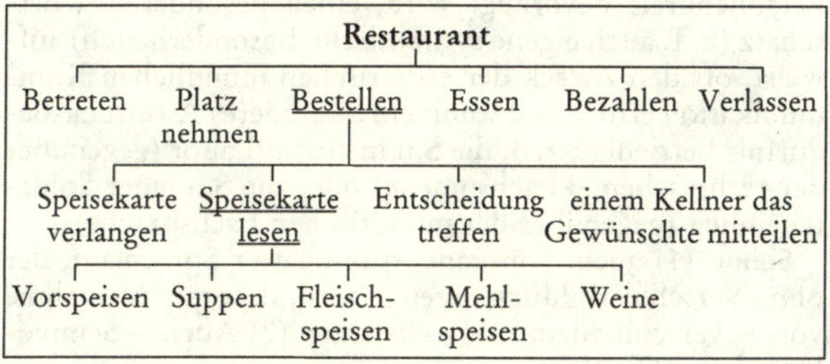

Man spricht hier auch von Handlungswissen, das auf mehreren Ebenen hierarchisch geordnet ist. In →semantischen Netzen kann demnach sowohl Sachwissen im engeren Sinne als auch Handlungswissen repräsentiert sein.

Slang, (1) umgangssprachliche Ausdrucksweise bestimmter sozialer, beruflicher o. a. Gruppen; auch →Sondersprache. (2) Gelegentlich allgemein gebraucht für eine nachlässige, saloppe Ausdrucksweise.

Internetadresse: www.notam.uio.no/~hcholm/altlang/ (Erklärungen zu Slangausdrücken und deren Herkunft aus etlichen Sprachen).

Slogan, auch: Wahlspruch, Parole, meist für →Schlagwort oder Schlagzeile in der Werbung (*Nicht immer, aber immer öfter*) oder politischen Propaganda (*Freiheit statt Sozialismus!*) gebraucht.

Slot, dt.: Schlitz; → Leerstelle.

Sonagramm, Spektrogramm von Schalleigenschaften oder von lautsprachlichen Strukturen mit Hilfe eines Sonagraphen; das S. ist eine pseudo-dreidimensionale Darstellung mit den Parametern Zeit (X-Achse), Frequenz (Y-Achse) und Intensität; Letztere wird durch den Schwärzungsgrad der auf beschichtetem Papier eingebrannten Markierung sichtbar. Das Verfahren wird in der akustischen → Phonetik eingesetzt.

Sondersprache, Sprachform, die von einem begrenzten Personenkreis bevorzugt wird, einen besonderen Wortschatz (z. T. auch eigene syntaktische Besonderheiten) aufweist, oft den Zweck der esoterischen mündlichen Kommunikation erfüllt und somit ein besonderes Ausdrucksbedürfnis befriedigt; z. B. die S.n in einem Labor (gegenüber der technischen → Fachsprache) oder die S.n einer Soldateneinheit (gegenüber der militärischen Fachsprache).

Sonor, (1) auch: Sonorant; stimmhafter Sprachlaut, der ohne Verschlussbildung erzeugt wird, d. h. mit Ausnahme von → Verschlusslaut und → Frikativ. (2) Auch → Semivokal oder → Gleitlaut.

Sonorität, dt.: Klang- oder Schallfülle; S. misst den Grad der Lautheit eines Sprachlauts im Verhältnis zu anderen. So haben offene Vokale eine größere S. als geschlossene, Liquide haben wiederum eine größere S. als Nasale usw. Jedem Sprachlaut kommt so eine (idealtypische) S. zu, die in der Abfolge eine bestimmte Sonoritätshierarchie innerhalb der Silbe ergibt. Der Silbenkern oder → Nukleus (1) ist durch den sonorsten Laut besetzt.

Sozialisation → Sprachliche Sozialisation

Soziolekt, schichtenspezifische Sprechvariante; für eine soziale Gruppe (Berufssparte, Jugendliche) typische Sprechweise; → Kode (2), → Dialekt, → Gemeinsprache.

Soziolinguistik, auch: Sprachsoziologie; interdisziplinäre wissenschaftliche Fachrichtung, die sozialwissenschaftliche Fragestellungen (und Methoden) auf die → Linguistik überträgt; Forschungsgegenstand ist das sprachliche Verhalten in Beziehung zur sozialen Umwelt. Je nach dem methodischen Ansatz und dem Forschungsinteresse haben sich unterschiedliche Richtungen der S. entwickelt.

(1) Der Untersuchung des Verhältnisses zwischen Sprache, Denken und Wirklichkeit gelten die frühen Arbeiten des amerikanischen →Strukturalismus, vor allem bei der Erforschung der Indianersprachen. Diese Richtung der S. wird vor allem durch das →linguistische Relativitätsprinzip geleitet.

(2) Als eigentlicher Begründer der S. im engeren Sinne kann B. Bernstein gelten, der sich (seit Ende der 50er-Jahre) die Erforschung des Zusammenhangs zwischen Sprache und sozialer Schicht – insbesondere die Problematik der →Sprachbarrieren – zum Ziel gesetzt hat. In idealtypischer Weise hat er zwischen →elaboriertem und →restringiertem Kode unterschieden und sie den sozialen Schichten, der Mittel- bzw. der Unterschicht, zugeordnet. Aber gerade das Konzept der sprachlichen →Kodes hat sich im Laufe der Zeit erheblich gewandelt.

Unter dem Eindruck der →generativen Transformationsgrammatik hat U. Oevermann (1972) den linguistischen Kode als »abstraktes hypothetisches Konstrukt« beschrieben, das »die sozial eingespielten Regeln der Auswahl von sprachlichen Ausdrucksmöglichkeiten einer Kultursprache« (→Langue) darstellt. Damit sind die Kodes als »allgemeine kognitive Einstellungen zum Sprachgebrauch« ähnlich wie →Tiefenstrukturen zu beschreiben, die die »manifesten sprachlichen Ausdrucksformen oder Sprachmuster« produzieren.

Kontrovers diskutiert worden ist die Frage des relativen Eigenwerts der sozial bedingten Sprachvarianten (Defizit- versus Differenzhypothese), ihre Funktionalität im jeweiligen sozialen Kontext, schulische Folgen unterschiedlicher Sprachgewohnheiten und mögliche didaktisch-methodische Konsequenzen (kompensatorische

Sprachprogramme) sowie Ausprägung und Funktion von Kommunikations- und Interaktionsmuster (auch →nonverbale Kommunikation).

(3) Unter dem Einfluss handlungstheoretischer Konzepte haben sich weitere Forschungsrichtungen im Zusammenhang mit der linguistischen →Pragmatik herausgebildet.

Spaltsatz, auch: Klammersatz; ein S. entsteht, wenn das Subjekt eines Satzes mit Hilfe eines →Kopulasatzes nach links herausgestellt wird. Der →Matrixsatz wird als →Relativsatz angeschlossen, und zwar nach dem Muster: *Es war Willi, der das Blumenbeet zertrampelt hat.* (*Willi hat das Blumenbeet zertrampelt.*) Der S. dient der Hervorhebung oder der Kontraststellung. ↔Sperrsatz.

Spannsatz, eingebetteter Satz mit Einleitungswort; eingeleiteter →Nebensatz, bei dem die →finite Form des Verbs am Ende steht. Die so genannte Spannsatzklammer besteht aus einem Einleitungswort (Konjunktion, Relativpronomen oder -adverb) und dem Prädikat:

Er wusste, dass sich der Zug verspätete.

Spannsatzklammer

SpecComp, Abk. für Specifier der →COMP-Position; S. ist der Landeplatz für →Wh-Bewegung. Es liegt nahe, den »wh-Landeplatz als den Specifier von S' anzusetzen, den wir als SpecComp bezeichnen wollen« (Fanselow/Felix 2, 1987).

Specifier-Position, in universalgrammatischer Darstellung die Subjekt-NP; diese erhält ihren Kasus von →INFL zugewiesen, und zwar immer nur →Nominativ. Da die S-P nicht c-kommandiert wird, gilt hier M-Kommando, wie unter →Rektion (2) dargestellt.

Spektrogramm →Sonagramm

Sperrsatz, entsteht, wenn das Subjekt des Satzes nach rechts herausgestellt wird: *Der das Blumenbeet zertram-*

pelt hat, das war Willi! (Willi hat das Blumenbeet zertrampelt.) Der S. dient der emphatischen Hervorhebung oder Kontraststellung. ↔ Spaltsatz.

Spirant, auch: Reibelaut oder → Frikativ.

Spitzenstellung, auch: Frontstellung, Stirnstellung; allgemein die Position eines Satzgliedes an der ersten → Satzgliedstelle; speziell die Stellung des flektierten Verbs am Satzanfang; → Verbstellung.

S-P-O, Subjekt – Prädikat – Objekt; → Grundwortstellung.

Sprachbarriere, benachteiligender Mechanismus im sozialen Gefüge einer Gesellschaft, der durch unterschiedliche Sprachvarianten ausgelöst wird; Untersuchungsgegenstand der → Soziolinguistik, insbesondere als Theorie über den → elaborierten und → restringierten Kode. Im Wesentlichen sind S.n in Lernsituationen untersucht und diskutiert worden. Hierbei sind vor allem drei kontroverse Konzepte zu unterscheiden: (1) Kompensatorische Konzepte wollen »Defizite« der restringierten Sprachvariante ausgleichen und der elaborierten annähern. Hierbei besteht allerdings die Gefahr von sozialem Milieubruch und Identitätskrise. (2) Komplementäre Konzepte gehen von der Gleichwertigkeit der Sprachvarianten aus, sie sehen die »Differenzen« funktional bedingt und wollen zum kontextspezifischen Gebrauch der → Kodes im Sinne eines bewussten Rollenverhaltens befähigen. (3) Emanzipatorische Konzepte betonen die »revolutionären Impulse« (Spontaneität, Plastizität, Direktheit) des restringierten Kodes, die sie bewusst machen und zu sozialen Veränderungen nutzen wollen.

Sprachbetrachtung → Reflexion über Sprache

Sprachbewusstsein → Sprachliches Wissen

Sprachdidaktik, auch: → Didaktik der deutschen Sprache, → Fremdsprachendidaktik; unterrichtswissenschaftliche Teildisziplin der Fachdidaktik, welche die Theorie und Praxis für den muttersprachlichen Unterricht (Primär-S.)

oder für →DaF erforscht und darstellt; zu ihren Aufgaben gehören die theoretische Begründung, Reflexion und Erneuerung der Inhalte und Methoden sowie die empirische Erforschung des Deutschunterrichts als Sprachunterricht. Die S. orientiert sich sowohl an den Ergebnissen der Fachwissenschaft, an Nachbardisziplinen (wie Psychologie, Soziologie) als auch an der allgemeinen Unterrichtswissenschaft (Pädagogik). Sie hat ihren Platz in einem verzweigten Netz von gesellschaftlichen Instanzen, was folgende Übersicht verdeutlichen mag:

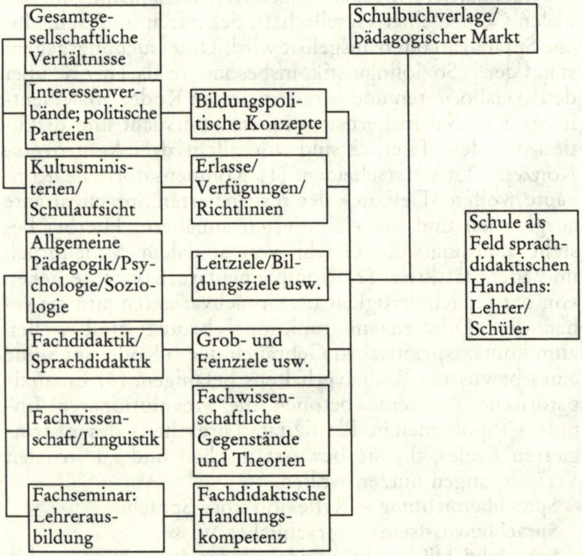

Das Besondere der Primär-S. liegt darin, dass →Sprache sowohl Medium als auch Lerngegenstand ist; die Beschäftigung mit der Sprache geschieht mit Hilfe der Sprache

(→Metasprache). Je nach dem Verständnis von Sprache (→Langue) und der Rezeption der →Linguistik ergeben sich unterschiedliche Richtungen der S.; zum Beispiel eher an der →inhaltsbezogenen Grammatik orientiert, an strukturalistischen Theorien (→generative Transformationsgrammatik, →Dependenzgrammatik, →Strukturalismus), der →Pragmatik, →Sprechakttheorie oder am Konzept der →funktionalen Grammatik orientiert. Gemeinsam ist allen Modellen die Zielsetzung, den Lernenden zu helfen, ihre produktiven, rezeptiven und reflexiven Fähigkeiten im Umgang mit Sprache zu festigen und zu fördern. Das übergeordnete Ziel, die Verbesserung der kommunikativen →Kompetenz (2), ist jedoch für gesellschaftspolitische und allgemein pädagogische Interpretationen offen.

Sprache, der deutsche Ausdruck »Sprache« ist vieldeutig; zu unterscheiden sind mindestens drei Bedeutungsvarianten: (1) S. im Sinne von dem Menschen angeborener Fähigkeit, d.h. genetisch verankerter »Eigenschaft«, eine S. auszubilden (→Langage); ob diese Fähigkeit nur dem Menschen eignet, ist in der Forschung noch nicht eindeutig geklärt (→Tiersprache). Unter neurophysiologischen Gesichtspunkten kann S. als neuronale Struktur angesehen werden, die sich in →verbalen Planungsstrategien verfestigt und regelgeleiteten (aber auch kreativen) Symbolgebrauch ermöglicht (Zeichen-S., Taubstummen-S., Morsealphabet). Unter diesem Gesichtspunkt werden Fragen des →Spracherwerbs, des Lernens oder der →Sprachstörungen, insbesondere im Rahmen der →Psycholinguistik, relevant.

(2) S. im Sinne von Sprachsystem (→Langue); Einzel-S.n wie das Deutsche, Englische, Chinesische, ...; der Zugriff auf dieses System kann →diachron, →synchron oder in einer Kombination beider Prinzipien erfolgen. Schon sehr früh ist der gesellschaftliche Charakter von S.n beschrieben worden; A. Martinet (1963) hat die menschliche

S. als »Institution« bezeichnet, die aus dem Leben der Gemeinschaft hervorgehe. Eine menschliche S. ist demnach ein System von sozialen →Regeln, die u.a. das Zusammenleben in einer Gemeinschaft ermöglichen. H. J. Heringer (1978) hat hierfür das Bild von einer »alten Stadt« gebraucht, die aus einem Gewinkel von Gässchen und Plätzen besteht, alten und neuen Häusern, Zubauten aus verschiedenen Zeiten, umgeben von neuen Vororten mit geraden und regelmäßigen Straßen und einförmigen Häusern. Er verweist damit auf die historische Dimension jeder S. Unter synchronem Aspekt stellt S. ein →Repertoire von Sprachzeichen dar, die nach bestimmten Regeln auf der phonologischen, syntaktischen und semantischen Ebene miteinander kombiniert werden können. So formuliert F. de Saussure: »Die Sprache ist ein System von Zeichen, die Ideen ausdrücken.«

Im Konzept der →generativen Transformationsgrammatik stellt sich eine S. dar als die Menge aller grammatischen Sätze, die durch den Regelapparat (→Phrasenstrukturregeln) erzeugt werden. Hiernach entspricht S. der linguistischen →Kompetenz eines idealisierten Sprechers/Hörers. Sofern die Sprachtheorie das mentalistische Konzept übernimmt, erscheint S. auch auf dieser Ebene (z.B. der Ebene der Syntax) als eine mögliche Erscheinungsform unserer angeborenen Kapazität für Symbolmanipulation. In diesem Sinne spricht H. Haider (1993) von der →Universalgrammatik als einem »Grammatik-Koprozessor« unserer →kognitiven Struktur.

(3) S. als aktuelle (gesprochene oder geschriebene) Rede (→Parole); S. in diesem Sinne wird ermöglicht durch die angeborene Sprachfähigkeit und operiert auf den verbalen Planungsstrategien, die durch das jeweilige Sprachsystem ermöglicht werden; dabei wird sie in der Regel durch dialektale oder soziokulturelle Sprachvarianten gefärbt. In diesem Sinne ist S. eine mögliche Erscheinungsform sozialen Handelns und Gegenstand der →Soziolinguistik.

Internetadresse: www.sil.org/ethnologue/ (Artikel zu rund 6700 S.n in 228 Ländern; insgesamt mehr als 39 000 Stichwörter zu Sprachennamen, Dialekten und Varianten).

Sprache als Organismus, der Organismusgedanke in der Sprachwissenschaft hat vielfältige Wurzeln, die bis zur Teleologie des Aristoteles reichen (Ewers, 1986). Neben der Naturphilosophie sind es vor allem die Anatomie und Physiologie, die als Ursprünge für den Organismusbegriff anzusehen sind. Über die Brüder Schlegel wird er J. Grimm und W. v. Humboldt bekannt, die ihn analogisierend auf die Sprache und auf sprachliche Erscheinungen anwenden.

In der → genetischen Sprachwissenschaft wird zunächst der Aspekt von Wachstum sowie die Entfaltung der Sprache aus ihren historischen Wurzeln hervorgehoben. Sehr bald gerät die Metapher des Organischen in den Zusammenhang mit der funktional-strukturellen Idee vom Gefügecharakter der Sprache (Becker, 1827). Die Metapher ist auch weiterhin produktiv geblieben; ihre neueste Ausprägung hat sie in der → generativen Transformationsgrammatik und der → GB-Theorie erhalten. Allerdings scheint der Ausdruck »Organ« seinen metaphorischen Charakter weitgehend verloren zu haben, insofern Chomsky die interne Sprache als Organ des menschlichen Geistes bezeichnet, das im Gehirn lokalisiert ist und den Prozessen des Wachstums und Reifens unterworfen ist wie andere Organe des Menschen auch. In diesem Sinne kann er sagen, dass die generative Grammatik keine Theorie, sondern ein Sachgebiet (»a topic«) sei, vergleichbar der Chemie. Zum anderen gerät der Ausdruck *mentales Organ* per Analogieschluss in den Sinnbezirk technomorpher Metaphern wie modulare Struktur, Datenstruktur oder maschinelles Programm, die ihrerseits auf die → Computer-Metapher verweisen.

Sprache als Werkzeug, byzantinische Gelehrte haben die logischen Schriften des Aristoteles als *Organon,* als

»Werkzeug« zur Erkenntnis der Wahrheit bezeichnet. K. Bühler ([2]1965) hat, im Anschluss an Überlegungen Platons im *Kratylos*, das so genannte →Organonmodell entwickelt, in dem S. a. W. für die Realisierung von drei unterschiedlichen →Sprachfunktionen thematisiert wird. Gegen die technomorphe Metapher der S. a. W. ist eingewendet worden, dass wir die Sprache zwar wie ein Werkzeug gebrauchen können, dass wir aber nicht in der Lage sind, sie wie ein Werkzeug einfach wegzulegen. Aus solchen Bedenken heraus hat z. B. A. Martinet (1963) eine Analogie von der Sprache als »Institution« vorgeschlagen.

Sprache und Denken, im Wesentlichen lassen sich zwei kontroverse Standpunkte unterscheiden: (1) Die Sprachentwicklung ist als Produkt der →kognitiven Entwicklung anzusehen (Piaget, 1923; dt. 1972): Nach diesem Erklärungsmodell menschlicher Erkenntnis vollzieht sich die Entwicklung vom »autistischen Denken« (d. i. unmittelbares, nicht gelenktes Denken) zur »mitgeteilten Intelligenz« (d. i. mittelbares, gelenktes Denken). Autistisches Denken bleibt individuell und bildlich und unterliegt einer eigenen Logik. Die mitgeteilte Intelligenz ist aufgrund von Anpassungsvorgängen sozialisiert und begrifflich. Eine wichtige Zwischenstufe stellt das »egozentrische Denken« dar. Piaget erklärt seine Beobachtungen folgendermaßen: Obgleich das kleine Kind in Gesellschaft anderer spricht, bleibt sein Sprechen monologisch (»kollektiver Monolog«); erst zwischen dem 5. und 7. Lebensjahr werden Gesprächspartner in das eigene Handeln und Denken (zunächst ohne, dann mit Zusammenarbeit) einbezogen. Am Ende dieser zweiten Entwicklungsphase stehen erste Diskussionen im Aufeinandertreffen unbegründeter Behauptungen. Zusammenarbeit im abstrakten Denken und wirkliche Diskussion setzen im dritten und letzten Stadium (frühestens im 8. Lebensjahr) ein. Denken wird in diesem Stadium zum »mentalen Dialog« und ist damit sozialisiert.

(2) Die Sprachentwicklung ist als bedingender Faktor der kognitiven Entwicklung anzusehen (Wygotski, 1934; dt. 1964/71): Nach diesem Erklärungsmodell verläuft die Entwicklung zwischen Sprechen und Denken umgekehrt im Vergleich zu Piaget (vgl. (1)). »Die Entwicklung des kindlichen Denkens verläuft nicht vom Individuellen zum Sozialen, sondern vom Sozialen zum Individuellen.« Die ursprüngliche Sprache des Kindes ist eine rein soziale (nicht »sozialisierte«!); sie ist geprägt von Synkretismen und dem Denken in Komplexen (es werden ausschließlich konkrete und faktische Beziehungen zwischen Gegenständen beachtet). Über eine egozentrische und eine kommunikative Sprache (Herausbildung potentieller Begriffe) gelangt das Kind zur »inneren Sprache« (bewusst gewordene Begriffe). »Auf der Basis der egozentrischen Sprache des Kindes, die sich von der sozialen gelöst hat, entsteht dann die innere Sprache des Kindes, die die Grundlage sowohl seines autistischen als auch seines logischen Denkens bildet.« Die egozentrische Sprache stellt genetisch den Übergang von der äußeren zur inneren Sprache dar. Dieser Zustand ist (frühestens) mit der Pubertät erreicht.

S. u. D. haben in der Ontogenese des Menschen verschiedene Wurzeln; auch phylogenetisch lässt sich ein »vorintellektuelles Stadium« kindlichen Sprechens wie ein »vorsprachliches Stadium« in der Denkentwicklung unterscheiden; die Herausbildung von S. u. D. läuft (bis etwa zum 4. Lebensjahr) unabhängig voneinander auf verschiedenen Wegen. Das sprachliche Denken ist für Wygotski nicht naturgegeben, sondern erscheint als »eine sozial-historische Form des Verhaltens«; er stellt S. u. D. in Form zweier sich schneidender Kreise dar. (Hierzu Gipper, [2]1978.)

Diese theoretischen Ansätze werden auch als »Kognitionshypothese« (die kognitive Fähigkeit ist die Wurzel der sprachlichen Fähigkeit) und als »Motortheorie des Denkens« (das Denken ist inneres Sprechen) bezeichnet.

In anderen Konzeptionen wird der Einfluss der Sprache auf die Denkprozesse und Denkprodukte durchaus zweiseitig gesehen: Die Sprache kann Brücke und Hindernis sein. Einerseits kann die Sprache das Denken erleichtern, indem sie es von der unmittelbaren Gegenwart der Objekte löst; die Benennung von Objekten kann so zu deren Verfügbarkeit beim Lösen komplexer Probleme beitragen. Andererseits lehrt die Erfahrung, dass vorgenommene oder vorgegebene Bezeichnungen den Blick verengen und dass Einstellungs- und Denkmuster (als Vor-Urteile) z.T. negative Konsequenzen für unser Handeln haben können.

Sprache und Wirklichkeit, (1) das Verhältnis zwischen S. u. W. ist seit der Antike ein Thema der →Sprachphilosophie oder – noch allgemeiner – der Erkenntnistheorie. (2) Als sprachwissenschaftliche Disziplin hat sich die traditionelle →Semantik mit der Beziehung zwischen sprachlichen Ausdrücken und den Gegenständen der außersprachlichen Wirklichkeit befasst. Diese Forschungen reichen bis in die neuere Zeit, z.B. im Rahmen der →Sprechakttheorie oder der →Referenzsemantik.

(3) In der →Soziolinguistik (1) wird unter den Stichwörtern S. u. W. ein Zusammenhang erfasst, der in seiner bestimmtesten Form als →linguistisches Relativitätsprinzip von B. L. Whorf (1956; dt. 1963) formuliert worden und auch als Sapir-Whorf-Hypothese bekannt ist (Sapir, 1949), obwohl Sapir zu weitaus differenzierteren Urteilen gelangte als Whorf. Auch Sapir (1921; dt. 1961) geht davon aus, dass →Sprache und Denken »untrennbar miteinander verflochten« sind, andererseits kann er nicht glauben, »dass zwischen Kultur und Sprache ein ursächlicher Zusammenhang besteht«.

Neben der extremen Ansicht, dass unser Denken und damit unser Weltbild von der →Sprache (2) determiniert seien, haben sich in neuerer Zeit dialektische Auffassungen durchgesetzt. Es wird angenommen, »dass die Welt einer Person, die ein bestimmtes Vokabular benutzt, anders erscheint, als sie einer Person erscheinen würde, die ein anderes benutzt«, und dass der Gebrauch der Sprache »die Aufmerksamkeit in dem einen Fall auf andere Aspekte der Umwelt« lenkt als in dem anderen (Henle, 1969). Dabei wird gleichzeitig als sinnvoll angesehen, dass die Welt immer auch gegliedert ist und eine prägende Kraft auf unsere Wahrnehmung ausübt. Auf eine Formel gebracht: »Die Sprache sucht sich also einerseits der Welt und ihrer sich aufdrängenden Gliederung anzupassen, indem sie andererseits der Welt eine Gliederung erst gibt« (Kamlah/Lorenzen, 1967).

(4) Zeichentheoretisch wird der Zusammenhang zwischen S. u. W. als →Zeichenprozess, in dem ein Zeichenbenutzer (→Interpret) mittels eines Zeichens (→Signifikant) von einem Objekt (→Denotat) Notiz nimmt, untersucht.

Sprachentwicklung →Spracherwerb

Spracherwerb, die Fähigkeit, eine Erstsprache zu erwerben, ist dem Menschen angeboren (→Langage). Erforschung und Erklärung des S.s hängen weitgehend vom methodischen Zugriff und dem damit verbundenen Forschungsinteresse ab. (1) Linguistische Ansätze versuchen, von Sprechdaten (→Performanz) auszugehen und Einsichten in den systematischen Charakter des S.s zu gewinnen (→Kompetenz). So hat vor allem N. Chomsky (1957) versucht, gegen das behavioristische Konzept (→Reiz-Reaktions-Schema, Festigung des S.s durch →Konditionierung) seine Vorstellung von einem angeborenen →Spracherwerbsmechanismus durchzusetzen mit dem Ziel, die Konstruktion einer Grammatik in Übereinstimmung mit der Theorie des S.s zu bringen. Geleitet wird die Entwicklung der Grammatiktheorie bei Chomsky (1965; dt. 1969) von der Frage, wie es Kindern beim S. gelingen kann, aus relativ wenigen und dazu zum Teil defizitären Informationen in derart kurzer Zeit eine vollständige Grammatik einer Sprache auszubilden. (2) Pragmatische Ansätze gehen vom →kommunikativen Handlungszusammenhang aus, in dem Sprache, aber auch soziales Verhalten ganz allgemein gelernt wird. Im Wesentlichen geht es um die Frage, wie das Kind soziale Rollen erwirbt und welchen Anteil der S. hierbei hat. L. S. Wygotski (1971) geht von einer »wechselseitigen Verflechtung der egozentrischen Sprache des Kindes und seiner Tätigkeit« aus. (3) Psychologische Ansätze sind primär am Verhältnis zwischen →Sprache und Denken interessiert. Generell lässt sich feststellen, dass der wesentliche Schub beim S. im 3. Lebensjahr erfolgt und dass sich die Sprache des Kindes im fünften oder sechsten Lebensjahr »in den wichtigsten Punkten nur noch graduell von der Sprache der Erwachsenen seiner Umwelt« unterscheidet (Ramge, 1973; auch Oksaar, ^{2}1980, Oerter/Montada, ^{2}1987, Kap. 12,3; zur Sprachentwicklung speziell Grimm/Engelkamp, 1981).

Folgende Entwicklungsphasen werden allgemein angenommen:

- 4. bis 5. Monat Beginn der Lallphase;
- im 10. Monat erstes verständliches Wort, Einsetzen sprachlicher Symbolbildung;
- ab 1,5 Jahren Zweiwortsätze (→Pivot-Grammatik), danach Mehrwortsätze;
- 2 Jahre Einsetzen der Flexion, komplexere Satztypen;
- 3 Jahre Vokabular über 1000 Wörter;
- 3 bis 4 Jahre Verfügen über die wichtigsten syntaktischen Regeln; Vereinzeltes erscheint erst später (z.B. das Passiv im 7. bis 9. Lebensjahr)

Querverbindungen bestehen zwischen der →Spracherwerbsforschung, der →Psycholinguistik (auch →Sprachstörungen), der →Soziolinguistik (auch →Sprachbarrieren), der →kognitiven Linguistik und der →Universalgrammatik (auch: →GB-Theorie).

Spracherwerbsforschung, es gibt mehrere Richtungen der S., die – je nach ihren erkenntnis- und wissenschaftstheoretischen Grundannahmen – den frühkindlichen → Spracherwerb unterschiedlich erklären: so zum Beispiel den behavioristischen Ansatz (→ Behaviorismus) mit seiner z. T. modifizierten Theorie der → Konditionierung, oder den nativistischen Ansatz (→ Nativismus), der von einem angeborenen → Spracherwerbsmechanismus ausgeht.

Methodisch geht die S. im Allgemeinen so vor, dass, ausgehend von einem gegebenen → Korpus von Sprachdaten, die zugrunde liegende Grammatik rekonstruiert wird, die für ein bestimmtes Entwicklungsstadium kennzeichnend ist, wie z. B. die Zweiwort- oder → Pivot-Grammatik.

Spracherwerbsmechanismus, auch: LAD (engl.: Language Acquisition Device); geistiger Apparat der menschlichen Sprachfähigkeit (→ langage), dessen Mechanismen durch Konfrontation mit Erfahrungsdaten lediglich ausgelöst werden. »Diese Mechanismen müssen einerseits so restriktiv sein, dass sie erklären, wieso wir uns in kürzester Zeit überhaupt eine Sprache aneignen können, und sie müssen so liberal sein, dass sie die – in Abhängigkeit von Erfahrungsdaten sich entwickelnde – Vielfalt menschlicher Sprachen zulassen« (Grewendorf [u. a.], 1987). Die angeborenen Prinzipien und Parameter werden als → Universalgrammatik zusammengefasst und dort weitergehend expliziert.

Sprachfähigkeit → Kompetenz

Sprachfamilie, die Erforschung des Sanskrit und die Entdeckung der Verwandtschaftsbeziehungen innerhalb der indoeuropäischen Sprachen im Rahmen der → genetischen Sprachwissenschaft brachte die Idee der S. mit sich. Dabei handelt es sich um eine Reihe von Sprachen, die sich auf eine (in ihren Einzelheiten rekonstruierbare) Protosprache zurückführen lassen. Als Erster hat A. Schleicher 1863 (^{3}1878) davon gesprochen, dass die Sprachen Naturorganismen seien, die entstehen und vergehen, ohne vom Willen der Menschen abhängig oder bestimmbar zu sein (→Sprache als Organismus). Von diesen Überlegungen aus hat er die so genannte →Stammbaumtheorie der Sprachentwicklung begründet, die auf eine Gruppierung von Sprachen nach dem Vorbild der darwinschen Artenlehre abzielt.

Sprachfunktion, in K. Bühlers →Organonmodell ([2]1965) werden drei Funktionen des sprachlichen Zeichens unterschieden: Ausdrucks-, Appell- und Darstellungsfunktion. Diese Funktionen sind in jeder sprachlichen Äußerung gegenwärtig, wenn auch eine dominieren mag.

Sprachgemeinschaft, je nach Forschungsansatz und Forschungsinteresse recht unterschiedlich gebrauchter Terminus. (1) In älteren Arbeiten wird der Begriff der S. festgemacht an der gemeinsam gesprochenen Muttersprache. In Anlehnung an W. v. Humboldt formuliert L. Weisgerber: »Jede Muttersprache ist wirksamer ›objektiver Geist‹ und als solcher nun gestaltendes Prinzip der Sprachgemeinschaft.« (2) Diese Festlegung berücksichtigt nicht, dass es in einer S. zahlreiche →Dialekte geben kann, die sich einer sozialgeographisch bestimmbaren S. unterordnen. (3) Die →Soziolinguistik hat die Beziehungen zwischen Sprache und sozialer Schicht untersucht. Als S. gilt hier »eine Gruppe, deren Mitglieder mindestens eine Sprachvarietät und die Regeln für deren angemessenen Gebrauch gemeinsam haben« (Bausch, [2]1980). Die →Standardsprache als überregionales Kommunikationsmittel fungiert dann als übergreifende Varietät, unter die eine S. gefasst werden kann. (4) In neueren Arbeiten wird die S. nicht nur linguistisch begründet, sondern unter dem weitergehenden Aspekt der sozialen Interaktion gesehen, die mit Hilfe eines gemeinsam geteilten Repertoires an Zeichen (→Kode) aufrechterhalten wird. Hier spielen die Anzahl der Sozialkontakte, soziale Normen, kulturelle Symbole sowie das Zugehörigkeitsgefühl zu einer S. eine wichtige Rolle. Letztlich nimmt der Sprachteilhaber selbst die Zuordnung zu einer S. vor.

Sprachgeschichte, Erforschung der Sprache unter diachronem Aspekt, →Diachronie; aber nicht jegliche Beschreibung von historischen Sprachzuständen oder -vorgängen ist bereits S., sondern sie kann unter Umständen in den Zuständigkeitsbereich der historischen Grammatik oder Wortkunde fallen. »Die Sprachgeschichtsschreibung wählt aus den Ergebnissen dieser Forschungsrichtungen die für die Entwicklung einer Sprache wesentlichen Erscheinungen des Sprachwandels aus und sucht nach ihren möglichen außersprachlichen Ursachen oder Wirkungen, sei es im politischen, sozialen, wirtschaftlichen, religiösen oder geistesgeschichtlichen Bereich, sei es mit der Frage nach dem Verhältnis zwischen Sprache und Schrift, zwischen Sprachgemeinschaft und Sprachraum oder nach dem Einfluss von fremden Sprachen« (v. Polenz, 1972). Damit ist ausgesagt, dass die S. nach der historischen Stellung einer Sprache in der Gesamtkultur der jeweiligen Sprachgemeinschaft fragt. Hierfür ist auch der Name »Historiolinguistik« geprägt worden (Lehmann, ^{2}1980), deren Hauptzweck es ist, Sprachveränderungen und →Sprachwandel mit Hilfe moderner Verfahren der Sozialwissenschaften zu beobachten, zu beschreiben und schließlich zu erklären.

Sprachgesellschaft, am Beginn des 17. Jh.s hatte sich in Deutschland ein neues nationales Selbstbewusstsein eingestellt, ein Bewusstsein der Ebenbürtigkeit mit den anderen europäischen Nationen und ihren literarischen Leistungen, und dieses Selbstbewusstsein stützte sich vor allem auf den hohen Wert, den man nunmehr der »teutschen Hauptsprache« beimaß. Sie von allem Fremden zu reinigen und in ihrer wahren Gestalt wiederherzustellen und zu erhalten, war das entschiedene Ziel der S.en, in denen sich Dichter und Gelehrte in ihrem patriotischen Bemühen zusammenfanden. Es ging ihnen zuerst und vor allem um den Kampf gegen die modische Fremdwortsucht, um die Reinigung der alten deutschen Hauptsprache von der »Kleie« der fremden Wortmischungen. So entstand bereits 1617 die »Fruchtbringende Gesellschaft«, die Fürst Ludwig von Anhalt-Köthen nach Vorbildern aus Italien und Frankreich gründete. In der Folgezeit kamen im 17. und 18. Jh. zahlreiche andere S.en, wie die Straßburger »Tannengesellschaft« oder in Hamburg die »Teutschgesinnte Genossenschaft«, hinzu. Über die Mitglieder solcher Gelehrten-Vereinigungen setzte sich eine ganze Reihe von Verdeutschungen durch, z. B. *Mundart* für Dialekt, *Beistrich* für Komma, *Zahlwort* für Numerale, *Zeitwort* für Verbum usw. (Wolff, 1994).

Die sprachpuristischen und sprachkritischen Bemühungen sind immer wieder aufgegriffen worden; ihnen galt auch die Gründung des »Deutschen Sprachvereins« (1885) mit seiner Zeitschrift *Muttersprache*, die heute von der »Gesellschaft für deutsche Sprache« mit Sitz in Mannheim weitergeführt wird.

Sprachhandlungsfähigkeit, auch: sprachliche Handlungsfähigkeit; übergeordnetes Ziel im →Sprachunterricht. E. Schoenke (1991) gibt hierfür vier Teilziele an:
- für die mündliche Sprachproduktion: Fähigkeit, eine Situation bewusst, gezielt, in der beabsichtigten Weise durch sprachliche Äußerungen zu verändern;
- für die schriftliche Sprachproduktion: Fähigkeit, ein Thema situationsangemessen, zielgerichtet, bewusst, selbständig in einem kohärenten, übersichtlich gegliederten Text textsortenspezifisch zu entfalten;
- für die Rezeption mündlich übermittelter Äußerungen und Texte: Fähigkeit, aktiv, bewusst, gezielt die Bedeutung einzelner Äußerungen und den einem Text zugrunde liegenden Sinn zu erschließen und die Intentionen der Sprecher zu erkennen;
- für die Rezeption schriftlich übermittelter Texte: Fähigkeit, aktiv, bewusst, gezielt und mit geeigneten Metho-

den den einem Text zugrunde liegenden Sinn zu erschließen und die Intention des Textverfassers zu erkennen.

Wenn hier auf die Handlungsfähigkeit abgehoben wird, so soll der aktive, bewusste und zielgerichtete Einsatz von Sprache betont werden, der durch Unterricht gefördert werden soll, und zwar in konkreten (im Unterricht simulierten) →kommunikativen Handlungszusammenhängen. Dies kann insbesondere durch eine →Integration der Lernbereiche erreicht werden.

Sprachinhaltsforschung →Inhaltsbezogene Grammatik

Sprachkritik, uneinheitlich gebrauchter Terminus, der auf unterschiedliche Traditionen zurückgeht. (1) S. hat immer auch im Zusammenhang mit →Sprachphilosophie stattgefunden; sie »beginnt spätestens mit dem Lamento Heraklits, dass jedes Wort den bezeichneten Gegenstand beschränke und verfälsche« (Heringer, 1982), und manifestiert sich in den Themen →Sprache und Denken sowie →Sprache und Wirklichkeit. Als fortgeschrittene Erkenntnis der S. gilt, dass S. in der Sprache möglich ist, und nur in der Sprache, womit sie sich gegen andere Formen der →Sprachlenkung abgrenzt. (2) Ein anderer Strang der S. entspringt dem Nationalbewusstsein und dem Bestreben, die eigene Sprache gegenüber fremden Einflüssen zu schützen. Diese Art der S. wird in Deutschland spätestens im 17. Jh. durch die →Sprachgesellschaften eingeleitet. In neuerer Zeit nennt sie sich auch →Sprachpflege und hat in der Abwehr allzu vieler Anglizismen in der Werbung, in der Computerbranche und der Alltagssprache überhaupt eine neue Aktualität erlangt. (3) Ein dritter Traditionsstrang betrifft die Kritik von Texten, insbesondere von politisch relevanten Texten etwa im Stile von Karl Kraus. S. in diesem Sinne ist praktisch und detailliert und bezogen auf die öffentliche Sprache, auf Gesellschaft und Politik. Nach Heringer ist die Aufgabe der politischen Sprachkritik »in der Hauptsache die Kultivierung des politischen

Sprechens, und das heißt des politischen Handelns«. Insofern arbeitet der Sprachkritiker an einer politischen Verständigungsmoral und einer Verbesserung der →Sprachkultur überhaupt. Sein Ziel ist eine kommunikative Ethik, die selbstreflexiv auf das eigene Sprechen und Schreiben anzuwenden ist und die in den →Konversationsmaximen ihren kategorialen Ausdruck findet. (Näheres bei Hagemann, 1997.)

Internetadresse: www.weltkreis.com/mauthner.html (Felix-Mauthner-Gesellschaft bietet zahlreiche Artikel und Links zur Sprachkritik).

Sprachkultur, Begriff, der die »Einordnung sprachlicher Leistungen in die Gesamtheit geistiger und materieller Leistungen der gesellschaftlich miteinander verbundenen Menschen gestattet« (Hartung, 1985). Insofern hat der Begriff S. zu tun mit der Gesamtheit aller tatsächlich erreichten sprachlichen Normierungen sowie mit den sprachkritisch abgesicherten Normänderungsbestrebungen, sofern sie auf eine Kultivierung des Sprachgebrauchs abzielen. Neben einem statischen Aspekt von S., der sich auf die kulturellen Objektivationen sowie auf ihre Tradierung und Weiterentwicklung bezieht, lässt sich ein dynamischer Aspekt unterscheiden, der als kommunikationsbezogene Sprachnormkritik auf Sprachkultivierung gerichtet ist. Solche sprachkulturellen Verbesserungen lassen sich dreifach akzentuieren:

a) Auf Seiten der Sprachproduzenten können sprachkulturelle Verbesserungen darin gesehen werden, dass sie informativ, wahrhaftig, sach- und adressatenbezogen sowie situationsangemessen schreiben oder sprechen.

b) Auf Seiten der Rezipienten bestehen sprachkulturelle Verbesserungen darin, dass sie ihre Verstehensmöglichkeiten erweitern, sensibel für Sprachprobleme – auch Sprachprobleme anderer – werden und selbstkritisch gegenüber dem eigenen Sprachgebrauch und der eigenen Fixierung in Deutungsmuster.

c) Auf einer Metaebene der Analyse und Behandlung von Kommunikationskonflikten können sprachkulturelle Verbesserungen dadurch erreicht werden, dass möglichst viele Sprecher und Sprecherinnen zu einem reflektierten Sprachgebrauch befähigt und motiviert werden. Dies wiederum ist eine pädagogisch-didaktische Aufgabe, die sich vor allem dem →Sprachunterricht stellt. Jede Normkonfliktsituation kann zugleich als Lernsituation nutzbar gemacht werden.

Sprachkunde, gegen eine Ausweitung des formalen Grammatikunterrichts in der Tradition des Lateinunterrichts wandten sich die Anhänger J. Grimms und seiner →historischen Sprachbetrachtung. Für sie ging es im Sprachunterricht nicht um →Sprachlehre, sondern um Sprachbesinnung, um Einsichten in die historischen Eigentümlichkeiten und Bildungsgesetze der Muttersprache. Sie nannten dies S. Für die gymnasialen Deutschlehrer galt die Sprachlehre lediglich als ein unwissenschaftliches Handwerk, das sie darum auch nicht zu studieren brauchten. Gegenstand des wissenschaftlichen Studiums war allein die historische Grammatik vom →Gotischen über das →Althochdeutsche bis zum →Mittelhochdeutschen. Die bei diesem Studium erworbenen Kenntnisse ließen sich im S.-Unterricht jedoch nur sehr begrenzt verwerten. So konnte es nicht ausbleiben, dass man nach Möglichkeiten suchte, die S. inhaltlich auszuweiten; und die völkischen Tendenzen innerhalb der Germanistik des 19. Jh.s rechtfertigten eine solche Ausweitung der Sprachkunde zur Kunde von deutscher Wesensart.

Heute gehören zu den Gegenständen der S. vor allem Sprachgeschichte, Wortkunde, Laut- und Bedeutungswandel, Lehn- und Fremdwörter, aber auch Metaphorik, Sprichwörter und Redensarten, Namen- und Mundartenkunde sowie Sonder- und Fachsprachen, wie z. B. die Sprache der Politik oder der Werbung.

Sprachlehre, (1) eine entscheidende Veränderung des →Sprachunterrichts alten Stils erfolgte zu Beginn des

19. Jh.s durch K. H. Krauses *Versuch eines Lehrbuchs der deutschen Sprache* von 1817/18. Hier werden zum ersten Mal *Sprachfertigkeit* und *Sprachkenntnis* didaktisch-methodisch getrennt; eine Unterscheidung, die bis heute in Begriffspaaren wie S. und Sprachübung oder →Reflexion über Sprache und systematischer Sprachunterricht weiterlebt. Die Sprachfertigkeit oder S. zielte auf den richtigen und »guten« Sprachgebrauch, was gleichbedeutend war mit der Gewöhnung zum geordneten Denken und »der harmonischen Entwicklung der Seelenkräfte«. Sprachkenntnis oder formal-grammatisches Wissen hatte dagegen in dieser Konzeption einen geringen Stellenwert, zeugte sie doch »nur von Gelehrsamkeit und vorzüglichem Fleiß«.

(2) Daneben besteht traditionellerweise die Bezeichnung S. für einen der →Lernbereiche im Deutschunterricht fort, wenngleich er in den meisten Kontexten dann nicht die Kommunikationslehre erfasst und insofern wenig zeitgemäß ist. Bei Sprachreflexion »ist eine bewusste Erweiterung der alten Sprachlehre intendiert, denn über das Erfassen der Regelhaftigkeit der Sprache hinaus wird ein Kennenlernen der Bedingungen sprachlicher Verständigung angestrebt« (Beisbart/Marenbach, 1975).

(3) In anderer Bedeutung taucht der Begriff in der →Fremdsprachendidaktik auf, etwa in der Bezeichnung der »Sprachlehrforschung«: Erforschung und Veränderung der Lehr- und Lernprozesse vor allem unter psycho- und soziolinguistischem Aspekt, Vermittlung von Literatur, landes- und kulturkundlichem Wissen.

Sprachlehrforschung →Fremdsprachendidaktik

Sprachlenkung, Oberbegriff für alle sprachpflegerischen oder sprachkritischen Aktivitäten mit dem Ziel, bestimmte Gruppennormen zu etablieren oder zu festigen, Vereinheitlichungsbestrebungen durchzusetzen oder fremdsprachliche Einflüsse abzuwehren. Versuche zur S. lassen immer eine Reihe von Teilaktivitäten erkennen, die sich sachlogisch aufeinander beziehen: Ausgangspunkt sollten stets Sprachanalyseergebnisse sein, die zu Sprachbewertungen herangezogen werden können. Sie stehen mit Sprachlenkungszielen in wechselseitiger Verbindung; dies sind meist aus kulturkritischen, soziokulturellen oder allgemein gesellschaftlichen Überzeugungen abgeleitete Normvorstellungen. Sprachbewertungen gehen dann in →Sprachkritik über, wenn eine Veränderung im Denken und Verhalten tatsächlich beabsichtigt ist. Durch sprachlenkende Handlungsanweisungen (etwa durch institutionalisierte Regelwerke, durch ministerielle Erlasse oder Gutachterrichtlinien) werden die Ergebnisse der Sprachkritik normativ in die Praxis überführt. Eine solche »Steuerung von oben« geht meist konform mit system-linguistischen Konzeptionen der Sprachbetrachtung.

Sprachliche Gewalt, zentrales Thema der →feministischen Linguistik. Die Rede von der männlichen »Gewalt durch Sprache« Frauen gegenüber lässt eine Reihe von Bedeutungsvarianten zu:

– *Personale Gewalt*: Männer lassen Frauen nicht ausreden, schneiden das Wort ab, bestimmen die Gesprächsthemen, reden mehr; hinter ihrer verbalen und nonverbalen Vormachtstellung wird die Möglichkeit gesehen, die größere physische Kraft einzusetzen.
– *Psychische Gewalt*: Männer verfügen über die Sprache, sie definieren und fixieren Frauen sprachlich (Trömel-Plötz, 1984). So geraten Frauen in eine Double-bind-Situation; um ernst genommen und gehört zu werden, müssen Frauen so reden wie Männer. Tun sie dies aber, dann sind sie männlich und werden als Frauen abgewertet.
– *Sublime Gewalt*: Das Gesprächsverhalten von Männern basiert auf Einstellungen aus einer geschlechtsspezifischen Enkulturation; sie wird in der Regel nicht offen bzw. bewusst eingesetzt und erst in der Analyse und deren Interpretationen sichtbar.

– *Strukturale Gewalt*: Neben dem Gesprächsverhalten, dem eine personale Komponente innewohnt, werden von der feministischen Linguistik vor allem gewisse Eigenschaften des (deutschen) Sprachsystems kritisiert, etwa in den Bereichen des →generischen Maskulinums, der →Movierung von Personenbezeichnungen oder der grammatischen Kongruenzregel. Es wird gefolgert, »dass die in unserer patriarchalischen Kultur allgemein geltende Regel, ›weiblich gleich zweitrangig‹ für das Gebiet der Sprache in extremer Weise gültig ist« (Pusch, 1990).

Sprachliche Sozialisation, beim →Spracherwerb die Vermittlung der Muttersprache im Sinne eines sprachlichen Kodes (2) sowie der mit dem Sprachgebrauch verbundenen typischen Interaktionsformen in der primären Erziehung durch die Familie und die Peer-group, später dann durch Kindergarten und Schule. Im weiteren Sinne das Hineinwachsen in das Normen- und Wertesystem einer Bezugsgruppe oder →Sprachgemeinschaft.

Sprachliche Zwischenwelt →Inhaltsbezogene Grammatik

Sprachliches Feld →Wortfeld

Sprachliches Handeln, auch: kommunikatives Handeln; (1) ein von J. Habermas (1971) verwendeter Terminus, der mit →Diskurs in Beziehung gesetzt wird. S. H. »vollzieht sich in eingelebten und normativ abgesicherten Sprachspielen« (→Sprachspiel), in denen die Geltung von Sinnzusammenhängen naiv vorausgesetzt wird, um Informationen auszutauschen. Erst wenn »problematisierte Geltungsansprüche« zum Thema gemacht werden, verlassen die Gesprächspartner diese Ebene und treten in einen Diskurs ein, in dem über die aufgetretenen Schwierigkeiten geredet werden kann mit dem Ziel, zu einem neuen Einverständnis zu gelangen. (2) S. H. im engeren Sinne lässt sich beschreiben als →Sprechakt, wie *danken*, *fluchen*, *grüßen*, *raten*, *warnen*, *wetten* und dgl.

Sprachliches Können, im weitesten Sinne kommunikative Fähigkeiten, Sprechfertigkeit, auch →Sprachhandlungsfähigkeit.

Sprachliches Relativitätsprinzip →Linguistisches Relativitätsprinzip

Sprachliches Wissen, (1) in einem allgemeinen pädagogischen Verständnis bedeutet s. W. Sprachbewusstsein oder Metawissen, d.h. die Kenntnis über die eigene Sprache und die Fähigkeit, über Sprache sprechen zu können. (2) Im Kontext der →generativen Transformationsgrammatik wird s. W. eher in abstrakter Weise verstanden als die linguistische →Kompetenz (1) eines idealisierten Sprechers/Hörers (Chomsky, 1969). Die Grammatiktheorie ist letztlich die Beantwortung der Frage, »was ein sprachliches Wissen sein kann, das jeder, der eine Sprache spricht, unabhängig von dem speziellen Charakter seiner Sprache besitzt« (Grewendorf [u.a.], 1988). Die →Universalgrammatik gibt darauf die Antwort, dass es angeborene Prinzipien sind, die es ermöglichen, dass wir überhaupt eine Sprache erwerben können, und die aufgrund der →sprachlichen Sozialisation determinieren, welche Sprache wir erwerben. In diesem Sinne sind Grammatiktheorie und s. W. die beiden Seiten einer Medaille.

Sprachnorm →Norm

Sprachnormkonflikt, die soziokulturellen Determinanten beim →Spracherwerb und beim schichtenspezifischen Sprachgebrauch resultieren in Sprachnormdifferenzen, die sich auf unterschiedliche Normtypen beziehen können: grammatisch-semantische Normen, pragmatische Normen, Normen für die Äußerungsqualität oder Normen für sprachbegleitende und nonverbale Phänomene. Idealtypisch unterscheidet die →Soziolinguistik hier den →restringierten und den →elaborierten Kode. Man kann auch sagen, dass der Zugang zur Normaneignung durch sozial bedingte Unterschiede nicht gleich ist.

Solange keine Probleme bei Kommunikation und Interaktion entstehen, gibt es kaum einen Grund, sprachliche Normen ändern zu wollen. Ein augenfälliges Beispiel stellt die Frage dar, ob Frauen durch den Gebrauch des →generischen Maskulinums diskriminiert werden oder nicht. Lange Jahre ist diese Frage nicht relevant gewesen. In den 70er-Jahren hat die →feministische Linguistik dieses Thema jedoch neben zahlreichen anderen aufgegriffen mit der Bestrebung, die Anrede von Frauen auch sprachlich explizit durch eine feminine Form durchzusetzen. In einem solchen Fall entsteht ein S., der sowohl mit linguistischen (Kritik des Sprachsystems) als auch mit sozial-psychologischen Argumenten (Frauen ›fühlen‹ sich nicht mitgenannt und daher diskriminiert) geführt wurde und der schließlich durch →Sprachlenkung entschieden wurde: per Erlass ist geregelt worden, dass in allen öffentlichen Ausschreibungen sowohl die maskuline als auch die feminine Berufsbezeichnung genannt werden müssen, dass in offiziellen Schreiben Frauen mit einer femininen Form angeredet werden sollen usw.

Sprachnormkritik, Normänderungsbestrebungen können zu →Sprachnormkonflikten führen; um sie wissenschaftlich diskutieren zu können, sind Sprachanalysen sowie – darauf aufbauend – Sprachbewertungen notwendig, was im Idealfall zu einer selbstreflexiven, kommunikationsbezogenen S. führt. Sie gehört im weiteren Sinne zur →Sprachkritik und hat die Kultivierung des Sprachgebrauchs (→Sprachkultur) zum Ziel.

Sprachnormung, Festlegung und Vereinheitlichung fachsprachlicher Ausdrücke und →Termini; institutionalisiert im Deutschen Normenausschuss (DNA). Planmäßige Terminologiearbeit wird dann notwendig, wenn z. B. für neue Begriffe alte Bezeichnungen oder wenn für unterschiedliche Begriffe gleiche Bezeichnungen benutzt werden. Es geht bei der S. fast immer darum, Begriffe nach →Intension und →Extension abzugrenzen, ihre jeweilige Position und Beziehung im fachlichen Begriffssystem zu ermitteln und schließlich das Verhältnis von Begriff und Bezeichnung zu bestimmen. Hierbei gilt: »Die Grenzen für eine Normierung von Termini werden abgesteckt zwischen Terminusproduzenten, Terminusrezipienten und den Erfordernissen des Gegenstandes« (Wimmer, 1987). Fast immer wird jedoch der Gewinn an Präzision durch einen erheblichen Verlust an Allgemeinheit erkauft; von daher gilt es zu bedenken, ob nicht die Erkenntnismöglichkeiten durch eine frühe S. eingeschränkt werden könnten.

Sprachpathologie →Neurolinguistik

Sprachpflege, älterer Ausdruck für bestimmte Formen der →Sprachlenkung und →Sprachkritik; S. ist jedoch eher darauf gerichtet, den einmal erreichten und (von der kulturtragenden Schicht) akzeptierten Standard zu erhalten und weiterzuentwickeln. Im Allgemeinen stellt S. eine »Steuerung von oben« dar, die eng zusammenhängt mit systemlinguistischen Konzepten und präskriptiver bzw. →normativer Grammatik, aber auch mit Phänomenen wie der Abwehr fremdsprachlicher Einflüsse, z. B. in den →Sprachgesellschaften.

In Deutschland hat es nie eine zentrale Institution zur S. gegeben; stattdessen gab es eine Reihe von Stellen, die sich zur Aufgabe gesetzt haben, das Kommunikationssystem im Wandel der Gesellschaft intakt zu halten und zu verbessern, z. B.: a) das »Institut für deutsche Sprache« in Mannheim mit der 1969 gegründeten »Kommission für wissenschaftlich begründete Sprachpflege«. b) Das »Bibliographische Institut« in Mannheim ist ein als Aktiengesellschaft organisierter Verlag, der die Duden-Reihe publiziert. Der Arbeitsbereich der Duden-Redaktion umfasst sowohl Datensammlung und Beschreibung als auch Bewertung und sprachlenkende Handlungsanweisung. c) Die »Gesellschaft für deutsche Sprache«, der Nachfolgeverein des »Allgemeinen Deutschen Sprachvereins« in Wiesbaden, ist gemäß eigener Satzung »ein politisch unabhängiger Verein zur Pflege und Erforschung der deutschen Gegenwartssprache«. d) Das »Goethe-Institut zur Pflege deutscher Sprache und Kultur im Ausland e.V.« mit Hauptsitz in München hat als Hauptaufgaben den Deutschunterricht für Ausländer sowie die »Pflege deutscher Sprache und Kultur«.

Neben diesen Institutionen hat der Staat selbst sprachpflegerische Aufgaben übernommen, z. B. durch die Vergabe von Geldern, durch Unterstützung des Goethe-Instituts, durch Beteiligung an der → Rechtschreibreform sowie durch die gesamte Schulpolitik von Bund und Ländern, etwa im Bereich der → Richtlinien und der Verfahren zur Zulassung oder Ablehnung von Schulbüchern.

Sprachphilosophie, (1) Teilbereich der Philosophie, der sich mit den Fragen nach Ursprung, Eigenschaften und Leistungen der Sprache allgemein und im Zusammenhang mit Denken und Wirklichkeitskonstitution beschäftigt. In dieser Form ist S. seit der Antike betrieben worden, war jedoch im Resultat eher intuitiv ausgerichtet und eher auf Teilbereiche der sprachlichen Totalität gerichtet als auf semantische (Erforschung der Wahrheitsbedingungen von Sätzen) oder pragmatische (Funktion der Sprachzeichen für die Denkprozesse bei Sprecher und Hörer) Fragestellungen. Daneben sind (seit der *Poetik* des Aristoteles) Sprachzeichen im Zusammenhang mit der Konstitution von literarischen Kunstwerken ausgiebig behandelt worden. (2) Im engeren Sinne kann von S. gesprochen werden, seit sich die Beschäftigung mit Sprache im 18. und 19. Jh. als Wissenschaft etabliert hat. Erst zu jener Zeit konnten »Linguistik und S. daher praktisch, paradigmatisch im Werk Wilhelm v. Humboldts, eine unauflösliche Einheit« bilden (Lorenz, [2]1980). Allmählich erst hat sich die S. als eine eigenständige Disziplin ausgebildet, die im Wesentlichen an der Aufdeckung der begrifflichen Grundlagen, also des rationalen Rahmens jeden Redens über Sprache interessiert ist. Als zentral kann hier das

Spätwerk von L. Wittgenstein (1958, dt. 1967) angesehen werden.

Sprachpolitik → Sprachlenkung

Sprachproduktion → Sprachverwendung

Sprachpsychologie → Psycholinguistik

Sprachregelung → Sprachlenkung

Sprachspiel, von L. Wittgenstein (1967) benutzter Terminus, der im Zentrum seiner Philosophie der Alltagssprache steht: »Das Wort ›Sprachspiel‹ soll hier hervorheben, daß das Sprechen der Sprache ein Teil ist einer Tätigkeit, oder einer Lebensform.« Der Terminus S. wird sowohl für einzelne → Sprechakte (befehlen, berichten, Hypothesen aufstellen) als auch für sprachlich gesteuerte Handlungen (Herstellen eines Gegenstandes nach einer Beschreibung oder Zeichnung) verwendet, bezeichnet aber auch »das Ganze«: die Sprache und die Tätigkeiten, mit denen sie verwoben ist (z. B. den → Spracherwerb). Verbunden mit diesem Konzept ist die Auffassung, dass sprachliche Ausdrücke keine → Bedeutung an sich haben, sondern dass die Bedeutung im Zusammenspiel von Sprache/Sprechen und Handeln in situativen Kontexten entsteht und so tradiert wird und dass die Bedeutung eines Wortes beschrieben werden kann, indem man seinen Gebrauch in der Sprache – d. i. in einem S. – beschreibt. → Gebrauchstheorie.

Sprachstatistik, befasst sich mit den quantitativen Merkmalen der Sprache durch Auszählen von sprachlichen Elementen und Konstruktionen in mündlichen oder schriftlichen Texten. Je nach der Zielsetzung lassen sich unterschiedliche Richtungen unterscheiden:

- Ermittlung des Individualstils einer Person (Schriftsteller, Politiker u. a.), um Aussagen über die verwendete Sprache (rhetorische oder stilistische Mittel, Komplexität, Häufigkeitsklassen von Wörtern) machen zu können.
- Erhebung eines → Grundwortschatzes (der in der Alltagssprache am meisten benutzten Wörter einer Spra-

che) für didaktische Zwecke, etwa in der →Fremdsprachendidaktik.
- Allgemeine Untersuchungen der Auftretenswahrscheinlichkeiten, um zu Aussagen über bestimmte Gesetzmäßigkeiten der Sprachökonomie oder des statistischen Gleichgewichts zu gelangen (→Zipfsches Gesetz). So kann gezeigt werden, dass Wörter mit steigender Gebrauchshäufigkeit kürzer sind (bzw. im Sprachgebrauch verkürzt werden), oder dass für Texte allgemein gilt, dass 50% der verwendeten Wörter solche sind, die zu den 200 gebräuchlichsten Wörtern gehören (vgl. Grimm/Engelkamp, 1981).

Sprachstörung, nach G. Peuser (1978) lassen sich die S.en wie folgt klassifizieren:

	nicht organisch bedingt	organisch bedingt
Zentrale Störungen		
– des Sprachbesitzes	a) gesunde: *Versprecher* b) kranke: *psychotische, neurotische S.en, Stottern* usw.	→*Aphasie, S. bei seniler Demenz, multipler Sklerose, Epilepsie* usw.
– des Spracherwerbs	*Sprachentwicklungsverzögerungen, Mutismus*	*Mongolismus, Sprachentwicklungsbehinderungen*
Periphere Störungen		
– des Sprachbesitzes		*Schwerhörigkeit*
– des Spracherwerbs		*angeborene Gehörlosigkeit, Blindheit*

Ein zentraler Bereich der organisch bedingten S.en wird durch die Aphasieforschung abgedeckt; gelegentlich wird dieser Teilbereich auch als →Patholinguistik bezeichnet.

Sprachtypologie, die Bestimmung allgemeiner linguistischer Kategorien als Basis für die Einteilung von Sprachen nach Typen, meist aufgrund von Ähnlichkeiten oder Ungleichheiten des Sprachbaus und unabhängig von ihrer historischen Entstehung.

Im Laufe der Zeit haben sich mehrere Richtungen der S. als Teil der allgemeinen Sprachwissenschaft herausgebildet: (1) Die generalisierende S., die sich auf alle bekannten Sprachen bezieht; sie gründet auf zwei universalistischen Annahmen: a) Es gibt universelle Merkmale der menschlichen Sprache schlechthin, die den Hintergrund für die Verschiedenheiten des Baus der verglichenen Sprachen bilden; b) es gibt universelle Kriterien, die der Typologisierung zugrunde liegen. (2) Die charakterologische S., deren Ziel es ist, den Bau einer einzelnen Sprache mit Hilfe typologischer Kriterien zu charakterisieren. (3) Die kontrastive oder konfrontierende S., die einige wenige – meist zwei oder drei – Sprachen einander gegenüberstellt und miteinander vergleicht (→ kontrastive Linguistik).

Eine wichtige Unterscheidung der älteren generalisierenden S. ist die in einen → analytischen und einen → synthetischen Sprachbau. Bis heute wirkt die auf A. W. Schlegel zurückgehende Klassifikation von Sprachen in drei Haupttypen nach:
- isolierende Sprachen, in denen die Wörter unveränderlich sind,
- agglutinierende Sprachen, in denen die Beziehungen zwischen den Wörtern durch gleich bleibende Affixe ausgedrückt werden,
- flektierende Sprachen, in denen die Affixe verschmolzen sind und auch innere Flexion möglich ist.

(Weitere Einzelheiten bei Dressler, ^{2}1980.)

Sprachübung, einer der Teilbereiche des → Sprachunterrichts; oft der → Sprachbetrachtung gegenübergestellt, meint S. den systematischen Lehrgang im Grammatikunterricht. In einigen → Richtlinien (Bremen, Hessen, Niedersachsen) werden S. und Sprachbetrachtung unter dem Begriff → Reflexion über Sprache zusammengefasst, wobei dann die → Integration der Lernbereiche Bedingung ist. In neuesten Erlassen wird jedoch zugestanden, dass das Prinzip der Integration »flexibel gehandhabt werden« kann (Nordrhein-Westfalen, S 1, 1993), was konkret bedeutet, dass isolierte S. »im Sinne eines Lehrgangsprinzips« wieder erwünscht ist.

Sprachunterricht, die so genannte »kommunikative Wende« Anfang der 70er-Jahre hat die → Didaktik der deutschen Sprache entscheidend verwandelt. Dies lässt sich z. B. an den obersten Lernzielen ablesen wie: Lehrziel Kommunikation (Schlotthaus, 1971), Erziehungsziel Emanzipation (Hebel, 1971), Erweiterung der Grenzen verbaler Kommunikation (Menzel, 1972) oder Kritische Kommunikationsfähigkeit (Boettcher, 1973). Leider konnte sich die direkte Übernahme von Teilen der Sprachwissenschaft in die Schulpraxis dort nicht durchsetzen, insbesondere nicht die kritiklos übernommenen Ergebnisse und Verfahren der → Dependenz- oder der → generativen Grammatiken. Weit mehr Einfluss hatten die pragmatisch und kommunikationsorientierten Ansätze, von denen vier bis heute wirksam sind:

a) *Situativer S.*: Kennzeichnend für dieses Konzept ist die Überlegung, dass nicht nur außerschulische Situationen die Lebenswirklichkeit ausmachen, für die gelernt werden soll, sondern dass gerade die »innerschulisch zugänglichen Lebenssituationen und -erfahrungen der Schüler als paradigmatische, modellhafte Lebenssituationen aufgegriffen werden« (Boettcher/Sitta, 1978), d. h., optimal für den S. wäre das spontane Aufgreifen und Thematisieren tatsächlicher Situationen im Schulalltag.

b) *Handlungsorientierter S.*: Diese Art des S.s ist ausgerichtet auf die Vermittlung und Verbesserung von → Sprachhandlungsfähigkeit; gemeint ist damit, dass die Schüler und Schülerinnen befähigt werden, über »kommunikative handlungsmuster oder einsetzbare strategien in jeweiligen kommunikationssituationen« (Schlotthaus, 1975) zu verfügen. Allerdings sollte vermieden werden, dass die Schüler und Schülerinnen lernen, primär nur die eigenen Interessen durchzusetzen, was dem eigentlichen Erziehungsziel der Schule wenig förderlich wäre. So hat sich denn die Handlungsorientierung als ein schülerorientiertes Unterrichtsprinzip weiterentwickelt: Handlungsorientierter Unterricht ist ein ganzheitlicher und schüleraktiver Unterricht, in dem die zwischen dem Lehrer bzw. der Lehrerin und den Schülern/Schülerinnen vereinbarten Handlungsprodukte (→Projektmethode) die Gestaltung des Unterrichtsprozesses leiten, so dass Kopf- und Handarbeit der Schüler und Schülerinnen in ein ausgewogenes Verhältnis zueinander gebracht werden können (vgl. Jank/Meyer, 1991).

c) *Thematischer S.*: Geschieht Sprachförderung durch das Bereitstellen und Einüben von Sprachmitteln mit dem Ziel, die Schüler und Schülerinnen zur Bewältigung von Problemen, Situationen und Sachverhalten zu befähigen, so wird meist ein stärkeres Gewicht auf den Sachbezug im S. gelegt; denn S. soll auch eine Beschäftigung mit »Sachen« sein, damit Sprache nicht isoliert betrachtet, sondern in ihrer Funktion und Leistung erfahrbar gemacht wird. Ein solcherart thematischer S. gerät allerdings leicht in die Gefahr, dass problemorientierte Themen dominieren, dass die sprachlichen Phänomene nur ad hoc eine Rolle spielen oder völlig in den Hintergrund treten.

d) *Funktionaler S.*: Dieser Gefahr eines allzu problemorientierten Unterrichts versucht der funktionale S. zu entgehen, indem er für typische Situationen die zugeordneten grammatischen Formen darstellt und ihre Funktion im Lebensbezug thematisiert. Zugestehen muss man dann allerdings, dass die Basis des S.s nicht mehr in seiner Beziehung zur Fachwissenschaft zu sehen ist, sondern in der »Methodik des Erarbeitens von sprachlichen Grundphänomenen, in denen vitale Lebensprobleme verborgen sind« (Ulshöfer, 1977).

Überblickt man diese Konzeptionen, so wird deutlich, dass keine von den Gegenständen der Fachwissenschaft oder der wissenschaftlichen Grammatik ausgeht; sie intendieren S. als kommunikative Lernsituation und versuchen mit unterschiedlicher Gewichtung, ein ausgewogenes Verhältnis zwischen 1. relevanten Lebenssituationen der Schüler und Schülerinnen, 2. gegenwarts- und/oder zukunftsorientierten Qualifikationen sowie 3. den dazu erforderlichen sprachlich-kommunikativen Mitteln und Strategien herzustellen.

Sprachursprung, in einem Gedankenspiel über eine urtümliche Gesellschaft stellt B. Strecker (1987) dar, wie der Erwerb einer Sprache im Überlebenskampf seiner »Kleinweltler« ausgesehen haben mag. »Von zentraler Bedeutung ist dabei die Optimierung des Vorwarnsystems«, vermutet er; denn von diesem habe der Erfolg von Flucht und Angriff im täglichen Kampf entscheidend abgehangen. In verschiedenen Varianten spielt er Szenarien durch, die nahelegen sollen, dass der S. für den Menschen aus dem ererbten (tierischen) Signalsystem hervorgegangen ist, etwa aus Schreckensschreien ohne kommunikative Absicht. Derartige Schreie konnten irgendwann einmal nachgeahmt worden sein, um Gegner zu narren oder Freunde zu warnen; und diese Nachahmungen könnten weiterhin stilisiert worden sein, etwa durch Wiederholung in bestimmter Intonation und unter einem Spannungsbogen.

Dieses Gedankenspiel zum S. lässt offen, ob die menschliche Sprache an einem Ort zuerst entstanden sei, um sich dann zu »vererben«, oder ob sie an verschiedenen Orten gleichzeitig hervorgebracht worden ist. Abgelehnt wird offensichtlich die Schöpfung einer →Ursprache in einem (übernatürlichen) Akt. Dies geht konform mit dem ontogenetischen Beobachten des →Spracherwerbs. Sprachliche Fähigkeiten entwickeln sich erst als letztes Glied in der Kette der verfügbaren symbolischen Handlungen und weit nach dem Erwerb diverser →Handlungsschemata.

Sprachverarbeitung, (1) Sprachaufnahme und Sprachverstehen als Gegenstände der Psychologie, →Psycholinguistik und →kognitiven Linguistik. Menschen verständigen sich weitgehend aufgrund von gesprochener oder geschriebener Sprache; das eigentliche Verstehen beruht allerdings auf komplexen zentralen Integrationsprozessen. Diese kognitiven Prozesse der S. lassen sich in bestimmte Phasen unterteilen:

a) *Aufmerksamkeitsprozesse*: Erregung von Aufmerksamkeit und Hinwendung zur Informationsquelle und damit Aufnahme der Sprachlaute oder Schriftzeichen durch die Sinnesorgane ins →sensorische Gedächtnis.

b) *Gedächtnisprozesse*: Anpassung der sensorischen Reize an gespeicherte →Schemata, zum Beispiel Zuordnung von Einheiten des Lexikons zu bestimmten Laut- oder Schriftsequenzen, Einordnen in bestimmte Satzmuster, semantische Interpretation der Einzelzeichen und Aufbau einer Gesamtbedeutung, →Repräsentation der sprachlichen Information im Kurzzeit- bzw. Langzeitgedächtnis (→Gedächtnis), wobei →Assimilation oder →Akkomodation eine wesentliche Rolle spielen. In der Regel versucht der Rezipient die empfangenen Reize zunächst in leicht erreichbare, d.h. leicht erinnerbare Schemata einzuordnen (ggf. umzuformen); er klassifiziert und organisiert sie dabei nach individuellen Möglichkeiten und Bedürfnissen, um sie so besser und langfristiger speichern zu können.

c) *Reproduktionsprozesse*: Die Möglichkeiten, sprachliche Daten abzurufen und zu produzieren, hängen entscheidend ab von dem, was an →Propositionen, →Schemata bzw. →Skripten im Gedächtnis repräsentiert ist, welche motivationalen und emotionalen Faktoren (→Motivation) relevant sind und schließlich wie der gesamte →kommunikative Handlungszusammenhang beschaffen ist (Angst, Stress, Krankheit oder Freude, entspannte Atmosphäre usw.).

(2) Forschungsgebiet der →Computerlinguistik mit dem Ziel, den Prozess der menschlichen S. so weit zu erforschen, dass z.B. computergestützte Sprachbeschreibung oder die Simulation von Sprache auf dem Rechner möglich sind.

Sprachverhalten, (1) Begriff, der im →Behaviorismus eine zentrale Rolle gespielt hat; S. bezeichnet hier die beobachtbare sprachliche Reaktion im →Reiz-Reaktions-Schema. Der Bestandteil »-verhalten« weist darauf hin, dass die sprachlichen Äußerungen wie andere Arten des menschlichen Verhaltens beschrieben werden sollen, d.h. ohne irgendwelche mentalen Prozesse einzubeziehen. Bedeutung kommt lediglich durch bestimmte, beobachtbare Situationsfaktoren ins Spiel. (2) Im Zusammenhang mit der →feministischen Linguistik sind Versuche unternommen worden, typisch männliches und typisch weibliches S. zu beschreiben. Untersuchungsgegenstände zur Feststellung des geschlechtsspezifischen S.s sind u.a.: Stimme, Aussprache, Intonation; Wortwahl und Lexikon; Satzbau; Interaktions- und Gesprächsverhalten (Linke [u.a.], 1991). (3) In neueren mentalistisch ausgerichteten Arbeiten wird S. als ein Zusammenspiel verschiedener Kenntnissysteme untersucht. Menschliches S. kann produktiv wie rezeptiv sein; gleichwohl werden stets drei spezifische, miteinander verknüpfte Kenntnissysteme relevant: a) Sprachkenntnis, b) Alltagswissen und c) Wissen über soziale Interaktionsformen. Das sprachliche Kenntnissystem mit den Komponenten →Phonologie, →Morphologie, →Syntax und →Semantik lässt sich als »ein im menschlichen Gehirn verankertes Modul« (Schwarz, 1992) ansehen und ist zentraler Forschungsgegenstand der →kognitiven Linguistik, die sich hierbei weitgehend auf das Paradigma der →GB-Theorie stützt.

Sprachverstehen, (1) das Verstehen des anderen als prinzipielles und als methodologisches Problem ist Gegenstand der Erkenntnistheorie bzw. der →Hermeneutik. (2)

S. lässt sich im Rahmen der allgemeinen →Zeichentheorie als →Signifikationsprozess beschreiben, der auf unterschiedlichen semiotischen Ebenen stattfinden kann, je nachdem, welche der drei →Zeichendimensionen dem →Interpreten zugänglich sind. Hierbei erscheinen sprachliche Zeichen im Verstehensprozess zunächst nicht anders als alle übrigen Zeichenklassen. (3) Wichtiger Teilaspekt der →Sprachverarbeitung als Gegenstand der →kognitiven Linguistik. Das S. lässt sich strukturell als →mentales Kenntnissystem und prozedural als Verarbeitungssystem beschreiben. Das S. ist nicht nur ein datengeleiteter, sondern auch ein wissensgeleiteter Prozess, bei dem das im Langzeitgedächtnis (→Gedächtnis) gespeicherte Wissen des Rezipienten über die Sprache, aber auch über die mit bestimmten sprachlichen Daten verknüpften →kommunikativen Handlungszusammenhänge aktiviert wird.

Sprachverwendung, →Performanz, →Sprachverarbeitung; ob sprachliches Wissen aktiviert und »verwendet« wird, hängt nicht nur davon ab, ob die entsprechenden Daten im Gehirn repräsentiert sind, sondern auch von der kommunikativen →Kompetenz (2) des Sprechers/Schreibers sowie von den motivationalen und emotionalen Faktoren (→Motivation), die bei der Beurteilung des →kommunikativen Handlungszusammenhangs für den Einzelnen relevant sind.

Im engeren Sinne wird die Sprachproduktion auf drei Ebenen geplant: auf der Ebene der Rede (Redeplan entsprechend einer bestimmten Redeabsicht), des Satzes (Abruf von →Satzplänen, die geeignet sind, die Intention zu realisieren) und der Konstituenten (→Lexeme, →semantische Merkmale, →semantische Netze). Die Ausführung geschieht auf der Grundlage eines »artikulatorischen Programms« (Grimm/Engelkamp, 1981) in fünf Schritten: a) Selektion von Bedeutungseinheiten; b) Selektion →grammatischer Kategorien für diese Einheiten; c) Selektion der →Inhaltswörter für diese Einheiten; d) Selektion der →Funktionswörter und →Wortbildungsmorpheme gemäß den syntaktischen Kategorien sowie e) Selektion der phonetischen Segmente, und zwar Silbe für Silbe.

Sprachwahrnehmung, Teilaspekt der →Sprachverarbeitung; (1) S. im engeren Sinne bezieht sich ausschließlich auf die Wahrnehmung gesprochener Sprache. Die Untersuchungen gehen von folgenden Fragen aus:

- In welcher Weise und auf der Grundlage welcher Informationen gelangt der Hörer zur →Segmentierung von Lautsequenzen?
- Wie kann er aus dem zeitlichen Strom der Sprache Laute, Silben, Wörter und Sätze trotz der Tatsache identifizieren, dass die phonetischen Einheiten ineinander übergehen, ganz verschieden ausgesprochen werden und keine direkte Entsprechung zu den gehörten Sprachsegmenten haben?
- Wie gelingt es ihm, aus dem Durcheinander von Geräuschen und Lauten eine bestimmte sprachliche Mitteilung wahr- und aufzunehmen?

Das sprachliche Material wird auf verschiedenen Ebenen der Wahrnehmung analysiert; es kann dann interpretiert und schließlich verstanden werden. Ob Analyse und Interpretation zeitlich voneinander getrennte Vorgänge sind, ist umstritten. Neuere Untersuchungen legen jedoch nahe, »dass die verschiedenen Stufen der Sprachverarbeitung simultan ablaufen« (Grimm/Engelkamp, 1981), und zwar einmal von »unten nach oben« (Beeinflussung der Wahrnehmung durch das akustische Material) sowie von »oben nach unten« (Strukturierung des Wahrnehmungsinhalts aufgrund des Weltwissens und der verfügbaren →Schemata und →Skripte des Rezipienten).

(2) S. im weiteren Sinne umfasst alle Vorgänge der Aufnahme, Segmentierung und Identifizierung gesprochener und geschriebener Sprache.

Sprachwandel, Veränderungen einer Sprache im Laufe der Zeit; pointiert formuliert A. Martinet (1963): »Jede Sprache ändert sich in jedem Augenblick.«

Untersucht wird S. im Rahmen der →Sprachgeschichte. Systematische Darstellungen erfassen den S. auf allen Beschreibungsebenen, z. B. →Lautwandel oder →Bedeutungswandel (→Lehnwort). Erklärt wird S. auf unterschiedliche Weise. Verwirrend für den naiven Betrachter ist die Tatsache, dass eine Sprache, die von der älteren auf die jüngere Generation vererbt wird, wobei auf eine getreue Übernahme geachtet wird, derart starken Veränderungen unterworfen sein kann, wie es der Unterschied zwischen zum Beispiel →Althochdeutsch und Neuhochdeutsch zeigt. Erklärbar wird dieser Umstand dadurch, dass das Sprachsystem (auf allen Ebenen) →redundante Elemente enthält, die als freie Varianten bei der Realisation akzeptiert werden, durch äußere Einflüsse jedoch zu Eigenständigkeit gelangen können. Warum dieser Fall schließlich eintritt, lässt sich z. T. durch sprachinterne Faktoren (wie Symmetrie- oder Ökonomiestreben in den einzelnen Subsystemen) oder aber durch allgemeine kulturelle Faktoren (wie →Interferenz verschiedener Sprachen, auch Sprachvarianten; durch sozialen Wandel u. a. m.) erklären.

Sprachwissenschaft, mit dem Ausdruck S. fasst man heute die →synchrone und →diachrone Beschäftigung mit der Sprache im engeren wie im weiteren Sinne zusammen. Ein intensives Interesse an Sprachlichem besteht mindestens seit der griechischen Antike; doch hat es zunächst und vor allem einer Verbindung von Grammatik, Logik und Metaphysik gegolten. Von einer germanistischen S. kann man etwa seit der Mitte des 19. Jh.s sprechen, seit dem Erscheinen der Arbeiten von J. und W. Grimm. Der Schwerpunkt der von ihnen eingeleiteten S. lag auf der Ableitung des Deutschen aus den älteren Sprachstufen und der Einordnung in die größeren historischen Abläufe.

Die Beschränkung der S. auf die Erforschung und Beschreibung der sprachlichen Elemente, Relationen und Funktionen erfolgt seit F. de Saussure, der 1916 den Anstoß für eine strukturalistisch orientierte S. gegeben hat, die in Deutschland allerdings erst in den 60er-Jahren mit dem Einzug der →Linguistik rezipiert worden ist.

Traditionelle Arbeitsgebiete der S. (im engeren Sinne) sind →Phonologie, →Morphologie und →Syntax einer Sprache sowie →onomasiologische und →semasiologische Fragen. Hinzu kommen in neuerer Zeit die (strukturale) →Semantik und die →Pragmatik sowie Themen der →Makrolinguistik, die sich aus der Zusammenarbeit mit Nachbardisziplinen (wie Philosophie, Soziologie, Sprachdidaktik) ergeben.

Neuere Arbeiten tendieren dazu, die Ergebnisse der S. auf allgemeine Gesetzmäßigkeiten (→Universalien) zurückzuführen und im Sinne einer angeborenen →kognitiven Struktur zu erklären. Hierdurch kommt die S. in enge Beziehungen zur Humanbiologie, was sich etwa in den Arbeiten der →Psycholinguistik oder der →GB-Theorie zeigt.

Sprachzentrum, bekannt sind die beiden Sprachzentren, das Wernicke-Zentrum für sensorische und das Broca-Zentrum für motorische Abläufe; es handelt sich um relativ genau zu begrenzende Areale in der linken Gehirnhälfte (→Lateralität), die für →Sprachwahrnehmung (Rezeption) und →Sprachverwendung (Produktion) zuständig sind. Neuere Arbeiten legen nahe, dass die sprachliche Aktivität sich nicht auf diese beiden Areale beschränken lässt, sondern dass mit komplexeren Vorgängen bei der →Sprachverarbeitung im Gehirn zu rechnen ist.

Sprechakt, auch: Sprechhandlung; systematische Darstellung des Handelns mit Worten (Austin, 1962); u. a. von J. R. Searle (1969, dt. 1971) verwendeter Terminus. Ausgangspunkt der S.-Theorie ist die Hypothese, »dass eine Sprache sprechen eine regelgeleitete Form des Verhaltens darstellt«

und dass »Sprechen bedeutet, in Übereinstimmung mit Regeln Akte zu vollziehen«. →Regel (2).

Nach Searle bestehen S.e jeweils aus mehreren Teilakten; diese sind: a) der Vollzug von Äußerungsakten (Äußerung von Worten, Sätzen); b) der Vollzug propositionaler Akte; hierbei werden →Referenz (Bezugnahme auf »Welt«) und →Prädikation (Aussage über »Welt«) unterschieden (→Proposition); c) der Vollzug illokutionärer Akte (Vollzug der Sprechhandlung im engeren Sinne wie »behaupten, fragen, befehlen, versprechen« usw.; →Illokution).

Als Beispiel mag folgender Fall dienen: Ein Mann spricht auf einer Party eine junge Frau an und sagt: *Die Leute hier sind ganz schön langweilig.* Das Gesagte lässt sich wie folgt als S. beschreiben:

- Äußerungsakt: Der Mann spricht einen Satz (Schallgebilde), der von der Frau (akustisch) verstanden werden soll und kann.
- Propositionaler Akt: Der Sprecher drückt mit dem Satz Bedeutungen aus, indem er referiert (»die Leute hier«) und prädiziert (»sind ganz schön langweilig«).
- Illokutionärer Akt: Der Sprecher meint etwas mit seinem Satz und beabsichtigt eine Wirkung auf seine Hörerin; er vollzieht eine Sprechhandlung, die für die Hörerin jedoch nicht eindeutig zu sein braucht, was mögliche Antworten verdeutlichen können:
  Sprecherin: *Wie kommen Sie darauf?* (Sie versteht die Illokution als Behauptung)
  Sie sagen es. (Sie versteht die Illokution als Feststellung)
  Wir können ja gehen. (Sie versteht die Illokution als Aufforderung)

Um den Effekt des illokutionären Aktes auf den Kommunikationspartner erfassen zu können, führt Searle als vierten Akt einen Begriff von Austin ein, den perlokutionären Akt: Die tatsächliche Wirkung der Illokution in obigem Beispiel auf die Hörerin könnte auch sein, dass sie den Satz als Belästigung auffasst und den Herrn stehen lässt.

Zur Differenzierung einzelner S.e führt Searle vier Arten von Regeln ein; auf das obige Beispiel (mit der Illokution: Aufforderung) angewendet (H = Hörer, S = Sprecher, A = Aktion):

a) Regeln des propositionalen Gehalts: Zukünftige Handlung A von H
b) Einleitungsregeln:
   - H ist in der Lage, A zu tun. S glaubt, dass H in der Lage ist, A zu tun.
   - Es ist sowohl für S als auch für H nicht offensichtlich, dass H bei normalem Verlauf der Ereignisse aus eigenem Antrieb A tun wird.
c) Regeln der Aufrichtigkeit: S wünscht, dass H A tut.
d) Wesentliche Regel: Gilt als Versuch, H dazu zu bringen, A zu tun.

Bei dieser Art der Beschreibung sind a) bis c) eher regulative Regeln, während d) die konstitutive Regel darstellt. Die Erforschung der S.e erfolgt durch semantische Analyse von Ausdrücken, die für die Aufstellung von konstitutiven Regeln entscheidend sind, oder in einer mehr auf Handlungsmuster in kommunikativen Handlungszusammenhängen ausgerichteten pragmatischen Analyse.

Sprecherstrategie, Planungs-, Auswahl- und Realisierungsmuster, denen ein Sprecher bei der →Sprachverwendung folgt, um in einem bestimmten →kommunikativen Handlungszusammenhang eine bestimmte Intention zu realisieren. Zusammen mit dem Erwartungshorizont, d.h. mit seinen Vorstellungen vom Kommunikationspartner, bildet die S. seine soziale Position oder Rolle.

Sprechhandlung →Sprechakt

Sprechsituation, Rahmenbedingungen, die Einfluss auf eine sprachliche Handlung (→Sprechakt) und deren Wirkung nehmen können, wie zum Beispiel: Ort; Zeit; Sprecher- und Hörerrolle (z. B. Status); soziale, psychische, ideologische u. a. Dispositionen bei Sprecher und Hörer, leitende Interessen; weitere Zuhörer, Gesprächspartner u. a. m. →Kommunikativer Handlungszusammenhang.

Sprechstrategie →Verbale Planungsmuster

Sprechwerkzeug →Artikulationsorgan

Sprossvokal, die ältesten Formen des S.s liegen in vorliterarischer Zeit; so hat sich im Altsächsischen und →Althochdeutschen zwischen einem Konsonanten und *r, l, m* oder *n* ein S. *u* oder *a* entwickelt, wenn diese Laute durch den Abfall der ursprünglichen Endung in den Auslaut treten: got. *wintrus* > ahd. *wintar*. Später erscheint ein fakultativer S. zwischen *r, l* und *h* sowie zwischen *r, l,* selten auch *s* und *w*: ahd. *bifëlhan* > *bifëlahan* (befehlen); *forhta* > *forahta* (Furcht); *mëlo* > Genitiv: *mëlwes/mëlewes* (Mehl). Der S. dient dazu, die Aussprache zu erleichtern.

Spur, engl. *trace* = t; erstmals von R. Fiengo (1974) eingeführt; die →Bewegungsregel besagt, dass bei bestimmten Verben eine NP aus der Objekt- in die Subjektposition bewegt werden kann; sie besetzt dann eine in der →D-Struktur vorhandene (generierte) →leere Kategorie und hinterlässt in der →S-Struktur eine Spur t (s. grafische Darstellung S. 526).

»Bewegung leert (vacates) die Kategorie, aber sie eliminiert sie nicht«; gleichzeitig wird die »Existenz von Spuren in der mentalen Repräsentation« (Chomsky, 1980) angenommen. →Universalgrammatik.

S-Struktur, Abk. für engl. Surface-Structure ›Oberflächenstruktur‹; im Rahmen der →GB-Theorie die durch die →Bewegungsregel aus der →D-Struktur erzeugte zweite syntaktische Repräsentationsebene, die alle durch →NP- oder →wh-Bewegung entstandenen →Spuren enthält; die S-S. ist somit eine abstrakte Repräsentation, die durch Anwendung von →Theta-Kriterium und →Kasusfilter auf ihre →Grammatikalität hin überprüft wird. Auf ihr findet auch die →Bindungstheorie Anwendung.

bewege α

$$\left[\mathrm{IP}\left[\mathrm{NP}^{e}\quad\right] \textit{wurde}\left[\mathrm{VP}^{\,\textit{geschlagen}}\left[\mathrm{NP}^{\textit{Willi}}\right]\right]\right] \text{ D-Struktur}$$

$$\downarrow\left[\mathrm{IP}\left[\mathrm{NP}^{\textit{Willi}_i}\right] \textit{wurde}\left[\mathrm{VP}^{\,\textit{geschlagen}}\left[\mathrm{NP}^{t_i}\quad\right]\right]\right] \text{ S-Struktur}$$

Als Strukturbaum:

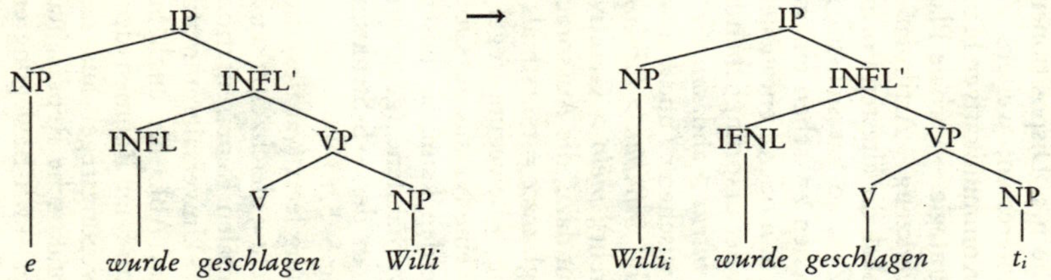

Die S-S. wird durch die Bewegungsregel in die → Logische Form überführt und ist Eingabe für die semantische Interpretation (Chomsky, 1980). Gleichzeitig ist sie, über phonetisch-syntaktische Prozesse, Grundlage für die → Phonetische Form, d.h. die → Oberflächenstruktur von Sätzen.

Stabreim, besondere Form der → Alliteration in der germanischen Dichtung; Lautreim, bei dem die Konsonanten am Anfang eines → Inhaltswortes gleich sind (bei unbetonter Vorsilbe trägt die nächste betonte Silbe den Stab). Vokale staben untereinander. Der Stabreim kommt in Kurz- oder Langzeilen vor, die zwei bis drei Stäbe tragen; er kommt im Altenglischen (*Beowulf*, um 1000), Altnordischen (*Edda*, 9.–12. Jh.) und Altsächsischen (*Heliand*, um 830) vor; vereinzelt ist er auch im Althochdeutschen (*Hildebrandslied*, 9. Jh.) belegt. Mitte des 9. Jh.s wird der S. durch den Endreim (Otfid von Weissenburg) verdrängt. Er lebt aber in festen Fügungen der Alltagssprache weiter: *Bei Wind und Wetter*, *mit Mann und Maus*, *er verlor Haus und Hof* usw.

Stadienlehre, Theorie der geistigen Entwicklung des Kindes nach J. Piaget, wonach → kognitive Stadien »eine sequentielle Eigenschaft besitzen, d.h. dass sie in festliegender Abfolge auftreten, weil jede von ihnen notwendig für die Bildung der folgenden ist« (Piaget, 1983). Im Einzelnen unterscheidet er:

a) *Sensomotorisches Stadium* (von der Geburt bis ungefähr 1;6 = ein Jahr, sechs Monate); es ist gekennzeichnet durch die → Zentrierung des Subjekts auf den eigenen Körper, den Auf- und Ausbau von → Handlungsschemata durch → Assimilation und → Akkomodation sowie die Herausbildung der → symbolischen Funktion.

b) Stadium der *konkreten Operationen* (von etwa 1;6 bis etwa 10–11 Jahre); es beginnt mit einer »präoperativen Teilperiode« (bis etwa 7 Jahre), die u.a. durch → Dezentrierung sowie die Bildung semiotischer Prozesse wie Sprache und innere Bilder (Vorstellungen) gekennzeichnet ist sowie durch die Anfänge operatorischer Gruppierungen (qualitative Identität, Reversibilität und dgl.).

c) Stadium der *formalen Operationen* (ab dem 11. bis 13. Lebensjahr); es ist gekennzeichnet durch die Ausformung der allgemeinen Kombinatorik sowie den Erwerb wissenschaftlicher Begriffe.

Jedes Stadium und jede Teilperiode ist für die Konstruktion der jeweils nachfolgenden notwendig und geht in ihr auf, ohne gänzlich zu verschwinden; auch treten sie stets in der gleichen Reihenfolge auf. Dennoch führt Piaget ihr Auftreten nicht auf biologische Reifung zurück; sie »bahnt lediglich den Weg für mögliche Konstruktionen (oder erklärt vorübergehende Unmöglichkeiten)«. Es handelt sich also nicht um eine angeborene Prädetermination, »denn während der gesamten Entwicklung gibt es eine kontinuierliche Konstruktion von Neuartigem«. Der entscheidende Faktor, der die Konstruktion der Stadien bedingt, wird in einem Ausgleichsprozess durch Selbstregulierung des Subjekts gesehen, d. h. durch →Rückkopplung und →Äquilibration. »Die Ausgleichung durch Selbstregulierung stellt also den Prozess dar, der die beschriebenen Strukturen ausbildet« (Piaget/Inhelder, [4]1991).

Stamm, auch: Wortstamm, Grundmorphem; freies →Morphem, das die Grundbedeutung einer →Ableitung oder →Zusammensetzung trägt; der S. eines Wortes lässt sich durch →Weglassprobe (und Rückbildung des Umlauts) ermitteln: *Unzulänglichkeit – unzulänglich – zulänglich – länglich*: lang.

Stammbaum →Baumdiagramm; →Stemma

Stammbaumtheorie, von A. Schleicher entworfene Theorie zur Darstellung der indoeurop. →Sprachfamilie. In einem offenen Sendschreiben an E. Haeckel im Jahre 1863 mit dem Titel *Die Darwinsche Theorie und die Sprachwissenschaft* schlägt er vor, dass von der →Sprache als Organismus die gleichen Ansichten gelten sollen, wie sie Darwin von den lebenden Wesen überhaupt vertreten habe. Dies führt ihn dazu, die einzelnen indoeuropäischen Sprachen in Form eines Verzweigungsdiagramms anzuordnen, bei dem die rekonstruierte Ursprache den Ausgangspunkt, die Wurzel, bildet. Diese Darstellung war in der →genetischen Sprachbetrachtung recht populär, obwohl sie den tatsächlichen Gegebenheiten (parallele oder gegenseitige Beeinflussung von Sprachen) nicht gerecht wird. →Wellentheorie.

Stammform, im Deutschen unterscheidet man drei S.en des →Verbs, die für die Bildung der →Tempora grundlegend sind:

	Beispiel	Tempora
1. Stammform: Infinitiv	*sitzen*	Präsens, Futur I
2. Stammform: 1. Person Singular Präteritum	*saß*	Präteritum
3. Stammform: Partizip II	*gesessen*	Perfekt, Plusquamperfekt, Futur II

Folgende Untergruppen sind zu unterscheiden:
a) →Schwache Verben (gleicher Stammvokal): *lachen – lachte – gelacht*; *auslachen – lachte aus – ausgelacht*
b) →Starke Verben (Wechsel des Stammvokals):
– 2. und 3. S. sind gleich und von der 1. S. verschieden: *bleiben – blieb – geblieben*; *fließen – floss – geflossen*
– 1. und 3. S. sind gleich und von der 2. S. verschieden: *kommen – kam – gekommen*; *schaffen – schuf – geschaffen*
– Alle S.en sind verschieden: *binden – band – gebunden*; *liegen – lag – gelegen*

Stammvokal, die →Stammform des Verbs kennzeichnender Vokal

Standardsprache → Gemeinsprache

Standard Average European, dt.: Standard Durchschnitts-Europäisch; → SAE.

Starke Deklination, eine Gruppe von maskulinen und neutralen Nomen weist im Genitiv Singular die Endung -(e)s auf, im Nominativ Plural sind sie endungslos oder erhalten die Pluralendung -e/-er/-s:

Kasus	Numerus: Singular	Plural
Nominativ	*der Lehrer/Tisch*	*die Lehrer/Tische*
Genitiv	*des Lehrers/Tisches*	*der Lehrer/Tische*
Dativ	*dem Lehrer/Tisch*	*den Lehrern/Tischen*
Akkusativ	*den Lehrer/Tisch*	*die Lehrer/Tische*
Nominativ	*das Fenster/Brett*	*die Fenster/Bretter*
Genitiv	*des Fensters/Brettes*	*der Fenster/Bretter*
Dativ	*dem Fenster/Brett*	*den Fenstern/Brettern*
Akkusativ	*das Fenster/Brett*	*die Fenster/Bretter*

Starkes Verb, stark nennt man Verben, deren 2. → Stammform einen anderen → Stammvokal hat als die 1. Stammform und deren 3. Stammform auf -en endet: *sprechen – sprach – gesprochen.* Verben mit Mischformen flektieren stark und schwach: *mahlen – mahlte – gemahlen.* Einige homonyme Verben erscheinen als Doppelformen: *bewegen*$_1$ *– bewegte – bewegt* gegenüber: *bewegen*$_2$ *– bewog – bewogen.*

Die starken Verben gehören zu der größeren Gruppe der → unregelmäßigen Verben. → Schwaches Verb.

Steigerung → Komparation

Steigerungspartikel, Teilmenge der → Partikeln, die zur Bildung des → Elativs beitragen können, indem sie bei Adjektiven einen mehr oder weniger hohen Grad anzeigen: *sehr, höchst, äußerst, überaus, ungemein, außerordentlich* usw. Umgangssprachlich sind S.n eine sehr produktive Wortgruppe: *riesig, phantastisch, kolossal, irre, super, geil* usw.

Steigerungsstufe, Bezeichnung für Komparativ (1. S.) und Superlativ (2. S.); → Komparation.

Stelligkeit, Terminus, der im Zusammenhang mit der Darstellung der → Valenz des Verbs gebraucht wird. Nach einem Vorschlag von G. Helbig (1971) ist zu unterscheiden zwischen der Valenz im engeren Sinne (der Anzahl der konstitutiven Glieder) sowie der Valenz im weiteren Sinne, der S. (qualitative Festlegung der konstitutiven Glieder durch Angabe der syntaktischen Umgebung des Verbs).

Valenz: *blühen*$_1$, *danken*$_2$, *sehen*$_2$, *geben*$_3$ (bedeutet: das Verb *blühen* ist einwertig, es benötigt konstitutiv ein nominales Satzglied, das Subjekt; *danken* ist zweiwertig usw.)

Stelligkeit: *geben*$_3$ → E1, E3, E4 (bedeutet: das dreiwertige Verb *geben* erfordert eine Ergänzung im ersten, eine Ergänzung im dritten und eine Ergänzung im vierten Fall)

Stellungsfeld, bereits 1937 hat E. Drach ([4]1963) auf die Feldstruktur des deutschen Satzes aufmerksam gemacht. Er geht von der Beobachtung aus, dass die → finite Verbform »der standfeste Angelpunkt [ist], um den herum der Satz sich aufbaut und gliedert«. Den Raum vor dem finiten Verb nennt er »Vorfeld«, den Raum danach »Nachfeld«. Die Stellungsbeziehung wird für ihn durch »die Denkfunktion des Wortinhalts« bestimmt, wonach er zwei Varianten unterscheidet:

- das Vorfeld bildet die »Ausdrucksstelle« und das Nachfeld enthält Ergänzungen und Erläuterungen, oder
- das Vorfeld bildet den Anschluss an vorher Gegebenes und das Nachfeld bildet die Eindrucksstelle als Denkergebnis oder Belehrungsmittel.

Bei der → Satzklammer entsteht neben Vor- und Nachfeld ein Mittelfeld, das von den beiden Prädikatsteilen eingerahmt ist, z.B.:

Vorfeld	finiter Prädikatsteil	Mittelfeld	infiniter Prädikatsteil	Nachfeld
Du	*musst*	*deine Arbeit*	*erledigen*	*wie ein Profi*

Die S.er müssen nicht immer besetzt sein; so ist im →Stirnsatz das Vorfeld nicht besetzt, und meist ist bei der Satzklammer das Nachfeld unbesetzt. Besonderheiten ergeben sich außerdem durch →Inversion und →Ausklammerung. (Duden-Grammatik, [4]1984, § 1265.)

Stellungsglied, Terminus bei H. Glinz ([4]1965); er definiert S. als »kleinste sinnvoll verschiebbare Einheit im Satz, zugleich höhere Bedeutungseinheit«, und er nennt sie »Zwischenglieder zwischen Wort und Satz«. Wenn S.er sich durch ein einzelnes Wort ersetzen lassen (→Ersatzprobe) handelt es sich um →Satzglieder. Glinz nennt dasjenige S., »das stets nur einwortig und nur durch seinesgleichen ersetzbar ist und das einen festen Pol im Satzbau bildet, indem es stets an zweiter, letzter oder erster Stelle auftritt«, das Leitglied (= finiter Prädikatsteil).

Der Begriff des S.s findet sich auch in neueren Arbeiten, z.B. bei W. Flämig (1991) im Zusammenhang mit der Grundreihenfolge im Aussagehauptsatz, und wird dort in ähnlicher Weise definiert.

Stellungsplan →Verbstellung

Stellungsprobe →Umstellprobe

Stellvertreter, Bezeichnung für eine Gruppe von →Pronomen, die stellvertretend (= pronominal) für ein Nomen oder eine Nominalphrase stehen können, und zwar:

- vorausweisend: *Er wollte es sich noch einmal überlegen, das mit dem billigen Kredit.*
- zurückweisend: *Herrn Huber wurde ein billiges Auto angeboten, doch er wollte es nicht ohne Gutachter kaufen.*

↔Begleiter

Stemma, pl.: Stemmata, dt.: Stammbaum; das S. wurde 1932 von L. Tesnière eingeführt zur visuellen Darstellung syntaktischer Strukturen (Konnexionsstrukturen) im Rahmen der →Dependenzgrammatik. »Die Gesamtheit der Konnexionsstriche ergibt das Stemma. Das Stemma zeigt in aller Klarheit die Hierarchie der Konnexionen, es macht schematisch die verschiedenen Nexus konkret sichtbar, die die Konnexionen zu Bündeln zusammenfassen; es materialisiert damit visuell die Satzstruktur.« (Tesnière, 1980.)

Beispiel: *Eure junge Kusine singt herrlich.*

reales Stemma: virtuelles Stemma:

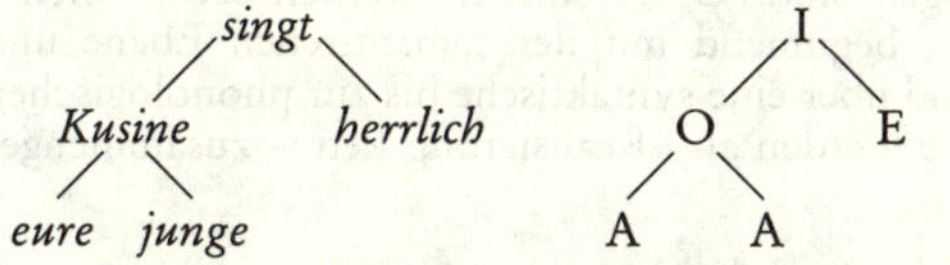

(I = Verb, O = Substantiv, A = Adjektiv, E = Adverb)
→Nexus; →Konnexion.

Stimmhaft, →phonetisches Unterscheidungsmerkmal von Lauten (→Fortis), bei deren Produktion die Stimmbänder schwingen, z.B.: *b, d, g, m, n, z.* →Stimmlos.

Stimmlos, →phonetisches Unterscheidungsmerkmal von Lauten (→Lenis), bei deren Produktion die Stimmbänder nicht schwingen, z.B.: *p, t, k, ch, s.* →Stimmhaft.

Stimmritzenlaut →Laryngal

Stimulus – Response, dt.: Reiz – Reaktion; →Behaviorismus.

Stirnsatz, Satz, bei dem die →flektierte Form des Verbs (die Personalform) an erster →Satzgliedstelle steht:
Hast du einen Augenblick Zeit für mich? (Entscheidungsfrage)
Hilf mir bitte beim Aufräumen! (Aufforderungssatz im Imperativ)
Hätte er doch besser gelernt! (irrealer Wunschsatz)

Stoffbezeichnung, auch: Stoffname; Untergruppe der → Konkreta; S.en sind Masse- oder Materialbezeichnungen wie: *Wasser, Leder, Holz, Stahl, Fleisch, Zement* usw. Stehen sie mit Artikel oder im Plural, so sind es → Gattungsbezeichnungen (*Hölzer, Salze; Die Milch im Glas ist sauer*).

Stratifikationsgrammatik, dt.: Ebenen- oder Schichtengrammatik; von S. M. Lamb (1966) vertretene Grammatiktheorie, die davon ausgeht, dass Sprache als ein komplexes System aus verschiedenen Teilsystemen (Strata oder Schichten) aufgebaut ist, die gleichartige Funktionen aufweisen, hierarchisch angeordnet und → modular aufeinander bezogen sind. Unterschieden werden sechs solcher Schichten, beginnend mit der semantischen Ebene und aufsteigend über eine syntaktische bis zur phonologischen Ebene. Sie werden als »Realisierungskette« zusammengefasst:

(Erfahrung, Inhalt)
↑↓
Hypersememik }
↑↓ } → Semeologie
Sememik }
↑↓
Lexemik
↑↓
Morphemik
↑↓
Phonemik }
↑↓ } → Phonologie
Hypophonemik }
↑↓
(Ausdruck)

Die S. führt neben komplexen Notationsvorschriften eine Reihe neuer Termini ein, etwa für die Bezeichnung der Ebenen oder der ihnen zugeordneten linguistischen Einheiten (Semem, Semon, Sema usw.). Der Stratifikationalismus betrachtet die Sprache als das Relationennetz, das zwischen den semantischen und den phonetischen Einheiten liegt; anders ausgedrückt: als eine Einrichtung für die Überführung von Informationen einer Form in eine andere, letztlich von Erfahrungen in Laute und umgekehrt. (Einzelheiten bei Ebneter, 1973, Kap. 7.)

Die Weiterentwicklung der S. führt von den Strata zu komplizierten Netzen, die in Analogie zur Neuronenstruktur des Gehirns gesetzt werden.

Stratum, pl.: Strata, dt.: Schicht, Ebene; Strukturebene als Teilsystem der Sprache in der →Stratifikationsgrammatik.

Streckform →Funktionsverb(gefüge)

String Analysis, dt.: Kettenanalyse; spezielle Methode der Analyse von Sätzen bei Z. S. Harris (1962). Zunächst werden mit Hilfe der →Weglassprobe die Kernsätze (strings) ermittelt: Von einem gegebenen Textstück werden so lange (syntaktische) Teile getilgt, bis keine weitere Weglassung möglich ist, soll der Satzstatus (sentencehood) erhalten bleiben. Kernsätze können keine oder mehrere →Adjunkte aufnehmen, die jeweils links oder rechts zu einem Element hinzugefügt werden. So lassen sich umfangreichere Sätze als lineare Ketten von Kategoriensymbolen darstellen und analysieren:

|*Das kleine Mädchen aus dem Nachbarhaus*|*klingelte gestern*|
NP VP
(S-Adjunkt) + (S-Adjunkt)
|klein|+|das Mädchen|
(N-Adjunkt) + (NP2)
|Mädchen|+|aus dem Nachbarhaus|
(N) + (N-Adjunkt) usw.

Harris hat gezeigt, wie die »string-theory« axiomatisiert und über ein Computerprogramm wirksam eingesetzt werden kann. Die von ihm aufgelisteten »string formulas« stellen die wesentlichen →Satzbaupläne des Englischen dar, mit deren Hilfe Sätze analysiert (decomposed), verglichen und auf →Wohlgeformtheit hin überprüft werden können. →Behaviorismus (2), →Distributionsanalyse, →Distributionsklasse.

Struktur, dt.: Gefüge, Bau, Zusammenhang; eigentümlicher Aufbau eines →Systems, das aus einer Menge von Elementen besteht, die zueinander und zum Ganzen in bestimmten Beziehungen stehen; auf die Sprache bezogen, bedeutet S. die in einer →Grammatik niedergelegten (phonologischen, morphologischen, syntaktischen) Elemente sowie deren Verknüpfungsregeln, die die Beziehung der einzelnen Elemente (Phoneme, Morpheme, Sätze) zueinander festlegen bzw. beschreiben, sowie das Gesamt dieser Regelbeziehungen.

Struktural (frz. *structural*), bezieht sich in erster Linie auf die Bedeutungssysteme in sich; auf die →Struktur eines →Systems selbst bezogen; strukturintern; ↔strukturell.

Strukturalistisch, umfasst →strukturale und →strukturelle Aspekte; allgemein den →Strukturalismus betreffend.

Strukturalismus, (1) in Frankreich in den 50er-Jahren entwickelte Richtung der Wissenschaftstheorie, die in der →Struktur eine Grundgegebenheit zur Erfassung und Bestimmung jeglicher Erkenntnisobjekte sieht, wobei Struktur als eine reale Gegebenheit angesehen wird, die objektiv vorhanden ist und subjektiv enthüllt werden kann. Besondere Erfolge erzielte der S. in der Anthropologie und Ethnologie (C. Lévi-Strauss), der Psychologie (J. Lacan) und der Sprachwissenschaft (s. unten). R. Barthes (1969) beschreibt die strukturalistische Tätigkeit in zwei Teiloperationen: a) die Zerlegung des gegebenen Objekts (Analyse); b) die Rekonstruktion des Objekts (Arrangement der Elemente, Synthese). Das Dritte, das Neue, das bei dieser Tätigkeit wirksam wird, ist der »hinzugefügte Intellekt«, also das, was wir bei der strukturalistischen Tätigkeit an intelligenter Fähigkeit eingesetzt, aber auch an intellektueller Einsicht gewonnen haben; und so scheint es nur so, als ob das Objekt vor und nach dieser Tätigkeit das gleiche geblieben sei. Das Ziel jeglicher strukturalistischer Tätigkeit besteht darin, »ein ›Objekt‹ derart zu rekonstruieren, dass in dieser Rekonstruktion zutage tritt, nach welchen Regeln es funktioniert«, welches seine Funktionen sind.

(2) Der S. in der Sprachwissenschaft geht im Wesentlichen auf F. de Saussure (^{2}1967) zurück. Sprache (→Langue) wird im S. als Prototyp einer ganzheitlichen Organisation der Wirklichkeit angesehen. Je nach dem theoretisch-methodischen Ansatz unterscheidet man verschiedene Schulen des S. in der modernen →Linguistik:

a) Die *Genfer Schule* arbeitet in der Nachfolge F. de Saussures; sie besteht im Wesentlichen aus den Nachfolgern Saussures im Amt (Bally, Sechehaye) und nennt sich »Cercle Ferdinand de Saussure«. In ihrem Publikationsorgan *Cahiers Ferdinand de Saussure* verarbeiten, erläutern und verteidigen die Mitglieder die Ideen Saussures aus dessen *Cours de Linguistique* von 1916. Auch ist eine Reihe von Grundbegriffen des *Cours* präzisiert worden; eine wirkliche Weiterentwicklung der Theorie findet jedoch nicht statt.

b) Die *Prager Schule* (Trnka, Trubetzkoy, Jakobson) wird 1926 als »Cercle Linguistique de Prague« gegründet. Mit ihren Arbeiten beginnt die Entwicklung der strukturellen Linguistik, insbesondere die strukturalistische Grundlegung der →Phonologie. 1928 trat die Gruppe zum ersten Mal an die Öffentlichkeit, und zwar auf dem »I. Internationalen Linguistenkongress« in den Haag. Ein Jahr später erscheinen die *Travaux du Cercle Linguistique de Prague*. Zum einen wird der Systemcharakter der Sprache, zum anderen ihre Funktionalität betont. Schon sehr früh haben Mitglieder der Prager Schule davor gewarnt, die synchrone Betrachtungsweise allzu sehr von der diachronen abzukoppeln. Insgesamt sind die Aktivitäten der Prager Schule vielseitiger; so widmet sie sich z. B. auch der literarischen Sprache (werkimmanente →Methode, Betrachtung der Poesie um ihrer selbst willen). In Abgrenzung sowohl zur Kopenhagener Schule als auch zum Taxonomischen Strukturalismus (s. unten) spricht Trnka nach dem Zweiten Weltkrieg von der »funktionalen Linguistik« der Prager Schule: »Im Unterschied zu diesen beiden anderen großen strukturalistischen Schulen will die Prager Schule von der Beobachtung des konkreten Sprachmaterials ausgehen, die Synchronie nicht streng von der Diachronie trennen und die Sprache immer als Korrelat der außersprachlichen Wirklichkeit ansehen. In diesem Sinne ist die Prager Schule nicht nur strukturalistisch, sondern auch funktionalistisch orientiert.« (Helbig, ^{7}1986.)

c) Die *Kopenhagener Schule* (Brøndal, Hjelmslev) wird 1933 gegründet; ein Jahr später erscheint ihr *Bulletin du Cercle Linguistique de Copenhague* (später die *Travaux* ... und 1939 zusammen mit der Prager Schule die *Acta Linguistica*). Ihr wesentliches Verdienst ist die Übertragung der »phonologischen Methode« auf die inhaltliche Seite der Sprache. Die Kopenhagener Schule beruft sich zwar auf Saussure, geht aber in der Entwicklung der →Glossematik weit über diesen hinaus. Nach Hjelmslev lassen sich vier sprachliche Ebenen oder Strata unterscheiden:

– Die *Substanz des Ausdrucks* ist das phonetische Material, das für alle Sprachen gleich ist.
– Die *Form des Ausdrucks* ist das für eine Sprache gültige phonologische System.
– Die *Substanz des Inhalts* ist die Widerspiegelung der Sachverhalte der Außenwelt, die für alle Sprachen gleich ist und deshalb auch bei der Übersetzung gleich bleibt.
– Die *Form des Inhalts* ist die Ordnung des Materials durch die jeweilige Sprache.

Untersucht und aufgezeigt werden soll die wechselseitige Beziehung zwischen phonematischem und grammatischem System; schließlich sind die Form des Ausdrucks (→Phonologie) und die Form des Inhalts (→Grammatik) die ureigensten Gegenstandsbereiche der Linguistik. Die beiden anderen Bereiche (→Phonetik und →Semantik) werden dagegen als Hilfsdisziplinen für die beiden Strukturwissenschaften angesehen. Die Kopenhagener Schule hat versucht, ihre Aufgabe durch eine axiomatisch-deduktive Sprachtheorie unter Zuhilfenahme logisch-mathematischer Verfahren zu lösen.

d) Der amerikanische *Taxonomische Strukturalismus* (Bloomfield, Harris) entwickelte seit den 20er-Jahren in den USA Verfahren zur Beschreibung zuvor nicht bekannter Indianersprachen. Im Unterschied etwa zur Kopenhagener Schule geht er von Beginn an deskriptiv vor; insbesondere was die Yale-Schule betrifft (Bloomfield ist 1940 an die Yale Universität berufen worden, und sein Buch *Language* von 1933 wurde der Grundlagentext für den Taxonomischen Strukturalismus). Zu den Publikationsorganen gehören Zeitschriften wie *Language* (seit 1925), *Studies in Linguistics* (seit 1942) sowie die vom »Linguistic Circle of New York« publizierte Zeitschrift *Word*. Untersucht wird vorrangig die gesprochene Sprache sowie eigens zusammengestellte Textkorpora. Die Untersuchungsmethoden sind stark vom →Behaviorismus beeinflusst, und das Forschungsinteresse ist eng mit anthropologischen und ethnologischen Fragen verknüpft. Von seinem Standpunkt aus beurteilt der Taxonomische Strukturalismus die vorangegangenen Perioden der Sprachwissenschaft weitgehend als vorwissenschaftlich. Die Zeit nach Bloomfield ist ganz von Z. S. Harris und seiner Schrift *Methods in Structural Linguistics* (1951) bestimmt, mit der er zum Begründer der →Distributionsanalyse wird. Nach seiner Lehre lassen sich die sprachlichen Elemente allein aus ihrer Umgebung und Verteilung im Satz erkennen. Damit werden keine Erklärungen zugelassen, die auf dem Sprachwissen des Forschers beruhen (z.B. bei der Beurteilung von Bedeutungsdifferenzen), sondern es gilt, dass sowohl die →Phoneme als auch die →Morpheme rein physikalistisch und distributionalistisch, also durch Feststellung der möglichen syntaktischen Umgebungen, ermittelt werden. Damit werden →Segmentieren und →Klassifikation zu den beiden Hauptaufgaben der so verstandenen (deskriptiven) Linguistik.

e) Der moderne *Amerikanische Strukturalismus* beginnt mit einer grundsätzlichen Kritik an der →Phrasenstrukturgrammatik und dem (Gegen-)Entwurf der →generativen Transformationsgrammatik durch N. Chomsky (1957, 1965). Die Grammatik einer Sprache wird dargestellt als ein Mechanismus, der alle Sätze dieser Sprache – und nur diese – generiert. Somit ist sie im Grunde nichts anderes als die explizite Spezifizierung des fundamentalen Theorieprädikats »x ist ein Satz« bzw. »x ist ein grammatisch richtiger Satz der Sprache L«. Korrektiv für die Ausgabedaten des Modells ist die linguistische →Kompetenz (1) eines idealisierten Sprechers/Hörers. Chomsky betont, dass seine Grammatik kein Sprechermodell und kein Hörermodell ist, sondern »sie versucht auf möglichst neutrale Weise die Sprachkenntnis zu charakterisieren, die für den aktuellen Sprachgebrauch durch einen Sprecher-Hörer die Basis liefert« (Chomsky, 1969). Bei seinen Überlegungen greift Chomsky auf die so genannte →Cartesianische Linguistik zurück. Über verschiedene Zwischenstufen (Revidierte Erweiterte Standardtheorie = →REST) hat sich diese Grammatiktheorie zur →GB-Theorie (Chomsky 1981, 1986) weiterentwickelt. Kritik erfahren hat der moderne Amerikanische Strukturalismus etwa von Seiten der →generativen Semantik.

Andere Ausprägungen des S. führten in England zum →Kontextualismus oder in Frankreich zur →Dependenzgrammatik und zur →strukturellen Semantik.

Strukturalistische Sprachwissenschaft →Strukturalismus

Strukturbaum →Baumdiagramm

Strukturell (frz. *structurel*), bezieht sich auf die Frage, inwieweit die Strukturen eines Zeichens (Zeichensystems) den Strukturen der von ihm gemeinten »objektiven Wirklichkeit« entsprechen (Schiwy, 1969).

Strukturelle Semantik, auch: strukturale →Semantik.; im europäischen Raum vertretene Theorie, die sich verstärkt der Analyse der →Inhaltsseite der Sprache widmet. Einen der ersten Beiträge zur s.n S. leistete J. Trier mit seiner Theorie der →Wortfelder (1931). Die Übertragung strukturalistischer Methoden auf dieses Forschungsgebiet hat E. Leisi Anfang der 60er-Jahre eingeleitet; gleichzeitig sollte damit der Gegensatz Struktur- versus Inhaltsforschung überwunden werden, und zwar unter folgenden Bedingungen: Die Semantik muss sich auf das Sprachsystem, nicht nur auf gesprochene Sprache beziehen, sie soll keine außersprachlichen Elemente einbeziehen, der Bedeutungsbegriff darf nicht mentalistisch subjektiv (→Mentalismus), sondern er muss empirisch objektiv (→empirische Methode) gefasst werden. Damit ist das Ziel definiert, die Struktur einer Sprache nach ihren Wortfeldern zu beschreiben, indem man die Einzelelemente, die →Lexeme, aus denen diese zusammengesetzt sind, in ihren einzelnen Bedeutungskomponenten (→Komponentenanalyse) beschreibt. Diese kleinsten, nicht weiter analysierbaren Bedeutungseinheiten (→Bedeutungspostulat, →Sem) sind zwar einzelsprachlich gewonnen, jedoch universalsprachlich gedeutet worden. So etwa bei den Verwandtschaftsbezeichnungen: *Sohn* [Mensch, Nachkomme, männlich], *Tochter* [Mensch, Nachkomme, weiblich], *Vater* [Mensch, Elternteil, männlich] usw. Die auf der Komponentenanalyse beruhende Methode konnte so in Einzelbereichen sehr exakte semantische Beschreibungen und Erklärungen (etwa zu Fragen der →Synonymie, →Homonymie oder der →lexikalischen Solidaritäten) liefern. (Weitere Beiträge bei Geckeler, 1978.)

Strukturveränderung →Transformation

Stufe der Sprachbetrachtung, in der →inhaltsbezogenen Grammatik unterscheidet L. Weisgerber vier Stufen der Erforschung der Sprache: die lautbezogene, inhaltsbezogene, leistungs- und wirkungsbezogene S. d. S.

Stufenfunktion, Eigenschaft offener →Systeme; angewendet auf einen →Regelkreis, etwa den Thermostat an einer Heizungsanlage, bedeutet S. die Einstellung des gesamten Systems auf einen neuen Wert; in vorliegendem Beispiel etwa auf eine neue Zimmertemperatur unter Beibehaltung des (negativen) Rückkopplungsmechanismus. Aus kybernetischer Sicht lässt sich dieses Modell auch auf dynamische menschliche Systeme anwenden: »Stufenfunktionen wirken, genau wie die Rückkopplung, stabilisierend und erhöhen die Umweltanpassung eines Systems beträchtlich« (Watzlawick [u. a.], [5]1980). So sind etwa in der Entwicklung jedes Menschen bestimmte S.en feststellbar (z. B. Schulbeginn, Berufsausbildung, Heirat, Pensionierung). Die einschneidenden Veränderungen machen eine neue →Kalibrierung des Systems auf der nächst höheren Stufe erforderlich; starres Festhalten an Kalibrierungen führt im Laufe der Zeit fast zwangsläufig zum Verlust der →Homöostase.

Subjazenz, maximale Domäne für die Beziehung »bewege α« (→Bewegungsregel); von N. Chomsky (1973) formuliertes Prinzip, wonach ein Bewegungsprozess niemals mehr als einen Grenzknoten →IP oder NP (→Grenzknotentheorie) überschreiten darf:

In einer Konfiguration ...X...[α...[β...Y...]] darf kein Bewegungsprozess die Positionen X und Y involvieren, wenn α, β ∈ {IP, NP}. In anderer (repräsentationeller) Formulierung: »α ist subjazent zu β gerade dann, wenn es höchstens einen Grenzknoten χ gibt, der α, aber nicht β dominiert.«

Die Frage, warum der Satz **Wer meint Willi, ihn hätte angerufen* ungrammatisch ist, lässt sich nun dahingehend beantworten, dass das W-Wort in einem Zuge über zwei Grenzknoten hinweg bewegt wurde, was ausgeschlossen sein soll.

Unter Beachtung der S.-Regel entsteht folgender grammatischer Satz (III), wobei auf Satz I und II jeweils die Regel »bewege α« angewendet wird:

(I) *Willi meint, [dass] Sven ihn angerufen hätte*
(II) *Willi meint, Sven hätte __ ihn angerufen __*
(III) *Wer meint Willi __, __ hätte __ ihn angerufen __*

Das Ergebnis zeigt, dass eine Bewegung in zwei Schritten über jeweils nur einen Grenzknoten hinweg keine Abweichung ergibt. Die Freiräume ___ bilden die jeweils zurückgelassene →Spur ab. (Einzelheiten bei Fanselow/Felix, 1987; Grewendorf [u. a.], 1988.)

Subjekt, dt.: Satzgegenstand, Grundgröße.

1. Formen und Vorkommen

Mit S. wird das →Satzglied benannt, das im Normalfall den Handelnden oder Verursacher einer durch das Verb bezeichneten Handlung ausdrückt. Dies muss jedoch nicht immer der Fall sein, wie folgende Beispiele zeigen: *Ich bin zwanzig Jahre alt.* – *Das geht so nicht.* – *Es regnet.*

Das S. bildet mit dem →Prädikat die einfache Form des grammatisch vollständigen Satzes: *Heinz schläft* (S. + Prädikat). Zwischen S. und Prädikat besteht →Kongruenz, d. h. Übereinstimmung hinsichtlich Person und Numerus. Das S. kann folgendermaßen erfragt werden: *Wer oder was* (schläft)? Es steht (wie der →Gleichsetzungsnominativ) im →Nominativ (1. Fall).

Die →Satzgliedstelle des S.s kann durch unterschiedliche Syntagmen gefüllt werden:

1. Satzgliedstelle: Subjekt	Prädikat	Sprachliche Füllung der Subjektstelle
Heinz *Er* *Das Kind unserer Nachbarn* *Wer nicht arbeiten muss,* usw.	*schläft*	Eigenname Personalpronomen Artikel + Nomen + Genitivattribut Nebensatz (Subjektsatz)

Im einfachen Aussagesatz steht das S. an erster Satzgliedstelle, sofern man für das Deutsche eine →Grundwortstellung annimmt. Durch →Inversion können andere Satzglieder diese Stelle besetzen, wenn sie betont werden sollen. Das S. nimmt dann die 3. Satzgliedstelle ein. Das Verb bleibt an der 2. Satzgliedstelle; verlässt es diese, so wechselt die Satzart (1. Satzgliedstelle: Frage; letzte Satzgliedstelle: Nebensatz).

Normalstellung:
Wir fahren morgen nach Bremen. (Aussagesatz)

Inversion:
Nach Bremen fahren wir morgen (nicht nach Köln).

In einigen Fällen kann zwischen dem grammatischen S. (das in Kongruenz zum Verb steht) und einem gemeinten oder logischen S. unterschieden werden. Dies trifft vor allem für das (persönliche) →Passiv zu:
Das Gerät muss von einem Fachmann repariert werden.
(grammatisches S.) (logisches S.)
Ein Fachmann muss das Gerät reparieren.
(grammatisches und logisches S.)

2. Ergänzende Hinweise

Die (traditionellen) S.-Prädikat-Grammatiken betonen die gleichwertige Stellung von S. und Prädikat; gelegentlich wird sogar eine Dominanz des S.s angenommen: »Ein normaler Satz entsteht durch Verbindung eines Substantivs (substantivischen Pronomens) als grammatischem Subjekt mit einem Verbum finitum als grammatischem Prädikat« (Paul, [5]1959, § 14). Die S.-Prädikat-Beziehung ist »eine Wechselbeziehung, in der das eine Glied das andere bedingt« (Schmidt, [2]1971). »Die Grundbeziehung, die einen Satz konstituiert, ist die wechselseitige Beziehung von Subjekt und Prädikat. [...] Der Blick geht also von dem als Subjekt gewählten Substantiv (oder einem adäquaten Repräsentanten) aus in verschiedene (von der Sprache vorgegebene) Richtungen.« (Brinkmann, [2]1971.)

Erst mit dem Aufkommen der Verb-Grammatiken wird die Rolle des S.s anders bewertet; es tritt als → Ergänzung unter anderen Ergänzungen auf und ist vom finiten Verb abhängig, wenn auch eine besondere Beziehung (aufgrund der Kongruenz) nicht geleugnet wird. J. Erben (*Abriß*, 1958) nennt das S. (E 1) »nominativische Ergänzungsbestimmung«; auch an späterer Stelle ([12]1980) spricht er sich entschieden dafür aus, dass der Subjektnominativ dem Verbum finitum im Satz untergeordnet sei. Diesen Standpunkt vertritt auch U. Engel ([3]1996). Zwar räumt er dem S. einen Sonderstatus in zwei Punkten (→ Kongruenz mit dem finiten Verb; → Infinitivprobe) ein, »trotz der Sonderstellung aber [...] ist das Subjekt weiterhin zu den Ergänzungen zu rechnen, weil es wie diese – und nur diese – durch die → Valenz des Verbs festgelegt wird«.

H. Glinz, der das S. wie die übrigen fallbestimmten Satzglieder als »Größe« klassifiziert, führt an, dass der Subjektsnominativ »im Verhältnis des Ersten unter gleichberechtigten Brüdern« zu den anderen fallbestimmten Gliedern stehe (Glinz, [2]1961). In der Phrasenstrukturgrammatik ist die Zweiteilung der Satzstruktur in die Konstituenten Nominalphrase und Verbalphrase üblich (Bierwisch, [8]1973; Chomsky, 1969; Bechert [u. a.], 1970). Die Duden-Grammatik ([4]1984) bestimmt das S. durch unterschiedliche Proben (Infinitiv-, Kongruenz-, Passivprobe u. a.), wodurch es von den übrigen Satzgliedern, zu denen nicht mehr das →Prädikat gezählt wird, abgehoben ist. »Das Subjekt ist der formale Ansatzpunkt des verbalen Geschehens, das durch das Prädikat bezeichnet wird.« In den *Grundzügen* (1981) wird das S. funktional (ähnlich wie bei Chomsky, 1969, jedoch mit anderen Konsequenzen) so definiert: »Als Subjekt des Satzes fungiert diejenige Substantivgruppe, die in der syntaktischen Grundstruktur als obligatorische unmittelbare Konstituente am Anfang der Satzbasis auftritt.« Da die *Grundzüge* die Prädikatsgruppe im Satz als »einfunktional« herausstellen und das »Prädikat« nicht gesondert als Satzglied benennen, fungiert das S. als verbabhängiges Satzglied unter anderen. Ähnlich auch bei P. Eisenberg ([3]1994), bei dem »Subjekte und Objekte« als Verbergänzungen gelten. Dabei stellt er fest: »›Subjekt‹ ist eine syntaktische Bestimmungsrelation.«

Vereinfacht ergeben sich folgende unterschiedliche, systemabhängige terminologische Festlegungen für das S.:

- S. und Prädikat sind gleichwertige Satzglieder; sie stehen in einer engen Wechselbeziehung (Kongruenz). S. ist alles, was nicht Prädikat ist.
- S. ist als ›Thema‹ das Bekannte, dem das ›Rhema‹ (das Neue, vorher nicht Erwähnte) hinzugefügt wird; beide begründen als Spannungseinheit den deutschen Satz.
- S. und Prädikat bilden den einfachen Satz; das Prädikat umfasst die verbalen Teile (wobei unterschiedliche Abgrenzungen feststellbar sind), die übrigen Ergänzungen sind eigenständige Satzglieder.
- Das S. hat zwar eine Sonderstellung aufgrund seiner grammatischen Beziehungen zum finiten Verb, wird aber zu den fallbestimmten Größen bzw. den Ergänzungsbestimmungen gezählt.
- S. ist die Nominalphrase, die in der Konstituentenstruktur direkt von S (»Satz«, Satzbasis o. Ä.) dominiert wird.

Die Frage, ob die S.-Position universalgrammatisch unabhängig von VP zu beschreiben sei, indem sie Kasus (stets Nominativ) von →INFL zugewiesen erhält, oder ob es – zumindest in Sprachen wie dem Deutschen – eine »VP interne Subjektposition« (Haider, 1993) gibt, wird kontrovers diskutiert. →VP-Hypothese.

Subjekthebung, in der Standardversion der →generativen Transformationsgrammatik werden insbesondere bei Infinitivkonstruktionen spezielle Transformationen für die Bewegung eines Elements von einer tiefer liegenden Strukturebene auf eine höhere herangezogen. Bei S. wird das →Subjekt des eingebetteten Satzes in die Subjektposition des →Matrixsatzes angehoben (Raising): *Es scheint, dass Willi noch schläft.* → *Willi scheint noch zu schlafen.* Zu beachten gilt, dass bei S. das Subjekt des eingebetteten Satzes (»Willi«) kein logisches →Argument des Prädikats (»scheinen«) im Matrixsatz ist.

Bei Helbig (1983) wird dieses Phänomen über eine Theorie der →prädikativen Aktanten erklärt.

Subjektloses Verb, eine kleine Gruppe von Verben kann ohne Subjektsnominativ gebraucht werden: *mich friert, mir graut vor dir* u.a. Weitere Beispiele für Subjektlosigkeit sind →Imperative sowie passivische Wendungen wie: *Dem Manne kann geholfen werden. Hier wird nicht geraucht.*

Üblich ist der Gebrauch von Verben ohne grammatisches Subjekt in →Pro-drop-Sprachen wie Lateinisch (*pluit* ›es regnet‹) oder Italienisch: *[Che cosa fa Maria?] – Lavora* (›Sie arbeitet‹).

Subjektsatz, →Nebensatz, der die Satzgliedstelle eines →Subjekts einnimmt; daher kann er auch mit *wer oder was?* erfragt werden. Formal kann der S. durch folgende Nebensatzarten ausgedrückt werden:

a) S. als →Konjunktionalsatz
 - dass-Satz (Inhaltssatz): *Dass ihr mir helfen wollt, ist gut gemeint.*

– ob-Satz (indirekter Fragesatz): *Ob ihr mir helfen wollt, ist mir egal.*

– wie-Satz (modaler Aussagenebensatz): *Wie gern ihr mir helft, habe ich ja gesehen.*

b) S. als →Relativsatz: *Wer nicht will, braucht nicht zu helfen.*

c) S. als →Infinitivsatz: *Alles abzustreiten ist nicht klug.*

Der S. kann ein bedeutungsleeres Bezugswort (*das*, *es*) im übergeordneten Satz näher spezifizieren: *Es ist nicht klug, alles abzustreiten.*

Subjunktion, unterordnende →Konjunktion (2).

Subjunktor, bei U. Engel ([3]1996) →Partikel, die einen Nebensatz oder einen Infinitivsatz einleiten: a) bedeutungsleer (*dass*, *ob*, *zu* im Infinitivsatz); b) kausal (*falls*, *wenn*, *weil*); c) modal (*ohne dass*, *während*); d) temporal (*als*, *ehe*, *nachdem*, *solange*). →Subjunktion.

Subkategorisierung, dt.: Unterklassen bilden; in der Standard-Theorie der →generativen Transformationsgrammatik die Untergliederung grammatischer →Kategorien in Untergruppen; so wird z.B. das Nomen (= N) durch Subkategorien wie [± Belebt], [± Human], [± Abstrakt], [± Kontinuativ] in acht Gruppen unterteilt. Durch eine Kombination der Merkmale lässt sich das grundlegende syntaktische Verhalten eines Nomens festlegen:

– *Blume*: [– Abs, – Kon, + Bel, – Hum] bedeutet: Das Nomen »Blume« hat die Merkmale »Konkret«, »Diskontinuierlich«, »Belebt«, »Nicht-Human«.

– *Hund*: [– Abs, – Kon, + Bel, – Hum] zeigt, dass das Nomen »Hund« durch zusätzliche S. von »Blume« abgegrenzt werden muss.

– *Schüler*: [– Abs, – Kon, + Bel, + Hum]

– *Freude*: [+ Abs, + Kon, – Bel, – Hum] usw.

In der →GB-Theorie findet S. nur noch im →Lexikon (3) statt.

Subkategorisierungsregeln, in der Standard-Theorie der →generativen Transformationsgrammatik Teil der →Basis;

Regeln, die durch →Subkategorisierung grammatische/lexikalische →Kategorien in Untergruppen gliedern und für die →Grammatikalität von syntaktischen Strukturen (z. B. →Kongruenz) sorgen; unterschieden werden folgende Regelarten (Chomsky, 1969):

a) Kontextfreie S.:

zum Beispiel N → [± N, ± Belebt]
[+ Bel] → [– Abstrakt, – Kontinuativ, ± Human]
[– Bel] → [± Abstrakt, ± Kontinuativ, – Human]

Den komplexen Symbolen wie [+ N, – Abs, – Kon, + Bel, + Hum] werden lexikalische Kategorien zugeordnet (→Lexikonregel).

b) Kontextsensitive S.:

zum Beispiel

$$V \rightarrow \begin{Bmatrix} [+ V, + \text{Transitiv}] \, / \, [\_\_\text{NP}]_{VP} \\ [+ V, - \text{Transitiv}] \, / \, [\_\_]_{VP} \end{Bmatrix}$$

Diese Regel expandiert V (= Verb) in die Untergruppe der →transitiven Verben [+ V, + Transitiv] für den Fall, dass eine Objekts-Nominalphrase (eine von VP dominierte NP) folgt, und in →intransitive Verben, wenn das Verb allein steht. Unter Verwendung der Symbole NP_D (direktes Objekt) und NP_I (indirektes Objekt) lässt sich verkürzt auch schreiben:

$$V \rightarrow V_t \, (NP_D)$$
$$V_i \, (NP_I)$$

Diese Art der kontextsensitiven S. heißt auch strikte Subkategorisierung.

Eine zweite Art der kontextsensitiven S. stellt die selektionalen S. dar. So muss z. B. ein Verb wie »bewirten« solche Merkmale enthalten, die Sätze wie **Der Tisch bewirtet das Auto* als ungrammatisch ausschließen. Dies kann durch eine selektionale Subkategorisierungsregel wie folgt geschehen:

V → [+ V, + __NP_D, [+ Human] – Subjekt, +
[+ Human] – Objekt, ...]

Die S. sind Teil der Basiskomponente:

Syntax

Basiskomponente		
→ Anfangssymbol → Phrasenstrukturregeln *Subkategorisierungsregeln* → Lexikonregeln	→	Tiefenstruktur

Subordination, dt.: Unterordnung; das Verhältnis der S. besteht zum Beispiel beim →Satzgefüge (Beziehung zwischen Haupt- und Nebensatz, auch →Hypotaxe), bei der →Dependenz oder der →Valenz (hinsichtlich der vom Verb geforderten Ergänzungen).

Subordinierend, dt.: unterordnend; →Subordination; ↔koordinierend.

Subsemantisches Phänomen, Ernstnehmen der Inhalte von Wortkörpern über die →Nomosphäre (H. Glinz) hinaus; subsemantische Phänomene stellen sich individuell unterschiedlich ein und sind der →Konnotation vergleichbar.

Substantivierung →Nominalisierung

Substanz, allgemein: Materie, Material, abstrakt: das Beharrende, Unveränderliche, der eigentliche Inhalt, das Wesentliche; (1) im Gefolge der Arbeiten von F. de Saussure zur strukturalen Linguistik ist das Gegensatzpaar →Form – S. oder Ausdrucksseite – Inhaltsseite auf alle Ebenen der Sprachbeschreibung angewandt worden, z.B. Form: →Phonem, →Morphem; Substanz: →Allophon, →Allomorph. (2) In der →Glossematik werden (einzel)sprachliche Zeichen nach S. und Form, bezogen auf Inhalts- und Ausdrucksseite, hin analysiert (s. Tabelle).

	Substanz	Form
Ausdrucks-seite	Lautbild	Folge von (Morpho-) Phonemen
Inhaltsseite	an das Zeichen gebundene Vorstellungen	→Semem als monosemantische Inhaltssubstanz und als Struktur von Semen

Substituendum, dt.: das zu Ersetzende; →Bezugswort.

Substituens, dt.: das Ersetzende; →Pro-Form.

Substitution, (1) →Ersatzprobe; (2) →Transformation aus den Teiloperationen →Tilgung und →Insertion; ist das erste Element kleiner, so spricht man von Expansion, ist es größer, von Reduktion.

Suffix, dt.: Nachsilbe; nicht selbständig verwendbare →Endung, die an ein (relativ) selbständiges Wort angefügt wird; da es sich bei den S.en nicht immer um Silben handelt, sollten S.e nicht als »Nachsilben« bezeichnet werden, sondern stets als »Endungen«.

Silben/Silbentrennung: *le-sen*, *Le-sung*, *Le-ser*

Suffixe als Endungen (Wortbildungsmorpheme): *les-en*, *Les-ung*, *Les-er*

(1) S. als →Wortbildungselement (*Freiheit*, *Haftung*, *Liebelei*, *schreiend*, *reinlich*): Eine Reihe dieser S.e wird a) bedeutungsdifferenzierend gebraucht: *Tisch – Tischchen* (Verkleinerung), *tropfen – tröpfeln* (periodische Wiederholung); b) z. T. signalisieren sie das →Genus: *-ich*, *-ig*, *-ling* (maskulinum), *-ei*, *-in*, *-heit*, *-keit*, *-schaft*, *-ung* (femininum), *-chen*, *-lein*, *-icht*, *-tel*, *-tum* (neutrum); c) z. T. geben sie Hinweise auf die Wortart: *Eile* (Nomen) – *eilen* (Infinitiv des Verbs) – *eilend* (Partizip) – *eilig* (Adjektiv).

(2) S. als Flexionselement: Zu den S.en werden gelegentlich auch die →Flexionsendungen gezählt, die Person, Numerus, Kasus und dgl. anzeigen (gebundene, grammatische →Morpheme): *ich lese, du liest, wir lesen.*

Suffixbildung, → Wortbildung mit Hilfe von → Suffixen.

Suggestivfrage, Form des → Interrogativsatzes, dessen Inhalt die Antwort (teilweise) enthält und durch die dem Angesprochenen die Antwort aufgedrängt wird; zum Beispiel: *(Bei der Begrüßung einer Verwandten sagt der Vater zu seiner kleinen Tochter:) »Freust du dich nicht auch, dass Tante Sonja zu Besuch gekommen ist?«*

Superisation, in der allgemeinen → Zeichentheorie die Bildung von komplexen Zeichen bzw. Zeichen höherer Ordnung oder Superzeichen aus einzelnen Zeichen; z. B.: Buchstabe → Wort → Satz → Text.

Superlativ, dt.: Höchststufe, Meiststufe; → Komparation.

Superzeichen, ein aus anderen → Zeichen zusammengesetztes Zeichen; z. B. das Stoppschild (Farbe, Form und Schrift), ein Bild (mit diversen Figuren), ein Text (mehrere Sätze/Satzglieder/Wörter).

Suppletivform, grammatische Form eines Wortes, die an Stelle einer fehlenden Form ein → Paradigma (1) vervollständigt, obwohl dieses Wort verschiedene Lautung und/oder verschiedene Herkunft aufweist. So sind *ich*, *meiner*, *mir*, *mich* Formen eines Wortes; aber auch *ich*, *du*, *er*, ... bilden ein Paradigma mit S. Ähnlich bei *du kommst*, *du kamst* versus *du <u>bist</u>*, *du <u>warst</u>* im Paradigma des Verbs »sein«. Diese Zusammenfassung zu einem Paradigma heißt auch Supletivismus.

Suprasegmental, sprachliche Erscheinungen sind s., insofern sie nicht beim → Segmentieren erfasst werden können, aber dennoch signifikant sind, wie z. B. → Intonation, → Akzent, → Klangfarbe oder Lautstärke. → Prosodie.

Syllabar(ium), nach Silben geordnetes Inventar einer Sprache; bis ins 19. Jh. hinein waren ABC-Bücher im Erstleseunterricht als S. angelegt. Das *ABC und Lesebüchlein* von M. J. Buno aus dem Jahre 1650 enthält z. B. folgenden Lesetext (Lektion 31): *Ab / ac / ad / af / ag ... Aub / auc / aud / auf* usw. (vgl. Helmers, 1970). Diese so genannte

Buchstabiermethode wurde 1803 per Erlass in Bayern und 1872 in Preußen verboten (vgl. Frank, 1973).

Syllogismus, pl.: Syllogismen; logisches Schlussverfahren, das aus drei Urteilen besteht, die in analytisch-deduktiver Weise vom Allgemeinen zum Besonderen führen:

a) Prämisse (Obersatz): Alle Menschen (M) sind sterbliche Wesen (W).
b) Prämisse (Untersatz): Sokrates (S) ist ein Mensch (M).
c) Konklusion: Sokrates (S) ist ein sterbliches Wesen (W).

Der Term, der im Schlusssatz das Prädikat darstellt (W), heißt »major«, er wird im Obersatz eingeführt; der Term, der die Verbindung zwischen den Prämissen herstellt (M), heißt »minor«, er erscheint als Prädikat des Untersatzes. Ein derart abgeleitetes Urteil ist immer wahr, unabhängig von der Wahrheit der einzelnen Aussagen.

Symbol, dt.: eigentlich »Erkennungszeichen«; allgemein: Verbildlichung einer Idee; ein wahrnehmbares Zeichen, das als Sinnbild steht; Ding-S.e sind z. B. Vereinsfahnen, -embleme, das Kreuz (Christentum), Hammer und Sichel (Arbeiter- und Bauernstaat). (1) Für die Dichtung wurde der S.-Begriff entscheidend von Goethe geprägt, der im S. eine »aufschließende Kraft« sah, die im Besonderen das Allgemeine (und im Allgemeinen das Besondere) darzustellen vermag. So erscheint z. B. das »Licht« als S. für Geist, Erkenntnis, das Göttliche; die »Finsternis« für Sünde, Schuld, das Teuflische; das »Trübe« für die Sphäre des Menschen, das Irdische. (2) In der →Zeichentheorie Relation im Objektbezug eines Zeichens; →triadische Zeichenrelation.

Symbolfeld, von K. Bühler ([2]1965) eingeführter Terminus zur Kennzeichnung der Umwelt- und Kontextbedingungen, denen jede Kommunikation unterworfen ist und die als →synsemantisch, sympraktisch (→empraktisch) oder →symphysisch klassifizierbar sind. →Zeigfeld der Sprache.

Symbolische Funktion, auch: semiotische Funktion; im Zusammenhang mit der →Stadienlehre J. Piagets verwendeter Terminus, der die Fähigkeit des Menschen bezeichnet, etwas (einen Gegenstand, ein Ereignis oder ein Begriffsschema) mit Hilfe eines differenzierten →Zeichens, das nur gerade dieser Vorstellung dient, abzubilden. Dies können symbolische Gesten, innere Bilder oder Sprache sein. Die s. F. ist ein wesentlicher Faktor in der →kognitiven Entwicklung des Menschen. Sie tritt am Ende der →senso-motorischen Periode auf und mündet in den Erwerb der Sprache; »sie löst das Denken vom Tun und schafft so gewissermaßen die Vorstellung« (Piaget/Inhelder, 1986).

Symmetrische Kommunikation, Dialog unter Gleichgestellten; s. K. liegt u. a. vor, wenn die Kommunikationspartner gleiche Chancen haben, Fragen zu stellen, Antworten zu geben, das Gespräch zu beginnen oder zu beenden. →Pragmatische Axiome, ↔asymmetrische Kommunikation.

Symphysisch, Terminus bei K. Bühler ([2]1965), der sich auf sprachliche Marken bezieht, die den Gegenständen, die sie bezeichnen sollen, angeheftet sind, etwa als Etiketten auf Büchern oder Lebensmittelverpackungen, als Schilder auf Denkmälern oder an Bauwerken, als Straßenschilder, Wegweiser usw.

Sympraktisch →Empraktisch

Synärese, Kontraktion zweier oder mehrerer Vokale zu einem Vokal oder Diphthong, oft unter Wegfall eines dazwischen stehenden Konsonanten: ahd. *niwiht* > nhd. *nicht*.

Synästhesie, dt.: Mitempfindung; Verschmelzung mehrerer Sinneseindrücke durch einen sprachlichen Ausdruck: *schreiendes* (akustisch) *Rot* (visuell), *ein weicher* (haptisch) *Sopran* (akustisch) u. Ä.

Synchronie, dt.: Gleichzeitigkeit; systematische Richtung der Sprachwissenschaft; sprachliche Eigenschaften werden (ahistorisch) in ihrer systematischen Beziehung zueinander dargestellt und erklärt. →System; ↔Diachronie.

Syndetisch, durch Bindewort verbunden; Satzteile oder Sätze sind in Form der →Aufzählung miteinander verbunden; zum Beispiel in der s.en Wortreihe: *Wir trafen uns im Museum und gingen von Saal zu Saal, aber wir blieben nicht lange, denn wir fanden es langweilig und waren recht enttäuscht.* ↔Asyndetisch.

Synekdoche, dt.: Mitverstehen; Benennen einer Sache nur durch einen bestimmten Teil von ihr (auch: pars pro toto). Meist ist diese Benennung formelhaft bzw. konventionell eingespielt: *unser täglich Brot* (Nahrungsmittel); *unter meinem Dach* (in meinem Hause). →Metonymie.

Synesis, dt.: Sinnzusammenhang; →Constructio ad sensum.

Synkategorema (pl.: Synkategoremata) →Synsemantikum

Synkope, dt.: »Zusammenschlag«, Zusammenschluss; Ausfall eines unbetonten Vokals im Wortinnern zwischen Konsonanten: *ewiger – ew'ger.* ↔Apokope.

Synkretismus, auch: Kasussynkretismus, Mischkasus; (1) ursprünglich getrennte grammatische Kategorien können im Laufe von sprachlichem Wandel von *einer* Kategorie übernommen werden, wobei die andere formal entfällt. Dieses Phänomen ist häufig bei den →Kasus zu beobachten. So ist der lat. Ablativ im Deutschen meist durch einen präpositionalen Ausdruck im Dativ repräsentiert: lat. *gladio* ›mit dem Schwert‹. (2) Formale Übereinstimmung unterschiedlicher Kasus im →Paradigma, z. B. »Fenster« im Nominativ, Dativ und Akkusativ Singular sowie in allen Kasus im Plural.

Synonym, das S., dt.: »gleicher Name«; zwei oder mehr sinnverwandte Wörter mit (relativer) Bedeutungsgleichheit. Synonymie beruht darauf, dass bei sprachlichen →Zeichen zwar die Lautgestalt (das →Bezeichnende) unterschiedlich ist, die Bedeutung (das →Bezeichnete) jedoch äquivalent. Neben den echten S.en (*Schimmel – weißes Pferd*) gibt es so genannte partielle S.e, die im Wesentlichen bedeutungsgleich sind, in Einzelheiten auch Bedeutungsdifferenzen aufweisen. Solche Differenzen können Unterschiedliches ausdrücken:

- Bei Gleichheit der →Referenz: Wertung durch den Sprecher (*Pferd – Klepper*); →Soziolekt (*Geld – Piepen*); →Dialekt (*Mädchen – Dirn*); stilistische Sprachebene (*Zimmer – Gemach*); politischer Sprachgebrauch (*Angriff – Präventivschlag*); Fachsprache (*Blutader – Vene*); →Euphemismus (*sterben – heimgehen*); Fremdwortgebrauch (*Stadtkern – City*)
- Bei teilweiser Referenzgleichheit: *geben – reichen, gehen – schreiten, sehen – beobachten, Zug – Eisenbahn, Rad – Fahrrad*

Synsemantikum, pl. Synsemantika, auch: Synkategorema; inhaltsarmes Wort ohne eigenständige lexikalische Bedeutung; →Funktionswort, ↔Autosemantikum.

Synsemantisch, Wörter, die ihre Bedeutung weitgehend im →kommunikativen Handlungszusammenhang erhalten, sind s. Der Terminus kommt aus der Gestaltpsychologie (→Gestalt); er wird u.a. bei K. Bühler (^{2}1965) gebraucht und bezieht sich auf die Funktion des verbalen Kontexts und der nonverbalen Verständigungsmittel (Mimik, Gestik, Bilder) bei der Bedeutungskonstitution einzelner Sprachzeichen (»synsemantisches Umfeld«). ↔Autosemantisch.

Syntagma, pl.: Syntagmen; dt.: das Zusammengestellte; Wortgruppe, die bei Anwendung der →Konstituentenanalyse gewonnen wird, aber noch nicht klassifiziert ist; jedes Element der syntagmatisch gefügten Wortgruppe erhält seinen Stellenwert erst durch die Fügung. Ein S. kann eine beliebige Wortfolge, ein Satzglied oder Teilsatz sein. ↔Paradigma.

Syntagmatisch, das Syntagma betreffend; Ausdrücke stehen dann in s.er Relation zueinander, wenn sie in linearer

Abfolge im Satz stehen und nicht gegeneinander austauschbar sind. ↔ Paradigmatisch.

Syntaktische Funktion → Grammatische Funktion

Syntaktische Information, an so genannten Unsinnssätzen kann die s. I. verdeutlicht werden; so ist bei einem Satz wie *Die wenten Krepetten pondeten radital* durchaus zu entnehmen, dass ein Subjekt als Agens (Artikel sowie Nominativ Plural) irgendetwas tut (finite Verbform im Plural), und zwar auf irgendeine Weise (adverbiale Bestimmung). Man könnte diesen Satz sogar übersetzen, etwa ins Englische (*The wented crepetts ponded raditally*). Zu den → grammatischen Zeichen, die auf der semantischen Ebene zur Textkohärenz (→ Kohärenz) beitragen, »gehören diejenigen, die gleichsam implizite interpretative Aussagen über den Stellenwert explizit gegebener Aussagen machen« (Köller, 1988). Exemplarisch für diesen Typ (meta)informativer grammatischer Zeichen zur Bildung prägnanter Textgestalten sind Konjunktionen sowie Tempus- und Modusformen.

Syntaktische Kategorie → Grammatische Kategorie

Syntaktische Relation → Grammatische Funktion

Syntaktische Valenz, untersucht wird die obligatorische (→ Ergänzung) oder fakultative (→ Angabe) Besetzung von Leerstellen in einer bestimmten Zahl und Art, differenziert nach den Einzelsprachen. → Valenz, → semantische Valenz, → logische Valenz.

Syntax, dt.: »Zusammenstellung«; (1) → Satzlehre; die S. beschreibt (und erklärt), wie aus einzelnen Elementen (→ Morphemen, Wörtern, Satzgliedern) die wohlgeformten, grammatisch vollständigen Sätze einer Sprache gebildet werden können (→ Satzbaupläne). In der → generativen Transformationsgrammatik geht es darum, einen Beschreibungsmechanismus anzugeben, der alle Sätze einer Sprache (und nur diese) erzeugt. Die Abgrenzung der S. gegenüber → Morphologie und → Semantik ist im Einzelfall problematisch.

H. J. Heringer (1996) schlägt einen engen Begriff für S. vor. Sie soll
- die syntaktische Struktur wohlgeformter Strings darstellen und erklären,
- mit der syntaktischen Struktur einen Rahmen semantischer Struktur vorgeben,
- syntaktisch mehrdeutigen Strings – und nur solchen – mehrere Strukturen zuweisen,
- Regeln oder Bedingungen angeben, die entscheiden, ob ein String von Lexemen wohlgeformt ist oder nicht.

(2) Syntaktik; in der →Zeichentheorie einer der drei Teilbereiche zur Erforschung der →Zeichendimensionen; die syntaktische Zeichendimension meint die Relation der Zeichen zu anderen Zeichen (eines Zeichensystems): R (Z, Z').

Synthetischer Sprachbau, Eigentümlichkeit einer Sprache, einen Bedeutungskomplex durch einen zusammenhängenden Ausdruck (ein Wort) wiederzugeben; so werden etwa im Lateinischen diverse grammatische Beziehungen durch *eine* →Flexionsendung gekennzeichnet: lat. *vocatur* ›er/sie/es wird gerufen‹ (3. Person Singular Präsens Indikativ Passiv). ↔Analytischer Sprachbau.

System, dt.: Zusammenschluss; einheitliches und wohlgegliedertes Ganzes, in dem die einzelnen Elemente zueinander wie auch zum Ganzen (»Rahmen«) eine bestimmte Position und Relation aufweisen. Generell lassen sich gegenständliche S.e ausmachen, d.h. Zuordnungen von Gegenständen, die entweder in der Natur vorfindbar sind (z.B. das Planeten-S.) oder vom Menschen entworfen werden (z.B. das Ton-S. in der Musik), sowie gedankliche S.e, bei denen es sich im Wesentlichen um die Ordnungsgefüge von Wissenschaftsgebieten handelt.

In der Sprachwissenschaft ist der S.-Gedanke eng verknüpft mit der Konzeption einer →strukturalistischen Betrachtungsweise der Sprache (→Langue). Durch Inventarisierung und Klassifikation kann die →Struktur eines

S.s ermittelt und beschrieben werden. Dieses Ziel hat sich u.a. die synchrone Sprachbeschreibung (→Synchronie) gesetzt: »Die Sprache ist ein System von Zeichen, die Ideen ausdrücken« (de Saussure, ²1967). Sprachsystem und geltende →Norm stehen in enger Wechselbeziehung zueinander; denn nicht alles, was in einer Sprache vom S. her möglich ist, darf ohne weiteres realisiert werden, und nicht alles, was realisiert wird, ist vom S. her korrekt. →Grammatikalität, →Akzeptabilität.

Neben geschlossenen S.en, die keinerlei Export oder Import von Energie in welcher Form auch immer vorsehen, kennen wir offene S.e, die mit ihrer Umwelt Stoffe, Energie oder Information austauschen. Ein lebender Organismus oder eine soziale Gruppe lassen sich adäquat nur im Sinne offener S.e untersuchen und verstehen. Solche offenen S.e zeichnen sich durch eine Reihe besonderer Qualitäten aus: a) Ganzheitlichkeit: Jeder Teil eines S.s ist mit den anderen Teilen so verbunden, dass eine Änderung in einem Teil eine Änderung in allen Teilen und damit dem ganzen S. verursacht; b) Übersummation: Ein S. ist nicht einfach die Summe seiner Bestandteile; c) Rückkopplung (→Regelkreis); d) →Äquifinalität und →Homöostase; e) →Kalibrierung und →Stufenfunktionen.

Systemisch, der Ausdruck s. stammt aus der Medizin und meint dort, dass etwas ein oder mehrere Organe gleichermaßen betrifft oder auf sie einwirkt; übertragen bedeutet der Ausdruck s., dass ein Ereignis oder ein Prozess auf mehrere Komponenten eines →Systems gleichermaßen einwirkt.

Systemische Grammatik, auch: Systemik; Grammatikkonzeption, die eine enge Beziehung zwischen der sprachlichen →Form, der sprachlichen →Substanz sowie dem situativen Kontext herstellt. Bedeutung wird in diesem Konzept als eine Relation zwischen Form und Kontext beschrieben. Für M. A. K. Halliday ist die Grammatik »ein komplexes Ganzes aus hierarchischen Ebenen (ranks), Kategorien (categories), Dependenzrelationen und Systemen von Merkmalen (system networks)« (vgl. Ebneter, 1973).

Systemlinguistik, Sammelbezeichnung für neuere Richtungen der Sprachwissenschaft, die einen →strukturalistischen Ansatz verfolgen, →synchrone Sprachbeschreibung intendieren und damit auf die Sprache als →System ausgerichtet sind. ↔Pragmatik (1).

T

Tabuwort, verhüllende, verharmlosende Ersetzung eines Wortes, das etwas bezeichnet, was dem Sprecher als unangenehm, bedrohlich oder unnahbar erscheint; z.B. *der Leibhaftige* (für Satan) oder diverse Umschreibungen für Flüche.

Tätigkeitsform →Aktiv

Tätigkeitswort, Handlungsverb; →Verb.

Tagma, pl.: Tagmen; Terminus der →Tagmemik, mit dem die kleinsten, noch nicht klassifizierten sprachlichen Einheiten wie →Phon oder →Morph bezeichnet werden.

Tagmem, (1) bei L. Bloomfield (1935) kleinste grammatische bedeutungstragende Form; ↔Taxem. (2) Auch: Grammem; in der →Tagmemik kleinste linguistische Einheit auf einer der Beschreibungsebenen, die aus →Leerstelle (slot) und Füllelement (filler) besteht. So lassen sich auf der Satzebene folgende T.e ausmachen:

Leerstelle	Füllelement
Basistagmem	unabhängiger Satz (clause)
Randtagmem	abhängiger Satz (clause)
Konnektortagmem	Konjunktionen
Intonationstagmem	finale oder nicht-finale Intonationskurve

Ähnlich werden T.e auf der Satzglied-, Phrasen- oder Wortebene analysiert.

Tagmemik, auch: Kettenkonstituentenanalyse, engl.: String Constituent Analysis; auf K. L. Pike zurückgehende Grammatiktheorie, wonach die Sprache auf unterschiedlichen Ebenen mit funktionsgleichen Einheiten untersucht wird:

a) Ebene des Gesamtsatzes: *Die beiden kleinen Kinder schlafen schon seit über einer Stunde.*
b) der Basissätze (clauses): *Die Kinder schlafen.*
c) der Satzteile (phrases): *Die Kinder* (Nominalphrase)
d) der Worte (form classes): *Kinder* (Nomen)
e) der →Morpheme: *Kind-*

Im Unterschied zur →Konstituentenanalyse kennt die T. vielfache Verzweigungen. Die tagmemische Konstituentenanalyse liefert nach dem Durchlaufen der fünf Ebenen preterminale Ketten aus Kategoriensymbolen (z. B. ws = word stem + tm = tense maker), die in eine Endkette (terminal string) überführt und dabei mit →Lexemen versehen werden (z. B. engl. *learn* + *ed*; dt.: *lern* + *te*). Die syntaktische Stelle, an der eine Formklasse erscheint, wird in erster Linie in ihrer syntaktischen Funktion gesehen. Die Verbindung von funktionaler Stelle (functional slot) und dem passenden Füllelement (filler class) bildet die grundlegende Korrelation der T.

Ein anwendungsorientiertes Ergebnis der T. besteht in der Herausarbeitung der so genannten Basissatztypen, den →Satzbauplänen des Englischen.

Taubstummensprache →Gebärdensprache

Tautologie, dt.: gleiche Aussage; Wiedergabe des gleichen Sachverhalts durch mehrere →Synonyme: *einzig und allein*; *etwas bestimmt, ganz sicher tun.*

Gelegentlich wird zwischen der T. und dem →Pleonasmus unterschieden. Während die T. eine Verdoppelung zum Zwecke der rhetorischen Verstärkung darstellt, handelt es sich beim Pleonasmus um überflüssige Häufung, die z. T. als abweichend empfunden wird, wie bei: *weißer Schimmel*, *alter Greis.*

Tax, kleinstes noch nicht klassifiziertes grammatisches Element auf unterschiedlichen Beschreibungsebenen, wie →Phon oder →Morph.

Taxem (griech. *taxis*), dt.: Ordnung; bei L. Bloomfield (1935) kleinstes sprachliches Element, das ohne seine Bedeutung betrachtet wird. So besteht *Komm!* aus zwei T.en: dem Segment »komm« sowie der für den Imperativ typischen Intonationskurve, die durch das Ausrufzeichen gekennzeichnet ist. Zusammen mit dem →Tagmem bildet das T. die beiden Seiten einer sprachlichen Einheit; beide verhalten sich ähnlich wie Lautgestalt und Bedeutung zueinander.

Taxologie, auch: Taxonomie; systematische (→taxonomische) Zuordnung und Einordnung von (sprachlichen) Elementen nach bestimmten, diesen Elementen eigentümlichen Merkmalen, z. B. in der →Konstituentenanalyse.

Taxonomie →Taxologie

Taxonomisch, auf die Taxonomie (→Taxologie) bezogen, systematisch; innerhalb der Sprachbeschreibung werden solche Verfahren t. genannt, die durch →Inventarisierung und →Klassifikation den Bestand und die Kombinierbarkeit (→Distribution) von Elementen und Elementklassen einer Sprache beschreiben, insbesondere im t.en →Strukturalismus.

Im Bereich der Syntax stellt zum Beispiel die →Phrasenstrukturgrammatik ein t.es Modell dar, dem Chomsky sein Konzept der →generativen Transformationsgrammatik entgegengestellt hat.

Taxonomische Analyse →Distributionsanalyse

Taxonomische Grammatik →Phrasenstrukturgrammatik

Taxonomischer Strukturalismus →Strukturalismus

Teilsatz, (1) allgemein jede Art von →Satz, der Teil eines Gesamtsatzes ist; mehrere Teilsätze bilden entweder eine →Satzreihe oder ein →Satzgefüge, die beide auch komplexe Sätze genannt werden. (2) Im engeren Sinne →Konstituentensatz.

Temporal, dt.: zeitlich, die Zeit (Zeitpunkt, Zeitdauer) betreffend; t.e →Konjunktion (2); t.e →Präposition; t.es →Adverbial.

Temporaladverb, dt.: Umstandswort der Zeit; Teilmenge der →Adverbien, die die →temporalen Umstände eines

Vorgangs oder einer Handlung ausdrücken: *abends*, *bald*, *bevor*, *damals*, *danach*, *ehemals*, *einst*, *gerade*, *gestern*, *heute*, *indessen*, *inzwischen*, *jetzt*, *nächstens*, *seitdem*, *sofort*, *spätestens*, *zuletzt*. Man fragt: *Wann? Seit wann? Wie lange? Wie oft?*

Der Übergang zu den →Zahladverbien ist fließend: *zuerst* (Temporaladverb) – *erstens* (Zahladverb).

Temporalsatz, dt.: Zeitsatz; der T. ist ein Gliedsatz, der die zeitlichen Verhältnisse angibt, die zwischen einer Handlung oder einem Vorgang hinsichtlich des übergeordneten Satzes bestehen; →Adverbialsatz:

- Die Handlung im T. ist gleichzeitig: *Sie kann kaum ruhig schlafen, <u>während ihr Freund in Amerika ist</u>.*
- Die Handlung im T. ist vorzeitig: *<u>Nachdem er glücklich zu Hause angekommen ist</u>, sind alle Sorgen von ihr gewichen.*
- Die Handlung im T. ist nachzeitig: *<u>Bevor man eine weite Reise unternimmt</u>, sollte man eine Versicherung abschließen.*

Tempus, pl.: Tempora, dt.: Zeitform; im Deutschen unterscheidet man beim Verb sechs Tempora, von denen nur das →Präsens und das →Präteritum eigene Formen ausgebildet haben. Die übrigen Tempora sind so genannte zusammengesetzte oder umschriebene Formen. Die Tabelle auf S. 565 zeigt die Tempora im Indikativ/Aktiv.

Mit den Tempora kann ein Sprecher unterschiedliche →Zeitverweise vornehmen. So lässt sich z.B. mit dem →Präsens auf die »Zukunft« oder die »Vergangenheit« verweisen: *Morgen <u>fahren</u> wir nach Berlin* (statt: *Morgen <u>werden</u> wir nach Berlin <u>fahren</u>*). *Im Jahr 800 n. Chr. <u>wird</u> Karl der Große in Rom zum Kaiser gekrönt.* (→Historisches Präsens)

Neben den Unterschieden zwischen T. und Zeitverweis gilt es, stilistische Abweichungen zu beachten wie →episches Präsens, →Tempuswechsel oder →Zeitenfolge.

Einfache Formen:	
– Präsens	*Der Hund springt. Er bellt.*
– Präteritum	*Der Hund sprang. Er bellte.*
Zusammengesetzte (umschriebene) Formen:	
a) sein/haben + Partizip II	
– Perfekt	*Er ist gesprungen. Er hat gebellt.*
– Plusquamperfekt	*Er war gesprungen. Er hatte gebellt.*
b) werden + Infinitiv	
– Futur I	*Er wird springen. Er wird bellen.*
c) werden + Partizip II + Infinitiv von sein/haben	
– Futur II	*Er wird gesprungen sein. Er wird gebellt haben.*

Tempuswechsel, Wechsel des →Tempus als stilistisches Mittel, die Aufmerksamkeit eines Lesers oder Hörers zu erregen: *Wir gingen ganz ahnungslos durch den Wald, plötzlich steht ein ausgewachsener Hirsch vor uns …*

Normalerweise wird im →Präteritum (*gingen*) erzählt; der Wechsel zum →Präsens (*steht*) dient der Verlebendigung und der erhöhten Spannung und Aufmerksamkeit.

Tenuis, pl.: Tenues; die T. ist ein stimmloser Verschlusslaut; zum Beispiel: *p, t, k.* ↔Media.

Term, (1) gelegentlich synonym zu →Terminus; (2) in der →Prädikatenlogik Bezeichnung für die eigenständigen Teile einer Aussage, z.B. Namen, (logische) Prädikate, Kennzeichnungen sowie Gegenstandskonstanten. (3) Im Rahmen einer formalisierten →Theorie werden ein wohldefiniertes Zeichen oder eine bestimmte Reihe von Zeichen T.e genannt. Mit T.en kann man Phänomene aus dem betrachteten Objektbereich in der Theorie explizit und eindeutig und ökonomisch darstellen. So ist »NP + VP« ein T. innerhalb der →Phrasenstrukturgrammatik, der sich letztlich auf konkrete sprachliche Entitäten bezieht.

Terminales Symbol, dt.: Endsymbol; diejenigen Symbole, die am Ende einer →Derivation erscheinen; im Basisteil der →generativen Transformationsgrammatik sind dies z.B. die →lexikalischen Kategorien.

Terminativ →Egressiv

Terminologie, dt.: Fachwortschatz; Gesamtheit der in einem wissenschaftlichen Lehrgebiet geltenden Fachausdrücke (→Terminus) und deren systematischer Zusammenhang. ↔Gemeinsprache.

Die terminologische Vielfalt der →Wissenschaftssprache kann als ein positives Phänomen betrachtet werden, ist sie doch der Ausdruck für einen autonomen und kreativen Umgang mit expliziten Sprachfestlegungen, der seinerseits neue produktive Ideen hervorbringen kann. Soll eine wissenschaftliche T. jedoch anwendungsbezogen, z.B. im →Sprachunterricht, benutzt werden, so sind einige »Maximen« (Heringer/Keller-Bauer, 1984) zu beachten:

a) *Verständlichkeitsprinzip*: Termini müssen eine begrifflich klare und für den Benutzer auch sprachlich verständliche →Definition haben. Das Netz, dem sie angehören, muss kohärent und konsistent sein.

b) *Anpassungsprinzip*: Die T. sollte den Anforderungen der Benutzer angepasst sein, d.h. zum Beispiel alle und nur die Termini enthalten, die sie brauchen. Es müssen aus der Gesamtmenge der Termini nach kontrollierten Verfahren Teilmengen reduziert werden können.

c) *Anschlussprinzip*: Die T. verschiedener Anwendungsgebiete eines Faches sollten ohne prinzipielle Veränderungen aneinander anschließbar sein; dies betrifft sowohl die Teilbereiche der angewandten Germanistik als auch die Vergleichbarkeit der T. im muttersprachlichen Unterricht mit der in der Fremdsprache.

Terminus, pl.: Termini, dt.: Fachwort, Fachausdruck; die →Bedeutung eines T. wird in der Regel explizit innerhalb eines wissenschaftlichen Zusammenhangs festgelegt, etwa in Form einer →Definition, im Gegensatz zur konventionell geregelten Bedeutung von gemeinsprachlichen Ausdrücken, die sich im Umgang der Menschen miteinander »einstellt«.

Gemeinsprachlicher Ausdruck	Terminus
Die Kinder laufen im Kreis.	»Kreis«: Geschlossene Kurve, deren Punkte vom Mittelpunkt die gleiche Entfernung r haben. (Geometrie)
Jetzt sag' ich keine Silbe mehr.	»Silbe«: Kleinste sprachliche Einheit, die sich durch Sprechpausen bei einem Wort ermitteln lässt. (Grammatik)

Text, (1) im allgemeinen Sprachgebrauch bedeutet T. alles Geschriebene. (2) Sprachwissenschaftlich gesehen sind T.e alle gesprochenen oder schriftlich fixierten, sprachlich strukturierten Gefüge, die in eine →Sprechsituation oder einen tradierten soziokulturellen Zusammenhang eingebettet sind; T.e sind wesentliche Bestandteile im Mitteilungs-, Verstehens- und Handlungsprozess. T.e im weiteren Sinne können auch nichtsprachliche akustische, gestische und/oder visuelle Zeichenelemente umfassen. (3) Die allgemeine →Zeichentheorie kennt außer den sprachlichen T.en materiale T.e, das sind linear, flächig oder auch räumlich angeordnete Mengen von material und diskret gegebenen Elementen, die als →Zeichen fungieren können und aufgrund bestimmter Regeln zu Teilen oder zu einer Ganzheit zusammengefasst sind (vgl. Bense, 1969). Solche T.e sind semiotisch (nicht semantisch) bestimmbar. →Superzeichen.

(4) In der →Texttheorie ist der Terminus T. je nach Forschungsansatz unterschiedlich festgelegt worden. Im Wesentlichen lassen sich zwei Konzepte unterscheiden:

a) Ein T. ist eine Spracheinheit in Funktion, eine →sprachliche Handlung in einer spezifischen →Sprechsituation, also eine Einheit der aktuellen gesprochenen oder geschriebenen Rede (→Parole). Für diese Art von objektsprachlichen Gegebenheiten sind auch Ausdrücke wie T.-Vorkommen oder T.-Exemplar verwendet worden.

b) T. ist ein theoretisches Konstrukt, das aus der Summe der konstitutiven Elemente von »Textvorkommen« besteht. In dieser Form ist T. Grundlage der →Textlinguistik. So unterscheidet S. J. Schmidt (1970) zwischen »Textgestalt« (T. im engeren Sinne) und T. als »kommunikativem Handlungsspiel« (T. im weiteren Sinne). An anderer Stelle (1973) gibt er folgende Definition: »Ein Text ist jeder geäußerte sprachliche Bestandteil eines Kommunikationsaktes in einem kommunikativen Handlungsspiel, der thematisch orientiert ist und eine erkennbare kommunikative Funktion erfüllt, d. h. ein erkennbares Illokutionspotential realisiert. Nur durch die von einem Sprecher beabsichtigte und von Kommunikationspartnern erkennbare, in einer Kommunikationssituation realisierte illokutive (soziokommunikative) Funktion wird eine Menge sprachlicher Äußerungen zu einem kohärenten sozio-kommunikativ erfolgreich funktionierenden, durch konstitutive Regeln geregelten Textprozess (= einer Manifestation von Textualität).« →Sprechakt (→Illokution); →Sprachspiel; →Textkonstitution.

(5) In neueren Ansätzen der Literaturwissenschaft (Rezeptionsästhetik) wird unterschieden zwischen dem T. als dem materiellen, gegenständlich vorhandenen Objekt (dem Artefakt) und dem T. als der je subjektiven »Konkretisation« im Bewusstsein eines Lesers/Hörers. Die Konkretisation wird von den Elementen der Textkonstitution einerseits, andererseits von individuellen Faktoren (der Rezeptionsdisposition) gesteuert und manifestiert sich im verstandenen Sinn, der erkannten Intention. Diese ist von der dem T. durch den Autor zugedachten Intention zu unterscheiden. Der T. als Konkretisation ist das jeweilige Produkt eines Lese- oder Hörvorgangs und der kommunikativen Akte, die mit ihm verbunden werden. In diesem Sinne kann man von einem (literari-

schen) T. als einem historisch-dialogischen Prozess sprechen.

(6) Im Zusammenhang mit den neuen Kommunikationsmedien spielt der →Hypertext eine zukunftsweisende Rolle, insbesondere was die Produktions- und Rezeptionsweisen von fiktionalen T.en betrifft. In der wissenschaftlichen Erfassung und Explikation von Hyperfiktion wachsen der Text- und Literaturwissenschaft ganz neue Aufgaben zu; denn Hypertexte lassen eine lineare Lesart nicht mehr zu. Durch eingebaute Links (= markierte T.-Stellen, die es ermöglichen, zu einer anderen T.-Stelle, zu anderen T.en, Bildern und dgl. zu springen) oder Nodes (= eine Serie von Links, die eine Auswahl gestattet) werden ungeahnt zahlreiche Lesarten, Textvariationen und (inter-)aktive →Konkretisationen möglich.

Textanalyse, im weitesten Sinne Verfahren zur Sinnerschließung eines (meist fiktionalen) Textes. Hierzu hat sich im Laufe der Zeit eine Reihe von Methoden entwickelt, wie die werkimmanente Methode, die biographische, tiefenpsychologische, literatursoziologische, strukturalistische oder rezeptionsästhetische Methode. Wesentlich ist, auf welche →Textart sich die Analyse bezieht. (Überblick bei Titscher [u.a.], 1998; Bogdal, 1997; literarische Anwendungsbeispiele bei Bogdal, 1993.)

Von der →Hermeneutik herkommend, hat sich ein Verfahren weitgehend durchgesetzt, das eine Reihe von Teilschritten beinhaltet, die es ermöglichen, die T. sukzessive abzuarbeiten: a) Textaufnahme (lesen, gliedern, markieren); b) Texterläuterung (klären, nachschlagen, paraphrasieren); c) Textverstehen (erstes vorläufiges Textverständnis formulieren) und Detailanalyse (Textaufbau, sprachliche Mittel, grammatische Analyse im engeren Sinne, rhetorische, erzählerische, stilistische Mittel u.a.m.); d) Kommunikative Situation des Textes (historische Differenz, intendierter Leser, Wirkung und Verwendungszusammenhang); e) Deutung (Synthese der einzelnen Ergebnisse der T.).

Dass bei der T. → lexikalische und → grammatische Zeichen aufeinander Bezug nehmen, zeigt die grammatische Analyse im engeren Sinn, bei der es u. a. um folgende Aspekte geht: Funktion der → Tempora (→ Tempuswechsel) und → Modi (Indikativ – Konjunktiv/→ Irrealis), Darbietungsformen (direkte/indirekte → Rede, erlebte Rede, innerer Monolog), Gebrauch von Pronomina (Ich-, Er-Form), Relativierung und Modifikation von Aussagen (→ Satzadverbien, → Modalverben), → Wortfelder, → Syntax u. a. m. (Ausführlich bei Brinker, [3]1992.)

Textart, idealtypische Unterscheidung der Texte nach der Art der Bezugnahme auf Wirklichkeit: a) *fiktionale* oder dichterisch gestaltete Texte konstituieren anhand bestimmter sprachlicher und gestalterischer Mittel eine eigene Wirklichkeit (ein Wirklichkeitsmodell), die sich auf eine außer ihr liegende Wirklichkeit bezieht; b) *nichtfiktionale* oder Sachtexte beziehen sich auf die außer ihnen vorhandene Wirklichkeit, von daher sind sie in einen pragmatischen Bezugsrahmen gestellt, den es bei der → Textanalyse zu erkennen gilt.

Textexemplar, auch: Textvorkommen; konkreter Einzeltext.

Textform, Sammelbezeichnung für eine Gruppe von → Textexemplaren, die bestimmte gemeinsame Merkmale aufweisen, z. B. Protokoll, Kochrezept, Kurzgeschichte, Gedicht, ... Derartige T.en sind kulturell und historisch bedingt; sie können veralten (z. B. das Versepos) oder auch neu entstehen (z. B. der → Hypertext).

Textfunktion, dominierende kommunikative Grundhaltung eines Textes; im Anschluss an die → Sprechakttheorie und an K. Bühler ([2]1965) sind Texten → Sprachfunktionen wie Ausdruck, Appell, Mitteilung, Kontakt usw. zugeschrieben worden, »wobei die Funktionen definiert sind durch die Beziehung des Textes zu den einzelnen

Komponenten des Kommunikationsmodells« (Kallmeyer/Meyer-Hermann, 1980). So beinhaltet die appellative T. eine Ausrichtung auf den Partner (Aufruf, Kaufwerbung), die expressive T. den Bezug auf den Sprecher (Lyrik, Kommentar) usw. Im konkreten Einzeltext verbinden sich in der Regel mehrere dieser T.en, eine davon ist meist jedoch dominant, und diese bestimmt dann die Grundhaltung des Textes.

Textgrammatik, Beschreibung von grammatischen (syntaktischen, semantischen und pragmatischen) Beziehungen in einem →Text (4) über die Satzgrenzen (→Grammatik) hinaus. Für S. J. Schmidt (1973) ist der Gegenstand einer T. das »Textformular«, womit eine geordnete Menge von textkonstituierenden Elementen (Text im engeren Sinne) gemeint ist. Die T. ist damit Teilforschungsbereich der →Texttheorie und beschäftigt sich im Wesentlichen mit der →Textkonstitution.

Textkohärenz →Kohärenz (1)

Textkonstitution, dt.: Vertextung; Bezeichnung für die grammatisch (syntaktisch, semantisch und pragmatisch) beschreibbaren Einheiten, die eine Menge von Sätzen zu einem Text machen. Je nach dem theoretischen Ansatz und dem zugrunde liegenden Textbegriff beziehen sich die Untersuchungen entweder auf textimmanente (syntaktische, semantische) Strukturen oder sie sind ausgeweitet auf die Funktion von Texten in pragmatischen Zusammenhängen (→Pragmatik). (1) R. Harweg (1968) sieht als die »für den Prozess der Textkonstitution verantwortlichen Ausdrucksmittel [...] die Pronomina« an, wobei gilt, dass »jeder Ausdruck, der die Bedingungen eines zweidimensionalen Substituens (ersetzenden Elements) erfüllt«, als Pronomen gilt. Im Gegensatz zur Textanalyse, bei der es darum gehe, alle Züge des zu verstehenden Textes zu erfassen, ist nach Harweg der Beschreibung der T. »bereits Genüge getan, wenn die für die Konstitution eines Textes verantwortlichen Mittel, die [...] nur einen bestimmten Teil aller Ausdrücke dieses Textes ausmachen, eruiert und klassifiziert und außerdem ihre wichtigsten Distributionserscheinungen untersucht worden sind«.

(2) D. Breuer (1974) hat den Entwurf zu einer »pragmatischen Texttheorie« vorgelegt; er geht dabei von der semiotischen Pragmatik (→Zeichentheorie) aus und verknüpft seine Überlegungen mit der Kommunikations- und Rezeptionsforschung sowie mit der kybernetischen Programmforschung (→Kybernetik). Ihm geht es darum, den jeweiligen Textprozess zu rekonstruieren, wobei er postuliert, dass für die Rekonstruktion »grundsätzlich das Gleiche wie für jede Art der Textherstellung« gelte. Entscheidend dafür, dass die T. pragmatisch genannt werden kann, ist für ihn, dass »sich der Analysierende den kommunikativen Zweck seines Rekonstruierens innerhalb seiner historisch-sozialen Bedingtheit bewusst hält, den ›praktischen Lebensbezug‹ seiner Textherstellung also«.

Folgende Teiloperationen sind für die Ermittlung des kommunikativen Zwecks eines bestimmten Textprozesses, der T., durchzuführen:
- Festlegung des zu rekonstruierenden Textprozesses,
- Ermittlung des für den speziellen Prozess geltenden Normensystems,
- Ermittlung der konkreten kommunikativen Situation,
- Ermittlung der medialen Bedingungen,
- Ermittlung der medienabhängigen Argumentation.

Textlinguistik, textorientierte Sprachwissenschaft; die T. will die wort- und satzorientierte Beschreibung der Sprache überwinden und Sprache-in-Funktion erforschen. Je nach dem zugrunde liegenden Textbegriff lassen sich zwei größere Forschungsrichtungen unterscheiden. (1) Wird →Text (4b) als abstrakte Größe angesehen und auf das Sprachsystem (→Langue) bezogen, dann erweist sich die T. als direkte Weiterführung der Wort- und Satzgrammatik (→Textgrammatik), indem sie die satzübergreifenden syntaktisch-semantischen Regularitäten der →Textkonstitution (1) erforscht.

(2) Wird →Text (4a) als Teil einer kommunikativen Handlung, als Element der Rede (→Parole), verstanden, dann ist die so konzipierte T. Teil der →Pragmatik; auch →Texttheorie.

Textphorik, Summe der grammatischen Mittel zur Herstellung einer formalen Textkohärenz (→Kohärenz) durch vorwärts- und rückwärts gewandte Verweisformen. Zu den Mitteln der T. gehören die Raum- und Zeitadverbien, die für jeden Text ein eigenes Raum-Zeitraster (→Deixis) herstellen, die Pronomen und →Pro-Formen aller Art, die formale Rückbezüge zu schon genannten semantischen Einheiten herstellen, sowie die bestimmten und unbestimmten →Artikel.

Textsorte, auch: Texttyp, Textklasse; eine einheitliche Verwendung des Terminus ist nicht auszumachen, sie variiert insbesondere zwischen struktur- und anwendungsorientierten Ansätzen. So kann eine Einteilung von Texten nach den Merkmalen [± monologisch], [± dialogisch], [± spontan], [± mündlich], [± Ichform] usw. vorgenommen werden, oder sie können als Ausprägungen bestimmter dominanter →Sprechakte bzw. →Illokutionen verstanden werden. T.n können aus dem allgemeinen Bestand der →Texte (1) nach übergeordneten textinternen und textexternen Kriterien ausgesondert werden.

Je nach dem theoretischen Hintergrund (→Textlinguistik) fällt die Einteilung unterschiedlich aus. (1) Gewöhnlich gehen Einteilungsversuche von textexternen Konzepten aus, denen dann textinterne Charakterisierungen zugeordnet werden. Dominante textexterne Komponenten sind u.a. die an der Textherstellung Beteiligten (Anzahl, Art der Beteiligung, soziale Stellung, Art der Beziehungen usw.), Kommunikationstyp bzw. Diskursbereich (öffentlicher Verkehr, Wissenschaft, Alltagsverkehr, ästhetische Literatur usw.), Verhältnis der Beteiligten zur Kommunikationssituation (Situationsverschränkung, lokale/temporale Orientierung), Bereich der Gegenstände und Sachverhalte (historische Dimension, Typen von Themen), Bezug der Beteiligten zum aktuellen Kommunikationsvorgang (psychische Disposition, Vorbereitung, Kenntnisse der Beteiligten), Intention (Typen von Wirkabsichten). Textinterne Differenzierungskriterien lassen sich im Wesentlichen als Phänomene der → Textkonstitution (1), d. h. konkret als Textkonstituenten beschreiben.

Textbestand ↓	Menge aller Texte
Textart ↓	Unterscheidung nach der Art der Bezugnahme auf Wirklichkeit: fiktionale versus expositorische Texte
Textsorte ↓	Unterscheidung nach der dominierenden Intention und dem Bezugsgeflecht der → Sprachfunktionen: expressive, appellative, informative Texte
Textform ↓	Unterscheidung nach dem spezifischen Kompositionsmuster und der intendierten Verwertungssituation: Gedicht, Drama, Roman, Reportage, Nachricht, Predigt, Kochrezept, ...
Textexemplar	Konkreter Einzeltext: Element der Menge aller Texte

Mögliche Text-Hierarchie

(2) Verbreitet ist eine Einteilung nach Gniffke-Hubrig (1972); sie legt T.n – in Anlehnung an das Bühlersche → Organonmodell – mit Textintention, Textgestalt, Autor, Gegenstand und Adressat (ggf. Intention des Adressaten) als Abgrenzungskriterien fest:

Textsorte	Textbeispiel (Textform)
– darstellende oder sachverbindliche Texte	wissenschaftlicher/philosophischer Fachtext, Nachricht, Protokoll, Kochrezept, …
– sozialverbindliche Texte	Gesetz, Vertrag, Satzung, Erlass, Verordnung, …
– werbende Texte	Wahlpropaganda, Werbetext, politische Rede, Pamphlet, Kommentar, …
– persönlich-mitteilende Texte	Brief, Kartengruß, …

Diese Einteilung ließe sich entsprechend der zugrunde gelegten Sprachfunktion erweitern, z. B. durch eine ästhetische, phatische usw. Funktion. (Näheres bei Brinker, [3]1992, Kap. 5.)

Texttheorie, S. J. Schmidt (1973) versteht T. »als Theorie der sprachlichen Kommunikation«, die sich an der sprachlich-sozialen Kommunikation als zentralem Forschungsbereich zu orientieren habe und in deren Mittelpunkt die Funktionsbeschreibung, aus der allein die Strukturbeschreibung erfolgen könne, stehen müsse. Zur Verdeutlichung skizziert er ein Modell für die Erzeugung und Analyse faktisch vorliegender bzw. möglicher akzeptabler Texte (→ Akzeptabilität). Dieses Modell umfasst folgende Faktoren für die Texterzeugung im Rahmen eines kommunikativen Handlungsspiels (→ Sprachspiel):

a) Hypothesen über die Kommunikationspartner,
b) Bild über die Kommunikationssituation,
c) Komplexe Voraussetzungssituation (des Sprechers),
d) Kommunikative Kompetenz (lexikalisch-grammatischer Regelapparat),
e) Illokutionspotential (→ Illokution),
f) Diskurstyp, Redetyp, Texttyp.

(a–f gehören zum »Programm eines Kommunikationsaktes« und legen Mitteilungs- und Wirkungsabsicht fest.)

g) Texttiefenstruktur,
h) Satzbegriff,
i) Kommentierte Satzbeschreibung,
j) Textformular (+ stilistisches Repertoire),
k) Textäußerung (+ über- und außersprachliche Faktoren, konkretes Handeln).

Der Unterschied zwischen T. und →Textlinguistik wird im Wesentlichen darin gesehen, dass Letztere »zeichenorientiert« sei, während die T. »funktionsorientiert« arbeite. Geht es der Textlinguistik um die textimmanente Erforschung der →Textkonstitution (1), so richtet die T. ihr Interesse vor allem auf den Text als funktionalen Bestandteil in einem →kommunikativen Handlungszusammenhang. Damit hängt die Vorstellung zusammen, dass mit Hilfe von Texten Sprache in sozio-kommunikative Handlung umgesetzt werde. →Textkonstitution (2).

Texttyp →Textsorte

Textverarbeitung, (1) Textverstehen (→Hermeneutik) als zugleich objektiver (textgeleiteter) und subjektiver (vorwissengeleiteter) Prozess, und zwar im Sinne von →Sprachverarbeitung und →Sprachverstehen. (2) Das Ungenügen an der satzorientierten Linguistik hat eine Reihe von unterschiedlichen Modellen der T. hervorgebracht. Die Kritik richtete sich vor allem gegen eine kontextfreie Satzverarbeitung. So konnte gezeigt werden, dass Sätze eines Textes tatsächlich nicht unabhängig voneinander verarbeitet werden (→Kotext), d.h., ein Text ist mehr als die Summe seiner Sätze. Die weitere Forschung hat sich stets darum bemüht, dieses Mehr der Textstruktur zu beschreiben und darzustellen. Am Anfang stand daher die Frage, welche relevanten Textmerkmale den Leser dazu bringen, einen Text als kohärent zu betrachten (→Kohäsion).

Ein weiterer Ansatz besteht darin, »Textstrukturen als eine Liste von Propositionen zu interpretieren« (Grimm/Engelkamp, 1981), welche die Textbasis liefern. Durch wiederholte Verwendung von Argumenten wird eine

Überlappung der Propositionen erreicht, was zu einer semantischen Kohäsion wie auch zu einer hierarchischen Organisationsstruktur der Textbasis führt. Doch auch hier genügt es nicht, dass Proposition für Proposition mittels sich wiederholender Argumente verknüpft ist. Es hat sich gezeigt, dass bei der T. eine Reihe von Propositionen bei der Rezeption durch den Leser zu Macro-Propositionen gebündelt werden; sie werden sozusagen aus den Micro-Propositionen erschlossen und sind ihrerseits zu einer Super-Struktur verknüpft, die eine Funktion der →Textsorte ist. Das Raster, das z.B. eine Erzählstruktur bereithält, lässt sich dann in einer →Geschichtengrammatik (story grammar) explizieren.

Ein weiterer Faktor bei der T. ist neben dem Text selbst das Weltwissen des Lesers, das gleichzeitig mit der Verarbeitung der Super-Struktur zu Macro- und Micro-Propositionen aktiviert wird und das die T. entscheidend mitsteuert. Wie dieses Weltwissen im Gedächtnis repräsentiert ist (→Schema, →Skript) und wie es die →Textanalyse und Interpretation determiniert und organisiert, sind weitere Fragen im Zusammenhang mit der T.

(3) Maschinelle T. meint ein Gesamt von Tätigkeiten wie die Eingabe, Korrektur, Formatierung, Speicherung und Verwaltung von Texten mit Hilfe spezieller Computersoftware.

Textverweis, voraus- oder rückwärts gerichteter Verweis im Text durch →Anapher oder →Katapher; →Textphorik.

Thema, pl.: Themen (Themata), dt.: das Aufgestellte; (1) allgemein versteht man unter einem Th. einen Gesprächsgegenstand oder die Aufgabenstellung, einen Gegenstand, Vorgang oder Sachverhalt (schriftlich oder mündlich) abzuhandeln. Daneben wird Th. in der Sprachwissenschaft auf unterschiedliche Weisen gebraucht. (2) Eine rein formale sprachwissenschaftliche Kennzeichnung sieht im Th. das →Subjekt (meist nur das logische Subjekt) eines Satzes bzw. das, was an der grammatischen Stelle vor dem → finiten Verb im Aussagesatz steht und nicht → Rhema (1) ist. (3) In anderen Konzeptionen, bei denen das Verhältnis zwischen syntaktischen und kommunikativen Elementen im Vordergrund steht, wird unter Th. das, worüber man spricht, die für den Hörer bekannte Information, verstanden. Hier spielen dann auch Aussageabsicht, Wortstellung, Intonation (»kommunikative Dynamik«) u. a. eine Rolle. »Als Thema wird eine der bekannten (also potentiell thematischen) Informationseinheiten gewählt, die beim jeweiligen Hörer in der jeweiligen Situation als bewusstseinsprägend (im Bewusstsein gegenwärtig) vorausgesetzt werden kann« (Flämig, 1991). Gleichzeitig koppelt Flämig den Th.-Begriff mit der ersten Satzposition: »Das Thema steht als Ausgangspunkt der Mitteilung am Satzanfang im Vorfeld des Satzes, d. h. vor dem finiten Verb.« (Vgl. auch Heringer, 1996.)

Thematische Rolle, auch: Tiefenkasus, Theta-Rolle, Abk.: θ-Rolle; Teiltheorie der → GB-Theorie, die auf frühere Ansätze zurückgreift. Die th. R. einer → grammatischen Kategorie gibt ihre semantische Funktion im Satz an. So kann das → Subjekt recht unterschiedliche th. R.n innehaben. »Da die thematische Rolle des Subjekts vom jeweiligen Verb abhängt, sagen wir, dass das Verb dem Subjekt eine θ-Rolle zuweist« (Fanselow/Felix 2, 1987):

Beispiel für eine Subjekt-NP	Theta-Rolle
Angelika schreibt ihrer Freundin.	Agens (Verursacherin)
Erika erhält den Brief.	Patiens (Empfängerin)
Erika bekam den Brief von Angelika.	Ziel (der Handlung)
Erika kennt den Inhalt.	Experiencer (jemand, der Erfahrung gemacht hat)
Der Brief macht ihr viel Freude.	Agens
Erika hat Vorteile von dem Angebot.	Beneficiary (Nutznießerin)
Es regnet.	(keine th. R.)

Meist sind mehrere th. R.n im Satz verteilt und je nach der →Valenz des Verbs mit unterschiedlichen →Kasus belegt: *Hans* (Agens, Nominativ) *verkaufte seinem besten Freund* (Patiens, Dativ) *ein defektes Auto* (Thema, Akkusativ). – *Willi* (Patiens, Nominativ) *bekam von Hans* (Agens, Dativ) *ein defektes Auto* (Thema, Akkusativ) *verkauft.*

Thematischer Sprachunterricht →Sprachunterricht

Theorie, systematische Darlegung wissenschaftlich begründeter Aussagen und Erklärungen zu bestimmten Sachverhalten oder Erscheinungen. Das Nachdenken über das, was eine Th. ausmacht, lässt sich theorie-theoretisch (Was ist eine Th.?) oder fach-theoretisch (Wie stellt sich die Th. in einer bestimmten wissenschaftlichen Disziplin dar?) führen.

Der Hang nach formalisierten, prinzipiell mathematisierbaren Th.-Konstruktionen ist, auch im Bereich der Geisteswissenschaften, unübersehbar. Die ideale Form nimmt (heutzutage) eine Th. »in ihrer axiomatischen Formulierung an, in der eine wohldefinierte Menge von Axiomen als Grundgesetze angegeben wird, aus denen dann mit rein logischen Mitteln alle übrigen Aussagen der Theorie abgeleitet werden können, so dass der gesamte materiale Gehalt der Theorie in den Axiomen festgehalten ist« (v. Kutschera 2, 1972). Bezieht man den pragmatischen Aspekt von Th.-Konstruktionen mit ein, so gelangt man zu Formulierungen wie diese: »eine Theorie ist eine Lösungsstrategie für solche Erklärungsbedürfnisse, deren Befriedigung nur durch systematische sprachliche Lösungsstrategien erreichbar ist« (Finke, 1979). Dies besagt im Kern, dass eine Th. eine Lösungsstrategie ist, die systematische Beschreibungen und Erklärungen liefert. Hierbei werden in der Wissenschaftlergemeinde geltende Werte (z. B. in Gestalt von Vorannahmen), symbolische Verallgemeinerungen (z. B. →Termini), →Modelle und Beispiele (als Belegexemplare) miteinander in Beziehung gebracht.

Als Nachweis für die Th.-Fähigkeit einer Lösungsstrategie gilt das →T-theoretisch formulierte fundamentale Th.-Prädikat: $\bigvee\Sigma\bigvee x\ (\Sigma x)$, zu lesen als: »Es gibt etwas (Σ), das wir über etwas (x) aussagen« oder: »Es wird ›etwas‹ über die ›Existenz einer theoretischen Entität‹ behauptet«. Für die Linguistik lautet das fundamentale Th.-Prädikat »x ist ein Satz«, das gleichzeitig ihren Forschungsgegenstand benennt, mit dem sie sich als theoriefähig erweist. Die Erfüllungsmenge eines solchen fundamentalen Th.-Prädikats (d.h. die Beschreibung bzw. Generierung aller *Sätze* einer Sprache und nur dieser) liefert z.B. die →generative Transformationsgrammatik und – in ihrer Weiterentwicklung – die →GB-Theorie.

Theta-Kriterium, im Rahmen der →GB-Theorie von N. Chomsky ([3]1984) vorgetragene autonome Teiltheorie, die sich auf semantisch-kontextuelle Beziehungen zwischen Verb und →Komplement bezieht (in Anlehnung an C. Fillmores »Tiefenkasus«, 1968). Hierbei wird postuliert, dass die →thematische Rolle (Theta-Rolle) des Komplements jeweils vom Verb zugewiesen wird, sofern es sich um eine NP mit →Referenz (→Argument) handelt und nicht um ein →Expletivum. Das Th.-K. lautet: *Jede Theta-Rolle muss genau einem Argument zugewiesen werden, und jedes Argument muss genau eine Theta-Rolle erhalten.*

Theta-Rolle →Thematische Rolle

Tiefenkasus →Thematische Rolle

Tiefenstruktur, Terminus in der →generativen Transformationsgrammatik; das (hypothetische) Konstrukt der T. dient dazu, die den grammatischen Sätzen (→Oberflächenstruktur) zugrunde liegenden, bedeutungserzeugenden Prozesse zu beschreiben und zu erklären. Die T. eines Satzes wird beschrieben durch Anwendung der drei Regelarten im →Basisteil: a) →Phrasenstrukturregeln; b) →Subkategorisierungsregeln; c) →Lexikonregeln.

Durch geeignete →Transformationen wird die T. in die Oberflächenstruktur überführt; hierbei ist es denkbar, dass eine T. mehrere Oberflächenstrukturen erzeugt bzw. dass mehrere T.en nur einer Oberflächenstruktur zugrunde liegen. Für Chomskys Konzept (1969) ist die syntaktische Repräsentation die Grundlage für die semantische Interpretation. (Als Gegenposition kann die →generative Semantik angesehen werden, die von der semantischen Repräsentation eines Satzes ausgeht.) So enthält eine T. wie die folgende alle Elemente für die Erzeugung unterschiedlicher Oberflächenstrukturen:

Tiefenstruktur: *Ein Student (Der Student ist mittellos) schneidet unsere Hecken.*

Oberflächenstrukturen:

- Relativsatz-Transformation: ⇒ *Ein Student, der mittellos ist, schneidet unsere Hecken.*
- Adjektiv-(Attribut)-Transformation: ⇒ *Ein mittelloser Student schneidet unsere Hecken.*
- Passiv-Transformation: ⇒ *Unsere Hecken werden von einem mittellosen Studenten geschnitten.*
- usw.

Andererseits kann eine Oberflächenstruktur wie die folgende auf zwei unterschiedliche T.en zurückgeführt werden, die nicht bedeutungsgleich sind; hierdurch kann die syntaktische Mehrdeutigkeit der Oberflächenstruktur erklärt werden:

Oberflächenstruktur:	*Die Frau, die Napoleon betrügt, verlässt Frankreich.*
Tiefenstruktur 1:	*Die Frau (Die Frau betrügt Napoleon) verlässt Frankreich.*
Tiefenstruktur 2:	*Die Frau (Napoleon betrügt die Frau) verlässt Frankreich.*

Die T. eines Satzes ist in jedem Fall abhängig von der Form der zugrunde liegenden →Phrasenstrukturgrammatik. Die T. besteht aus einer Kette von Merkmalmengen (in obigen Beispielen vereinfachend als Wörter geschrieben). In der →GB-Theorie entspricht die T. der →D-Struktur.

Tiersprache, je nach dem zugrunde gelegten Begriff von →Sprache ergeben sich unterschiedliche Ansätze zur Beschreibung der Fähigkeit von Tieren zu kommunizieren. Die in den Anfängen vorgenommenen Versuche, Schimpansen menschliche Rede im Sinne der →Parole (Einzelwörter wie »papa«, »cup« und dgl.) beizubringen, können als gescheitert angesehen werden.

Erst die Konzeption von Sprache als Symbolgebrauch (Mitte der 60er-Jahre) führte zu konkreten Ergebnissen. Auf der Grundlage von →ASL (auch »Ameslan« = American Sign Language), einer Zeichensprache für Taubstumme, konnte im Laufe der 70er-Jahre ein Repertoire von →Zeichen entwickelt werden, die von den Primaten (Schimpansen, Orang Utans, Gorillas) in erstaunlicher Weise kommunikativ eingesetzt werden. So wird von Fähigkeiten der Tiere berichtet, über differenzierten Symbolgebrauch (z.B. farbige, verschiedenartig geformte Plättchen, die in die Schlitze eines Apparats zu stecken sind) an Nahrung oder Werkzeug zu gelangen, aus bekannten Symbolen (ASL) selbständig neue Kombinationen zu erfinden (Heiß – Metall = Feuerzeug, Horchen – Wasser = sprudelnde Schmerztablette, Gesicht – Hut = Maske und dgl.), Komik zu entwickeln, zu schimpfen, zu lügen und in Ansätzen ästhetische Urteile abzugeben (»Schönes-Tier-Gorilla«). Entscheidend bei allen Versuchen scheint zu sein, dass der sprachliche Symbolgebrauch an konkrete Situationen und an individuelle Bedürfnisse (Hunger, Durst, Ärger, Freude, Gekitzelt-Werden, Spielen) gebunden ist.

D. Ploog (1974) macht eine Unterscheidung zwischen sozialen Signalen (art- und instinktgesteuerte Äußerungsformen) und T., deren Grundlage der »Semantisierungsprozess zwischen Sender- und Empfängersystem« sei. Unter psycho-biologischen Gesichtspunkten berührt sich hier die menschliche Sprache (→Langage) mit allen anderen Kommunikationssystemen im Tierreich (Delphin-,

Bienen-, Affen-»Sprache«), deren Entstehen und Ausweitung eng mit Gesellschaftsbildung und Individuierungsprozessen (Rollenübernahme in einem hierarchisch geordneten, in sich z. T. recht verwickelten Verbund) zu tun hat. Die Abgrenzung einzelner Rollen macht Interaktion und damit eine Zunahme der Menge und Komplexität des Informationsaustausches notwendig. Unterschiede zwischen menschlicher Sprache und T. werden u. a. darin gesehen, dass die menschliche Sprache eine Institution darstelle (Martinet, 1963), die historisch im Zusammenleben der Menschen gewachsen sei, und dass das »menschliche Handeln nicht kausal regelmäßig ist, sondern von sozialen Regeln geleitet wird, die veränderbar und historisch wandelbar sind« (Heringer, 1978). →Regel (2).

Tilgung, auch: Reduktion, Deletion, ↔Insertion; (1) allgemein →Weglassprobe; (2) in der →generativen Transformationsgrammatik eine bestimmte Art von →Transformation; gewöhnlich können nur solche Elemente getilgt werden, die leicht wieder einsetzbar sind: *Unser Direktor (Unser Direktor heißt Müller) lässt sich entschuldigen.* ⇒ *Unser Direktor <u>Müller</u> lässt sich entschuldigen.*

(3) In der →Dependenzgrammatik zeigt die Tilgungsprobe gleichzeitig Dependenzen an (drei Punkte stehen für gleiche syntaktische Umgebungen): »Wenn ...x1x2... und ...x1... wohlgeformt sind, ...x2... aber nicht, dann ist x2 dependent von x1« (Heringer, 1996). Dies besagt, dass weglassbare Elemente dependent sind und dass nicht weglassbare Elemente dominieren.

Token (engl. *token*), konkret realisiertes sprachliches Zeichen im Gegensatz zur Abstraktionsklasse, der es jeweils angehört, dem →type. In der Sprachstatistik hat man versucht, über das Verhältnis der Gesamtzahl der vorkommenden Wörter und der Zahl der verschiedenen Wörter in bestimmten Textkorpora Aufschluss über die stilistische Machart und Differenziertheit des →Wortschatzes zu erhalten.

Ton, (1) →Klang; (2) kennzeichnet umgangssprachlich die Art des Sprechens: sich diesen T. nicht gefallen lassen u. Ä. (3) Funktionell relevante Töne kennt man z. B. im Chinesischen. Bei der Aussprache einzelner Wortzeichen lassen sich mindestens vier verschiedene Töne unterscheiden (ohne Schwankung »gerade«, nach unten abfallend, nach oben aufsteigend und als aufsteigend-abfallende Sprechkurve), die ein und derselben Lauteinheit verschiedene Bedeutungen zuweisen (können).

Tongebung →Intonation

Tonhöhe →Klangfarbe

Tonsilbe, betonte Silbe; →Akzent.

Topic, (1) Person oder Gegenstand, über die etwas ausgesagt wird; (2) unter syntaktischen Gesichtspunkten wird T. oft mit dem →Subjekt eines Satzes gleichgesetzt: Alles, was die erste Satzgliedstelle besetzt, ist T., das andere ist →Comment. Diese Position ist unter grammatischen Gesichtpunkten nicht ganz unproblematisch. →Aussagenlogisches Prädikat.

Topik, (1) Lehre von den Topoi (→Topos); (2) in der Philosophie Lehre von den Sätzen und logischen Schlüssen, mit denen argumentiert werden kann. Die T. ist seit der Antike die »Lehre von den Örtern«, den Gemeinplätzen, oder auch die Lehre und die Kunst, Argumente zu finden. Ihr Begründer ist Aristoteles; im *Organon*, der Sammlung seiner logischen Schriften, hat er die T. zwischen die Logik und die Rhetorik eingeordnet und damit zugleich ihren Stellenwert bestimmt. Darin formuliert er die Aufgabe der →topischen Argumentation dahingehend, »eine Methode zu finden, nach der wir über jedes aufgestellte Problem aus wahrscheinlichen Sätzen Schlüsse bilden können« (Aristoteles 100a 18, dt. von E. Rolfes, 1968).

Topikalisierung, (1) allgemein Hervorhebung eines Satzglieds oder Satzgliedteils durch eine besondere Positionierung im Satz, meist durch Anfangs- oder Endstellung. (2) Eine der syntaktischen →Proben: Alles, was als →Topic die erste Satzgliedstelle einnehmen kann, ist möglicherweise ein Satzglied. Da es sich um eine schwache Bedingung handelt, muss diese Probe mit anderen kombiniert werden. (3) Auch: Vorfeldbesetzung; → Bewegungstransformation, »die eine beliebige phrasale Konstituente an den Satzanfang bewegt« (Grewendorf [u. a.], 1988):

(I) *eine Vase [auf dem Tisch [gestanden hat]]* (← bewege α)

(II) *hat eine Vase [auf dem Tisch [gestanden ___]]* (← bewege α)

(III) *Auf dem Tisch hat eine Vase [___ [gestanden ___]]*

Topische Argumentation, auch: → Topik (→ Topos); die t. A. geht auf Aristoteles zurück. Im Wesentlichen handelt es sich darum, eine Methode zu finden, die es gestattet, zu bestimmten Problemen aus nur wahrscheinlichen Sätzen »dialektische Schlüsse« zu ziehen. Diese stellt Aristoteles den logischen Schlüssen gegenüber, und zu deren Unterscheidung schreibt er: »Wahre und erste Sätze sind solche, die nicht erst durch anderes, sondern durch sich selbst glaubhaft sind. Denn bei den obersten Grundsätzen der Wissenschaft darf man nicht erst nach dem Warum fragen, sondern jeder dieser Sätze muss durch sich selbst glaubhaft sein. Wahrscheinliche Sätze sind aber diejenigen, die Allen oder den Meisten oder den Weisen wahr scheinen, und auch von den Weisen wieder entweder Allen oder den Meisten oder den Bekanntesten und Angesehensten« (100b 18, dt. von E. Rolfes, 1968). Dies bedeutet, dass auch dort, wo keine logisch-mathematische Stringens zu erreichen ist, vernunftgemäß vorgegangen werden kann und soll.

Das Wort »dialektisch« hängt mit »disputieren« (griech. *dialegestai*) zusammen; dies deutet an, dass das dialektische Vorgehen dialogisch angelegt ist und ein Gegenüber voraussetzt, mit dem man sich im Gespräch oder Disput auseinandersetzt. »Der wichtigste Punkt bei der Betrachtung der Topik ist die Feststellung, dass es sich hier um diejenige denkerische Techne (Kunst) handelt, die sich am Problem orientiert« (Viehweg, [5]1974). Die wichtigsten Mittel, die sie bereitstellt, bestehen in einer problemorientierten Aufschlüsselung der Ausgangssituation, etwa mit Hilfe der Fragen nach dem Was, dem Wie, Wo, Wann, Warum, nach dem Für und Wider, mit Fragen nach dem Eigentümlichen, dem Zufälligen usw. In diesem Sinne kann die t. A. beschrieben werden als ein Verfahren, »mit möglichst vielen wahrscheinlichen, an der sozialen Gewissheit orientierten Argumenten Meinungen und Zielvorstellungen überzeugend zu vertreten« (Kopperschmidt, 1973).

Cicero hat die t. A. als »Lehre von den Beweisen und den gerichtlichen Gründen« für die juristische Argumentation tauglich gemacht; und auch heute hat sie ihre Auswirkungen, etwa in der Diskurstheorie mit ihrer Analyse von →Diskursen (2) oder der Aufstellung von →Konversationsmaximen.

Topologie, (1) Lehre von der Wort- und Satzgliedstellung, den →Stellungsfeldern und →Satzbauplänen einer Sprache. (2) Allgemein: Lage von Objekten im Raum und relativ zueinander; davon abgeleitet, die Untersuchung der einzelsprachlichen Bezeichnungen für derartige räumliche Lagebezeichnungen (wie *innen – außen, vertikal – horizontal*, *Vordergrund – Hintergrund* usw.) mit Hilfe von →Präpositionen, →Lokaladverbien, bestimmten Verben (*fallen – steigen*) sowie die Erforschung universeller Eigenschaften der T. (→Deixis).

Topologisch, die Wortstellung im Satz betreffend; →Topologie.

Topos, pl.: Topoi, dt.: »Ort«; (1) in der Rhetorik allgemein anerkannter Grundgedanke oder Gesichtspunkt, der (zur »Er-örterung«) in einen Redezusammenhang eingepasst werden kann. (2) Heute oft als Bezeichnung für ein Klischee, ein traditionelles Denk- oder Ausdrucksschema (z.B. einen Gemeinplatz) gebraucht.

Trace, Abk.: t; →Spur.

Traditioneller Grammatikunterricht →Grammatikunterricht.

Trägersatz, der jeweils übergeordnete Satz in einem →Satzgefüge; Satz, in den ein untergeordneter Satz eingebettet wird; →Matrixsatz; →Nebensatz (Konstituentensatz):

T 1 *Wir können morgen nicht kommen,*
T 2 *weil unser Auto zur Reparatur ist,*
die noch etwas länger dauern wird.

(T 1 = Trägersatz der ersten Ebene [für den sich anschließenden Kausal- und Relativsatz]; T 2 = Trägersatz der zweiten Ebene [nur für den sich anschließenden Relativsatz])

Transfer, dt.: Übertragung; in der Lernpsychologie versteht man unter T. die Übertragung von Gelerntem auf eine neue Aufgabe. Hierbei unterscheidet man einen positiven von einem negativen T. Wirkt im einen Fall die Übung bestimmter Aufgaben förderlich für die Lösungen anderer, so kann im anderen Fall die Übung einen solchen T. auch hemmen (z.B. Übung mit negativen Begleiterscheinungen). In der →Fremdsprachendidaktik kennt man den negativen T. als fehlerhafte Übertragung von Strukturen der Muttersprache auf die Zielsprache (→Germanismus).

Spezifisch ist ein T., wenn die Inhalte des Lern- oder Übungsmaterials direkt den Übertragungsprozess bewirken. Beim unspezifischen T. werden hingegen allgemeinere Fähigkeiten trainiert und angeeignet, wie Ausdauer, Leistungswille, Methodenbewusstsein, Selbständigkeit usw., die dann auf einem höheren Niveau zu verbesserten Lösungsstrategien führen. Diese Art des T.s ist eng gekoppelt an den Begriff des »exemplarischen Lernens« und der »kategorialen Bildung« (Klafki, 1963).

Transformation, (1) operationales Verfahren in der →generativen Transformationsgrammatik, →Tiefenstrukturen in →Oberflächenstrukturen zu überführen; →Transformationsregel. (2) Im Rahmen der →GB-Theorie werden T.en durch die (eine) →Bewegungsregel ersetzt.

Transformationsgrammatik →Generative Transformationsgrammatik; →GB-Theorie.

Transformationsregel, Vorschrift für ein operationales Verfahren in der Standard-Theorie der →generativen Transformationsgrammatik; eine T. hat die allgemeine Form X ⇒ Y, was zu lesen ist als: »Ersetze X durch Y«. Hierbei können (anders als bei den →Phrasenstrukturregeln) links vom Doppelpfeil mehrere Symbole stehen. T.n operieren auf der Ausgabekette des →Basisteils und bewirken, dass ein zugrunde liegender Strukturbaum in einen abgeleiteten Strukturbaum überführt wird.

Im Einzelnen werden folgende vier grundlegende T.n unterschieden:

a) Tilgung

a + b	⇒	a
[*Carola*] *lernt Grammatik.*	⇒	[*Carola*] *lernt.*

b) Insertion (auch →Adjunktion)

a + b	⇒	a + b + c
Carola lernt.	⇒	*Carola hat gelernt.*

Andere Formen der Insertion:

a + (b + c)	⇒	a + d + (b + c)
	⇒	(a + d) + (b + c) usw.

c) Substitution (Kombination von a und b, ein neues Element kommt hinzu)

a	⇒	b
[Carola] *lernt.*	⇒	[Carola] *büffelt.*
Auch Expansion: a	⇒	b + c
oder Reduktion: a + b	⇒	c

d) Permutation (Kombination von a und b, kein neues Element kommt hinzu)

a + b	⇒	b + c
Carola lernt.	⇒	*Lernt Carola?*

(⇒ = Transformationspfeil)

Die T.n sind in der Weiterentwicklung der generativen Transformationsgrammatik durch nur eine →Bewegungsregel: »bewege α« ersetzt worden.

Transformationsteil, in der Standard-Theorie der →generativen Transformationsgrammatik neben dem →Basisteil Bestandteil des Syntaxmodells; Eingabedaten in den T. sind die →Tiefenstrukturen, die semantisch interpretiert werden. Über →Transformationsregeln werden die entsprechenden →Oberflächenstrukturen erzeugt, die phonologisch repräsentiert werden.

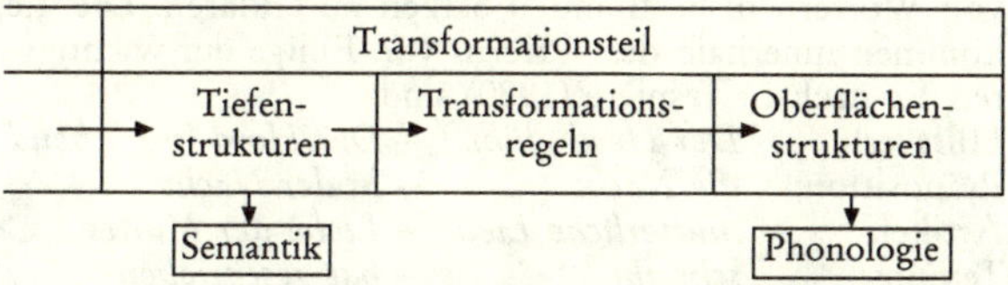

Transformativ, Aktionsart des →Verbs; ähnlich dem Ausdruck →egressiv (Ende einer Entwicklung) bezeichnet t. die Entwicklung selbst, meist den Übergang in einen anderen Zustand: *abnehmen*, *altern*, *verblühen*, *vertrocknen*. ↔Durativ.

Transitives Verb, Verb, das von seiner →Valenz her ein →Akkusativobjekt erfordert: *beißen*, *bekommen*, *benutzen*, *ehren*, *fangen*, *lieben*, *loben*, *kennen*, *schlagen*, *werfen* usw. Die transitiven Verben bilden – im Gegensatz zu den →intransitiven Verben – in der Regel ein persönliches →Passiv.

Aktiv: *Ein Hund hat Erwin gebissen.*
Passiv: *Erwin ist von einem Hund gebissen worden.*

Transkription, lautgerechte Übertragung in eine andere Schrift (z. B. phonetische Umschrift); die T. ist graphisch orientiert, d. h., es werden meist Entsprechungen aus dem eigenen Alphabet gewählt, um die Lautung einer Sprache zu transkribieren. Hierbei unterscheidet man eine weniger differenzierende (weite) von einer stärker differenzierenden (engen) T. Ein allgemeines System zur T. bietet die IPA (International Phonetic Association); ein anderes System ist z. B. das Pinyin-Alphabet für die T. chinesischer Wortzeichen.

Translativ (engl. *translation* ›Übertragung‹), in der → Dependenzgrammatik → Plereme mit nur grammatischer Funktion (z. B. Konjunktionen, Präpositionen, Endungsmorpheme), mit deren Hilfe einfache Strukturen in komplexere überführt werden können. Translation dient vor allem dazu, Veränderungen der syntaktischen Kategorien von Wörtern in bestimmten Sätzen zu erklären. Die T.e kommen innerhalb des → Kerns vor. Einige der wichtigsten T.e nach L. Tesnière (1980) sind:

Hilfsverb:	*Der Herd glüht*	– *Der Herd ist glühend*
Präposition:	*die Nacht*	– *in der Nacht*
Artikel:	*mütterliche Liebe*	– *Liebe der Mutter*
Tempus:	*schreibt*	– *hat geschrieben*

H.-J. Heringer (1970) definiert T. als Plerem »mit innen-syntaktischer Bedeutung« (z. B. »zu« beim Infinitiv). Beispiel für Wortbildungs-T.:
Wort + {-en, -ung, -nis, -er, -ling} ⇒ *Sehnen*, *Leitung*, *Zeugnis*, *Lehrer*, *Lehrling*.

Bei L. Tesnière (1980) heißt es: »Ihrem Wesen nach besteht die Translation darin, dass ein volles Wort einer bestimmten grammatischen Kategorie in eine andere überführt wird, das heißt, dass eine bestimmte Wortart in eine andere Wortart transformiert wird.« → Konnexion, → Junktion.

Transkription, dt.: Übertragung, Umschrift; (1) Übertragung der Lautgestalt von einer Schrift in die andere (z. B. Übertragung eines chinesischen Textes in lateinische Schrift); (2) phonetische Umschrift (→ Phonetik) eines Textes, bei der sich Laut- und Schriftzeichen eins zu eins entsprechen; allgemein verbindlich als IPA (International Phonetic Alphabet), wie es zur T. von Lexikoneinträgen in Fremdwörterbüchern verwendet wird: (engl.) *brother* – ['brʌðə].

Transphrastisch, (1) Konzeption, nach der der Textbegriff auf dem Satzbegriff beruht; (2) im Sinne der →generativen Transformationsgrammatik meint t. alle Vorgänge, die satzverändernd sind. (3) In der →Textgrammatik satzübergreifende Analyse, z.B. zum Nachweis von →Kohärenz.

Transposition, →Wortartenwechsel; bei der T. wird die Grundbedeutung nicht verändert: *Freund* – *Freundschaft* – *freundlich* – *anfreunden*. ↔Modifikation.

Trema, sollen zwei Vokale getrennt ausgesprochen werden, so kann dies durch ein →diakritisches Zeichen, das T. in Form von zwei Punkten über dem zweiten Buchstaben, signalisiert werden: *aëro-* [a|ero-] gegenüber *aero-* [äro-]. Im Deutschen werden nur /ä/, /ö/ und /ü/ mit T. geschrieben. →Diärese.

Triadische Zeichenrelation (triadisch = eine Dreiheit betreffend), optische Verdeutlichung der Beziehungen zwischen den im →Zeichenprozess beteiligten konstitutiven Faktoren anhand einer Dreiecksfigur; schon bei Platon findet sich ein gedankliches Wort-Gegenstand-Modell zwischen Namen (Zeichen), Idee (Begriff) und Ding. Bei Aristoteles wird dieses Modell psychologisiert; er ersetzt Platons »Idee« (die als absolut und dem Menschen vorgegeben gedacht ist) durch die Vorstellung (dem Menschen erscheinender Gedanke).

Ogden und Richards ([10]1960) variieren das Denkmodell, indem sie die Welt außerhalb des menschlichen Bewusstseins ausdrücklich anerkennen (gegen die →idealistischen Konzepte): das Zeichen (symbol) symbolisiert etwas und ruft einen entsprechenden Bewusstseinsinhalt (reference) hervor, der sich auf das Objekt (referent) bezieht:

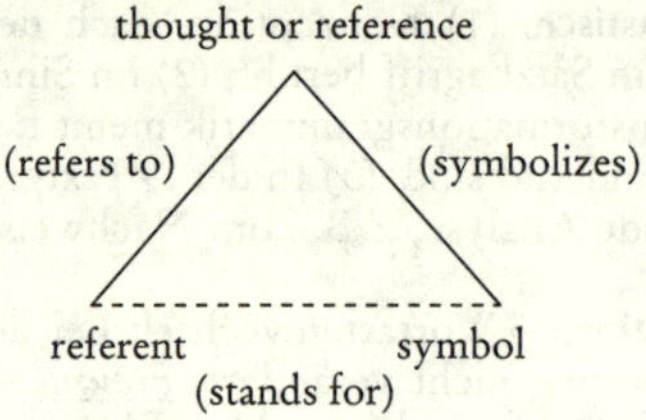

In neueren Darstellungen, etwa bei C. W. Morris (1972), werden die einzelnen Kategorien der t.n Z. weiter differenziert:

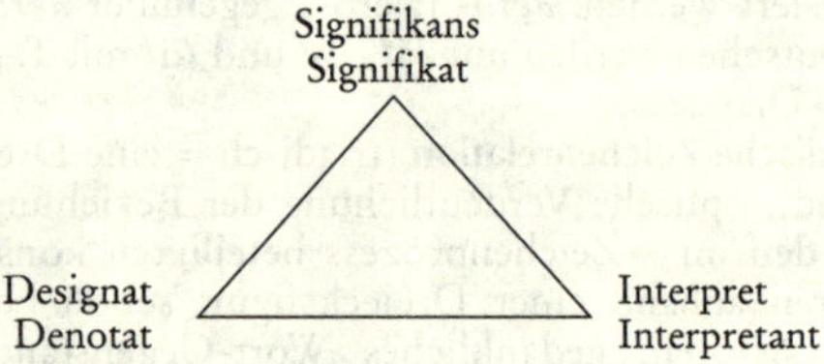

(Interpret = Zeichenbenutzer; Interpretant = das, wovon der Interpret Notiz nimmt, was in seinem Bewusstsein als »Sinn« erscheint; Signifikans = der Zeichenträger; Signifikat = die Zeichenbedeutung; Designat = Klasse von Objekten als »Gegenstand« der Notiznahme durch den Interpreten; Denotat = Elemente der betreffenden Objektklasse, falls es welche gibt)

Im Zusammenhang mit einer informationstheoretischen Ästhetik hat M. Bense (1969) die t. Z. speziell für die Beschreibung und Erklärung ästhetischer Zustände erweitert, indem er den drei Bezügen je drei Zeichenklassen zuordnete:

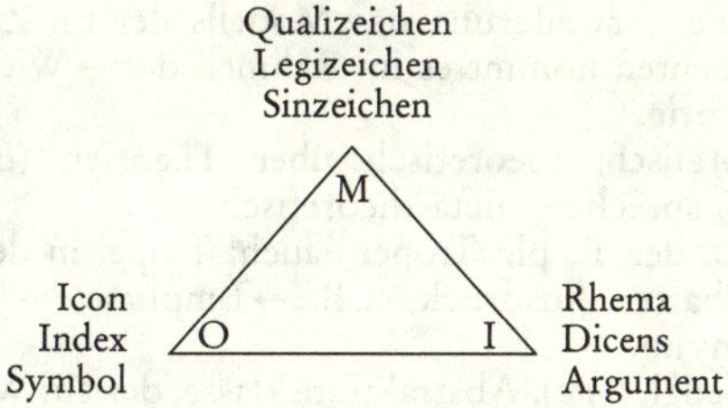

M = Mittelbezug:
Qualizeichen (physische Qualität, Sinneseindruck): *»Rotlicht«* a) an einer Kreuzung »Halt!«; b) beim Schiff »Backbord« usw.
Legizeichen (gesetzmäßig): *allgemeine Piktogramme, Verkehrszeichen*
Sinzeichen (singulär): *Monogramm, Sigle*

I = Interpretantenbezug:
Rhema (weder wahr noch falsch): *das Einzelwort*
Dicens (wahr oder falsch): *Behauptung, mathematische Gleichung*
Argument (vollständiger Gedankengang): *logisches Schlussverfahren, mathematischer Beweis*

O = Objektbezug:
Icon (Elemente des Objekts sind im Zeichen enthalten): *Fotografie, Porträt*
Index (das Zeichen verweist auf das Objekt): *Straßenkarte, Wegweiser*
Symbol (keine direkte Beziehung zwischen Zeichen und Objekt; die Beziehung ist konventionell oder definitorisch vermittelt): *Substantiv, Name*

Durch unterschiedliche Zusammensetzung ergibt sich eine Reihe grundlegender Kombinationsklassen. So lautet beispielsweise die genaue triadische Kennzeichnung für einen »spontanen Schrei«: *rhematisch-indexikalisches Sinzeichen* usw.

Zu einer Erweiterung des Modells der t.n Z. auf vier Konstituenten kommt es im Rahmen der →Widerspiegelungstheorie.

T-theoretisch, theoretisch über Theorien (oder eine Theorie) sprechen, meta-theoretisch.

Tropus, der T., pl.: Tropen, auch: Trope; in der Rhetorik bildhafter Ausdruck, z.B. →Emphase, →Metapher, →Metonymie.

Type (engl. *type*), Abstraktionsklasse, der ein Wort angehört; das Wort /Haus/ ist ein t., es kann in vielen Kontexten konkret als »Haus« geschrieben oder ausgesprochen (benutzt) werden. Während der t. zur →Langue gehört, ist das →token Teil der →Parole. In dem Sprichwort »Schnaps ist Schnaps und Geld ist Geld« gibt es sieben token, aber nur vier t.s. Das Verhältnis zwischen beiden Größen spielt in der Sprachstatistik eine Rolle.

U

Umformungsprobe → Umstellprobe

Umgangssprache, Sprache (→ Parole), die wir im alltäglichen Umgang (regional) miteinander verwenden; im engeren Sinne wird U. gesehen als »das größere Gebiete ergreifende Ausgleichsergebnis aus einander benachbarten Mundarten« (Trier, ^{2}1969). Von dieser Position her nähert sich die U. immer mehr der → Gemeinsprache.

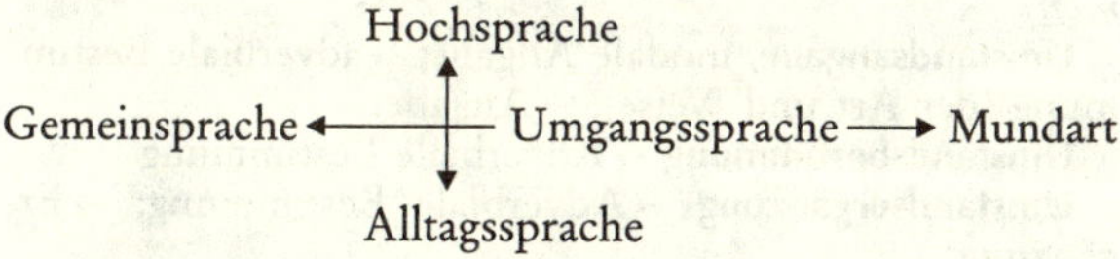

Umlaut, (1) sprachgeschichtlich ist der U. eine Vokalwandlung durch Vokale in der Folgesilbe; zunächst eine durch i, î oder j in der (unmittelbaren) Folgesilbe bewirkte Aufhellung bzw. Anhebung von *a* > *e.* »Seiner phonetischen Natur nach ist der Umlaut eine Assimilation, und zwar eine direkte oder über dazwischenstehende Konsonanten indirekte Palatalisierung des Vokals durch das folgende palatale i« (Braune/Eggers, ^{14}1987). Der so genannte Primärumlaut erfolgte seit dem 8. Jh. im → Althochdeutschen: **gasti* > ahd. *gesti* (Gäste).

Vor den Konsonanten *h, r* und *l* unterblieb zunächst der U., wird aber seit dem 11. Jh. auch auf diese Fälle ausgedehnt: ahd. *mâri* (berühmt) > mhd. *maere*, ahd. *hohiro* (höher) > mhd. *hoeher*; und auch die anderen Vokale werden im Laufe der folgenden Zeit erfasst, bis etwa im 13. Jh. (→ Mittelhochdeutsch) der so genannte → Sekundärumlaut, d. h. die Anhebung auch von *u* und *o* sowie von *a* > *ä* (*e*) bei einem *i/j* in einer der Folgesilben, abgeschlossen ist: ahd. *magedi* (Mägde) > mhd. *megede*, ahd.

skôni (schön) > mhd. *schoene*, ahd. *hûti* (Häute) > mhd. *hiute* ['hütə]. →Lautwandel (1b).

(2) Im heutigen Deutsch gibt es drei U.e: *ä, ö, ü* (*ae, oe, ue*), außerdem den umgelauteten →Diphthong: *äu*. Meist findet sich ein U. beim Plural (*Haus – Häuser*), beim Modus (*wurde – würde*), bei der Komparation (*hart – härter*) oder Wortbildung (*Kraft – kräftig*).

Umschriebene Form, auch: →zusammengesetztes Tempus; mit den →Hilfsverben »haben, sein, werden« zusammengesetzte Form des →Prädikats: *Ich habe gelesen. Ich bin gelaufen. Ich werde in den Ferien zu euch kommen.*

Umstandsangabe, modale Angabe; →adverbiale Bestimmung (der Art und Weise); →Angabe.

Umstandsbestimmung →Adverbiale Bestimmung

Umstandsergänzung →Adverbiale Bestimmung; →Ergänzung

Umstandssatz →Adverbialsatz

Umstellprobe, auch: Permutation; (1) Verschiebeprobe, →Satzgliedprobe: *a+b* → *b+a*; die U. ist ein operationales Verfahren, bei dem sprachliche (syntaktische) Einheiten und deren regelhafte Verwendung ermittelt werden. In dem Satz *Die Touristen kommen aus Bayern* können einzelne syntaktische Einheiten umgestellt werden; dabei lassen sich (semantische) Verschiebungen feststellen:

Aus Bayern kommen die Touristen. (Sie reisen aus Bayern an.)

Die Touristen aus Bayern kommen. (Sie stammen aus Bayern.)

An diesem Beispiel der U. lässt sich die doppelte Funktion der →Präpositionalgefüge (adverbiale Bestimmung versus präpositionales Attribut) erkennen. (2) →Transformation (4).

Umstellung →Inversion

Unbestimmtes Fürwort →Indefinitpronomen

Unbestimmtes Zahlwort → Numerale

Uneingeleiteter Nebensatz, → Nebensatz, der nicht durch ein Einleitungswort (Konjunktion, Relativpronomen/-adverb) eingeleitet wird, der aber stets in einen → eingeleiteten Nebensatz umgewandelt werden kann:

Indirekte Rede:	*Er sagte, er wolle morgen seine Schulden bezahlen. (Er sagte, dass er morgen seine Schulden bezahlen wolle.)*
Direkte Rede:	*Sie sagt: »Du siehst müde aus.« (Sie sagt, dass er müde aussehe.)*
Konditionalsatz:	*Hättest du geschwiegen, wäre alles besser. (Wenn du geschwiegen hättest, wäre alles besser.)*

Ungrammatisch, (1) allgemein grammatisch fehlerhaft, entsprechend einem bestimmten Standard. (2) Im Sinne der → generativen Transformationsgrammatik sind alle Sätze u., die nicht vom Regelmechanismus der Grammatik erzeugt werden; dies allerdings unter der Voraussetzung, dass der Mechanismus alle Sätze einer Sprache und nur diese tatsächlich erzeugt. → Grammatikalität, → Akzeptabilität.

Unikal, nur einmal vorkommend, einzigartig; in der Wortbildungslehre nennt man solche → Morpheme u., die im Lexikon einer Sprache nur einmal vorkommen und nicht weiter analysierbar sind: *Brom-* (Brombeere), *Him-* (Himbeere), *Schorn-* (Schornstein), *-gess-* (vergessen).

Univerbierung, Zusammenschluss zweier vormals getrennter Wörter zu einem: ob + schon – *obschon.*

Universalgrammatik, Abk.: UG; beschäftigt sich mit der Erforschung und Beschreibung der sprachlichen → Universalien; sie hat eine lange Tradition (→ Grammatik von Port-Royal) und spielt bei der Weiterentwicklung der → generativen Transformationsgrammatik im Sinne der → GB-Theorie eine entscheidende Rolle. Ziel der Theorie ist es, den syntaktischen Aspekt der formalen Eigenschaften natürlicher Sprachen auf empirischer Basis zu erforschen; demnach ist die UG eines der autonomen Systeme (ein System von Prinzipien), das die Menge möglicher natürlicher Sprachen definiert und die Struktur einer bestimmten natürlichen Sprache bestimmt. Dieses System von Prinzipien wird gleichzeitig als die genetische Grundlage der menschlichen Fähigkeit, eine Sprache zu erlernen (→Langage), angesehen. So beschreibt die →GB-Theorie universalgrammatische Teilsysteme (Module), die die Strukturen einer natürlichen Sprache festlegen (→X-bar-Schema) und diese Strukturen mit Hilfe von →Theta-Kriterium und →Kasusfilter auf ihre Grammatikalität hin prüfen.

Einwände gegen dieses Konzept Chomskys (1986) erhebt H. Haider (1993): »Wäre die mentale Repräsentation der Kerngrammatik einer Sprache bloß das einzelsprachlich konkretisierte, angeborene Grammatikschema, das jeder Mensch als kognitive Komponente mitbringt, dürfte man sich wohl fragen, in wie viel Exemplaren wir es mitbringen.« Dies ist, bezogen auf Mehrsprachigkeit, ein ernst zu nehmendes Argument. Haider sieht in der UG eher ein Berechnungspotential, das unserer allgemeinen →kognitiven Struktur angehört, und das in der Art eines »Grammatik-Koprozessors« arbeitet. »Die Theorie der UG ist die Theorie des menschlichen Berechnungspotentials für grammatische Strukturen.«

Universalie, dt.: Allgemeinbegriff, angeborene Idee; im Rahmen der Sprachphilosophie und Sprachpsychologie (→Universalgrammatik) vertretene Hypothese, wonach der Mensch nicht ohne geistige Grundlage (quasi »tabula rasa«) geboren sei, sondern einen Grundbestand an Ideen, an Konzepten für den →Spracherwerb (→Langage) immer schon mit auf die Welt bringe. Nach J. J. Katz (1969) enthält der Spracherwerbsmechanismus folgende Prinzipien als angeborene Struktur:

– die sprachlichen U.n, die die Form einer Sprachbeschreibung definieren,

- die Form der phonologischen, syntaktischen und semantischen Komponenten einer Sprachbeschreibung,
- den formalen Charakter der Regeln in jeder dieser Komponenten,
- die Menge der universalen phonologischen, syntaktischen und semantischen Konstrukte, aus denen heraus Einzelregeln in Einzelbeschreibungen formuliert werden,
- eine Methodologie für die Wahl optimaler Sprachbeschreibungen.

U.n werden durch Analyse und Generalisierung der Eigenschaften möglichst vieler Sprachen (→Langue) gewonnen: z.B. gewisse distinktive Merkmale (in der phonologischen Struktur einer Sprache) oder die Formalisierung der Subjekt-Objekt-Beziehung.

Unmarkiert, meist bei Oppositionspaaren verwendeter Ausdruck, der anzeigt, dass eine Größe ein Merkmal nicht hat; z.B. die Opposition von stimmlosen und stimmhaften Konsonanten als Opposition von unmarkiert und markiert. Dem u.en [t] fehlt das Merkmal stimmhaft, während dem markierten [d] dieses Merkmal zukommt.

Unpersönliche Satzkonstruktion, Sätze, bei denen das logische →Subjekt nicht benannt wird. So kann bei bestimmten Konstruktionen nur das grammatische Subjekt stehen: *Es darf gelacht werden!*, oder auch ganz fehlen: *Mich friert.* →Impersonale.

Unpersönliches Verb →Impersonale

Unregelmäßiges Verb, eine Reihe von Verben weist »Unregelmäßigkeiten« bei der Konjugation auf, zum Beispiel:
- →starke Verben (mit Wechsel des Stammvokals; →Ablaut): *singen – sang – gesungen*
- Verben mit →Umlaut (vor allem beim →Konjunktiv): *empfehlen – du empfiehlst; ob er empföhle (empfähle)*
- Konsonantenwechsel: *leiden – litt – gelitten*
- Vokal- und Konsonantenwechsel: *denken – dachte – gedacht*

– →Modalverben (außer: *wollen*): *dürfen – du darfst, er durfte*
– →Hilfsverben: *sein – ich bin, wir waren*

Unsinnssatz →Syntaktische Information

Unterbegriff →Hyponym

Unterordnende Konjunktion →Konjunktion (2); Unterordnung, →Subordination.

Unterrichtsmethode, neben den →Methoden im Wissenschafts- und Fachbereich sind U.n für den Lehr- und Unterrichtsprozess zu unterscheiden. Unterrichtsinhalte und U.n stehen in Wechselwirkung zueinander. Allgemein gesprochen leisten U.n die symbolische Vermittlung der außerunterrichtlichen Wirklichkeit, d.h., es gibt keine Inhalte an sich, sie werden vielmehr durch das methodische Handeln von Lehrenden und Lernenden im Vermittlungs- bzw. Aneignungsprozess hergestellt. Dabei strukturiert die U. den Lernweg des Studierenden oder Schülers und ist gleichzeitig zielgerichtet (→Lehrziel). H. Meyer ([2]1988) unterscheidet a) Sozialformen (wie Frontalunterricht, Gruppen-, Einzel- oder Partnerarbeit), b) Handlungsmuster (wie Lehrervortrag, Schülerreferat, Unterrichtsgespräch, Experiment) und c) Unterrichtsschritte (wie Hinführung, Erarbeitung oder Problemlösung, Übung, Anwendung, Kontrolle). Neben den methodischen Grundformen des darbietenden, aufgebenden und erarbeitenden Unterrichts treten immer mehr kooperative Konzepte in den Vordergrund, etwa beim handlungsorientierten →Sprachunterricht.

Unverträglichkeit →Inkompatibilität

Unverträglichkeitsprobe →Exklusionsprobe

Ursprache, auch: adamitische Sprache, Lingua Adamica; zu Beginn des 17. Jh.s entstanden in Deutschland die ersten →Sprachgesellschaften. Einige Humanisten (wie J. v. Dalberg oder K. Celtes) hatten bei ihren Sprachstudien überraschende Ähnlichkeiten zwischen dem Deutschen und dem Griechischen entdeckt, und sie vermuteten daher, dass beide Sprachen verwandt und damit ebenbürtig sein müssten. So wurde die alte Lehre von den drei heiligen Sprachen (Griechisch, Hebräisch, Latein) erweitert durch die Vorstellung einer »lingua quarta«; und das Deutsche erhielt so den Rang einer vierten heiligen Sprache. Einige spekulierten darüber, dass das Deutsche älter als das Griechische sein müsse.

Des Weiteren hatte man darüber nachgedacht, dass doch alle Sprachen aus der Babylonischen Sprachverwirrung hervorgegangen seien, das heißt, alle nationalen Sprachen müssten doch irgendwie die Sprache Adams, die erste und allgemeinste Sprache der Menschen vor dem Turmbau zu Babel, repräsentieren, wenn auch bruchstückhaft und verkümmert. Man müsste nur jene babylonischen Trümmer wegräumen, um die Lingua Adamica, die U. der Menschen, zurückzugewinnen.

Diese humanistischen Ideen wurden in der Mystik, insbesondere bei J. Böhme (1575–1624), spekulativ weitergeführt: In der Sprache Adams, so meinte er, hätte einst das Wort Gottes wesenhaft und wirklich seinen Ausdruck gefunden. Dies bedeutet, dass sich in den »Signaturen« dieser Sprache das wahre Wesen der Dinge widerspiegele; und dies galt es auf mystischem Wege wieder zu entdecken. Außerdem zeigte ihnen das Pfingstgeschehen im Neuen Testament, dass alle Menschen, gleich welcher Nation, diese U. verstehen müssten.

In neuerer Zeit sind Fragen nach einer U. als solche des →Sprachursprungs gestellt worden.

Usuell, gebräuchlich, üblich; u.er Wortgebrauch liegt vor, wenn übliche Wendungen aus dem →Lexikon verwendet werden. Durch häufigen Gebrauch können ↔okkasionelle Wortbildungen in den allgemeinen →Wortschatz übergehen und u. werden.

Uvular, Halszäpfchenlaut, z.B. gerolltes [R].

V

Valenz, dt.: Fügungspotenz, Wertigkeit; unter V. versteht man vor allem die Fähigkeit des Verbs, eine bestimmte Anzahl und Art von →Satzgliedstellen um sich zu eröffnen, die mit entsprechenden →Satzgliedern zu besetzen sind, wenn ein grammatisch vollständiger Satz entstehen soll. So gibt es eine Reihe von Verben, die nur das →Subjekt erfordern, andere benötigen zu ihrer »Sättigung« ein weiteres →Objekt oder weitere Objekte. Die von der V. des Verbs notwendig geforderten Satzglieder heißen auch →Ergänzungen (↔Angabe).

a) →absolute Verben: *Marianne frühstückt. – Die Kinder spielen. – Vater schläft.*

b) →relative Verben: *Ihr Angebot entbehrt einer soliden Grundlage. – Die Qualität genügt den Anforderungen. – Wir prüfen die Daten. – Die Absage enthebt Sie der Zahlung. – Wir bieten Ihnen etwas Neues.*

Aufgrund der V. sind (zum Teil unterschiedliche) Einteilungen des Verbs in Untergruppen vorgenommen worden. Unterscheidungsmerkmal ist zunächst das syntaktische Verhalten; der Zusammenhang mit semantischen und pragmatischen Kriterien ist nur vage geklärt. H. J. Heringer (1970) gibt den Hinweis, dass »die Angabe der Wertigkeit eines Prädikats Teil seiner Bedeutungsbeschreibung« sei. Er führt das Beispiel »$P_{1,2}$« und »$P_{2,2}$« für das Verb »rollen« an. Die Indices kennzeichnen die Anzahl der notwendigen Ergänzungen (1. Ziffer) sowie bei zweiwertigen Prädikaten die Art der neben dem Subjekt noch geforderten Ergänzung; hierbei gilt allerdings, dass eine E2 = Akkusativ (4. Fall) ist. Also:

$P_{1,2}$: X *rollt.* Semantisches Merkmal: »X bewegt sich in bestimmter Weise von einer Stelle weg«

$P_{2,2}$: *A rollt X.* Semantisches Merkmal: »A bewirkt, dass X sich in einer bestimmten Weise von einer Stelle wegbewegt«

Weitere (semantische) Merkmale, die nicht nur die →Grammatikalität, sondern auch die →Akzeptabilität von syntaktischen Strukturen gewährleisten, müssen über zusätzliche Regeln (→Klassem) eingeführt werden.

Gelegentlich wird bei der V. zwischen obligatorischen und fakultativen Ergänzungen unterschieden; →Ergänzung (2). Hinzu kommt die Differenzierung in eine Abhängigkeit 1. und 2. Grades:

Der Vorspann macht mich neugierig auf den nächsten Film.

Valenz 1. Grades Valenz 2. Grades

Außer beim Verb zeigt sich V. auch bei nominalen Ausdrücken, beim → Adjektiv und bei einigen → Partikeln:

Nomen: *Wir haben Verständnis für deine Sorgen.*

Adjektiv: *Die Leser sind begierig auf Neuigkeiten.*

Partikel: *Der Campingplatz liegt jenseits des Flusses.*

In neuerer Zeit wird die V. nicht mehr nur formal-syntaktisch begründet, sondern es ergeben sich, je nach theoretischer Fundierung der Grammatiktheorie, ganz unterschiedliche Konzepte:

- Bei der →logischen V. steht die Analyse des Verhältnisses zwischen dem Prädikat und seinen →Argumenten bzw. Argumentstellen im Vordergrund.
- Die →semantische V. ist gekennzeichnet durch →Subkategorisierung und →Selektionsbeschränkungen sowie durch die Theorie der →thematischen Rollen.
- Unter pragmatischen Gesichtspunkten wird V. durch die thematischen Rollen und die im V.-Rahmen ausgedrückte →Perspektivierung gekennzeichnet.

Auf diese Weise ergeben sich deutliche Berührungspunkte mit neueren linguistischen Theorien, z.B. mit →Rektion, →Kasustheorie, →Theta-Rolle.

Die V.-Theorie ist Grundlage der →Dependenzgrammatik und aller Modelle, die von der zentralen Stellung des Verbs im Satz ausgehen (→Valenzgrammatik). Wegen seiner herausgehobenen Stellung wird in solchen Grammatiken (z.B. der neueren Duden-Grammatik) das →Prädikat nicht mehr zu den eigentlichen Satzgliedern gezählt.

Eine grundsätzlich andere Konzeption geht von der Gleichwertigkeit des nominalen und verbalen Komplexes im Satz aus, wie dies zum Beispiel bei der →generativen Transformationsgrammatik der Fall ist.

Valenzgrammatik, in Deutschland sind die Ideen von L. Tesnière zur →Dependenzgrammatik und zur →Valenz (vornehmlich des Verbs) von der →inhaltsbezogenen Grammatik aufgegriffen und in den 60er-Jahren zur V. weiterentwickelt worden. Verbunden wurde die Idee von der zentralen Stellung des →finiten Verbs mit dem Konzept der →Satzbaupläne (H. Glinz, H. Brinkmann, J. Erben sowie die Duden-Grammatik). Die Valenzwörterbücher (z.B. Engel/Schuhmacher, 1976) konnten dazu benutzt werden, die syntaktischen Strukturen der Sätze an die Valenz des jeweiligen finiten Verbs zu koppeln, was sich vor allem im →Fremdsprachenunterricht bewährt hat. Je nach der Konzeption von Valenz hat sich die V. in neuer Zeit in unterschiedliche theoretische Richtungen differenziert.

Valenztheorie →Valenz

Validität, neben →Objektivität und →Reliabilität eines der drei Gütekriterien für Tests; unter V. versteht man die Überprüfung der inhaltlichen Gültigkeit von Ergebnissen, also die Übereinstimmung von Anspruch und Realität. So besitzt ein Verfahren nur dann V., wenn es nachweislich das misst bzw. erbringt, was es messen bzw. erbringen soll. Ein Verfahren, um dies zu prüfen, besteht darin, Testergebnisse im Sinne von Prognosen zu benutzen, um später erzielte Ergebnisse vorherzusagen. Die so erhobenen Testwerte (z. B. in einem Eignungstest) fungieren dann als Prädiktoren, und die tatsächlich erzielten Ergebnisse (z. B. am Ende einer Ausbildung) als V.s-Kriterium.

Variable, dt.: Veränderliche; der Terminus wird in Logik und Mathematik zur Bezeichnung eines Platzhalters benutzt, z. B. eines Symbols, das in die Leerstelle einer Aussageform oder Funktionsvorschrift eingesetzt werden kann: M = {x/x ist ein Wochentag}, gelesen als: »M ist die Menge aller x, für die gilt: x ist ein Wochentag«. Also: M = {Sonntag, Montag, Dienstag, ...}. ↔ Konstante.

Variabilität, dt.: Veränderlichkeit; von V. spricht man, wenn sich eine Größe prozesshaft verändert, z. B. ein Vokal bei der Aussprache im → Diphthong.

Variante, sprachliche Größen, die sich in nicht → distinktiven Merkmalen unterscheiden, sind V.n. Sie können fakultativ auftreten oder → komplementär verteilt sein.

Beschreibungsebene	Fakultative V.	Komplementär verteilte V.
Phonologie	Zäpfchen- / Zungen-r	Achlaut [x]/Ichlaut [ç]
Morphologie	*dem Kind / dem Kinde*	*Kind / Kinder*
Syntax	*Ich sehe, dass er kommt / Ich sehe ihn kommen*	*Willi geht in die Lehre, damit er etwas lernt / Willi ging in die Lehre, um etwas zu lernen*

Varietät, Teile einer Sprache oder Subsprachen, die geographisch (→ Dialekt), soziologisch (→ Soziolekt), berufsbezogen (→ Fachsprache), altersspezifisch (Jugendsprache) usw. abgrenzbar sind, heißen V.en. Sie werden meist mit der Standard-V. in Beziehung gesetzt.

Velar, Hintergaumenlaut: stimmlos [k] und [x]; stimmhaft [g] und [ŋ].

Verb, dt.: Aussagewort, Tu(n)wort, Tätigkeitswort, Zeitwort; das V. ist die →Wortart, die zeitliche Vorgänge, Handlungen oder Zustände wiedergibt. Die verbalen Teile im Satz bilden das →Prädikat. In dieser Funktion zeigt die →finite Form des V.s (→Konjugation) die →Personalform an, die nach fünf Kategorien näher bestimmt ist: Person, Numerus, Tempus, Modus und Genus des V.s.

Durch →Kongruenz ist der verbale Teil des Satzes (das Prädikat) mit dem →Subjekt verbunden; durch seine →Valenz kann das (finite) V. weitere →Satzgliedstellen für konstitutive (oder freie) Satzglieder eröffnen. Außerdem signalisiert das V. die →Aktionsart und (teilweise) den →Aspekt eines Geschehens. Die folgende Übersicht fasst die wichtigsten Bestimmungsmerkmale und Funktionen des V.s im Satz zusammen. (Vgl. auch das jeweilige Stichwort!)

1. Erscheinungsweisen

a) Infinite Formen	
– Infinitiv	*gehen, malen*
– Partizip I	*gehend, malend*
– Partizip II	*gegangen, gemalt*
b) Finite Formen	*(ich) gehe, (du) malst*
(Personalformen)	(wir) *gehen, (ihr) malt*
c) Stammformen	*gehen – ging – gegangen;*
	malen – malte – gemalt

2. Kategorien

a) Person und Numerus (Kongruenz zu Person und Numerus des Subjekts)	
1., 2., 3. Person	*ich gehe, ich male*
Singular/Plural	(1. Person Singular)
	wir gehen, wir malen
	(1. Person Plural)
b) Tempus	
– Präsens	*ich gehe, ich male*

– Perfekt	*ich bin gegangen, ich habe gemalt*
– Präteritum	*ich ging, ich malte*
– Plusquamperfekt	*ich war gegangen, ich hatte gemalt*
– Futur I	*ich werde gehen,* *ich werde malen*
– Futur II	*ich werde gegangen sein, ich werde gemalt haben*
c) Modus	
– Indikativ	*er geht, er malt*
– Konjunktiv I	*er gehe, er male*
– Konjunktiv II	*er ginge, er malte / würde malen*
– Imperativ	*Geh!, Male!*
d) Genus verbi	
– Aktiv	*Er geht (ins Atelier); Er malt (ein Bild)*
– Passiv	– –; *(Das Bild) wird gemalt*

Ich habe gearbeitet. —
- 1. Person
- Singular
- Perfekt
- Indikativ
- Aktiv

3. Arten und Einteilungen

a) starke Verben	*gehen – ging – gegangen*
b) schwache Verben	*malen – malte – gemalt*
c) regelmäßige Verben	*malen – malte – gemalt*
d) unregelmäßige Verben	*gehen – ging – gegangen* *denken – dachte – gedacht* *sein – war – gewesen*
e) transitive Verben	*malen, schreiben, schlagen*
f) intransitive Verben	*gehen, danken, halten für*
g) persönliche Verben	*(ich) gehe, (ich) male*
h) unpersönliche Verben	*(es) regnet, (mich) hungert*
i) Vollverben	*gehen, malen, regnen*

j) Hilfsverben	*haben, sein, werden*
k) Kopula(tiv)verben	*bleiben, sein, werden*
l) Modalverben	*dürfen, können, mögen, müssen, sollen, wollen*
m) modifizierende Verben	*(zu tun) pflegen, vermögen*
n) reflexive Verben	*sich schämen, sich benehmen*
o) Funktionsverben	*(zur Entscheidung) bringen*
4. Valenz	
a) nullwertige Verben	*regnen, blitzen, dämmern*
b) einwertige Verben	*arbeiten, blühen, schlafen*
c) zweiwertige Verben	*danken, sehen, gehen*
d) dreiwertige Verben	*schenken, halten für*
5. Semantische Eigenschaften	
a) Handlungsverben	*gehen, malen*
b) Vorgangsverben	*wachsen, wehen*
c) Zustandsverben	*liegen, bleiben*
d) Witterungsverben	*regnen, blitzen*
6. Aktionsarten	
a) zeitliche Verlaufsweise	*entbrennen, brennen, verbrennen*
b) Wiederholung	*flackern*
c) Grad und Intensität	*glimmen*
7. Verbstellung im Satz	
a) Hauptsatz	
– Erststellung:	
Aufforderungssatz	*<u>Geht</u> sofort nach Hause!*
Entscheidungsfrage	*<u>Geht</u> ihr schon nach Hause?*
– Zweitstellung:	
Aussagesatz	*Wir <u>gehen</u> gleich nach Hause.*
Ergänzungsfrage	*Wann <u>geht</u> ihr nach Hause?*
b) Nebensatz	
– Letztstellung	*(Wir müssen gehen), weil wir sonst den Bus <u>verpassen</u>.*
c) Satzklammer	*Ich <u>werde</u> mit euch <u>fahren</u>.*

Verbalabstraktum → Nomen actionis

Verbaladjektiv →Gerundiv(um)

Verbale Klammer, →Satzklammer, Satzrahmen, Distanzstellung; am häufigsten wird die v. K. durch die →flektierte Form des Verbs und eine →infinite Verbform gebildet. Sie stellt ein typisches syntaktisches Muster der deutschen Sprache dar und tritt in folgenden Fällen auf:

– bei den zusammengesetzten →Tempora
  Ich bin schon im letzten Jahr mit euch nach Italien gefahren.
  Ich werde auch in diesem Jahr mit euch fahren.
– bei →Modalverb-Verbindungen
  Ich möchte immer mit euch nach Italien fahren.
  Du kannst, sooft du willst, mit uns fahren.
– beim →Verbzusatz (im Präsens und Präteritum)
  Wir fahren nicht ohne dich los. (losfahren)

Verbale Planungsstrategie, auch: Sprechstrategie; in der soziolinguistischen Theorie werden bei B. Bernstein (1971, dt. 1972) die linguistischen →Kodes und die v. P. miteinander in Beziehung gesetzt: einerseits heißt es, dass die Formen der verbalen Planung die linguistischen Kodes hervorbringen, andererseits wird gesagt, dass die linguistischen Kodes sich in Formen der verbalen Planung verfestigen und dass Sozialbeziehungen diese Kodes hervorbringen. U. Oevermann (1972) stellt klar, dass die linguistischen Kodes auf der soziologischen und die v. P. auf der psychologischen Beschreibungsebene anzusiedeln sind. Er führt Differenzen im Sprachgebrauch einerseits auf die situationsspezifischen linguistischen Kodes zurück, andererseits aber auch auf »individual- und gruppenspezifische, situationsübergreifende linguistische Kodes, die das Individuum lebensgeschichtlich früh als Strategien, die gleichsam die Situationsinterpretation präselegieren und die biographische Erfahrung organisieren, erworben hat«. Schematisch könnte dies so aussehen:

Sprachliche Sozialisation des Kindes in der Familie →Erwerb von v. P., die als →kognitive Muster verstanden werden können (symbolische Funktion) → Ausbildung eines linguistischen Kodes auf der Grundlage a) des Sprachsystems (→ Langue) und b) der Anforderungen der spezifischen sozialen Situationen und der → kommunikativen Handlungszusammenhänge → Sprachliche Äußerungen, die ihrerseits im Laufe der individuellen Entwicklung Grundlage für die sprachliche Sozialisation der eigenen Kinder sind (→ Rückkopplung).

Erwirbt das Individuum mehrere linguistische Kodes, die es adressaten- und situationsspezifisch einzusetzen versteht, so werden sie in dem Oberbegriff »verbales Repertoire« zusammengefasst.

Verbales Lernen, nach dem → Spracherwerb kann der Erwerb von Sachwissen durch v. L. beginnen; dies bedeutet jedoch nichts anderes, als dass → kognitive Strukturen nach dem Erwerb der Sprache (als einer → symbolischen Funktion) rascher, effektiver und ökonomischer als bisher aufgebaut werden können. Gelernt werden Bedeutungen von Wörtern und Sätzen, was zu einer sprachlich-symbolischen → Repräsentation des Wissens führt.

Bausteine des verbalen Lernens sind also → Begriffe sowie Regeln, nach denen diese Begriffe in Beziehung zueinander gesetzt werden können. Ein weiterer wesentlicher Aspekt muss in der Möglichkeit für den Lernenden gesehen werden, neuen Lernstoff im Zuge von → Assimilation und → Akkomodation mit dem bereits vorhandenen Wissen zu verknüpfen. Ziel des verbalen Lernens ist nicht nur der Erwerb von möglichst zahlreichen Einzeldaten, → Schemata und → Skripten, sondern insbesondere auch von Methodenbewusstsein (→ Methode), kommunikativer → Kompetenz (2), → Problemlösungsverfahren und intuitivem Denken.

Verbales Repertoire, (1) Gesamtheit aller sprachlichen → Varietäten bzw. → Register in einer Sprachgemeinschaft wie → Standardsprache, → Soziolekt, → Dialekt, → Fachsprachen, → Sondersprachen usw. (2) In der → Soziolinguistik verbunden mit →verbaler Planungsstrategie, die als initial für die Aktivierung des verbalen Repertoires anzusehen ist.

Verbalgenus →Genus verbi

Verbalisierung →Wortartenwechsel

Verbalphrase, Abk.: VP; in der Standard-Theorie der →generativen Transformationsgrammatik bezeichnet VP die direkt von »S« dominierte →Konstituente, die mindestens einen verbalen Teil enthält. Je nach dem Aufbau der →Phrasenstrukturgrammatik kann die VP in mehr oder weniger komplexe Ketten expandiert werden, zum Beispiel:

Regel 1: S → NP+VP
Regel 2: VP → V (NP) (PP) (Adj)

Die zweite Regel besagt: Expandiere VP entweder zu

– Verb	(–) *schläft*
– Verb + NP (→Nominalphrase)	(–) *fegt den Hof*
– Verb + Präpositionalgefüge	(–) *spielt auf dem Hof*
– Verb + Adjektiv	(–) *ist laut*
– Verb + NP + PP	(–) *fegt den Hof mit dem Besen*

Durch →Subkategorisierung lassen sich auch weitere syntaktisch-semantische Eigenschaften festlegen, z.B. Transitivität:

Regel 3: V → $[+V, +Trans] / [\ \_\_NP]_{VP}$

Sie bedeutet: Expandiere V zu einem transitiven Verb, wenn eine von VP dominierte NP folgt (usw.).

Im →X-bar-Schema ist VP diejenige Kategorie, die V als →Kopf (X^0) hat und von INFL' (= INFL-bar) dominiert wird.

Verbalstil, Bevorzugung von →Verben beim Sprechen oder Schreiben, im Gegensatz zum →Nominalstil; der V. klingt weniger offiziell oder amtssprachlich: *Ich möchte noch einmal auf das hinweisen, was ich zuvor gesagt habe: wir werden über Ihren Antrag erneut abstimmen.*

Verbalsubstantiv, →Ableitung eines Substantivs (→Nomen) von einem Verb: *hören*: Hörer, Gehör. →Nominalisierung, →Gerundium.

Verba sentiendi, die so genannten →AcI-Verben im Lateinischen, die sinnliche Wahrnehmungen wie Sehen, Hören, Fühlen sowie Akte des Glaubens, Denkens, Meinens umfassen. Im Deutschen sind die V. s. zum kleineren Teil AcI-fähig.

Verbstellung, im deutschen Satzbau nimmt das →flektierte Verb (der finite Teil des →Prädikats) eine ganz bestimmte →Satzgliedstelle ein, wodurch im Wesentlichen die →Satzarten festgelegt und eine Unterscheidung zwischen →Hauptsatz und →Nebensatz getroffen werden kann:

	1. Stelle	2. Stelle	weitere Stellen
V. bei den Satzarten: Hauptsätze: a) Verb an zweiter Satzgliedstelle			
– Aussagesatz	*Jan*	*kommt*	*bald aufs Gymnasium.*
– Interrogativsatz (Ergänzungsfrage)	*Wann*	*kommt*	*Jan aufs Gymnasium?*
b) Verb an erster Satzgliedstelle			
– Interrogativsatz (Entscheidungsfrage)	*Kommt*	*Jan*	*bald aufs Gymnasium?*
– Aufforderungssatz (Imperativ)	*Schickt*	*Jan*	*doch bald aufs Gymnasium!*
V. im eingeleiteten Nebensatz: c) Verb an letzter Satzgliedstelle			
– Gliedsatz (*Wir überlegen noch,*)	*ob Jan*	*dorthin*	*gehen soll.*

Eine gewisse Schwierigkeit ergibt sich, wenn (neben dem Einleitungswort) nur zwei Satzgliedstellen besetzt sind; durch die →Erweiterungsprobe kann festgestellt werden, ob das Verb an zweiter oder letzter Satzgliedstelle steht.

	1. Stelle	2. Stelle	letzte Stelle
a) *(Alle freuen sich), denn*	*die Sonne*	*scheint.*	
b) *(Alle freuen sich), weil*	*die Sonne*	*scheint.*	

Erweiterungsprobe:

a) *(Alle freuen sich), denn*	*die Sonne*	*scheint*	*heute.*
b) *(Alle freuen sich), weil*	*die Sonne*	*heute*	*scheint.*

Hier zeigt sich, dass »denn« als nebenordnende →Konjunktion (1) einen Hauptsatz einleitet (das Verb »scheint« steht an der 2. Stelle und bleibt dort auch nach der Erweiterung); dagegen ist »weil« eine unterordnende →Konjunktion (2), die einen Nebensatz einleitet (das Verb »scheint« steht zwar an zweiter Stelle, doch die zweite Stelle ist gleichzeitig die letzte, was durch Erweiterung verdeutlicht werden kann).

Eine zu beachtende Besonderheit der V. findet sich bei den →uneingeleiteten Nebensätzen.

Verbzusatz, mit dem →Infinitiv des Verbs nicht fest verbundener Wortteil, der mit ihm eine →Zusammensetzung bildet (und zum Teil auch wie ein →Präfix empfunden wird). Im Präsens und Präteritum wird der V. ans Ende gestellt und bildet so eine →verbale Klammer mit der Personalform. Auf der Satzebene gehört der V. zum →Prädikat.

feststehen: *Euer Irrtum steht für mich fest.*
nachblicken: *Sie blickten dem entschwindenden Flugzeug nach.*
übersetzen: *Die Wanderer setzen mit der Fähre ans andere Ufer über.*

Der unbetonte Verbzusatz kann dagegen nicht abgetrennt werden:
übersetzen: *Die Dolmetscherin übersetzt die Rede des Präsidenten.*

Der V. gilt nicht als Satzglied, bildet aber eine selbständige syntaktische Einheit, die gelegentlich, vor allem in betonter Rede, an die erste Satzgliedstelle treten kann (Getrenntschreibung signalisiert Satzgliedwertigkeit in der betonten Spitzenstellung): *Fest steht für mich, dass ihr euch geirrt habt.* – *Auf fällt, dass er öfter schon nervös gewesen ist.*

Vergangenheit, physikalisch objektive Zeit, die – vom Zeitpunkt des aktuellen Sprechers (oder Erzählers) aus – vorher liegt. Der Ausdruck V. sollte nicht mit dem grammatischen Terminus → Präteritum verwechselt werden. Gelegentlich werden Präteritum, Perfekt und Plusquamperfekt als V.s-Formen zusammengefasst. → Zeitverweis.

Vergleichend → Komparativ

Vergleichsform → Komparation

Vergleichspartikel, beim → Positiv steht bei Vergleichen die V. »(so) wie«: *A ist so groß wie B.*; beim → Komparativ steht die V. »als«: *A ist größer als B.* Gebräuchlich ist noch »denn je«: *Eleonore war schöner denn je.*

Vergleichssatz → Komparativsatz

Verhältnisgleich → Proportional

Verhältnissatz → Adverbialsatz

Verhältniswort → Präposition

Verkehrssprache, ursprünglich bestand ein Gegensatz zwischen der mündlichen V. und der schriftlichen Geschäfts- und Amtssprache innerhalb einer Sprachgemeinschaft, der erst zu Beginn des Frühnhd. (→ Luther-Deutsch) allmählich verschwand. Heute gelten als V.n jene Sprachen, die über die nationalen Sprachgrenzen hinaus den ökonomischen, politischen und kulturellen Verkehr der Völker untereinander ermöglichen (Englisch, Französisch, Spanisch, Russisch) oder die für bestimmte Sprecher sozialverbindlich geworden sind (→ Pidgin; → Kreolsprache).

Verkettung → Verknüpfung

Verkleinerungsform → Diminutiv

Verknüpfung, (1) Mengen können derart verknüpft werden, dass entscheidbar ist, ob ein Element nur zu einer der beiden oder zu beiden Mengen zugleich gehört. Ebenso können unter logischen Gesichtspunkten Aussagen als wahr oder falsch beurteilt werden, und die V. von Aussagen kann wiederum zu wahren oder falschen Gesamtaussagen führen (→ Aussagenlogik). Die wichtigsten V.en sind hier $\land$ (›und‹), $\lor$ (›oder‹), $\neg$ (›nicht‹) sowie $\supset$ (›wenn – dann‹). (2) Auch: Verkettung; in der → generativen Transformationsgrammatik werden in der → Basis grammatische Kategorien durch → Phrasenstrukturregeln miteinander verknüpft. Die V. wird meist durch Symbole wie »+« oder »$\land$« dargestellt.

Verlaufsform, Verbindung von *am*, *beim*, *im* + *sein* + substantiviertem → Infinitiv (→ Nominalisierung); die V. drückt die → Aktionsart des Verbs (→ imperfektiv) aus: *Erich ist gerade am Essen. – Die Winzer sind beim Traubenlesen. – Diese Mode ist zurzeit im Kommen.* Die V. mit »am« ist mundartlich (vgl. das Progressiv im Englischen!).

Verlaufsweise → Aktionsart

Verneinung → Negation

Vernersches Gesetz → Grammatischer Wechsel

Verschiebeprobe → Umstellprobe

Verschlusslaut, kennzeichnend für die V.e ist die → Artikulationsart; bei der Lautproduktion der V.e wird die Luft während einer gewissen Zeit am Ausströmen gehindert (→ Explosiv):

Artikulationsort	→ Labial		→ Dental		→ Velar	
Artikulationsart	stl.	sth.	stl.	sth.	stl.	sth.
Verschlusslaut	p	b	t	d	k	g

Verstehenslehre → Hermeneutik

Vertextung → Textkonstitution

Verträglichkeit → Kompatibilität

Vervielfältigungszahl → Multiplikativzahl

Verweisform → Pro-Form

Verzweigend → Linksverzweigung, → Rechtsverzweigung

Verzweigungsdiagramm → Baumdiagramm

Vibrant, Schwing- oder Zitterlaut; z. B. dentales [r] oder uvulares [R].

Vokal, dt.: Selbstlaut; stimmhafter Sprachlaut, der ohne Geräuschbildung produziert wird. Der Luftstrom kann ohne Behinderung entweichen: *a, e, i, o, u* und ə (Murmellaut »Schwa«). Je nach der in der → Phonetik angewendeten Methode werden die V.e nach unterschiedlichen Kriterien eingeteilt und beschrieben.

Nach artikulatorischen Gesichtspunkten werden die V.e entsprechend der Stellung der Zunge zum Gaumen (hoch, mittel, flach), der Stellung der Lippen (gerundet, nicht gerundet) und der Beteiligung des Nasenraums bei der Produktion (nasal, nicht nasal) eingeteilt. Die Länge oder Kürze eines V.s ergibt sich durch gespannte (geschlossene) oder ungespannte (offene) Artikulation.

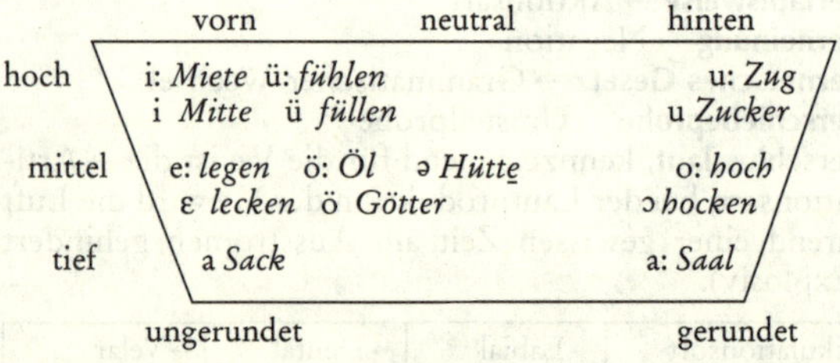

Unter akustischen Gesichtspunkten werden V.e nach dem Spektrogramm auf dem → Sonagraphen eingeteilt, z. B. in Form einer → Matrix.

Vokalsenkung → Brechung

Vokativ, dt.: Anredenominativ; der V. dient in einigen indoeuropäischen Sprachen als eigener morphologischer Kasus der Anrede oder der Anrufung eines Menschen oder Wesens. Meist steht der V. am Anfang des Satzes, ohne jedoch im eigentlichen Sinne zum Satzverband zu gehören: lat. *dominus* ›Herr‹ (Nominativ) – *domine* (Vokativ). Im Deutschen ist der V. vom →Nominativ übernommen worden und ist morphologisch nicht mehr vorhanden; er kann an unterschiedlichen Stellen im Satz auftreten, ohne dass sich der Satzbau dadurch ändern würde: *Aus der Tiefe, o Herr, rufe ich zu dir!* →Parenthese.

Volksetymologie (Etymologie = Lehre von der Herkunft der Wörter), eine Art von →Bedeutungswandel, bei dem jedoch nur die »Worthülse« (das →Bezeichnende) bei völlig neuer Wortbedeutung übrig geblieben ist. Volkstümliche Umdeutung von Wörtern oder Wendungen, deren Sinn die Sprachteilnehmer nicht mehr verstanden und deren Lautgestalt sie deshalb nach ähnlich klingenden Wörtern hin umgedeutet haben. So entstand im Laufe der Zeit aus dem »Mautenturm« (Turm an der Grenze eines Bezirks, an dem eine Maut, eine Art Wege- oder Brückengeld, erhoben wurde) der Ausdruck »Mäuseturm«, und zwar a) aus historischen Gründen (Wegfall des Sachbereichs) und b) aufgrund von Analogien bei der →Lautverschiebung (au > äu). Derartige V.n regten gelegentlich die Legendenbildung an, wie im Fall des Bischofs Hatto I (um 900) und dem »Mäuseturm« bei Bingen. (Weitere Einzelheiten vgl. Olschansky, 1999.)

Vollendete Gegenwart →Perfekt

Vollendete Vergangenheit →Plusquamperfekt

Vollendete Zukunft →Futur (2)

Vollverb, Verben mit lexikalischer Bedeutung, die allein das →Prädikat bilden können: *Die Kinder spielen. Die Eltern lesen Zeitung.* Bei mehrteiligen Prädikaten ist das V. nicht weglassbar: *Vater will (wird/kann/soll) die Schaukel* *reparieren.* – **Vater* wird *die Schaukel.* →Infinitivprobe; →Hilfsverb.

Vordergaumenlaut →Palatal

Vordersatz, abhängiger →Nebensatz, der links vom Hauptsatz steht; →Linksverzweigung: *Wer das nicht glaubt, soll es bleiben lassen.* →Nachsatz.

Vorfeld →Stellungsfeld

Vorfeldbesetzung, (1) →Stellungsfeld; (2) →Topikalisierung (3).

Vorgangspassiv →Passiv (1)

Vorgangsverb, bezeichnet im Hinblick auf das →Subjekt einen Ablauf oder allgemein eine Veränderung: *Die Kinder schlafen. Das Frühjahr fängt gut an. Der Schnee schmilzt.* →Handlungsverb; →Zustandsverb.

Vorgegenwart →Perfekt

Vorsilbe →Präfix

Vorvergangenheit →Plusquamperfekt

Vorzeitigkeit →Zeitenfolge

VP, Abk.: →Verbalphrase; zum »Problem der VP im Deutschen« vgl. G. Grewendorf (1988, Kap. 13).

VP-Hypothese, speziell für das Deutsche (und andere Verb-zweit-Sprachen) entwickelte generative Syntaxtheorie, die Argumente für eine »einzige und VP-interne Subjektposition im Deutschen« liefert (Haider, 1993, Kap. 6.3). Die drei wesentlichen Punkte der VP-H. lauten:
a) Das Verb regiert (→Rektion) das Subjekt;
b) das Verb regiert die Adjunktionspositionen (→Adjunkt (2)) der Mutterkonstituente des Subjekts;
c) das positionelle Äquivalent zur englischen Subjektposition ist das →Vorfeld.

W

Wahrheitsbedingung, meist nur auf Aussagen (Aussagesätze) bezogen, werden die W.en darin gesehen, dass die →Proposition mit den realen Gegebenheiten übereinstimmt und an ihnen überprüft werden kann und dass die →Illokution der Aussageabsicht entspricht (→Sprechakt).

Wahrheitswert, in der Logik wird Aussagen mit gleicher →Extension der gleiche W. zugeschrieben. Es gibt genau zwei W.e: Wahrheit und Falschheit oder w (›wahr‹) und f (›falsch‹): Jeder Aussagesatz, der keine →Indikatoren enthält, ist entweder wahr oder falsch (vgl. Kutschera/Breitkopf, 1971). Solche W.e werden in einer →Wahrheitswerttabelle eingetragen.

Wahrheitswerttabelle, Darstellung von →Wahrheitswerten in Tabellenform; z.B. können für die logische Konjunktion (∧) zweier Aussagen A und B vier verschiedene Wahrheitswerte angegeben werden:

A	B	A ∧ B	Kommentar
w	w	w	Sind beide Sätze wahr, so ist auch deren Verbindung wahr.
w	f	f	1. Satz wahr, 2. Satz falsch, Verbindung falsch.
f	w	f	1. Satz falsch, 2. Satz wahr, Verbindung falsch.
f	f	f	Sind beide Sätze falsch, so ist auch deren Verbindung falsch.

W-Bewegung, auch: Wh-Bewegung; Bewegung einer mit einem Frage- oder Relativpronomen besetzten Position (→W-Knoten) an die vorderste Stelle, die →COMP-Position. Bei dieser Bewegung bleibt eine (indizierte) →Spur (engl.: trace = t) zurück. In der →GB-Theorie werden alle Transformationen unter die eine →Bewegungsregel »bewege α« subsumiert (vgl. Grewendorf, 1988, Kap. 7.2 und 7.3):

[Ich frage mich [Willi gleicht wem]] (→bewege α)
[Ich frage mich [wem$_i$ Willi gleicht t$_i$]]

Wechselseitig →Reziprok

Weglassprobe, auch: Reduktion, Abstrichprobe; (1) Kürzung von syntaktischen Ketten, um auf die (grammatisch) notwendigen Satzglieder zu kommen: *Der junge Mann von nebenan fährt gern mit seinem schnellen, sportlichen Auto auf der Autobahn.* →*Der Mann fährt Auto.* Hierbei werden Satzglieder (a + b→a) oder Satzgliedteile (a + b→a + c, wobei: b>c) gekürzt. (2) Tilgung als →Transformation.

Weiterführender Teilsatz, Sachverhalte, die inhaltlich unabhängig voneinander sind, werden durch eine Haupt-/Nebensatzkonstruktion aufeinander bezogen; zum Beispiel:

- der weiterführende →Relativsatz: *Peter traf seine Tante, die sehr in Eile war.*
- der weiterführende →Konjunktionalsatz: *Der Spieler wurde am Spielfeldrand behandelt, während das Spiel weiterlief.*
- der weiterführende →Infinitivsatz: *Helmut hat all sein Geld von der Bank abgehoben, um es auf die Reise mitzunehmen.*
- die weiterführende →Partizipialkonstruktion: *Nun beginnt Helmut seine Weltreise, von allen bewundert und beneidet.*

Wellentheorie, Ende des 19.Jh.s in Konkurrenz zur →Stammbaumtheorie stehendes Erklärungsmodell für die Verwandtschaftsbeziehung und deren Ausbreitung in →Sprachfamilien wie dem Indoeuropäischen. Der W. liegt nicht so sehr die Vorstellung vom →Organismus der Sprache zugrunde, sondern eher die prozesshafte Ausbreitung einer Ursprache, die, je weiter vom Ursprung entfernt, immer mehr an Kraft abnimmt (ähnlich einer kreisförmigen Wellenbewegung in ruhigem Wasser). Diese Vorstellung basiert auf der Beobachtung, dass eng benachbarte Sprachen mehr Gemeinsamkeiten hinsichtlich ihres Ursprungs haben als weiter entfernte.

Wemfall → Dativ; → Kasus

Wenfall → Akkusativ; → Kasus

Werfall → Nominativ; → Kasus

Wernicke-Aphasie → Aphasie

Wertigkeit → Valenz

Wesfall → Genitiv; → Kasus

W-Frage → Ergänzungsfrage

Wh-Bewegung, Wh- nimmt Bezug auf das engl. Frageformativ: *what*, *where*, *who* usw.; → W-Bewegung.

Wh-Knoten → W-Knoten; → W-Bewegung

Widerspiegelungstheorie, auch Abbildtheorie; »Lehre, dass die Erkenntnis eine Abbildung oder Widerspiegelung der objektiven Realität im menschlichen Bewusstsein ist« (*Marxistisch-Leninistisches Wörterbuch der Philosophie*, 1972). Die W. ist in ihrer dialektisch-materialistischen Ausprägung das Kernstück der marxistisch-leninistischen Erkenntnistheorie. Sie postuliert, dass die objektive Realität (→ Referenz) unabhängig vom menschlichen Bewusstsein existiert, dass sie vom Menschen in einem komplizierten Erkenntnisprozess auf der Grundlage der gesellschaftlichen Praxis erfasst und in Abbildern (Empfindungen, Gedanken, Begriffen, Theorien) widergespiegelt wird. Dies geht auf die grundlegende These von K. Marx zurück, dass das Materielle im menschlichen Bewusstsein in Ideelles umgesetzt und übersetzt werde. »Der Mensch erkennt die Wirklichkeit, indem er auf sie einwirkt und sie umgestaltet.« Diese Grundannahme schließt zwei Folgerungen ein: a) Die Anerkennung »der Existenz der realen, materiellen Wirklichkeit und ihrer Widerspiegelung im menschlichen Bewusstsein« (Schaff, 1973); b) »[...], dass die Gegenüberstellung von Materie und Bewusstsein zwar die grundsätzlich entscheidende Gegenüberstellung darstellt, dass man aber innerhalb des Bewusstseins selbst eine wohlabgestufte Hierarchie von Begriffen, Bezeichnungen, Theorien usw. unterscheiden muss« (Klaus, 1973).

Im Rahmen einer allgemeinen →Zeichentheorie ist die →Semantik zuständig für die Beschreibung und Erklärung der Relation Zeichen – Abbild: R (Z, A). Der Gegenstand einer dialektisch-materialistisch begründeten Semantik im Sinne der W. wird wie folgt festgelegt: Bedeutung erscheint als »eine besondere Relation zwischen den Menschen [...], in der die durch die praktische Tätigkeit der Menschen bedingte Widerspiegelung der objektiven Realität zutage tritt« (A. Schaff). →Sprache und Wirklichkeit.

Wie-Satz →Modaler Aussagehauptsatz

Willkürlich →Arbiträr

Wirklichkeitsform →Indikativ

Wissenschaftssprache →Kunstsprache (2)

Wissensrepräsentation →Repräsentation (2)

Wissenstransfer, Wissen wird in bestimmten →kommunikativen Handlungszusammenhängen produziert, vermittelt und angewendet, die man in der Erforschung der →Fachsprachen auch »Gebrauchssysteme der Sprache« (Hebel, 1979) genannt hat. Zwischen Wissensproduzenten und -anwendern besteht ein Präzisions- und Komplexitätsgefälle, das als Schichtenmodell oder als Modell mit konzentrischen Kreisen dargestellt wird. Der W. von der oberen zur unteren Schicht bzw. vom inneren zum äußeren Kreis erfolgt im Wesentlichen über die →Terminologie, wobei allerdings ihre Theoriegebundenheit immer mehr verloren geht. Schematisch könnte dies so aussehen:

A Theoriesprache	formalisierte Sprache auf höchstem Abstraktionsniveau, z.B. → generative Transformationsgrammatik
↓	
B Wissenschaftssprache	Sprache der akademischen Fächer untereinander und z.B. mit Vertretern der → Fachdidaktik
↓	
C Verteilersprache	Fachsprache in diversen Gebrauchssystemen, z.B. → Schulgrammatik
↓	
D Gemeinsprache	Ausdrücke wie »Wort«, »Satz« oder »Sprache« in der Alltagskommunikation

Da während des W.s die typische Anwendungssituation, die Theoriegebundenheit, Komplexität und fachsprachliche Kreativität mehr oder weniger verloren gehen, kommt es in den unterschiedlichen Anwendungsbereichen zu nicht unerheblichen Dissonanzen.

Witterungsimpersonale, das W., pl.: Witterungsimpersonalia; Witterungsverb; einige wenige Verben, die im Allgemeinen nur mit dem unpersönlichen → Expletiv »es« verbunden werden: *blitzen*, *donnern*, *hageln*, *regnen*, *tagen*, *tauen*.

Gelegentlich können auch Nomen, die in den Sinnbezirk des Wetters passen, an die Subjektstelle treten: *Der Morgen dämmert. Die Wolke regnet.* → Impersonale.

W-Knoten, in der → generativen Transformationsgrammatik tiefenstruktureller → Knoten, der mit einem Frage- oder Relativpronomen (*wer*, *wann*, *wo*, *der*, *welcher* usw.) besetzt ist und der durch geeignete Umstellung oberflächenstrukturell in die → COMP-Position gebracht werden kann. → W-Bewegung, → Spur.

Wohlgeformtheit, aufgrund ihrer sprachlichen → Kompetenz sind Sprecher in der Lage, die W. von Sätzen ihrer Muttersprache zu beurteilen. Solche Urteile können sich auf die → Grammatikalität von Sätzen und die → Akzeptabilität von Äußerungen beziehen.

Wort, relativ selbständiges sprachliches Element, das sich als akustische bzw. graphische Einheit isolieren lässt; das W. kann allgemein als sprachliches → Zeichen mit einer Ausdrucksseite (dem → Bezeichnenden) und einer Inhaltsseite (dem → Bezeichneten) angesehen werden. Neben der Bedeutung hat das W. eine bestimmte Funktion innerhalb der größeren Einheit, dem → Satz, inne. Entsprechend dieser Funktion gehört ein W. einer → Wortart an. Im Einzelnen ergeben sich jedoch Schwierigkeiten für die eindeutige Definition; deshalb wird »Wort« in den neueren sprachwissenschaftlichen Untersuchungen durch Termini wie → Morph, → Morphem, → Monem und dgl. ersetzt oder als → Lexem gekennzeichnet.

Wörter weisen (im Deutschen) ein bestimmtes Wortbildungsmuster auf (Flämig, 1991):

Wortstamm						Endung
Wortbildungsmorphem		Grundmorphem		Wortbildungsmorphem		Flexionsmorphem(e)
(des) Vor	–	arbeit	–	er	–	s
über	–	flüss	–	ig	–	e
aus	–	prob	–	ier	–	test

Wortakzent, Hervorhebung eines Wortteils durch Betonung; bei mehrsilbigen Wörtern trägt eine der Silben den Hauptakzent, andere können einen Nebenakzent tragen oder unbetont (schwachtonig) sein. Ein Wechsel des W.s geht meist mit einer Bedeutungsveränderung einher (*übersetzen* versus *übersetzen*), aber nicht immer (*Hannover* versus *Hannoveraner*).

Wortart, Wortklasse, deren Elemente formale oder funktionale Eigenschaften gemeinsam haben; da die Einteilungskriterien nicht einheitlich sind, schwankt die Zahl der W.en. Für das Deutsche werden im Allgemeinen acht bis zehn W.en genannt (vgl. auch das jeweilige Stichwort):

a) flektierbar
   - konjugierbar: das Verb
   - deklinierbar: das Nomen, der Artikel, das Adjektiv, das Pronomen (einige Numerale)

b) nicht-flektierbar (Partikeln)
   - reine Wortklassen: das Adverb, die Konjunktion, die Präposition
   - »gemischte« Wortklasse: das Numerale
   - »unechte« Wortklasse: die Interjektion (→Satzwort)

Kontrovers ist die Einbeziehung der gemischten Wortklasse; die einzelnen Elemente der Numerale lassen sich jeweils anderen Wortklassen zuordnen: den Nomen (*Hunderte von Menschen*), den Adjektiven (*drei Jungen*; *es sind drei*), den Pronomen (*alle Häuser*), den Adverbien (*er klingelte zweimal*) usw.

Auch sind Übergänge von einer W. in eine andere und mehrfache Zuordnung zu beobachten, jedoch nur in Teilmengen:

Nomen – Präposition: *die Kraft / kraft seines Amtes*
Nomen – Adjektiv: *das Leid / Er ist es leid.*

Bei dem Versuch einer formalen Abgrenzung der W. wird es erforderlich, unterschiedliche Kriterien ins Spiel zu bringen. So müssen folgende drei Kriterienebenen (Menzel, 1986) unterschieden werden (Unterstreichung bedeutet, dass die W. eindeutig bestimmt ist):

Erste Ebene: morphologische Kriterien
- Wörter, die in den →Plural gesetzt werden können (Numerus-Kategorie): alle Haupt-W.en (Nomen, Pronomen, Artikel, Adjektiv und – über die Kongruenz – das Verb), außer den Partikeln
- Wörter, die ein →Tempus angeben und in der Zeitform veränderbar sind: Verb
- Wörter, die im →Kasus veränderbar sind (Genitiv-Probe): Nomen, Pronomen, Artikel, Adjektiv

– Wörter, die gesteigert werden können (→ Komparation): Adjektiv
– Wörter, die nicht flektierbar sind: Partikeln (Adverb, Konjunktion, Präposition)
– Wörter, die den Kasus des folgenden Syntagmas bestimmen: Präposition

Zweite Ebene: syntaktische Kriterien
– Wörter, die einen Artikel vor sich haben können (→ Nominalisierung): Nomen, einige Pronomen
– Wörter, die das Genus eines Nomens kennzeichnen, die das Nomen begleiten: Artikel
– Wörter, die für ein Nomen eingesetzt werden können: Pronomen
– Partikeln, die frei im Satz verschiebbar sind und als Satzglieder gelten (eine Satzgliedstelle einnehmen) können: Adverb
– Partikeln, die Teile von Sätzen einleiten oder verbinden können und nicht als Satzglieder gelten (keine Satzgliedstelle einnehmen): Konjunktion

Dritte Ebene: semantische Kriterien
– Wörter, die »Gegenstände« (konkret oder abstrakt) bezeichnen: Nomen
– Wörter mit allgemein hinweisendem Charakter: Pronomen

Die formale Abgrenzung der W.en ist nicht frei von Problemen im Einzelnen, doch kann sie als Orientierungshilfe dienen und (gegenüber dem methodischen Durcheinander) die Übersicht erleichtern.

E r g ä n z e n d e H i n w e i s e

Die operationale Bestimmung der W.en durch H. Glinz (1957) ist von P. Grebe in die völlig revidierte Fassung der Duden-Grammatik (^{2}1959) übernommen worden und hat sich dadurch sehr stark verbreitet. Im Einzelnen sind dort aufgeführt: Verben, Substantive, Adjektive, Begleiter und Stellvertreter des Substantivs (Artikel, Pronomen, Zahlwörter), Partikeln (Adverbien, Präpositionen, Konjunktionen), Interjektionen. Diese Klassifikation ist mit nur geringen Veränderungen bis in die neueste Ausgabe ([4]1984) beibehalten worden: lediglich sind die Zahlwörter in der Aufstellung der W.en weggelassen worden, und die Interjektionen sind als Untergruppe der Partikeln aufgeführt. Hingewiesen wird darauf, dass »die gezogenen Grenzen zwischen den einzelnen Wortarten« nicht starr seien.

J. Erben (1958) gibt folgende Wortklassen an: Aussagewort, Nennwort, Beiwort (Adjektiv, Adverb), Fügewort (Präposition, Konjunktion) und größenbezügliche Formwörter (Pronomina); diese Klassifikation findet sich auch an späterer Stelle ([12]1980). Im *Leitfaden* (1968) unterscheidet er die offene Klasse der W.en von den so genannten »Dienst-Wörtern«, und zwar:
- drei höhere W.en (offene Klasse mit ca. 90% des Bestands): Verb, Substantiv, Adjektiv
- drei niedere W.en (Dienst-Wörter): Formwörter (Pronomina, Pronominaladverbien), Fügewörter (Präpositionen, Konjunktionen und Konjunktionaladverbien), Satzadverbien

In der funktionalen Grammatik bei W. Schmidt ([2]1971) wird das System der deutschen W.en wie folgt festgelegt: Substantiv, Adjektiv (auch Adjektivadverbien), Verb, Stellvertreter und Begleiter des Substantivs (Artikel, Pronomen), Kennzeichnungswort (Adverb, Partikel), Fügewort (Präposition, Konjunktion), Interjektion.

Die *Grundzüge* (1981) sowie W. Flämig (1991) ermitteln die W.en mit Hilfe morphologisch-syntaktischer Kriterien; es ergibt sich folgende Klassifikation:
- satzgliedfähige W.en (Hauptwortklassen, relativ offen): Verb, Substantiv, Adjektiv, Pronomen, Adverb
- nichtsatzgliedfähige W.en (Nebenwortklassen, relativ geschlossen): (Modalwort), Präposition, Konjunktion, Partikel, (Interjektion)

»Partikeln« sind unflektierbare Wörter »ohne Satzgliedwert und ohne Fügteilcharakter«. Hingewiesen wird darauf, dass die Interjektion »keine Wortklasse im eigentlichen Sinne« bilde. Auch fehlt das Numerale, zu dem es heißt: »Wir ordnen die Wörter, die dieses Sachgebiet vertreten, ihrer grammatischen Charakteristik entsprechend, den Wortklassen Substantiv, Adjektiv, Adverb und Pronomen zu. In einer Variante (B) zur Klassifikation der unflektierbaren W.en wird dem syntaktischen Eigenwert der »Modalwörter« Rechnung getragen. Sie können als eigene Klasse gelten: unflektierte Wörter mit Satzwert und der Fähigkeit, auf Entscheidungsfragen zu antworten (z. B. *kaum*, *leider*, *vielleicht*). Dies entspricht der Klassifikation bei J. Erben (s. o. *Leitfaden*, 1968). Die Adverbien sind in den *Grundzügen* dadurch charakterisiert, dass es sich um unflektierbare Wörter mit potentiellem Satzgliedwert/Gliedteilwert handelt.

U. Engel ([3]1996) grenzt zur Bestimmung der W.en drei Bereiche ab: das Verb, den nominalen Bereich (Nomen, →Determinativ, Adjektiv und Pronomen) sowie die →Partikeln.

Gallmann/Sitta ([2]1997) sprechen von fünf W.en; sie folgen »konsequent einem Hauptgesichtspunkt, dem Gesichtspunkt der formalen Veränderbarkeit« (d. h. flektierende und nicht flektierende Formen). So ergeben sich vier veränderbare W.en: Verben, Nomen, Pronomen und Adjektive sowie eine nicht veränderbare W.: Partikeln (zu denen Präpositionen, Konjunktionen, Interjektionen und Adverbien als Untergruppen zählen). Der →Artikel wird von ihnen den Pronomen zugerechnet.

Gegen das Kriterium der Flektierbarkeit sprechen sich Hentschel/Weydt ([2]1994) aus, da man zunächst die Kategorie kennen müsse, »um dann empirisch festzustellen, ob sie in der Sprache vertreten ist und wie sie morphologisch behandelt wird«. Sie interpretieren die Unterscheidungen in W.en »als semantisch fundiert« und unterscheiden dabei vier verschiedene Arten von Bedeutung:

- *Kategorematische* (oder lexikalische) Bedeutung: Wörter mit relativ selbständiger lexikalischer Bedeutung wie Nomen, Verben oder Adjektive (→Autosemantikon). Hentschel/Weydt unterscheiden a) Wörter mit absoluter Bedeutung (*Pferd*, *liegen*, *tot*) und b) Wörter mit relationalen Bedeutungen (*Onkel*, *groß*, *ähnlich*).
- *Deiktische* Bedeutung: Wörter mit verweisender Funktion (→Deixis, →Anapher, →Katapher).
- *Kategoriale* Bedeutung: Wortartenbedeutung. Die kategorematische Bedeutung kann als das Was der sprachlichen Erfassung von etwas bezeichnet werden, die kategoriale Bedeutung als das Wie. So haben die drei Ausdrücke: *Blut*, *blutig*, *bluten* in den Sätzen *An meiner Hand ist Blut*; *Meine Hand ist blutig*; *Meine Hand blutet* eine gemeinsame kategorematische Bedeutung; sie unterscheiden sich jedoch in der kategorialen Bedeutung, d.h. in der konkreten sprachlichen Erfassung des Sachverhalts.
- *Synkategorematische* Bedeutung: Strukturwörter von relativ unselbständiger Bedeutung wie Präpositionen, Konjunktionen,... (→Synsemantikum). Ihre Bedeutung »entfaltet sich erst in Verbindung mit anderen Wörtern«.

Wortartenwechsel, jedes Wort, das nicht ein Nomen ist, kann durch →Nominalisierung die →Wortart wechseln. Darüber hinaus können Verben in Form ihres →Partizips als →Adjektive fungieren (Adjektivierung), und zwar →attributiv (*ein berauschendes Getränk*) oder →prädikativ (*dieses Getränk ist berauschend*). In formaler Hinsicht kann die Umsetzung von Nomen und Adjektiven in Verben, die ohne besondere Suffixe, nur durch die Verbendung erfolgt, als W. betrachtet werden (*Pfeffer – pfeffern*; *weit – weiten*). Man spricht hier auch von »Verbalisierung« (Duden-Grammatik, [4]1984).

Wortbedeutungslehre →Semasiologie

Wortbildung, Bildung von Wörtern aus mehr als einem Bestandteil, entweder durch Anfügen von Präfixen/Suffixen (→Ableitung) oder durch →Zusammensetzung zweier (oder mehrerer) selbständiger →Morpheme:

- Ableitung
  mit →Suffix: *reinigen, Reinheit, reinlich*
  mit →Präfix: *unrein, vertraut, zerstören*
  mit Lautveränderung/Wortartenwechsel: *geben, Gabe, Gift*
- Zusammensetzung (Bestimmungswort + Grundwort): *Welt-raum – Weltraum-fahrt; Groß-raum – Groß-raum-laster; mit-führen – über-führen – unter-führen; da-durch – da-gegen – da-mit*
- Abkürzungen und Kurzwörter: *Uni, Schupo, Laster, Kilo*

Die W. kann in Form eines →Baumdiagramms dargestellt werden:

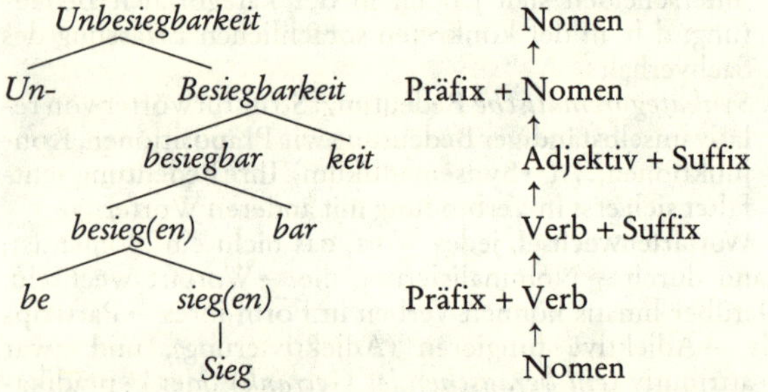

Wortbildungsmorphem, auch: Affix; nicht selbständiges sprachliches Element, das bei der →Ableitung verwendet wird; neben →Präfix und →Suffix (einschließlich der →Endungen) gibt es →Infixe, die zum Beispiel bei der Flexion der →starken Verben (Ablaut: *ich komme, ich kam*) oder als →Fugenlaut (*Kalbsbraten*) vorkommen.

Wortbildungsmuster →Wort

Wortebene, bei der grammatischen Analyse sind W. und →Satzebene strikt zu trennen; so kann das Adjektiv

»tief« (= W.) auf der Satzebene ganz unterschiedlich auftreten: *eine tiefe Schlucht* (Attribut); *die Schlucht ist tief* (Prädikativ); *tief unten in der Schlucht* (Attribut). Auch bei den verbalen Teilen im Satz ist eine derartige Unterscheidung wichtig; je nach Definition (z.B. Eisenberg, [3]1994) ist in dem Satz *Willi sieht Anke kommen* nur der Ausdruck »sieht« das Prädikat (Satzebene), während auf der W. zwei Verben vorhanden sind, »sehen« und »kommen« (→AcI).

Wortentlehnung, lexikalische Entlehnung; Sammelbezeichnung für →Fremdwort (nicht in die betreffende Sprache assimiliert) und →Lehnwort.

Wortfamilie, Menge von Wörtern mit gleicher Grundbedeutung; Wörter einer W. lassen sich auf einen →Wortstamm zurückführen. Es gibt W.n, die rund 500 Wörter umfassen. Zum Beispiel: *sehen – Sehkraft, Sehvermögen, Sehwinkel, Sehweise; sehenswert, Sehenswürdigkeit; Seher, Hellseher, absehen, Absicht, abgesehen (von), ansehen, ansehnlich, Ansicht, angesichts, ...*

Wortfeld, auch: Bedeutungsfeld, Begriffsfeld, →Sinnbezirk; Menge von Wörtern mit ähnlicher →Bedeutung; innerhalb bestimmter Grenzen legen die Elemente eines W.s ihre Bedeutung gegenseitig fest. Zum Beispiel: *sehen – ansehen, beäugen, lugen, beobachten, blicken, erkennen, glotzen, glupschen, gucken, kieken, linsen, luchsen, wahrnehmen, einen Blick werfen, zu Gesicht bekommen, ...*

Die Lehre vom W. wurde durch J. Trier 1931 mit *Der deutsche Wortschatz im Sinnbezirk des Verstandes* begründet, sie kann als Vorläufer der →strukturellen Semantik gelten. W.er »sind die zwischen den Einzelworten und dem Wortschatzganzen lebendigen sprachlichen Wirklichkeiten, die als Teilganzes mit dem Wort das Merkmal gemeinsam haben, dass sie sich ergliedern, mit dem Wortschatz hingegen, dass sie sich ausgliedern« (Trier, 1931). In der ursprünglichen Fassung sieht die W.-Theorie vor, dass die Wörter einer Sprache nicht Bedeutung an sich haben, sondern dass sich ihre Bedeutung im W. in wechselseitiger Abgrenzung und Abhängigkeit konstituiert, dass die Lexeme eines Feldes hierarchisch angeordnet sind und dass die W.er lückenlos wie ein Mosaik über den gesamten Sprachschatz angelegt sind. »Lückenlosigkeit postuliert Trier nicht nur für die Deckung der einzelnen Felder, sondern auch für die Deckung des gesamten Wortschatzes durch Felder« (Ebneter, 1973). Später ersetzt Trier dieses Bild der flächendeckenden W.er durch das des Ineinandergreifens der Einzelelemente der W.er.

Die Theorie der W.er ist in zahlreichen Varianten weiterentwickelt worden; zunächst durch L. Weisgerber, der Wortfeldgliederungen in Reihen (z.B. Zahlenreihe), Flächen (z.B. Verwandtschaftsbezeichnungen), Tiefen (z.B. gegenstandsgebundene gegenüber abstrakten Farbbezeichnungen: *himmelblau – blau*) sowie in Schichten herausgearbeitet hat. Bekannt ist seine Aufstellung zum W. »Aufhören des Lebens«. Auch finden sich bei ihm bereits W.er, die mit Hilfe von semantischen Merkmalen strukturiert sind. Die meisten dieser Theorien leiden jedoch darunter, dass sie eher intuitiv und weniger auf expliziten Regeln aufgebaut sind. Diese Wendung nimmt die Feldlehre erst mit den strukturalistischen Arbeiten zur semantischen →Komponentenanalyse. (Weiteres bei L. Schmidt, 1973.)

Wortform, Wörter erhalten im Kontext eines Satzes je nach ihrer Funktion eine bestimmte grammatische Prägung (→grammatisches Zeichen). Beim Nomen sind dies Numerus, Genus, Kasus: *Haus – Hauses, Häuser*; beim Verb sind es Person, Numerus, Tempus, Modus, Genus verbi: *wiss(en) – weiß, weißt, wisst, wusstest, wüsste* usw. Aus diesen →Paradigmen werden für die Satzbildung ganz bestimmte W.en selektiert: *Wir wiss+en, du wohn+st in ein+em alt+en Haus+Ø*.

Wortfrage →Ergänzungsfrage

Wortgruppenlexem →Idiom

Wortklasse →Wortart

Wortkreuzung →Kontamination

Wortneubildung, Bildung neuer Kombinationen auf der Grundlage des vorhandenen Wortmaterials durch →Ableitung oder →Zusammensetzung (→Wortbildung); W.en in diesem Sinne werden gebraucht zur Bezeichnung neuer Produkte, neuer technologischer Verfahren und dgl.: *Jogging-Anzug, Drei-Wege-Katalysator.*

Wortschatz, Menge der →Wörter im Lexikon einer Sprache; für das Deutsche gilt eine Schätzung von rund 500 000 Wörtern (so das *Große Wörterbuch der deutschen Sprache* vom Duden-Verlag, 6 Bde., 1976 ff.), wobei Abweichungen (nach unten) durch verschiedenartige Festlegung der Grundeinheiten oder durch unterschiedliche Bewertung der Fremdwörter vorkommen. Der Gesamt-W. der deutschen →Gemeinsprache wird auf 300 000 (Seibicke) bis 400 000 (Erben) Wörter bzw. auf 250 000 Wörter bei 500 000 lexikalischen Bedeutungen (Zimmer, 1988) geschätzt. Der aktive W. von Gebildeten (Bildungssprache) umfasst etwa 10 000–20 000 Wörter. (Theodor Storm hat in seinem Gesamtwerk 22 500 unterschiedliche Wörter gebraucht.) Die Schätzungen bei den Fachsprachen ergeben für Chemie allein 100 000 Lexeme, für Elektronik 160 000 und für Medizin mit Randgebieten 500 000 Lexeme.

Zu unterscheiden ist der aktive W. von einem passiven (rezeptiven). Beim →Spracherwerb umfasst der W. eines 1- bis 3-jährigen Kindes etwa 400–1000 Wörter. Erwachsene benötigen einen →Grundwortschatz von 5000 bis 7000 Wörter für die Alltagskommunikation; der Durchschnittssprecher beherrscht (aktiv) 6000 bis 10 000 Wörter, ein Sprecher mit höherer Schulbildung etwa das Doppelte.

Gruppieren lässt sich der W. je nach Informations- oder Verwendungsinteresse nach unterschiedlichen Kriterien: a) nach der historischen Entwicklung (→Althochdeutsch, →Mittelhochdeutsch, →Neuhochdeutsch);

b) nach der Herkunft einzelner Lexeme (z. B. →Entlehnung); c) nach →Varietäten; d) nach →Begriffs- oder →Wortfeldern; e) nach der →Frequenz des Gebrauchs einzelner Lexeme.

Wortschöpfung, Bildung einer neuen Lautkombination; meist als einmalige W. im privaten Bereich (individueller Ausruf, Kosenamen, Sprache des Kleinkindes), in Comics (Lautmalerei, Geräuschnachahmung) oder bei Werbegags: *Wau-wau* (Hund); *whomm!* (Geräusch bei Zusammenstoß); *schweppen* (ein bestimmtes Getränk zu sich nehmen).

Wortschrift →Logographie

Wortspiel, witziges oder sinnreiches Spiel mit der Doppelbedeutung oder dem ähnlichen/gleichen Klang von verschiedenen Wörtern oder Ausdrücken: *Wer nichts wird, wird Wirt.*

Wortstamm, auch: Stammmorphem; Träger der lexikalischen Bedeutung der Wörter bei →Ableitungen und →Zusammensetzungen; der W. liegt allen Mitgliedern einer →Wortfamilie zugrunde. →(lexikalisches) Morphem; ↔Wortbildungsmorphem.

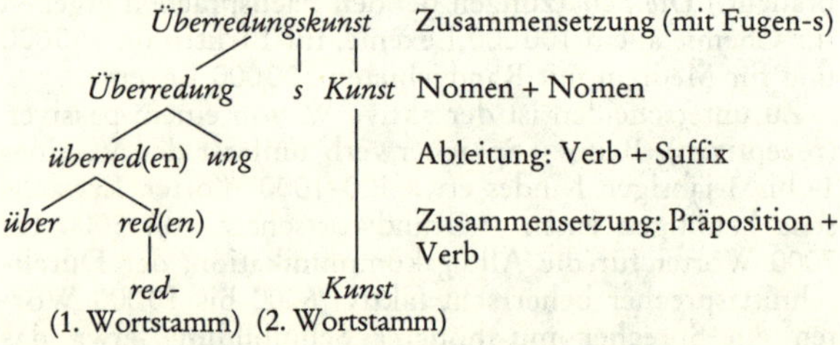

Wortsyntax, Erforschung und Darstellung der Wortstruktur, die sich neuerer Verfahren der syntaktischen Beschreibung im Rahmen der →GB-Theorie bedient. Es hat sich herausgestellt, dass eine Reihe →modularer Teiltheorien der Syntax ebenso für die Beschreibung von Wortbildungsprozessen herangezogen werden kann. Als Grundeinheit der W. gilt der →Kopf einer phrasalen Struktur, auf den z.B. die Theorien des X-bar-Schemas oder der Theta-Rollen angewendet werden. Sofern nicht nur Phrasen, sondern Wörtern einer Sprache syntaktische Strukturen zugeordnet werden, »spricht man auch in der Morphologie von Wortsyntax« (Grewendorf [u.a.], 1988). Das →Lexikon stellt die voll spezifizierten syntaktischen Wörter, d.h. die Wörter mit ihrer Wortform und allen grammatisch relevanten Bedeutungsmerkmalen, zur Verfügung, und »aus diesen voll spezifizierten syntaktischen Wörtern werden in der Syntax syntaktische Gebilde gebaut« (Linke [u.a.], 1991).

Die syntaktischen Wörter sind im Lexikon nicht einzeln, sondern vernetzt abgespeichert:

phonetische Form mit Wortakzent	/'ho:lən/		
graphische Form	⟨holen⟩		
Semantik	HOLEN		
Wortart	V [– nominal, + verbal]		
morphosyntaktische Merkmale	keine (= Infinitiv)		
Selektion: – Kopf (head) – Morphosyntaktische Merkmale – thematische Rolle – Position	1. Argument N – Agens extern (Subj.)	2. Argument N Akkusativ Thema/Patiens intern (dir. Obj.)	3. Argument P – Richtung intern (präp. Obj.)

»Vernetzt« heißt: Verbindung von Lexemen und Lexemverbänden hinsichtlich ihres →Stamms, semantische Vernetztheit über Relationen der →Synonymie,

→Antonymie oder über →Wortfelder und dgl. Welche Vernetzungen möglich sind, wird aus der syntaktischen Form des Einzellexems ersichtlich. Wie diese syntaktische Form eines Verbs, z.B. »holen«, aussehen kann, zeigt die Aufstellung in Form eines »Lexikonformulars« (S. 635).

Der Satz, der mit diesem Lexem abgeleitet werden kann, lautet z.B.: *Willi* (1. Argument) *soll das Buch* (2. Argument) *aus dem Lesesaal* (3. Argument) *holen*. (Weitere Einzelheiten bei Linke [u.a.], 1991.)

Wunschsatz, drückt allgemein einen Wunsch oder etwas zu Erstrebendes aus; der W. ist nicht unbedingt – wie der Aufforderungssatz (→Imperativ) – an einen Partner gerichtet. Das →flektierte Verb kann unterschiedliche Positionen einnehmen: *Der Himmel sei uns gnädig! Hättest du damals lieber geschwiegen! Wenn du doch damals geschwiegen hättest!*

Für den einfachen Hauptsatz mit aufforderndem Charakter wird der →Konjunktiv I benutzt; diese Art des W.es ist relativ selten. Häufiger kommt der W. als irrealer Bedingungssatz (→Irrealis) im Konjunktiv II vor, mit dessen Hilfe nicht gegebene Zustände oder Seinsweisen hypothetisch durchgespielt werden können: *Wenn ich reich wäre, dann …*

Wurzel, Terminus aus der →Wortbildung; die W. eines Lexems ist die einfachste →Wortform, ohne →Affixe oder →Flexionsformen. Die W. ist der Träger der lexikalischen Bedeutung; in Alphabetschriften ist dies meist der →Stamm, in →Logographien kann dies ein spezieller Bestandteil des →Logogramms sein (im Chinesischen der →Radikal).

Wurzelnomen, Nomen, das allein aus einem freien →Morphem besteht: *Bau*, *Haus*, *Kind*; →Simplex.

X, Y

X-bar-Schema, auch: X-bar-Syntax; Teiltheorie innerhalb der →GB-Theorie, die die möglichen Strukturen syntaktischer Kategorien in natürlichen Sprachen festlegt und →Phrasenstrukturen generiert. Ansatzpunkt für die Neuformulierung des →Phrasenstrukturteils der →generativen Transformationsgrammatik war die Überlegung (Chomsky, 1970), ob nicht der interne Strukturaufbau von PS-Strukturen im Sinne der →Universalgrammatik gedeutet werden könne. Gemeinsam ist allen Sprachen, dass eine Nominalphrase stets einen →Kopf »N«, eine Verbalphrase stets einen Kopf »V« usw. enthält und jeweils →Komplemente bei sich haben kann, d. h.

NP → … N …
VP → … V …
oder allgemein: XP → … X …

Kopf und Komplement bilden jeweils eine Konstituente. Nun können jedoch fakultativ auch →Adjunkte (3) hinzutreten. Die Darstellung im →Strukturbaum bereitete insofern Schwierigkeiten, als für einzelne dominierende Kategorien neue Bezeichnungen gefunden werden mussten:

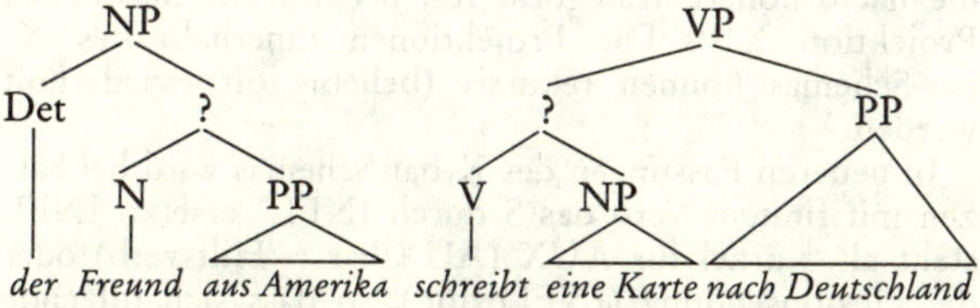

Folgende Schreibkonvention ist hier eingeführt worden: $\overline{N}$ wird gelesen: N-Strich (engl.: N-bar); $\overline{\overline{N}}$: N-zwei-Strich (N-double-bar)

$\bar{V}$ wird gelesen: V-Strich (engl.: V-bar); $\bar{\bar{V}}$: V-zwei-Strich (V-double-bar)

Von daher hat das Schema seinen Namen. Meist werden $\bar{N}$, $\bar{V}$ einfachheitshalber auch als N', V' notiert; bzw. $\bar{\bar{N}}$, $\bar{\bar{V}}$ als N", V" usw.

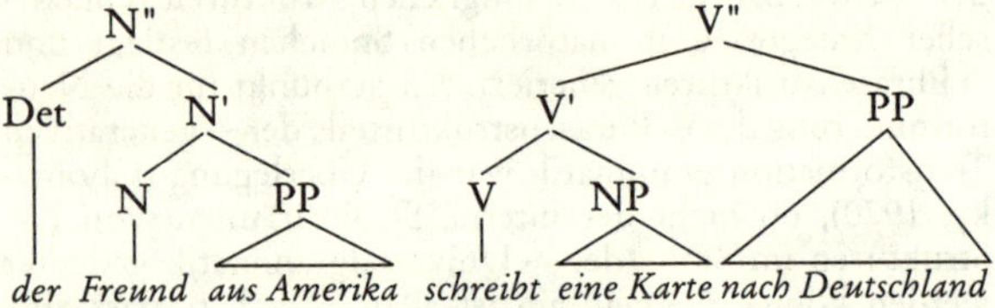

Da NP dem N" und VP dem V" entspricht, muss die allgemeine Form für syntaktische Kategorien erweitert werden:

$$X'' \rightarrow \ldots X' \ldots$$
$$X' \rightarrow \ldots X^0 \ldots$$

oder allgemein: $X^n \rightarrow \ldots X^{n-1} \ldots$

Das X-bar-Schema »$X^n \rightarrow \ldots X^{n-1} \ldots$« gibt den universalgrammatischen Rahmen ab für mögliche Phrasenstrukturen in natürlichen Sprachen. Es besagt, dass jede syntaktische Kategorie einen Kopf X^0 enthält, der mit den Komplementen die nächsthöhere Kategorie X' bildet. Wird X' mit Adjunkten oder Det verbunden, so konstituiert sich die nächsthöhere Kategorie X", bis hin zur maximalen Projektion X^{max}. Die Projektionen innerhalb des X-bar-Schemas können rekursiv (beliebig oft) wiederholt werden.

In neueren Fassungen des X-bar-Schemas wird bei Sätzen mit finitem Verb das S durch INFL" ersetzt. INFL steht als Kürzel für AUX (AUXiliar = Hilfsverb) oder die Flexionsendung (INFLexion), so dass sich folgende Abhängigkeit ergibt:

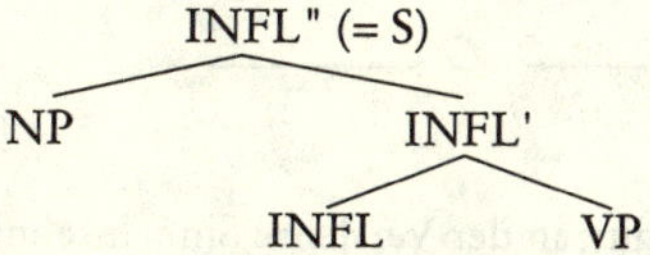

Allgemein: $\text{INFL}^{n} \rightarrow \ldots \text{INFL}^{n-1} \ldots$
Abgekürzt steht für INF" auch IP (= INFL-Phrase). Ein Satz wie *Mutter lacht* kann im X-bar-Schema wie folgt generiert werden:

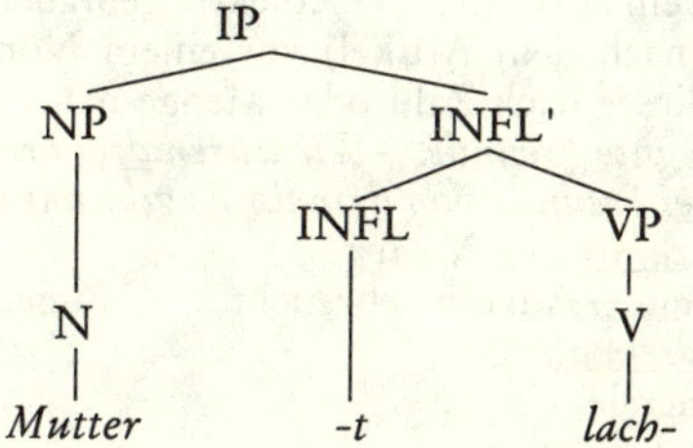

Mit Hilfe der →Bewegungsregel wird die Flexionsendung oberflächengrammatisch umgestellt.

Y-Modell →GB-Theorie

Z

Zäsur, dt.: Einschnitt; in der Verslehre Sinneinschnitt im Vers, durch den ein Metrum getrennt und auf zwei Wörter verteilt und eine Verszeile in zwei oder mehr Teile gegliedert werden kann: *»Der schnelle Tag ist hin / die Nacht schwingt ihre Fahn«* (A. Gryphius).

Zahl →Numerus

Zahladjektiv, wie ein attributives →Adjektiv gebrauchtes →Numerale, das (nach dem Artikel) vor einem Nomen stehen kann und dieses nach Zahl oder Menge näher bestimmt: *Wir waren gute Freunde. – Wir waren drei Freunde. Wir sind die drei Freunde von damals. Es gibt nur wenig Freunde, aber zahlreiche Neider.*

Zahladverb, wie ein →Adverb gebrauchtes →Numerale: *Bitte klingeln Sie dreimal!*

Zahlwort →Numerale

Zahnlaut →Dental

Zeichen, jedes Etwas, mit dessen Hilfe ein Z.-Benutzer von einem Objekt Notiz nehmen kann, lässt sich zum Z. erklären. Jedes Z. besteht aus einem materiellen Träger, dem →Bezeichnenden, und einer Z.-Bedeutung, dem →Bezeichneten. Am geläufigsten ist die Verwendung des Ausdrucks bei Verkehrs-Z.; doch lässt er sich ebenso auf die sprachlichen Z. (Wörter, Sätze, Texte) anwenden. Auch Wörter haben einen materiellen Träger (eine Ausdrucksseite wie Schallwellen, Tinte, Druckerschwärze, Kreide) und eine →Bedeutung (eine Inhaltsseite).

Wort-Z.: *Junge* — Lautgestalt ['jʊŋə]
— Bedeutung: »nicht erwachsener Mensch männlichen Geschlechts« oder: [+ Menschlich, + Männlich, – Erwachsen]

Erforscht werden Z. im Rahmen der →Zeichentheorie oder Semiotik, etwa in ihren unterschiedlichen →Zeichendimensionen, der →Zeichenbedeutung, der →triadischen Zeichenrelation usw.

Zeichenbedeutung, auch: Signifikat; das →Bezeichnete; (1) allgemein die einem materiellen Zeichenträger zugeschriebene →Bedeutung, die entweder konventionell vermittelt (Umgangssprache) oder explizit festgelegt ist (Terminologie). Neben der Grundbedeutung (→Denotation) können situativ und individuell variierende Nebenbedeutungen (→Konnotation) unterschieden werden. →Kommunikation (2)

(2) Zeichentheoretisch wird die Z. als »Signifikat« bezeichnet; nach U. Eco (1972) ist das →Signifikat eine kulturelle Einheit, die auch definiert wird »durch eine ›Stellung‹ in einem System von anderen kulturellen Einheiten, die ihr gegenüberstehen und sie umschreiben«. Identifizieren lässt sich eine solche kulturelle Einheit aufgrund der Kette ihrer →Interpretanten (durch das Studium des semantischen Feldes, in dem das Signifikat seinen Platz hat). In diesem Sinne verweist das Signifikat eines Zeichens auf eine Klasse von Objekten, das →Designat. Die objektive Wirklichkeit (→Referens (2)) wird in dieser Konzeption bewusst aus dem →Zeichenprozess ausgeschlossen. Eco spricht von der »Semiotisierung des Referens« und schreibt ihm als »Kommunikationsumstand« lediglich die Rolle eines begleitenden Umstands für den Zeichenprozess zu.

(3) Die explizite Einbeziehung der objektiven Wirklichkeit in den Zeichenprozess ist Grundlage der →Widerspiegelungstheorie im Rahmen einer dialektisch-materialistischen Erkenntnislehre. Die Z. stellt sich in einem solchen Konzept dar als »eine besondere Relation zwischen den Menschen [...], in der die durch die praktische Tätigkeit der Menschen bedingte Widerspiegelung der objektiven Realität zutage tritt« (Schaff, 1973).

Zeichendimension, die unterschiedlichen Z.en entsprechen verschiedenen Stufen der →Information:

a) Nullstufe: keine Z.: Im Allgemeinen haben die Dinge in der Natur (z.B. ein Baum, ein Stein) keine Z.; wir begegnen ihnen als Objekte, ohne durch sie von etwas anderem Notiz zu nehmen.

b) Erste Stufe: →Syntax (Syntaktik): Auf der ersten Stufe der Z. nehmen wir Objekte als Zeichen wahr, ohne ihnen eine konkrete →Bedeutung beizumessen (z.B. sehen wir einen Text in einer uns fremden Textform wie Arabisch oder Chinesisch). Dies entspricht dem Zustand, »zwar zu wissen, dass es sich bei bestimmten wahrgenommenen Gegenständen um Zeichen handelt, aber nicht zu wissen, für was diese Zeichen stehen« (Seiffert, 1968).

c) Zweite Stufe: →Semantik: Sofern wir die Bedeutung von Zeichen, ihr →Denotat, erkennen, befinden wir uns auf der zweiten Stufe der Z. Die Grenzziehung ist nicht immer einfach; so kann zum Beispiel bei der Lektüre eines schwierigen Fachtextes die Bedeutung jedes einzelnen Wortes bekannt sein, ohne dass einem der Gesamtsinn (die Bedeutung des Textes) klar zu sein braucht. In diesem Fall versteht man zwar jedes Wort semantisch, den gesamten Text jedoch nur auf der ersten Ebene, der Syntaktik.

d) Dritte Stufe: →Pragmatik: Wenn wir die Bedeutung von Zeichen in der Praxis ernst nehmen und unser Verhalten (Denken, Handeln) entsprechend verändern, gewinnen die Zeichen auch eine pragmatische Z. für uns (z.B. Rechtschreibregel beim Schreiben befolgen).

Die drei Z.en lassen sich nur theoretisch streng getrennt betrachten; in der Praxis ist die pragmatische die umfassende Dimension, die die semantische und syntaktische einschließt. Die drei Z.en werden im Rahmen der Semiotik oder →Zeichentheorie wissenschaftlich erforscht.

Zeichenfunktion →Sprachfunktion; →Organonmodell

Zeichengestalt, auch: Signifikans, Signifikant; das →Bezeichnende.

Zeichenprozess, auch: Semiose; (1) wird der →Referens (2) aus dem Z. ausgeschlossen, so ergibt sich ein Modell mit drei konstitutiven Faktoren, dargestellt in der so genannten →triadischen Zeichenrelation. Im Z. nimmt ein *Interpret* mittels eines *Zeichens* von einem *Objekt* Notiz, genauer ausgedrückt: von einer Objektklasse (→Denotat). Das, was als Bewusstseinsinhalt erscheint, der →Interpretant, ist der individuell erkannte Sinn, der seinerseits kulturell vor- oder mitgeprägt sein kann. Daher wird in diesem Konzept die →Zeichenbedeutung (das →Signifikat) auch als »kulturelle Einheit« (Eco, 1972) postuliert.

(2) Wird die objektive Wirklichkeit in den Z. einbezogen, so ergibt sich ein Modell mit vier konstitutiven Faktoren, wie es zum Beispiel G. Klaus (1973) vorstellt:

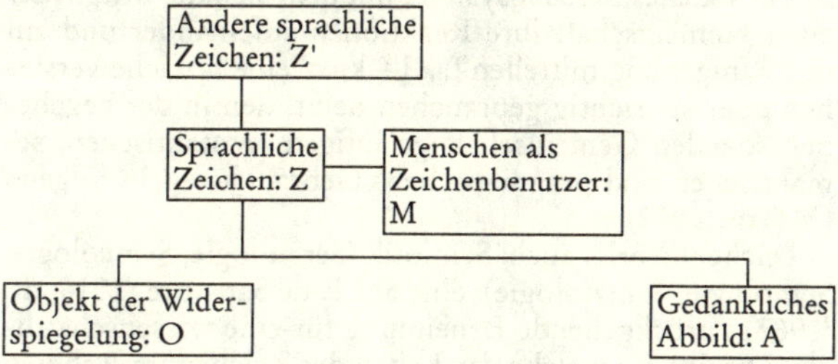

Die sich so ergebenden Zeichenrelationen sind:

Relation	Teiltheorie	Theorie
R1 (Z, Z') R2 (Z, A) R3 (Z, M) R4 (Z, O)	→ Syntax (Syntaktik) → Semantik → Pragmatik → Sigmatik	Semiotik

Auch im Rahmen einer dialektisch-materialistischen Zeichentheorie nimmt die Sigmatik eine besondere Stellung ein, weil »die Relation R (Z, O) von der Semiotik allein nicht vollständig studiert werden kann« (G. Klaus); sie ist Teil einer allgemeinen Erkenntnislehre. Mittlerweile wird an dynamischen Zeichenmodellen gearbeitet (vgl. Ballmer, 1983).

Zeichenrelation →Triadische Zeichenrelation; →Zeichenprozess

Zeichensprache →Gebärdensprache

Zeichensystem, einheitliches und wohlgegliedertes Ganzes, dessen einzelne Elemente, die →Zeichen, zueinander und zum Ganzen in einer bestimmten Position und Relation stehen. Die einzelnen Elemente des →Systems können ihren Wert durch die Stellung im Z. erhalten (Zensurenskala, Geldwerte, Verwandtschaftsgrade und dgl.). Auch die Sprache wird als Z. angesehen: »Eine Sprache ist ein soziales Zeichensystem, mit dem sich die Mitglieder einer Gemeinschaft ihre Reaktionen aufeinander und auf ihre Umgebung mitteilen [...] – kurz eine Sprache verstehen oder sie richtig gebrauchen heißt, den in der gegebenen sozialen Gemeinschaft geläufigen (syntaktischen, semantischen und pragmatischen) Gebrauchsregeln folgen« (Morris, 1972).

Zeichentheorie, auch: Semiotik (Semiologie, Semeologie, Semologie, Sematologie); eine auf F. de Saussure (1916; dt. ^{2}1967) zurückgehende Benennung für eine wissenschaftliche Disziplin, »welche das Leben der Zeichen im Rahmen des sozialen Lebens untersucht«.

Da alle Tätigkeit mit Zeichengebrauch verbunden ist, kann die Z. als Grundlagenwissenschaft schlechthin gelten: »Die Semiotik bietet eine Grundlage zum Verständnis der Hauptformen menschlicher Aktivität und ihrer Wechselbeziehungen, denn all diese Aktivitäten und Beziehungen drücken sich in den sie vermittelnden Zeichen aus« (Morris, 1972). In diesem Sinne übernimmt die Z. genuine Aufgaben der Philosophie, vor allem in ihren Teiltheorien →Semantik und →Pragmatik. Weitere Gegenstandsbereiche betreffen die Erforschung der →Zeichendimensionen, der →triadischen Zeichenrelation, der →lexikalischen und →grammatischen Zeichen im Zusammenhang mit instruktions- und kognitionssemantischen Fragen sowie des →Zeichenprozesses ganz allgemein. →Widerspiegelungstheorie, →Referenzsemantik.

Internetadresse: www.aber.ac.uk/~dgc/semiotic.html (»Semiotics for Beginners« von S. Chandler, bietet Begriffsbestimmungen und die Einordnung in entsprechende Theorien).

Zeigefürwort →Demonstrativpronomen

Zeigefunktion →Deixis

Zeigfeld der Sprache, der Ausdruck geht auf K. Bühler ([2]1965) zurück und meint die in jeder Sprechsituation relevante Orientierung nach Person, Zeit und Ort; der Bezugspunkt ist jeweils die →Ich-Jetzt-Hier-Origo.

Zeit →Zeitverweis; ↔Tempus

Zeitadverb →Temporaladverb

Zeitangabe →Temporale Angabe

Zeitenfolge, auch: Consecutio temporum; geregelte Aufeinanderfolge der →Tempora in zusammenhängenden Sätzen; im Deutschen ist die Z. nur in einigen Fällen (zum Beispiel im Temporal- oder Konditionalgefüge) geregelt: *Wenn die Tür verschlossen ist, müssen wir sie aufbrechen. – Wenn die Tür verschlossen wäre, müssten wir sie aufbrechen. – Als die Tür verschlossen war, mussten wir sie aufbrechen.*

Zeitliche Verhältnisse in zusammenhängenden Sätzen werden durch unterschiedliche sprachliche Mittel gekennzeichnet: durch Tempora, →Modalverben, →Temporaladverbien und/oder →Konjunktionen (2). Entscheidend für die Wahl dieser sprachlichen Mittel ist der zeitliche Bezugspunkt des Sprechers, der →Zeitverweis.

Die Z. im temporalen →Satzgefüge kann in dreifacher Hinsicht geregelt sein:

a) Gleichzeitigkeit: Das Geschehen in Haupt- und Nebensatz läuft gleichzeitig ab; die Tempora sind gleich –

Präsens oder Präteritum (in der Umgangssprache gelegentlich Perfekt) oder Futur I (oder futurisches Präsens): *Während wir durch Frankreich fahren, scheint ständig die Sonne. – Während wir durch Frankreich fuhren, schien ständig die Sonne. – Wenn ihr nach Frankreich fahrt (fahren werdet), wird bestimmt die Sonne scheinen.*

b) Vorzeitigkeit: Das Geschehen im Nebensatz liegt vor dem des Hauptsatzes, die Tempora sind wie folgt verteilt:

Nebensatz	Hauptsatz
Perfekt	Präsens
Plusquamperfekt	Präteritum
Futur II (oder Perfekt)	Futur I (oder futuristisches Präsens)

Nachdem wir durch Frankreich gefahren waren, legten wir eine Pause von drei Tagen ein.

c) Nachzeitigkeit: Das Geschehen im Nebensatz liegt nach dem des Hauptsatzes; die Tempora sind umgekehrt verteilt wie unter b): *Bevor wir eine dreitägige Pause einlegten, waren wir fast tausend Kilometer gefahren.*

Zeitergänzung →Adverbiale Bestimmung (der Zeit); →Ergänzung

Zeitlich →Temporal

Zeitsatz →Temporalsatz, termporaler →Adverbialsatz

Zeitstufe, relatives →Tempus; bedingte Wahl der Tempora in →Satzgefügen; die Z.n bezeichnen zum Beispiel die temporalen Verhältnisse bei Vorzeitigkeit oder Nachzeitigkeit, d. h. die →Zeitenfolge. Das Deutsche kennt drei Hauptstufen: Präsens, Präteritum und Futur I, die den Verlauf eines Geschehens kennzeichnen; Perfekt, Plusquamperfekt und Futur II gelten im Verhältnis zu der jeweiligen Hauptstufe als Tempora der Vollendung: *Zehn Minuten lang hat es gehagelt, jetzt ist das Korn verdorben.*

Zeitverweis, gemeinte Zeit vom Standpunkt des Sprechers aus: Gegenwart, Vergangenheit, Zukunft; ein Sprecher kann zum Beispiel mit dem →Präsens auf Gegenwärtiges, Zukünftiges oder Vergangenes verweisen:

- Verweis auf Gegenwärtiges: *Paris <u>ist</u> die Hauptstadt Frankreichs.*
- Verweis auf Zukünftiges: *Morgen <u>fahren</u> wir nach Paris.*
- Verweis auf Vergangenes: *Im letzten Jahr waren wir in Paris. Als wir am ersten Abend über die Champs-Élysées <u>gehen</u>, <u>kommen</u> uns doch tatsächlich Maiers entgegen.*

Zu unterscheiden ist demnach der Z. als tatsächlich gemeinte Zeit vom →Tempus als der grammatischen Zeitform.

Zentrierung, nach J. Piaget ist das Kind zu Beginn seiner Entwicklung ganz auf seinen Körper und sein Tun zentriert; es wird beherrscht von einer totalen, ihrer selbst unbewussten →Egozentrik. Sein Universum besteht aus beweglichen, unbeständigen »Bildern«. Erst der Übergang in das präoperationale Stadium (→Stadienlehre) ist gekennzeichnet durch eine allgemeine →Dezentrierung.

Zero-Form →Nullform

Zeugma, das Z., pl.: Zeugmata; (1) allgemeine Bezeichnung für eine grammatisch verkürzte Ausdrucksweise: *Ingo fährt in den Ferien nach Sylt, Willi nach Borkum.* (2) Unpassende Beziehung des Prädikats auf zwei oder mehr Satzglieder: *Ingo fährt nach Sylt, Willi aus der Haut.* Neben dieser semantischen Inkongruenz kann das Z. auch syntaktisch unpassend sein: *Ingo fährt nach Sylt, seine Freunde nach Borkum.*

Zielendes Verb →Transitives Verb

Zielgröße →Akkusativ

Zielsprache →Fremdsprachendidaktik

Zipfsches Gesetz, von dem amerikanischen Philologen G. K. Zipf Mitte der 30er-Jahre formulierte mathematische Gesetzmäßigkeit im Rahmen der →Sprachstatistik, die einen Zusammenhang zwischen (dem Logarithmus) der Verwendungshäufigkeiten von Wörtern in einem Text und (dem Logarithmus) der Rangplätze der Wörter nach ihrer Verwendungshäufigkeit belegt. Notiert man die Häufigkeit des Vorkommens absteigend in einer Tabelle, so ist das Produkt aus Häufigkeit und Rangplatz nahezu konstant, insbesondere bei den mittleren Werten. Zipf selbst hat diese Erscheinung »als das Einpendeln zwischen zwei Extremen des Sprachgebrauchs interpretiert« (Grimm/Engelkamp, 1981).

Offensichtlich ist, dass bestimmte Wörter in einem Text häufiger vorkommen als andere; sprachstatistisch gilt für einen Text, dass 50% der verwendeten Wörter im Allgemeinen solche sind, die zu den 200 gebräuchlichsten Wörtern gehören.

Zirkel →Hermeneutischer Zirkel

Zugrunde liegende Struktur →Tiefenstruktur, →D-Struktur

Zukunft, physikalisch objektive Zeit, die – vom Zeitpunkt des Sprechers (oder Erzählers) aus – voraus liegt. Der Ausdruck Z. sollte nicht mit dem grammatischen Terminus →Futur verwechselt werden. →Zeitverweis.

Zungenlaut →Lingual

Zusammenbildung, (1) als Z. bezeichnet die Duden-Grammatik ([4]1984) die Zusammensetzungen und Ableitungen, »deren einer Teil nicht als Wort, sondern nur als Wortgruppe existiert«; z.B.: *Gesetzgeber* (aus: jemandem Gesetze geben), *rotwangig* (aus: rote Wangen), *übernachten* (aus: über Nacht). (2) Synonym zu →Zusammenrückung (1).

Zusammengesetzter Satz →Komplexer Satz

Zusammengesetztes Prädikat, auch: mehrteiliges P.; die Abgrenzung des →Prädikats ist in den wissenschaftlichen Grammatiken nicht einheitlich. Eine enge Bestimmung lässt nur die →finite Form des Verbs sowie bei →zusammengesetzten Tempora die Verbindung mit den infiniten Teilen des Prädikats gelten (z.B. Eisenberg, [3]1994). Der

Infinitiv bei den Zusammenfügungen von Modalverb und Infinitiv zählt dann nicht zum Prädikat, da diese Zusammenfügung keine Verbform begründet: *Er hat den Rasen geschnitten. – Er wird den Rasen schneiden.* Aber: *Er wollte den Rasen schneiden.*

In anderen Grammatiken (z.B. Glinz, [4]1965; Duden-Grammatik, [4]1984) wird die Zusammenfügung von Modalverb und Infinitiv durchaus als z.P. bezeichnet. Darüber hinaus finden sich weitere Formen für das zusammengesetzte Prädikat:

- Verbzusatz: *Die Kinder schlafen schon ein.*
- Modifizierendes Verb + zu-Infinitiv: *Die Kinder scheinen zu schlafen.*
- Nicht ersetzbares Reflexivpronomen: *Willi freut sich über das Geburtstagsgeschenk.*
- Finite Form des Verbs + Infinitiv: *Ich hörte jemanden den Rasen mähen.*
- Finite Form des Verbs + Partizip: *Er kam schwitzend ins Haus.*

Zusammengesetztes Tempus, mit den → Hilfsverben *sein/haben/werden* gebildetes → Tempus: Perfekt, Plusquamperfekt und Futur I und II; → einfaches Tempus.

Zusammenrückung, (1) Sonderfall der Wortzusammensetzung, bei der Wortteile ihre Flexionsendung erhalten haben: *Bücherschrank, Waldesruhe.* (2) Wortbildung aus »einer zweigliedrigen (attributiven) Wortgruppe mit einem substantivischen Grundwort, also eine Ausbauform der Determinativkomposita« (Erben, [12]1980); z.B.: *Saure-Gurken-Zeit, Zwei-Stärken-Gläser, Zweifamilienhaus.* (3) Bildung von Adverbien durch Zusammensetzung; im Gegensatz zu den nominalen → Komposita besteht hier nicht die übliche Beziehung zwischen Bestimmungs- und Grundwort, »sondern eine Art kopulativer Bedeutungsverbindung« (Duden-Grammatik, [4]1984). Diese Art der Z. erfolgt nach dem Muster: Lokaladverb + Präposition, also: *daran, darauf, hierfür, wodurch* usw. → Pronominaladverb.

Außerdem werden genannt:
- Zusammensetzungen von Lokal- und Temporaladverbien mit »her« und »hin« als Zweitglied und Lokaladverbien (*daher*, *hierher*; *dorthin*, *wohin*), Präpositionen (*nebenher*, *vorhin*, *hinterher*) und Adjektiven (*künftighin*) als Erstglied
- Zusammensetzungen aus Nomen und Adverb (*bergauf*, *kopfüber*, *tagein – tagaus*)
- Zusammensetzungen aus Präpositionen und Demonstrativpronomen (*außerdem*, *indem*, *währenddessen*, *ohnedies*).

Zusammensetzung, auch: Kompositum; → Wortbildung aus selbständig gebrauchten Wörtern (Bestimmungswort + Grundwort):

(*der*) *Welt*-*raum*; (*die*) *Weltraum*-*fahrt*
B G B G

Das Grundwort bestimmt → Kasus und → Genus, während das Bestimmungswort die semantische Differenzierung vornimmt, die allerdings keinen erkennbaren Regeln folgt: *Rosinenkuchen* (Kuchen, der Rosinen enthält), *Maiskuchen* (Kuchen aus Mais), *Hochzeitskuchen* (Kuchen für eine Hochzeit), *Baumkuchen* (Kuchen mit hoher zylindrischer, stammähnlicher Form).

Solche Z.en, bei denen das Bestimmungswort die Bedeutung spezifiziert, heißen auch Determinativkomposita. Im Gegensatz hierzu ist bei einem Kopulativkompositum, dessen Bestandteile koordinierend (mehr additiv) nebeneinander stehen, die Bedeutung beider Wörter in der Z. wirksam: *altehrwürdig*, *Dichterfürst*, *dreizehn*, *weißblau*, *Strumpfhose*. Die Abgrenzung zwischen Determinativ- und Kopulativkomposita kann im Einzelfall schwierig sein.

Zustandsbezeichnung → Nomen acti

Zustandspassiv → Passiv (2)

Zustandsverb, bezeichnet im Hinblick auf das → Subjekt etwas Bestehendes, Bleibendes: *Hamburg* liegt *an der El-*

be. Wir bleiben noch drei Tage in Hamburg. →Vorgangsverb; →Handlungsverb.

Zuwendgröße →Dativ

Zwecksatz →Finalsatz; →Adverbialsatz

Zweifeldertheorie, Terminus bei K. Bühler ([2]1965), der seine theoretischen Überlegungen zum →Zeigfeld und →Symbolfeld der Sprache bezeichnet.

Zweiteiliges Prädikat →Zusammengesetztes Prädikat; →verbale Klammer

Zweite Lautverschiebung →Lautverschiebung (2)

Zweite Stammform →Präteritum; →Stammform

Zweite Vergangenheit →Perfekt

Zweites Partizip, auch: Partizip II, →Partizip (2); (irrtümlich) auch als »Partizip Perfekt« bezeichnet, obgleich das Partizip nicht tempusmarkiert ist.

Zwielaut →Diphthong

Zwillingsformel, Ausdrücke, die stets paarweise als →Phrase auftreten, z.B. *Haus und Hof, Tod und Teufel.* Solche Z.n können semantisch in recht unterschiedlicher Beziehung zueinander stehen: *Jung und Alt* (Kontrast), *auf Schritt und Tritt* (Synonym), *Hand in Hand* (Homonym).

Zwischenmenschliche Kommunikation →Kommunikation; →kommunikatives Handeln; →pragmatische Axiome

Zwischensatz, Teilsatz, der in einen anderen Satz eingebettet ist, die →Einbettung kann mehrmals vorgenommen werden: *Er fuhr, weil er es eilig hatte, mit der U-Bahn. – Die U-Bahn, obgleich sonst, wie du weißt, immer zuverlässig, hatte heute Verspätung.*

Zwischenwelt →Inhaltsbezogene Grammatik

Literaturhinweise

Aufgeführt ist die im Zusammenhang mit den Stichwörtern genannte weiterführende Literatur.

Admoni, Wladimir: Der deutsche Sprachbau. München [3]1970. (Moskau 1966.)

Althaus, Hans Peter [u. a.] (Hrsg.): Lexikon der Germanistischen Linguistik. 4 Bde. Tübingen 1973. [2]1980.

Austin, John L.: Zur Theorie der Sprechakte. Stuttgart 1972. (Oxford 1962.)

Ausubel, David P.: Psychologie des Unterrichts. 2 Bde. Weinheim 1974. (New York 1969.)

Autorenkollektiv, s. Grundzüge (1981).

Ballmer, Thomas T.: Inwiefern ist die Linguistik praktisch? In: Der Deutschunterricht 6 (1983) S. 6–19.

Barthes, Roland: Literatur und Geschichte. Frankfurt a. M. 1969. (Paris 1963.)

Bartsch, Renate: Darstellung von Prädikaten. In: Linguistische Berichte 48 (1971) S. 10–14.

– / Vennemann, Theo: Sprachtheorie. In: Lexikon der Germanistischen Linguistik. 4 Bde. Hrsg. von Hans Peter Althaus [u. a.]. Tübingen 1973. [2]1980. S. 57–82.

Bausch, Karl-Heinz: Soziolekt. In: Lexikon der Germanistischen Linguistik. 4 Bde. Hrsg. von Hans Peter Althaus [u. a.]. Tübingen 1973. [2]1980. Bd. 2. S. 358–363.

Bechert, Johannes [u. a.]: Einführung in die generative Transformationsgrammatik. München 1970.

Becker, Karl Ferdinand: Organism der Sprache als Einleitung zur deutschen Grammatik. Frankfurt a. M. 1827.

Behaghel, Otto: Deutsche Syntax. 4 Bde. Heidelberg 1923–32.

Beisbart, Ortwin / Marenbach, Dieter: Einführung in die Didaktik der deutschen Sprache und Literatur. Donauwörth 1975.

Bense, Max: Einführung in die informationstheoretische Ästhetik. Reinbek bei Hamburg 1969.

Bentfeld, Anne / Delabar, Walter (Hrsg.): Perspektiven der Germanistik. Wiesbaden 1997.

Bergenholtz, Henning / Mugden, Joachim: Einführung in die Morphologie. Stuttgart [u.a.] 1979.

Bernstein, Basil: Studien zur sprachlichen Sozialisation. Düsseldorf 1972. (London 1971.)

Biedenkopf, Kurt H.: Politik und Sprache. In: Neue Bildungspolitik. Hrsg. von Bernhard Vogel. Herford 1975. S. 21–32.

Bierwisch, Manfred: Grammatik des deutschen Verbs. Berlin 1963. [8]1973.

Blatz, Friedrich: Neuhochdeutsche Grammatik. Tauberbischofsheim 1879. [2]1880.

Bloomfield, Leonard: Language. London 1935. (New York 1933.)

Boettcher, Wolfgang: Kritische Kommunikationsfähigkeit. Bebenhausen 1973.

– / Sitta, Horst: Der andere Grammatikunterricht. München 1978.

Bogdal, Klaus-Michael: Neue Literaturtheorien in der Praxis. Wiesbaden 1993.

– (Hrsg.): Neue Literaturtheorien. Eine Einführung. Wiesbaden [2]1997.

Boost, Karl: Neue Untersuchungen zum Wesen und zur Struktur des deutschen Satzes. Der Satz als Spannungsfeld. Berlin 1956. [2]1964.

Bovet, Gislinde / Huwendiek, Volker: Leitfaden Schulpraxis. Berlin [2]1998.

Braune, Wilhelm: Neugotische Grammatik, neu bearb. von Ernst A. Ebbinghaus. Tübingen [19]1981. (Halle 1880.)

– / Eggers, Hans: Althochdeutsche Grammatik. Tübingen [14]1987. (Halle 1886.)

Breuer, Dieter: Einführung in die pragmatische Texttheorie. München 1974.

Brinker, Klaus: Linguistische Textanalyse. Berlin 1985. [3]1992.

Brinkmann, Hennig: Die deutsche Sprache. Gestalt und Leistung. Düsseldorf 1962. [2]1971.

Bruner, Jerome S.: Entwurf einer Unterrichtstheorie. Düsseldorf 1971. (New York 1966.)

Bühler, Karl: Sprachtheorie. Frankfurt a.M. 1934. [2]1965.

Bünting, Karl-Dieter / Bergholz, Hennig: Einführung in die Syntax. Grundbegriffe zum Lesen einer Grammatik. Königstein i.Ts. 1979.

Bungarten, Theo (Hrsg.): Wissenschaftssprache und Gesellschaft. Hamburg 1986.
Buscha, Joachim [u. a.]: Grammatik in Feldern. Ismaning 1998.
Carnap, Rudolf: Einführung in die Philosophie der Naturwissenschaft. München 1969. (New York 1966.)
Chomsky, Noam: Syntactic Structures. The Hague 1957.
– Aspekte der Syntax-Theorie. Frankfurt a. M. 1969. (Cambridge, Mass., 1965.)
– Remarks on nominalization. In: R. Jacobs / P. Rosenbaum (Hrsg.): Readings in English transformational grammar. Washington 1970. S. 184–221. (Übers. in: Chomsky, 1978.)
– Cartesianische Linguistik. Tübingen 1971. (New York / London 1966.)
– Conditions on transformation. In: A Festschrift for Morris Halle. Hrsg. von Stephen Anderson und Paul Kiparski. New York 1973. S. 232–286. (Wiederabgedr. in: Essays on form and interpretation. New York 1977.)
– Reflexionen über Sprache. Frankfurt a. M. 1977. (New York 1975.)
– Studien zu Fragen der Semantik. Frankfurt a. M. / Berlin / Wien 1978. (The Hague 1972.)
– Rules and Representations. New York 1980. – Dt.: Regeln und Repräsentation. Frankfurt a. M. 1981.
– Lectures on Government and Binding. Dordrecht 1981. [3]1984.
– Knowledge of Language. Its Nature, Origin and Use. New York [u. a.] 1986.
– Barriers. Cambridge, Mass., 1986. – Zit. als 1986a.
Cölfen, Elisabeth / Cölfen, Hermann / Schmitz, Ulrich: Linguistik im Internet. Wiesbaden 1997.
Coseriu, Eugenio: Lexikalische Solidaritäten. In: Poetica 1 (1967) S. 293–303.
Cube, Felix von: Was ist Kybernetik? München 1971. (Bremen 1967.)
Deutscher Bildungsrat (Hrsg.): Strukturplan für das Bildungswesen. Stuttgart 1970. (Empfehlungen der Bildungskommission.)
Dittmar, Norbert / Rost-Roth, Martina (Hrsg.): Deutsch als Zweit- und Fremdsprache. Frankfurt a. M. [2]1997.
Drach, Erich: Grundgedanken der deutschen Satzlehre. Darmstadt [4]1963. (Reprogr. Nachdr. der 3. Aufl., Frankfurt a. M. 1940.)

Dressler, Wolfgang: Sprachtypologie. In: Lexikon der Germanistischen Linguistik. 4 Bde. Hrsg. von Hans Peter Althaus [u. a.]. Tübingen 1973. ²1980. Bd. 4, S. 636–641.
Drosdowski, Günther, s. Duden Grammatik (⁴1984).
Duden Fremdwörterbuch. Hrsg. von Günther Drosdowski [u. a.]. Mannheim ⁵1990. (Der Große Duden in 10 Bdn. Bd. 5.)
Duden Grammatik. Hrsg. von Paul Grebe. Mannheim ²1959. (Der Große Duden in 10 Bdn. Bd. 4.)
Duden Grammatik. Hrsg. von Günther Drosdowski. Mannheim ⁴1984. (Der Große Duden in 10 Bdn. Bd. 4.)
Ebneter, Theodor: Strukturalismus und Transformationalismus. München 1973.
Eckard, Rolf: Sagen und Meinen. Paul Grices Theorie der Konversations-Implikaturen. Wiesbaden 1994.
– (Hrsg.): Pragmatik. Implikaturen und Sprechakte. Wiesbaden 1997.
Eco, Umberto: Einführung in die Semiotik. Stuttgart ⁸1994. (Milano 1968.)
Edelmann, Walter: Lernpsychologie. Weinheim ³1993.
Eggers, Hans: Deutsche Sprachgeschichte 1. Das Althochdeutsche und das Mittelhochdeutsche. Reinbek bei Hamburg 1986.
Eichler, Wolfgang / Bünting, Karl-Dieter: Deutsche Grammatik. Weinheim 1978. ⁶1996.
Eisenberg, Peter: Grundriß der deutschen Grammatik. Stuttgart 1986. ³1994.
Engel, Ulrich: Syntax der deutschen Gegenwartssprache. Berlin 1977. ²1982.
– Deutsche Grammatik, Heidelberg. 1988. ³1996.
– / Grebe, Paul (Hrsg.): Sprachgebrauch und Sprachsystem. Düsseldorf 1975. (Fs. Hugo Moser. Tl. 2.)
– / Grosse, Siegfried (Hrsg.): Grammatik und Deutschunterricht. Düsseldorf 1978. (Jahrbuch des Instituts für Deutsche Sprache 44, 1977.)
– / Schumacher, Helmut: Kleines Valenzlexikon deutscher Verben. Tübingen 1976.
Engelen, Bernhard: Einführung in die Syntax der deutschen Sprache. Bd. 1: Vorfragen und Grundlagen (1984). Bd. 2: Satzglieder und Satzbaupläne (1986). Baltmannsweiler 1984–86.

Erben, Johannes: Abriß der deutschen Grammatik. Berlin 1958. [7]1964.
– Deutsche Grammatik. Ein Leitfaden. Frankfurt a.M. 1968.
– Deutsche Grammatik. Ein Abriß. München [12]1980. (3. Neubearb. von *Abriß der deutschen Grammatik.*)
Esslinger, Ilona: Einige Überlegungen zu metasprachlichen Ausdrücken in Alltagswelt und Grammatik. In: Osnabrücker Beiträge zur Sprachtheorie 40 (1989) S. 59–73.
Ewers, Michael: Philosophie des Organismus in teleologischer und dialektischer Sicht. Münster 1986.
Fanselow, Gisbert / Felix, Sascha W.: Sprachtheorie. 2 Bde. Tübingen 1987.
Feyerabend, Paul: Wider den Methodenzwang. Frankfurt a.M. 1976.
Fiengo, R. W.: Semantic conditions on surface structure. New York 1974.
Fillmore, Charles J.: The Case for Case. In: Universals in Linguistic Theory. Hrsg. von E. Bach und R. T. Harms. New York 1968. S. 1–88. – Dt.: Plädoyer für Kasus. In: Kasustheorie. Hrsg. von Werner Abraham. Frankfurt a.M. 1971. S. 1–118.
Finke, Peter: Grundlagen einer linguistischen Theorie. Empirie und Begründung in der Sprachwissenschaft. Braunschweig 1979.
Firth, John R.: The Tongues of Men and Speech. London 1964.
Flämig, Walter: Grammatik des Deutschen. Berlin 1991.
Fluck, Hans-R.: Fachsprachen. Stuttgart [5]1996. (München 1976.)
Fourquet, Jean: Zur Sonderstellung des Subjekts. In: Wirkendes Wort 26 (1976) H. 4. S. 234–240.
Frank, Horst Joachim: Geschichte des Deutschunterrichts. München 1973.
Frank, Karsta: Sprachgewalt. Die sprachliche Reproduktion der Geschlechterhierarchie. Tübingen 1992.
Fricke, Harald: Zur gesellschaftlichen Funktion humanwissenschaftlicher Fachsprachen. In: Wissenschaftssprache und Gesellschaft. Hrsg. von Theo Bungarten. Hamburg 1986. S. 62–75.
Gallmann, Peter / Sitta, Horst: Deutsche Grammatik. Zürich 1996. [2]1997.
Geckeler, Horst (Hrsg.): Strukturelle Bedeutungslehre. Darmstadt 1978.

Gente, Hans-Peter (Hrsg.): Marxismus und Fragen der Sprachwissenschaft. München 1968.
Gipper, Helmut: Bausteine zur Sprachinhaltsforschung. Düsseldorf 1963.
– Denken ohne Sprache? Düsseldorf 1971. ^{2}1978.
Glinz, Hans: Geschichte und Kritik der Lehre von den Satzgliedern in der deutschen Grammatik. Berlin 1947.
– Die innere Form des Deutschen. Bern/München. 1952. ^{6}1973.
– Der deutsche Satz. Düsseldorf 1957. ^{2}1961.
– Forderungen an Grammatik in der Schule und an dafür geeignete Sprachbücher. In: Grammatik und Deutschunterricht. Hrsg. von Ulrich Engel und Siegfried Grosse. Düsseldorf 1978. S. 12–25.
Gniffke-Hubrig, Christa: Textsorten. In: Der Deutschunterricht 1 (1972) S. 39–52.
Grebe, Paul, s. Duden Grammatik.
Grewendorf, Günther [u. a.]: Sprachliches Wissen. Frankfurt a. M. 1987.
– Aspekte der deutschen Syntax. Eine Rektions-Bindungs-Analyse. Tübingen 1988.
Grice, H. Paul: Logik und Konversation. In: Handlung, Kommunikation, Bedeutung. Hrsg. von Georg Meggle. Frankfurt a. M. 1979. S. 243–265.
Grimm, Hannelore / Engelkamp, Johannes: Sprachpsychologie. Berlin 1981.
Grundzüge einer deutschen Grammatik. Von einem Autorenkollektiv. Berlin 1981.
Gudjons, Herbert [u. a.]: Unterrichtsmethoden. Hamburg 1987. ^{3}1991.
Gumbrecht, Hans Ulrich: Argumentieren – Interessen durchsetzen. In: Bernhard Badura [u. a.]: Reden und reden lassen. Stuttgart 1975. S. 163–166, 176–179.
Gutzen, Dieter [u. a.]: Einführung in die neuere deutsche Literaturwissenschaft. Berlin 1976. ^{3}1979.
Habermas, Jürgen: Vorbereitende Bemerkungen zu einer Theorie der kommunikativen Kompetenz. In: J. H. / Niklas Luhmann: Theorie der Gesellschaft oder Sozialtechnologie. Frankfurt a. M. 1971. S. 101–141.
– / Luhmann, Niklas: Theorie der Gesellschaft oder Sozialtechnologie. Frankfurt a. M. 1971.

Hagemann, Jörg: Reflexiver Sprachgebrauch. Wiesbaden 1997.
Haider, Hubert: Deutsche Syntax – generativ. Tübingen 1996.
Harris, Zellig S.: Discourse analysis. In: Language 28 (1952) S. 1–30, 474–494.
– String analysis of sentence structure. The Hague 1962.
Hartmann, Peter: Modellbildung in der Sprachwissenschaft. In: Studia Grammatica 18 (1965) H. 6. S. 364–379.
Hartung, Wolfdietrich: Sprachkultur als gesellschaftliches Problem und als linguistische Aufgabe. In: Sprachkultur. Hrsg. von Rainer Wimmer. Düsseldorf 1985. S. 70–81.
Harweg, Roland: Pronomina und Textkonstitution. München 1969.
Hebel, Franz: Zur Didaktik des Sprachunterrichts im Deutschunterricht der Sekundarstufe I. In: Diskussion Deutsch 3 (1971) S. 66–83.
– Spracherfahrung auf der Suche nach Information. In: Der Deutschunterricht 31 (1979) H. 5. S. 88–108.
Helbig, Gerhard: Theoretische und praktische Aspekte des Valenzmodells. In: Beiträge zur Valenztheorie. Hrsg. von G. H. Den Haag / Paris 1971.
– Valenz – Satzglieder – semantische Kasus – Satzmodelle. Leipzig 1982.
– (Hrsg.): Studien zur deutschen Syntax. Bd. 1. Leipzig 1983.
– Prädikate als Aktanten (im Deutschen). In: Studien zur deutschen Syntax. Hrsg. von G. H. Bd. 1. Leipzig 1983. S. 106–124.
– Geschichte der neueren Sprachwissenschaft. Leipzig 1970. Opladen [7]1986.
– Deutsche Grammatik. Grundfragen und Abriß. München [3]1996.
– / Buscha, Joachim: Deutsche Grammatik. Ein Handbuch für den Ausländerunterricht. Berlin [u. a.] [14]1991. (Leipzig 1970.)
Heller, Dorothea: Idiomatik. In: Lexikon der Germanistischen Linguistik. 4 Bde. Hrsg. von Hans Peter Althaus [u. a.]. Tübingen 1973. [2]1980. S. 180–186.
Helmers, Hermann: Didaktik der deutschen Sprache. Stuttgart 1966. [9]1976.
– Geschichte des deutschen Lesebuchs in Grundzügen. Stuttgart 1970.
Henle, Paul: Sprache, Denken, Kultur. Frankfurt a. M. 1969.

Hentschel, Elke / Weydt, Harald: Handbuch der deutschen Grammatik. Berlin ²1994.
Heringer, Hans Jürgen: Theorie der deutschen Syntax. München 1970.
– Einführung in die praktische Semantik. Heidelberg 1977.
– Wort für Wort. Interpretation und Grammatik. Stuttgart 1978.
– (Hrsg.): Holzfeuer im hölzernen Ofen. Aufsätze zur politischen Sprachkritik. Tübingen 1980.
– Sprachkritik – die Fortsetzung der Politik mit besseren Mitteln. In: Holzfeuer im hölzernen Ofen. Aufsätze zur politischen Sprachkritik. Hrsg. von H. J. H. Tübingen 1980. S. 3–34.
– Lesen lehren lernen. Eine rezeptive Grammatik des Deutschen. Tübingen 1989.
– Deutsche Syntax Dependentiell. Tübingen 1996.
– / Strecker, Bruno / Wimmer, Rainer: Syntax. München 1980.
Heringer, Hans Jürgen / Keller-Bauer, F.: Probleme einer gebrauchsgrammatischen Terminologie. In: Sprache und Literatur in Wissenschaft und Unterricht 53 (1984) S. 65–86.
Herrlitz, Wolfgang: Historische Phonologie des Deutschen. Tl. 1: Vokalismus. Tübingen 1970.
Hjelmslev, Louis: Aufsätze zur Sprachwissenschaft. Stuttgart 1974.
Homberger, Dietrich: Das Prädikat im Deutschen. Linguistische Terminologie in Sprachwissenschaft und Sprachdidaktik. Opladen 1993.
Humboldt, Wilhelm von: Ueber die Verschiedenheit des menschlichen Sprachbaues und ihren Einfluss auf die geistige Entwicklung des Menschengeschlechts. (1830–35.) In: W. v. H.: Werke in fünf Bänden. Bd. 3. Darmstadt 1963. ³1969. S. 368–756.
Hundsnurscher, Franz: Neuere Methoden der Semantik. Tübingen 1970.
– Syntax. In: Lexikon der Germanistischen Linguistik. 4 Bde. Hrsg. von Hans Peter Althaus [u. a.]. Tübingen 1973. ²1980. Bd. 1. S. 211–242.
Ivo, Hubert: Zur Wissenschaftlichkeit der Didaktik der deutschen Sprache und Literatur. Frankfurt a. M. [u. a.] 1977.
Jank, Werner / Meyer, Hilbert: Didaktische Modelle. Frankfurt a. M. 1991.

Kamlah, Wilhelm / Lorenzen, Paul: Logische Propädeutik. Mannheim 1967.
Kantor, Philippe [u. a.]: Die chinesische Schrift. Chennevière-sur-Marne 1994.
Katz, Jerrold J.: Philosophie der Sprache. Frankfurt a. M. 1969. (New York / London 1966.)
– / Fodor, J. A.: The structure of a semantic theory. In: Language 39 (1963) S. 170–210. – Dt. in: Vorschläge für eine strukturale Grammatik des Deutschen. Hrsg. von Hugo Steger. Darmstadt 1970. S. 202–268.
– / Postal, P.: An Integrated Theory of Linguistic Description. Cambridge, Mass., 1964.
Keller, Jörg / Leuninger, Helen: Grammatische Strukturen – kognitive Prozesse. Ein Arbeitsbuch. Tübingen 1993.
Kienle, Richard von: Historische Laut- und Formenlehre des Deutschen. Tübingen 1969.
King, Robert: Historische Linguistik und Generative Grammatik. Frankfurt a. M. 1971. (New Jersey 1969.)
Klafki, Wolfgang: Studien zur Bildungstheorie und Didaktik. Weinheim/Basel 1963.
– Neue Studien zur Bildungstheorie und Didaktik. Weinheim/Basel 1985.
Klaus, Georg: Semiotik und Erkenntnistheorie. Berlin 1973.
Kluwe, Rainer H.: Gedächtnis und Wissen. In: Allgemeine Psychologie. Hrsg. von Hans Spada. Bern 1990. S. 115–187.
Köller, Wilhelm: Philosophie der Grammatik. Stuttgart 1988.
Kopperschmidt, Joseph: Kritische Rhetorik statt wissenschaftlicher Rhetorik. In: Sprache im technischen Zeitalter 45 (1973) S. 41–44.
Kutschera, Frank: Wissenschaftstheorie. 2 Bde. München 1972.
Kutschera, Franz von / Breitkopf, Alfred: Einführung in die moderne Logik. Freiburg/München 1971.
Lakoff, George: Linguistik und natürliche Logik. Frankfurt a. M. 1971.
Lamb, Sydney M.: Outline of Stratificational Grammar. Washington 1966.
Langacker, Ronald W.: A View of Linguistic Semantics. In: Topics in Cognitive Linguistics. Hrsg. von B. Rudzka-Ostyn. Amsterdam 1988. S. 49–90.

Lehmann, Winfried P.: Einführung in die historische Linguistik. Heidelberg 1969. (New York 1962.)
– Historiolinguistik. In: Lexikon der Germanistischen Linguistik. 4 Bde. Hrsg. von Hans Peter Althaus [u. a.]. Tübingen 1973. ²1980. S. 547–557.
Lenders, Winfried / Willée, Gerd: Linguistische Datenverarbeitung. Wiesbaden ²1998.
Leuninger, Helen: Neurolinguistik. Opladen 1989.
Lewandowski, Theodor: Vorschläge zur Vereinheitlichung der grammatischen Terminologie als theoretisches Problem. In: Grammatische Terminologie. Hrsg. von Albert Raasch. Tübingen 1983. S. 51–59.
Linke, Angelika [u. a.]: Studienbuch Linguistik. Tübingen 1991.
Lorenz, Kuno: Sprachphilosophie. In: Lexikon der Germanistischen Linguistik. 4 Bde. Hrsg. von Hans Peter Althaus [u. a.]. Tübingen 1973. ²1980. Bd. 1. S. 1–28.
Martinet, André: Grundzüge der Allgemeinen Sprachwissenschaft. Stuttgart [u. a.] 1963. (Paris 1960.)
Marxistisch-Leninistisches Wörterbuch der Philosophie. Hrsg. von Georg Klaus und Helmut Buhr. 3 Bde. Reinbek bei Hamburg 1972. (Leipzig 1970.)
McCawley, James D.: The role of semantics in a grammar. In: Universals in Linguistic Theory. Hrsg. von E. Bach und R.T. Harms. New York [u. a.] 1968. S. 125–169.
Menzel, Wolfgang: Die deutsche Schulgrammatik. Paderborn 1972.
– Wortarten. In: Praxis Deutsch 77 (1986) S. 12–18.
Meyer, Hilbert: Unterrichtsmethoden. I: Theorieband. Frankfurt a. M. 1987. ²1988.
Morris, Charles W.: Grundlagen der Zeichentheorie. München 1972. (Chicago 1938.)
Oerter, Rolf / Montada, Leo: Entwicklungspsychologie. Ein Lehrbuch. München/Weinheim ²1987.
Oestermeier, Uwe: Bildliches und logisches Denken. Eine Kritik der Computertheorie des Geistes. Wiesbaden 1998.
Oevermann, Ulrich: Sprache und soziale Herkunft. Frankfurt a. M. 1972.
Ogden, Charles K. / Richards, J. A.: The Meaning of Meaning. New York 1923. ¹⁰1960.

Oksaar, Els: Spracherwerb. In: Lexikon der Germanistischen Linguistik. 4 Bde. Hrsg. von Hans Peter Althaus [u.a.]. Tübingen 1973. ^{2}1980. Bd. 2. S. 433–440.
Olschansky, Heike: Täuschende Wörter. Kleines Lexikon der Volksetymologien. Stuttgart 1999.
Paul, Hermann: Deutsche Grammatik. 4 Bde. (1916–20.) Bd. 3: Syntax. Halle a.d.S. 1919. ^{5}1959.
– Mittelhochdeutsche Grammatik, überarb. von Peter Wiehl und Siegfried Grosse. Tübingen ^{24}1998. (Halle 1881.)
Pauly, Peter: Integrativer Sprachunterricht. Heidelberg 1975.
Peuser, Günter: Aphasie. Eine Einführung in die Patholinguistik. München 1978.
Piaget, Jean: Sprechen und Denken des Kindes. Düsseldorf 1972. (Paris 1923.)
– Meine Theorie der geistigen Entwicklung. Frankfurt a.M. 1983. (New York 1970.)
– / Inhelder, Bärbel: Die Psychologie des Kindes. München ^{4}1991. (Paris 1966.)
Ploog, Detlev: Die Sprache der Affen. München 1974.
Polenz, Peter von: Geschichte der deutschen Sprache. Berlin / New York 1972.
Popper, Karl Raimund: Logik der Forschung. Tübingen 1934. ^{2}1966.
Pusch, Luise F.: Das Deutsche als Männersprache. Frankfurt a.M. 1984.
– Alle Menschen werden Schwestern. Frankfurt a.M. 1990.
Raasch, Albert (Hrsg.): Grammatische Terminologie. Tübingen 1983.
Ramge, Hans: Spracherwerb. Tübingen 1973. ^{3}1993.
Robinsohn, Saul B.: Ein Strukturkonzept für Curriculum-Entwicklung. In: Curriculumrevision. Hrsg. von Frank Achtenhagen und Hilbert L. Meyer. München 1971.
Rolf, Eckard: Sagen und Meinen. Paul Grices Theorie der Konversations-Implikaturen. Wiesbaden 1994.
Runkehl, Jens / Schlobinski, Peter / Siever, Torsten: Sprache und Kommunikation im Internet. Ein Überblick. Wiesbaden 1998.
Sapir, Edward: Selected Writings. Hrsg. von D. G. Mandelbaum. London 1949.
– Die Sprache. München 1961. (New York 1921.)

Saussure, Ferdinand de: Grundfragen der Allgemeinen Sprachwissenschaft. Berlin ²1967. (Lausanne/Paris 1916.)
Schaff, Adam: Einführung in die Semantik. Reinbek bei Hamburg 1973. (Warschau 1960.)
Schank, Gerd / Schwitalla, Johannes: Gesprochene Sprache und Gesprächsanalyse. In: Lexikon der Germanistischen Linguistik. 4 Bde. Hrsg. von Hans Peter Althaus [u. a.]. Tübingen 1973. ²1980. Bd. 2. S. 313–322.
Schiwy, Günther: Der französische Strukturalismus. Reinbek bei Hamburg 1969.
Schleicher, August: Die Darwinsche Theorie und die Sprachwissenschaft. Weimar 1863. ³1878.
Schlobinski, Peter: Empirische Sprachwissenschaft. Wiesbaden 1996.
Schlotthaus, Werner: Lehrziel: Kommunikation. In: betrifft : erziehung 4 (1971) S. 15–22.
– Thesen zum Lernziel ›Sprachhandlungsfähigkeit‹. In: Perspektiven der Deutschdidaktik. Hrsg. von Theodor Diegritz [u. a.]. Kronberg i. Ts. 1975. S. 15–21.
Schmidt, Lothar (Hrsg.): Wortfeldforschung. Zur Geschichte und Theorie des sprachlichen Feldes. Darmstadt 1973.
Schmidt, Siegfried J.: Linguistik und Literaturwissenschaft. In: Linguistik und Didaktik 2 (1970) S. 92–101.
– Texttheorie. München 1973.
Schmidt, Wilhelm: Grundfragen der deutschen Grammatik. Berlin 1964. ²1971.
Schoenke, Eva: Didaktik sprachlichen Handelns. Tübingen 1991.
Schüler-Duden Grammatik. Hrsg. von der Duden-Redaktion. Mannheim [u. a.] ²1981.
Schwarz, Monika: Einführung in die Kognitive Linguistik. Tübingen 1992.
Schwitalla, Johannes: Gesprochenes Deutsch. Eine Einführung. Berlin 1997.
Searle, John R.: Sprechakte. Frankfurt a. M. 1971. (Cambridge 1969.)
Seiffert, Helmut: Information über die Information. München 1968.
– Einführung in die Wissenschaftstheorie. 3 Bde. München 1969–1985.

Sichelschmidt, Lorenz: Experimentelle Linguistik. Wiesbaden 1998.

Sommerfeld, Karl Ernst / Starke, G.: Einführung in die Grammatik der deutschen Gegenwartssprache. Tübingen ²1992. (Leipzig 1988.)

Steger, Hugo (Hrsg.): Vorschläge für eine strukturale Grammatik des Deutschen. Darmstadt 1970.

– [u. a.]: Redekonstellation, Redekonstellationstyp, Textexemplar, Textsorte im Rahmen eines Sprachverhaltensmodells. In: Gesprochene Sprache. Düsseldorf 1974. S. 39–97. (Schriften des Instituts für Deutsche Sprache. Jb. 1972. Bd. 26.)

Stegmüller, Wolfgang: Hauptströmungen der Gegenwartsphilosophie. 2 Bde. Stuttgart ⁴1969. 1979.

Strecker, Bruno: Strategien des kommunikativen Handelns. Düsseldorf 1987.

Sucharowski, Wolfgang: Sprache und Kognition. Wiesbaden 1996.

Tesnière, Lucien: Grundzüge der strukturalen Syntax. Stuttgart 1980. (Paris 1959.)

Titscher, Stefan / Wodak, Ruth [u. a.]: Methoden der Textanalyse. Leitfaden und Überblick. Wiesbaden 1998.

Toulmin, Stephen E.: Der Gebrauch von Argumenten. Kronberg i. Ts. 1975. (Cambridge 1969.)

Trier, Jost: Der deutsche Wortschatz im Sinnbezirk des Verstandes. Die Geschichte eines sprachlichen Feldes. Heidelberg 1931.

– Alltagssprache. In: Günther Patzig [u. a.]: Die deutsche Sprache im 20. Jahrhundert. Göttingen 1966. ²1969. S. 110–133.

Trömel-Plötz, Senta: Frauensprache. Sprache der Veränderung. Frankfurt a. M. 1982.

– (Hrsg.): Gewalt durch Sprache. Die Vergewaltigung von Frauen in Gesprächen. Frankfurt a. M. 1984.

Ulshöfer, Robert: Funktionaler Grammatikunterricht. In: Der Deutschunterricht 1 (1977). S. 5–20.

Vennemann, Theo: Tempora und Zeitrelation im Standarddeutschen. In: Sprachwissenschaft 12 (1987) S. 234–249.

Viehweg, Theodor: Topik und Jurisprudenz. München ⁵1974.

Watzlawick, Paul / Beavin, Janet H. / Jackson, Don D.: Menschliche Kommunikation. Bern ⁵1980. (New York 1967.)

Weber, Heinz: Dependenzgrammatik. Ein interaktives Arbeitsbuch. Tübingen ²1997.

Weinrich, Harald: Textgrammatik der deutschen Sprache. Mannheim 1993.

Weisgerber, Bernhard: Theorie der Sprachdidaktik. Heidelberg 1974.

Weisgerber, Leo: Die vier Stufen in der Erforschung der Sprache. Düsseldorf 1963.

Werner, Otmar: Zum Problem der Wortarten. In: Sprachgebrauch und Sprachsystem. Hrsg. von Ulrich Engel und Paul Grebe. Düsseldorf 1975. S. 432–471.

Whorf, Benjamin Lee: Sprache Denken Wirklichkeit. Reinbek bei Hamburg 1963. (Cambridge, Mass., 1956.)

Wimmer, Rainer: Referenzsemantik. Tübingen 1979.

– (Hrsg.): Sprachkultur. Düsseldorf 1985. (Jb. des Instituts für Deutsche Sprache 63, 1984.)

– Grenzen einer Normierung grammatischer Termini. In: Grammatische Terminologie in Sprachbuch und Unterricht. Hrsg. von Karl-Heinz Bausch und Siegfried Grosse. Düsseldorf 1987. S. 11–20.

Wittgenstein, Ludwig: Philosophische Untersuchungen. Frankfurt a. M. 1967. (Oxford 1958.)

Wöllstein-Leisten, Angela [u. a.]: Deutsche Satzstruktur. Grundlagen der syntaktischen Analyse. Tübingen 1997.

Wolff, Gerhart: Deutsche Sprachgeschichte. Ein Studienbuch. Tübingen/Basel [3]1994.

Wunderlich, Dieter: Über die Argumente des Verbs. In: Linguistische Berichte 97 (1985) S. 183–227.

Wygotski, Lew S.: Denken und Sprechen. Stuttgart 1971. (Moskau 1934.)

Zimmer, Dieter E.: Weißt Du, wieviel Wörtlein. Zahlen, Fakten und Vermutungen über ein immer wichtigeres Thema: Die Menge der Wörter. In: Die Zeit 45 (1988) S. 73 f.

Kleine Wörterbücher

IN RECLAMS UNIVERSAL-BIBLIOTHEK

Kleines Fremdwörterbuch. Mit einem Verzeichnis gebräuchlicher Abkürzungen. (Bearb.: M. Müller.) 349 S. UB 8438

Kleines Wörterbuch der Architektur. 144 S. Mit 113 Abb. UB 9360

Horst Koegler: Kleines Wörterbuch des Tanzes. 130 S. Mit 24 Zeichnungen. UB 9769

Malte Korff: Kleines Wörterbuch der Musik. 352 S. Mit 107 Abb. und 72 Notenbsp. UB 9770

Heinrich Laag: Kleines Wörterbuch der frühchristlichen Kunst und Archäologie. 277 S. Mit einem Anhang altgriechischer Fachwörter und Abbildungen. UB 8633

Johanna Lanczkowski: Kleines Lexikon des Mönchtums und der Orden. 280 S. UB 8867

Heike Olschansky: Täuschende Wörter. Kleines Lexikon der Volksetymologien. 253 S. UB 18023

Hans Schmoldt: Kleines Lexikon der biblischen Eigennamen. 247 S. UB 8632

Wolfgang Trapp: Kleines Handbuch der Maße, Zahlen, Gewichte und der Zeitrechnung. 317 S. Mit Tabellen und Abbildungen. UB 8737 – Kleines Handbuch der Münzkunde und des Geldwesens in Deutschland. 320 S. Mit 60 Tab. und 31 Abb. UB 18026

Claudia Wisniewski: Kleines Wörterbuch des Kostüms und der Mode. 284 S. Mit 150 Abb. UB 4224

Reclams Lexikon der antiken Mythologie

Von Edward Tripp. Aus dem Englischen übersetzt von Rainer Rauthe. 560 Seiten. 72 Abb. 5 Karten. Format 15 × 21,5 cm. Gebunden
ISBN 3-15-010371-X

Ein Nachschlagewerk, das in 2200 Stichworten über den gesamten Bereich der griechischen und römischen Mythologie informiert. Es ist streng nach den antiken Quellen erarbeitet und behandelt Götter, Heroen und andere Gestalten des Mythos, stellt die geographischen Schauplätze der Ereignisse, aber auch Kultorte und Kulte vor und erklärt die Sternbilder sowie himmlische, irdische und unterirdische Erscheinungen – dies alles mit einem Höchstmaß an Vollständigkeit und Anschaulichkeit. Die Bebilderung vermittelt darüber hinaus einen Eindruck von der visuellen Kraft und Lebendigkeit antiker Mythen.

»Ein Lexikon dieser allgemeinverständlichen und in erster Linie orientierenden Art gehört zu den Gebrauchsbüchern, die für das immer wieder nötige Nachschlagen, aber auch für eine kontinuierliche Lektüre unerläßlich sind.«

Joachim Günther im *Tagesspiegel*, Berlin

»Angesiedelt in der Mitte zwischen Nachschlagewerk und Lesebuch, zugeschnitten auf die Interessen eines nichtspezialisierten Benutzers, mit zutreffenden Bildbeigaben versehen und durch Karten übersichtlich ergänzt, so präsentiert sich Tripps Lexikon als handlicher, brauchbarer Band.«

Die Zeit, Hamburg

Philipp Reclam jun. Stuttgart